FRÜHE VÖLKER EUROPAS

FRÜHE VÖLKER EUROPAS

Thraker – Illyrer – Kelten – Germanen – Etrusker – Italiker – Griechen

von

Hermann Ament
Martin Bentz
Hansjörg Frommer
Hans-Eckart Joachim
Miroslava Mirković
Lambert Schneider
Wolfgang Schuller
Erika Simon

Bibliografische Information Der Deutschen Bibliothek
Die Deutsche Bibliothek verzeichnet diese Publikation in der Deutschen Nationalbibliografie; detaillierte bibliografische Daten sind im Internet über http://dnb.ddb.de abrufbar.

Umschlaggestaltung: Finken und Bumiller, Stuttgart, unter Verwendung einer Abbildung aus dem Bildarchiv Preußischer Kulturbesitz, Berlin (Foto: Alfredo Dagli Orti; Marmorbüste von Homer, Original im Kapitolinischen Museum, Rom)

Aus der Originalausgabe:
Brockhaus Bibliothek – Die Weltgeschichte

Lizenzausgabe für
Konrad Theiss Verlag GmbH, Stuttgart 2003/
Wissenschaftliche Buchgesellschaft, Darmstadt
Druck und Bindung: Druckerei Uhl, Radolfzell
ISBN 3-8062-1758-0

Vorwort

Die Geschichte Europas beginnt mit den Griechen. Nicht, dass es vor und neben ihnen keine anderen Hochkulturen gegeben hätte, aber gewirkt hat auf Europa die griechische Kultur, meist über die Vermittlung durch die Römer. Die Griechen selbst hatten das – auch für uns – große Glück, dass sie sich in Politik, Gesellschaft, Kultur und großenteils auch Religion ungestört entwickeln konnten, dass man also, wenn man solche Abstraktionen liebt, an ihnen die Entstehung einer Kultur aus sich heraus studieren kann. Sie hatten freilich sozusagen schon einmal angefangen gehabt, in der mykenischen Zivilisation, die aber um 1200 verschwand, sodass die Griechen noch einmal vorn vorne anfingen und erst dann das wurden, als was sie historisch wirksam geworden sind.

Ganz ohne Kontakte nach außen und deren Auswirkungen ging es freilich auch dann nicht ab. Die Schrift übernahmen sie von den vorderasiatischen Phönikern, und auch sonst wirkte Vorderasien vor allem kulturell auf Griechenland ein: Die griechische Götterwelt weist verblüffende Ähnlichkeiten mit der altorientalischen auf, und eine ganze Periode der bildenden Kunst wird von uns heute mit Recht orientalisierend genannt. Dann aber hatte ein äußeres Ereignis tief greifende auch innere Auswirkungen, nämlich der militärisch-politische Zusammenstoß mit dem Perserreich – er traf freilich auf ein Volk, das schon zu sich selbst gefunden hatte. Daher stehen die Griechen mit ihren kulturellen Leistungen einzigartig da, auch wenn sie anderes anverwandelt haben, und das ist es, was ihrer Geschichte überzeitliche Bedeutung verleiht.

Bei aller Dominanz der Griechen und dann der Römer darf aber nicht vergessen werden, dass die Alte Welt auch andere Völker eigener Ausprägung kannte. Sie bloße Randvölker zu nennen, wie es einmal üblich war, würde ihnen nicht gerecht werden. Daher setzt dieser Band mit der Vorstellung der wichtigsten von ihnen ein, ob sie nun in griechischer oder in römischer Zeit hervorgetreten waren. Das besondere Herausheben dieser Völker ist eines der Verdienste der Redaktion des Bandes. Ein anderes ist die nicht nur üppige, sondern auch von großer Sachkenntnis zeugende Ausstattung mit Abbildungen und deren Erläuterung, die in vielen Teilen ihr Werk ist. Dafür sage ich auch im Namen der anderen Autoren meinen Dank.

Wolfgang Schuller

Inhalt

Völker in Europa

Vogelamulette aus Bronze, an griechischen Formen der geometrischen Epoche orientiert; 8.–7. Jahrhundert v. Chr. Sie stammen aus dem Schatzfund von Kasizene bei Sofia (Sofia, Archäologisches Nationalmuseum).

Eine »Randkultur« im Blickpunkt – Die Thraker

Unter dem historisch-geographischen Begriff Thrakien versteht man heute den nordöstlichen Landesteil Griechenlands, sodann das gesamte Staatsgebiet Bulgariens und, mit Einschränkungen, auch Südrumänien. Bis vor wenigen Jahrzehnten war die materielle Kultur des antiken Thrakien noch weitgehend unbekannt. Nicht nur die eingeschränkten Forschungs- und Präsentationsmöglichkeiten in den Ländern des Ostblocks waren hierfür die Ursache, sondern auch eine klassizistisch orientierte Archäologie und Geschichtswissenschaft, die Thrakien als eine relativ unbedeutende »Randkultur« ansah, die kaum besonderes Interesse verdiene. Dies hat sich inzwischen geändert: Sensationelle Schatz- und Grabfunde, die in Ausstellungen um die ganze Welt wandern, haben das antike Thrakien in den Blickpunkt des öffentlichen Interesses gerückt. Siedlungsgrabungen und die sorgfältige Analyse von Bestattungsplätzen mit ihren reichen Funden ließen ein differenziertes Bild von Alltag und sozialer Gliederung der in der Antike hier ansässigen Menschen entstehen.

Damit aber stellt sich die Frage nach Identität und Kontinuität thrakischer Kultur und ihrer Träger. Wer war dieses »Volk«? Seit welcher Zeit und in welchem Sinne kann von Thrakern gesprochen werden? Besonders die bulgarische Forschung – im Westen vermittelt vor allem durch Kataloge zu Ausstellungen – hat in ihrem Bestreben, heutige nationale Identität historisch zu beglaubigen, durch philologische und archäologische Argumente eine thrakische Kultur zu rekonstruieren versucht, deren Wurzeln angeblich bis ins 3. Jahrtausend v. Chr. zurückreichen und deren Fortdauer bis weit in die byzantinische Epoche, ja bis in die Gegenwart behauptet wird. Demgegenüber ist jedoch die regionale und epochale Vielfalt, ja sogar Diskontinuität dieses Kulturraums zu betonen, die unter dem Namen »thrakisch« nur hilfsweise zusammengefasst werden kann. Tatsächlich waren es weniger ethnische Abgrenzungen als vielmehr historische Ereignisse und Strukturen, die für eine gewisse Zeit eine spezifisch thrakische Kultur haben entstehen lassen. Verknüpft war dieser Vorgang offenbar mit der Herausbildung bestimmter sozialer Eliten am Ende des 6. Jahrhunderts v. Chr., und dementsprechend endet auch mit dem historischen Verschwinden dieser Eliten im späten Hellenismus eine archäologisch fassbare eigenständige thrakische Kultur.

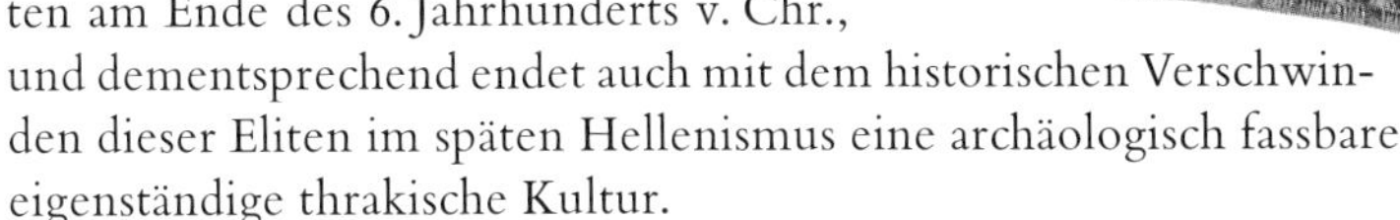

Bronzematrize mit stilisierten Tieren aus Gartschinowo; um 500 v. Chr. Eines der frühesten Beispiele spezifisch thrakischer, vom skythischen Tierstil beeinflusster Kunst (Schumen, Historisches Bezirksmuseum).

Frühe Vermittlerrolle – Thrakien in vorgeschichtlicher Zeit

Bereits im 4. Jahrtausend v. Chr., noch in der Jungsteinzeit also, spielte das Gebiet des späteren Thrakien eine wichtige Vermittlerrolle zwischen dem Vorderen Orient und Mitteleuropa. Ackerbau und Viehzucht – und damit einhergehend neue Möglichkeiten der Sesshaftwerdung – etablierten sich hier, von Anatolien kommend, zu einem sehr frühen Zeitpunkt. Zugleich gewann die Region an Bedeutung durch ihre reichen Gold-, Silber- und Kupfervorkommen (besonders im Pangäongebirge), die von einheimischen Stämmen kontrolliert und in technisch fortgeschrittener Weise abgebaut und verarbeitet wurden. Der 1972 entdeckte Grabfund von Warna aus dem späten 4. Jahrtausend v. Chr. belegt eindrucksvoll das hohe handwerkliche Niveau im Umgang mit verschiedenen Materialien. Aus Goldblech geformte, zum Teil ganzfigurige Darstellungen von Rindern verweisen auf die Grundlage des neuen Reichtums. Zugleich wird in diesen Grabbeigaben, zu denen Rituaäxte und zepterartige Gegenstände gehören, die Herausbildung einer festen sozialen Hierarchie deutlich, wie sie auch später für die Region charakteristisch blieb.

Silberschatz von Rogosen. Der 1985 gefundene Schatz enthält 165 Silbergefäße, einige teilweise vergoldet, mit einer eigenständigen Bildsprache. Nach den Besitzernamen thrakischer Könige wird er ins 5. und 4. Jahrhundert v. Chr. datiert.

Die Bronzezeit des 2. Jahrtausends v. Chr. ist demgegenüber durch relativ einfache Keramik und einige wenige, wenngleich herausragende Edelmetallfunde, dann aber durch eine Fülle mit ins Grab gegebener Waffen repräsentiert. Hier sind besonders bronzene Schwertklingen und Lanzenspitzen zu nennen. Krieg wird zur prestigeträchtigen Beschäftigung einer adeligen Oberschicht. Es ist in Griechenland und Kleinasien die Epoche, die Homer im 8. Jahrhundert v. Chr. rückblickend besungen hat, und analog zu den dort beschriebenen mykenischen und kleinasiatischen Fürstenhöfen – nur auf einfacherem Niveau – wird man sich die Lebensweise der sozialen Elite auch in Thrakien vorstellen können.

Mit Homer taucht in der literarischen Überlieferung auch zum ersten Mal der Name Thraker für die damals noch rund um die Dardanellen – das heißt im nördlichen Kleinasien ebenso wie in Europa – wohnenden Völkerstämme auf. Berühmte Gestalten des griechischen Mythos wie die Priesterkönige Maron und Lykurg, vor allem aber der legendäre Sänger Orpheus, galten als Urkönige thrakischer Stämme. Doch ist dies die verklärende und vereinheitlichende Sicht der Griechen, die zwar im 7. Jahrhundert v. Chr. zahlreiche Städte an der thrakischen Ägäis- und Schwarzmeerküste gegründet hatten, mit den Verhältnissen im thrakischen Binnenland aber wenig vertraut waren. Dass die dort beheimateten Stammesgesellschaften selbst sich als Einheit begriffen und als Thraker bezeichnet hätten, ist nicht bezeugt und wenig wahrscheinlich. Die Eisenzeit des frühen 1. Jahrhunderts v. Chr. brachte jedenfalls wenig hervor, was sich als spezifisch thrakisch hervorheben ließe. Formen von Bronzegeräten und -figuren lassen enge Kontakte zu Südgriechenland und zur Ägäis hin erkennen; Handwerksprodukte und Bestattungssitten verraten aber ebenso die Verbindungen der Region zum Norden hin: zur Hallstattkultur in Osteuropa, aber auch zur Ukraine und nach Georgien.

Orpheus beim ekstatischen Gesang, umstanden von Thrakern, die ihm ergriffen zuhören. Griechisches Vasenbild auf einem Krater (Mischgefäß) aus Ton, um 440 v. Chr. (Berlin, Antikensammlung).

Von den thrakischen Stämmen lassen sich aufgrund von Schriftquellen mit einiger Sicherheit die Siedlungsgebiete der Triballer im westlichen Bulgarien und östlichen Serbien lokalisieren, ferner die der Serden in der Gegend rund um Sofia, die der Odrysen rund um Stara Sagora, die der Bessen im östlichen Rhodopegebirge und die der Geten – später der Daker – nördlich der Donau im heutigen Rumänien.

Unter neuer Führungsschicht – Die historische Zeit Thrakiens (6.–3. Jahrhundert v. Chr.)

Eine entscheidende Veränderung brachte der um 512 v. Chr. begonnene persische Feldzug auf die Balkanhalbinsel mit sich. Zwar wurde nur die bis dahin von Griechen dominierte Küstenregion südlich des Rhodopegebirges tatsächlich von persischen Truppen okkupiert, während die im nördlichen Binnenland lebenden Stämme offenbar freundschaftliche Beziehungen zur achämenidischen Dynastie unterhielten, doch bildeten sich während der 30 Jahre persischer Dominanz vor allem im thrakischen Binnenland neue gesellschaftliche und staatliche Strukturen heraus. Während die breite Bevölkerung weiterhin von der Viehzucht und vom Ackerbau auf eigenem Grund und Boden lebte, etablierte sich darüber eine auf militärische Unternehmungen und Jagd ausgerichtete adelige Oberschicht mit jeweils einem (Stammes-)König an ihrer Spitze. Die Prägung von Silbermünzen zeigt den ökonomischen und dynastischen Anspruch der neuen Eliten. Ein ausgeklügel-

Silbermünze des thrakischen Stammes der Derronen: Mann mit Peitsche auf einem Ochsenkarren, über dem Ochsen das Sonnensymbol, darunter Chiffre für »Adlerflügel«; um 500 v. Chr.

tes System von Tributzahlungen und wechselseitigen Geschenken führte zur Anhäufung von enormen Reichtümern und wurde zugleich zu einem Mittel regelrechter Diplomatie, innerhalb des Landes ebenso wie im Verkehr mit auswärtigen Staaten. Sklaven und Reitpferde, vor allem aber kostbare Stoffe, Schmuck und reich verziertes Tafelgeschirr aus Edelmetall zählten zu den prestigeträchtigen Gütern, die in diesem Tribut- und Geschenksystem zirkulierten. Hochzeiten – auch diese ein Mittel dynastischer Diplomatie –, ausgedehnte Festbankette nach erfolgreichen Kriegszügen, Götterfeste und vor allem prunkvolle Begräbnisse, wiederum mit Trinkgelagen und Wettkampfspielen, waren die Anlässe von Geschenketausch und Tributzahlungen und boten zugleich einen rituell gestalteten szenischen Rahmen, in dem diese »Güter« vor den Versammelten besonders zur Geltung kamen.

Ritualgefäße aus Gold (teilweise mit silbernen Einlegearbeiten) aus dem Schatzfund von Waltschitran bei Plewen; etwa 12. Jahrhundert v. Chr. (Sofia, Archäologisches Nationalmuseum).

Luxus für die Toten

Anders als im zeitgleichen Griechenland, aber entsprechend den Bräuchen in Makedonien und vor allem im skythischen Kulturbereich, wurden im Rahmen aufwendiger Grabrituale wertvolle Alltagsgegenstände – in Ehrfurcht vor den Toten, aber auch zur Steigerung adeligen Prestiges – geopfert und mit ins Grab gegeben. Auf die Griechen haben die thrakischen Begräbnisbräuche einen starken Eindruck gemacht: Sie waren befremdet vom Unsterblichkeitsglauben und den positiven Jenseitsvorstellungen der nach ihrer Auffassung geradezu todessehnsüchtigen Thraker und ihrem schier unglaublichen Grabluxus. Aufwendige, von Erdhügeln überdeckte Grabbauten aus dem 5., vor allem aber aus dem 4. Jahrhundert v. Chr. dokumentieren archäologisch, was die literarischen Quellen – hier sind vor allem die griechischen Geschichtsschreiber Herodot, Thukydides und Xenophon zu nennen – andeuten. Auch eine Fülle von Edelmetallgeschirr wurde aus bulgarischem Boden in den letzten Jahrzehnten geborgen: zumeist allerdings als isolierte Hortfunde, die nach ihrem Gebrauch, wohl bei Kriegswirren, vergraben worden waren und die nun losgelöst von ihrem einstigen sozialen Kontext interpretiert werden müssen.

Aufwendige Grabanlagen des 5. und frühen 4. Jahrhunderts v. Chr. fanden sich im heutigen Bulgarien etwa in Targowischte und Tatarewo. Noch größere Pracht entfaltet sich in den teilweise mit Male-

Die Griechen waren vom Unsterblichkeitsglauben der Thraker befremdet, wie aus dem Bericht Herodots hervorgeht (Historien 4,94):

Über ihren Glauben an die Unsterblichkeit sei Folgendes gesagt. Sie glauben nicht an ihren Tod, sondern meinen, der Tote gehe zu dem Gott Salmoxis ... Alle fünf Jahre schicken sie einen durchs Los Erwählten als Abgesandten zu Salmoxis und sagen ihm ihre jeweiligen Wünsche, die er dem Gotte ausrichten soll. Die Absendung geschieht auf folgende Weise. Einige müssen drei Speere halten, andere fassen Hände und Füße des Salmoxis-Boten und werfen ihn in die Luft empor, sodass er in die Speere fällt. Wird er durchbohrt und stirbt, so halten sie das für ein Zeichen, dass der Gott gnädig ist. Stirbt er nicht, so geben sie dem Boten die Schuld, schelten ihn einen Bösewicht und senden einen anderen an den Gott ab. Die Aufträge geben sie ihm, während er noch lebt.

rei und Skulptur reich geschmückten komplexen Grabbauten des späten 4. und frühen 3. Jahrhunderts v. Chr. von Mesek, Waltschepol, Losengrad, Kasanlak und Sweschtari.

Die Gräber besitzen eine im Grundriss rechteckige oder runde Hauptkammer und gewöhnlich einen Vorraum, zu dem ein langer, zuweilen gedeckter Zugangsweg, der Dromos, hinführt. Aus Krag-

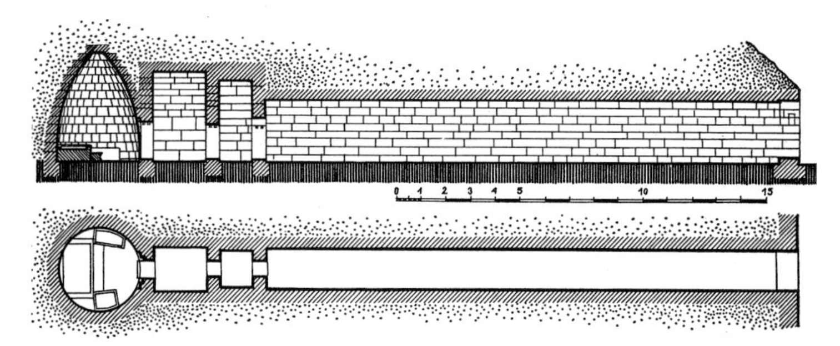

Oben rechts: Längsschnitt und Grundriss der fürstlichen Grabanlage von Mesek; 4. Jahrhundert v. Chr.

steinen gebildete Scheingewölbe und zu einem Giebel gegeneinander gelegte Steinplatten erinnern an sonst längst vergessene vorgeschichtliche Bauweisen, wie sie im achäischen Griechenland des 2. Jahrtausends v. Chr. und wenig später noch in Anatolien begegnen. Unvermittelt daneben aber stehen echte Bogenkonstruktionen, wie sie seit Mitte des 4. Jahrhunderts v. Chr. in Makedonien bei Gräbern und in Westgriechenland bei Stadttoren üblich waren. Architektur und Ausstattung der Gräber zeigten eine starke Aufgeschlossenheit gegenüber fremden Einflüssen aus allen Teilen des östlichen Mittelmeergebiets und der skythischen Nachbarländer. In ihrer jeweiligen Kombination und ihrer stilistischen Gesamterscheinung aber erweisen sich die thrakischen Grabanlagen, nicht anders als die bei Fest-

Die silbernen Zierbeschläge mit Vergoldung aus Letniza zeigen Darstellungen aus der thrakischen Mythologie; 4. Jahrhundert v. Chr. (Sofia, Archäologisches Nationalmuseum).

banketten gebrauchten Edelmetallservice, als unverwechselbar: Fremdes wird in Thrakien völlig unbefangen genutzt und sowohl inhaltlich als auch formal mit der thrakischen, derben Bildsprache gekoppelt und in die eigenen höfisch-zeremoniellen Fest- und Grabrituale integriert.

STILMITTEL UND ABSTRAKTIONSNIVEAUS IN DER THRAKISCHEN BILDSPRACHE

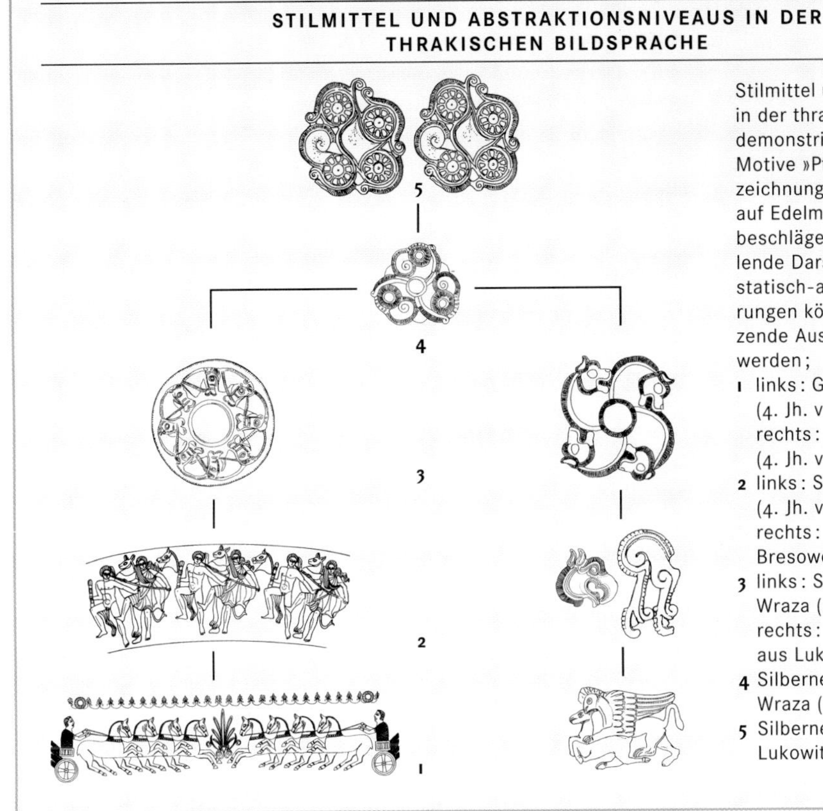

Stilmittel und Abstraktionsniveaus in der thrakischen Bildsprache, demonstriert am Beispiel der Motive »Pferd« und »Greif« (Umzeichnungen schmückender Reliefs auf Edelmetallgefäßen und Zierbeschlägen). Eher szenisch ausmalende Darstellungen neben mehr statisch-abstrakten Bildformulierungen können als einander ergänzende Aussageweisen interpretiert werden;

1 links: Goldkanne aus Wraza (4. Jh. v. Chr.); rechts: Silberschale aus Borowo (4. Jh. v. Chr.);
2 links: Silberkanne aus Rogosen (4. Jh. v. Chr.); rechts: Zierbeschläge aus Bresowo (um 300 v. Chr.);
3 links: Silberner Zierbeschlag aus Wraza (um 300 v. Chr.); rechts: Silberner Zierbeschlag aus Lukowit (4. Jh. v. Chr.);
4 Silberner Zierbeschlag aus Wraza (um 300 v. Chr.);
5 Silberne Zierbeschläge aus Lukowit (um 300 v. Chr.).

So können aus der skythischen Bildsprache entnommene Elemente unvermittelt neben griechischen und persischen auftreten und, damit einhergehend, auch heterogene, auf den ersten Blick unvereinbare Inhalte, die durch die Bilder transportiert werden. Zusammengenommen aber bilden formale und inhaltliche Elemente als Aussage eine Einheit, die den spezifischen Bedürfnissen der einheimischen thrakischen Benutzer genau entsprach. Oft sind ganze Bildgruppen objektübergreifend zu lesen und zu deuten, so etwa bei reliefverzierten Gefäßen von Metallservicen.

Auch unterschiedliche Stilmittel und Abstraktionsniveaus treten in der thrakischen Bildsprache zeitgleich nebeneinander auf und können als einander ergänzende Aussageweisen interpretiert werden. Szenisch ausmalende Darstellungen erzählen einzelne herausragende und vorbildhafte Begebenheiten (Paradigmen), während mehr statisch-abstrakte und abkürzende Bildformulierungen dem Betrachter den überzeitlichen und allgegenwärtigen Anspruch solcher Paradigmen vor Augen führen.

Die berühmtesten, heute in Ausstellungen immer wieder gezeigten Edelmetallservice stammen aus den bulgarischen Fundstätten Duvanli, Lukowit, Letniza, Jakimowo, Borowo, Rogosen, Panagjurischte Waltschitran (bei Plewen) und Wraza.

Bronzemünze des Odrysenkönigs Seuthes III., der von 324 bis 311 v. Chr. regierte.

Knieschutz einer silbernen Beinschiene mit Vergoldung aus der »Mogilanska-Mogila«, einem Hügelgrab in der Nekropole von Wraza. Das tätowierte Gesicht zeigt eine schmuckhaft von Schlangen, Löwen und Raubvögeln umgebene Göttin; 4. Jahrhundert v. Chr. (Wraza, Archäologisches Museum).

Religion und Sprache der Thraker

Über die Götterwelt der Thraker ist nur wenig bekannt. Eine zentrale Rolle muss ein Sonnengott gespielt haben, den die Griechen mit Apoll gleichsetzten. Daneben wurde ein dem griechischen Ares entsprechender Kriegsgott und Bendis, eine der Artemis verwandte Jagdgöttin, verehrt. Auch Gottheiten, die die Griechen mit Dionysos in Verbindung brachten, müssen in dieser mit Tanz und ekstatischer Musik begangenen, oft orgiastischen Religionspraxis wichtig gewesen sein.

Auch die thrakische Sprache, die zur Familie der indogermanischen Sprachen gehört, ist trotz intensiver Forschungen immer noch so gut wie unbekannt. In griechischen Buchstaben verfasste Inschriften geben lediglich Personennamen und Ortsbezeichnungen an, hinzu kommen einige wenige, meist verballhornte Wortzitate bei griechischen Autoren. Griechen und Ägypter kannten Thraker meist nur als Sklaven – besonders in den Bergwerken – und als Söldner, wie sie sich zu Tausenden in der gesamten östlichen Mittelmeerwelt verdingten.

Das Reich der Odrysen

Standen die einzelnen thrakischen Stämme bis zum Beginn des 5. Jahrhunderts v. Chr. noch relativ gleichrangig nebeneinander, so etablierte sich nach dem Rückzug der Perser aus der Region im 2. Viertel des 5. Jahrhunderts v. Chr. mit dem Odrysenkönig Teres eine Dynastie, die sich militärisch und diplomatisch an die Spitze der thrakischen Stämme setzte und sich sogar noch nach der Eroberung der Region durch den Makedonenkönig Philipp II. 342 v. Chr. in fast ungebrochener Linie an der Macht behaupten konnte. In keiner anderen Zeit kann man so sehr von Thrakien als einer Einheit sprechen wie in dieser Epoche. Die odrysische Herrschaft unter den nachfolgenden Königen Sitalkes (440–424 v. Chr.), Seuthes I. (seit 424 v. Chr.), Seuthes II. (seit 400 v. Chr.), später Kothys I. (383–359 v. Chr.) und Seuthes III. (324–311 v. Chr.) ließ ein militärisch starkes Reich mit der Hauptstadt Seuthopolis (zwischen Sofia und Stara Sagora gelegen) entstehen, das sich gegen innere wie äußere Bedrohungen zu wehren verstand. Weder der Makedonenkönig Philipp II. und später sein Sohn Alexander der Große noch der Diadoche Lysimachos im frühen 3. Jahrhundert v. Chr. brachten das Gebiet jemals vollständig unter ihre Kontrolle.

Marmorne Grabstatue aus einem Mausoleum bei Brestnik (Bezirk Plowdiw); 3. Jahrhundert n. Chr. Der siegreiche Heros oder Gott zu Pferd wurde als »Thrakischer Reiter« zu einer Art nationalem Symbol für diese Region. Das Bildmotiv erscheint während der römischen Kaiserzeit häufig auf Weihreliefs und – als Verbildlichung des Toten – auf Grabdenkmälern.

Unter römischer Kontrolle – Das Ende der thrakischen Kultur

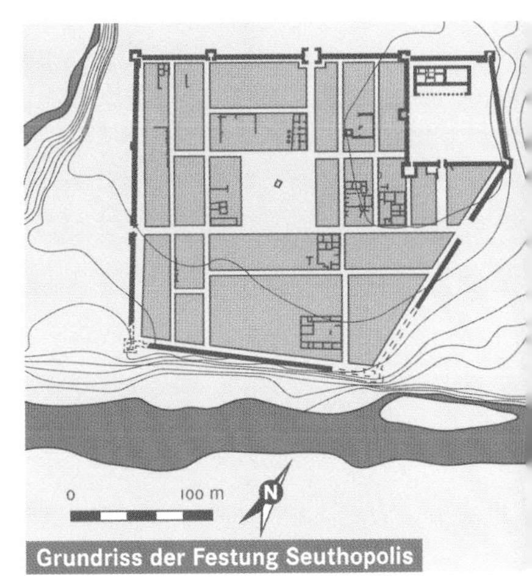

Grundriss der Festung Seuthopolis

Eine Welle von Kelteneinfällen im 3. und 2. Jahrhundert v. Chr., seit 188 v. Chr. auch Kämpfe mit römischen Verbänden, haben dem, was als thrakische Kultur fassbar ist, ein Ende gemacht. Damit allerdings stellt sich die Frage des archäologischen und historischen Blickpunkts. Denn unter Kultur – hier unter thrakischer Kultur – werden stets fast ausschließlich Hervorbringungen sozialer Eliten verstanden, und diese hörten hier wirklich auf zu bestehen. Menschen aber lebten auch weiterhin in jenen Gebieten, und mit ihnen bestanden ökonomische, soziale und kulturelle Strukturen fort. Diese allerdings gestalteten sich je nach Landesteil doch sehr unterschiedlich.

148 v. Chr. wurde Makedonien römische Provinz und damit Rom zum unmittelbaren Nachbarn der Thraker. Während die dakische Region nördlich der Donau noch durch Bildung eines Großreichs – unter den Königen Burebista (60–44 v. Chr.) und Decebalus (86–106 n. Chr.) – der neuen Macht trotzte, kam das thrakische Kernland 45/46 n. Chr. unter römische Kontrolle. Die Gebiete südöstlich der Linie Sofia–Plowdiw gehörten fortan zur Provinz Thracia, der Landstrich nördlich und westlich dieser Linie zur Provinz Moesia. In den Dakerkriegen unter Kaiser Trajan zu Beginn des 2. Jahrhunderts wurde schließlich auch das Gebiet nördlich der Donau als Provinz Dacia dem Römischen Reich einverleibt. Dakien, das heutige Rumänien, wurde kulturell und sprachlich weitgehend latinisiert; Thrakien behielt, von Rom kontrolliert, manche seiner alten sozialen und kulturellen Eigenheiten bei, vor allem seine traditionelle Verbindung zur griechischsprachigen südlichen Balkanhalbinsel. Auch nach der Teilung des römischen Imperiums gehörte Thrakien zum griechisch orientierten Byzantinischen (Oströmischen) Reich. Hunneneinfälle im 5. Jahrhundert und die slawische Ansiedelung im 6. Jahrhundert auf dem nördlichen Balkan aber setzten schließlich jeder von der Antike herrührenden Kontinuität ein Ende. Zugleich markierten sie den Beginn einer neuen Tradition, die in Sprache und kultureller Ausrichtung Bulgariens bis in die Gegenwart nachwirkt.

Römer mit zwei gefangenen Dakern in ihrer charakteristischen Landestracht. Metope vom 109 n. Chr. von Kaiser Trajan nach den Kriegen gegen die Daker errichteten Siegesdenkmal (Tropeum Traiani) in Adamclisi, Rumänien.

Lambert Schneider

Seeräuber und tüchtige Krieger – Die Illyrer

Goldmaske aus der Nekropole des 5. Jahrhunderts v. Chr. in Trebenište bei Ohrid, Makedonien. Als Grabbeigaben wurden auch goldene Sandalen, importierte griechische Keramik und Bronzegefäße gefunden. Heute im Nationalmuseum in Belgrad.

Als Illyrer oder Illyrier bezeichneten die antiken Autoren jene Stämme, die das Land nordwestlich von Makedonien bewohnten. Die ethnischen Grenzen zwischen diesen Stämmen und anderen Völkern waren oft fließend, denn die Illyrer vermischten sich im Süden mit den Stämmen der Landschaft Epirus, im Norden – im Savetal und an der Donau – mit keltischen Stämmen; im Osten bildeten die Thraker eine starke ethnische Komponente. Als Südgrenze des von illyrischen Stämmen bewohnten Gebiets galten die Keraunischen Berge des Epirus, das heutige Gebirge Reza e Kanalit in Albanien, als Nordgrenze wurde die Donau angesehen. In West-Ost-Richtung erstreckte sich das illyrische Territorium vom Adriatischen Meer bis zum Moravafluss in Serbien. Als illyrisch galten auch einige Stämme an der Ostküste Italiens, vor allem in Apulien, so die Japyger, Messapier, Salentiner und Peuketier. Nach einem von dem griechischen Grammatiker Apollodor im 2. Jahrhundert v. Chr. beschriebenen Mythos wurden die Illyrer nach ihrem Stammvater Illyrios, dem Sohn des Kadmos und der Harmonia, benannt. Kadmos galt als phönikischer Königssohn; auf der Suche nach seiner Schwester Europa, die von Zeus in Stiergestalt geraubt worden war, soll er zuerst nach Böotien gelangt sein, wo er die Festung Kadmeia, Kern der späteren Stadt Theben, gründete; Jahre danach, von den am heutigen Ohridsee siedelnden Encheleern gegen die Nachbarstämme zu Hilfe gerufen, besiegte er die Illyrer und wurde ihr König. Seinen später geborenen Sohn nannte er Illyrios. Am Ende ihres Lebens wurden Kadmos und Harmonia in Schlangen verwandelt und als solche ins Elysium aufgenommen. Nach einer anderen Version dieses Mythos waren sie schon als Schlangen nach Illyrien gekommen.

Der tatsächliche Ursprung der Illyrer beschäftigt seit langem Archäologen, Sprachwissenschaftler und Historiker. Bis heute ist nicht eindeutig geklärt, wie die illyrischen Stämme sich in einem langen, kontinuierlichen Prozess aus der alteingesessenen, »autochthonen«, Bevölkerung des westlichen Balkans entwickelt haben und wie weit im frühen 2. Jahrtausend v. Chr. zugewanderte indogermanische Gruppen die alte, vorindogermanische Bevölkerung überlagert, verdrängt oder sich mit ihr vermischt haben.

Im Hinterland der bedeutenden Griechenstadt Epidamnos (später Dyrrhachion, lateinisch Dyrrhachium) lebten die Taulantier, »Barbaren«, wie Thukydides (Geschichte des Peloponnesischen Krieges 1, 24, 5) sie nennt:

Epidamnos ist eine Stadt, die, wenn man in den Ionischen Meerbusen einfährt, zur Rechten liegt. In der Nähe wohnen die Taulantier, Barbaren illyrischer Abstammung. Es ist eine Siedlung der Korkyräer, der Gründer war Phalios, ... ein Korinther und Abkömmling des Herakles, der nach altem Brauch aus der Mutterstadt (Korkyra war eine Kolonie von Korinth) herbeigerufen worden war; bei der Besiedlung wirkten aber auch einige Korinther und andere Dorer mit.

Vielzahl und Vielfalt – Die illyrischen Stämme

Das illyrische Gebiet wurde von vielen Stämmen besiedelt. Im Süden, am Rande der antiken Welt, wohnten die Taulantier. Ihr Königreich lag im heutigen Albanien, im Hinterland der griechischen Kolonien Epidamnos (später Dyrrhachion, heute Durrës) und Apollonia (heute Pojani bei Fier). Erstere war 627, letztere 588 v. Chr. von Kolonisten aus Korinth und Korkyra (Kerkyra, heute Korfu) gegründet worden. Die Encheleer siedelten am Ohridsee, die Ardiäer (Ardiaier) am Naronafluss, der heutigen Neretva, nordöstlich von ihnen wohnten ihre Nachbarn, die Autariaten, mit denen sie ständig Kriege um die Salzquellen führten. Des Weiteren saßen die Dassareten nahe der Stadt Lychnidos (heute Ohrid) am Ohridsee, die Labeaten am Skutarisee, die Pirusten in den Bergen nördlich von Lissos (heute Lezhë); nördlich des Ardiäergebiets erstreckte sich das Territorium der kämpferischen Delmaten (Dalmaten), nach denen Dalmatien benannt wurde. Die größten Stämme der nordillyrischen Gruppe waren die Histrier im heutigen Istrien, die Japoden in deren Hinterland und die Liburner zwischen den Delmaten und dem Adriazufluss Titius, der heutigen Krka (mündet bei Šibenik); zwischen Donau und Save wohnten die pannonischen Illyrer, die sich seit dem 4. Jahrhundert v. Chr. stark mit den keltischen Boiern, Tauriskern und Skordiskern vermischten. Bekannt durch ihren Widerstand gegen die römische Herrschaft sind vor allem die Breuker geworden; die Colapianen hatten ihre Wohnsitze an der Kupa (in der Antike Colapis) bei Siscia, dem heutigen kroatischen Sisak, die Amantiner in Sirmien (heute Srem), der Landschaft zwischen Save und Donau. Zahlreich sind auch die illyrischen Stämme, die das zentralbalkanische Gebiet, das heutige Bosnien und Serbien, besiedelten. Ihre Wohnsitze genau zu lokalisieren ist nicht immer möglich. Zu den tapfersten gehörten die Däsitiaten, die zu Beginn der christlichen Ära in der Umgebung von Sarajevo in einer lateinischen Inschrift bezeugt sind. Als nordöstliche Nachbarn der griechischen Makedonen sind in Serbien und Makedonien die Dardaner und, südlich von diesen, die Päonen bezeugt.

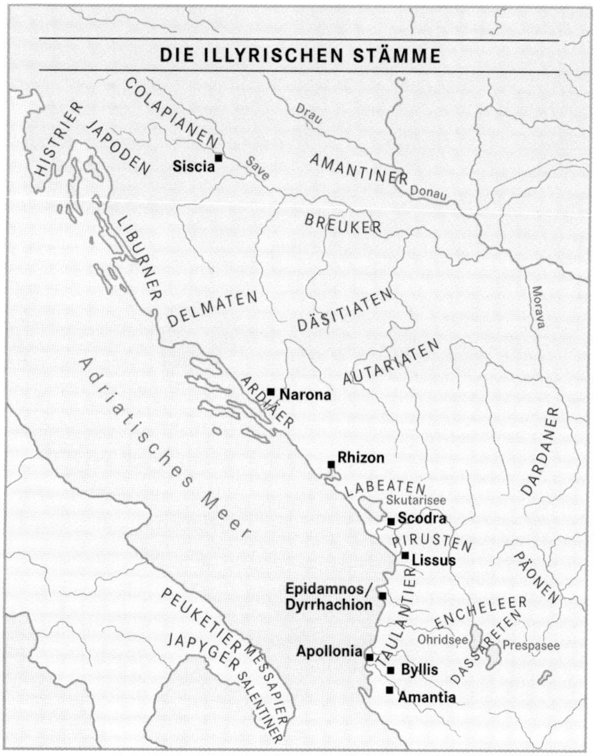

Am besten kennen wir die südillyrischen Stämme, die ständig mit den makedonischen Herrschern und später den Römern Kriege führten. Die Stämme kämpften auch gegeneinander, wodurch einige von ihnen aus ihren alten Wohnsitzen vertrieben wurden. Dafür werden aber auch andere Gründe genannt. Merkwürdig mutet uns an, was über die Aussiedlung der Autariaten aus ihrem Land berichtet wird: Vom Himmel seien statt gewöhnlichem Regen Frösche und Mäuse gefallen, die alle Quellen verstopften und die Häuser füllten. Dadurch kam es zu einer Epidemie, und alle Stammesangehörigen mussten das Land verlassen. Zuflucht fanden sie erst bei den Agrianern unweit der Donau. Dort wurden sie so stark, dass Alexander der Große bei seinem Feldzug gegen die thrakischen Triballer Furcht vor dem Angriff der Autariaten hatte.

An der Spitze Könige

Zwischen den Stämmen gab es Unterschiede in den staatlich-politischen und wirtschaftlichen Formen, in den Sitten und wahrscheinlich auch in der Sprache und im Glauben. Im Vergleich zu den Nordstämmen besaßen die südillyrischen Stämme ein höher entwickeltes politisches System, die Monarchie. An der Spitze des Stammes oder Stammesbündnisses stand der König, der im Kriegsfall auch das Heer führte. Das von ihm regierte Volk lebte größtenteils auf dem Lande und musste Tribut zahlen. Neben den Königen stand die Aristokratie, deren Mitglieder bei den antiken Schriftstellern als »principes«, »nobiles« oder »dynastai« bezeichnet wurden. Im 4. und 3. Jahrhundert v. Chr. herrschten bei den Dardanern, Päonen, Taulantiern und Encheleern Könige; vom 4. Jahrhundert bis in die Sechzigerjahre des 2. Jahrhunderts v. Chr. ist im Süden, im heutigen Albanien, ein illyrisches Reich bezeugt, dessen Hauptorte Skodra (heute Shkodër) und Rhizon (heute Risan in der Boka Kotorska, dem Gebiet um die Bucht von Kotor) waren. Unter Königen lebten auch die Liburner, bei denen für den Fall, dass männliche Nachkommen ausblieben, auch die weibliche Thronfolge vorgesehen war. Die Pannonier an der Save kannten keine feste politische Organisation, sondern lebten zerstreut und nach Sippen aufgeteilt auf den Feldern. Nur im Kriegsfall taten sie sich zusammen und kämpften gemeinsam unter einem Anführer. Im Krieg war ein solcher Stammesverband oder auch ein Staat wie der in Südillyrien schon einmal in der Lage, ein Heer von 10 000 Mann Fußvolk und eine 500 Mann starke Reiterei auf die Beine zu stellen. Dazu kamen Kriegsschiffe, Liburnen und Lemben, die bis zu 50 Mann mit ihren Waffen aufnehmen konnten.

Zu den Untertanen der illyrischen Könige zählten auch Halbfreie: Bei den Ardiäern arbeiteten 300 000 »prospelatai« (abhängige Bauern) auf den Feldern, bei den Dardanern wurden mehrere Tausend Kriegsgefangene in Friedenszeiten als Arbeitskräfte auf den Feldern und im Krieg als Soldaten eingesetzt. Die Delmaten verlangten von den Unterjochten Steuern in Form von Vieh und Getreide. Der Adel war privilegiert und reich, was die Grabbeigaben deutlich zeigen, wie sie z. B. in den »Fürstengräbern« der Glasinac-Hochebene bei Sarajevo und in Stična im heutigen Slowenien gefunden wurden.

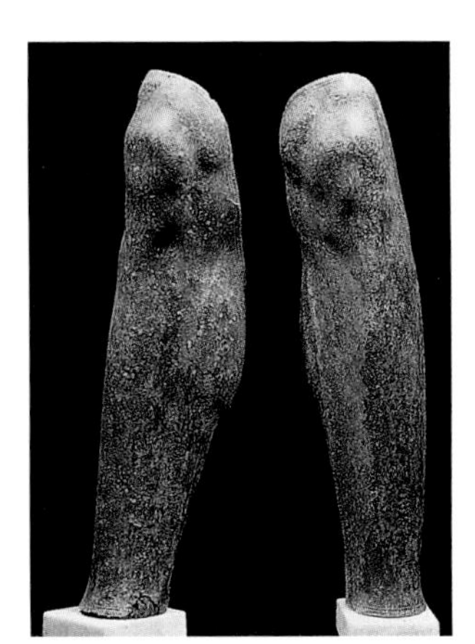

Aus einem Fürstengrab in Belsh (Ballsh) stammt dieses Paar Beinschienen aus Bronze. Durch Löcherpaare an den Seiten wurden die Schnürbänder gezogen, mit denen die Schienen befestigt waren; Mitte des 4. Jahrhunderts v. Chr. (Tirana, Historisches Nationalmuseum). Rechts der Helm eines illyrischen Kriegers, gefunden in Trstenik, Serbien, heute im Nationalmuseum in Belgrad. Zur Bewaffnung gehörten ein kurzes, krummes Schwert, Lanze, Streitaxt sowie Pfeil und Bogen.

Die 7 cm hohe Statuette eines Widders aus Bronze gehört zu den in einem Tempeldepot von Amantia gefundenen Weihgeschenken; 3. Jahrhundert v. Chr. (Tirana, Historisches Nationalmuseum).

In den von den Illyrern bewohnten Gebieten gab es zwei Siedlungstypen: befestigte Höhensiedlungen *(oppida)* und Pfahlbausiedlungen. Die befestigten Siedlungen wurden auf schwer zugänglichen Bergen aus großen Steinquadern erbaut, die Pfahlbauten lagen in den Flusstälern; auf den hölzernen Terrassen standen Holzhäuser. Die Dardaner sollen nach der Überlieferung in mit Dünger zugedeckten Erdhöhlen gelebt haben, wie es z. B. Tacitus auch von den Germanen berichtet hat. Gleichzeitig errichteten die Dardaner aber auch befestigte Siedlungen.

Sprache und Religion der Illyrer

Da die Illyrer keine eigene Schrift entwickelt haben, ist ihre – indogermanische – Sprache weitgehend unbekannt geblieben. Durch römische Inschriften kennen wir lediglich einige Eigennamen und geographische Namen. Wahrscheinlich wurden viele Dialekte gesprochen.

Die Religion der Illyrer zeigt einige Züge uralter Überlieferung. Der Stammvater Illyrios erscheint in Verbindung mit einer Schlange als Totemtier. Weitere Totemtiere sind in einigen Stammesnamen zu erkennen: Die Encheleer wurden nach dem Aal, die Taulantier nach der Schwalbe, die Delmaten wahrscheinlich nach dem Schaf benannt. Nähere Einzelheiten der illyrischen Religion kennen wir nicht. Bekannt sind lediglich einige Namen einheimischer Gottheiten, so Eia, Melesocus, Boria und Iria in Istrien, Bindus bei den Japoden, Ausdotica und Ica bei den Liburnern, Vidasus in Pannonien und Medaurus als Schutzgott in Rhizon, aber sie sind erst in römischer Zeit, in lateinischen Inschriften, bezeugt.

Die illyrische Festung Medun bei Podgorica, Montenegro, mit Akropolis und Unterstadt wohl aus der 2. Hälfte des 3. Jahrhunderts v. Chr. Die Illyrer errichteten ihre Festungen aus wuchtigen Steinblöcken auf schwer zugänglichen Anhöhen.

Die Sitten der illyrischen Stämme

Die antiken Autoren berichten gern über angebliche Eigenheiten, Sitten und Gebräuche der Illyrer, die ihnen ungewöhnlich und merkwürdig vorkamen. Dazu gehört auch die Geschichte vom »bösen Blick«. Nach einer Angabe bei Plinius dem Älteren gab es bei den Illyrern Leute, die Menschen töten konnten, indem sie sie längere Zeit anstarrten. Angeblich hatten sie auch zwei Pupillen in einem Auge. Der Geograph Strabo erwähnt im 1. Jahrhundert n. Chr., dass sich die Japoden, gleich anderen »barbarischen« Stämmen, tätowieren ließen. Archäologisch ist diese Nachricht durch den Fund einer dafür benutzten Nadel mit einem Stiel bestätigt. Eigentümlichkeiten und Merkwürdigkeiten einzelner Stämme sind auch im gesellschaftlichen Bereich überliefert. So sollen die Liburner der Frauengemeinschaft gehuldigt haben. Die Frauen durften den Vater ihrer Kinder selbst wählen und nahmen unmittelbar nach der Geburt ihre gewohnte Beschäftigung wieder auf. Die Kinder wurden bis zum fünften Lebensjahr gemeinsam aufgezogen; danach teilte man sie den Eltern nach der Ähnlichkeit mit den Männern zu. Als ungewöhnlich wird vermerkt, dass sich die liburnischen Frauen auch fremden und unfreien Männern hingaben – eine Sitte, die aber auch sonst in der Antike nicht unbekannt war. Für die Delmaten ist überliefert, dass sie das Ackerland nicht als Privateigentum ansahen, sondern alle acht Jahre neu unter den ansässigen Leuten aufteilten. Die Ardiäer galten in der Antike als unmäßig im Trinken. Dabei gestatteten sie auch ihren Frauen, an den Festen und Gelagen teilzunehmen. Bei einem Angriff nutzten die Kelten die Neigung der Ardiäer zum Trinken aus und ließen im Lager mit Gift vermischte Speisen und Getränke zurück. Dadurch gewannen sie schließlich den Krieg. Die Dardaner galten als musikalisch begabt. Sie kannten die Flöte und Saiteninstrumente. Über sie wird außerdem berichtet, dass sie nur dreimal im Leben badeten: nach der Geburt, bei der Hochzeit und als Tote. Wahrscheinlich handelte es sich um rituelle Reinigungen.

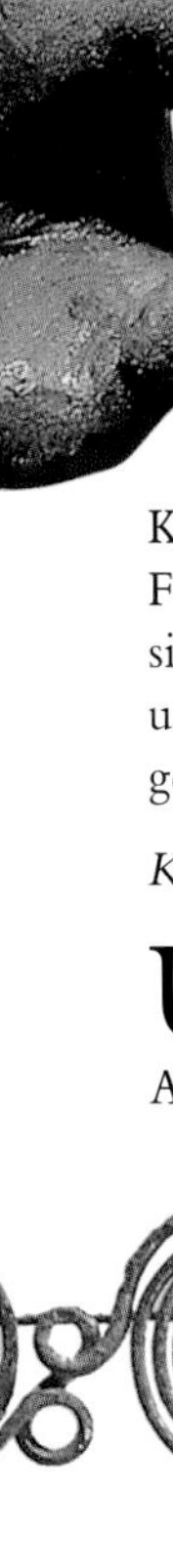

Oben die Statuette eines Kleinkindes mit Vogel (wohl einer Gans) aus Bronze, Höhe 3,5 cm. Gefunden in Peshkopi, Albanien, 2. Jahrhundert v. Chr. Darunter links die Bronzestatuette eines Musikanten mit fünfsaitiger Lyra aus Bixëllenja (bei Elbasan, Mittelalbanien); Höhe 12,5 cm, 3. Jahrhundert v. Chr. Die Illyrer galten als Musik liebend, vor allem die Dardaner. Rechts eine Brillenfibel, die häufigste Form der Fibel bei den Illyrern. Dieses bronzene Exemplar stammt aus dem 10. Jahrhundert v. Chr. Alle drei Objekte befinden sich heute im Archäologischen Museum in Tirana.

Käse und Honigwein, Gold und Eisen

Über die Wirtschaftstätigkeit der Illyrer ist nicht sehr viel bekannt. Sie bebauten das Land und züchteten Vieh. Bei den Ausgrabungen wurden Körner gefunden und als Überreste von Getreide wie Weizen, Gerste und Hirse, aber auch von Saubohnen und Weintrauben identifiziert. Bei Ausgrabungen gefundene Knochen stammen von Schweinen, Rindern, Pferden, Hunden, Schafen und Ziegen, wie Untersuchungen ergaben. Berühmt war der von den Delmaten und Dardanern hergestellte Käse *(caseum Dalmatenum, caseum Dardanicum).* Als weitere Erzeugnisse sind bei den Taulantiern Honigwein und bei den Pannoniern Sabaia, eine Art Bier, bezeugt.

Große Bedeutung hatte bei den Illyrern die Metallgewinnung und -verarbeitung. Aus Bronze wurden Schmuck (Fibeln, Armringe, Gürtel), Agrargeräte und Rüstungen hergestellt. Im Gebiet der Delmaten und auch in Dardanien lagen Goldgruben, im heutigen Bosnien wurde Eisenerz gewonnen. Die Lagerstätten waren auch noch in römischer Zeit bekannt. Die Münzprägung setzte bei den Illyrern, unter dem Einfluss der griechischen Kolonialstädte, zuerst an der Küste ein. Zu den ältesten illyrischen Münzstätten für Silberprägung gehörte seit dem 4. Jahrhundert v. Chr. Damastion, das, wohl im Osten Illyriens gelegen, bisher nicht lokalisiert werden konnte.

Salz wurde nicht nur aus dem Meer, sondern auch aus Salzquellen im Hinterland gewonnen; die ständigen Kämpfe zwischen Autariaten und Ardiäern um den Besitz der Salzquellen im oberen Tal der Neretva wurden schon erwähnt. Die Dardaner, die weit vom Meer und anderen Quellen entfernt wohnten, mussten Salz aus dem Süden importieren.

Gegen Makedonen und Römer – Die Kriege der Illyrer

Den ersten historisch greifbaren Zusammenstoß zwischen der griechischen Welt und den südillyrischen Taulantiern schildert uns Thukydides als Vorgeschichte des Peloponnesischen Krieges zwischen Athen und Sparta (431–404 v. Chr.). Es ging dabei um die Griechenkolonie Epidamnos/Dyrrhachion, deren entmachteter und vertriebener Adel bei den Illyrern militärische Unterstützung fand (um 436 v. Chr.). Die Stadt verlor dabei weitgehend ihre Unabhängigkeit an den Taulantierkönig, ebenso wohl auch Apollonia.

Im weiteren Verlauf des Peloponnesischen Krieges gehörten die Makedonen zu den Verbündeten Spartas, das deshalb in einer illyrisch-makedonischen Auseinandersetzung um die Herrschaft am Ohridsee – es ging um das Gebiet der Lynkesten, der illyrischen Bewohner des obermakedonischen Gaus Lynkestis, die sich von Makedonien losgesagt hatten – dem makedonischen König Perdikkas II. militärische Hilfe leisten musste. Der bedeutende spartanische Heerführer Brasidas stand 423 plötzlich mit einer kleinen, disziplinierten Truppe allein einem großen illyrischen Aufgebot gegenüber, weil die Makedonen aus Angst in der Nacht verschwunden waren. Angeblich waren die illyrischen Verbündeten des Perdikkas über Nacht zu den Lynkesten übergelaufen, wie Thukydides behauptet. In dessen Bericht hält Brasidas nun eine Rede an die Spartaner, in der er ihnen Mut macht und die Vorteile ihrer militärischen Ausbildung gegenüber der unkoordinierten »barbarischen« Kampfweise der Illyrer herausstellt. Tatsächlich konnte Brasidas seine Spartaner ohne größere Verluste aus der Falle lösen, die Makedonen aber nicht mehr weiter schützen.

Der spartanische Feldherr Brasidas sieht sich mit seiner kleinen, aber disziplinierten Truppe einer illyrischen Übermacht (von Lynkesten und Taulantiern) gegenüber und äußert sich in einer Ansprache an seine Leute verächtlich über die Kampfweise der »Barbaren« (Thukydides, Geschichte des Peloponnesischen Krieges 4, 126):

Bei diesen ist die Vorwirkung, wenn man sie nicht kennt, zum Fürchten: Die Masse ihres Anblicks ist entsetzlich, die Stärke ihres Geschreis unerträglich, und die eitle Schüttelei ihrer Waffen bedeutet etwas wie Drohung. Aber wenn man das aushält, im Handgemenge entsprechen sie dem nicht: Sie haben keine feste Aufstellung, dass sie sich schämen müssten, einen Platz unter feindlichem Druck aufzugeben; Flucht und Vorstoß sind gleich rühmlich, sodass es kein sicheres Merkmal der Tapferkeit gibt ..., und verlässlicher als der Nahkampf dünkt es sie, euch gefahrlos wegzuscheuchen – sonst würden sie jenes vor diesem versuchen. So seht ihr also klar, dass der ganze Schreck, der vor ihnen hergeht, in Wirklichkeit wenig bedeutet und nur mit Schein und Lärm daherbraust.

Der zylindrische Grabstein aus Kalkstein, ein »Kioniskos«, aus der Nekropole von Dyrrhachion trägt die Inschrift »Platura, (Tochter) des Plator, lebe wohl«, darüber den Herkulesknoten. Höhe 56 cm, 2. Jahrhundert v. Chr. (Tirana, Historisches Nationalmuseum).

Syrrhas und Bardylis

Es muss eine ganze Reihe von illyrisch-makedonischen Kriegen um die Grenzgebiete gegeben haben. Nach einem weiteren solchen Krieg musste Amyntas III. von Makedonien 390 v. Chr. in einem Friedensvertrag die Oberherrschaft des illyrischen Königs Syrrhas anerkennen. Zur Bekräftigung des Vertrages heiratete er wenig später Syrrhas' Tochter Eurydike. Sie und ihr Vater sind die ersten namentlich bekannten Illyrer. Syrrhas wurde bald darauf von Bardylis gestürzt. Dieser war ein Aufsteiger aus einfachen Verhältnissen. Er soll in seiner Jugend Köhler und Räuber gewesen sein. Dann machte er als tüchtiger Soldat im Heer Karriere und verdrängte schließlich den König aus aristokratischem Geschlecht. Bardylis konnte sich 385 auch den König von Epirus tributpflichtig machen. In den folgenden Jahren duldete er allerdings, dass die Makedonen allmählich ihre Unabhängigkeit zurückgewannen. Der Grund dafür ist vielleicht, dass Bardylis die ganze Zeit über an der Donau einen von den Griechen nicht registrierten Abwehrkrieg gegen die Kelten führte, die die Donau entlang nach Südwesten vorstießen.

359 v. Chr. wollte der Makedonenkönig Perdikkas III., ein Sohn der Eurydike, die makedonische Unabhängigkeit vollends wiederherstellen und verlor Schlacht und Leben im Kampf gegen Bardylis. Sein jüngerer Bruder Philipp II. musste den Vertrag erneuern und eine Enkelin des Bardylis heiraten. Aber schon im folgenden Jahr kehrte sich das Verhältnis um. Philipp wandte sich zunächst gegen die Päonen und rückte dann mit 10 000 Mann Fußvolk und 600 Reitern weiter auf illyrisches Gebiet vor, wo ihn ein etwa gleich großes illyrisches Heer erwartete. In einer verlustreichen Schlacht triumphierte er über den Illyrerkönig Bardylis. Die Illyrer mussten die von ihnen besetzten makedonischen Gebiete räumen, die Stämme am Ohridsee die Herrschaft der Makedonen anerkennen.

Eine Vorstellung von Macht und Bedeutung der südillyrischen Könige geben die Königsgräber auf dem Stadtberg von Pelion, dem heutigen Selca e Poshtëme, westlich des Ohridsees. Hier die Fassade von Grab 3 mit Scheingrab und darunter liegendem echtem Grab. Aus diesem Grab stammt der Gürtelbesatz aus Silber und Eisen im unteren Bild (heute im Historischen Nationalmuseum in Tirana). Dargestellt ist der Kampf zweier Reiter und eines Fußsoldaten mit illyrischen Helmen und Schilden. Ein vierter Krieger mit anderem Helm liegt am Boden.

Leider wissen wir von den inneren Verhältnissen des südillyrischen Königreichs, das unter Bardylis machtpolitisch so klare Konturen hat, viel weniger. Die Ausgrabungen zeigen aber, dass es neben den griechischen Kolonialstädten auch eine Reihe illyrischer Städte gab, die ummauert und befestigt waren und durch Handwerk und Handel zum Reichtum des Landes beitrugen. Zu nennen sind, neben dem noch nicht lokalisierten Damastion, Byllis und Amantia im Süden sowie Lissos im Norden des heutigen Albanien. Eine Vorstellung von der Macht und Bedeutung der südillyrischen Könige geben die Königsgräber von Selca e Poshtëme westlich des Ohridsees.

Das goldene Zeitalter unter Glaukias

Als Alexander der Große durch einen Krieg gegen die thrakischen Triballer an der unteren Donau abgelenkt schien, versuchten der Taulantierkönig Glaukias und der Encheleerkönig Klei-

Illyrische Grabhügel bei Shkodër in Albanien. Die bronzezeitliche Sitte der Bestattung in Hügelgräbern wurde in der Eisenzeit beibehalten.

tos, ein Sohn des Bardylis, sich von der makedonischen Herrschaft zu befreien. Alexander besiegte sie jedoch 335 v. Chr. und gliederte ihr Gebiet in den makedonischen Staat ein.

Glaukias nutzte aber die Erbauseinandersetzungen nach Alexanders Tod, um für sein Reich die alte Unabhängigkeit zurückzugewinnen. 309 konnte er sogar im Epirus die vertriebene Königsfamilie wieder an die Macht bringen und so den illyrischen Einfluss erweitern. Die Regierungszeit des Glaukias und seiner Nachfolger muss ein »goldenes Zeitalter« gewesen sein. Die Städte wurden erweitert und auch besser befestigt. Die Stadt Byllis, die in ihrer alten Lage nicht erweiterungsfähig war, erhielt auf dem Nachbarhügel eine »Zwillingsstadt«. Die alte Stadt umschloss 18 Hektar mit einer Mauer von 1850 m, die neue 20 Hektar mit einer 2500 m langen Mauer. Aus der Zeit des Glaukias stammen auch die ältesten erhaltenen Münzen. König Monunios, der um 280 v. Chr. als Verbündeter des makedonischen Königs Pyrrhos I. gegen die Kelten genannt wird, ließ Münzen mit seinem Namen schlagen. Auch ein Helm mit Inschrift wird mit ihm in Verbindung gebracht, der aber auch einem über 100 Jahre späteren Dardanerkönig zugeordnet werden kann. Um 280 v. Chr. erreichte im Nordosten Illyriens der Staat des Dardanerbundes, unter eigenem König, ebenfalls eine gewisse Blüte.

Der Helm des illyrischen Königs Monunios, gefunden am Ohridsee, trägt auf der Rückseite die gepunzte Inschrift »(Helm) des Königs Monunios«; um 280 v. Chr., Höhe 29,5 cm (Berlin, Antikensammlung).

Die Silbermünze des Königs Monunios, geprägt in Dyrrhachion, zeigt auf der Vorderseite eine Kuh mit säugendem Kalb, wohl eine Szene aus dem Heraklesmythos (Raub der Rinder des Geryon), auf der Rückseite den »Garten des Alkinoos«. Die Motive wurden von Münzen aus Korkyra übernommen.

Die Schildwache für Rom zahlt sich nicht aus

Erst nach 240 v. Chr. finden wir wieder Nachrichten über den südillyrischen Staat, an dessen Spitze nun König Agron stand. Seine Hauptstadt war Skodra, nördlich des bisherigen Zentrums. 230 starb König Agron angeblich an der Trunksucht, und seine erste Frau Teuta übernahm für Pinnes, den unmündigen Sohn einer jüngeren

Frau, die Regierung. Teuta sah ihr Reich als Seemacht an der Adria. Sie weitete ihren Einfluss nach Süden bis über den Epirus hinaus und nach Norden bis zu den Inseln Issa (Vis) und Pharos (Hvar) aus. Beim Aufbau ihrer Machtstellung waren ihr die wieder unabhängigen Griechenstädte Dyrrhachion und Apollonia im Weg. Sie verfügte aber über eine gut ausgebildete Armee unter ihrem Schwager Skerdilaides und über eine sehr aktive Flotte aus kleinen schnellen Ruderschiffen, den illyrischen Lemben, und sie setzte ihre Machtmittel auch ein.

Die Bemühungen Teutas stießen jedoch auf einen neuen Gegner. Rom hatte sich Italien unterworfen und begann jetzt, sich für die Mittelmeerwelt zu interessieren. Der nächste Weg nach Griechenland führte aber von Italien aus über das Mittelmeer, und es war nicht im Sinne Roms, dass sich auf der anderen Seite der Adria eine neue Seemacht festsetzte. Die illyrische Flottentätigkeit wurde als Seeräuberei dargestellt, die sich gegen römische Verbündete richtete. Einer römischen Gesandtschaft antwortete Teuta ausweichend, sie sei für die Aktivitäten der privaten Schiffe nicht verantwortlich. Auf der Rückfahrt wurde der Gesandte getötet, und das reichte als Kriegsgrund aus. Rom brachte in den 1. Illyrischen Krieg 229 v. Chr. seine ganze Überlegenheit ein. Eine riesige Flotte setzte das römische Heer mit beiden Konsuln über. Angesichts dieser Übermacht blieb Teuta gar nichts anderes übrig als nachzugeben. Sie musste auf alle Eroberungen verzichten, ebenso auf die Flotte. Die Griechenstädte Apollonia und Dyrrhachion wurden römische Verbündete und spielten fortan bei der Eroberung Griechenlands eine strategische Rolle als Hafen und Basis. Ein Verwandter Teutas, Demetrios von Pharos, wurde neuer Vormund des unmündigen Königs und praktisch der Wachhund Roms. Den 2. Illyrischen Krieg, dieses Mal gegen Demetrios von Pharos, der nicht zuverlässig genug war, führte Rom 219, als der 2. Punische Krieg in Spanien schon angefangen hatte. Offenbar sollte hier noch eine Frontbegradigung erfolgen.

Bronzemünze des letzten Illyrerkönigs Genthios, 2. Jahrhundert v. Chr. Die Rückseite (rechts) zeigt ein illyrisches Boot vom Typ Liburne, dem wichtigsten Schiffstyp der illyrischen Flotte (Tirana, Archäologisches Museum).

Mit den Siegen Hannibals in Italien seit 218 v. Chr. schien sich noch einmal die Möglichkeit aufzutun, die römische »Weltherrschaft« aufzuhalten. Hannibal verband sich mit König Philipp V. von Makedonien, aber zwischen ihnen standen die Illyrer. Der neue König Skerdilaides hatte als Feldherr Teutas zweimal die Entfaltung der römischen Macht gesehen. Ein Bündnis mit Makedonien war für ihn aber schwer denkbar, und die römischen Diplomaten versprachen ihm sicher auch eine entsprechende Beute. Dafür verhinderten die Illyrer während der schweren Jahre, in denen Hannibal in Italien kämpfte, das Eingreifen der Makedonen in den Krieg. Die Schildwache für Rom zahlte sich aber für die Illyrer nicht aus. Die Römer schlossen 205 v. Chr. mit Makedonien einen Verständigungsfrieden,

Marmorporträtbüste des römischen Feldherrn und Städtegründers Agrippa, der einer romanisierten illyrischen Adelsfamilie entstammte. Aus Buthrotum, heute Butrint, in Südalbanien (Tirana, Archäologisches Museum).

und Illyrien unter seinem neuen König Pleuratos ging leer aus. Sein Sohn Genthios, der letzte Illyrerkönig, sah schließlich nur noch den Weg einer antirömischen Koalition mit Makedonien. 168 v. Chr. wurde er vor Skodra (lateinisch Scodra) geschlagen, bei Pydna dann auch Perseus von Makedonien. Damit endet die Geschichte des illyrischen Königreiches. Der südliche Bereich, das Hinterland der Küstenstädte, wurde ganz ausgegliedert. Der Nordteil um Skodra wurde römisches Besatzungsgebiet. Die illyrischen Stämme im Norden des eigentlichen Königreiches blieben weitgehend unabhängig, auch wenn die Küste in den kommenden Jahrzehnten Stück für Stück erobert und romanisiert wurde.

Die Illyrer im Römischen Reich

Als Caesar 59 v. Chr. zum Statthalter der Provinz Gallia Cisalpina ernannt wurde, wurde ihm auch Illyrien unterstellt. Bei seiner Ermordung 44 v. Chr. war sein Erbe Octavian, der spätere Kaiser Augustus, zum Studium in Apollonia, in Begleitung seines Freundes Agrippa, der aus einer romanisierten illyrischen Adelsfamilie stammte und später zum Feldherrn und Städtegründer des Kaisers aufstieg. Mit Agrippa führte Octavian von 35 bis 32 v. Chr. einen schweren, blutigen und grausamen Krieg zur Unterwerfung der Illyrer, der gleichzeitig der Übung seines Heeres vor dem Bürgerkrieg diente. Als im Jahr 6 n. Chr. von Illyrien aus ein Feldzug gegen die Markomannen vorbereitet wurde und dafür höhere Abgaben zu leisten waren, kam es zu einer großen Erhebung in diesem Gebiet. Der Aufstand wurde von Tiberius in einem dreijährigen Krieg, nach Sueton »dem schwersten aller auswärtigen Kriege nach dem Punischen«, niedergeworfen. Damit war Illyrien endgültig ins Römische Reich eingegliedert, nun in zwei Provinzen geteilt: Dalmatien, das sich von den bosnischen Gebirgen südlich der Save bis Epirus und Makedonien erstreckte, und Pannonien nördlich davon, bis zur Donau. Aus den Stämmen wurden drei große juridische Distrikte mit Zentren in Salona, Scardona und Narona gebildet.

In Illyrien wurden sehr früh Soldaten für das römische Heer ausgehoben. Viele Illyrer sind auch unter den hohen Offizieren zu finden. Im 3. Jahrhundert n. Chr., als häufig die Soldaten entschieden, wer Kaiser wurde, gelangten immer wieder Illyrer auf den Thron. Illyrischer Abstammung waren, unter anderen, die Kaiser Decius (249–251), Claudius II. Gothicus (268–270), Diokletian (284–305), der Reorganisator des Römischen Reiches, der sich am Ende seines Lebens in seinen Palast bei Salona (heute zu Split) zurückzog und Konstantin (306–337), der erste christliche Kaiser und Gründer Konstantinopels. So waren die Illyrer am Ende des Römischen Reiches zeitweise dessen wichtigste Stütze. – 378 schlugen die Goten bei Adrianopel (heute Edirne) das kaiserliche Heer. Von da an war die Donaugrenze nicht mehr sicher und Illyrien Kriegsgebiet, aus dem die Bevölkerung floh. Den Germanen folgten später die Slawen. Heute verstehen sich nur noch die Albaner mit ihrer selbstständigen Sprache als Nachkommen der Illyrer. HANSJÖRG FROMMER

Kalksteinherme der Mina, Tochter eines Saimios, aus der Nekropole von Gjyrale, Albanien, 46 cm hoch. Sie stammt aus der Skulpturenwerkstatt einer illyrischen Stadt auf dem Gebiet des heutigen Belsh (Ballsh); 2. Hälfte des 3. Jahrhunderts v. Chr. (Tirana, Archäologisches Museum).

Das 70 cm hohe goldplattierte Bäumchen stammt aus Manching bei Ingolstadt und weist unteritalisch beeinflusstes Blattwerk auf; 3.–2. Jahrhundert v. Chr. (München, Prähistorische Staatssammlung).

Im Lande der Druiden – Die Kelten

Die Kelten hätten wohl über die beiden Comic-Helden Asterix und Obelix gelacht, sich in ihnen aber kaum wieder erkannt. Denn alles, was wir über die Kelten aufgrund schriftlicher und archäologischer Überlieferung wissen, widerspricht der Vorstellung, dass sie Barbaren inmitten der römischen Zivilisation gewesen sind. So hat auch die Gestalt des Zauberers Miraculix wenig mit dem gemeinsam, was über die Druiden berichtet wird. Womit wir gleich mitten in dem besonders schwierigen Bereich keltischer Religionsausübung und dem Titel dieses Beitrages sind.

Annäherung an eine längst vergangene Zeit

Es ist eine der besonderen Aufgaben der Archäologen, Zugang zum religiösen Empfinden antiker Naturvölker zu gewinnen, wie auch die Kelten eines waren. Über die Religion dieses alteuropäischen, indogermanischen Volkes gibt es wirklich konkrete Aussagen erst seit der spätkeltischen Zeit, also dem 1. Jahrhundert v. Chr., während die ältesten allgemeinen Nachrichten über die Kelten aus dem 6./5. Jahrhundert v. Chr. stammen (von Hekataios von Milet, überliefert nur durch Hinweise späterer Autoren, und von Herodot). Die meist bruchstückhaften und selten auf eigener Anschauung fußenden frühesten Schilderungen zum religiösen Leben der Kelten stammen von griechischen Historikern und Gelehrten wie Polybios (um 200–120 v. Chr.), Poseidonios (135–51/50 v. Chr.), Diodor (1. Hälfte des 1. Jahrhunderts v. Chr.) oder Strabon (64/63 v. Chr. bis 23 n. Chr.). Zweifellos genauere Angaben vermögen aber Römer wie Caesar (100–44 v. Chr.), Lukan (39–65 n. Chr.) und auch Ammianus Marcellinus (330–395) zu geben, da sie aus eigener Anschauung berichteten oder ältere griechische Quellen auswerten konnten.

Als Gaius Iulius Caesar von 58 bis 51 v. Chr. Gallien unterwarf, erlebte er keltische Religion unmittelbar. Als Hauptgötter nennt er Teutates, Esus und Taranis, vergleichbar den eigenen Göttern Merkur, Mars und Jupiter. Als Mittler zwischen den Gottheiten und Menschen fungierten als erstes die Barden, die keltische Volkshelden besangen. Es gab auch Wahrsager, und es gab vor allem die unter einem Erzdruiden zusammengeschlossenen Druiden. Sie gehörten in die Spitze der mehr oder weniger männerorientierten Gesellschaftshierarchie der Kelten.

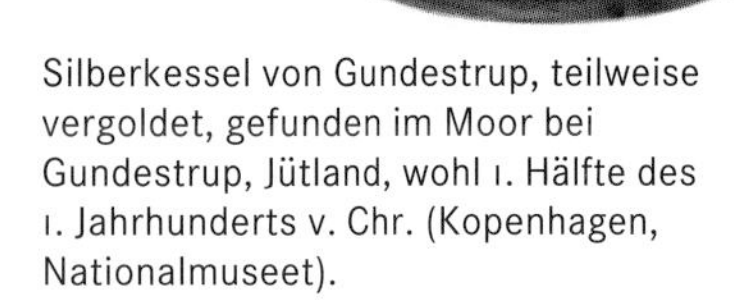

Silberkessel von Gundestrup, teilweise vergoldet, gefunden im Moor bei Gundestrup, Jütland, wohl 1. Hälfte des 1. Jahrhunderts v. Chr. (Kopenhagen, Nationalmuseet).

Ein keltischer Stamm wurde von einem Häuptling oder gar König angeführt, der dem Kriegeradel entstammte. Dieser Elite waren auch die Druiden zuzuzählen. Zur breiten Mittelschicht rechneten Waffen tragende »freie« Handwerker, Bauern und Händler, denen abhängige Unfreie wie Kleinbauern und Knechte unterstanden. Sie trugen die Hauptlast der landwirtschaftlichen Produktion und Versorgung. Das starre Gesellschaftssystem erlaubte übrigens keinem seiner Mitglieder einen Aufstieg in die jeweils höhere soziale Klasse, wenn man den Überlieferungen des 1. Jahrhunderts v. Chr. glauben kann.

Ein kolorierter Stich des 19. Jahrhunderts zeigt, wie ein Druide mit goldener Sichel Eichenzweige abschneidet.

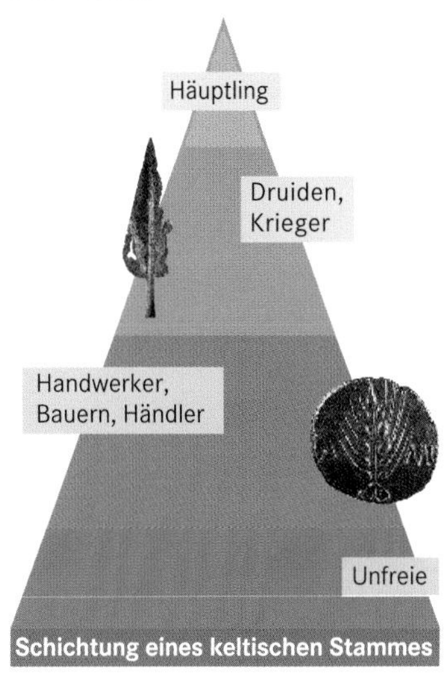

Aber kehren wir nochmals zu den Druiden zurück. Sie waren Meister der Erzählkunst und der Poesie, zahlten keine »Steuern« und leisteten keinen Kriegsdienst. Hochgebildet, beschäftigten sie sich nicht nur mit der ausschließlich mündlichen Überlieferung der heiligen Verse, sondern betrieben auch Mathematik, Sternenkunde und Zukunftsdeutung. Sie allein regelten die religiösen Zeremonien und leiteten Opferhandlungen. Bis heute ist das Bild des Mistelzweige schneidenden Druiden lebendig, wie ihn Plinius der Ältere in seiner »Naturgeschichte« geschildert hat. In der religiösen Vorstellung der Kelten lebte die mehrjährige, immergrüne Mistel auf einem Baum wie der Geist im Körper und vertrat einen Gott oder seine pflanzliche Verwandlung. Die Kelten waren davon überzeugt, dass die Mistel Krankheiten heilen und Unfruchtbarkeit bei Mensch und Tier beheben konnte. Aufgrund ihrer parasitischen Lebensweise schien sie mit der realen Welt nichts gemein zu haben, sondern eher mit der Welt des Übersinnlichen in Verbindung zu stehen. Der Druide schnitt mit goldener Sichel nur von Eichen Mistelzweige ab, ließ sie in einem weißen Tuch auffangen und opferte danach als Abschluss einer solchen kultischen Handlung zwei weiße Stiere.

Mittler zwischen Himmel und Erde: Der heilige Baum

Dieser Baumkult bezog sich also auf einen Teil des göttlichen Waltens, das die Kelten auch in Quellen, heiligen Hainen oder im Rauschen der Bäume suchten. Der heilige Baum war für die Kelten ein Mittler zwischen Himmel und Erde, er vermochte sie mit ihren Göttern zu verbinden. »Kultbäume« sind uns etwa in Gestalt einer Goldblecharbeit aus dem spätkeltischen Oppidum – einer befestigten Großsiedlung – von Manching bei Ingolstadt bekannt oder finden sich auf einem Silberkessel von Gundestrup (Dänemark). Hier opfert ein Druide einen Menschen kopfüber in einem bereitstehenden Kessel, während Krieger einen »Kultbaum« mit der Wurzel voran herbeitragen. Diese Szene auf dem Silberkessel ist im Gegensatz zu anderen eindeutig verstehbar.

Menschenopfer und Kopfkult spielten eine wesentliche Rolle in der religiösen, darin durchaus zeitgemäß verhafteten Vorstellungswelt der Kelten, wie Funde und Darstellungen vielfach belegen. Danach übertrug der erbeutete menschliche Kopf seine kostbare Kraft und seine individuellen Fähigkeiten auf den Sieger: Die Kelten glaubten, dass der Kopf Sitz des Übersinnlichen sei, denn sie sahen

---

Plinius der Ältere geht in seiner »Naturgeschichte« (16,45) auf die Druiden und den Opferkult der Kelten ein:

Hier dürfen wir auch nicht die religiöse Ehrfurcht übergehen, die die Gallier für die Mistel hegen. Die Druiden – so nennen sie ihre Zauberer – halten nämlich nichts heiliger als die Mistel und den Baum, auf dem sie wächst, sofern es ein Eichbaum ist. Aber auch so pflegen sie ihre Eichenhaine und vollziehen kein Opfer ohne den Laubschmuck dieser Bäume, sodass sie – so erklären es die Griechen – ihren Namen »Druiden« von den Eichen (griechisch »drys«) erhalten zu haben scheinen … Sie nennen die Mistel in ihrer Sprache die »Allesheilende«. Wenn sie nach ihrem Brauch Opfer und Mahl gerichtet haben, führen sie zwei weiße Stiere herbei, deren Hörner sie zuerst bekränzen. Dann besteigt ein mit weißem Gewand bekleideter Priester den Baum und schneidet mit einer goldenen Sichel die Mistelpflanze ab, die in einem weißen Tuch aufgefangen wird. Daraufhin opfern sie die Stiere und beten, dass der Gott die Gabe Glück bringend machen möge für diejenigen, denen er sie gesandt habe.

das Denken als göttliche Eingebung an. Für den Besitzer bot der erbeutete Kopf überdies Schutz und galt als Unheil abwehrend.

Zeugnisse kultischer Rituale und Praktiken sind zudem bis heute die in Gestalt von »Viereckschanzen« erhaltenen Geländedenkmäler aus dem linksrheinischen Gallien und aus Süddeutschland mit ihren bis 32 m tiefen Opferschächten, ebenso Brandopferplätze, Felsschächte, Quellen und Gewässer. Unter diesen Gewässerplätzen hat der Fundort La Tène am Ausfluss des Neuenburger Sees (Schweiz), der der ganzen keltischen Zeit ihren Namen verliehen hat, bei Grabungen allein 2500 Fundstücke zutage gefördert! Es handelt sich

Blick von La Tène auf das Westufer des Neuenburger Sees, im Hintergrund das Juragebirge.

Vier Köpfe von toten keltischen Kriegern, gefunden bei Entremont nahe Aix-en-Provence (Aix-en-Provence, Musée Granet).

um 166 Schwerter, 269 Lanzenspitzen, 27 Holzschilde und fast 400 Gewandspangen (Fibeln). Außerdem wurden hier auch Münzen, Erntegeräte, Wagenteile und Holzgefäße – wohl als Beutegut – zusammen mit geopferten Menschen einer Wassergottheit dargebracht.

Wir haben uns damit einer längst vergangenen Zeit angenähert, deren Menschen ihr diesseitiges Leben sicher wesentlich vom Kultisch-Magischen, vom Religiösen bestimmt und durchdrungen angesehen haben.

Der Fürst von Hochdorf und die Dame von Vix – Zeugen der Hallstattzeit

Was berichten uns die schriftlichen Zeugnisse, was sagen uns die archäologischen Quellen darüber hinaus über die Kelten?

Die Griechen nannten dieses große Volk *keltoi* oder *galatai,* Kelten oder Galater, die Römer *galli,* also Gallier, oder *celtae.* Die Namen bedeuten in übertragenem Sinn so viel wie »die Tapferen«, »die

Erhabenen«. Wie sich die Kelten selber nannten und ob sie überhaupt einen Gesamtnamen für sich hatten, wissen wir nicht. Heute bezeichnet man als Galater nur noch die Kelten Kleinasiens, als Gallier die Kelten in »Gallien«, dem Siedlungsgebiet der keltischen Stämme in Oberitalien, Frankreich und Belgien.

Als die griechischen Phokäer um 600 v. Chr. an der Stelle der heutigen südfranzösischen Stadt Marseille die Siedlung Massalia gründeten, um von diesem Stützpunkt aus die westliche Mittelmeerküste zu kolonisieren, trafen sie im Hinterland auf einen geschlossenen, in dynamischer Entwicklung befindlichen Kulturraum. Von Burgund bis Österreich herrschte die Hallstattkultur. Sie ist nach einem im oberösterreichischen Salzkammergut gelegenen Fundort benannt. Adlige oder fürstliche Persönlichkeiten sind die Träger dieser Kultur. Sie ließen sich aufwendig in großen Erdgrabhügeln beisetzen und lebten in befestigten Höhensiedlungen. Diese Hallstattkultur, vor allem ihre Spätphase im 6. Jahrhundert v. Chr., wird nach allgemeiner Auffassung heute als frühkeltisch angesehen, da sie schon viele kulturelle Merkmale der folgenden keltischen La-Tène-Zeit aufwies oder vorwegnahm. Da sie bruchlos aus der spätbronzezeitlichen Urnenfelderkultur erwuchs, könnten früheste keltische Wurzeln gar bis in die Zeit um 1000 v. Chr. zurückreichen.

Dieser Ausschnitt einer Reliefplatte vom Silberkessel von Gundestrup zeigt einen Mann auf einem Delphin reitend, vielleicht ein Verstorbener auf dem Weg zu den Inseln der Seligen (Kopenhagen, Nationalmuseet).

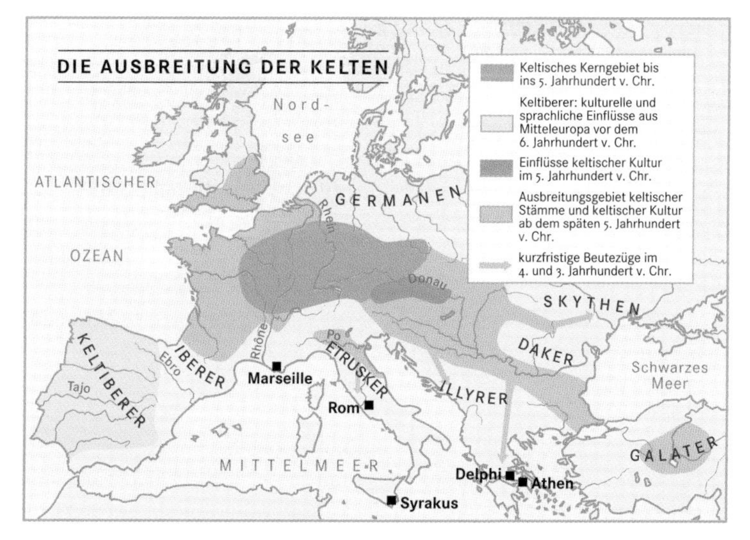

Um 500 v. Chr. berichtete erstmals der ionische Geograph Hekataios von Milet von diesen frühen Kelten als den »Nachbarn von Massalia«. Der griechische Geschichtsschreiber Herodot präzisierte die Ortsangabe 50 Jahre später und nannte vor allem den Oberlauf der Donau als keltisches Siedlungsgebiet. Damit war der keltische Kernraum bezeichnet, der dann im 4. und 3. Jahrhundert v. Chr. durch Wanderungs- und Eroberungszüge erheblich nach Nordosten, Westen, Süden und Südosten ausgedehnt wurde.

Die als Territorialherren herrschenden frühkeltischen Repräsentanten der Hallstattkultur bildeten jedenfalls im 6. Jahrhundert

Herodot beschreibt die geographische Lage der Kelten so (Historien 2, 33):

Der Istros (die Donau) kommt aus dem Lande der Kelten, von der Stadt Pyrene (am Fuß der Ostpyrenäen) her und fließt mitten durch Europa. Die Kelten wohnen jenseits der Säulen des Herakles und sind Nachbarn der Kynesier, des am meisten westlich wohnenden Volkes unter allen Europäern.

v. Chr. Machtzentren aus, die sich vor allem im süddeutsch-nordschweizerisch-ostfranzösischen Raum nachweisen lassen. An Siedlungsplätzen wie der Heuneburg in Baden-Württemberg oder dem Mont Lassois in Burgund zeigen Funde von Importware, dass es schon in dieser Zeit Handelsbeziehungen zum Mittelmeerraum gab. Das Handelsgut gelangte über die Alpen und entlang der Rhône und Saône zu den keltischen Zentren. Hierzu zählten exotische Erzeugnisse wie importierte griechische Tongefäße. Zugleich kamen mittelmeerische Lebensart und mittelmeerisches Ideengut sowie auch technische Neuerungen nach Norden. Unter diesen ist die schnell rotierende Töpferscheibe besonders erwähnenswert.

Auf der hoch über dem Nordufer der Donau bei Hundersingen – der Ort gehört heute zur Gemeinde Hebertingen im Kreis Sigmaringen – gelegenen Heuneburg existierte für kurze Zeit sogar eine 600 m lange Lehmziegelmauer, die nach griechischem Vorbild erbaut war. Ihr war aus klimatischen Gründen nordwärts der Alpen keine lange Lebensdauer beschieden. Von der Innenbebauung der Burg kennt man Siedlungsreste gleich ausgerichteter Häuser im Südosten der Anlage. Im Umkreis von 5 km können der Burg elf Großgrabhügel zugeordnet werden. In einem Hügel, dem Hohmichele, befand sich das reich ausgestattete Doppelgrab eines Mannes und einer Frau, wohl Angehörigen der späthallstattischen Gründerdynastie. Zu den Beigaben gehörten ein vierrädriger Wagen und bronzenes Trinkgeschirr.

Befundrekonstruktion der Nebenkammer VI vom Hohmichele, einem Großgrabhügel.

Ein sensationeller Fund

Dieses Grab wird von der im Jahr 1977 entdeckten unversehrten Bestattung von Hochdorf (Gemeinde Eberdingen) nordwestlich von Stuttgart noch weit übertroffen. Die späthallstattzeitliche Bestattung gehört in die Zeit zwischen 530 und 520 v. Chr. Einen auffallend großen Mann hatte man hier auf einem fahrbaren bronzenen Ruhebett, einer Kline, aufgebahrt. Er war mit goldenem Hals- und Armband, mit goldenen Fibeln und mit goldverziertem Gürtel, Dolch und Schuhwerk ausgestattet. Man hatte ihm überdies Köcher und Pfeile, Angelhaken und einen Birkenrindenhut als persönliche Besitztümer mitgegeben. Ein kunstvoll mit Eisen verkleideter Wagen, auf dem Bronzeteller und Bronzebecken lagen, stand neben der Kline. An der hölzernen Grabwand, am Kopf des Toten, hingen neun Trinkhörner, davon ein goldverziertes aus Eisen von 123 cm

Länge und 5,5 l Fassungsvermögen! Das Trinkservice wird durch einen sicherlich aus Griechenland stammenden Bronzekessel ergänzt, der sich mitsamt einer Goldschale zu Füßen des Toten befand und 500 l fasste. Er enthielt Reste von Honigmet, dem etwa 150 kg Blütenhonig zugesetzt worden waren.

Die Ausstattung des Hochdorfer Grabes zeigt alle Aspekte auf, die sich mit der adligen Welt der hallstattzeitlichen Kelten verbinden lassen. Als Prestigegut galten zweifellos der meist vierrädrige Wagen, aufwendiges Trinkgeschirr und das Tragen von Goldgegenständen. Die Kontakte zum mittelmeerischen Süden erlaubten es auch, ab 500 v. Chr. Wein zu importieren.

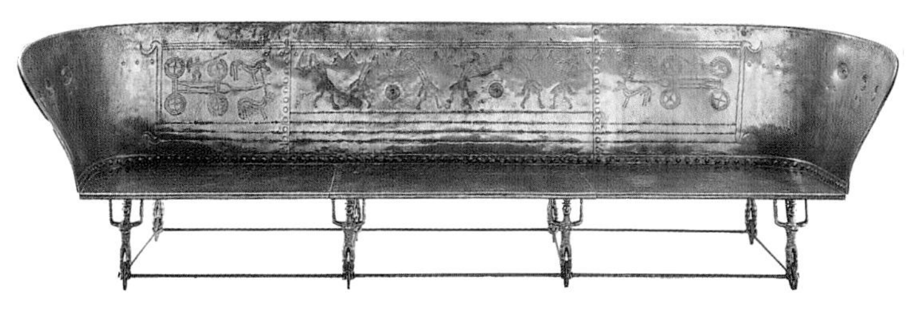

Nachbau des Fürstengrabs von Hochdorf (Bild oben; Gemeinde Eberdingen, Keltenmuseum Hochdorf). Auf dem Prunkwagen waren Speiseservice und das komplette Geschirr der Pferde niedergelegt. Im Hintergrund die Kline, das Totenbett des Fürsten. Der 2,75 m lange Klinenkörper (Bild links) ist aus sechs großen Blechen zusammengesetzt. Er wird von Figuren getragen, die auf Räder montiert sind; 530–520 v. Chr. (Stuttgart, Württembergisches Landesmuseum).

Ein exzellentes Beispiel dafür stellt das um 500 v. Chr. errichtete Grab für eine etwa 35-jährige Frau dar, das 1953 im Bereich der burgundischen Gemeinde Vix entdeckt wurde. Die Fundstelle liegt am Fuß der Höhenburg Mont Lassois, 6 km nordwestlich von Châtillon-sur-Seine im Département Côte-d'Or, Frankreich. Mit dem gleichen Beigabenensemble wie in Hochdorf ausgestattet, sind neben einem eleganten vierrädrigen Wagen vor allem ein großes Gefäß – ein Krater – aus Bronze, griechische Trinkgefäße, eine Schnabelkanne sowie ein Goldhalsring zu nennen.

Der riesige, wohl aus einer großgriechischen Werkstatt stammende Bronzekrater von 1,64 m Höhe und 208 kg Gewicht ist mit 1100 l Fassungsvermögen das größte erhaltene antike Metallgefäß! Der aus 21 Teilen zusammengesetzte, 480 g schwere Goldhalsring ist ein technisches, unter mittelmeerischem Einfluss entstandenes Meisterwerk der Goldschmiedekunst.

Eine neue Adelsschicht – Die La-Tène-Zeit

Just zu der Zeit, als die Dame von Vix beerdigt wurde, setzte ein Niedergang der frühkeltischen, hallstattzeitlichen Macht ein. Ob innere Krisen, geänderte Handelswege oder auch die Auseinandersetzungen zwischen Griechen und Etruskern um die nach Norden führenden Handelsrouten mit dazu beigetragen haben, ist ungewiss.

Erkennbar ist nur, dass sich danach nordwärts zwischen Ostfrankreich und Böhmen eine neue, nun latènezeitlich benannte Adelsschicht manifestiert, deren Repräsentanten nicht nur Männer, sondern auch Frauen sein konnten. Vielleicht handelte es sich um Personengruppen, die der südlichen Hallstatt-Adelsschicht entstamm-

»DIE DAME VON VIX«

Im Alter von ungefähr 35 Jahren starb um 500 v. Chr. die adlige Dame oder »Fürstin« von Vix. Ihr Antlitz ließ sich anhand von Schädel und Kiefer rekonstruieren.

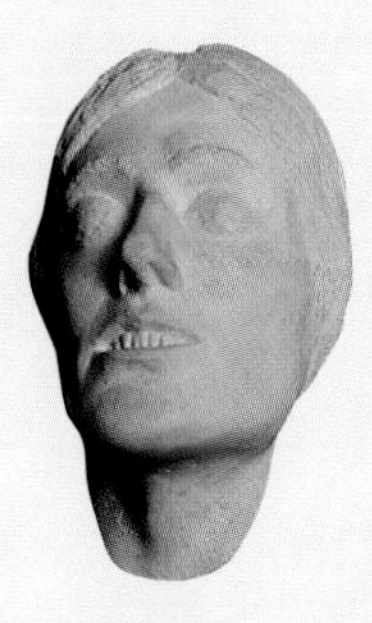

In ihrem Grab fand man die bislang bedeutendsten Gegenstände keltischer Zeit in Frankreich. In einer annähernd quadratischen Grabkammer von 3 x 3 m Grundfläche ruhte die Tote auf dem Kasten eines eleganten Wagens, dessen vier Räder abmontiert an der östlichen Kammerwand lehnten. Gegenüber fanden sich als Speiseservice ein Bronzekessel und zwei Bronzebecken, dicht daneben stand in der Nordwestecke das größte bislang antik erhaltene Metallgefäß in Gestalt eines Kraters. Er diente zusammen mit einem Siebdeckel zum Mischen von alkoholischen Getränken. Dem Trink- und Schenkservice gehörten außerdem eine danebenliegende etruskische Bronzeschnabelkanne sowie zwei

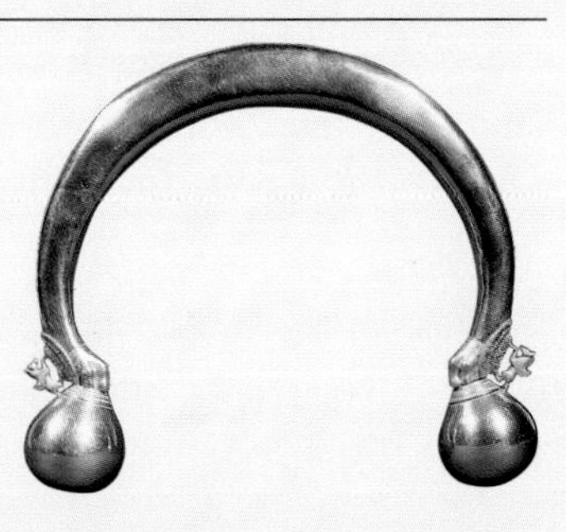

attische Tonschalen und eine silberne Schale an. Diese drei Gefäße standen auf dem Rand des Kraters. Als einzigartiges Schmuckstück trug die Dame von Vix einen Goldring, der von einem hoch qualifizierten Edelmetallhandwerker mittelmeerischer Herkunft hergestellt wurde. An den kugeligen Enden sind Flügelpferdchen und Löwentatzen mit feinstem Filigran und Stempelmuster kombiniert. Aus lokalen Werkstätten stammen zusätzlicher Schmuck wie Bernsteinperlen, Ringe und Fibeln.

ten und die eine neue wirtschaftliche Grundlage vor allem in der gezielten Ausbeutung von Eisenerzlagerstätten sahen.

Denn in einigen Fällen liegen – heute noch erkennbar – zeitgleiche befestigte Höhensiedlungen, Adelsgräber und Eisenerzlagerstätten recht nah beieinander, sodass eine Verbindung zueinander bestanden haben kann. Soweit also diese Hinterlassenschaften zu ein und derselben Siedelgemeinschaft gehörten, könnten sie das jeweilige Herrschaftsgebiet eines keltischen Adligen umreißen.

Die Art der Grabausstattung blieb auch nach 500 v. Chr. bestehen. Sie erfuhr nur eine Wandlung in Form der Ausstattungsgüter. Die adligen Toten wurden im 5. und 4. Jahrhundert v. Chr. in meist großen, auch exponiert gelegenen Erdhügeln beigesetzt und mit dem moderneren zweirädrigen Streitwagen, mit Bronzegeschirr und kostbaren Schmuck- und Trachtbestandteilen für das Jenseits versehen. Neben Mischkesseln, den Stamnoi, gelangten bronzene Schnabelkannen aus Etrurien nach Norden, die ebenso wie Trinkhörner zum Trinkgeschirrsatz gehören konnten.

Schnabelkannen aus Basse-Yutz bei Thionville in Lothringen, Anfang 4. Jahrhundert v. Chr. (London, Britisches Museum).

Die Form der Schnabelkanne regte keltische Kunsthandwerker zur Nachahmung an, sodass prachtvolle eigene Behältnisse entstanden. Sie gerade sind neben vielem anderen als hervorragende Zeugnisse keltischen Stil- und Kunstempfindens anzusehen, da bei ihnen ornamentale, tierische und pflanzliche Vorbilder in eine ganz eigene, unverwechselbare Form umgesetzt wurden.

An keramischen wie metallischen Produkten wurde ein Kunststil variiert, der eine Vorliebe für das Doppeldeutige, unterschiedlich Lesbare besaß und in gekonnter Manier mit Linien, Flächen und Mustern spielte. Für uns ist das heute nur teilweise, ganz schwer oder gar nicht zu entschlüsseln. Denn keltische Kunst spiegelt in vielen Bereichen das kaum durchschaubare magisch-kultische Denken der damaligen Zeit. Von ihr sollte schon zur Zeit der Verwendung Übersinnliches ausgehen, sodass mehrere Verständnisbarrieren bestehen können.

Detail einer keltischen Kanne aus Basse-Yutz. Den oberen Abschluss des Henkels bildet eine Tiergestalt; Anfang 4. Jahrhundert v. Chr.
Das Detail des Halsrings von Erstfeld (links), Schweiz, um 400 v. Chr., zeigt ein Gewirr von Menschenköpfen und Tieren sowie einen Vogel zwischen keulenförmigen Teilen (Zürich, Schweizerisches Landesmuseum).

Die Vielfalt der Produkte reichte von Gebrauchsgegenständen wie Fibeln und Ringen bis hin zu porträtartigen Kopfdarstellungen, von Gefäßen bis zu Waffenbestandteilen.

Beispielhaft sei aus der Fülle an erhaltenen Gegenständen zunächst die bronzene Fibel von Parsberg (Oberpfalz) des 5. Jahrhunderts v. Chr. genannt, die am Fuß eine menschliche Maske mit Glotzaugen aufweist, während auf der gegenüberliegenden Bügelseite eine eher tierische Fratze von spiralförmigen Tierfiguren begrenzt wird. Eine ähnliche Verzierung tragen vier aus einem Schatzfund stammende Halsringe von Erstfeld (Schweiz), die den hohen handwerklichen Stand keltischer Künstler belegen (Ende 5./Anfang 4. Jahrhundert v. Chr.).

Aus einem Fürstengrab von Schwarzenbach (Kreis Sankt Wendel, Saarland) kommt der meisterhaft gefertigte Goldblechbeschlag einer Schale oder, eher wahrscheinlich, eines Trinkhorns oder eines Siebtrichters der 2. Hälfte des 5. Jahrhunderts v. Chr., der friesartig aneinander gereihte Ornamente zeigt.

Wie diese Muster im 4. Jahrhundert v. Chr. weiterentwickelt und umgestaltet wurden, illustriert der im Jahr 1981 entdeckte Prunkhelm von Agris (Département Charente, Frankreich): Auf Bronze und Eisen wurden verzierte Goldblechfolien aufmontiert und durch

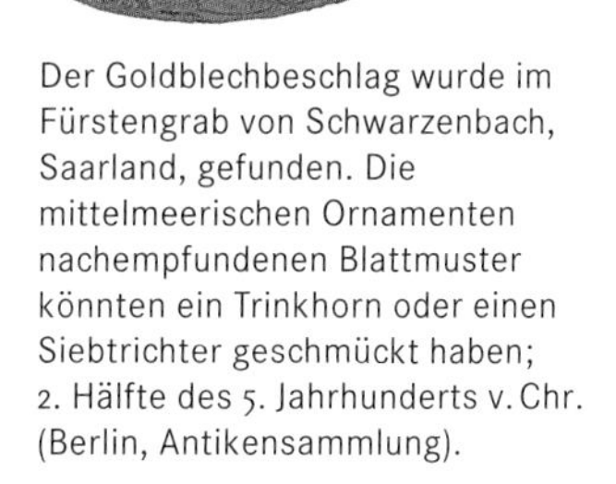

Der Goldblechbeschlag wurde im Fürstengrab von Schwarzenbach, Saarland, gefunden. Die mittelmeerischen Ornamenten nachempfundenen Blattmuster könnten ein Trinkhorn oder einen Siebtrichter geschmückt haben; 2. Hälfte des 5. Jahrhunderts v. Chr. (Berlin, Antikensammlung).

Korallenmuster ergänzt. Besonders schön ist die durchbrochen gehaltene, mit Golddrähten versehene Wangenklappe gefertigt.
Die menschlichen Gesichter wirken auf diesen Werken eher starr und maskenhaft, wie es auch ein aus Böhmen stammender Steinkopf mit Glotzaugen und spiraligen Augenbrauen- und Schnurrbartenden vermittelt, der – mit einem Halsring ausgestattet – eine Gottheit, einen Helden oder Fürsten darstellen dürfte (2.–1. Jahrhundert v. Chr.). Obwohl nur 25 cm hoch, lässt er die suggestive Wirkung des keltischen Kopfkults erahnen.

Die Auftraggeber, Träger und Besitzer derartig hervorragender Erzeugnisse sind in den Reihen der adligen Häuptlinge oder fürstlichen Adligen zu suchen, die sich mit ihrem Prestigegut und ihren persönlichen Schmuck- und Trachtteilen im 5. und 4. Jahrhundert v. Chr. für das Jenseits ausstatten und beisetzen ließen.

Als Beispiel aus der Zeit um 400 v. Chr. sei ein fürstlicher Mann aus Weiskirchen (Saarland) genannt, der mit kostbarem Gürtel- und Taschenschmuck, Fibeln und einem Prunkdolch als Zierwaffe beigesetzt worden war. Er trug die für die Kelten charakteristische karierte Hose, die den Griechen und Römern absolut fremd war. Dieses Kleidungsstück haben die Kelten wahrscheinlich von den Skythen oder Persern übernommen. Aufgrund antiker Nachrichten und bildlicher Darstellungen wissen wir übrigens, dass keltische Männer nackt, nur gegürtet oder mit der Hose bekleidet in den Kampf zogen. Überdies berichtet Strabon in seiner »Geographie«, dass die Kelten goldene Hals- und Armringe, die Vornehmen bunt gefärbte und goldgestickte Kleider trugen. Infolge dieser Eitelkeit seien sie unerträglich als Sieger, aber verblüfft als Besiegte gewesen.

Die Prunkliebe der Kelten mag auch die Ausstattung einer Dame von Waldalgesheim (Kreis Mainz-Bingen) verdeutlichen, die einige Jahre vor 400 v. Chr. beerdigt worden war und neben kostbarem Goldschmuck an Hals und Armen sowie bronzenen Beinringen zahlreiche Unheil abwehrende Amulette bei sich hatte. Diese sollten sie vor Krankheit oder frühem Tod schützen.

Genau komponierte Musterfelder schmücken den goldblechverzierten Helm von Agris; 4. Jahrhundert v. Chr. (Angoulême, Musée da la Societé Archéologique et Historique de la Charente).

Männerkopf mit Halsring, Würdenträger oder Gott, 2./1. Jahrhundert v. Chr., Tonschiefer, Höhe 25 cm, gefunden im heiligen Bezirk bei Mšecké Žehrovice bei Slany (Prag, Národní Muzeum).

Wehe den Besiegten – Die keltische Expansion

Der in die Region nordwärts der Alpen gerichtete, insbesondere von den Etruskern getragene Handels- und Kulturaustausch dürfte einer der Auslöser dafür gewesen sein, dass keltische Gruppen noch im 5. Jahrhundert v. Chr. beutehungrig und vielleicht sogar wissbegierig in das oberitalische Gebiet eindrangen. Damit begannen die uns auch schriftlich überlieferten Konflikte mit den Römern.

Um 400 v. Chr. waren mit den Insubrern und ihrer »Hauptstadt« Mediolanum (Mailand), den Cenomanen um Verona und in der Poebene, den Boiern um Parma und Bologna und den Lingonen sowie den Senonen weite Teile nördlich des Apennins in der Hand der Kelten. Die Niederlage Roms am Zusammenfluss von Allia und Tiber

387 v. Chr. öffnete ihnen schließlich den Weg nach Rom. Nur wegen der legendären schnatternden Gänse soll das Kapitol unbesiegt geblieben sein.

Diese Begebenheit betrifft eine der bekanntesten Auseinandersetzungen der Römer mit den Kelten. Denn hier erlebte ein politisches Gemeinwesen, das bald zu einer Weltmacht aufsteigen sollte, die größte Schmach seiner langen Geschichte. Der Geschichtsschreiber Livius (59 v. Chr. bis 17 n. Chr.), der ja kein Zeuge dieser ereignisreichen Tage in Rom war, beschreibt dies eindrucksvoll in seinem 5. Buch (Römische Geschichte 5,47, 1–11): Wie die Römer nach zermürbenden siebenmonatigen Belagerungen, Brandschatzungen und der teilweisen Zerstörung der Stadt durch die Kelten, die »die ganze Umgebung mit wildem Gesang und vielfältigem schrecklichen Geschrei erfüllten«, nur durch die schnatternden und flügelschlagenden Gänse einem nächtlichen Überfall auf den kapitolinischen Hügel entgingen, weil der Konsul Marcus Manlius durch den Lärm aufgeweckt wurde und Alarm schlug. Die Römer mussten 1000 Pfund Lösegeld in Gold bezahlen, und in ihren Ohren muss es wie Hohn geklungen haben, als der siegreiche Senonenfürst Brennus wegen angeblich zu leichter Gewichte sein Schwert mit den Worten »Vae victis« (»Wehe den Besiegten«) zusätzlich in die Waagschale warf!

Gallische Krieger auf der Flucht, Ausschnitt aus einem Tempelfries, Beginn 2. Jahrhundert v. Chr. (Bologna, Museo Civico).

Ein Jahr später verbündeten sich die Kelten, die Rom belagerten, mit dem Tyrannen Dionysios von Syrakus, der die Macht der Etrusker verringern wollte, und 368 v. Chr. gelangten sie als kriegerische Söldner erstmals nach Griechenland.

In Italien wurde der 332 v. Chr. zwischen Senonen und Römern geschlossene Friedensvertrag durch den zunehmenden römischen Expansionismus gefährdet. Der Vertrag half zwar, Handelskontakte

Die beinahe gelungene keltische Eroberung des Kapitols in Rom 387 v. Chr. wird von Livius in einer dramatischen Szene dargestellt (Römische Geschichte 5, 47):

(Die Gallier) kletterten … in einer ziemlich hellen Nacht hinauf … und gelangten in solcher Stille bis zur Höhe, dass sie nicht nur von den Wachen nicht bemerkt wurden, sondern nicht einmal die Hunde aufweckten … Doch die Gänse vermochten sie nicht zu täuschen, die der Juno heilig waren … Das war die Rettung; denn durch ihr Geschnatter und ihr lautes Flügelschlagen wurde M. Manlius geweckt … Er griff zu den Waffen, alarmierte zugleich die Übrigen, ging hin und stürzte … einen Gallier, der schon auf der Höhe Fuß gefasst hatte, durch einen Stoß mit dem Schildbuckel hinab. Während der den Halt verlor und sein Fall auch die Nächsten mit ins Verderben riss, erschlug Manlius andere, die in ihrer Bestürzung die Waffen hatten fallen lassen und sich mit ihren Händen an den Felsen klammerten … Jetzt hatten sich auch andere eingefunden und verjagten mit Geschossen und Schleudersteinen die Feinde, die ganze Schar verlor den Halt und stürzte in die Tiefe.

Über die Schätze der Kelten und den Versuch der Galater, das Heiligtum von Delphi zu plündern, schreibt Strabon (Erdgeschichte 4,1,13):

Auch die Tektosagen aber sollen an dem Heereszuge gegen Delphi teilgenommen haben und die von Caepio, dem Feldherrn der Römer, bei ihnen in der Stadt Tolosa (heute Toulouse) vorgefundenen Schätze ein Teil der Beute von dort gewesen sein, die Leute aber noch von ihrem eigenen Vermögen hinzugelegt haben, um es zu weihen und den Gott zu versöhnen ... Wahrscheinlicher ist jedoch die Erzählung des Poseidonios. Er sagt, die in Tolosa gefundenen Schätze hätten etwa 15 000 Talente betragen, teils in Kapellen, teils in heiligen Teichen verwahrt und kein Gepräge führend, sondern bloß rohes Gold und Silber. Der Tempel zu Delphi aber sei, im heiligen Kriege von den Phocensern (Phokäern) ausgeplündert, zu jener Zeit schon leer von solchen Schätzen gewesen, und wenn auch noch etwas übrig gewesen, so wäre es unter viele verteilt worden; auch sei nicht wahrscheinlich, dass sie glücklich in ihre Heimat zurückgekehrt wären, da sie nach dem Rückzuge von Delphi sich kläglich davongemacht und aus Uneinigkeit hierhin und dahin zerstreut hätten.

Der »Sterbende Gallier«, die bekannteste antike Darstellung eines Kelten mit typischer Haar- und Barttracht sowie einem Halsring (Torques) wurde (als Bronzestatue?) für das Heiligtum von Pergamon geschaffen (Rom, Kapitolinisches Museum).

zwischen den Kelten und den Etruskern zu verbessern, erleichterte es aber gleichzeitig den Römern, das Gebiet zwischen Tiber und Poebene entlang der adriatischen Küste zurückzugewinnen. Die Römer zerschlugen 295 v. Chr. ein Bündnis der Senonen, Etrusker, Umbrer und Samniten, und zwölf Jahre später wurde das senonische Territorium römisches Staatsland. 225 unterlagen die Boier, Insubrer und Geseten bei Telamon (heute Talamone), und 191 ging Mediolanum als Hauptsitz der Insubrer verloren.

Ein plastisches Bild der Kämpfe mit den Römern vermittelt ein Steinfries aus Civitalba in den italienischen Marken aus dem frühen 2. Jahrhundert v. Chr., der fliehende Kelten zeigt, die ein römisches Heiligtum geplündert haben.

Die Niederlage der Galater

Neben dem italischen Schauplatz wurde aber auch der Balkan mit keltischen Wanderungen oder Expansionsbewegungen konfrontiert. So traf eine Delegation 335 v. Chr. am Zusammenfluss von Donau und Morava mit Alexander dem Großen zusammen, der zu dieser Zeit einen Feldzug in das Balkan- und untere Donaugebiet unternahm. Alexander fragte seine Gäste, was sie am meisten auf der Welt fürchteten und zeigte sich – wie sein Zeitgenosse Ptolemaios I. Soter in seiner »Alexandergeschichte« berichtet – erstaunt darüber, dass ihm die Kelten erklärten, sie fürchteten allenfalls, dass der Himmel auf sie herunterfiele.

Der zunehmende Druck, den die Römer auf die Kelten in Italien ausübten, mag dazu beigetragen haben, dass keltische Söldner unter anderem neue »Betätigungsfelder« im Osten suchten. Um 280 v. Chr. traten drei Gruppen unter ihren Führern Kerethrios, Bolgios, Brennus und Akichorios an, um in Griechenland einzufallen, was 279 v. Chr. mit einer vernichtenden Niederlage des thrakisch-makedonischen Königs Ptolemaios Keraunos begann. Brennus' Versuch indes, das Heiligtum von Delphi zu plündern, misslang. Teile der nach Norden abziehenden Kelten gründeten um 277 v. Chr. im heutigen Bulgarien sogar ein kurzlebiges Reich, das Königreich von Tylis, einem Ort in Südthrakien, das aber nur bis 221 v. Chr. bestand.

Später, im Jahr 278 v. Chr., gelangten keltische Tektosagen nach Kleinasien, um als Söldner König Nikomedes I. von Bithynien zu dienen. Nach Ausbleiben des Solds zogen sie brandschatzend durch das mittlere Kleinasien und die Küstenregionen und zerstörten das Apolloheiligtum von Didyma.

Das weitere Schicksal dieser kleinasiatischen Kelten oder Galater ist von Niederlagen gekennzeichnet, so um 230 v. Chr. an den Kaikosquellen bei Pergamon gegen den pergamenischen König Attalos I. und 190 v. Chr. an der Seite des Seleukiden Antiochos III., der bei Magnesia am Sipylos gegen die Römer antrat. Besiegt wurden sie auch von dem durch die kleinasiatischen Städte herbeigerufenen römischen Konsul Gnaeus Manlius Vulso. Die eigenständige Existenz Galatiens, des keltischen Siedlungsgebiets im Innern von Kleinasien, endete 25 v. Chr. mit der Ernennung zur römischen Provinz.

Besonders eindrucksvolle Zeugnisse dieser Zeit stellen Plastiken dar, die Attalos I. nach seinem Sieg über die Galater im Tempel von Pergamon errichten ließ. Voran der berühmte »Sterbende Gallier«, der nach 228 v. Chr. geschaffen wurde und bisher als römische Marmorkopie der originalen Bronzestatue galt; heute wird er, vor allem wegen der Herkunft des Marmors aus Kleinasien und der Feinheit der Ausführung, von manchen Archäologen für das Original selbst gehalten. Ebenso eindrucksvoll ist die weniger bekannte Gruppe des aufrechten keltischen Kriegers, der, nachdem er zuerst seine Frau getötet hat, sich selbst mit dem Schwert den Tod gibt. Erhalten ist hier ebenfalls nur eine Marmorkopie.

Wachsende Bedrängnis – Gallien und Britannien fallen an Rom

Für die Kelten waren die letzten vorchristlichen Jahrhunderte aber nicht nur in den Randbereichen ihres Siedlungsterritoriums von zunehmenden Niederlagen gekennzeichnet. Die Expansionsbestrebungen Roms, welches das Hilfeersuchen bedrängter Verbündeter immer wieder geschickt und selbstbewusst ausnutzte, zielten ab der Mitte des 2. Jahrhunderts v. Chr. zunehmend auf das keltische Kernland ab. Die Geschehnisse, die im Zuge der gallischen Kriege Caesars 58 bis 51 in der Gefangennahme des Arvernerprinzen Vercingetorix gipfelten, sind als Kette keltischer Niederlagen und Demütigungen anzusehen.

Nach der Einnahme Numantias, der Hauptstadt der keltischen Arevaker am Oberlauf des Duero in Spanien, brachen die Römer 133 v. Chr. den langjährigen Widerstand der »Keltiberer«, der keltischen Stämme auf der Iberischen Halbinsel, endgültig und richteten um 120 in Südfrankreich die Provinz Gallia Narbonensis ein. Damit sicherten sie sich die Landverbindung nach Spanien.

Weitere Turbulenzen erwuchsen den Kelten durch die in Osteuropa ausgelösten Wanderungsbewegungen der Germanen, die mit dem Zug der Kimbern und Teutonen begannen. Diese durchzogen 113 bis 101 v. Chr. Süddeutschland, Ostfrankreich, Oberitalien und den Alpenraum, bis sie in der Narbonensis bezwungen wurden. Nach weiteren germanischen Vorstößen ab etwa 75 v. Chr. kam es 62/61 v. Chr. zur Konfrontation mit den keltischen Äduern (Häduern) im Elsass, die Caesar zu Hilfe riefen. Er vertrieb daraufhin 58 v. Chr. die eingedrungenen Sweben unter ihrem Führer Ariovist.

Die römische Marmorkopie einer Bronzestatue, die den Selbstmord eines Galliers mit Frau zeigt, stammt aus dem der Athena Nikephoros geweihten Tempel von Pergamon (Rom, Museo Nazionale Romano).

Angesichts dieser prekären Situation versuchten die Helvetier, nach Südwestfrankreich auszuwandern, indem sie ihre Siedlungen zerstört zurückließen. Nach vernichtender Niederlage wurden sie aber von Caesar in ihr Stammesgebiet zurückgezwungen.

In diesem Jahr 58 griff er zunehmend in die außen- und innenpolitischen Geschehnisse Galliens ein. In einer gemeinsamen Anstren-

gung versuchten die west- und zentralgallischen Stämme unter Vercingetorix, generellen Widerstand gegen die römischen Okkupationsversuche zu leisten. Die Vernichtung von Avaricum (Bourges), dem Hauptort der Bituriger, setzte ein erstes Fanal, das in der Belagerung der Avernerfestung Gergovia (wohl bei Clermont-Ferrand) und der Eroberung Alesias (am Mont Auxois im Département Côte d'Or) endete. Vercingetorix geriet 52 v. Chr. in Gefangenschaft und wurde 46 v. Chr. im Todestrakt des römischen Staatsgefängnisses am Fuß des Kapitols hingerichtet.

Damit war das Schicksal Galliens besiegelt: der Krieg bedeutete für wohl drei Millionen Kelten den Tod oder die Versklavung.

Nicht anders verlief Jahrzehnte später die römische Eroberung des keltischen Britannien. Nach dem Aufstand der icenischen Königin

Diese Goldmünze ist auf 52 v. Chr. datiert, sie trägt den Namen des Vercingetorix und zeigt ihn als jugendlichen Führer (Paris, Musée des Antiquités Nationales). Der aus der Themse geborgene Schild von Battersea (rechts) diente der Repräsentation; um Christi Geburt (London, Britisches Museum).

Boudicca 61 n. Chr. brach der insulare Widerstand endgültig zusammen, und nur Wales, Nordschottland und Irland wurden nicht erobert und blieben keltisch.

Der König der britischen Icener und Gatte der Boudicca, Prasutagus, hatte in seinem Testament neben seinen Töchtern den römischen Kaiser eingesetzt, um Familie und Land vor Gewalttaten zu schützen. Da die Römer die Icener jedoch als recht- und schutzlose Bewohner eines eroberten Landes behandelten, formierte sich Widerstand unter Boudicca. Eine Abwesenheit des Statthalters Suetonius Paulinus nutzte sie dazu – zusammen mit den Trinobanten – Städte wie Londinium (London) und Camulodunum (Colchester) zu erobern. Der rasch herbeigeeilte Suetonius schlug den Aufstand unter hohen Verlusten der britischen Kelten nieder, und Boudicca endete durch Selbstmord oder Krankheit 61 n. Chr.

Steinpfeiler von Kermaria (Bretagne). Die gedrungene pyramidenförmige Stele trägt auf jeder Seite eine andere Verzierung; 4. Jahrhundert v. Chr.

Fortleben keltischer Sprache und Kunst

In Wales, Nordschottland und Irland hat sich die keltische Sprache bis heute erhalten, blieb keltischer Kunststil bis ins Mittelalter lebendig. Im 1. Jahrhundert v. Chr. hatte sich auf den Britischen Inseln ein eigenes keltisches Kunstempfinden ausgebildet, das unter Einsatz des Zirkels die Gestaltung komplizierter Muster ermöglichte.

Als Beispiel sei der Bronzespiegel von Desborough genannt, der wie andere Spiegel um die Zeitenwende in Südengland hergestellt worden ist. Über dem durchbrochen gearbeiteten Handgriff zeigt er auf der Rückseite ein pflanzenartiges, spiegelbildlich gestaltetes Muster. Dieselbe Symmetrie weist ein mit Emaileinlagen versehener Paradeschild aus der Themse bei Battersea auf. Er gilt als Hauptwerk keltischer Kunst in Britannien. Ein Steinpfeiler von Turoe (Galway, Irland) gehört ebenfalls in die Zeit vom 1. Jahrhundert v. Chr. bis zum 1. Jahrhundert n. Chr. Seine Form erinnert an etruskische Grab- und Kultpfeiler, seine pflanzliche Reliefierung zeigt sehr schöne keltische Ornamentik.

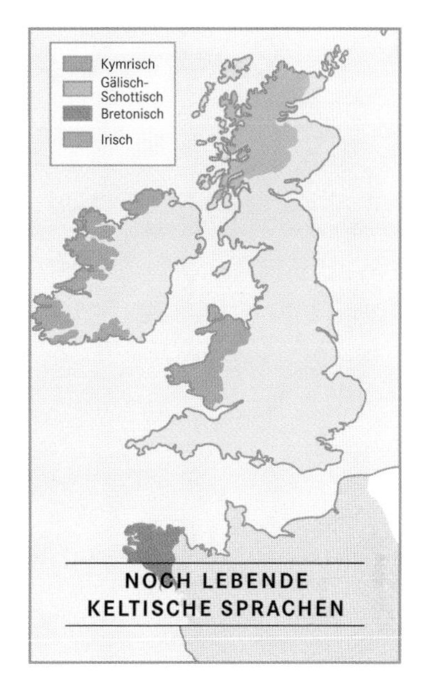

Dass derartige keltische Spiralornamentik vor allem in Irland bis ins 12. Jahrhundert lebendig blieb, belegen neben Metallarbeiten die Beispiele in der Buchmalerei, etwa das berühmte »Book of Durrow« oder das »Book of Kells«.

Das um 800 entstandene »Book of Kells« enthält eine Sammlung lateinischer Evangelien, die irische Texte begleiten und ist als Meisterwerk irischer Buchmalerei anzusehen. Das ältere, 675 angefertigte »Book of Durrow« vereinigt Elemente der Buchmalerei mit solchen der Goldschmiedekunst. Beide Werke sind Beispiele dafür, dass in Irland das seit dem 5. Jahrhundert einsetzende Christentum Impulse keltischen Stilempfindens neu belebte. Traditionelles blieb also wirksam, bis hin zu den monumentalen Steinkreuzen. Erst im 12. Jahrhundert beendeten die angelsächsische Invasion und neue Mönchsorden den keltischen Kunsteinfluss, der aber in Literatur und Sprache bis heute fortlebt.

Die seit dem 6. Jahrhundert entstandenen Heldensagen haben unsere Vorstellung über den keltischen Volkscharakter und die Denkweise der Kelten stark beeinflusst. Die 1155 in Wales entstandene Sage über König Artus fußt ebenso auf Keltischem wie die zwischen 1760 und 1763 durch James Macpherson geschaffene Ossiandichtung. Obwohl hier mündlich überlieferte volkstümliche Balladen des schottischen Hochlands mit eigener Dichtung vermischt und fälschlich einem blinden Barden Ossian, Sohn des Fingal, aus dem 3. Jahrhundert zugewiesen worden sind, war die Ossianbegeisterung gerade in Deutschland außerordentlich groß. Goethe ließ seinen Werther im gleichnamigen Werk ganze Passagen aus dem »Ossian« deklamieren, und heutzutage findet die religiöse Welt der Kelten eine Neubelebung im Bereich der Esoterik.

Keltische Steinkreuze auf dem Friedhof in Monasterboice in Irland. Hier lebt die christianisierte keltische Bilderwelt fort; 10. Jahrhundert n. Chr.

Wenngleich hier das verehrte Kultvolk kaum etwas mit den historisch überlieferten Keltenstämmen gemeinsam hat, so wirken vor allem Druiden-, Artus- und Irlandzauber nachhaltig zur Erzeugung tieferer, jenseitig bestimmter oder naturbezogener Geschehnisse.

Das fällt in Deutschland umso leichter, als hier eher die Germanen zur geschichtlichen Identifikation beitragen, während die Kelten aufgrund ihres historischen Schicksals aus dem Bewusstsein der Bevölkerung verschwunden sind. Ganz im Gegensatz zu Schottland, Irland, Wales und der Bretagne, wo keltische Sprachen heute in dem Maße wieder belebt werden, wie Europa stärker zusammenwächst und die Suche nach regionaler Eigenidentifikation zunimmt.

Aber kehren wir nochmals in die Zeit des 2. und 1. Jahrhunderts v. Chr. zurück, aus der historische Nachrichten vorliegen und in der das Schicksal der Kontinentalkelten entschieden wurde.

Das Ende des letzten Jahrtausends v. Chr. bildete für Mitteleuropa in kulturhistorischer und politischer Hinsicht zweifellos eine deutliche Zäsur. Während die Welt der Kelten auseinander brach, traten die germanischen Völker erstmals unter dem Namen Germanen in die Geschichte ein, und die römische Kolonialmacht griff erstmals über die Alpen nach Norden aus. Im ehemaligen Kerngebiet der frühen Kelten entstand ein Spannungsfeld, das sich auf Kosten vieler Menschen und deren Hab und Gut entlud. Caesar war dabei einer der Hauptakteure im Spiel der Mächtigen. Er beobachtete gut, beschönigte aber auch oder verschleierte vieles in offiziell römischem Sinne, sodass die erhaltenen archäologischen Zeugnisse häufig ein viel besseres und genaueres Bild der Wirklichkeit zu liefern vermögen als die schriftlichen Quellen. Die Erschließung neuen archäologischen Quellenmaterials in den letzten Jahrzehnten zeigt, wie komplex die Vorgänge in dieser epochalen Umbruchszeit gewesen sein müssen, und lässt erahnen, was an Neuem künftig zu erwarten sein wird.

Die Flechtmuster auf dem Bronzespiegel aus Desborough entfalten sich als kompliziertes Gebilde auf der Spiegelrückseite; um Christi Geburt (London, Britisches Museum).

DER FÜRST VON GLAUBERG

Am 24. Juni 1996 wurde in dem erst 1987 entdeckten frühkeltischen Fürstengrabhügel am hessischen Glauberg (bei Glauburg-Glauberg, Wetteraukreis) die Großplastik eines keltischen Fürsten entdeckt. Mit Ausnahme der Füße, die abgebrochen sind, ist die lebensgroße, vollplastische Sandsteinstele vollständig erhalten. Sie ist insgesamt 1,86 m hoch und wiegt etwa viereinhalb Zentner. Die Figur trägt auf dem Kopf eine »Blattkrone«, ein Attribut, das bisher Göttern zugeordnet wurde. Sie ist bekleidet mit einem Panzer, bewaffnet mit Schwert und Schild und trägt den gleichen Ringschmuck wie der Tote in Grab 1, einem der beiden im Grabhügel gefundenen Gräber. Die Vermutung liegt nahe, dass die Stele ein Abbild – oder aber auch das Vorbild – eines der im Hügel bestatteten Toten ist.

Höhepunkt vor dem Ende – Die Oppidazivilisation

Von dem Zeitpunkt an, da Massalia den römischen Beistand zur Abwehr keltischer Beutehorden suchte, erschien Rom – wie so oft – als Retter und blieb als Besatzungsmacht. Die folgende Schaffung der Provinz Gallia Narbonensis von den östlichen Pyrenäen bis zum Westalpenrand und bis hinauf zum Genfer See bedeutete das Ende zahlreicher befestigter einheimischer Höhensiedlungen. Ihr mittelmeerisch geprägtes »Stadtbild« mit geregeltem Bebauungsplan, mit Straßen, Speichern und Zisternen, die Keramik und die Verwendung der griechischen Schrift einerseits, die keltische Art der Tracht und Bewaffnung andererseits, müssen im Laufe des 2. Jahrhunderts v. Chr. nachhaltig auf die Anlegung ähnlicher Siedlungen nordwärts davon gewirkt haben. Ihre Großräumigkeit, die mittelalterliche Bewehrungen übertraf, und die Art der Wehrmauern veranlassten Caesar, hier von *oppida* zu sprechen.

Diese Siedlungen besaßen zwar in der Regel nicht die streng organisierte Wohnstruktur ihrer südlichen Nachbarn, sie hatten aber ebenso wie diese eine politisch-wirtschaftliche Mittelpunktsfunktion innerhalb einer Stammesgemeinschaft inne. Als Sitz der Verwaltung und der Rechtsprechung, als Ort des Stammesheiligtums boten sie

Platz für handwerkliche Betriebe, waren Wohnsitz des Adels und Fluchtburg der umliegenden Bevölkerung. Hier regierten die Könige oder adligen Häuptlinge, agierten die Druiden und Krieger, arbeiteten privilegierte Handwerker, und es bestand noch genügend Raum für bäuerliche Tätigkeiten. Zusammen mit dem umliegenden Einzugsgebiet stellten diese Oppida also in sich geschlossene, voll funktionsfähige Siedlungseinheiten dar.

Aufgrund der gleichartigen Gesellschafts-, Siedlungs- und Wirtschaftsform kann man daher in Europa mit Recht von einer Oppidazivilisation sprechen. Die erhaltenen archäologischen Funde zeigen, dass eine erstaunliche Uniformität der spätkeltischen Produkte quer

Das spätkeltische Oppidum von Manching (oben), Modell des Osttors (unten), Ende 2. Jahrhundert v. Chr. Die Mauer ist in der Technik des von Caesar beschriebenen *murus Gallicus* errichtet.

durch ganz Europa existierte, die für einen regen zivilisatorischen und kulturellen Austausch von Handels- und Gedankengütern sprechen.

Das zeigt beispielsweise die Art der Befestigung in Gestalt der von Caesar beschriebenen gallischen Mauer, des *murus Gallicus.* Sie war vor allem im westkeltischen Gebiet üblich. Bei ihr wurde ein ausschließlich horizontales Holzrahmenwerk mittels Eisennägeln verbunden, mit Füllmaterial und Trockenblendmauer versehen. Das Ganze erhielt auf der Wallinnenseite eine

Die Ringe und Perlen gehörten zum farbigen Schmuck keltischer Frauen; 2. Jahrhundert v. Chr. (München, Prähistorische Staatssammlung).

zusätzliche Rampenschüttung. Im östlichen Oppidabereich überwog die so genannte Pfostenschlitzmauer, deren Stirnseite eine Steinfront mit senkrecht stehenden Holzbalken aufwies, die nach Vermoderung Schlitze stehen ließen.

Einen hohen technischen Stand erkennen wir vor allem beim Schmiedehandwerk, das Geräte, Werkzeuge und Waffen in bis dahin unbekannter Vielfalt bereitstellte. So gibt es allein aus dem nur teilweise ausgegrabenen Oppidum von Manching bei Ingolstadt neben eisernen Waffen und Schmuckstücken an die 200 verschiedene eiserne Gerätetypen, die – wie beispielsweise Hämmer, Zangen, Feilen, Bohrer, Meißel und Scheren – bis heute in ihrer Funktion und in ihrem Aussehen unverändert geblieben sind! Einen ebenso hohen Stand wies das spätkeltische Töpferhandwerk auf, das neben importierten Weinamphoren, Ton- und Bronzegeschirren durchaus bestehen konnte. Als Spitzenprodukte sind bemalte Gefäße anzusehen. Eine besondere Rolle spielte verschiedenfarbiger Glasschmuck in Form von Armringen und Ringperlen.

Einen Beleg für den gehobenen Zivilisationsgrad der Oppida bilden die als Zahlungs- und Tauschmittel eingesetzten eigenen Münzen, die wohl ab der Mitte des 3. Jahrhunderts v. Chr. geprägt wurden. Die meisten Prägungen gingen auf griechische und römische Vorbilder zurück, wobei vor allem griechische Herrscherbilder des 4. und 3. Jahrhunderts v. Chr. beliebte Vorlagen darstellten. Es sind hierbei Motive Philipps II. von Makedonien, Alexanders des Großen, des Lysimachos von Thrakien und des Antigonos II. Gonatas von

Keltische Münzen aus Gold und Gold-Silber-Legierungen (Paris, Musée de Saint-Germain-en-Laye).

Makedonien verwendet worden. Andere Vorbilder waren griechische Stadtmünzen, doch gibt es auch viele eigenständige, schwer deutbare keltische Prägungen. Am Anfang standen goldene Münzen; es folgten im schweizerisch-süddeutschen Raum silberne nach der Mitte des 2. Jahrhunderts v. Chr. Danach kamen Potin-(Zinn-) und Bronzemünzen an der Wende vom 2. zum 1. Jahrhundert v. Chr. in Umlauf. Die Münzen gingen in keltischer Zeit verloren. Häufig werden sie in Hort-, Schatz- bzw. Versteckfunden, zuweilen als Einzelfunde, seltener als Grabbeigaben geborgen.

Die Regenbogenschüsselchen genannten Goldmünzen besaßen vielleicht auch Amulettcharakter. Sie haben einen Durchmesser von 15 bis 20 mm, wurden in Oberbayern gefunden und befinden sich heute in der Prähistorischen Staatssammlung in München.

Im Zuge der gallischen Kriege Caesars endete die Blütezeit der kontinentalen Oppida. Sie waren nicht nur als Reaktion auf das Eindringen der Römer in Südfrankreich entstanden und kontinuierlich gewachsen, sondern sie entwickelten sich auch unter dem Eindruck, den die Kelten infolge ihrer Züge in das Mittelmeergebiet und ihrer dortigen Siedelversuche gewonnen hatten. Der daraufhin einsetzende Rückstrom heimkehrender Kelten leitete im Norden eine neue Epoche ein, die zum zivilisatorischen und kulturellen Höhepunkt der Oppidazivilisation führte. Er barg aber zugleich den Keim des Untergangs in sich.

Die Römer trafen also auf durchaus Verwandtes im Zuge ihrer nach Norden gerichteten Okkupationen, und Gallien passte sich relativ rasch der neuen römischen Lebensweise an. Trotz großer Verluste auf beiden Seiten entstand letztlich eine recht fruchtbare, von den Römern geduldete und geförderte Symbiose, die den Gang der nächsten Jahrhunderte maßgeblich beeinflussen und mitbestimmen sollte.

Hans-Eckart Joachim

GERMANEN IN MITTELEUROPA

In der 1. Hälfte des 1. Jahrhunderts v. Chr. wusste man in der zivilisierten Welt von der Bevölkerung Mitteleuropas nur wenig mehr, als dass im Osten **Skythen** und im Westen **Kelten** wohnten. Außerdem gab es noch einen Stamm namens **Germanen** irgendwo am Rhein...

Unterwegs zu höherer Zivilisation – Die Germanen

Für die Römer Barbaren – Ein neues Volk im Norden

Die älteste Nachricht über Germanen findet sich in dem um 80 v. Chr. niedergeschriebenen Geschichtswerk des Poseidonios von Apameia. Als Zitat aus dem 30. Buch ist ein Satz über die Essgewohnheiten von Germanen überliefert: Als Hauptmahlzeit nähmen sie gliedweise gebratenes Fleisch zu sich, sie würden auch Milch trinken und Wein, diesen jedoch unvermischt. Diese uns Heutige banal anmutende Aussage enthielt für den gebildeten Leser der Antike eine sehr genaue Charakterisierung des zivilisatorischen Niveaus jener Germanen: Sie zählten eindeutig zu den Barbaren, waren unzivilisierte Wilde, die nicht nach geschriebenem Recht und nicht in staatlicher Ordnung lebten. Der Ausgangspunkt der Geschichte der Germanen ist durch diese scheinbar beiläufige Bemerkung zutreffend bezeichnet.

Diese Nachricht und andere ihrer Art ließen im 1. Jahrhundert v. Chr. bei Römern und Griechen einen vorher ungebräuchlichen ethnographischen Begriff aufkommen. Die Angehörigen von Völkern, die zwischen Rhein, Donau und Weichsel und bis hinauf nach Skandinavien siedelten, wurden nun zum ersten Mal als Germanen bezeichnet und ihr Land als Germanien. Bis dahin hatte in der zivilisierten Welt des Mittelmeerraums die Vorstellung geherrscht, jenseits der Alpen würden im Westen die Kelten, im Osten die Skythen wohnen; von einem Volk dazwischen, zumal von einem großen, wusste man nichts. Man konnte davon auch nichts wissen, weil es dieses Völkergebilde »Germanen« noch gar nicht gab. Es ist erst gegen Ende des 1. Jahrtausends v. Chr. entstanden.

Eine Generation nach Poseidonios war es Caesar, der in starkem Maße den Germanenbegriff und mehr noch den Begriff von Germanien als dem Territorium der germanischen Stämme geprägt hat. Für ihn endete Gallien, das er in den Jahren 58 bis 51 v. Chr. der römischen Herrschaft unterworfen hatte, am Rhein, und was jenseits des Rheins lag, war für ihn Germanien. Das war mehr ein politischer Willensakt, als dass es den ethnographischen Realitäten entsprochen hätte; denn es lebten damals noch keltische Volksgruppen östlich des Rheins ebenso wie germanische, das heißt solche rechtsrheinischer Herkunft, westlich des Flusses, und diese Sachverhalte waren Caesar sehr wohl bekannt. Auch die archäologischen Fundgruppen dieser Zeit, aus der Epoche der späten La-Tène-Kultur, lassen keine Kulturscheide am Rhein erkennen, weisen vielmehr den Rhein kreu-

Gaius Iulius Caesar hat den Germanenbegriff und den Begriff von Germanien als dem Territorium der germanischen Stämme maßgeblich geprägt. Sein 41 cm hohes Bildnis aus grünem Schiefer, eine römisch-ägyptische Arbeit aus dem 1. Jahrhundert n. Chr., befindet sich in der Antikensammlung in Berlin.

zende, westöstlich verlaufende Verbreitungsfelder auf. Gleichwohl hat sich die politische Entscheidung Caesars, den Rhein als Grenze zwischen Gallien und Germanien anzusehen, auch in ethnographischer Hinsicht differenzierend ausgewirkt: Wer fortan östlich des Rheins siedelte, befand sich damit von selbst in einem germanischen Milieu, galt aller Welt als germanisch, empfand sich schließlich selbst so und war es demzufolge auch.

Abermals anderthalb Jahrhunderte nach Caesar hatte Tacitus verhältnismäßig klare Vorstellungen von den Grenzen Germaniens, soweit sie mit Grenzen des römischen Imperiums zusammenfielen: Sie lagen im Süden an der Donau und im Westen am Rhein. Unsicher war sich Tacitus hinsichtlich der Grenze im Osten – er vermutete sie ungefähr im Weichselgebiet –, und im Norden rechnete er ganz Skandinavien bis zum Eismeer zu Germanien.

Rückseite eines Sesterzes des römischen Kaisers Domitian (geprägt 85 n. Chr.) mit einem gefangenen Germanenpaar vor einem Siegesmal (Tropaion). Die Umschrift lautet »Germania capta«, »Germanien ist besiegt«.

Tacitus wusste noch sehr genau, wie die Begriffe »Germanien« und »Germanen« entstanden waren, womit zugleich etwas gesagt wird über die Herausbildung dessen, was mit diesen Namen bezeichnet wurde. Im 2. Kapitel seiner gegen 100 n. Chr. abgefassten Schrift »De origine et situ Germanorum« (Über den Ursprung und die Lage der Germanen), meist kurz »Germania« genannt, hat er, wie der Titel besagt, auch den Ursprung der Germanen behandelt. Er legt dar, dass sich die germanischen Stämme in drei Gruppen gliedern, die nach den drei Söhnen des mythischen Stammvaters aller Germanen benannt seien, den Söhnen also des Mannus, der seinerseits ein Sohn des erdentsprossenen Gottes Tuisto gewesen sei. Die Ingwäonen (lateinisch Ingaevones) seien an der Meeresküste wohnhaft, die Herminonen in der Mitte Germaniens, und den Istwäonen (Istaevones) seien alle übrigen Stämme zuzuordnen. Gleich im Anschluss daran muss Tacitus jedoch einräumen, dass es eine Reihe von Stämmen gibt, die nicht in diese Ordnung passen, darunter so bedeutende wie die Sweben (Sueben) und die Wandalen (Vandalen), die von ihm Vandilii genannt werden. Stammesnamen dieser Art bezeichnet er dessen ungeachtet als die echten und alten Völkernamen *(vera et antiqua nomina)* und lässt sich dann über den neu aufgekommenen Gesamtnamen der Germanen aus:

Die Bezeichnung »Germanien« sei noch neu und erst kürzlich geprägt worden. Das sei so gekommen: Ein aus dem Rechtsrheinischen nach Gallien eingedrungener Stamm – dessen Angehörige inzwischen übrigens als Tungrer bezeichnet würden – sei zuerst mit dem Namen »Germanen« belegt worden. Mit der Zeit habe sich der Name dieses Einzelstammes als Bezeichnung für die ganze Gruppe der mit ihm verwandten rechtsrheinischen Stämme durchgesetzt; als Germanen im umfassenden Sinn seien diese also zuerst von den Galliern bezeichnet worden und hätten alsbald den Namen, so wie er nun einmal aufgekommen war, auch selbst verwendet.

Das klingt nach allem nicht unglaubwürdig: In den Tagen des Tacitus war man sich noch bewusst, dass sowohl der Name »Germanen« als auch die so benannte ethnische Einheit verhältnismäßig junge Erscheinungen waren, dass beides sich erst in jüngerer Zeit herausgebildet hatte und dass man als Germanen zuerst keine große Volksgruppe, sondern einen Einzelstamm bezeichnet hat. Diesen dürfte Poseidonios im Auge gehabt haben, als er, wie eingangs geschildert, von den Essgewohnheiten »der Germanen« berichtete.

Wer waren diese Germanen? – Die Frage der germanischen Identität

Was hat die innerhalb dieses weiten Raumes ansässigen Bevölkerungsgruppen untereinander so verbunden, dass es angebracht und gerechtfertigt erschien, sie mit einem gemeinsamen Namen zu belegen, sie allesamt als Germanen zu bezeichnen? Aus der Sicht der Gallier bzw. Kelten ist mit der Bildung dieses Begriffs zweifellos eine Abgrenzung von der eigenen Identität verbunden gewesen, und diese Abgrenzung muss alsbald auch den Römern und nach einigem Zögern auch den Griechen eingeleuchtet haben: nichtkeltische Barbarenvölker also, die man nach dem erstbesten Teilstamm, mit dem man unliebsame Bekanntschaft hatte machen müssen, insgesamt als »Germanen« bezeichnete.

Eine gewisse Einheitlichkeit des kulturellen Erscheinungsbildes kam vermutlich hinzu: Diese Germanen waren im Prinzip sesshaft, trieben Ackerbau und Viehzucht, lebten in ländlichen Siedlungen mit reiner Holzarchitektur – eine Lebensweise, die zum guten Teil durch die Natur des Landes und seines Klimas bestimmt war. Sie unterschieden sich jedenfalls klar von den Jägervölkern des hohen Nordens ebenso wie von den Reiternomaden der östlichen Steppen.

Dass die Germanen von alters her eine gemeinsame Sprache besessen hätten und dass diese womöglich sogar ihre ethnische Identität begründet hätte, ist nicht zu erkennen. Vielmehr muss es im Bereich des heutigen nordwestdeutschen und niederländischen Flachlandes noch um die Zeitwende Völkerschaften gegeben haben, die aus einer anderen Sprachwelt stammten, ihr vielleicht sogar noch angehörten, die jedoch trotzdem und mit Recht den Germanen zugerechnet worden sind. Auch sind in der Mittelgebirgszone starke Bevölkerungsteile keltischer Herkunft und Zunge erst allmählich germanisiert worden. Gewiss ist es unbestreitbar, dass die Sprachen all derjenigen Völker, die in der Geschichte als germanisch in Erscheinung treten, in Wortschatz und Struktur Gemeinsamkeiten aufweisen, die sie als verwandt erscheinen lassen. Dies muss aber nicht auf eine physische Urverwandtschaft hinweisen, in dem Sinne etwa, dass alle Germanisch sprechenden von einem germanophonen Urvolk abstammen. Vielmehr können solche Gemeinsamkeiten auch als Resultate von Ausgleichs- und Überschichtungsvorgängen entstehen, die sich innerhalb eines einheitlich konditionierten Raumes vollzogen haben.

Bronzestatuette eines knienden Germanen, Höhe 12 cm. Das antike Bildwerk vermittelt einen recht realistischen Eindruck vom äußeren Erscheinungsbild eines germanischen Mannes. Die Hose, der auf der linken Schulter von einer Fibel zusammengehaltene Mantel und die zu einem Knoten gewundene Frisur, der so genannte Swebenknoten, galten als typisch für die Tracht eines mitteleuropäischen Barbaren.

Dies dürfte in der Tat der eigentliche Entstehungsgrund des Germanentums gewesen sein: ein einigermaßen einheitlich konditionierter Raum. Darunter ist erstens sehr wohl der Naturraum zu verstehen: Die Landesnatur in Mitteleuropa und Südskandinavien und der hier ausgeprägte Klimatyp der gemäßigten Zone boten recht einheitliche Bedingungen, die zur Ausbildung übereinstimmender Wirtschaftsformen und Siedlungsweisen führten und die Entwicklung untereinander ähnlicher sozialer Strukturen begünstigten. Zweitens und vor allem aber der Zeitraum: Für die Herausbildung des Germanentums war die eigentümliche historische Konstellation prägend, die sich für jenen geographischen Raum gegen Ende des ersten vorchristlichen Jahrtausends ergeben hat.

Historische Rolle: Erben der Kelten, Anrainer der Mittelmeerwelt

Zwei kausal miteinander verbundene Vorgänge sind für die Herausbildung dieser spezifischen historischen Situation verantwortlich: der Untergang des mitteleuropäischen Keltentums und das Vordringen der Römer nach Mitteleuropa. Seit der Mitte des letzten Jahrtausends v. Chr. hatten die keltischen Stämme als nördliche Nachbarn der mittelländischen Hochkultur im Landstreifen zwischen Atlantikküste und Karpaten gesiedelt. Die Nähe zur mittelländischen Kulturwelt hatte ihre Daseinsform geprägt und ihre Entwicklung bestimmt, die sie schließlich an die Schwelle zur Hochkultur führte, wie Frühformen städtischer Siedlungsweise, der Umlauf von Münzgeld und Anfänge eigenen Schriftgebrauchs zeigen. Dadurch wurde die Eingliederung keltischer Gebiete in das expandierende Reich der Römer erleichtert; nach und nach wurden das keltisch besiedelte Oberitalien, die Alpen, der südliche Küstenstreifen Galliens und schließlich, in den Fünfzigerjahren des 1. Jahrhunderts v. Chr. durch Caesar, ganz Gallien bis zum Rhein von den Römern erobert. Blühende und hoch entwickelte Landstriche verloren damit ihre keltische Identität. Das mitteleuropäische Keltengebiet im heutigen Süddeutschland sowie in Böhmen und Mähren geriet in die Isolation und schließlich in eine existenzielle Krise. Dies war die Stunde der bis dahin im Rücken der Kelten siedelnden mittel- und nordeuropäischen Barbarenstämme: Zusammen mit den Restkelten in Mitteleuropa formierten sie sich zu einer neuen ethnischen Gruppe, eben zu jener der Germanen, und übernahmen exakt die gleiche historische Rolle, die bis dahin die Kelten gespielt hatten. Germanen waren fortan die Anrainer der von den Römern getragenen hoch zivilisierten Mittelmeerwelt, deren Grenzen – eben durch die Römer – inzwischen bis in den mitteleuropäischen Raum vorge-

Ein gefangener Germane mit seiner Frau, dargestellt als Barbar mit langem Bart, als Feind der Zivilisation. Ausschnitt aus einem Relief auf einem um 190 n. Chr. entstandenen römischen Sarkophag, gefunden bei Portonaccio in der Nähe von Rom (Rom, Thermenmuseum).

schoben worden waren. Germanen waren es fortan, die sich ständig und in vielen Bereichen mit der römischen Zivilisation auseinander setzten, auf geistiger Ebene ebenso wie auf dem Schlachtfeld. Ihre zivilisatorische Entwicklung wurde maßgeblich von der Kultur der Mittelmeerwelt beeinflusst, und sie absolvierten auf diese Weise einen langen Lernprozess, der sie schließlich, am Ende der Antike, in die Lage versetzte, das römische Staatswesen wenigstens in seinem westlichen Teil abzulösen.

Nicht ein einheitlicher Ursprung in der Tiefe der Zeiten, nicht ein aus der Urzeit ererbtes Identitätsbewusstsein, nicht eine in solch mythischer Vorzeit grundgelegte Gesellschaftsordnung, nicht eine von allen Anfängen her überlieferte Religion – nichts von alledem war es, was die Gemeinsamkeit der Germanen ausmachte, sondern es war – selbstverständlich auf der Grundlage der bis dahin entwickelten Daseinsformen – die ihnen am Ende des 1. Jahrtausends v. Chr. zugefallene historische Rolle »barbarische Völkerfamilie versus Römisches Reich«.

Die germanischen Stämme: Gliederung und Siedlungsgebiete

Nordseegermanen und Rhein-Weser-Germanen

Für die westliche, an den Rhein angrenzende Zone Germaniens sind in der antiken Literatur zahlreiche Stammesnamen überliefert, zum Teil offenbar von recht kleinen Stämmen. Von diesem grenznahen Bereich hatten die Römer, hatte namentlich auch Tacitus naturgemäß besonders detaillierte Kenntnisse. Nach Aussage der archäologischen Funde zerfällt dieser Bereich in die nordseegermanische Gruppe an der Nordseeküste und in deren Hinterland sowie in die südlich anschließende, zwischen Weser und Rhein verbreitete Rhein-Weser-germanische Gruppe. Als besonders bedeutungsvolle Stämme sind die Chauken für den nordseegermanischen, die Cherusker und die Chatten für den binnenländischen Bereich zu nennen. In den Jahren nach der Zeitwende standen die von Arminius geführten Cherusker an der Spitze einer Stammeskoalition, die die Absicht der Römer vereitelte, zwischen Rhein und Elbe eine Provinz »Germania« einzurichten. Die dem römischen Legaten Publius Quinctilius Varus im Jahr 9 n. Chr. im Teutoburger Wald (oder in dessen Umkreis) zugefügte Niederlage ist das herausragende Ereignis dieser Auseinandersetzung, das seit kurzem wenigstens an einem seiner Schauplätze, in der Kalkrieser-Niewedder Senke nahe Osnabrück, auch archäologisch evident ist. Aus den Rhein-Weser-Germanen ging im 3. Jahrhundert n. Chr. der Großstamm der Franken hervor; etwa gleichzeitig und in analoger Weise entstand im nordseegermanischen Raum der Großstamm der Sach-

Kupfermünze des Augustus mit Gegenstempel des römischen Feldherrn Publius Quinctilius Varus (VAR); geprägt 8–3 v. Chr. in Lugdunum (Lyon), gefunden in Kalkriese bei Osnabrück, dem neuerdings vermuteten Schauplatz der Varusschlacht (Osnabrück, Kulturgeschichtliches Museum).

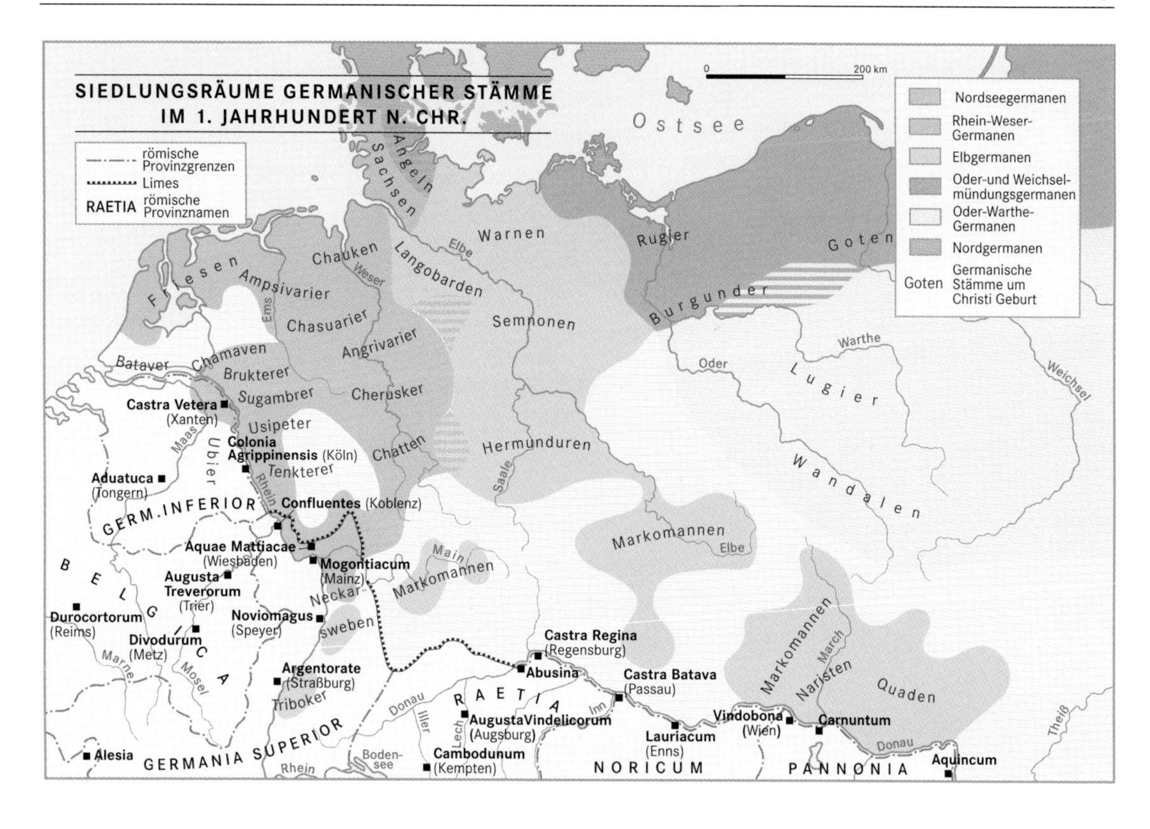

sen. Konkrete politische Absichten, die bei den Sachsen auf die Britischen Inseln, bei den Franken auf die römische Provinz Germania inferior (Niedergermanien) zielten, haben wesentlich zur Bildung dieser neuen ethnischen Formationen beigetragen.

Die swebischen (elbgermanischen) Stammesgruppen

Östlich von den Nordsee- und den Rhein-Weser-Germanen siedelten die swebischen Stämme, deren archäologische Hinterlassenschaft sich als die »elbgermanische« Formengruppe darstellt. Hierzu gehörten so namhafte Stämme wie die Langobarden, die Hermunduren, die Markomannen und die Quaden, nicht zuletzt auch die Semnonen, die Tacitus als den ältesten und vornehmsten Swebenstamm bezeichnet. Die swebische Stammesgruppe hat zeit ihres Bestehens einen bemerkenswerten Expansionsdrang bewiesen. Ausgehend von ihrem Kerngebiet an unterer und mittlerer Elbe sowie im Havel-Spree-Gebiet hat sie sich noch vor der Zeitwende über ganz Thüringen und bis an den mittleren Main verbreitet und schon einen ersten Vorstoß in den böhmischen Kessel unternommen. In der Folgezeit wurde das Oberrheingebiet erreicht, wo römische Inschriften die »Suebi Nicretes« (Neckarsweben) nennen. Vor allem aber wurden Böhmen, Mähren und die westliche Slowakei bis zur römischen Grenze an der Donau besiedelt. In den Markomannenkriegen (166–180 n. Chr.) haben diese nördlich der mittleren Donau ansässig gewordenen elbgermanischen Stämme als Gegner der

Der Runde Berg bei Urach, am Rand der Schwäbischen Alb. Links eine Luftaufnahme, im Vordergrund das Hochplateau, auf dem sich vom 3. bis zum frühen 6. Jahrhundert eine alamannische Burgsiedlung befand; unten eine Rekonstruktionszeichnung vom Zustand der Anlage im 4. Jahrhundert.

Römer eine maßgebliche Rolle gespielt. Als nach dem für die Römer siegreichen Ende dieser Kämpfe die Reichsgrenze an der Donau wieder stabilisiert war, wurde der elbgermanische Expansionsdrang nach Westen abgelenkt. Im 3. Jahrhundert haben sich dort die Alamannen (Alemannen), ein Großstamm wie Franken und Sachsen, vor allem aus elbgermanischen Elementen gebildet und sich im bis dahin römischen Gebiet zwischen Limes, Rhein und Donau festgesetzt. Im Alamannenverband aufgegangen sind die Juthungen, unter welchem Namen offenbar die altehrwürdigen Semnonen in der Phase ihres Ausgriffs nach der römischen Provinz Rätien auftraten. Ein ausgeprägtes Wanderschicksal hatten die Langobarden, die über Pannonien nach Italien gezogen sind, nicht minder die Quaden, die sich unter dem alten Sammelnamen »Sweben« schließlich auf der Iberischen Halbinsel niedergelassen haben. Selbst der erst in jüngerer Zeit gebildete Stamm der Baiern (Bajuwaren) ist in seinem Kern einer elbgermanischen, nach Böhmen zurückreichenden Wurzel entsprossen. Im Innern Germaniens blieben schließlich nur die aus den Hermunduren hervorgegangenen Thüringer ansässig.

Die Nordgermanen

Auf der jütischen Halbinsel hatten sowohl die elbgermanischen wie auch die nordseegermanischen Gruppen Kontakt mit den Nordgermanen (Ostseegermanen). Diese siedelten im südlichen Skandinavien, wobei Jütland und die dänischen Inseln, ferner die Ostseeinseln Bornholm, Gotland und Öland besondere Schwerpunkte bildeten. Auf der skandinavischen Halbinsel selbst war die Besiedlung weniger dicht. In der antiken Welt wusste man über diese entlegenen Gegenden und ihre Bewohner nur wenig; Tacitus kannte dort lediglich die Suionen (Schweden) und, schon an der östlichen Küste des Baltischen Meeres, die Ästier. In den Stammessagen so weit gewanderter Völker wie der Langobarden und der Goten gilt Skandinavien als die mythische Urheimat, ja, der gotische Geschichtsschreiber Jordanes bezeichnet es im 6. Jahrhundert n. Chr. geradezu als Produktionsstätte für Völker und Mutterschoß von Nationen *(officina gentium et vagina nationum)*. Größere Abwanderungsbewegungen aus Skandinavien lassen sich allerdings archäologisch nicht nachweisen.

Die Ostgermanen

Was östlich der elbgermanischen Zone siedelte, kann unter der Bezeichnung »Ostgermanen« zusammengefasst werden. Begreiflicherweise sind die Kenntnisse, die die antike Welt von deren Wohnsitzen besaß, ähnlich dürftig und verschwommen wie im Falle der Nordgermanen; umso höhere Bedeutung kommt den archäologischen Zeugnissen zu. Nach ihnen lassen sich für die ältere römische Kaiserzeit (1./2. Jahrhundert n. Chr.) drei große Formenkreise unterscheiden: eine stark mit elbgermanischen Elementen durchsetzte Odermündungsgruppe am Unterlauf dieses Flusses sowie in Vorpommern und im westlichen Pommern, weiter eine Weichselmündungsgruppe im restlichen Pommern und an der unteren Weichsel sowie schließlich die Oder-Warthe-Gruppe, die von der mittleren und oberen Oder bis weit über die Weichsel hinaus großräumig verbreitet war.

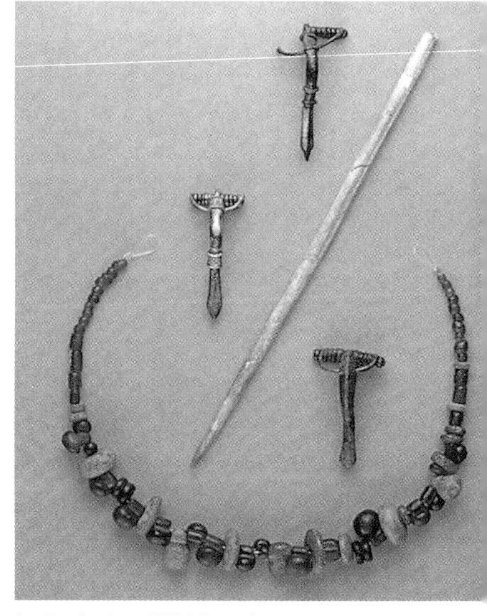

Im Grab eines Mädchens in Süddeutschland aus dem 4. Jahrhundert n. Chr. wurden mehrere Bronzefibeln, eine Silberfibel, eine Haarnadel aus Knochen sowie eine Kette aus Bernstein und Glasperlen gefunden.

Die Weichselmündungsgruppe wird heute meist nach dem Fundort Wielbark (deutsch Willenberg; Woiwodschaft Elbląg/Elbing) als Wielbarkkultur bezeichnet. Sie geht aus der ebenfalls im Weichselmündungsgebiet ansässigen Oksywie- bzw. Oxhöftkultur hervor. Auf eine Expansionsphase im Raum südlich der Ostsee folgt eine bemerkenswerte Verlagerung in Richtung Südosten, wo die Wielbarkkultur schließlich in die Tschernjachowkultur einmündet, die im 2. bis 5. Jahrhundert n. Chr. in Südrussland und in der südlichen Ukraine verbreitet war. Dieser Vorgang spiegelt zweifellos die Südwanderung der Goten wider, ohne dass die genannten Kulturgruppen mit dem Gotenstamm schlechthin gleichgesetzt werden können.

So wird man sich die Träger der Tschernjachowkultur am ehesten als einen polyethnischen Verband unter der Herrschaft der Goten vorzustellen haben. Die archäologischen Quellen bieten keinen sicheren Anhalt dafür, dass die Goten insgesamt aus Skandinavien eingewandert sind, wie es die spät aufgezeichnete Stammessage wissen will. Allenfalls für kleine Gruppen mag das gelten, was aber nicht ausschließt, dass gerade von solchen die Anstöße zu Expansion und Migration ausgegangen sein können. In der südrussischen Steppe haben die Goten ihr kulturelles Erscheinungsbild merklich verändert, indem sie sich der Lebensweise der dort beheimateten Reiternomaden angepasst haben; deswegen und in Anbetracht ihrer Wohnsitze weit außerhalb des eigentlichen germanischen Gebietes wurden sie schließlich von der spätantiken Welt gar nicht mehr als Germanen wahrgenommen, vielmehr als Hunnen oder Skythen bezeichnet.

Die ostgermanische Oder-Warthe-Gruppe, heute meist als Przeworskkultur bezeichnet, muss vor allem den Stamm der Wandalen eingeschlossen haben, der in die Unterstämme der Hasdingen und Silingen zerfiel. Die Wandalen haben von allen Germanenstämmen den weitesten Wanderungsweg zurückgelegt, bis sie 429 n. Chr. in Nordafrika ihr Königreich begründeten.

Schließlich haben alle ostgermanischen Stämme das von ihnen in der älteren Kaiserzeit eingenommene Siedlungsland zwischen Ostseeküste und Karpaten vollständig geräumt. Da auch die elbgermanischen Stämme bis auf wenige Reste nach Westen und Süden abgewandert sind, ist bis zum Anbruch des Mittelalters alles germanische Siedlungsland östlich der Elbe aufgegeben worden und konnte von den nachrückenden Slawen in Besitz genommen werden.

Den Langobarden bescheinigte schon Tacitus um 100 n. Chr. ein stark ausgeprägtes Stammesbewusstsein. Diesem gab die Stammessage Ausdruck, die den Ursprung des Volkes, ursprünglich Winniler geheißen, nach Skandinavien verlegte. Wodan selbst soll den schon auf der Wanderung befindlichen Winnilern eine neue Identität gegeben haben (Paulus Diaconus, Geschichte der Langobarden 1,8):

Als (der Gott) Wodan sie bei Sonnenaufgang sah, soll er gesagt haben: Wer sind diese Langbärte? Daraufhin habe (seine Gemahlin) Freyja ihm nahe gelegt, er solle denjenigen, denen er einen Namen gegeben habe, auch den Sieg verleihen. Und er schenkte ihnen den Sieg … Seit jener Zeit heißen die Winniler Langobarden.

Der Stamm – Mythos und Realität

Es sind nicht die Germanen insgesamt, die auf der Bühne der Geschichte handelnd und erleidend in Erscheinung treten, es sind vielmehr ihre einzelnen Stämme, wie der Überblick über die Siedlungsgebiete schon gezeigt hat. Im Stamm, der in den lateinischen Quellen als *civitas, gens* oder *natio* bezeichnet wird, ist ein wesentliches Element der politischen und sozialen Ordnung der Germanen zu erblicken.

Ein Stamm stellt eine Siedlungsgemeinschaft dar, die über ein bestimmtes Siedlungsgebiet verfügt. Das schließt freilich nicht aus, dass er sich dieses Territorium mit Angehörigen anderer ethnischer Gruppen teilen muss, wie es in eroberten Gebieten verschiedentlich der Fall war. Eine in den Quellen oft genannte Untergliederung des Stammes, der Gau (lateinisch *pagus*), dürfte in erster Linie ebenfalls als Siedlungsgemeinschaft zu verstehen sein. Ein Stamm unterstand einer einheitlichen politischen Führung, wie auch immer diese im Einzelnen organisiert war. Mit der politischen Struktur war die rechtliche verknüpft: Ein Stamm muss in aller Regel auch eine Rechtsgemeinschaft gewesen sein. Dass seine Angehörigen eine Sprachgemeinschaft bildeten, versteht sich beinahe von selbst, und in aller Regel werden auch gemeinsame religiöse Vorstellungen, werden vor allem gemeinsam vollzogene religiöse Riten, wird also ein gemeinsamer Kult eine ganz wesentliche Klammer für das Einheitsbewusstsein eines Stammes gewesen sein. Nicht zuletzt wurde das Identitätsbewusstsein eines Stammes dadurch gebildet und fortlaufend untermauert, dass er sich durch die bewusst empfundenen gemeinsamen Merkmale von anderen ethnischen Gruppen deutlich unterschied.

Die ständig erfahrene und bewusst gelebte Eigenart des Stammes konnte durch nichts besser erklärt werden als durch die Vorstellung von einer gemeinsamen Abstammung. Die elementare Erfahrung aus dem Lebensraum von Familie und Sippe, dass nämlich aus einheitlicher Abstammung Zusammengehörigkeitsgefühl und Solidarität erwachsen, wurde auf die Ebene des Stammes übertragen. Die Stammesangehörigen verstanden sich als Abkömmlinge eines mythischen Urahns, und es erhöhte das kollektive Selbstwertgefühl, wenn man den genealogischen Ursprung bis weit in mythische Vorzeit zurückverlegte und dem Stammvater möglichst noch göttliche Eigenschaften beimaß. Stamm, gens, natio – diese Bezeichnungen selbst geben der Vorstellung Ausdruck, dass das wesentlich Verbindende eines Stammes die einheitliche Abstammung seiner Angehörigen sei. Dies war jedoch in aller Regel eine bloße Fiktion und keine historische Realität. Die Fiktion als solche war aber wieder historisch real: Aus dem bei den Stämmen herrschenden, auf die Vorstellung von der einheitlichen Abstammung ihrer Angehörigen gegründeten Zusammengehörigkeitsgefühl erwuchs oft genug zielgerichtetes politisches Handeln.

Allgemein gilt: Stämme sind – und das allein schon widerlegt den Mythos von der gemeinsamen Abstammung – alles andere als stabile Gebilde. Stämme gehen unter, und es bilden sich neue (zum Beispiel Alamannen, Franken, Sachsen), sie können sich teilen (Ost- und Westgoten), und eine abgesplitterte Gruppe kann zu einem selbstständigen Stamm heranwachsen (so vermutlich die Quaden aus den Markomannen). Stämme können ihren Namen und damit in gewissem Umfang ihre Identität ändern (Semnonen/Juthungen; Hermunduren/Thüringer; Winniler/Langobarden), sie können Stammesfremde assimilieren oder selbst in einem anderen Stamm aufgehen (Juthungen – Alamannen). Eine relativ kleine Gruppe kann zum namengebenden und damit identitätsbestimmenden Kern eines Stammes werden (zum Beispiel die Baiern). Ein solcher Kern kann die Stammestradition durch Abwanderung verpflanzen und die Zurückbleibenden der Namenlosigkeit ausliefern.

Stämme entstehen, existieren, verändern sich und verschwinden gemäß der historischen Situation, entsprechend dem politischen und gesellschaftlichen Umfeld und nach Maßgabe ihrer eigenen politischen Ziele: Durch all das werden sie geprägt und definiert. Der Mythos von der gemeinsamen Abstammung hat positiv bestärkenden Charakter und dient der Legitimierung aktueller Zustände und politischer Ziele.

Auch der Stamm der Langobarden war, als er 568 n. Chr. unter Führung seines Königs Alboin nach Italien aufbrach, ethnisch gemischt. Ihm gehörten fremdstämmige Germanen und sogar Sarmaten skythischer Abstammung an. Dazu war, wie das Beispiel der Sachsen zeigt, die sich nicht der Herrschaft der Langobarden unterwerfen wollten, ein gehöriges Maß an Integrationsbereitschaft unabdingbar (Paulus Diaconus, Geschichte der Langobarden 2,26; 2,6; 3,6):

Fest steht aber, dass damals Alboin Menschen aus verschiedenen Stämmen nach Italien führte. Daher benennen wir bis heute die von ihnen bewohnten Dörfer nach den Gepiden, Bulgaren (fälschlich mit aufgeführt), Sarmaten, Pannoniern, Sweben und Norikern oder mit anderen Namen dieser Art.
Entsprechend seinem (Alboins) Vorhaben stießen Sachsen zu ihm, mehr als 20 000 Männer mit Frauen und Kindern, um mit ihm nach Italien zu ziehen ... Da ihnen aber von den Langobarden nicht zugestanden wurde, nach eigenem Recht zu leben, hielten sie es für besser, in ihre Heimat zurückzukehren.

Zugleich bot aber der Stamm den eigentlichen Rahmen für die vielfältigen Erscheinungen der Lebenswelt der Germanen. Die im Folgenden zu skizzierenden Aspekte der geistigen und materiellen Kultur der Germanen haben in erster Linie auf der Ebene des Stammes (oder von Stammesgruppen) ihre Ausprägung gefunden, auf dieser manifestieren sie sich konkret, anschaulich und detailreich. Jeder Versuch, Phänomene zu definieren, die für das Germanengebiet insgesamt Gültigkeit besitzen sollen, führt meistens nur zu Feststellungen der allgemeinsten Art, die nichts anderes beschreiben als den allenthalben präsenten Gegensatz zwischen Römerreich und Barbarengebiet.

Velleius Paterculus beschreibt in seiner »Römischen Geschichte« (2,108,2) den König der Markomannen, Marbod:

Keine Eile rechtfertigt es, diesen Mann unerwähnt zu lassen. Marbod, aus edlem Geschlecht und von kräftiger Gestalt und wilder Gesinnung, war eher durch seine Volkszugehörigkeit als von seinem Denken her ein Barbar; er hatte sich bei seinen Stammesgenossen eine Führerstellung angeeignet, die weder aus dem Augenblick heraus noch zufällig entstanden war ..., sondern ergriff eine sichere Herrschaft und Königsgewalt und beschloss, sein Volk weit von den Römern fortzuführen und dahin vorzurücken, wo er, nachdem er vor mächtigeren Waffen zurückgewichen war, seine eigenen zur höchsten Macht entfalten könnte.

Könige, Fürsten, Adel – Soziale Strukturen und Herrschaftsverhältnisse

Eine nicht minder romantische Vorstellung als die, der Stamm sei eine naturwüchsige Menschengemeinschaft, ist die andere, das politische Leben eines germanischen Stammes sei in einer geradezu demokratisch anmutenden Weise von der Gemeinschaft der Freien gelenkt worden. In Wirklichkeit tritt überall da, wo die Quellen nur irgendeinen Blick auf die innergermanischen Zustände erlauben, eine Schicht von Adligen (lateinisch *nobiles, principes*) in Erscheinung, in deren Händen die reale politische Macht lag. Wo Könige bezeugt sind, wie bei den östlichen und nördlichen Germanenstämmen, waren auch sie nichts anderes als Exponenten der Adelsschicht, gleichviel, ob das erste Amt im Stamm erblich war oder ob es durch persönliche Tüchtigkeit jeweils neu errungen werden musste. Die gesellschaftliche Bedingtheit von Aufstieg und Fall solcher Stammesführer können zwei Lebensläufe anschaulich vor Augen führen.

Zwei Lebensläufe: Arminius und Marbod

Der Cherusker Arminius (†21 n. Chr.) und der Markomanne Marbod oder Marobod (†36 n. Chr.) waren Zeitgenossen; in ihrem Herrschaftsanspruch waren sie Rivalen und auf dem Höhepunkt ihrer Macht erbitterte Gegner in offener Feldschlacht (17 n. Chr.). In Bezug auf das Verhältnis zu Rom – eine Schicksalsfrage! – verfolgten sie das gleiche Ziel, die politische Unabhängigkeit ihres Stammes, jedoch mit unterschiedlichen Konzeptionen: Arminius suchte die direkte Konfrontation, Marbod die respektvolle Distanz. Letztlich haben beide ihre Absichten wenigstens teilweise verwirklichen können, insofern Cherusker und Markomannen samt ihren Nachbarn und Verbündeten auf Dauer außerhalb des römischen Herrschaftsbereichs blieben. Eine Oberherrschaft in Germanien konnte jedoch keiner von ihnen erringen, und persönlich ist jeder in seiner Weise gescheitert.

Velleius Paterculus vermittelt auch ein Charakterbild des Cheruskers Arminius (Römische Geschichte 2,118,2):

Damals gab es einen jungen Mann von vornehmer Abstammung, der persönlich tapfer, schnell von Begriff und über das Maß der Barbaren hinaus begabt war; er hieß Arminius, der Sohn Segimers, eines Fürsten dieses Stammes; das Feuer seines Geistes verriet sich schon im Blick seiner Augen; auf unserem Feldzug war er ein unablässiger Begleiter gewesen, der zu Recht auch die Auszeichnung des römischen Bürgerrechts, den Rang eines Ritters, erlangt hatte.

Marbod war, wie die Römer sagten, *genere nobilis*, ein Adliger von Geburt. Er hatte sich in seiner Jugend in Rom aufgehalten, ob als Geisel, aus Anlass einer Gesandtschaft oder aus einem anderen Grund, ist nicht bekannt. Aber allein diese Tatsache und die andere, dass er von Kaiser Augustus mit Beweisen seiner Gunst ausgezeichnet worden ist, zeigt den hohen gesellschaftlichen Rang, den er innerhalb seines Stammes eingenommen haben muss. Der Aufenthalt im Zentrum des römischen Staates hatte ihn tief geprägt; fortan war er höchstens noch seiner Herkunft, nicht aber seiner Mentalität nach ein Barbar, wie es der zeitgenössische römische Geschichtsschreiber Velleius Paterculus, obendrein mit einem Wortspiel, ausdrückt: »magis natione quam ratione barbarus«. Nach seiner Rückkehr aus Rom übernahm er unangefochten die Führung, ja die königliche Gewalt innerhalb seines Stammes.

Mit der gleichen Kennzeichnung seiner Abkunft *(genere nobilis)* führt Velleius Paterculus auch den Cherusker Arminius in seine Darstellung ein, und nach Tacitus gehörte er gar einem königlichen Geschlecht *(stirps regia)* an. Wir kennen weitere Angehörige dieser Sippe: Der Vater hieß Segimer, ein Onkel Inguimer, einer der Brüder führte den lateinischen Namen Flavius; mit Thusnelda war Arminius verheiratet, und sein ihm nicht wohlgesonnener Schwiegervater war Segestes. Auch Arminius kannte den römischen Staat aus der Innenperspektive: Er hatte im oder jedenfalls dem römischen Militär gedient und das römische Bürgerrecht sowie die Würde des Ritterstandes erlangt. Was sich im Einzelnen hinter diesen überlieferten Tatsachen verbirgt – etwa auch ein Aufenthalt in Rom –, ist Gegenstand vieler gelehrter Spekulationen.

Es ist ersichtlich, dass für Arminius ebenso wie für Marbod die Herkunft aus einer adligen Familie die unabdingbare Voraussetzung des Aufstiegs zur Herrschermacht war. In der aktuellen historischen Situation, in einer Phase römischer Expansion nach Mitteleuropa nämlich, ließ sich ein solcher Aufstieg jedoch nur durch militärische Erfolge realisieren und war von der Kenntnis der militärischen Organisation des römischen Gegners abhängig.

Über solche Kenntnisse verfügten Marbod und Arminius gleichermaßen. Arminius hat nicht nur einen glänzenden Sieg über die drei Legionen des Varus errungen (9 n. Chr.), sondern hat sich auch in den Jahren 14 bis 16 n. Chr. gegenüber den Angriffen des Germanicus behauptet, was letztlich zum Verzicht der Römer auf die Eroberung Germaniens führte. Auch Marbods Herrschaft über eine weit gespannte Stammeskoalition gründete sich auf ein Heer von nicht weniger als 70 000 Fußsoldaten und 4 000 Reitern – eine durchaus glaubwürdige Angabe, wenn man bedenkt, dass der spätere römische Kaiser Tiberius zwölf Legionen gegen ihn ins Feld führen wollte (6 n. Chr.), wozu es nur wegen eines Aufstandes in Pannonien nicht gekommen ist.

Dennoch waren Kommandogewalt und Kriegserfolg nicht die alleinigen Grundlagen der Macht. Auf Dauer ließ sie sich nur im Einvernehmen mit der Stammesnobilität ausüben. Marbod wurde durch die Auflehnung eines anderen Adligen namens Katwalda gestürzt und ins Exil getrieben (19 n. Chr.), nachdem die unentschieden verlaufene Schlacht mit Arminius (17 n. Chr.) einen Schatten auf sein Kriegsglück geworfen hatte. Die Gegner des Arminius saßen in sei-

Seit Ulrich von Huttens Dialog »Arminius« (postum 1529) erhoben deutsche Humanisten und Dichter den Cheruskerfürsten zur nationalen Symbolgestalt. Unter dem Eindruck der Befreiungskriege gegen Napoleon sah man im Sieger über die Römer, als Hermann eingedeutscht, den Freiheitshelden und Einiger der Nation (etwa Heinrich von Kleists Drama »Die Hermannsschlacht«, 1808/21). In diesem Sinne wurde auch das monumentale Hermannsdenkmal (26 m hoch, auf 31 m hohem Sockel) auf der Grotenburg bei Detmold im Teutoburger Wald von seinem Schöpfer Ernst von Bandel konzipiert; bei seiner Einweihung 1875 war Kaiser Wilhelm I. zugegen. Wirkungsgeschichtlich offenbart das Denkmal das nationalromantische Geschichtsbewusstsein des 19. Jahrhunderts.

Enthauptung germanischer Edelleute durch römische Legionäre. Relief auf der zwischen 180 und 193 n. Chr. errichteten Mark-Aurel-Säule auf der Piazza Colonna in Rom, auf der die Markomannenkriege Mark Aurels dargestellt sind.

Inventar des Fürstinnengrabes von Haßleben (Thüringen), dem Grab einer hoch gestellten Germanin vom Stamm der Hermunduren, um 300 n. Chr. Ausgestellt im Museum für Ur- und Frühgeschichte Thüringens in Weimar.

ner eigenen Familie: Segestes hatte schon mit Varus und später mit Germanicus, Inguimer hatte mit Marbod paktiert. Weil er angeblich nach der Königswürde strebte, wurde Arminius von seinen eigenen Verwandten umgebracht (um 21 n. Chr.).

Archäologische Zeugnisse adligen Lebens

Aufschlussreiche Informationen über den germanischen Adel liefern auch die archäologischen Quellen, namentlich in Gestalt von Grabfunden. Sowohl aus der älteren wie auch aus der jüngeren römischen Kaiserzeit sind Grabfunde in beträchtlicher Anzahl bekannt geworden, die in mehrfacher Hinsicht aus dem Rahmen des Üblichen fallen und deshalb allem Anschein nach mit Angehörigen einer privilegierten sozialen Schicht in Verbindung gebracht werden können. Schon durch die Beisetzungsart unterschieden sich diese Gräber von den landläufigen Sitten: Die Toten sind unverbrannt bestattet worden, während sonst allenthalben der Brauch der Leichenverbrennung geübt wurde. Diese Gräber enthalten Beigaben in großer Zahl, darunter auch Stücke von hohem materiellem Wert – ein deutlicher Hinweis auf den Reichtum der bestatteten Person und ihrer Sippe. Die Auswahl der Beigaben weist auf Lebensbereiche hin, in denen sich der herausgehobene soziale Status besonders deutlich zum Ausdruck bringen ließ: Mit kostbarem Schmuck und anderen Accessoires ihrer Kleidung wussten namentlich die Frauen zu imponieren, Tafel- und Küchengerät erinnert an die Rolle als Gastgeber, importiertes römisches Geschirr aus Silber, Glas und Bronze verrät verfeinerte Lebensart. Auch Brettspiele und Jagdgerät passen zur Freizeitgestaltung einer Adelsschicht, die weit entfernt war von der Last des Broterwerbs durch eigener Hände Arbeit.

Wie die Gräber lassen auch die archäologisch erschlossenen Grundrisse germanischer Ansiedlungen immer wieder das Vorhandensein eines privilegierten Personenkreises erkennen. Innerhalb des Küstendorfes Feddersen Wierde übertrifft beispielsweise ein Gehöft alle anderen durch seine Größe, durch ein hallenartiges Gebäude und durch zugeordnete Handwerksbetriebe. In den Landstrichen nördlich der mittleren Donau, um ein anderes Beispiel zu nennen, haben sich einzelne germanische Große römische Wohnkultur zu Eigen gemacht; sie verfügten über nach römischer Manier errichtete Steinbauten mit Heizung. Ein drittes Beispiel schließlich: Im 4. und 5. Jahrhundert sind in den grenznahen Bereichen Germaniens regelrechte Burgen entstanden, befestigte Höhensiedlungen als Sitz von Adligen samt ihrer Gefolgschaft.

Modell des germanischen Dorfes Feddersen Wierde auf einem künstlichen Hügel (Wurt) an der Nordseeküste am Rande des Wattenmeeres. Unter den Gehöften sticht eines durch besondere Größe des Hofareals hervor, wie an der weit nach unten ausgreifenden Umzäunung kenntlich ist (Wilhelmshaven, Niedersächsisches Institut für historische Küstenforschung).

Unterhalb der Adelsschicht gab es eine breite Schicht von Freien *(ingenui)*, die vor allem als Bauern ihren Lebensunterhalt verdienten. Ferner kennen die Schriftquellen unfreie Personen, *liberti* (eigentlich Freigelassene, vermutlich auch in Abhängigkeit geratene Freie), und Sklaven *(servi)*.

Das äußere Erscheinungsbild: Tracht, Schmuck und Bewaffnung

Die Zuordnung einer Person zu einer ethnischen Gruppe (z. B. einem Stamm), zu einer sozialen Schicht (z. B. zum »Adel«) oder zu einer Altersklasse muss sich auch in Germanien am deutlichsten in ihrer äußeren Erscheinung ausgedrückt haben, in der Tracht also einschließlich des vor allem von den Frauen getragenen Schmucks und der den Männern eigenen Bewaffnung. Der Unterschied zwischen einem römischen Bürger und einem germanischen Barbaren war aus der äußeren Aufmachung für jeden Zeitgenossen auf den ersten Blick erkennbar, und der einigermaßen Kundige konnte gewiss auch die Angehörigen verschiedener ethnischer Gruppen innerhalb der Barbarenwelt auf Anhieb auseinander halten.

Der byzantinische Schriftsteller Agathias aus Myrina (Historien 1,2) erkannte in der 2. Hälfte des 6. Jahrhunderts die germanische Herkunft der Franken nur noch an ihrer Tracht und ihrer Sprache:

Sie (die Franken) dürften mit den – wie man früher sagte – Germanen identisch sein ... Sie scheinen mir für ein Volk barbarischer Herkunft sehr gesittet und gebildet zu sein, und es gibt nichts, was sie (von uns) unterscheidet als der barbarische Charakter ihrer Tracht und Sprache.

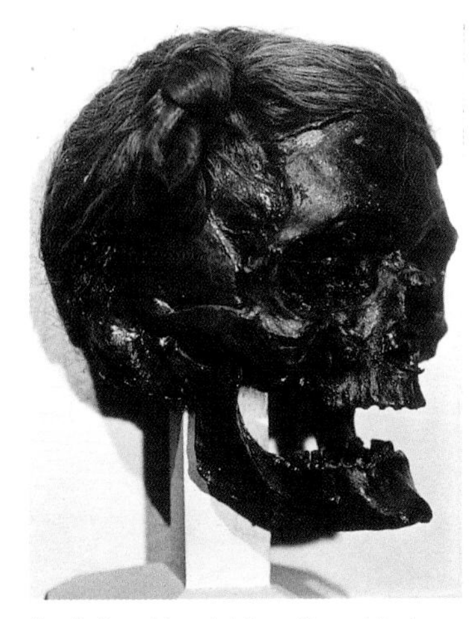

Kopf einer Moorleiche mit swebischem Haarknoten; gefunden im Moor bei Osterby (Schleswig-Holstein).

Das war damals nicht viel anders als noch in unseren Tagen. Junge Leute, die in Böhmen vor dem Zweiten Weltkrieg weiße Socken oder Kniestrümpfe trugen, ordneten sich damit der deutschen Volksgruppe zu und waren für ihre tschechischen Mitbürger sofort als Deutsche zu erkennen, was immer sich daraus ergab. Analoge Verhältnisse im 6. Jahrhundert: Damals hat es einen blutigen Streit zwischen Langobarden und Gepiden gegeben, weil die einen die anderen wegen ihrer weißwollenen Wickelgamaschen gehänselt hatten: Sie sähen ja aus wie Stuten mit weißen Fesseln (Paulus Diaconus, Geschichte der Langobarden 1,24). Im gleichen Jahrhundert erkannte der byzantinische Schriftsteller Agathias aus Myrina die germanische Herkunft der Franken an dem »barbarischen Charakter ihrer Tracht und ihrer Sprache«, obwohl sie, wie er einräumt, sonst rechtgläubige und gesittete Menschen seien.

Wir wüssten also Wesentliches über die Identität der Germanen, wenn wir ihre Tracht kennen würden. Leider kennen wir sie nicht besonders gut, und das, obwohl uns mehrere Arten von Quellen zur Verfügung stehen. Die Beschreibungen der antiken Autoren sind jedoch wenig detailliert und beleuchten nur einen kleinen Sektor der germanischen Stammeswelt. Antike Darstellungen von Germanen in der bildenden Kunst sind alles andere als fotografisch getreu und müssen vorgefassten Meinungen über das Aussehen von Barbaren Rechnung tragen. Im archäologischen Fundmaterial schließlich sind in der Regel nur die unverweslichen Bestandteile der Tracht erhalten, Fibeln, Schnallen und dergleichen. Textilfunde gehören zu den größten Seltenheiten, und auch sie unterliegen unterschiedlichen Erhaltungsbedingungen. So sind Stoffe aus Wolle unter den Moorfunden eher erhalten als solche aus Leinen. Diejenigen Textilfunde, die es erlauben, über Webtechnik, Farbe, Muster und Zuschnitt eines Kleidungsstückes etwas auszusagen, also über die Kriterien, von denen zweifellos die deutlichsten Signale in Bezug auf die soziale Zuordnung ausgegangen sind, sind so selten, dass ein differenziertes Bild der innergermanischen Trachtprovinzen auch nicht ansatzweise erkennbar wird. Wir müssen uns also mit einigen recht allgemeinen Beobachtungen begnügen.

In Mooren gefundene, durch Luftabschluss und chemische Einflüsse mumienähnlich konservierte menschliche Leichen aus vor- und frühgeschichtlicher Zeit bieten wertvolle Aufschlüsse über Kleidung, Ernährung und Gesundheitszustand des betreffenden Menschen. An der Moorleiche von Tollund auf Jütland (oben) ist die Schlinge deutlich erkennbar, mit der der Mann erwürgt worden ist (Kopenhagen, Nationalmuseet).

Barbarisch: lange Hosen ...

In ihren Hauptelementen war die von den Germanen getragene Oberbekleidung von der mittelländischen Alltagstracht gar nicht so sehr verschieden. Man trug einen der römischen Tunika entsprechenden Kittel, der in der Grundform aus einer seitlich zusammengenähten rechteckigen Stoffbahn bestand, mit einem Loch für den Kopf und zwei Schlitzen für die Arme. Ärmel konnten angenäht sein, von Frauen wurden auch lose Armlinge getragen. Der Kittel wurde gegürtet, von Frauen fallweise unter der Brust. Er war bei

Männern kürzer als bei Frauen, bei jenen kniehoch, bei diesen knöchellang. Dem Anschein nach war dieses Kleidungsstück bei den Germanen nicht so weit geschnitten wie die faltenreich getragene Tunika der Römer.

Germanische Kleidungsstücke, Kittel und Hose aus Wollstoff, in Köperbindung; gefunden in einem Moor bei Thorsberg (Schleswig-Holstein).

Unter dem kurzen Kittel trugen die Männer Hosen, dies nun ein echt barbarisches Kleidungsstück. Es hatte bei den Römern – als Entlehnung von den Kelten – nur in Form kurzer, knielanger *bracae* Eingang gefunden, namentlich beim Militär. Lange Hosen, zumal solche mit angesetzten Füßlingen, waren das deutlichste Kennzeichen einer barbarischen Tracht, das man sich denken konnte.

Der Mantel jedoch, das dritte Element der Oberbekleidung, war wieder bei Römern und Germanen gleichermaßen beliebt: ein großes, rechteckiges Stück Stoff, meist aus Wolle, bei den Frauen gern auch aus Leinen, das über die linke Schulter gelegt und über der rechten mittels einer Fibel zusammengehalten wurde. Dieses großflächige, wirkungsvoll zu drapierende Kleidungsstück bot zweifellos die besten Möglichkeiten, Gruppenzugehörigkeit und sozialen Rang zu demonstrieren. Selbst ein römischer Feldherr – Caecina im Jahre 69 n. Chr. – hielt eine bewusst barbarenmäßige Kostümierung mit buntem Mantel und Hosen für ein geeignetes Mittel, bei der Bevölkerung Norditaliens Eindruck zu machen, berichtet Tacitus (Historien 2,20).

Der Mantel und die anderen Kleidungsstücke wurden nicht, wie wir es gewohnt sind, mit Knöpfen und schon gar nicht mit Reiß- oder Klettverschlüssen verschlossen, sondern mit Fibeln, ersatzweise mit Nadeln oder Bändern bzw. Schnüren. Fibeln, die außer dem praktischen Zweck auch als Zierrat dienten, sind aus Grab-, Schatz- und Siedlungsfunden in so großer Zahl belegt, dass es den Anschein hat, als seien sie in der germanischen Welt in stärkerem Maß als bei den Römern zur Ausstaffierung der Tracht, zu ihrer Anreicherung mit Schmuckelementen benutzt worden. In ihrem Grundschema durchweg von römischen Vorbildern abhängig, haben die Germanen Fibeln nach ihrem eigenen Geschmack geformt. Regionale Varianten zeichnen sich ebenso ab wie zeit- und modeabhängige Formveränderungen. Das gilt auch für andere Accessoires der Tracht wie Nadeln und Gürtelschnallen.

... übertriebene Prunkliebe

Schließlich wurde das Erscheinungsbild vor allem der Germanin, aber auch des Germanen in hohem Maße durch den kleidungsunabhängigen, gleichwohl zur Tracht gehörigen Schmuck geprägt. Je nach Stand und Vermögen, vielfach zweifellos auch in gruppenspezifischer Ausprägung trugen die Frauen Halsschmuck aus Glas- und Bernsteinperlen, mit goldenen Anhängern und anderem mehr, sie trugen – wie gelegentlich auch Männer – Hals-, Arm- und Fingerringe, aber so gut wie nie Ohrringe. Schwergewichtiger Goldschmuck ist vor allem in reich ausgestatteten Gräbern der jüngeren römischen Kaiser-

Goldscheibenfibel aus einer ostalamannischen Werkstatt.

zeit und der Völkerwanderungszeit überliefert; die römischen Zeitgenossen werden in solchen Schmuckensembles den Ausdruck typisch barbarischer Prunkliebe gesehen haben.

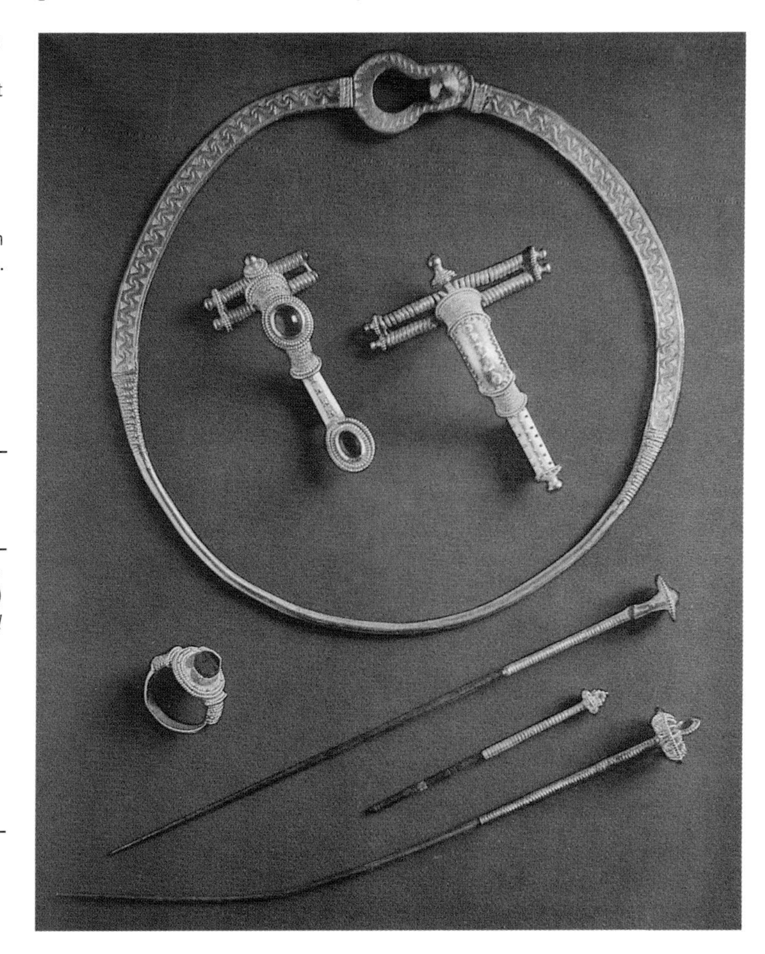

Beigaben aus dem Fürstinnengrab von Haßleben: ein massiv goldener Halsring, zwei goldene Fibeln (eine mit gefassten Almandinen), ein Goldfingerring mit einem Almandin, dazu drei silberne Schmucknadeln, in Goldblech gefasst und mit goldenen Köpfen. Die untere Nadel stammt aus einem anderen Grab (Weimar, Museum für Ur- und Frühgeschichte Thüringens).

Über die Ehrvorstellungen germanischer Krieger schreibt Tacitus unter anderem (Germania 6,4):

Ein Zurückweichen halten sie, sofern man wieder vorrückt, (eher für ein Zeichen von) Besonnenheit als von Furcht ... Den Schild zurückgelassen zu haben, (gilt als) eine besondere Schande; einem so mit Schmach Beladenen ist es verboten, an den heiligen Handlungen teilzunehmen oder eine Versammlung zu besuchen, und viele, die die Kriege überlebt haben, machten ihrer Schmach durch den Strick ein Ende.

Die allergrößte Schande: Verlust des Schildes

Zum äußeren Erscheinungsbild der Männer gehörte auch die Waffenrüstung, wenn nicht im Alltag, so doch in Kriegszeiten und bei offiziellen Anlässen. Eine verhältnismäßig leichte Lanze wird von Tacitus als die am häufigsten geführte Waffe bezeichnet, und er hat sogar den germanischen Namen registriert: Frame. Schwerter und schwere Lanzen (Spieße) würden, so berichtet er, nur von wenigen getragen. Das stimmt mit der Häufigkeit solcher Waffen im archäologischen Fundbestand gut überein. Auch der ebenfalls von Tacitus überlieferte Sachverhalt, dass man jene Framen sowohl als Wurfgeschoss als auch zum Fechten im Nahkampf einsetzte, lässt sich an Speerschäften, die in nordischen Moorfunden erhalten geblieben sind, anhand von Hiebmarken nachvollziehen. Schilde billigte Tacitus nur den berittenen

Germanische Schwerter der Völkerwanderungszeit aus einem Moor bei Nydam in Schleswig-Holstein. Sie gehören zu einem umfangreichen Arsenal an Beutewaffen, die nach einem gewonnenen Kampf geopfert worden sind (Schleswig, Archäologisches Landesmuseum der Christian-Albrechts-Universität).

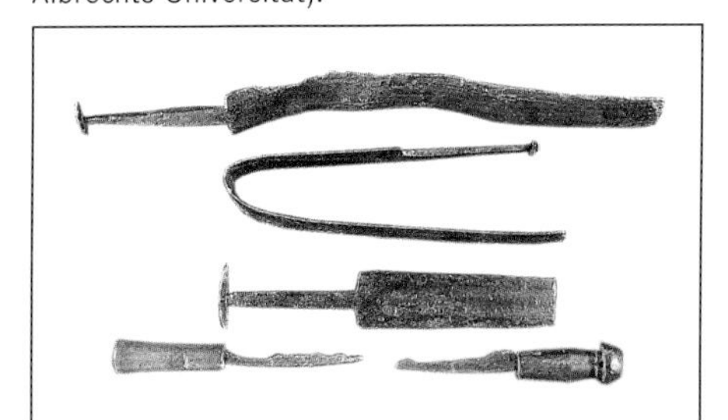

Kriegern zu; gemessen an der großen Zahl von Funden müssen aber auch Fußkämpfer solche getragen haben. Für gewisse ostgermanische Stämme waren runde Schilde kennzeichnend. Außer der Form wird auch die immer wieder hervorgehobene Bemalung der Schilde kennzeichnend für den Stamm bzw. für den jeweiligen Kampfverband gewesen sein. Das erklärt sehr gut, warum der Verlust des Schildes als allergrößte Schande galt und den Ausschluss aus der Stammesgemeinschaft nach sich zog. Abgesehen vom Schild stand man einer defensiven Bewaffnung eher ablehnend gegenüber; Panzer und Helm wurden nur von wenigen getragen, vielmehr kämpfte man am liebsten mit nacktem Oberkörper – Tacitus berichtet das jedenfalls, und bildliche Darstellungen sowie der archäologische Befund bestätigen ihn darin.

Es versteht sich, dass die Bewaffnung nicht überall in Germanien dieselbe war und dass sie im Lauf der Zeit merklichen Veränderungen unterlag. Bei den östlichen Stämmen waren nicht nur runde Schilde, sondern auch einschneidige Hiebschwerter beliebt, die man bei den westlichen Germanen in dieser Art nicht kannte. In der jüngeren Kaiserzeit kamen ausgesprochen lange zweischneidige Schwerter auf, ferner Streitäxte, die später in der Völkerwanderungszeit eine bedeutende Rolle spielen sollten. Solche Wandlungen in der Bewaffnung sind selbstverständlich Indizien für Veränderungen in der Kampfesweise und stehen meist in engem Zusammenhang mit militärischen Entwicklungen auch auf der gegnerischen Seite.

Germanen kämpfen gegen die Römer; unten ein Germane mit nacktem Oberkörper, oben ein Germane mit einer Lure; Ausschnitt aus dem Sarkophag des Kaisers Hostilianus († 251 n. Chr.), der sich im Thermenmuseum in Rom befindet.

Eigenart und Vielfalt – Religion und Kultgemeinschaften

Sieht man von Situationen akuter Bedrohung durch äußere Feinde ab, so konnte sich wohl bei keiner Gelegenheit das Gemeinschaftsgefühl eines germanischen Stammes so deutlich und so nachhaltig artikulieren wie im gemeinsam vollzogenen Kult. Götterverehrung und Opferhandlungen begründeten und bekräftigten das Zusammengehörigkeitsgefühl der Stammesmitglieder, und wenn sich mehrere Stämme zu gemeinsamen Riten zusammenfanden, wie es verschiedentlich vorgekommen ist, war dies zweifellos die stärkste Klammer ihres Bündnisses. Dass die Eigenart von Stämmen und Stammesgruppen in religiösen Handlungen ihren tiefsten Ausdruck fand, erklärt die Vielfalt der Erscheinungsformen von Religion in Germanien.

Götter nicht in Wände eingeschlossen

So weiß denn auch Tacitus, unser wichtigster Gewährsmann, an Allgemeingültigem über die Religion der Germanen nur weniges zu sagen; das betreffende Kapitel (Germania 9) umfasst gerade einmal vier Sätze. Danach wurden Merkur, Herkules und Mars als Götter verehrt; unter ihnen stand Merkur am höchsten, und manche swebischen Stämme sollen auch die Isis verehrt haben. Hier wurden offenbar germanische Gottheiten, deren wirklicher Name im Dunkeln bleibt, aufgrund gewisser, vielleicht nur vordergründiger Ähn-

Tacitus (Germania 9,2) über die Götterverehrung der Germanen:

Im Übrigen halten sie es wegen der Erhabenheit der Himmlischen für unvereinbar, die Götter in Wände einzuschließen oder sie in Form eines menschlichen Gesichts abzubilden: Sie weihen Haine und Wälder und belegen das Geheimnisvolle, das sie nur in Ehrfurcht beschauen, mit Götternamen.

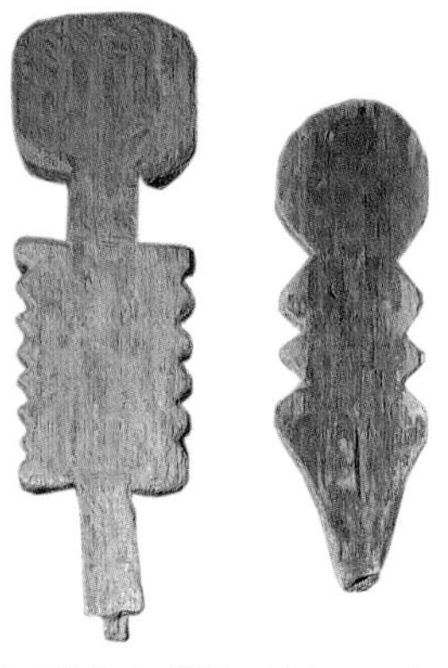

Stark stilisierte Götteridole aus dem 3. Jahrhundert v. Chr., die neben einem Bohlenweg durch das Wittemoor in der Nähe von Oldenburg, Niedersachsen, gefunden wurden (Oldenburg, Staatliches Museum für Naturkunde und Vorgeschichte).

lichkeiten mit Gestalten der antik-heidnischen Götterwelt gleichgesetzt, ohne dass wirkliche Identität oder auch nur weitgehende Übereinstimmung vorausgesetzt werden kann. Man kann erwägen, ob mit dem Götternamen Merkur etwa Wodan/Odin gemeint ist, mit Herkules Donar/Thor und mit Mars der Kriegsgott Tiu/Ziu. Aber Gewissheit ist hierin nicht zu erlangen, denn die genannten nordischen Götter treten erst in mittelalterlichen Texten deutlich in Erscheinung. Ob sie unter den dort überlieferten Namen und in ihrer dort beschriebenen Eigenart schon seit der germanischen Frühzeit und bei allen Germanen verehrt worden sind, ist eine nicht zu beantwortende Frage. Man sollte also den Bemerkungen von Tacitus nicht mehr entnehmen, als dass bei den Germanen im Allgemeinen personale Gottheiten beiderlei Geschlechts und unterschiedlichen Ranges verehrt wurden. Tacitus fügt aber noch eine Beobachtung an, deren Gültigkeit sich nicht zuletzt anhand der archäologischen Funde bestätigen lässt: Die Germanen hätten ihre Götter nicht in Wände eingeschlossen. Sie bauten also keine Tempel, kannten keine sakrale Architektur in Holz oder Stein, wie wir sie etwa bei Kelten und Slawen und natürlich bei den Römern finden. Vielmehr verehr-

Oben: In einer Brandschuttschicht des römischen Kastells Gelduba (heute Krefeld-Gellep), die mit einer Einnahme des Kastells durch die Franken im Jahr 275 n. Chr. in Zusammenhang steht, fanden sich zerstörte Waffen und Ausrüstungsgegenstände wie zerschlagene Schildbuckel und Helmteile, zerbrochene Speere und Äxte (Krefeld, Museum Burg Linn).
Rechts: Opferfunde von Bad Pyrmont, Niedersachsen. Von der Zeit um Christi Geburt bis ins hohe Mittelalter hinein haben Germanen an einer heiligen Quelle Gegenstände als Opfer an eine Gottheit niedergelegt. Darunter befindet sich wertvolles Einfuhrgut aus dem Römerreich, so eine emailverzierte Kasserolle, die bronzene Reiterfibel, die Silbermünzen vorn rechts und die Ringfibeln vorn links. Sonst wurden vor allem Fibeln aus einheimischer Produktion geopfert.

ten sie ihre Götter unter freiem Himmel, auf Waldlichtungen und in heiligen Hainen und – so können wir angesichts archäologischer Funde ergänzen – an heiligen Wassern, stehenden und fließenden.

Grausame Riten

Recht karg sind also die Ausführungen von Tacitus über die Religion der Germanen im Allgemeinen. Sehr viel anschaulicher und farbiger ist jedoch das, was er von den kultischen Bräuchen einzelner Stämme zu berichten weiß. Einige kleine Stämme beispielsweise, die Anwohner der Ostsee im Bereich des heutigen Norddeutschland gewesen sein müssen, verehrten gemeinsam eine Personifikation der Mutter Erde mit Namen Nerthus (Germania 40). Deren Sitz war ein heiliger Hain auf einer Insel im Meer. Von Zeit zu Zeit wurde sie, in welcher Gestalt auch immer, auf einem von Kühen gezogenen Wagen und verhüllt unter einem Tuch von Ort zu Ort umhergefahren und überall gefeiert und verehrt. Zum Schluss wurden Wagen und Decke, auch die Göttin bzw. ihr Kultbild selbst *(numen ipsum),* in einem verborgenen See gewaschen, und die Sklaven, die das besorgten, wurden in eben diesem See geopfert – eine dunkle Seite dieses sonst eher heiteren Kultes.

Auch die Semnonen kannten Menschenopfer (Germania 39). In ihren Stammesgebieten an Havel und Spree trafen sich zu bestimmten Zeiten Abordnungen verschiedener swebischer Stämme in einem heiligen Hain, der nur unter strengsten kultischen Vorkehrungen betreten werden durfte, und vollzogen die »grausige Opferhandlung« *(ritus horrenda primordia).* Der »allherrschende Gott« *(regnator omnium deus),* dem sie galt, wird mit Namen nicht genannt. Anders bei den ostgermanischen Naharvalen: Unter dem Namen Alces (Alken) verehrten sie ein jugendliches Brüderpaar, das laut Tacitus (Germania 43) »nach römischer Deutung« *(interpretatione Romana)* mit Castor und Pollux gleichzusetzen war. Ein Priester in weiblicher Tracht vollzog den Kult, auf der Lichtung eines Waldes, den man weit im Osten Germaniens zu suchen hat, irgendwo zwischen Oder und Weichsel.

Männliches und weibliches Götteridol aus einem Moor bei Braak, Schleswig-Holstein; Höhe der männlichen Figur um 3 m, 5. Jahrhundert n. Chr. (Schleswig, Schleswig-Holsteinisches Landesmuseum für Vor- und Frühgeschichte). Rechts das hölzerne Idol einer weiblichen Gottheit aus dem 3. Jahrhundert n. Chr., gefunden in einem Opfermoor bei Oberdorla, Thüringen; Höhe 30 cm.

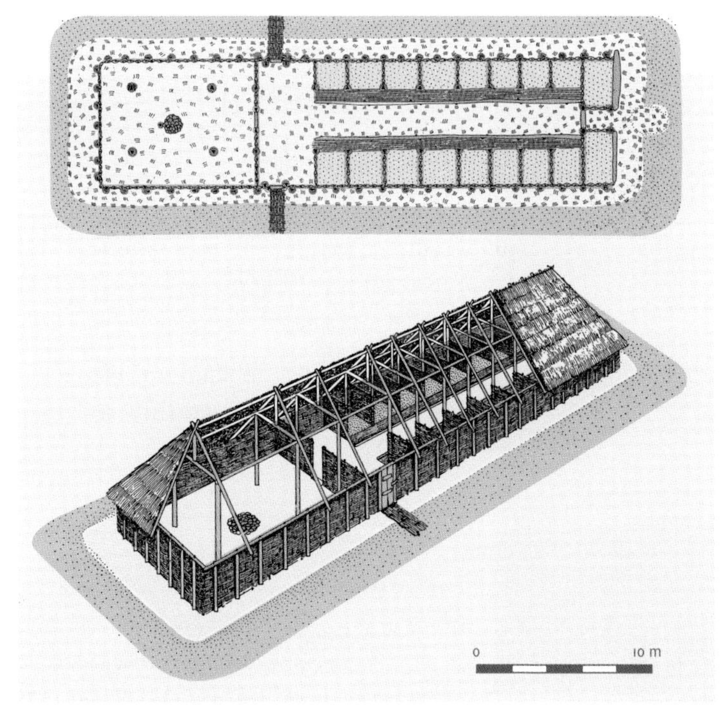

Idealisierter Grundriss und Rekonstruktion eines germanischen Wohnstallhauses, wie es in Feddersen Wierde bei Bremerhaven gefunden wurde. Rechts der Stallteil mit Mittelgang, Jaucherinnen und Viehboxen, links der Wohnteil mit zentraler Feuerstelle.

Opferplätze, an welchen Germanen ihre Gaben einem numinosen Wesen dargebracht haben, oft über einen längeren Zeitraum hinweg bei immer neu sich ergebenden Gelegenheiten, sind aus Germanien in einiger Anzahl bekannt und archäologisch erforscht worden. Dazu gehört der schon 1863 entdeckte Opferplatz an einer Quelle in Bad Pyrmont, der vom Ende des 1. Jahrhunderts v. Chr. bis zum

5./6. Jahrhundert n. Chr. immer wieder aufgesucht worden ist. Über eine noch längere Zeitspanne hinweg ist an einem kleinen See bei Oberdorla in Thüringen geopfert worden, schon seit der jüngeren Hallstattzeit (6. Jahrhundert v. Chr.) und besonders intensiv seit der Zeitwende von germanischen Gruppen. Bis zum 5. Jahrhundert sind hier vor allem Tier-, aber auch Menschenopfer dargebracht worden. Dort fand sich auch ein roh geschnitztes Idol einer Göttin aus dem 3. Jahrhundert n. Chr. Besonders eindrucksvolle Komplexe von Weihgaben sind verschiedentlich in Mooren des südlichen Skandinavien zutage gekommen: Skeddemosse auf Öland, Vimose auf Fünen, Illerup, Ejsbøl, Nydam und Thorsberg auf der jütischen Halbinsel. Vor allem Waffen und andere militärische Ausrüstungsteile sind an einst offenen Seen geopfert worden, und zwar offenbar bei wiederholten, aber nicht eben häufigen Anlässen jeweils in großer Zahl. Daraus und aus den sonstigen Fundumständen lässt sich die Vermutung begründen, es habe sich jeweils um die von einem besiegten Feind erbeutete Ausrüstung gehandelt, eine Waffenbeute aus siegreicher Schlacht, die als Dank oder nach vorausgegangenem Gelübde gesamthaft einer Gottheit dargebracht wurde. Diese Sitte hatte im Norden eine alte Tradition: Die von der jütischen Halbinsel abgewanderten Kimbern gaben im Jahr 105 v. Chr. nach ihrem Sieg über die Römer bei Arausio im Rhônetal die gesamte Beute der Vernichtung anheim, und zwar, wie der spätantike Geschichtsschreiber Paulus Orosius schreibt, im Vollzug eines (für die Römer) neuartigen und ungewöhnlichen Verfluchungsritus. Rüstungen und Pferdegeschirr wurden dabei zerhauen, sogar Gegenstände aus Gold und Silber in den Fluss geworfen, die Pferde wurden ertränkt, die gefangenen Feinde an den Bäumen aufgehängt. Auf diese Weise wurde dem Sieger keine Beute zuteil und dem Besiegten kein Mitleid.

Den hölzernen Hakenpflug (Arder, Ard) musste man – im Gegensatz zum Wendepflug – kreuzweise über die Äcker führen, um ein befriedigendes Ergebnis zu erzielen.

Sich kreuzende Spuren des Hakenpflugs, die unter einem vorgeschichtlichen Grabhügel in Flintbek (Schleswig-Holstein) nach dessen Abtragung sichtbar wurden.

Landwirtschaft und Siedlungswesen

Die Landwirtschaft stellte die wesentliche Lebensgrundlage aller germanischen Stämme dar: Der weitaus größte Teil der Bevölkerung hat seinen Lebensunterhalt durch Ackerbau und Viehzucht verdient, und nur wenigen war es vorbehalten, ihr Auskommen auf andere Weise, durch Handel und Handwerk etwa, zu finden. Die landwirtschaftliche Produktion stand innerhalb des von germanischen Stämmen besiedelten Raumes ungefähr auf dem gleichen technischen Niveau, jedoch konnte je nach der Landesnatur das Spektrum der angebauten Kulturpflanzen oder der gehaltenen Tierarten unterschiedlich sein. Dabei scheint die Bedeutung der Tierhaltung im Ganzen etwas größer gewesen zu sein als die des Landbaues; dieser Eindruck ist jedenfalls bei den Römern entstanden, die manche Stämme gar für reine Viehzüchter hielten.

Idealbild eines Gehöfts aus dem elbgermanischen Siedlungsbereich. Um das Haupthaus gruppieren sich mehrere Nebengebäude, leicht eingetiefte Grubenhütten und auf Stelzen stehende Speicher. Wahrscheinlich war ein solches Gehöft von einem Zaun umgeben.

Unter den Haustieren dominierte überall das Rind, von kleinerem Wuchs als heute, das als Milch- und Fleischlieferant und überdies als Zugtier diente. Nächst ihm sind – nun mit regionalen Schwerpunkten – Schwein und Schaf bzw. Ziege belegt (Ziege und Schaf sind anhand des Knochenmaterials vielfach nicht zu unterscheiden). Pferd, Hund und Katze kommen hinzu, und nicht zuletzt Geflügel: Hühner, Gänse und vielleicht auch Enten. Der Anteil des Federviehs wird vermutlich unterschätzt, denn Geflügelknochen sind erhaltungsbedingt unter den Knochenfunden eher unterrepräsentiert. Wild hingegen hat als Nahrungsmittel nur eine ganz untergeordnete Rolle gespielt.

Die Bedeutung des Rindes wird auch dadurch unterstrichen, dass es zusammen mit den Menschen unter einem Dach lebte. Da Freilandhaltung im Winter aus klimatischen Gründen nirgendwo in Germanien möglich war, waren die Tiere aufgestallt, und zwar im Stallteil eines Langhauses, in Boxen beiderseits eines Stallganges. Der andere, oft kleinere Teil des Hauses wurde von der Bauernfamilie bewohnt.

An Feldfrüchten wurde vor allem Gerste angebaut. Andere Getreidesorten waren bekannt, spielten aber eine geringere, zudem regional unterschiedliche Rolle: verschiedene Weizenarten, Hafer, Roggen und Hirse. Schwerpunktmäßig im Nordseeküstengebiet hat man die Ackerbohne angebaut, als weitere Hülsenfrucht scheint auch die Erbse feldbaumäßig gezogen worden zu sein. Flachs (Lein) und in geringem Maße auch Hanf sind sowohl wegen der ölhaltigen Früchte als auch wegen der Fasern angebaut worden. Über die Er-

Tacitus beschreibt die Siedlungsweise der Germanen (Germania 16):

Dass die Völker der Germanen keine Städte bewohnen und dass sie nicht einmal miteinander verbundene Siedlungen dulden, ist genügend bekannt. Sie wohnen abgesondert und einzeln, wie ihnen eine Quelle, ein Feld, ein Wald zusagt ... Nicht einmal Mauersteine und Ziegel sind bei ihnen im Gebrauch: Sie verwenden für alles unbearbeitetes Holz ohne Schönheit oder Reiz ... Sie pflegen auch unterirdische Höhlen aufzugraben und laden viel Dünger darüber, als eine Zufluchtsstätte für den Winter und ein Lager für Feldfrüchte, weil Orte dieser Art den strengen Frost erträglicher machen, und wenn einmal ein Feind naht, dann plündert er das Offene, während Verstecktes und Vergrabenes unbemerkt bleibt und ihm eben dadurch entgeht, dass es erst gesucht werden muss.

Oben eine germanische Fußschale aus dem 3. Jahrhundert v. Chr. aus gebranntem graubraunem Ton; Höhe 21 cm, Durchmesser 29 cm (Hamm, Städtisches Gustav-Lübbe-Museum). In der Mitte alamannische Keramik aus den Gräberfeldern der Ursiedlungen Pfullingen (links), Wurmlingen und Ulm; 5.–6. Jahrhundert, Höhe 10, 7,5 und 14 cm (Stuttgart, Württembergisches Landesmuseum). Unten zwei Keramikgefäße aus ubischen Werkstätten (Köln, Römisch-Germanisches Museum).

zeugnisse des zweifellos betriebenen Gartenbaus sind wir kaum unterrichtet. Obstbau scheint keine große Bedeutung besessen zu haben, und das Gleiche gilt für das Sammeln von Wildfrüchten.

Als hauptsächliches Ackergerät war der Pflug von alters her bekannt, und zwar in der Form des Ritzpfluges (Arder, Ard), den man, um ein befriedigendes Ergebnis zu erzielen, kreuzweise über die Ackerfläche führen musste. Es gibt auch vereinzelte Hinweise auf den Einsatz eines Schollen wendenden Pfluges, jedoch scheint diese fortschrittliche Technik noch keine große Verbreitung besessen zu haben. Als weiteres von Tieren gezogenes Ackergerät war die Egge bekannt. Von Menschenhand wurden Spaten, Hacke und Ziehharke geführt, als Erntegeräte Sichel bzw. Erntemesser und Sense.

Mit Bedacht gewählt: Die Siedlungsplätze

Die Landwirtschaft als die wesentliche Existenzgrundlage hat auch das Erscheinungsbild der germanischen Siedlungen in erster Linie geprägt. Dass die Germanen keine Städte bewohnten, war den römischen Zeitgenossen sattsam bekannt. Aber auch im Hinblick auf die ländlichen Siedlungen fiel deren lockere, scheinbar unsystematische Struktur ins Auge: Die Germanen siedelten vereinzelt und verstreut, wie ihnen gerade eine Quelle, eine Feldflur oder ein Gehölz zupass kamen – meint Tacitus. In Wirklichkeit waren die Siedlungsplätze sehr wohl mit Bedacht gewählt, unter den Gesichtspunkten von Wasservorkommen, Bodengüte und klimatischer Gunst. Durchgängig ausgeprägt war ferner die Gehöftstruktur: Die offenbar von einer Familie bewirtschaftete Betriebseinheit bestand aus einem Haupthaus sowie einigen Nebengebäuden. Jenes vereinte Wohnung und Viehstall unter einem Dach, diese dienten als Arbeitsräume und Speicher. Es gab Getreidespeicher, die in luftiger Höhe auf frei stehenden Pfosten errichtet waren, um das Erntegut vor Feuchtigkeit und Mäusefraß zu schützen. Andererseits kannte man halb in den Erdboden eingetiefte Grubenhütten, die den Vorräten Schutz vor extremer Kälte und Hitze boten, aber auch als Arbeitshütten genutzt werden konnten, etwa zum Spinnen und Weben. Ebenerdige Häuser, kleiner als das Haupthaus, konnten sowohl als Scheunen dienen wie auch witterungsgeschützte Arbeitsflächen bieten. Ein solches Gehöft wurde nicht selten von einem Zaun umschlossen, der Raubzeug fern und das eigene Vieh zusammenhalten sollte. Höfe solcher Art standen entweder einzeln oder gruppierten sich in mehr oder weniger lockerem Verband zusammen mit anderen zu einem Dorf oder Weiler.

Die Bauformen im Einzelnen sind gebietsweise verschieden. Im norddeutschen Flachland und in Skandinavien war das dreischiffige Wohn- und Stallhaus weit verbreitet, meist in reiner Pfostenbauweise errichtet, mit Wänden aus Flechtwerk und Lehm. Auf den Ostseeinseln Gotland und Öland kannte man aber auch solche Häuser mit trocken gemauerten Wänden. Daneben kamen zweischiffige Häuser vor und waren in anderen Gegenden sogar vorherrschend, also solche mit einer Reihe von Pfosten in der Längsachse, die den Firstbalken getragen haben. Bei den westlichen Ostgermanen waren verhältnismäßig kleine Häuser ohne Innenpfosten üblich, bei denen die Dachlast offenbar auf den Wänden ruhte. Bei solchen Häusern ist häufig eine Schmalseite halbrund wie eine Apsis. Würden wir mehr als nur die Grundrisse kennen – sie allein lassen sich günstigenfalls durch Ausgrabungen erfassen –, so würden wir uns zweifellos einer großen Vielfalt von Konstruktionsformen, architektonischen Details und schmückenden Elementen gegenübersehen, in welchen zweifellos auch Stammesidentität und sonstige Gruppenzugehörigkeit ihren Ausdruck gefunden haben.

Fein gearbeiteter Berlock (Halsanhänger) aus der Zeit um 100 n. Chr. aus germanischer Werkstatt.

Handwerk, Handel und Verkehr

Im Rahmen ländlicher Siedlungen, wie sie eben geschildert wurden, vollzog sich nicht nur die landwirtschaftliche Produktion, sondern fanden auch handwerkliche Tätigkeiten ihren Raum, in erster Linie zur Befriedigung des örtlichen Bedarfs. Den Frauen oblag die Herstellung von Textilien durch Spinnen und Weben, während das Gerben von Leder und dessen weitere Verarbeitung mehr Sache der Männer gewesen sein dürfte. Das Arbeiten mit Holz – Zimmern beim Hausbau, Tischlern, Drechseln, Schnitzen von Kleingerät –, die Verhüttung und das Schmieden von Eisen, das Verarbeiten von Buntmetallen und Bein, ja sogar die Herstellung von Tongefäßen vollzogen sich dezentral in ländlichen Siedlungen und lagen dort in den Händen von Personen unterschiedlichen Spezialisierungsgrades, die aber stets noch in den landwirtschaftlichen Produktionsprozess eingebunden blieben.

Für den überörtlichen Bedarf arbeitende Handwerksbetriebe und Manufakturen scheint es nur verhältnismäßig selten gegeben zu haben. In der Lysa Gora im südlichen Polen ist der Abbau von Eisenerz und dessen Verhüttung zeitweise in großem Maßstab betrieben worden. Aus Thüringen ist ein Töpfereibetrieb bekannt geworden, der in der jüngeren Kaiserzeit offenbar mit römischem Personal eine qualitativ hoch stehende, scheibengedrehte Gefäßkeramik hergestellt und weiträumig abgesetzt hat. Auch die Goldschmiedearbeiten von hoher Qualität, wie sie aus nicht wenigen reich ausgestatteten Gräbern vorliegen, müssen in spezialisierten Ateliers für einen weit gestreuten Kundenkreis angefertigt worden sein. Aber selbst solche Produktionsstätten hat man sich mangels einer städtischen Alternative in einem ländlichen Milieu angesiedelt zu denken.

Freigelegter Bohlenweg im Stapeler Moor bei Oldenburg (Niedersachsen).

Bei einer so weitgehend auf Autarkie eingestellten Gesellschaft ist nicht zu erwarten, dass die Mechanismen einer weiträumigen Warendistribution, namentlich durch Handel, in besonderem Maße ausgebildet waren. Städtische Siedlungen oder sonstige größere Agglomerationen, die günstige Absatzchancen geboten hätten oder mit Hafen und Markt als Umschlagplätze für Waren hätten dienen können, waren nicht einmal ansatzweise vorhanden. Ein Wegenetz hat es sicher gegeben, das einzelne Siedlungen verband, auch über größere Entfernungen hinweg. Aber das waren keine für den Wagen-

Links eine nordgermanische goldene Schmuckscheibe (Brakteat) mit der Darstellung des einäugigen Odin, der einem Pferd mit abgeschlagenen Beinen zu Hilfe kommt. Rechts ein Goldbrakteat, der eine Frau beim Spinnen zeigt (Maria nach christlicher, Freyja nach nordischer Lesart).

verkehr ausgebauten Straßen wie im Römischen Reich, und allenfalls einige Bohlenwege in norddeutschen Moorgebieten können als Belege eines Kunststraßenbaus in Germanien angeführt werden. Wagen waren zwar gebräuchlich, werden zum Beispiel wiederholt im Zusammenhang mit Wanderzügen von Germanen erwähnt, doch gibt es keine Hinweise dafür, dass sie einem weiträumigen und umfangreichen Warenverkehr gedient hätten. Entsprechendes gilt für Schiffe.

Für die Römer wertvoll: Pelze, Bernstein und blondes Frauenhaar

Einen gegenteiligen Eindruck erweckt lediglich der römische Import: Gegenstände des gehobenen Bedarfs, teils sogar ausgesprochene Luxusgüter, sind bis in die hintersten Winkel Germaniens gelangt, und nicht einmal selten. Vielfach mögen römische Tafelgeschirre und andere Attribute feiner Lebensart als Ehrengeschenke zu politischen Zwecken in den Besitz germanischer Herren gelangt sein, anderes mag aus der Beute germanischer Einfälle in die römische Provinz stammen, und gewiss haben germanische Söldner nach ihrem Militärdienst im Römerreich manches Stück mit nach Hause gebracht. Zu einem gewissen Teil dürften solche römischen Produkte aber auch als Handelsgüter nach Germanien gelangt sein. Man fragt sich allerdings, welche Äquivalente den umgekehrten Weg aus Germanien zu den Römern genommen haben: Pelze und Bernstein vermutlich, wohl auch Sklaven, nicht zu vergessen blondes Frauenhaar, das, wie berichtet wird, von vornehmen Römerinnen zur Ausstaffierung ihrer Frisur sehr geschätzt wurde. Besonders rege und sozusagen alltäglich war der Handel mit den Römern nur in den grenznahen Bereichen. Wie der hohe Anteil römischer Keramik in germanischen Siedlungen nahe der Reichsgrenze andeutet, erstreckte sich hier der Austausch von Gütern auch auf die Gegenstände des täglichen Gebrauchs, auf Küchengeschirr und landwirtschaftliche Produkte.

Römisches Geld war in Germanien allenthalben bekannt und im Besitz von vielen. Soweit es aus Edelmetall bestand, wurde es zur Thesaurierung, zum Ansammeln und Aufbewahren eines Vermögenswertes, benutzt, sicher auch zuweilen als Wertäquivalent beim Tauschhandel. Von einer regelrechten Geldwirtschaft kann aber keine Rede sein, geschweige denn von eigener Münzprägung. Erst in den nachantiken Germanenstaaten auf römischem Reichsboden ist es zu den ersten Münzprägungen durch Germanen gekommen. Was im Innern Germaniens an römischen Geprägen zuerst nachgeahmt wurde – in Gestalt der nordischen goldenen Schmuckscheiben (Brakteaten) –, waren nicht Münzen, sondern Medaillons, Repräsentationsstücke also, die mit Kommerz nichts zu tun hatten, wohl aber mit Kunst.

Rinderstatuette aus Bronze, gefunden neben einem aus Steinen gesetzten Herd in einer germanischen Siedlung von Berlin-Schöneberg. Nach den Begleitfunden kann sie in die zweite Hälfte des 3. Jahrhunderts n. Chr. datiert werden. Links vollplastische Tierfiguren auf einer Trinkhornkette von Keilstrup, Jütland; Bronze, 1./2. Jahrhundert n. Chr. (Kopenhagen, Nationalmuseet).

Die langwierige Aneignung von Bild und Schrift

Als man im 5. Jahrhundert n. Chr. bei den im Norden lebenden Germanen dazu überging, goldene Schmuckscheiben zu prägen, auf denen Gestalten und Szenen der eigenen Mythologie dargestellt waren, war eine wichtige Etappe in dem langen Prozess der Aneignung mediterraner Bildvorlagen erreicht, aber beileibe noch nicht dessen Ende.

Während in der antiken Welt, in der Welt der Griechen und Römer, buchstäblich jedweder Bereich des Lebens angefüllt war mit bildlichen Darstellungen, sehen wir uns im germanischen »Barbaricum« jenseits der römischen Grenzen einer bildlosen, anikonischen Welt gegenüber; diesen Eindruck vermitteln die archäologischen Funde ebenso wie einzelne Nachrichten in den Schriftquellen. So hat man sich in Rom noch lange über eine von Plinius dem Älteren überlieferte Anekdote amüsiert, der zufolge ein Barbar aus dem Norden für ein berühmtes Bildwerk in Rom nicht das geringste Verständnis aufbringen konnte. Nach dessen Wert befragt – womit der Kunstwert gemeint war –, hielt er es für wertlos, hatte also dafür gar keinen Maßstab.

Im Jahr 109 v. Chr. konnte ein Barbar aus dem Norden für ein berühmtes Kunstwerk auf dem römischen Forum nicht das geringste Verständnis aufbringen. Diese amüsante Anekdote, von Plinius dem Älteren in seiner »Naturgeschichte« (35, 25) berichtet, hat man sich in Rom noch lange erzählt:

Auf dem Forum befand sich auch das bekannte Bild eines alten Hirten mit Stock. Als man einen Gesandten der Teutonen fragte, was ihm dieser Mann wert sei, antwortete er, so einen wolle er selbst dann nicht geschenkt haben, wenn er lebendig und echt wäre.

Die Bildarmut der Heimat dieses Barbaren ist am archäologischen Fundbild deutlich ablesbar. Ein paar stiergestaltige Trinkhornendbeschläge, hier und da eine in grober Manier holzgeschnitzte Kultfigur, viel mehr ist für die ältere Kaiserzeit nicht zu nennen. Das änderte sich auch in der jüngeren Kaiserzeit nur zögernd, aber immerhin merklich. Tiergestaltige Fibeln kamen gebietsweise in Mode, sichtlich nach römischen Vorbildern gestaltet; Hirsch und Eber waren die beliebtesten Motive. Kleine vollplastische Rinderfiguren aus Bronze

DER GERMANISCHE TIERSTIL

Oben die Umzeichnung eines spätrömischen Gürtelbeschlags des 4. Jahrhunderts von einem Fundort an der Donaugrenze (Enns, Oberösterreich). Hervorgehoben sind die halbplastisch ausgeformten Randtiere, Seewesen, die auf eine Rundscheibe hin ausgerichtet sind. Rechts die Umzeichnung des Ornaments der Kopfplatte einer germanischen Bügelfibel des 5. Jahrhunderts aus Norwegen (Lunde, Lista) mit entsprechenden, jedoch eigentümlich stilisierten Randtieren und einem analogen Motiv im Innern der Zierfläche, zwei auf einen menschlichen Kopf ausgerichtete Fabelwesen. Der Vergleich zeigt deutlich, dass die germanische Tierornamentik von spätrömischen Bildelementen ausgeht. Ein hervorragendes Beispiel frühmittelalterlich-germanischer Goldschmiedekunst ist der in einem Schiffgrab bei Sutton Hoo in Suffolk, Ostengland, gefundene Deckel einer Gürteltasche, der mit Tierornamenten im so genannten Tierstil II sowie figürlichen Motiven, ausgeführt in Cloisonné-Technik, geschmückt ist (um 625; London, Britisches Museum).

waren zwar selten, aber weithin bekannt; holzgeschnitzte mag es häufiger gegeben haben. Generell wurden jedoch aus dem überaus reichen Angebot von potenziellen Vorbildern nur Darstellungen von Tieren ausgewählt, und unter diesen wieder eher von solchen der heimischen Fauna als von exotischen.

Eine eigene Bildersprache: Die Tierornamentik

Mit der Nachahmung römischer Tierbilder setzte denn auch im 5. Jahrhundert eine Entwicklung ein, die zu einer für die germanische Welt eigentümlichen Kunstäußerung führen sollte. Ausgangspunkt waren Tierdarstellungen von Raubkatzen und Seetieren, welche die Randpartien spätrömischer, vor allem von Militärpersonen getragener Gürtelbeschläge aus Bronze oder Silber schmückten. Solche Metallarbeiten samt ihrer plastischen Verzierung wurden alsbald auch im Germanengebiet nachgeahmt, teils perfekt imitiert, teils aber auch dem eigenen Geschmack angepasst. Letzteres fand seinen Ausdruck in einer eigentümlichen Zerstückelung des Tierbildes, in seiner Auflösung in einzelne anatomische Elemente.

Einen weiteren Schritt weg von den römischen Vorformen, hin zu einem selbstständig entwickelten, spezifisch germanischen Kunststil bedeutete es, wenn solche Tierbilder nicht mehr nur am Rand von Ziergegenständen in Erscheinung traten, sondern auch die zentralen Zierflächen besetzten und wenn die Elemente der Tierdarstellungen in ganz unorganischer Weise, allein nach künstlerischen Gesichtspunkten, arrangiert wurden. Im südlichen Skandinavien und in der Zeit um 500 n. Chr. ist diese germanische Tierornamentik der ersten Stilstufe entwickelt worden (»Tierstil I«). Sie sollte noch im Laufe des 6. Jahrhunderts die zweite Entwicklungsstufe erreichen: Unter dem Einfluss mediterraner Flechtbandmuster wurden die Tierdarstellungen nun nach einem Flechtsystem arrangiert, es wurden, anders gesagt, Flechtmuster mithilfe von Tierbildern, Tierbilder als Flechtmuster dargestellt (»Tierstil II«).

Mit der Tierornamentik hatten die germanischen Stämme, hatte jedenfalls die Mehrzahl von ihnen eine ihnen gemäße künstlerische Ausdrucksform gefunden. Dieser Formensprache bedienten sich die skandinavischen Völker ebenso wie die Langobarden in der Theißebene oder in Italien, sie wurde von Angelsachsen, Franken und Thüringern gleichermaßen verstanden; lediglich die gotischen Stämme scheinen daran keinen Anteil genommen zu haben. Aber was für ein langer Adaptionsprozess, bis endlich im 5. Jahrhundert aus einem buchstäblich marginalen Sektor der antiken Bilderwelt eine eigene germanische Bildersprache entwickelt werden konnte!

Goldbrakteat von Vadstena, Östergötland, Durchmesser 3,1 cm. Die Umschrift am Rand enthält das Runenalphabet, den so genannten älteren Futhark. Das Mittelfeld zeigt einen Männerkopf über einem gehörnten Pferd; vor dem Kopf ein Vogel. Die Goldscheibe hat eine Öse und wurde als Hängeschmuck getragen.

Runen raunen, sie verlautbaren nicht

Nicht anders verhält es sich mit der Rezeption der Schrift, eines wesentlichen, ja konstitutiven Elements der antiken Hochkultur. Allerdings ist die Quellensituation so, dass uns weite Strecken dieses Aneignungsvorganges unbekannt sind und rätselhaft bleiben, und das vielleicht für immer.

Nur so viel ist gewiss: Germanen müssen frühzeitig aus einem mediterranen Alphabet ein eigenes Schriftsystem abgeleitet haben, die Runenschrift nämlich in der Form des älteren Futhark. Alles weitere ist Spekulation: Welche Germanen beteiligt waren, welches Alphabet als Vorlage diente (lateinische Kursive, nordetruskische Schrift oder sonst etwas), wo und wann das geschehen ist (um die Zeitwende vielleicht, vielleicht auch früher oder später). Fest steht aber, dass ein voll ausgebildetes, uneingeschränkt taugliches Schriftsystem mit 24 Zeichen entwickelt worden ist. Seine Eigenständigkeit ist nicht nur aus dem unverwechselbaren Duktus der Buchstaben zu ersehen, sondern vor allem aus zwei Eigenarten, die mit keinem der als Vorbild in Betracht kommenden Alphabete übereinstimmen:

Die erste ist die Reihenfolge der Buchstaben. F - U - Th - A - R - K sind die ersten sechs Zeichen der Runenreihe; so ergab sich »Futhark« als Bezeichnung für dieses »Alphabet«. Die zweite ist der Umstand, dass dem einzelnen Buchstaben neben seinem Lautwert auch eine begriffliche Bedeutung zukommt; zum Beispiel hat die erste Rune nicht nur den Lautwert »f«, sondern auch die Bedeutung »fehu« (Vieh).

Diese Schrift muss lange – jahrhundertelang – in Bereichen geübt worden sein, zu welchen wir weder durch schriftliche Überlieferung noch aufgrund archäologischer Funde Zugang haben. Eine, als Runendenkmal umstrittene, Fibel aus dem 1.,

Hölzerner Zählstab mit Besitzermarke. Die eingeritzten Runen lassen sich als »Sigmund besitzt diesen Sack« übersetzen. Der Stab stammt aus dem frühen 12. Jahrhundert und befindet sich im Wissenschaftsmuseum der Universität Trondheim. Eine der ältesten bekannten Runeninschriften (2./3. Jahrhundert) befindet sich auf der Lanzenspitze (rechts) von Kowel (Ukraine), die 1945 in Warschau verloren gegangen ist. Die Inschrift kann – linksläufig und mit manchen Unsicherheiten – als TILARIDS gelesen werden. Das bedeutet so viel wie »Zielreiter«, allgemeiner »Anreiter, Angreifer«, sicher ein passender, die Effizienz einer Wurfwaffe beschwörender Name.

wenige Stücke aus dem 2. Jahrhundert n. Chr. ragen wie Inseln aus einem uns sonst verborgenen Anwendungsfeld der Runenschrift. Erst im 3. Jahrhundert setzt die Überlieferung auf breiterer Front ein: In den Ländern an der westlichen Ostsee ist man allem Anschein nach zuerst dazu übergegangen, Runen auf solche Gegenstände zu ritzen, die bis in unsere Zeit überdauern konnten, und auch im ostgermanischen Bereich finden sich einige Beispiele aus dieser Zeit. Von nun an reißt die Überlieferung nicht mehr ab. Runen wurden im Norden bis in die Neuzeit geschrieben. Deswegen brauchte auch die Runenschrift nie entziffert zu werden; man konnte sie noch lesen, als die wissenschaftliche Beschäftigung mit alten Runeninschriften einsetzte.

Fassen wir jedoch die Zeit des älteren Futhark (vor Anfang des 8. Jahrhunderts) ins Auge, so ist es vor allem die Anwendungsweise, die, mehr noch als die formale Eigenart, die Runenschrift von der antiken Schriftkultur unterscheidet. Ihr Anwendungsbereich war eng umgrenzt: Widmungen und Zueignungen auf Gegenständen, meist auf deren Rückseite und demzufolge in der Regel nicht sichtbar, damit verbunden oder auch allein gute Wünsche, selten Verwünschungen, ferner Namen (des Gegenstandes, des Besitzers, des Widmenden, des Empfängers), wiederholt auch die Nennung der Person, welche die Runen ritzte. Es wurden also sehr persönliche, private Dinge zum Ausdruck gebracht, und zwar in diskreter Weise. Wie ihr Name schon sagt: Runen raunen, sie verlautbaren nicht.

Obwohl also den Germanen ein in jeder Hinsicht taugliches Schriftsystem zur Verfügung stand, obwohl sie über Jahrhunderte hinweg mit der römischen Art der Verwendung von Schrift Bekanntschaft machen konnten, obwohl die Vorteile der Schriftlichkeit im öffentlichen Leben doch auch für sie klar zutage gelegen haben müssen, blieb die Anwendung von Schrift bei ihnen viele Jahrhunderte lang einer eng umgrenzten privaten und diskreten Sphäre vorbehalten.

Paulus Orosius referiert in seiner 416/418 n. Chr. abgefassten »Geschichte wider die Heiden« (7, 43, 5–6) eine Äußerung des westgotischen Königs Athaulf (410–415):

Anfangs habe er leidenschaftlich danach gestrebt, den römischen Namen auszulöschen und das gesamte römische Territorium zu einem Land der Goten zu machen und auch so zu nennen: Es sollte zur Gotia werden, was Romania gewesen sei. Aber da er aufgrund vieler Erfahrungen eingesehen habe, dass die Goten wegen ihres zügellosen barbarischen Charakters nicht in der Lage waren, nach Gesetzen zu leben, habe er sich entschieden, seinen Ruhm darin zu suchen, den römischen Namen vollständig wiederherzustellen und noch zu vermehren, und zwar mit gotischen Kräften. So möge ihn die Nachwelt als Urheber der römischen Erneuerung ansehen, nachdem er ein Veränderer nicht habe sein können.

Die germanische Geschichte an ihrem Ziel

Die Ursprungsbedingungen des Germanentums bestimmten auch das Ziel der germanischen Geschichte. Die Germanen, die in der Konfrontation mit dem Römerreich ihre Identität gefunden hatten, richteten fortan ihr Interesse auf Teilhabe an diesem. Das geschah auf unterschiedliche Weise und mit unterschiedlicher Energie. Vielfach zielte ihr Streben nur auf materielle Güter, in deren Besitz man auf friedliche Weise gelangen konnte – durch Handel oder Geschenke – oder aber unfriedlich durch Raubzüge und Plünderungen. Dabei ging es stets auch um die Aneignung zivilisatorischer Errungenschaften, ein oft langwieriger Prozess, wie die Beispiele von Münzgeld, Bild und Schrift gezeigt haben. In zunehmendem Maße stand ihnen der Sinn aber auch nach Beteiligung an der politischen Macht und nach Inbesitznahme römischer Territorien. Im Einzelnen sind die von den germanischen Stämmen entwickelten Aktivitäten, sind die verfolgten politischen Ziele und dazu eingesetzten Strategien durchaus verschieden voneinander, so verschieden, dass es auf den ersten Blick sinnlos erscheinen mag, die Geschichte der Germanen in der ersten Jahrtausendhälfte nach der Zeitwende auf einen Nenner bringen zu wollen. Trotzdem lässt sich eine für alle germanischen Gruppen gleiche Grundrichtung der historischen Entwicklung ausmachen: Sie waren alle unterwegs zu einem höheren Kulturzustand, zu entwickelteren Formen der staatlichen und gesellschaftlichen Ordnung, und wollten ihre barbarische Existenz hinter sich lassen. In der konkreten historischen Situation lief das auf eine permanente Auseinandersetzung mit dem Römerreich hinaus.

Das auf geistiger, politischer und militärischer Ebene ausgetragene Ringen endete im Westen mit einem germanischen Erfolg. Während das Oströmische Reich die Germanengefahr abwehren und die angreifenden Stämme, namentlich die beiden gotischen, nach Westen abdrängen konnte, fand das Römerreich im Westen – sagen wir 476 n. Chr. – ein Ende und wurde durch Germanenstaaten auf ehemals römischem Territorium ersetzt. Das von den romanischen Völkern bewahrte Kulturerbe der Antike und die aus barbarischer Wurzel entwickelte Lebens- und Geisteswelt der germanischen Stämme gingen eine innige Verbindung ein. In die auf dieser Grundlage neu erstehende Ordnung des Mittelalters wurden nach und nach auch diejenigen germanischen Völker einbezogen, die im alten Germanien verblieben waren, in Skandinavien und in den Landstrichen zwischen Rhein und Elbe.

Damit endet die Geschichte der Germanen und beginnt die Geschichte der europäischen Nationen.

Hermann Ament

Auf der Rückseite einer römischen, unter Kaiser Constans (337–350) geprägten Bronzemünze ist dargestellt, wie ein gewappneter Römer einen Barbaren an der Hand führt, weg von dessen heimischer Umgebung, die durch eine aus Reisig geflochtene Hütte und einen sie beschattenden Baum charakterisiert ist. Das Münzbild bezieht sich auf die Ansiedlung von Franken in Nordgallien. Dem heutigen Betrachter mag es den Weg der Germanen in der Geschichte versinnbildlichen, heraus aus ihrer barbarischen Existenz, unter der geistigen Führung der Römer.

Die etruskische Nachahmung eines orientalischen Dreifußkessels wurde in der Tomba Bernardini in Palestrina gefunden; frühes 7. Jahrhundert v. Chr. (Rom, Vatikanische Sammlungen).

Auf der Suche nach dem Willen der Götter – Die Etrusker

Die Etrusker, die von den Griechen »Tyrrhenoi«, von den Römern »Tusci« oder »Etrusci« genannt wurden und sich selbst »Rasenna« oder »Rasna« nannten, sind vom 7. bis zum 1. Jahrhundert v. Chr. in Mittelitalien historisch fassbar; sie sind die Träger der ersten Hochkultur auf italischem Boden. Sie lebten und wirkten in einem Spannungsfeld wirtschaftlicher und politischer Interessen zwischen Kelten, Italikern, Römern, Griechen und Karthagern, das sie, indem sie es zunächst geschickt zu nutzen wussten, zu hoher kultureller Blüte führte, von dem sie letztendlich aber zerrieben wurden.

Ureinwohner oder zugewandert? – Das Problem der Herkunft

Wer sind die Etrusker und woher stammen sie? Das sind Fragen, die schon antike Autoren beschäftigten und die immer noch im Interesse der Forschung stehen. Denn dass sie anders waren als ihre direkten Nachbarn, z. B. eine grundsätzlich andere Sprache benutzten und andere religiöse Sitten hatten, stand schon für die antiken Autoren fest. Ihr angeblich rätselhafter Ursprung ist nach wie vor Anlass für so manche populärwissenschaftliche Spekulation.

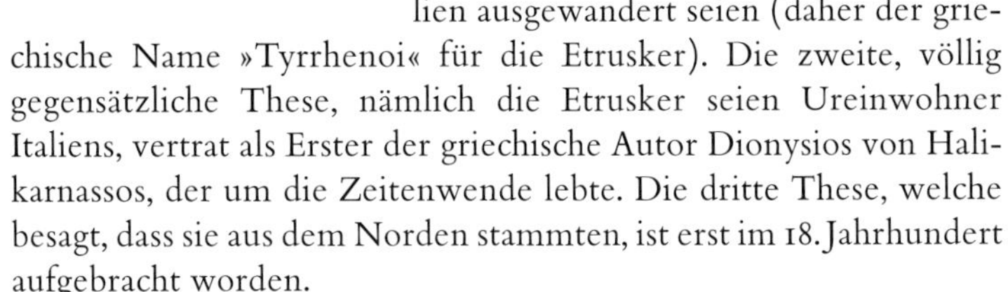

Es gibt drei Thesen zu dem Problem, die zum Teil schon in der Antike diskutiert wurden. Die erste geht auf den griechischen Geschichtsschreiber Herodot zurück, der im 5. Jahrhundert v. Chr. schrieb, die Etrusker seien Lyder aus Kleinasien, die wegen einer Hungersnot unter Führung des Tyrrhenos nach Italien ausgewandert seien (daher der griechische Name »Tyrrhenoi« für die Etrusker). Die zweite, völlig gegensätzliche These, nämlich die Etrusker seien Ureinwohner Italiens, vertrat als Erster der griechische Autor Dionysios von Halikarnassos, der um die Zeitenwende lebte. Die dritte These, welche besagt, dass sie aus dem Norden stammten, ist erst im 18. Jahrhundert aufgebracht worden.

Aschenurne der Villanovakultur aus Vulci in Form einer Hütte (Bild rechts). Solche Zeugnisse bilden eine wichtige Grundlage zur Rekonstruktion damaliger Wohnbauten.
Der Deckel der Aschenurne aus Cerveteri (Bild links), 650–625 v. Chr., ahmt Struktur und Verzierung eines Hausdaches nach (beide Urnen: Rom, Museo Nazionale di Villa Giulia).

Mischung und »Volkswerdung«: Ein langer Prozess

Nun ist die historische Wirklichkeit sehr viel komplizierter als eine dieser Theorien, denn alle enthalten einen Teil Wahrheit und gegen alle können berechtigte Einwände vorgebracht werden. Gegen Herodot lässt sich z. B. einwenden, dass es sich bei seiner These um einen literarischen »Topos«, einen Gemeinplatz, handelt, der im Zusammenhang mit den Gründungen griechischer Kolonien in der Literatur immer wieder vorkommt und hier nun auf die Etrusker übertragen wird. Von einer eingehenden Interpretation des Dionysios von Halikarnassos bleibt nur seine Beobachtung übrig, dass die Etrusker anders seien als ihre Nachbarn; die Schlussfolgerung, deshalb seien sie Ureinwohner, ist reine Spekulation. Es kommt der Realität sehr viel näher, wenn man von einer Mischung verschiedener Volkselemente spricht, die sich in einem Prozess der »Volkswerdung« – ein Begriff, den der italienische Etruskologe Massimo Pallottino geprägt hat – zu dem, was wir ab 700 v. Chr. Etrusker nennen können, entwickelt hat.

Dieser Prozess setzte in der Bronzezeit im 2. Jahrtausend v. Chr. ein, als das mittlere Italien von den Trägern der Apenninkultur besiedelt wurde. Die Menschen lebten zu dieser Zeit in weit verstreuten kleinen Hüttensiedlungen, und die Gräber lassen auf eine gleichmäßige soziale Struktur der Bevölkerung schließen. Eine große Einwanderungswelle, die nach Herodot um 1300 v. Chr. stattgefunden haben müsste, ist archäologisch nicht nachzuweisen. In der späten Bronzezeit, dem 10. Jahrhundert v. Chr., sind hingegen deutliche Veränderungen zu beobachten. Es gelangten nun Einflüsse der Urnenfelderkultur aus dem Bereich nördlich der Alpen nach Italien, unter anderem die Sitte der Brandbestattung.

Nach dieser auch Protovillanova genannten Phase bildete sich auf dem Gebiet des späteren Etrurien im 9. und 8. Jahrhundert v. Chr. die eisenzeitliche Villanovakultur heraus, die nach einem Fundort bei Bologna benannt wird. Das Land wurde nun sehr viel dichter besiedelt, es lassen sich besonders im 8. Jahrhundert Konzentrationen größerer Dörfer beobachten, und über die archäologischen Funde lässt sich eine soziale Differenzierung mit der Herausbildung einer vermögenden Oberschicht konstatieren, welche anscheinend die reichen Bodenschätze des Landes nutzte. Die Villanovaleute werden gelegentlich zu Recht als Protoetrusker, Vorläufer der Etrusker, bezeichnet, da sie an denselben Stellen siedelten wie die späteren Etrusker. Neben dieser Siedlungskontinuität, die an vielen Orten archäologisch nachgewiesen ist, zeigen auch die Keramik, die Metallverarbeitung und weitere Funde einen bruchlosen Übergang zur etruskischen Kultur. Hinzu tritt nun allerdings etwas ganz Neues, nämlich ein starker Einfluss aus dem Bereich des östlichen Mittelmeers und des Orients. Durch Kontakte zu den Griechen, die im 8. Jahrhundert v. Chr. in Italien Kolonien gründeten, durch die Übernahme der Schrift und starken Einfluss orientalischer

Auf der Bronzeurne aus Bisenzio, Ende 8. Jahrhundert v. Chr., umtanzen Krieger, ein Bauer und ein Jäger eine Totem-Tierfigur, an die ein Gefangener gekettet ist (Rom, Museo Nazionale di Villa Giulia).

Kultur auf Mittelitalien entstand in der Zeit um 700 v. Chr. eine neue Kultur, die wir nun etruskisch nennen können. Es hatte sich eine völlig neue Oberschicht gebildet, die durch prunkvolle Gräber mit reichen Goldfunden und Importware aus dem Orient hervorsticht. Es mag sich bei dieser neuen Führungsschicht zum Teil um Einwanderer gehandelt haben, auch wenn das nicht endgültig beweisbar ist. Sicher eingewandert ist eine ganze Reihe von Handwerkern im 7. Jahrhundert v. Chr., doch eine größere Einwanderungswelle breiter Bevölkerungsschichten ist auszuschließen.
Mit diesem Prozess der sozialen Differenzierung ging auch eine Verstädterung einher, ein wichtiges Merkmal einer Hochkultur. Die Menschen der Villanovakultur lebten noch in kleinen Dörfern in ovalen oder eckigen Hütten. Diese Dörfer konzentrierten sich an manchen Orten, und aus mehreren solcher Ansiedlungen entstanden, wie unter anderem in Veji gut dokumentiert, in einem »Synoikismos« (griechisch, wörtlich etwa »Zusammenhausung«) benannten Prozess die etruskischen Städte.

DAS ALPHABET IN ETRURIEN

a c e v z h ϑ i k l m n p ś q r s t u ṡ φ χ f

Die Etrusker übernahmen gegen Ende des 8. Jahrhunderts v. Chr. unter Vermittlung der griechischen Kolonien Unteritaliens ein »westgriechisches« Alphabet, das sie den Bedürfnissen ihrer Sprache anpassten. Im Unterschied zum Griechischen fehlen die stimmhaften Konsonanten B, D, G und der Vokal O. Die Texte werden in der Regel von rechts nach links geschrieben. Man unterscheidet zwischen archaischen (oben) und rezenten (unten) sowie nord- und südetruskischen Inschriften.

Ein (rechtsläufiges) Musteralphabet wurde im 7. Jahrhundert v. Chr. am Bauch eines kleinen Gefäßes in Hahnform eingeritzt. Es diente wohl dem Schreibunterricht, vielleicht als »Tintenfässchen«.

Den Großteil der erhaltenen Inschriften bilden Grabinschriften. Daneben gibt es Besitz- und Weihinschriften, Künstlersignaturen und Bildbeischriften auf verschiedenen Objekten des Kunsthandwerks. Seltener finden sich Bauinschriften und umfangreichere Texte, die zumeist religiösen Inhalts sind.

Ein anderes Problem, das mit dem der Herkunft eng verbunden ist, betrifft die etruskische Sprache. Wir kennen etwa 8 000 Inschriften – zumeist kurze Texte –, die man problemlos lesen kann, da sie in einem abgewandelten griechischen Alphabet geschrieben sind. Auch der Inhalt der meisten Texte ist zu verstehen. Einzelne Wörter und längere Texte bieten aber noch nicht gelöste Probleme. Das liegt daran, dass die etruskische Sprache nicht zur indogermanischen Sprachfamilie gehört und keine Gemeinsamkeiten mit den Sprachen der benachbarten italischen Kulturen besitzt, also etwa mit dem Umbrischen oder dem Latinischen; am ehesten findet sie Parallelen in Kleinasien, z.B. auf der Insel Lemnos, in Karien und Lykien. Dies ist ein wichtiges Argument für die Herkunft zumindest von bestimmten Teilen der Bevölkerung aus Kleinasien.

Zusammenfassend lässt sich feststellen, dass die Etrusker – wie es ja auf fast alle Völker zutrifft – nicht als Ganzes eingewandert oder als Ganzes eingeboren, sondern aus einer Mischung verschiedener Kulturen erwachsen sind. Da sich zumindest archäologisch keine große Einwanderungswelle nachweisen lässt, weder im 2. Jahrtausend noch im 8. oder 7. Jahrhundert v. Chr., eine Kontinuität aber erkennbar ist, muss der Großteil der Bevölkerung alteingesessen sein. Es kamen dann im Zuge von Wanderungsbewegungen aus dem Norden, aber auch besonders aus dem Osten, Bevölkerungselemente hinzu, die zu starken Veränderungen und Wandlungen der einheimischen Lebensweise beitrugen und um 700 v. Chr. in das münden, was wir als Etrusker definieren können.

Aus der etruskischen Frühzeit stammen große Grabhügel, Tumuli genannt, in denen die reichen Etrusker bestattet wurden. Im Bild oben die Nekropole (Totenstadt) von Caere (Cerveteri). Die Grundmauern von Misa (Marzabotto; unten) zeigen die regelmäßige Anlage der einzelnen Wohnhäuser. Die der Straße zugewandten Zimmer wurden häufig als Läden oder Werkstätten benutzt.

Zwischen Arno und Tiber – Etrurien, Kernland der Etrusker

Die Etrusker siedelten in Mittelitalien in dem Gebiet zwischen Florenz und Rom. Dieses Kerngebiet hieß in römischer Zeit »Etruria«; das entspricht räumlich heute ungefähr der Toskana – deren Name von »Tusci«, dem römischen Namen der Etrusker, abgeleitet ist –, dem nördlichen Latium und dem westlichen Umbrien.

Etrurien besaß als natürliche Grenzen im Westen das Tyrrhenische Meer, im Norden und Osten den bis über 2000 m ansteigenden Apennin mit dem davor verlaufenden Arno im Norden sowie im Süden und Südosten den Tiber. Nachbarn der Etrusker waren zu verschiedenen Zeiten im Norden das Volk der Ligurer sowie die Kelten und die Veneter, im Osten die Umbrer und Picenter, im Südosten Sabiner und Falisker und im Süden Rom und die Latiner.

Über dieses Kerngebiet hinaus wurde der etruskische Einflussbereich zu bestimmten Zeiten aus politischen und wirtschaftlichen Gründen ausgedehnt. In der 2. Hälfte des 6. Jahrhunderts v. Chr. waren Teile Korsikas unter etruskischer Kontrolle; etwa zur gleichen Zeit wurden Teile der Poebene bis an die Adria etruskisch besiedelt. Die wichtigsten etruskischen Orte nördlich des Apennin waren Felsina, das heutige Bologna, Misa (Marzabotto) an den Abhängen des Apennin sowie die Hafenstadt Spina. Im 4. Jahrhundert v. Chr. nahmen jedoch die Kelten von der gesamten Poebene Besitz, sodass der etruskische Einfluss schwand. Die Ausdehnung nach Süden reichte bis nach Kampanien, mit Capua als der wichtigsten etruskischen Stadt. Aber bereits im 5. Jahrhundert v. Chr. wurden die Etrusker durch die Samniten aus Kampanien verdrängt.

Die abwechslungsreiche, hügelige Landschaft Etruriens mit fruchtbaren Küstenebenen und Flusstälern wird durch an Bodenschätzen reiche Gebirgszüge gegliedert; zu nennen sind besonders das Tolfagebirge (Monti della Tolfa) im Süden, das Massiv des

Diodor von Sizilien, westgriechischer Geschichtsschreiber des 1. Jahrhunderts v. Chr., überliefert in seiner »Bibliothek« (5, 40) das Urteil seines Zeitgenossen Poseidonios über das Land der Etrusker:

Denn da sie ein sehr fruchtbares Land mit ausgezeichnetem Boden bebauen, horten sie Mengen von allen Früchten. Tatsächlich hat Etrurien einen äußerst guten Boden, denn es besteht im Großen und Ganzen aus weiten Ebenen, zwischen denen Hügel liegen, deren Hänge bepflanzbar sind; es ist mäßig feucht, und zwar nicht nur im Winter, sondern auch während des Sommers.

Monte Amiata in Zentraletrurien und das Toskanische Erzgebirge, die Colline Metallifere, im Norden.

Aus geographischen und kulturellen Gründen teilt man dieses etruskische Kerngebiet in Süd- und Nordetrurien. Die Grenze verläuft etwa auf einer Linie zwischen den heutigen Orten Vulci und Orvieto und wird durch den Gebrauch eines etwas veränderten Alphabets markiert. Der Norden war zu etruskischer Zeit dünner besiedelt, die Städte eher dem Binnenland zugewandt und agrarisch geprägt; die Landschaft besteht aus Kalk- und Sandsteinhügeln. Im Süden bildet die zerklüftete vulkanische Tufflandschaft mit steilen Tälern und lang gestreckten Plateaus einen ganz anderen Eindruck; die dortigen Städte waren eher zum Meer hin orientiert und lebten vorwiegend vom Handel.

Der heutige Ort Pitigliano (oben) wurde über einer etruskischen Siedlung errichtet. Die Lage auf einem strategisch günstigen steilen Tuffplateau ist charakteristisch für etruskische Städte. Rechts die Luftaufnahme der Reede, des »Industrieviertels« und der etruskischen Nekropole beim antiken Hafen von Populonia.

Immer auf Anhöhen: Die Städte

Die Städte, die wie die griechischen Stadtstaaten jeweils ein umliegendes Territorium beherrschten, lagen auf Anhöhen mit zum Teil steilen Abhängen, sodass Stadtmauern zum Schutz nur selten auf allen Seiten vonnöten waren. Außer Populonia lagen die Küstenstädte aus Sicherheitsgründen immer ein paar Kilometer im Landesinnern und hatten ihre eigenen Häfen und Handelsniederlassungen am Meer. Die Grenzen zwischen den Stadtgebieten wurden durch Grenzsteine markiert. Es handelt sich um einfache Steinblöcke mit Inschriften, die zumeist mit *tular spural...* (»Grenze der Stadt...«) beginnen. Die Verkehrsverbindungen zwischen Städten verliefen meist entlang den Flusstälern; die Flüsse selbst waren nur in wenigen Fällen stellenweise schiffbar.

Grundlage kultureller Blüte: Wirtschaft und Handel

Die etruskische Kultur erlebte ihre größte Blüte vom 7. bis in die 1. Hälfte des 5. Jahrhunderts v. Chr. Grundlage für diese Entwicklung waren die günstigen wirtschaftlichen Bedingungen. Zum einen war das Land sehr fruchtbar und brachte genügend agrarische Produkte für die Eigenversorgung hervor. Darüber hinaus wurden

Öl, Wein und andere Dinge in großem Umfang ausgeführt. Zum anderen besaß das Land enorme Bodenschätze, die seit der Villanovazeit für großen Wohlstand sorgten und bei antiken Autoren immer wieder erwähnt sind. Zu nennen sind besonders Eisen, Kupfer, Silber, Blei und Zinn, die sich auf der Insel Elba, in den nördlich gelegenen Colline Metallifere und den Tolfaner Bergen im Süden fanden und zum Teil noch heute dort abgebaut werden.

Die Metall verarbeitende Industrie lässt sich auch archäologisch nachweisen; es sind mehrere Bergbausiedlungen und Verhüttungsbetriebe ausgegraben worden. Das beste Beispiel ist das Industrieviertel am Hafen von Populonia mit großen Schlackenanhäufungen, dem Abfall der Eisenschmelzung. Die Etrusker verkauften die Rohstoffe, entwickelten aber auch eine große Perfektion in der handwerklichen Verarbeitung von Metallen.

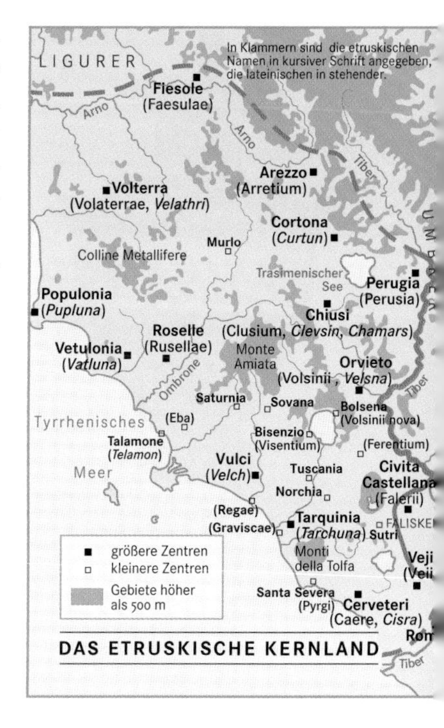

In allen Teilen der antiken Welt zu finden: Etruskische Waren

Spuren etruskischen Handels finden sich in allen Teilen der antiken Welt, besonders im westlichen Mittelmeerbereich, das heißt in Nordafrika, Spanien, Südfrankreich und entlang der Route, die durch das Rhônetal und weiter bis nach England führte, wo Zinn ein begehrtes Produkt war. In Zentraleuropa kamen etruskische Funde bis hinauf an die Ostsee zutage, wo der seltene und kostbare Bernstein gegen andere Waren getauscht wurde. Zu den Keltenfürsten der späten Hallstattzeit in Frankreich und Südwestdeutschland bestanden enge Beziehungen; etruskische Amphoren mit Weinresten an keltischen Siedlungsplätzen belegen, dass etwa die Sitte des Weintrinkens über die Etrusker in Mitteleuropa eingeführt wurde.

Diese kostbare ägyptische Fayencevase aus der Zeit des Pharaos Bokchoris (Ende 8. Jahrhundert v. Chr.) wurde in einem Grab in Tarquinia gefunden und belegt die weit reichenden Handelskontakte der Etrusker (Tarquinia, Museo Nazionale Tarquiniese).

In Griechenland war im 7. Jahrhundert v. Chr. Korinth wichtigster Handelspartner der Etrusker, der im 6. Jahrhundert von Athen abgelöst wurde. Auch nach Kleinasien, der Levante und Ägypten gelangten etruskische Güter. Umgekehrt importierten die Etrusker Luxusprodukte aus diesen Regionen. In den Gräbern der Oberschicht kamen Fayencen aus Ägypten, Keramik aus dem östlichen Mittelmeer, phönikisches Gold, Bernstein und viele weitere Dinge zutage.

Frachtschiff auf einer Elfenbeinpyxis aus Chiusi, um 600 v. Chr. (Florenz, Museo Archeologico).

Voraussetzung für den Handel war eine entwickelte Seefahrt. Der Bedeutung entsprechend häufig finden sich in der Kunst Darstellungen von Schiffen. Die harte Konkurrenz, die im antiken Seehandel herrschte, wird dadurch verdeutlicht, dass die Etrusker wegen ihrer aggressiven Expansionspolitik von griechischen Autoren häufig als »Piraten« bezeichnet wurden. Der früheste Beleg dafür findet sich im so genannten homerischen Hymnos an Dionysos aus dem späten 6. Jahrhundert v. Chr., in dem berichtet wird, die Etrusker hätten einen reichen Jüngling entführt, um Lösegeld zu erpressen. Er sollte

Der Mythos der etruskischen Seeräuber, die von Dionysos in Delphine verwandelt werden, ist auf einer Hydria (Wasserschöpfgefäß) des 6. Jahrhunderts v. Chr. dargestellt (Toledo, Ohio, Museum of Art).

mit ihnen »in Richtung Ägypten, Zypern oder zu den Hyperboräern (die im Norden leben)« reisen. Es handelte sich bei dem Entführten aber nicht um einen gewöhnlichen Jüngling, sondern um den Gott Dionysos, der seine Entführer zur Strafe in Delphine verwandelte. Diese Episode wurde gelegentlich in der Kunst dargestellt.

Etrusker und Karthager: Eine siegreiche Allianz

Zur Verteidigung der Handelswege wurden Allianzen geschlossen. Die Etrusker verbündeten sich mit den Phönikern, die in Karthago und Spanien Kolonien gegründet hatten, um zu verhindern, dass die Griechen neben den schon bestehenden Kolonien im westlichen Mittelmeer weiter Fuß fassten. Aristoteles beschreibt in seiner »Politik« das Verhältnis zwischen Etruskern und Karthagern als Beispiel für zwischenstaatliche Verträge: »Es bestehen zwischen ihnen Abmachungen über Einfuhren, Verträge, sich gegenseitig keinen Schaden zuzufügen, und Absprachen über militärischen Beistand«. Ausführlich schildert Herodot die Umstände, die 540 v. Chr. bei Alalia, dem heutigen Aleria an der Ostküste Korsikas, zu einer Seeschlacht führten, die eine karthagisch-etruskische Flotte gegen unerwünschte griechische Einwanderer aus Phokäa in Kleinasien gewann. Dieses Datum markiert den Höhepunkt etruskischer Machtentfaltung. Die Phokäer waren von den Persern aus ihrer Heimat vertrieben worden und hatten ihre Niederlassung auf Korsika ausgebaut, Piraterien begangen und waren so direkt vor der etruskischen Küste zu einer großen Konkurrenz geworden. Nach der Niederlage siedelten sie sich im Süden Italiens an.

Der steinerne Anker aus dem etruskischen Heiligtum von Graviscae/Gravisca, eine Weihgabe des griechischen Händlers Sostratos aus Ägina für Apoll, ist ein Beleg für den engen Kontakt zwischen Etrurien und Griechenland (Tarquinia, Museo Nazionale Tarquiniese).

Die wichtigsten Städte, die Fernhandel betrieben, waren im 7. und 6. Jahrhundert v. Chr. im Norden Vetulonia und im Süden insbesondere Volci (Vulci), Caere (Cerveteri) und Tarquinii (Tarquinia). Funde in den Heiligtümern von Pyrgi (beim heutigen Santa Severa) und Graviscae/Gravisca (beim heutigen Porto Clementino), den Häfen von Caere und Tarquinii, zeigen den internationalen Charakter dieser Orte in etruskischer Zeit. In Graviscae fand man unter anderem einen Steinanker mit der eingeritzten Weihung des auch aus der Literatur bekannten griechischen Händlers Sostratos aus Ägina an Apoll. In Pyrgi kamen die berühmten Goldbleche mit eingravierten gleich lautenden Inschriften auf Phönikisch und Etruskisch zutage – Weihungen an die phönikische Göttin Astarte, die mit der etruskischen Fruchtbarkeitsgöttin Uni gleichgesetzt wurde, der Frau des obersten Gottes Tinia, die gleichzeitig der griechischen Hera bzw. der römischen Iuno entsprach. Den Texten ist zu entnehmen, dass der oberste Beamte oder Tyrann (?) von Caere, Thefarie Velianas, im phönikischen Text »König« genannt, der Göttin eine Statue geweiht hat, was die engen Beziehungen zu Karthago unterstreicht. Die besondere Rolle der

Etruskerstadt Caere und ihre Integration in die antike Staatenwelt wird auch durch das Bestehen eines Schatzhauses (Thesauros) der Stadt im panhellenischen Heiligtum von Delphi bezeugt, einem für »Barbaren«, und das waren die Etrusker aus Griechensicht ja, seltenen Umstand.

Dieser etruskische Helm ist ein wichtiges historisches Zeugnis aus der Schlacht von Cumae 474 v. Chr. Er wurde von Hieron, dem Tyrannen von Syrakus, erbeutet und im Heiligtum von Olympia geweiht (London, Britisches Museum).

Das Ende etruskischer See- und Handelsübermacht und das Erstarken der griechischen Kolonien in Italien wird spätestens im Jahre 474 v. Chr. vor Augen geführt. In diesem Jahr nämlich besiegte Hieron, der Tyrann der griechischen Stadt Syrakus auf Sizilien, eine etruskische Flotte vor Cumae in Kampanien. Um der Welt seinen Sieg zu dokumentieren, gab er erbeutete etruskische Waffen als Weihgaben in das Zeusheiligtum von Olympia. Zwei Helme aus dieser Weihung wurden tatsächlich ausgegraben und weisen die gleiche Inschrift auf: »Hieron, Sohn des Deinomenes, und die Syrakusaner (weihten ihn) dem Zeus, aus der tyrrhenischen (Beute) von Cumae«.

Der Bund der Städte – Verfassung und politische Ordnung Etruriens

Etrurien war zu keiner Zeit ein einheitliches Staatsgebilde, sondern bestand aus unabhängigen Stadtstaaten, in der Art der griechischen *poleis.* Diese waren in einem Bund zusammengeschlossen, der in der Regel zwölf Mitglieder hatte, die *duodecim populi Etruriae.* Dieser Bund war in erster Linie religiöser Natur, auch wenn bei den jährlichen Treffen im Bundesheiligtum, dem *Fanum Voltumnae* bei Volsinii, dem heutigen Orvieto, sicher politische Probleme, die alle etruskischen Städte betrafen, besprochen wurden; gelegentlich unternahmen die etruskischen Staaten auch gemeinsame politische und militärische Aktionen. Den antiken Berichten zufolge war dieses jährliche *concilium Etruriae,* das Treffen am Tempel des Gottes Voltumna (römisch Vertumnus), dessen Bedeutung wir nicht genau kennen, vor allem ein religiöses Ereignis. Es fand aber auch ein großer Warenmarkt statt, es wurden Spiele abgehalten und es gab allerlei Schausteller zu sehen.

Ob der etruskische Bund tatsächlich immer zwölf Mitglieder hatte und ob es immer dieselben waren, ist zu bezweifeln. Die Zwölfzahl hatte wohl eher symbolische Bedeutung und scheint an der des Ionischen Bundes der griechischen Städte in Kleinasien orientiert gewesen zu sein. Wir kennen insgesamt mehr als zwölf wichtige Städte in Etrurien, von denen einige allerdings nur zu bestimmten Zeiten von Bedeutung waren. Der Bund war auch sicherlich nicht immer sehr homogen, da wir von Uneinigkeit und Rivalitäten zwischen den Städten wissen, die zum Teil zu kriegerischen Auseinandersetzungen führten. So scheint das im 7. Jahrhundert v. Chr. reiche Marsiliana gegen Ende des Jahrhunderts von einem der Nachbarn zerstört worden zu sein, und in den »Elogia Tarquiniensia«, lateinischen Inschriften aus Tarquinii, die von Ruhmestaten der

Die Totenstädte, hier in Orvieto, geben uns mit ihren an Straßen angeordneten hausförmigen Gräbern eine Vorstellung vom Aussehen der kaum erhaltenen etruskischen Wohnstädte.

Livius schildert im 1. Buch seiner »Römischen Geschichte« den Werdegang des ersten etruskischen Königs von Rom, Tarquinius Priscus:

Unter der Regierung des Ancus zog Lucumo, ein Mann mit großem Tatendrang und ungeheurem Reichtum, nach Rom, hauptsächlich weil er hoffte, hier zu der ersehnten hohen Ehrenstellung zu kommen, die er in Tarquinii – denn er stammte dort nicht aus einer eingesessenen Familie – nicht hatte erreichen können. Er war ein Sohn des Demaratos aus Korinth ... Sie nahmen also ihren Besitz und zogen weg nach Rom ... und nachdem sie dort Wohnung genommen hatten, gaben sie als Namen L. Tarquinius Priscus an. Dass er neu zugezogen und so reich war, machte ihn für die Römer interessant ... Schließlich drang sein Ruf auch bis in das Haus des Königs. Von dieser bloßen Bekanntschaft hatte er es beim König durch Dienste ... bald zu einer engen und vertrauten Freundschaft gebracht, sodass ... ihn der König sogar als einen allseits bewährten Mann testamentarisch zum Vormund seiner Kinder bestellte ... Tarquinius soll der Erste gewesen sein, der sich aus Ehrgeiz um die Königsherrschaft bewarb und der eine Rede hielt, die darauf angelegt war, die Herzen des einfachen Volkes zu gewinnen ... Was er da vorbrachte, traf durchaus zu, und das römische Volk wählte ihn mit überwältigender Einmütigkeit zum König.

Laris Pulena aus Tarquinii wurde auf einem Sarkophag mit einer Schriftrolle dargestellt, auf der sein »cursus honorum«, seine Ämterlaufbahn, verzeichnet ist (Tarquinia, Museo Nazionale Tarquiniese).

Vorfahren sprechen, werden Kriege gegen Caere und Arretium (Arezzo) genannt.

Geleitet wurde der etruskische Bund in der Frühzeit von einem aus der Reihe der Könige und in republikanischer Zeit von einem Amtsträger, der nach Meinung vieler Forscher *zilath mechl rasnal* hieß, was vielleicht dem in römischen Quellen genannten *praetor Etruriae* entspricht.

Die Informationen, die wir über die politische Organisation der einzelnen Stadtstaaten besitzen, reichen aus, um eine ungefähre Vorstellung von der Entwicklung der Regierungsformen zu bekommen; Details über die Verfassung der etruskischen Städte und deren Ämter sind uns jedoch nur spärlich erhalten. Da keine etruskische Literatur oder Geschichtsschreibung direkt überliefert ist, sind wir auf gelegentliche Erwähnungen bei lateinischen oder griechischen Autoren sowie auf die häufig strittige Interpretation etruskischer Inschriften angewiesen.

Die Königszeit

In der Frühzeit war die Monarchie die vorherrschende Staatsform. Die Stadtstaaten wurden von Königen regiert, den Lukumonen, deren Titel lateinisch *lucumo*, etruskisch wohl *lauchume* lautete. Sie sprachen Recht, standen dem Heer vor und waren auch oberste Priester.

Von einigen der Könige kennen wir die Namen, doch nur von wenigen haben wir genauere Kenntnis. Am meisten wissen wir über die Herrschaft der etruskischen Könige in Rom, wo – nach traditioneller Datierung – von 613 bis 509 v. Chr. die Dynastie der Tarquinier regierte. Der römische Historiker Livius überliefert, dass der Dynastiegründer Tarquinius Priscus von Tarquinii nach Rom ausgewandert und nach dem Tode seines kinderlosen Vorgängers vom ganzen Volk zum König gewählt worden sei. In der Folge habe er dann den römischen Senat mit Vertretern der einflussreichsten Familien gegründet.

Gegen Ende der etruskischen Herrschaft über Rom tritt ein weiterer König in das Interesse der Historiker, Porsenna von Clusium, dem heutigen Chiusi, der nach der Vertreibung der Tarquinier Rom zurückeroberte oder vielleicht sogar selbst den letzten König Tarquinius Superbus vertrieb. Sein Erfolg war aber nur von kurzer Dauer. Sein monumentales, sehr aufwendig gebautes Grabmal, das von einem enormen Geltungsbedürfnis zeugt, wurde noch Jahrhunderte später von dem römischen Redner und Historiker Varro in Clusium sehr fantasievoll beschrieben.

Um die Wende vom 6. zum 5. Jahrhundert v. Chr. wurde die Monarchie von einer republikanischen Staatsform abgelöst. Wie dieser Wandel vollzogen wurde, ob in einem langsamen Prozess der Entmachtung der Könige oder einer abrupten Änderung, entzieht sich unserer Kenntnis. Im späten 5. Jahrhundert stieß die kurzfristige Wiedereinführung der Monarchie in Veji jedenfalls auf das Unverständnis des übrigen Etrurien, wie uns Livius überliefert.

Die Republik der großen Familien

Von nun an bis in die etruskische Spätzeit herrschte eine oligarchisch-republikanische Verfassung, bei der die wichtigen politischen und religiösen Ämter im Wechsel von Mitgliedern der wenigen bedeutenden Familien, der *gentes,* ausgeübt wurden, aus denen sich auch vorher schon die Könige rekrutiert hatten. Die Angehörigen dieser Oberschicht, die im Senat der jeweiligen Stadt vertreten waren, nennen die römischen Quellen *principes,* zuweilen auch *sublimes viri, nobiles* oder *domini.* Ob die Beamten aber nicht zum Teil auch von weiteren Kreisen der Bevölkerung gewählt wurden, wissen wir nicht genau. Demokratische Verfassungen, wie sie im 5. Jahrhundert v. Chr. in Griechenland eingeführt wurden oder auch in der Römischen Republik, sind bis in die Spätzeit hinein aus Etrurien jedenfalls nicht bekannt.

Die bemalte Tontafel aus Cerveteri zeigt einen hohen Würdenträger, vielleicht einen König, mit Zepter und reich besticktem Gewand auf einer »sella curulis«, dem Amtssitz höherer Magistrate.

Auf ihren Grabdenkmälern führen etruskische Honoratioren gelegentlich ihren *cursus honorum* auf, ihre Ämterlaufbahn. Häufig erwähnte Titel bekleideter Ämter sind *zilath* bzw. *zilac/zilach/zilch, maru* und *purth,* deren exakte Deutung bislang nicht möglich ist. Bei *zilath* scheint es sich um den jeweils höchsten Beamtentitel zu handeln. Dafür spricht die Nennung auf den zweisprachigen Bronzeblechen von Pyrgi, wo *zilath* dem phönikischen Wort für König entspricht. Maru scheint ein Beamter mit kultischer Funktion zu sein, und bei *purth* wurde erwogen, ob es nicht etymologisch mit dem griechischen Amt des Prytanen, des »Vorstehers«, der ein hoher städtischer Beamter war, zusammenhängen könne.

Die Könige, in ihrer Nachfolge aber auch die republikanischen Beamten, benutzten Insignien als äußere Kennzeichen ihrer Macht. Sie wurden zum Teil auch in Rom bis in die Kaiserzeit hinein verwendet. Die Könige und Inhaber bestimmter Ämter saßen auf einem Thron oder der *sella curulis,* einem Klappstuhl bestimmter Form, trugen ein Diadem, eine reich verzierte Toga, ein Zepter und das Beil mit umgebenden Rutenbündeln, den *fasces,* die von Liktoren vor den Amtsinhabern hergetragen wurden. Ein originales Liktorenbündel mit Doppelbeil in kleinerem Maßstab fand sich in einem Grab des 7. Jahrhunderts v. Chr. in Vetulonia und ist damit das früheste Zeugnis für diese Amtsabzeichen. Eine weitere Amtsinsignie ist der Lituus, ein Krummstab; ein Original des 6. Jahrhunderts wurde in einem Grab in Cerveteri entdeckt. In der Grabkunst findet man gelegentlich Darstellungen von Beamtenumzügen, die anscheinend bei offiziellen Anlässen stattfanden. Der häufig mit dem Wagen fahrende Amtsinhaber wird dabei von Musikanten und Trägern der Amtsinsignien begleitet. Diese Szenen spiegeln den Status des Verstorbenen im Leben wider und können bei Anwesenheit von Todesdämonen auch als Zug ins Jenseits gedeutet werden.

Auf diesem Sarkophag aus Cerveteri findet sich die Darstellung eines Zuges von Magistraten, begleitet von Musikanten, Anfang 4. Jahrhundert v. Chr. (Rom, Vatikanische Sammlungen).

Sklaven bei der Hausarbeit. Die Frauen flechten Kränze für ein Fest. Wandgemälde des 6. Jahrhunderts v. Chr. aus Tarquinia (Tomba della Caccia e pesca).

Oben und unten – Die gesellschaftliche Ordnung

Die etruskische Gesellschaft war grundsätzlich zweigeteilt; eine deutliche, breite Kluft trennte das Volk von der Oberschicht. Während die große Masse unfrei war, besaß ein kleiner Teil der Bevölkerung die politische und wirtschaftliche Macht. Erst in der Spätzeit scheint sich dann doch so etwas wie eine »Mittelschicht« herausgebildet zu haben.

Die Wandmalerei des 6. Jahrhunderts v. Chr. aus Tarquinia zeigt junge Sklaven, die als Mundschenke bedienen (Tomba della Caccia e pesca).

Bildung, Luxus und lockere Sitten – Die Oberschicht

Die großen Familien, die *gentes,* besaßen den Grund, kontrollierten die Wirtschaft und den Handel und übernahmen die öffentlichen Ämter. Über diese Oberschicht wissen wir sehr viel besser Bescheid als über das breite Volk. Die prunkvoll ausgestatteten Gräber künden von großem Wohlstand, zeigen die Bildung ihrer Erbauer durch die Übernahme griechischer Kunst, Kultur und Mythologie und verraten auch viel über ihr tägliches Leben. In den Wandmalereien Tarquinias sehen wir die Führungsschicht unter anderem bei Sportwettkämpfen und bei üppigen Gelagen mit Gästen, Dienern, Musikanten, Tänzern und Gauklern, also bei einem luxuriösen und anscheinend heiteren Leben.

In vielen Bereichen versuchte die etruskische Oberschicht, griechische Sitten nachzuahmen. Man lag zu Tische wie die Griechen und trank Wein aus griechischen Tongefäßen; mancher hielt sich sogar griechische Sklaven. Und auch im Jenseits sollte für alles gesorgt sein, wie komplette Ausstattungen für Feste in Gräbern zeigen. Der Import von Luxusgütern war so groß, dass wir heute z.B. mehr athenische Keramik aus Etrurien kennen als aus Athen selbst.

Die Römer erkannten die Bildung der Etrusker an und schickten ihre Söhne in etruskische Schulen (Livius, Römische Geschichte 9, 36, 3):

Er war in Caere bei Gastfreunden erzogen worden, war daher in etruskischem Schrifttum unterrichtet und kannte die etruskische Sprache. Mir liegen Quellen vor, nach denen damals die römischen Knaben allgemein so in etruskischem Schrifttum unterrichtet worden seien wie heutzutage im griechischen.

Die Griechen sahen die reichen Etrusker, wohl auch aus der Konkurrenzsituation heraus, mit kritischen Augen und empfanden ihren Lebensstil als neureich und übertrieben. Der griechische Reisende des 2. Jahrhunderts v. Chr., Poseidonios, dessen Bericht bei Diodor erhalten ist, schildert ihre dekadente Lebensweise, betont aber immerhin, dass die Etrusker in ihrer Blütezeit einen besseren Ruf genossen hätten. Theopompos, ein Schriftsteller des 4. Jahrhunderts v. Chr., verbreitete zum Teil offensichtliche Übertreibungen über die Genusssucht der Etrusker in Bezug auf Trinken und sexuelle Ausschweifungen.

Die Römer aber sahen die etruskische Oberschicht anscheinend etwas differenzierter. Auch sie störten sich an den lockeren Sitten, erkannten aber die Bildung der Etrusker an und schickten z. B. ihre Kinder auf Schulen nach Caere. Insbesondere bewunderten sie die Religiosität und die religiösen Praktiken der Etrusker, die sie in vielen Bereichen übernahmen.

Eine Tänzerin bei einem Fest der etruskischen Oberschicht. Grabgemälde des 6. Jahrhunderts v. Chr. aus Tarquinia (Tomba dei Giocolieri).

Freie und unfreie Arbeit – Das einfache Volk

Das einfache Volk setzte sich aus einer Vielfalt von Gruppen zusammen, die sich nicht immer klar trennen lassen; es scheint verschiedene Abstufungen von völlig Unfreien bis hin zu Freien, im Klientelverhältnis zu einem Herrn Stehenden, gegeben zu haben. Auch die antiken Quellen benutzen kein einheitliches Vokabular in Bezug auf das etruskische Volk. Es gab eindeutig unfreie Teile der Bevölkerung, die als *servi,* Sklaven, bezeichnet wurden. Diese Sklaven konnten eine ganz unterschiedliche Herkunft haben; von Griechen und Orientalen über Kelten, Hebräer bis hin zu Karthagern sind uns Namen erhalten. Derartige Sklaven fanden als Diener im Haus, als Schauspieler und Akrobaten, in der Landwirtschaft oder als Arbeiter Verwendung. Diener scheinen, wenn man den Aussagen des Poseidonios und Darstellungen in der Malerei folgt, gut behandelt worden zu sein; die Arbeiter im Bergbau und in der Metall verarbeitenden »Industrie« hatten sicher harten Frondienst in den *tusca ergastula,* den Arbeitshäusern, zu leisten. Unter den Landarbeitern gab es Sklaven, aber auch verschiedene Arten von zum Teil selbstständigen Bauern mit unterschiedlichen Arbeitsbedingungen. Bei Dionysios von Halikarnassos heißt es bei der Schilderung eines Krieges zwischen Rom und Veji: »Aus ganz Etrurien waren die Fürsten mit ihren Penesten gekommen.« So hießen Bauern in Thessalien (Nordgriechenland), die zwar Freie waren, aber in einem starken Abhängigkeitsverhältnis zu einem Herrn standen und für diesen auch Kriegsdienste übernehmen mussten. Vergleichbare Verhältnisse müssen also auch für Etrurien angenommen werden. Die Kriegspflicht der etruskischen Bauern wird auch von Livius bestätigt.

Seit dem 4. Jahrhundert scheint sich die soziale Lage verändert zu haben. Wir haben durch die Grabinschriften Zeugnis von einer weiteren großen Bevölkerungsgruppe, den Freigelassenen. Zumindest wird der etruskische Begriff *lautni* in einigen lateinisch-etruskischen zweisprachigen Inschriften parallel zu den römischen *liberti* benutzt. Der römische Libertus wurde wegen besonderer Verdienste

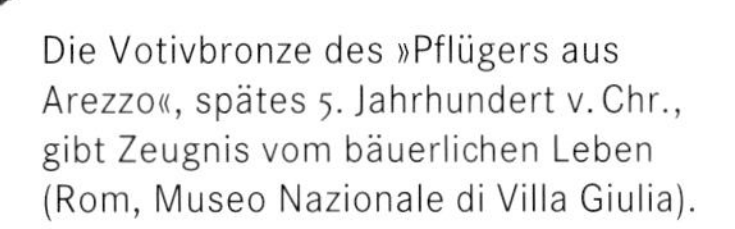

Die Votivbronze des »Pflügers aus Arezzo«, spätes 5. Jahrhundert v. Chr., gibt Zeugnis vom bäuerlichen Leben (Rom, Museo Nazionale di Villa Giulia).

Der römische Geschichtsschreiber Florus in seinem um 120 n. Chr. verfassten zweibändigen Geschichtswerk (1,6) über die zweischneidige Hilfe durch die Römer:

Die letzten Italiker, die fielen, waren die Volsinier, die reichsten von den Etruskern. Sie baten (die Römer) um Hilfe gegen ihre Sklaven, die sich nach Erhalt der Freiheit durch ihre Herren gegen diese richteten und die Macht im Staat übernommen hatten. Aber auch sie wurden von einer Armee ... bestraft.
(Volsinii wurde 265 v. Chr. bei einer solchen Befriedungsaktion von den Römern völlig zerstört und am Ort des heutigen Bolsena wieder aufgebaut.)

in einem juristischen Akt freigelassen, erhielt den Namen seines Herrn und blieb diesem in der Regel in einem Klientenverhältnis verbunden. Auch in Etrurien erhielt der *lautni,* in der weiblichen Form *lautnitha,* den Namen des ehemaligen Herrn; ein *avle alfnis lautni* war also Aulus, Freigelassener des Alfius. In selteneren Fällen, bei denen Sklaven eines Heiligtums freigelassen wurden, erhielten sie als Gentile, also als Familiennamen, den Namen des betreffenden

Eine Elfenbeinplakette aus Orvieto zeigt Aristokraten beim Gelage, 520–500 v. Chr. (Florenz, Museo Archeologico).

Gottes. So kennen wir unter anderem eine Familie Selvas, die auf den Grenz- und Fruchtbarkeitsgott Selvans (römisch Silvanus) zurückgeht, und eine Familie Tins, die auf den obersten Gott Tinia (römisch Jupiter) zu beziehen ist. Daneben gab es ebenfalls in der Spätzeit eine größere Gruppe von anscheinend Freien, die Vornamengentilizien benutzten. Es handelt sich dabei um freie Personen, die das Recht hatten, einen eigenen Namen zu führen, aber keinen alten Familiennamen besaßen, sich also den Vornamen des Vaters oder der Mutter als Familiennamen wählten. Diese Aufsteigerschicht, die besonders seit dem 2. Jahrhundert v. Chr. bezeugt ist, bildete mit den Freigelassenen anscheinend eine neue Mittelschicht, die besonders gut im nördlichen Etrurien zu beobachten ist. Eine weitere Bevölkerungsgruppe bildeten die *etera,* von denen wir zwar die Bezeichnung, nicht aber Stellung oder Bedeutung kennen.

Soziale Unruhen – Und der Adel holt die Römer

Seit dem späteren 4. Jahrhundert v. Chr. erfahren wir nun von sozialen Unruhen in mehreren Städten, unter anderem in Volsinii und Arretium. Als Urheber dieser Unruhen werden in den Quellen Sklaven genannt, es wird sich aber sicher auch um Teile einer neuen Mittelschicht aus Händlern und Handwerkern gehandelt haben. In Volsinii hatte man ihnen Zutritt zum örtlichen Senat eingeräumt, was jedoch alsbald zur völligen Machtübernahme der Unterschicht und einem – so sagen die römischen Quellen – exzessiven Machtmissbrauch führte. Da sie sich nicht mehr anders zu helfen wussten,

Goldener Ohrring aus Todi, letztes Viertel des 4. Jahrhunderts v. Chr. (Rom, Museo Nazionale di Villa Giulia).

Kopf einer Frauenstatue (links) aus der Tomba della Pietrera in Vetulonia, 630–600 v. Chr. (Florenz, Museo Archeologico). Das Wandgemälde (rechts) des 5. Jahrhunderts v. Chr. aus Tarquinia (Tomba dei Leopardi), zeigt die Ehefrauen bei Gelagen. In Griechenland dagegen nahmen keine ehrbaren Frauen, sondern nur Hetären an Symposien teil.

holten die Adligen die Römer zu Hilfe, die mit militärischer Gewalt den alten oligarchischen Zustand wiederherstellten, da ihnen an stabilen Verhältnissen gelegen war.

Matriarchat in Etrurien? – Die Stellung der Frau

Dass die etruskische Frau andere Rechte und Freiheiten besaß als die griechische oder römische, erregte schon in der Antike Argwohn und führte zu ihrem ausgesprochen schlechten Ruf. Im 19. Jahrhundert führte das dazu, dass Johann Jakob Bachofen ein Matriarchat für Etrurien konstatierte, eine Vorstellung, die heute zwar längst widerlegt, aber unterschwellig immer noch bei manchen modernen Autoren vorhanden ist.

Der griechische Autor Theopompos aus dem 4. Jahrhundert v. Chr. beschreibt ausführlich die lockeren Sitten der Etruskerinnen: Sie trieben mit den Männern unbekleidet Sport, tränken viel, verbrächten mit jedem beliebigen Mann den Abend und zögen Kinder groß, deren Väter ihnen nicht bekannt seien. Nach Plautus, dem römischen Komödiendichter des 3./2. Jahrhunderts v. Chr., verdienten die Etruskerinnen ihre Aussteuer sogar durch Prostitution.

Lieber Trinkgelage als Handarbeit

Wandmalereien, teilweise mit Namensbeischriften, zeigen, dass etruskische Frauen in der Tat an Gelagen teilnehmen konnten, was in Griechenland nur Hetären, Prostituierten, gestattet war, aber der gewöhnlichen Griechin untersagt blieb. Etruskerinnen fuhren im Wagen durch die Stadt und besuchten Schauspiele und Sportwettkämpfe, was in Griechenland ebenfalls nicht möglich war. Belege für die angebliche völlige sexuelle Freiheit lassen sich jedoch nicht finden.

Kopf der Velia, Frau des Arnth Velcha, aus der Tomba dell'Orco in Tarquinia, 4. Jahrhundert v. Chr.

Eine berühmte Episode aus der Königszeit in Rom, in der sich die Vorurteile der Römer gegenüber den etruskischen Frauen zeigen, ist bei Livius überliefert. Etruskische Prinzen unterhalten sich mit ihren römischen Gästen über die Tugendhaftigkeit ihrer Frauen. Um diese zu überprüfen, reiten sie nach Hause, wo sich die etruskischen Frauen bei einem Trinkgelage vergnügen, wohingegen die tugend-

Der griechische Autor Theopompos, zitiert um 200 n. Chr. von dem Schriftsteller Athenaios (Gelehrtengastmahl 12, 517 d), beschrieb Ende des 4. Jahrhunderts v. Chr. die lockeren Sitten der Etruskerinnen:

Theopompos berichtet im 43. Buch seiner Historien: Bei den Etruskern besteht die Sitte, dass die Frauen allen gemeinsam sind; sie verwenden viel Sorgfalt auf die Pflege ihres Körpers und treiben Gymnastik, oft zusammen mit den Männern, bisweilen allein; denn es ist für sie keine Schande, sich unbekleidet zu zeigen. Sie setzen sich zu Tisch nicht an die Seite ihres eigenen Gatten, sondern zu dem ersten Besten, der ihnen beliebt. Sie sind übrigens sehr trinkfest und sehr schön anzuschauen. Die Etrusker ziehen alle Kinder groß, die zur Welt kommen, obwohl sie nicht wissen, von welchem Vater ein jedes stammt.

Ein etruskischer Augur. Bronzestatuette des späten 6. Jahrhunderts v. Chr. (Florenz, Museo Archeologico).

hafte Römerin Lucretia, Frau des Collatinus, bei der Handarbeit zu Hause angetroffen wird.

Eine gewisse Freiheit zeigt sich auch in der etruskischen Namengebung. Anders als die Römerinnen trugen die Etruskerinnen individuelle Vornamen, ferner gaben viele Männer und Frauen in ihren Grabinschriften auch den Namen der Mutter an. Dass aber der Vater, der *pater familias,* die entscheidende Person war, zeigt sich darin, dass die Kinder seinen Familiennamen annahmen und dass zwar der Name der Mutter bei Namensformeln fehlen konnte, nicht aber der des Vaters. Außerdem bekamen die männlichen Nachkommen das Erbe. Die patriarchalische Struktur der etruskischen Familie ist also unbestreitbar. Auch bekleideten nur Männer öffentliche Ämter.

Politischer Einfluss?

Der politische Einfluss etruskischer Frauen wird von den Römern ebenfalls hervorgehoben; ob dies den Tatsachen entsprach oder ob derartige Geschichten denselben Vorurteilen entsprungen sind wie die Berichte über die mangelnde Tugendhaftigkeit der Frauen, lässt sich nicht immer nachprüfen. Folgt man jedenfalls den Schilderungen des Livius, dann wäre der erste etruskische König von Rom, Tarquinius Priscus, ohne seine Frau Tanaquil mit ihrem Ehrgeiz und ihren Wahrsagekünsten nie König geworden. Einzelne starke Frauen, die ihre Männer antrieben, hat es zu allen Zeiten der Geschichte gegeben; sie sagen aber nichts über den tatsächlichen Einfluss der Frauen allgemein in einer bestimmten Zeit aus.

Eine politisch wichtige Figur meinte man in der um 650 v. Chr. verstorbenen Toten aus dem Regolini-Galassi-Grab von Cerveteri gefunden zu haben. In der Hauptgrabkammer war sie mit großen Mengen kostbaren Goldgeschirrs und Goldschmucks beigesetzt. In den beiden Nebenkammern waren hingegen zwei Männer beigesetzt. Es mag sich bei dieser Dame um ein Mitglied der Caeretaner Königsfamilie handeln; über ihre politische Stellung oder ihren Einfluss sagt das Grab jedoch nichts aus.

Zusammenfassend lässt sich eine größere Freiheit der Etruskerinnen im Alltag gegenüber ihren Geschlechtsgenossinnen in Rom und Griechenland nachweisen; alle weiteren Schlüsse daraus gehören jedoch ins Reich der Fantasie.

Auf der Suche nach dem Willen der Götter – Die religiösen Riten

Bereits in der Antike wurden die Etrusker als überaus religiöses Volk angesehen; insbesondere waren ihre religiösen Praktiken berühmt. Livius nennt sie ein »Volk, das sich vor allen anderen religiösen Riten widmete, weil es durch die Kunst, diese auszuführen, hervorstach…«. Dionysios von Halikarnassos schreibt: »… wegen ihrer Kenntnis der göttlichen Opferriten, in der sie andere übertreffen, werden sie heute Tusci genannt«; er und nach ihm andere Autoren leiteten den Namen Tusci nämlich irrigerweise von dem griechischen Wort für opfern, *thysiazein,* ab. Der um 300 n. Chr. lebende Rhetor Arnobius bezeichnet Etrurien als »Schöpferin und Mutter des Aberglaubens«.

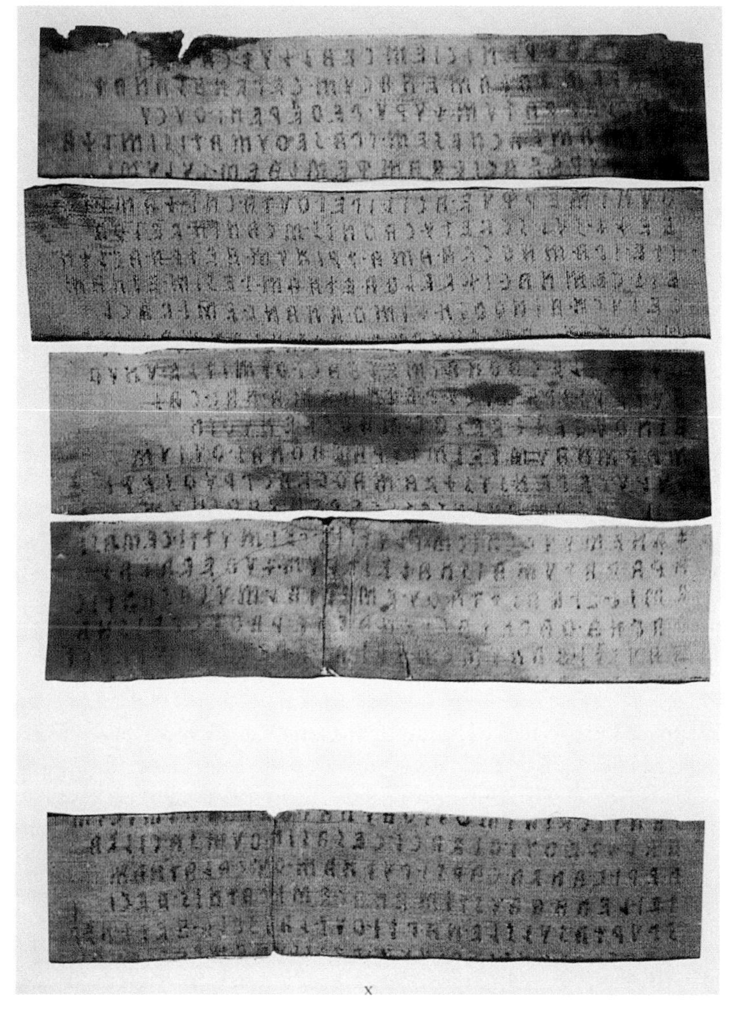

Die Mumienbinde von Zagreb überliefert den längsten erhaltenen Text in etruskischer Sprache. In ihm werden Vorschriften für rituelle Handlungen angegeben (Zagreb, Archäologisches Museum).

Die »Chimäre von Arezzo«, eine große Votivstatue aus dem 4. Jahrhundert v. Chr., trägt auf der rechten Vorderpranke eine Weihinschrift (Florenz, Museo Archeologico).

Heilige Bücher aus Leinen: Die »disciplina etrusca«

Die Etrusker glaubten, dass alles vorbestimmt sei und göttliche Mächte alle Natur- und Lebensbereiche lenkten. Da nichts zufällig geschehe, versuchten sie, den Willen der Götter zu erforschen und auszudeuten, um möglichst viel vorherzusehen und genau danach zu handeln. Dafür entwickelten sie ein ausgefeiltes kultisches System, dessen Beachtung sie höchste Aufmerksamkeit widmeten.

Fast alle Bereiche des Lebens wurden durch religiöse Vorschriften geregelt. Zusammengestellt waren diese in der *disciplina etrusca,* die leider nicht als Ganzes erhalten ist, sondern nur bruchstückhaft durch Erwähnungen bei römischen Autoren rekonstruiert werden kann. Diese Lehre wurde der Überlieferung nach dem Knaben

Beim Einzug des Lucumo (Tarquinius Priscus) in Rom soll seine Frau Tanaquil das auffällige Verhalten eines Adlers gedeutet haben, berichtet Livius im 1. Buch seiner »Römischen Geschichte«:

Man war gerade am Janiculum angekommen. Lucumo saß mit seiner Gemahlin auf dem Wagen – da schwebte ein Adler mit ausgebreiteten Schwingen sanft herab und trug seine Filzkappe davon; dann flog er laut kreischend über dem Wagen und setzte ihm die Kappe wieder richtig auf den Kopf, als sei er von den Göttern zu diesem Dienst geschickt worden; darauf entschwand er in den Lüften. Tanaquil soll dies hocherfreut als eine Prophezeiung aufgefasst haben; war sie doch, wie die Etrusker allgemein, eine Frau, die mit himmlischen Zeichen vertraut war. Sie fiel ihrem Mann um den Hals und forderte ihn auf, das Größte und Schönste zu hoffen ...

Tages, einem Enkel des obersten Gottes, offenbart, der sie dann aufschreiben ließ; bestimmte Teile der Disziplin wurden außerdem einer Nymphe namens Vegoia offenbart. Die Lehre wurde durch die praktischen Erfahrungen bei der Kultausübung und Einflüsse auswärtiger Religionen ständig erweitert und modifiziert. Aufgeschrieben wurde sie in mehreren Büchern, die von Familien der Oberschicht, welche die Priesterämter innehatten, aufbewahrt wurden. Diese Bücher waren so genannte *libri lintei,* Leinenbücher, wie sie auf Grabdenkmälern zuweilen wiedergegeben werden. Teile eines originalen etruskischen *liber linteus,* der später als Mumienbinde zweitverwendet wurde und das umfangreichste heute erhaltene etruskische Schriftmonument darstellt, werden im Museum von Zagreb aufbewahrt. Die Disziplin war in mehrere Teile gegliedert, nämlich in die *libri fulgurales,* die Bücher zur Blitzdeutung, die *libri haruspicini,* die Bücher der Wahrsagekunst, besonders aus den Eingeweiden der Opfertiere, sowie die *libri rituales,* die nicht direkt kultische Vorschriften enthielten, sondern z.B. die Vorstellungen vom Jenseits und vom Ablauf der Geschichte.

Die Himmelskuppel, das *templum caeleste,* war in mehrere Teile untergliedert, wie wir unter anderem vom spätantiken Autor Martianus Capella wissen; zum einen in eine Himmels- und eine Unterweltsseite, die *pars familiaris* und die *pars hostilis,* zum anderen in 16 Sektoren, in denen jeweils Götter »wohnten«. Alle Götter hatten so einen bestimmten Platz in diesem kosmischen System.

Deutung von Blitz und Vogelflug

Bei der Blitzdeutung ging es nun darum herauszufinden, von welchem Teil des Himmels, also von welchem der blitzschleudernden Götter der Blitz stammte, um daraus ein Zeichen für eine bevorstehende Handlung, etwa eine Schlacht, herauszulesen. Die Blitzdeuter hießen auf Lateinisch *fulguriator,* auf Etruskisch wohl *trutnut.* Im 1. Jahrhundert n. Chr. machte sich Seneca der Jüngere über die Blitzdeutungen der Etrusker etwas lustig, indem er den Unterschied zwischen Etruskern und Griechen so formulierte: »... diese glauben, dass Blitze aus dem Zusammentreffen von Wolken entstehen, jene, dass sich die Wolken treffen, um Blitze zu erzeugen«.

Die Deutung des Vogelfluges, in der Regel Aufgabe der Auguren, konnte ebenfalls zur Erkennung positiver oder negativer Vorzeichen angewendet werden, wurde aber auch bei der Neugründung von Städten benutzt, um die genaue Lage und Ausrichtung der Straßen festzulegen. Livius schildert ein solches *auspicium* bei der Ankunft des zukünftigen ersten ertruskischen Königs von Rom, Tarquinius Priscus. Dieser zögerte etwas wegen der ungewissen Zukunft in der neuen Stadt; in dem Verhalten eines Adlers erkannte seine Frau dann aber das günstige Zeichen der Götter, und sie gingen bestärkt nach Rom hinein. In dem Wandgemälde eines Grabes aus Vulci, der Tomba François, ist eine solche Szene wiedergegeben: Ein Diener hält einen Vogel, den er bald fliegen lassen wird, damit sein hinter ihm stehender Herr die Flugbahn des Vogels beobachten kann.

Der Diener Arnza lässt einen Vogel fliegen, dessen Flugbahn von seinem Herrn Vel Saties gedeutet wird. Wandmalerei des 4./3. Jahrhunderts v. Chr. aus Vulci (Tomba François).

Priester der Leberschau: Der Haruspex

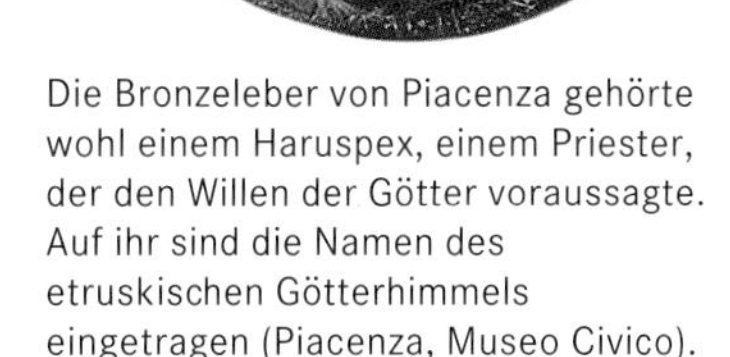

Die Bronzeleber von Piacenza gehörte wohl einem Haruspex, einem Priester, der den Willen der Götter voraussagte. Auf ihr sind die Namen des etruskischen Götterhimmels eingetragen (Piacenza, Museo Civico).

Wie die Eingeweideschau – am häufigsten war die Leberschau – praktiziert wurde, zeigen uns anschaulich mehrere bildliche Darstellungen sowie die Bronzeleber von Piacenza, die wohl einem Haruspex (etruskisch *netsvis*), dem Priester, der die Leberschau ausführte, zu Übungs- oder Ausbildungszwecken gehörte. Auf dieser nachgebildeten Schafsleber ist nämlich das etruskische *templum caeleste* mit allen Einteilungen und Götternamen eingeritzt. Jede Gottheit hat hier ihr Feld, in dem sie »wohnt«. Wenn bei einer echten Leber nun Veränderungen oder besondere Zeichen an bestimmten Stellen, die denen auf der Musterleber entsprachen, zu erkennen waren, war das auf den Willen der dort ansässigen Gottheit zurückzuführen und wurde entsprechend gedeutet. Die Haruspices hatten neben der Deutung des göttlichen Willens auch noch die Aufgabe, ungewöhnliche Ereignisse wie Naturkatastrophen zu erklären und Bußhandlungen zur Besänftigung der Götter vorzuschlagen.

Die Praxis der Leberschau war auch im Orient verbreitet, wo sie vielleicht ihre Ursprünge hat, und wurde dann, wie auch andere Methoden der Weissagung, von den Römern übernommen, die entweder etruskische Priester befragten oder ihre eigenen in Etrurien ausbilden ließen. Noch in der Spätantike gibt es Überlieferungen zu etruskischen Haruspices. 363 n. Chr. begleitete ein solcher das römische Heer bei einem Feldzug gegen die Perser; noch im 6. Jahrhundert n. Chr. berichtet der Historiker Prokopios, dass die Etrusker zu seiner Zeit als Wahrsager berühmt seien, also mehr als ein halbes Jahrtausend nach dem eigentlichen Ende der etruskischen Kultur.

Bronzestatue des Kriegsgottes Laran, Anfang des 4. Jahrhunderts v. Chr. (Rom, Vatikanische Sammlungen).

Götter und Dämonen

Die Götter selbst lassen sich in mehrere Gruppen einteilen. Da sind insbesondere die olympischen Götter, die aus Griechenland und Rom bekannt sind. In Etrurien handelt es sich dabei meist um alte einheimische Götter, die im Zuge der Hellenisierung menschliches Aussehen bekamen und mit den griechischen Göttern identifiziert wurden; sie sind in bildlichen Darstellungen nicht von den griechischen Göttern zu unterscheiden. Zum Teil behielten sie ihre alten einheimischen Namen, zum Teil wurden die griechischen Namen übernommen, zum Teil wurden die Namen aus den benachbarten italischen Kulturen entlehnt. Zu nennen sind unter anderem der oberste Gott Tinia, der dem griechischen Zeus und dem römischen Jupiter entspricht, seine Frau, die Fruchtbarkeitsgöttin Uni (griechisch Hera, römisch Iuno), die Göttin der Schönheit und Fruchtbarkeit, Turan (griechisch Aphrodite, römisch Venus), die Göttin des Kampfes und der Weisheit, Menrva (griechisch Athena, römisch Minerva), der Kriegsgott Laran (griechisch Ares, römisch Mars), der Gott des Weines, Fufluns (griechisch Dionysos, römisch

Die Götter Aplu, Tinia und Turms entsprechen in ihrem Aussehen und ihrer Funktion den griechischen Göttern Apollon, Zeus und Hermes. Silberspiegel des 4. Jahrhunderts v. Chr. aus Bomarzo (Florenz, Museo Archeologico).

Bacchus), die Jagdgöttin Artumes (griechisch Artemis, römisch Diana) und ihr Bruder Aplu (griechisch Apollon, römisch Apollo) sowie der Götterbote Turms (griechisch Hermes, römisch Merkur).

Daneben gibt es einheimische Götter, zu denen es keine griechischen Entsprechungen gibt, die auch häufig reine Kultgötter »ohne Aussehen« sind, die also nie bildlich dargestellt worden sind, wie Selvans, Thufltha, Sans, Culsans und andere. Des Weiteren gibt es Göttervereine, von denen man kaum etwas weiß, mit so mysteriösen (lateinischen) Namen wie *dei opertanei* (geheimnisvolle Götter) oder *dei involuti* (unerklärbare Götter) und niedere Hilfsgottheiten wie zum Beispiel die Lasen: geflügelte, meist unbekleidete weibliche Wesen aus dem Umkreis der Turan/Aphrodite.
Charakteristisch für die etruskische Götterwelt sind Dämonen verschiedenster Art, die meist geflügelt und mit grauenvollem Aussehen die Bilder vor allem seit dem 4. Jahrhundert v. Chr. bevölkern. Zu nennen sind z. B. der hakennasige Tuchulcha, der ebenso wie die weibliche geflügelte Vanth und die Torwächterin Culsu Schlangen in den Händen hält, und der struppige, ebenfalls hakennasige Charun mit dem Hammer, der die Toten in die Unterwelt geleitet.

Mit der vermenschlichten Darstellung der Götter seit dem 7. Jahrhundert v. Chr. geht auch die Wiedergabe von Mythen einher. Vor allem griechische Götter- und Heldensagen dienen nun häufig als Vorlage, besonders in der Vasenmalerei und auf gravierten Spiegeln. Mythen werden schon früh mit gezieltem politischem Hintergrund eingesetzt. So ist zum Beispiel der Mythos von Äneas sehr beliebt, der aus dem besiegten Troja mit Vater und Sohn nach Italien flieht und sich dort ansiedelt. Mit dem Helden Äneas als Urvater will man die eigene Vergangenheit glorifizieren und legitimieren.

Der geflügelte, hakennasige Todesdämon Charun bewacht den Eingang des Grabes der Familie Anina in Tarquinia.

Der Untergang einer Hochkultur – Die Romanisierung

Nach der Blütezeit im 7. und 6. Jahrhundert v. Chr. erlebte Etrurien eine lange währende Epoche politischen Niedergangs. Die erste große Krise ereilte das Land bereits im 5. Jahrhundert v. Chr. Die Handelsvorherrschaft der Etrusker im westlichen Mittelmeer geriet durch die Konkurrenz der griechischen Kolonien in Süditalien in Gefahr. Die Niederlage in der Seeschlacht vor Cumae gegen die Syrakusaner 474 v. Chr. war Ausdruck dieses beginnenden Niedergangs. Ein weiteres wichtiges Ereignis war der Fall der kampanischen Stadt Capua 424 v. Chr., der das Ende des etruskischen Einflusses auf das Gebiet südlich von Rom markierte. Allerdings konnten diese Verluste durch die Verlagerung des Handels über Adriahäfen wie Spina zunächst kompensiert werden. Durch mehrere Kelteneinfälle von Norden, die gegen Ende des 5. Jahrhunderts einsetzten und bis in das 3. Jahrhundert v. Chr. andauerten, gerieten aber auch diese Stützpunkte sowie viele der nordetruskischen Städte bald in Bedrängnis.

Die neue Macht in Italien: Rom

Als neue Macht in Italien etablierte sich in der Zwischenzeit die Stadt Rom, die nun schrittweise Italien unter ihre Kontrolle brachte. Der Prozess der Romanisierung vollzog sich aber nicht kontinuierlich, sondern in mehreren Phasen vom 4. bis ins 1. Jahrhundert v. Chr. Etrurien wurde nicht einfach erobert und unterworfen, sondern durch – zum Teil aufgezwungene – Bündnisverträge mit einzelnen Städten immer enger an Rom gebunden. In einer ersten Phase wurden im 4. Jahrhundert die nahe bei Rom gelegenen südetruskischen Städte nach langen Auseinandersetzungen bezwungen. 396 v. Chr. wurde nach zehnjährigem Krieg Veji erobert und in das römische Staatsgebiet eingegliedert. 384 wurde Pyrgi, die Hafenstadt

Auf der Aschenurne aus dem 2. Jahrhundert v. Chr. kämpft ein etruskischer Reiter gegen Gallier, die durch lange Haare und Halsreif (Torques) gekennzeichnet werden (Florenz, Museo Archeologico).

von Caere, zerstört; 373 gründeten die Römer Kolonien in Sutri und Nepi, 353 bzw. 351 wurden Caere und Tarquinii besiegt und durch langfristige Friedensverträge, die den Städten die innere Autonomie beließen, fest an Rom gebunden.

Erst gegen Ende des 4. Jahrhunderts v. Chr. stießen die Römer in einer zweiten Phase erneut nach Norden vor, zogen durch den Ciminischen Wald (Monte Cimino) bis nach Arretium, Cortona und Perusia (Perugia). 302 v. Chr. wurden sie sogar von Aristokraten der Stadt Arretium, der Familie der Cilnii, zu Hilfe gerufen, um drohenden sozialen Unruhen ein Ende zu bereiten. Da den Römern an stabilen Verhältnissen gelegen war, beendeten sie diese Konflikte gewaltsam und stellten die alten oligarchischen Verhältnisse wieder her. In der 1. Hälfte des 3. Jahrhunderts wurde die politische Romanisierung Nordetruriens weitgehend abgeschlossen. Zwar verbündeten sich zunächst einige etruskische Städte mit Kelten und Umbrern gegen Rom, doch unterlag in der Schlacht von Sentinum 295 v. Chr. ein gemeinsames Heer den Römern. 280 v. Chr. errangen die Römer Siege über Volci und Volsinii; 265 v. Chr. nahm der Feldherr Marcus

Während der Kriege gegen die Gallier und Römer errichteten viele etruskische Städte zum Schutz Stadtmauern; hier das Stadttor von Saturnia.

Darstellung von Gallierkämpfen auf einer etruskischen Aschenurne aus dem 2. Jahrhundert v. Chr. aus Volterra (Volterra, Museo Etrusco Guarnacci).

Fulvius Flaccus soziale Unruhen zum Anlass, Volsinii, den Sitz des etruskischen Bundesheiligtums, zu zerstören und die Bevölkerung an anderer Stelle, nämlich in Volsinii Novi, dem heutigen Bolsena, neu anzusiedeln. Gleiches geschah mit Falerii, dem Hauptort der italischen Falisker, der 241 zerstört und an anderer Stelle als Falerii Novi neu gegründet wurde. Damit waren die kriegerischen Auseinandersetzungen zwischen Etrurien und Rom weitgehend beendet, die etruskischen Städte erkannten die Vorherrschaft Roms in Italien an und schlossen Bündnisverträge, die ihnen in der Regel die innere Freiheit und Selbstverwaltung beließen. 225 v. Chr. besiegten schließlich die Römer gemeinsam mit etruskischen Truppen die Gallier bei Telamon (Talamone) und beendeten damit die gallischen Plünderungszüge. Für das Jahr 205 v. Chr. sind Tributleistungen der etruskischen Städte für den Feldzug Scipios gegen Karthago bezeugt.

Kolonien festigen die Situation

Um diese Situation zu festigen und an strategisch wichtigen Punkten präsent zu sein, gründete Rom verschiedentlich Kolonien, die ersten, wie erwähnt, bereits im 4. Jahrhundert; 273 v. Chr. wurde dann die Kolonie Cosa am Tyrrhenischen Meer mit 4000 latinischen Kolonisten eingerichtet, weitere Kolonien befanden sich im Süden in Fregenae (Fregene), Alsium, Pyrgi und Graviscae, im Norden in Saturnia, Luca (Lucca) und Luna (Luni) in der Nähe von La Spezia. Um das Gebiet besser zu erschließen, mit dem Militär beweglicher zu sein und das Land stärker auf Rom zu zentrieren, wurden große von Rom ausgehende Fernstraßen gebaut, die Via Aurelia am Meer entlang, die Via Clodia, Via

Personifikationen der etruskischen Städte werden auf einem Relief aus der Zeit des Kaisers Claudius dargestellt (Rom, Vatikanische Sammlungen). Bereits kurz nach dem endgültigen Verlust der Unabhängigkeit der Etrusker beginnt das Interesse an ihrer Geschichte.

Cassia, Via Amerina und die Via Flaminia im Landesinnern. Damit waren nun die Bedingungen auch für eine kulturelle Romanisierung bzw. eine Vereinheitlichung der italischen Kulturen gegeben. Dass Rom auch führende Wirtschaftsmacht geworden war, zeigte sich unter anderem darin, dass römisches Geld seit dem 3. Jahrhundert verstärkt in ganz Etrurien im Umlauf war. Während aber besonders in einigen nordetruskischen Städten noch im 2. Jahrhundert ein eigenes Kunsthandwerk blühte und auch die etruskische Sprache noch vorherrschte, so war mit dem Bundesgenossenkrieg 91–88 v. Chr., nach dem ganz Etrurien das römische Bürgerrecht erhielt und die Städte römische Munizipien mit römischer Verwaltung wurden, der Punkt erreicht, an dem eine eigene etruskische Identität immer schwerer erkennbar blieb. Da die lateinische Sprache nun Amtssprache geworden war, wurde die etruskische immer weniger benutzt, und es traten nun in einer Übergangsphase häufiger so genannte Bilinguen auf, das heißt zweisprachige Inschriften in Etruskisch und Lateinisch. Die etruskische Oberschicht bemühte sich auch um politischen Einfluss in Rom, was unter anderem dadurch deutlich wird, dass einige Etrusker auch Eingang in den römischen Senat fanden.

Einige etruskische Städte wurden während der römischen Bürgerkriege in militärische Turbulenzen gezogen. Bei der Auseinandersetzung zwischen den Feldherren Marius und Sulla stellten sie sich auf die Seite des Marius, der jedoch unterlag. Bei einer Strafaktion wurden unter anderem Populonia und Volaterrae (Volterra) von Sulla zerstört. Die folgende Ansiedlung von Veteranen Sullas auf etruskischem Gebiet verstärkte die Assimilierung von Römern und Etruskern.

Das Ende: Die Region Etruria

Das Ende Etruriens besiegelte schließlich der erste römische Kaiser, Augustus, bei dessen Neugliederung Italiens aus Etrurien die 7. Region »Etruria« und somit ein fester Bestandteil des römischen Staatsgebietes wurde. Letzte spärliche etruskische Schriftzeugnisse stammen noch aus der 1. Hälfte des 1. Jahrhunderts n. Chr., in der Kaiser Claudius sich um die Bewahrung etruskischer Traditionen bemühte. Unter anderem verfasste er selbst eine zwanzigbändige Geschichte Etruriens, die aber leider nicht erhalten ist. Auch wenn vieles verloren ging, so blieben doch einige etruskische Traditionen, vor allem religiöse Riten, zumindest bis in die Spätantike in Rom lebendig.

Erst in der Renaissance, im 15. und 16. Jahrhundert n. Chr., kam es zur »Wiederentdeckung« der Etrusker durch die Medicifürsten in Florenz, die sich als Nachfahren der Etrusker in der Toskana ansahen. Die ernsthafte wissenschaftliche Beschäftigung mit den Etruskern setzte dann im 18. und 19. Jahrhundert ein, als sich die Etruskologie als eigenständiger Zweig der Altertumswissenschaften etablierte.

Martin Bentz

Die Statue des »Arringatore« in römischer Tracht stellt den hohen etruskischen Beamten Aule Meteli aus dem 1. Jahrhundert v. Chr. dar. Sie wurde in einem Heiligtum am Trasimenischen See gefunden (Florenz, Museo Archeologico).

Wolf, Specht, Stier – Die Italiker

Aufbruch im Frühling: Ver sacrum

Die kulturelle Aufbruchstimmung des Jugendstils um die Jahrhundertwende hatte 1897 in Wien zur Gründung einer Zeitschrift mit dem Titel »Ver Sacrum« geführt, das heißt »Heiliger Frühling«. Damit meinte die Wiener Secession, im Sinne einer im antiken Italien der Frühzeit verbreiteten Sitte zu handeln, nach welcher zur Frühlingszeit junge Leute ihre Heimatstadt verließen, um in noch unbekannten und unerschlossenen Gegenden ein neues Leben zu beginnen. Gewiss gab es diese Sitte, nur bedeutete sie etwas ganz anderes und hatte ganz andere Ursachen als der künstlerische Aufbruch des Jugendstils. In ihrer Spätform, bei den Römern, die diese Sitte aus der Frühzeit übernommen hatten, bedeutete sie nur ein besonderes Gelübde an die Götter, die man erzürnt glaubte und versöhnen wollte. So geschah es nach der blutigen Niederlage gegen Hannibal in der Schlacht am Trasimenischen See 217 v. Chr., als die geschlagenen Römer Jupiter für den Fall des Sieges im Krieg gegen Karthago umfangreiche Opfer versprachen. Eingelöst wurde das Versprechen erst 194 v. Chr., also nach 21 Jahren, und das erklärt sich aus der Herkunft und ursprünglichen Bedeutung des Ver sacrum.

Titelblatt des ersten Heftes der Zeitschrift »Ver Sacrum«, der Zeitschrift der Wiener Secession, das im Januar 1898 erschien.

Noch in historischer Zeit gab es nämlich bei zahlreichen Völkern Italiens einen religiösen Ritus, der darin bestand, dem Kriegsgott Mamers, der bei den Römern Mars hieß, im Fall einer Not – Krieg, Epidemien oder Hungersnot – alles darzubringen, was im kommenden Frühjahr, eben im auf diese Weise geheiligten Frühling, geboren werden sollte. Das bezog sich auch auf die Menschen, und obwohl es denkbar ist, dass es in grauer Vorzeit auch Kinderopfer gegeben hatte, bedeutete es jetzt nur noch, dass die betreffenden Jungen und Mädchen mit 21 Jahren zur Auswanderung gezwungen wurden. Die moderne Wissenschaft hat mit Recht angenommen, dass dieser Ritus helfen sollte, die Überbevölkerung zu bekämpfen, und dass er die Form gewesen ist, in der sich die Ausbreitung der betreffenden Völker über Italien vollzogen hat.

Das entspricht auch der antiken Überlieferung, die im Kern deshalb zuverlässig ist, weil wir diese Vorgänge noch in historischer Zeit beobachten können. In einem Punkt freilich tragen sie ausgesprochen sagenhafte, wenn auch poetische Züge. Man glaubte nämlich, dass dem jeweiligen Auswanderungszug ein von Mars gesandtes Tier vorauszog, um den jungen Leuten den Platz anzuweisen, an dem sie sich niederlassen, ihre neue Siedlung anlegen und im Ergebnis dann sogar ein neues Volk begründen sollten, dessen Name manchmal an das vorausziehende Tier erinnerte. Nach solcher Überlieferung entstanden die Lukaner und Hirpiner aus Zügen, die ein Wolf (lateinisch *lupus*, oskisch *hirpus*) führte, wobei nicht sicher ist, ob der Name der Lukaner wirklich von *lupus* stammt; den späteren Picentern zog ein Specht *(picus)* voran, ein Vogel, dem man wahrsagerische Qualitäten zuschrieb, und die Samniten führte ein Stier, ein dem Mars heiliges Tier; auch in der Gründungssage Roms spielen Wolf und Specht eine wichtige Rolle. Diese Art Legende ist im Übrigen weit verbreitet. So führt das siebenbürgisch-sächsische Dorf Meschen einen Sperling als Wappentier, der im dortigen Dialekt Mösch genannt wird, und es heißt, den mittelalterlichen Kolonisten des Rhein-Mosel-Gebietes sei ein Mösch vorausgeflogen, und da, wo er sich niedergelassen habe, hätten sie ihr Dorf gegründet und nach dem Spatz benannt.

Von den Siegern geprägt: Die Quellen

Die tatsächliche Geschichte dieser italischen Völker herauszubekommen, ist deshalb nicht einfach und auf weite Strecken sogar unmöglich, weil die erzählenden historischen Quellen stark durch das Volk geprägt sind, das, selber zu ihnen gehörig, alle anderen schließlich besiegt und unter ihrer Führung vereinigt hatte, also durch die Römer. Aus diesen Quellen geht aber auf jeden Fall das eine hervor, dass es sich um vitale Völker handelte, die in einem komplizierten Prozess von Druck und Gegendruck den Römern jahrhundertelang zu schaffen machten. Sie saßen meist in den Bergen Italiens, waren von rauen, kriegerischen Sitten, und ihr Drang in die Ebenen lag nicht an einer von vornherein gegebenen Expansionslust oder Lust am Beutemachen, sondern an dem Phänomen, das im Ver sacrum seinen Ausdruck fand, an der Überbevölkerung. Die Römer hatten großen Respekt vor ihnen, und es war keineswegs sicher, wer aus diesen unaufhörlichen Kämpfen als Sieger hervorgehen würde. Noch kurz vor dem Ende der Römischen Republik, zu Beginn des 1. Jahrhunderts v. Chr., hatte Rom einen Kampf auf Leben und Tod mit ihnen zu bestehen.

Eine der 1444 in Gubbio, dem antiken Iguvium, gefundenen »Iguvinischen Tafeln« mit Bußanweisungen für den Opferpriester in linksläufiger umbrischer Schrift (oben) und in rechtsläufiger lateinischer Schrift (Gubbio, Museo e Pinacoteca Comunali).

Die Lücken und verzerrten Sichtweisen der schriftlichen römischen Quellen werden ergänzt einerseits durch die Archäologie, die in den letzten zweihundert Jahren zahlreiche italische Städte und sonstige Ansiedlungen sowie Kunstwerke und andere Gegenstände zutage gefördert hat, andererseits durch Münzen und vor allem durch Inschriften. Diese Inschriften unterrichten uns über religiöse und staatliche Sachverhalte, und sie unterrichten uns durch ihre unterschiedlichen Alphabete und Sprachen, in denen sie abgefasst sind, über die kulturellen und, soweit man das aus Sprachlichem schließen kann, ethnischen Zustände der italischen Völker. Schon dass wir überhaupt von italischen Völkern sprechen und darunter nicht die ja auch in Italien lebenden Kelten, Etrusker, Griechen und Illyrer verstehen, ist darin begründet, dass diese Italiker miteinander verwandte indoeuropäische Sprachen sprachen, die sich von den Sprachen der anderen stark absetzten, und diese Kenntnis verdanken wir den Inschriften.

Der erste substanzielle Inschriftenfund in einer italischen Sprache war zugleich der umfangreichste: 1444 fand man in der italienischen Stadt Gubbio in Umbrien sieben Bronzetafeln, zwei rechtsläufig in lateinischer Schrift und mit einer unbekannten Sprache, fünf linksläufig sogar in einer unbekannten Schrift, eine davon auf der Rückseite in beiden Schriften beschrieben; erst 1749 wurden diese Tafeln publiziert. Da Gubbio in der Antike Iguvium hieß, nannte man diese später entschlüsselten Tafeln – ihr Inhalt waren kultische Vorschriften – »Tabulae Iguvinae«, Iguvinische Tafeln. Die Sprache, in der sie verfasst waren, nannte man Umbrisch, und nachdem im Lauf der Zeit immer mehr Inschriften auf Stein oder Bronze gefunden und gelesen wurden – der Prototyp einer solchen Inschrift der oskischen Sprachgruppe ist die »Tabula Bantina« aus der süditalienischen Stadt Santa Maria di Banzi –, hat man heute eine ziemlich genaue Kenntnis der Sprachen, die in Mittel- und Süditalien vor der Beherrschung Italiens durch Rom gesprochen wurden und die man mit den in den schriftlichen Quellen genannten Völkern zusammenbringen kann.

Die »Tabula Bantina« (um 100 v. Chr.) mit einer Inschrift der oskischen Sprachgruppe aus der süditalienischen Stadt Santa Maria di Banzi. Es handelt sich um ein Fragment des Stadtrechts von Bantia.

Alle diese Völker und Sprachen sind nicht nur sämtlich indogermanisch, sondern sie sind miteinander so sehr verwandt, dass man sie zusammenfassend »Italiker« und »italische Sprachen« nennen kann, sodass diese Sprachgruppe also auf einer Ebene etwa mit dem Germanischen oder Keltischen steht. Die Menschen, die diese Sprachen sprachen, wanderten etwa ab 1000 v. Chr. in kleinen Einzelschüben und in einem ganz unübersichtlichen Prozess ein und vermischten sich mit den nichtindogermanischen Ureinwohnern, gelegentlich Aboriginer genannt. Ihre Sprache gliedert sich in zwei Hauptgruppen. Die eine ist das Latinisch-Faliskische, das von den Bewohnern der Landschaft Latium einschließlich Roms sowie von den Einwohnern der Stadt Falerii gesprochen wurde. Falerii gehörte zu Etrurien und unterlag starkem etruskischem Einfluss, die Inschriften jedoch zeigen, dass die hier gesprochene Sprache dem Lateinischen sehr eng verwandt war. Die andere, weit größere Hauptgruppe ist das Oskisch-Umbrische. Die umbrische Variante war im Norden und Westen Mittelitaliens zu Hause, die oskische erstreckte sich über den Rest der Halbinsel nach Osten und Süden; das Umbrische war weiter entwickelt und geschmeidiger, das Oskische altertümlicher und ungelenker. Hinsichtlich des Umbrischen macht die Verbindung mit einem Volk, nämlich den Umbrern, keine Schwierigkeiten; etwas verzwickter aber steht es mit der Bezeichnung »oskisch«.

Grabstele des 2./1. Jahrhunderts v. Chr. mit oskischer Inschrift aus einer Nekropole in Teano in Kampanien.

In historischer Zeit nämlich sprach diese Sprache nicht mehr das verschwundene Volk der Osker, sondern der Großstamm der Samniten, sodass die hier gemeinte Sprache also eher Samnitisch genannt werden müsste. Zu erklären ist das damit, dass die Römer mit den Samniten zuerst auf ehemals oskischem Gebiet zusammentrafen und nach diesem die Sprache des ihnen neuen Volkes bezeichneten. Eine

Zu Beginn des 4. Jahrhunderts v. Chr. eroberten die wahrscheinlich von den Samniten abstammenden Lukaner das von Griechen gegründete Poseidonia, das dann Paestum hieß. Dort wurde in einem Grab eine Wandmalerei des 4. Jahrhunderts v. Chr. mit der Darstellung samnitischer Krieger gefunden (Neapel, Museo Archeologico Nazionale).

zweite terminologische Schwierigkeit soll bei dieser Gelegenheit kurz erwähnt werden und dann nicht mehr zur Sprache kommen. Gelegentlich erscheint der Sammelname Sabeller; damit sind im Großen und Ganzen die Samniten und mit ihnen verwandte Stämme gemeint oder auch die Völker, die die Institution des Ver sacrum kannten; wir wollen im Folgenden diese Bezeichnung vermeiden, um keine Verwirrung zu stiften.

Völker, Stämme und Städte – Die Italiker in Mittel- und Süditalien

Um uns einen Überblick zu verschaffen, machen wir jetzt einen Gang durch Mittel- und Süditalien, um die dort lebenden Völker kurz kennen zu lernen und danach einige Gemeinsamkeiten herauszuheben. Wir beginnen natürlich bei Rom, belassen es aber fast nur bei seiner Erwähnung, denn seiner Entwicklung ist ja ein besonderer Teil des vorliegenden Buches gewidmet. Immerhin soll gesagt werden, dass Rom keineswegs eine kulturell-ethnische Einheit darstellte, sondern, an der Grenze zu Etrurien liegend, starken etruskischen Einflüssen ausgesetzt war und sich zudem nicht nur der Sage nach aus verschiedenen ethnischen Elementen zusammensetzte; die Sage vom Raub der Sabinerinnen ist nur der bekannteste Sachverhalt. Im Übrigen war Rom ursprünglich und auf lange Zeit nichts weiter als eine der vielen kleinen Städte in Latium. Diese Städte hießen *populi,* es gab um 350 v. Chr. etwa zwanzig von ihnen, die später *prisci Latini* (Altlatiner) genannt wurden. Sie waren in verschiedenen Bünden vereinigt und standen in wechselnden Verhältnissen zu

Rom, bald verbündet, bald als Kriegsgegner. Ihre innere Struktur war Rom vergleichbar, und da sie zudem dieselbe Sprache sprachen, bereitete ihre allmähliche Integration in den römischen Staatsverband keine großen Schwierigkeiten.

Die wichtigsten dieser Städte bzw. Populi waren die folgenden, die hier wegen ihrer Klangfülle und weil sich mit ihnen jeweils zahlreiche historische und sagenhafte Geschichten verbinden, in alphabetischer Reihenfolge hintereinander aufgeführt werden: Alba Longa (heute Castel Gandolfo), Antium (Porto d'Anzio), Ardea, Aricia (Ariccia), Bovillae, Fidenae, Gabii, Lanuvium, Lavinium, Nomentum, Praeneste (Palestrina), Tibur (Tivoli) und Tusculum (Frascati). Alba Longa, wo sich das Bundesheiligtum der Latiner des Iuppiter (Jupiter) Latiaris befunden haben soll, wurde der Sage nach schon zur römischen Königszeit erobert und das Heiligtum, zusammen mit den Einwohnern, nach Rom gebracht; die Seestadt Antium ist deshalb berühmt, weil sie zeitweilig im Besitz der Volsker war, weil der zweifelhafte Held Coriolan von dort aus gegen seine Vaterstadt Rom kämpfte und weil nach ihrer Eroberung 338 v. Chr. Schiffsschnäbel, lateinisch *rostra,* als Beute nach Rom gebracht wurden und an der Rednertribüne auf dem Forum Romanum angebracht wurden; Lavinium war der Tradition nach schon von Äneas gegründet worden und wurde zum Nachfolger Alba Longas als Heiligtum, und das Auffinden von dreizehn Monumentalaltären hat dieser Tradition erhebliche Glaubwürdigkeit verliehen; Praeneste und Tibur waren die mächtigsten Städte Latiums und hatten lange ein großes Eigengewicht; Tusculum schließlich, Sommerfrische vieler wohlhabender Römer, ist der Schauplatz der berühmten »Tuskulanischen Gespräche« Ciceros.

Sabiner und Bergvölker

Von den umgebenden Stämmen und Völkern seien zuerst die Sabiner genannt; die Rolle, die sie in der Sage spielen, wurde schon erwähnt. Sie sprachen Umbrisch und saßen nordöstlich von Rom. Sie galten als dasjenige Volk, das zuerst die Sitte des Ver sacrum praktizierte und von dem dadurch, teils unmittelbar, teils mittelbar, viele andere italische Völker abstammten; um 300 v. Chr. wurden sie unterworfen und bekamen einige Jahrzehnte später das römische Bürgerrecht. Die Herniker, ein kleiner in Ostlatium ansässiger Stamm, waren ebenfalls umbrischer Herkunft und hatten ihre wenigen Städte in einen Bund zusammengefasst. Anders als die anderen Nachbarvölker waren sie aber schon früh in freundliche Beziehungen zu Rom und zu den Latinern getreten, und zwar deshalb, weil sie wie diese unter den Einfällen der Bergvölker zu leiden hatten. Sie bildeten mit Rom und den Latinern ein Bündnis, das *foedus Cassianum,* und kamen nach einigen Wechselfällen um 300 v. Chr. endgültig unter römische Herrschaft.

Die Bergvölker, von denen die Rede war, waren die in den Abruzzen siedelnden Äquer und Volsker, beide ebenfalls zur umbri-

Votivstatuette einer Frau, vermutlich einer Opfernden, aus Rapino bei Chieti; Bronze, Höhe etwa 12 cm, 3. Jahrhundert v. Chr. (Chieti, Museo Nazionale Archeologico dell'Abruzzo).

SCHRIFTEN IM FRÜHEN ITALIEN

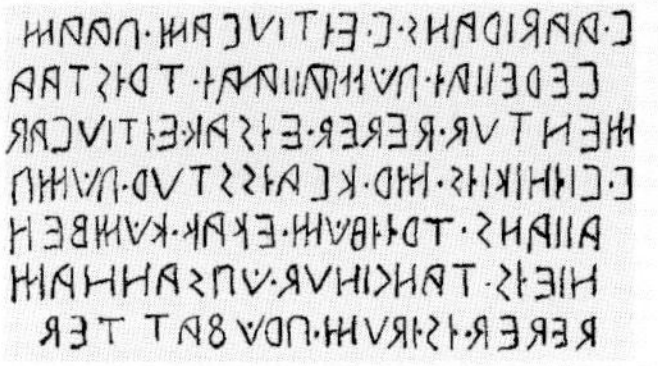

Wahrscheinlich gingen aus der (meist linksläufig geschriebenen) etruskischen Schrift, die ihrerseits von einem frühen griechischen Alphabet abgeleitet ist, zum einen die eng miteinander verwandten Alphabete der Römer und Falisker, zum anderen die einander sehr ähnlichen Alphabete der Umbrer und Osker hervor. Letztere, ebenfalls in linksläufiger Schriftrichtung, kannten zum Beispiel wie die etruskische Schrift einen Buchstaben »8« (für »f«). Die oskische Bauinschrift aus Pompeji (Umzeichnung links) lautet: »Das Geld, das V(ibius) Adiranus, (Sohn des) V(ibius), dem pompejanischen Jugendbund testamentarisch gegeben hat, mit diesem Geld hat V. Vinicius, (Sohn des) M(ara), der pompejanische Quästor, dieses Haus auf Beschluss der Versammlung bauen lassen und für gut befunden.« Ein Beispiel für die umbrische Schrift ist die Inschrift von den Iguvinischen Tafeln (rechts): »... die Feststellung mache der Obere oder Quästor, wie groß die Buße für den Opferpriester sei. Welche Buße von den atiedischen Brüdern der größere Teil, die dorthin gekommen sind, für den Opferpriester fordern, so groß sei die Buße für den Opferpriester.«

schen Sprachfamilie gehörig; sie waren diejenigen, die abzuwehren im 5. und 4. Jahrhundert v. Chr. die Hauptlast der Latiner und Roms war. Die Äquer wurden von Latinern, Römern und Hernikern bereits am Ende des 5. Jahrhunderts endgültig zurückgedrängt und siedelten, schwer dezimiert, in den Ausläufern der Berge hinter Tibur und Praeneste. Aggressiver und zäher waren die Volsker. Sie drangen durch ganz Latium an die Küste des Tyrrhenischen Meeres vor und »volskisierten« sozusagen wichtige latinische Städte zum Teil so weit, dass diese sich sogar umbenannten. Aus Tarracina wurde so Anxur, und das Antium, das die Römer unter Mitnahme der »rostra« eroberten, war ja das volskische Antium. Auch die latinische Stadt Velitrae hatte volskische Bewohner, und aus ihr stammt die einzige Inschrift, die unzweifelhaft in volskischer Sprache abgefasst ist, die »Tabula Veliterna«, ein Text von nur vier Zeilen. Am Ende des 4. Jahrhunderts v. Chr. wurden die Volsker endgültig besiegt, ja wohl ausgelöscht; volskische Piraten machten aber noch lange die Küste unsicher.

Kampanien, Heimat vieler Völker

Zwischen Latium und Kampanien saßen die beiden kleinen, Oskisch sprechenden Völker der Sidiciner und der Aurunker, letztere eben dort, wo früher die unterdessen verschwundenen Osker gesiedelt hatten. Die Landschaft Kampanien selbst kann nicht mit einem einzigen Volk oder Stamm identifiziert werden. In diesem gesegneten Land gaben nacheinander, nebeneinander und sogar miteinander gemischt Osker, Griechen, Etrusker, Samniten und Römer den Ton an. Nach den Einheimischen kamen zunächst die Griechen und gründeten Städte – die wichtigsten waren Kyme, später Cumae, und Neapolis, heute Neapel –, dann siedelten hier die Osker, und später setzten sich die Etrusker, sozusagen durch Latium hindurch oder über es hinweg, hier fest. Die Niederlage der Etrusker in der

Im 5. und 4. Jahrhundert v. Chr. gehörten die Volsker zu den hartnäckigsten italischen Gegnern Roms, und außerdem drohte ständig der Abfall verbündeter Völker oder Städte. So berichtet der römische Historiker Livius aus der Sicht der augusteischen Zeit in seiner »Römischen Geschichte« (6, 21, 2 f.) über die Situation des Jahres 384 v. Chr.:

Neben den Volskern, die wie durch eine Fügung des Schicksals dazu bestimmt schienen, die römischen Soldaten fast auf immer in Übung zu halten, den Kolonien Circeji und Velitrae, die schon lange auf einen Abfall hinarbeiteten, und dem verdächtigen Latium gab es plötzlich als neue Feinde auch noch die Bewohner von Lanuvium, einer (latinischen) Gemeinde, die bis dahin absolut treu gewesen war. Der Senat meinte, das geschehe aus Geringschätzung, weil sie den (volskischen) Bewohnern von Velitrae, die doch römische Bürger seien, den Abfall schon so lange ungestraft hätten hingehen lassen, und er beschloss, so bald wie möglich beim Volk zu beantragen, dass ihnen der Krieg erklärt werde.

Votivstatuette einer Frau mit fünf Kindern (Capua, Museo Provinciale Campano). Mit solchen Weihgaben wollten Frauen der Gottheit des jeweiligen Heiligtums für den ihnen geschenkten Kindersegen danken und um dessen Erhaltung bitten. Rechts: Votivstatuette eines samnitischen Kriegers aus Bronze, Höhe 29 cm, etwa 4./3. Jahrhundert v. Chr. In der linken Hand hielt er ursprünglich eine Lanze, in der rechten vermutlich einen Rundschild (Paris, Louvre).

Seeschlacht bei Kyme 474 v. Chr. durch den Tyrannen Hieron I. von Syrakus, den die Griechen zu Hilfe gerufen hatten, schwächte die etruskische Stellung so schwer, dass nunmehr das Bergvolk der Samniten, von dem wir später noch Näheres hören werden, in die Ebene vordrang.

Neapolis konnte seine Unabhängigkeit und sein Griechentum bewahren, aber alle anderen Städte wie etwa das ehemals oskische, dann etruskische Capua, Cumae oder auch das viele Jahrhunderte später durch den Vesuvausbruch verschüttete Pompeji wurden im Laufe der späteren Jahrzehnte teils durch Samniten unterwandert, teils militärisch erobert. In Pompeji wurden zahlreiche Inschriften oskischer Sprache gefunden, und auch sonst ist die samnitische Präsenz in Kampanien deutlich dokumentiert. Trotzdem wird man nicht davon sprechen können, dass Kampanien nun ein Teil Samniums geworden wäre. Die neuen Eroberer des Landes vermischten sich mit der vorgefundenen Bevölkerung und nahmen in vieler Beziehung die höher entwickelte griechisch-etruskische Zivilisation an, sodass man schließlich von einem spezifischen kampanischen (Misch-)Volk sprechen kann.

So erklärt es sich, dass wir kampanische Söldner kennen, die ihr Kriegshandwerk dem Meistbietenden zur Verfügung stellten wie zum Beispiel der Söldnerhaufe, der zunächst auf römischer Seite gegen den griechischen Abenteurerkönig Pyrrhos kämpfte, sich dann 280 v. Chr. in der süditalischen Griechenstadt Rhegion festsetzte, die Bevölkerung terrorisierte und schließlich von den Römern 270 selber samt und sonders hingerichtet wurde. Vom gleichen Schlag waren die Söldner oskischer Sprache, die sich Mamertiner, also Marssöhne, nannten, Messina eroberten und den Anlass zum Ausbruch des 1. Punischen Krieges im Jahr 264 v. Chr. darstellten; wir haben Inschriften von ihnen, die zu unserer Kenntnis des Oskischen beitragen. Beispielhaft für die »Emanzipation« des samnitischen Elements in Kampanien ist die Geschichte Capuas. Obwohl es samnitisch geworden war, verlor sich, auch durch das Zusammenleben mit den anderen Bevölkerungsteilen, alsbald das Gefühl der Zusammengehörigkeit mit den Bergsamniten, sodass sich die Stadt im Jahr 343 v. Chr. gegen die fortgesetzten Angriffe der alten Stammesgenossen aus den Bergen an Rom um Hilfe wandte. Auf diese Weise wurde Rom in Kampanien präsent und verstärkte seinen Einfluss immer

Der Grieche Polybios schildert im 2. Jahrhundert v. Chr. die verhängnisvolle Rolle der Mamertiner, die sich der sizilischen Stadt Messina bemächtigt hatten, beim Ausbruch des 1. Punischen Krieges (264 v. Chr.): Nach einer Niederlage gegen den Feldherrn und späteren König Hieron (II.) von Syrakus veranlassten sie das Eingreifen der Römer und Karthager in den sizilischen Konflikt (Geschichte 1, 10 und 12):

Die Mamertiner, die ... nun aber auch selbst eine vollständige Niederlage erlitten hatten, wollten teils zu den Karthagern ihre Zuflucht nehmen und sich selbst und die Burg (Messene) in ihre Hände geben, andere aber schickten Gesandte nach Rom, boten die Übergabe der Stadt an und baten, ihnen als Stammverwandten beizustehen ... Dies war der erste Übergang der Römer mit Heeresmacht aus Italien (in außeritalisches Gebiet).

mehr, sodass gegen Ende der Republik das gesamte Land, mit Ausnahme Neapels, römisch geworden war.

Im Süden Lukaner und Bruttier, im Norden die Picenter

Wir gehen weiter an der Küste entlang, umrunden also gewissermaßen den Stiefel und lassen die Mitte zunächst außer Betracht. An Kampanien schließt Lukanien an, ein Gebiet, das erst im 4. Jahrhundert v. Chr. seinen Namen von dem aus den Bergen hinabdrängenden Volk der Lukaner bekommen hat, das wohl seinerseits eine Abspaltung der Samniten war. Die Küsten waren ja seit der griechischen Kolonisation mit griechischen Städten gesäumt, aber ähnlich wie in Kampanien gelang es den neu Hineindrängenden, viele von ihnen ihres griechischen Charakters zu entkleiden. So wurde aus dem griechischen Poseidonia schon früh im 4. Jahrhundert das Oskisch sprechende lukanische Paestum. Die Lukaner prägten auf ihre Münzen einen Wolfskopf als Symbol, und es ist von großer Faszination, diesen Wolf als das Tier zu verstehen, von dem man meinte, dass es den Auswandernden bei einem Ver sacrum voranging und ihnen die neuen Wohnsitze wies. Eine der frühesten römischen Inschriften von 298 v. Chr., die Grabschrift des Lucius Cornelius Scipio Barbatus, spricht in eindrucksvoller Knappheit von einem Triumph, der über die Lukaner gefeiert wurde.

Die bemalte Giebelplatte aus einem Grab in Paestum gewährt Einblick in die Jenseitsvorstellungen und die Begräbnisriten der Italiker. Die obere Szene zeigt eine geflügelte Gestalt, die einer verstorbenen Frau in die Totenbarke hilft; darunter eine Opferprozession der Trauernden (Paestum, Museo Archeologico Nazionale).

Der Sarkophag des Lucius Cornelius Scipio Barbatus wurde in den Scipionengräbern an der Via Appia in Rom gefunden. Die vierzeilige lateinische Inschrift in dem ältesten römischen Versmaß, dem Saturnier, preist die Siege des Verstorbenen in Samnium und Lukanien (Rom, Vatikanische Sammlungen).

Die Stiefelspitze wurde vom Volk der Bruttier eingenommen, die ihrerseits das Ergebnis eines Ver sacrum darstellten, nun von den Lukanern ausgegangen; etymologisch bedeutet die Volksbezeichnung sogar »die Abgespaltenen«. Seit der Mitte des 4. Jahrhunderts v. Chr. waren sie selbstständig, bedrängten und eroberten viele Griechenstädte und gaben sogar der ganzen Landschaft den Namen Bruttium; erst seit dem späten 7. Jahrhundert n. Chr. heißt die Halbinsel Kalabrien. Im damaligen Kalabrien, also dem Stiefelabsatz, der heutigen Salentinischen Halbinsel, saßen die illyrischen Messapier, mit den Unterstämmen der Salentiner und Kalabrer. Auch die nördlich anschließenden Peuketier waren von der östlichen Adriaküste herübergekommene Illyrer, aber die das Land um den Berg Garganus (den Sporn des Stiefels) herum bewohnenden Daunier und Apuler sprachen ausweislich der wenigen Inschriften und Münzlegenden eine oskische Sprache, stammten also von den Samniten ab.

Drei Gefäße der daunisch-geometrischen Keramik aus dem 5./4. Jahrhundert v. Chr. (Mannheim, Reiss-Museum). Auch in der Alltagskultur der Italiker spielte das Motiv des Kampfes eine Rolle, wie der Gefäßhenkel (unten) vom Ende des 6. Jahrhunderts v. Chr. aus Picenum, der Heimat der Picenter an der Adriaküste, zeigt. Bronze, Höhe etwa 22 cm (Pesaro, Museo Archeologico Oliveriano).

Nördlich von ihnen siedelten die samnitischen Frentaner, an sie schlossen sich die Marrukiner an, also nördlich der Höhe, auf der auf der anderen Seite der Halbinsel Rom liegt; sie, deren Name sich vom Gott Mars herleitet, worin wir wieder einen Ursprung durch ein Ver sacrum erkennen können, schrieben ihr Oskisch mit lateinischem Alphabet. Über die Vestiner und die Prätuttier, von deren Namen die Bezeichnung Abruzzen herstammt, kommen wir zum nördlichsten italischen Volk, den Picentern in der Landschaft Picenum. In ihrem Namen ist, wie schon gesagt, das Wort für Specht enthalten, ihre Sprache war wohl die umbrische Variante des Oskischen. Sie waren ein sehr kriegerisches Volk, und als die Römer sie 268 v. Chr. unterworfen hatten, wurde, was ganz ungewöhnlich ist, ein Teil von ihnen an den Golf von Paestum umgesiedelt, sodass dort dann auch Picenter anzutreffen waren.

Von den Umbrern zu den Samniten

Im Landesinneren saßen die Umbrer, ein ehemals großes Volk, dessen Sprache wir durch die Iguvinischen Tafeln besonders gut kennen; sie sprachen den Anlaut, den die Römer »qu« aussprachen, wie »p« aus, sagten also *pis* statt *quis.* Diese Entwicklung hat die heutige rumänische Sprache wieder in umgekehrter Richtung vollzogen: Das Wort für vier heißt hier *patru* (von lateinisch *quattuor*), das Wort für Wasser *apa* (von *aqua*). Die Umbrer waren weniger kämpferisch als die meisten anderen italischen Stämme, obwohl ihre Variante des Namens des Kriegsgottes Mars besonders kriegerisch klingt: Mavors; sie fügten sich schnell den Kelten und dann den Römern. An sie schlossen sich nach Süden die schon besprochenen Sabiner an, an diese die Äquer, die westlich des Fucinersees wohnten. Östlich davon siedelten die wieder Oskisch sprechenden Päligner, die besonders tüchtige Kontingente zum römischen Heer stellten, und am Südrand des Sees saßen die Marser, deren Name nun unverkennbar vom Gott Mars herstammt; entsprechend sagte man in Rom, nie habe man einen Triumph über die Marser oder ohne sie begehen können.

Silberdenar aus der Zeit des Bundesgenossenkrieges (91–88 v. Chr.); zu erkennen ist der italische Jungstier, der die römische Wölfin bekämpft. Darunter steht (linksläufig) der oskische Name für Jungstier, »VITELIU«, auf den die Herkunft des Namens Italien zurückgeht. Eine ähnliche Darstellung findet sich auf der Münze rechts außen, geprägt um 91/90 v. Chr. in Corfinium. Unten ist der in oskischer Schrift (linksläufig) geschriebene Name G. Paapius erkennbar.

Und nun zum Schluss die Samniten. Sie waren ja nicht nur die Keimzelle eines Großteils der Italiker – einer ihrer Unterstämme waren die besonders wilden Hirpiner –, sie sind auch diejenigen gewesen, deren Härte und Unbeugsamkeit den Römern am meisten zu schaffen gemacht hatte, so sehr, dass sie schließlich gegen Ende der Republik vollständig ausgerottet wurden. Drei Samnitenkriege werden gezählt, und als die Italiker sich um das Jahr 90 v. Chr. gegen die Römer erhoben, kämpften die Samniten, neben den Marsern und Picentern, am ausdauerndsten bis zum Untergang. Paradoxerweise war es gerade ihre Vitalität, die ihnen das Ende bereitete. Wir hatten gesehen, wie sie Kampanien unterwanderten und überrollten, und wir hatten auch gesehen, wie das auf diese Weise entstandene kampanische Volk sich gegen weiteres samnitisches Eindringen dadurch zur Wehr setzte, dass es die Römer zu Hilfe rief. Dieser Vorgang liegt auch allen anderen Nachrichten zugrunde, durch die wir hören, dass die Römer ein italisches Volk nach dem anderen unterwarfen. Meistens handelte es sich um Abspaltungen des rauen samnitischen Volkes, die an der jeweiligen Küste eine eigene Identität gewannen und im Zusammengehen mit den Römern den besten Schutz gegen die Angriffe sahen, die ihre ehemaligen Stammväter gegen sie unternahmen.

Der »Krieger von Capestrano«, eine etwa 2 m große Grabfigur eines picenischen Kriegers aus der Mitte des 6. Jahrhunderts v. Chr., gefunden in dem Abruzzenort Capestrano bei L'Aquila (Chieti, Museo Nazionale Archeologico dell'Abruzzo).

Gemäßigte Aristokratie – Das staatliche Leben

Die italische Religion unterlag, soweit sie nicht auf einem urtümlichen Niveau verharrte, den Einflüssen der griechischen Zivilisation, wie es ja auch mit der römischen geschah. Das staatliche Leben ist uns in seinen Institutionen vorwiegend durch Inschriften einigermaßen und doch lückenhaft bekannt geworden. Das der Latiner ähnelte sehr dem römischen, mit einigen Abweichungen wie der, dass der Oberbeamte *dictator* hieß. Bei den Völkern oskischumbrischer Sprache hieß das Volk und, bei dem personalistischen Staatsverständnis der Antike, damit gleichzeitig auch der Staat selber *touta* oder *tuta*, das davon gebildete Adjektiv *tutiko*. Der oberste Beamte hieß bei den meisten *meddix*, was etymologisch aus *medos* (Recht) und *dik* (etwas offenbar machen) zu erklären ist und somit dem lateinischen *iudex* entspricht; er war also ein »Richter«, wie der Oberbeamte ja auch bei vielen anderen Völkern genannt wird.

Freskofragment aus einem Grab am Esquilin in Rom aus dem 4./3. Jahrhundert v. Chr.; im unteren Bereich ist eine Verhandlungsszene zwischen zwei Männern dargestellt, die sich wahrscheinlich auf den 2. Samnitenkrieg (326–304) bezieht; erkennbare Schriftreste lassen sich als »FABIUS« lesen, es handelt sich bei dem rechten Mann deshalb vermutlich um Quintus Fabius Maximus Rullianus, dem ein Sieg über die Samniten im 2. Samnitenkrieg zugeschrieben wird.

Ein, latinisiert geschrieben, *meddix tuticus* war also ein staatlicher oder öffentlicher Richter und Oberbeamter. Es kommt vor, dass es zwei *meddices* gab, jedoch waren das anders als in Rom nicht zwei Kollegen, die auf derselben Stufe standen und das Amt gemeinsam auszuüben hatten, sondern es war hier immer ein Rangunterschied gegeben. Neben anderen Magistraten sei hier nur noch das mindere Amt des *keenstur* erwähnt, also des Zensors, der in seinen Befugnissen und seinem Prestige aber unter seinem römischen Pendant stand. Aus Analogie zu erschließen, aber schwer nachzuweisen ist ein Rat der Alten, also ein Senat; wir hören nur von einem Fall, in dem ein solches Gremium vom Volk zu wählen war. Natürlich gab es eben auch eine Volksversammlung, wie sie in der antiken Welt verbreitet war, aber die vorwiegend praktizierte Verfassung dürfte eher eine gemäßigte Aristokratie wie in Rom gewesen sein. Die Italiker lebten vielfach noch auf der Stufe von Stammesstaaten und neigten zu innerer Zersplitterung; Bünde, zu denen sie sich in den meisten Fällen zusammentaten, waren lose Zusammenschlüsse und von geringer Lebensdauer.

Das Schicksal der Italiker: Aufgehen in der römischen Zivilisation

Das Schicksal der Italiker ist nicht ohne Tragik, gleichzeitig ist es eines, das in der Geschichte oft vorkommt. Ihre historische Existenz hat nicht zu einer eigenen Identität geführt, sondern allen war es beschieden, in der Zivilisation aufzugehen, die von einer Stadt ihresgleichen militärisch und kulturell geprägt wurde: Rom. Der Angleichungsprozess ging über Jahrhunderte, und diese Angleichung hat dazu geführt, dass wir erst jetzt, in der Neuzeit, durch Archäologie und Inschriftenkunde ein annäherndes Bild von den Italikern gewinnen können; eine Schriftsprache, die zu bedeutenden Werken geführt hat, haben sie nie entwickelt. Wirtschaftlich verharrten sie weitgehend in einfachen Verhältnissen, doch gab es durchaus Münzgeld, und die jeweilige wirtschaftlich führende Schicht bestand, wie in Rom, aus Großgrundbesitzern und Kaufleuten. Außerhalb Italiens konnte man sie nicht von Römern unterscheiden, und wenn wir aus der Spätphase der Republik von antirömischen Massakern hören, dann waren die Opfer genauso Italiker wie eigentliche römische Bürger.

Seit dem Beginn des 3. Jahrhunderts v. Chr. war Italien einheitlich unter der politischen Führung Roms organisiert, die nichtrömischen Städte waren rechtlich jedoch Bundesgenossen und hatten ihr eigenes Bürgerrecht behalten. Der Angleichungsprozess führte jedoch dazu, dass dieser Unterschied nicht mehr als Bewahrung einer eigenen Identität, sondern als Zurücksetzung empfunden wurde. Der Ruf nach der Verleihung des römischen Bürgerrechts an alle Italiker wurde daher immer lauter, und als er nicht erfüllt wurde, kam es von 91 bis 88 v. Chr. zum Bundesgenossenkrieg. Die Italiker schufen einen Einheitsstaat nach römischem Vorbild mit zwei *meddices* an der Spitze, zwölf Prätoren, einem Senat und einer Hauptstadt Italica, dem umgetauften Corfinium im Pälignerland. Der Ausgang des Krieges stand auf des Messers Schneide und konnte von den Römern nur dadurch gewonnen werden, dass sie den Gegnern nach und nach doch das Bürgerrecht verliehen.

Das früheste Ereignis, mit dem der Name der Samniten verknüpft ist, die Eroberung Capuas 424 v. Chr., kennzeichnet den kriegerischen Charakter dieses Volkes, das auch den Etruskern zu schaffen machte (Livius, Römische Geschichte 4, 37, 1 f.):

Volturnum, eine Stadt der Etrusker, das heutige Capua, wurde von den Samniten eingenommen und nach ihrem Anführer Capys oder, was wahrscheinlicher ist, nach dem ebenen (campestris) Charakter des Landes benannt. Die Einnahme erfolgte aber durch Leute, die die Etrusker, vom Krieg erschöpft, zuvor als Mitbewohner in die Stadt aufgenommen und denen sie einen Teil ihres Landes überlassen hatten; die neuen Ansiedler fielen dann an einem Festtag in der Nacht über die alten Einwohner her, die nach dem Festmahl in tiefem Schlaf lagen, und richteten ein Blutbad an.

Bei Pietrabbondante in der mittelitalienischen Landschaft Molise wurde eine samnitische Kultanlage ausgegraben; im Vordergrund einer der beiden Tempel, dahinter ein Theater (um 100 v. Chr.).

Das Italikertum ist freilich im römischen Bewusstsein noch lange erhalten geblieben, wenn auch nur in einer sozusagen nostalgischen Weise: Man wusste gegebenenfalls, wer italischer Herkunft war, und mancher tat sich vielleicht darauf etwas zugute. Cicero und Marius stammten aus dem ehemals volskischen Arpinum, der Großvater des bedeutenden Politikers, Militärs und Autors Asinius Pollio war als Marrukiner noch Befehlshaber im Bundesgenossenkrieg gewesen, der Historiker Sallust kam aus dem sabinischen Amiternum, und der kaiserzeitliche Dichter Ovid stammte aus Sulmo im Pälignerland. Sie alle waren gewiss so römisch, wie man nur sein konnte, aber zu Beginn des 2. Jahrhunderts v. Chr. konnte der aus der kalabrischen Stadt Rudiae stammende lateinische Dichter Ennius, der mit seinen »Annalen« das erste Nationalepos der Römer schuf, von sich sagen, er habe *tria corda,* drei Herzen oder Seelen, weil er drei Sprachen könne: Griechisch, Oskisch und Lateinisch.

Wolfgang Schuller

Die Welt der Griechen

Götter und Helden – Mykenische Zeit

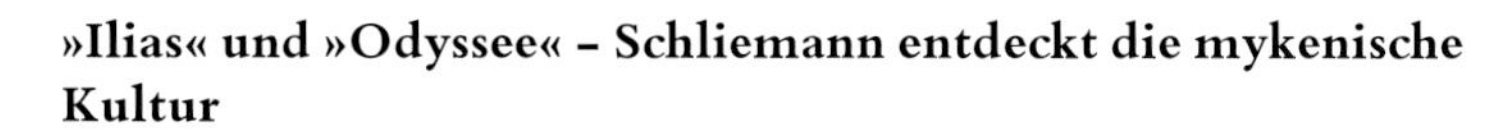

»Ilias« und »Odyssee« – Schliemann entdeckt die mykenische Kultur

Der Dichter Homer. Diese römische Kopie nach einem um 560/550 v. Chr. geschaffenen Bildnis steht heute in der Münchener Glyptothek. Homer wird als schöner und gepflegter Greis gezeigt. Man stellt ihn blind dar, um den Reichtum seiner inneren Schau auszudrücken.

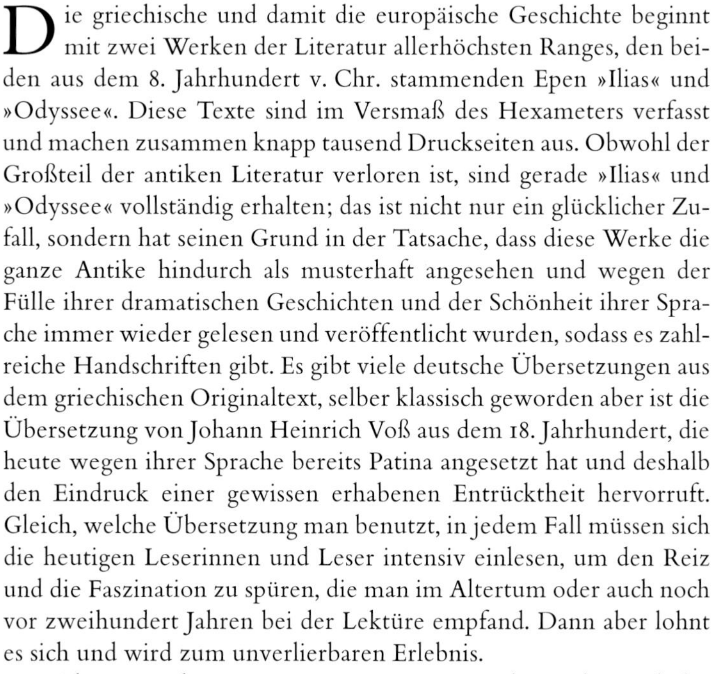

Die griechische und damit die europäische Geschichte beginnt mit zwei Werken der Literatur allerhöchsten Ranges, den beiden aus dem 8. Jahrhundert v. Chr. stammenden Epen »Ilias« und »Odyssee«. Diese Texte sind im Versmaß des Hexameters verfasst und machen zusammen knapp tausend Druckseiten aus. Obwohl der Großteil der antiken Literatur verloren ist, sind gerade »Ilias« und »Odyssee« vollständig erhalten; das ist nicht nur ein glücklicher Zufall, sondern hat seinen Grund in der Tatsache, dass diese Werke die ganze Antike hindurch als musterhaft angesehen und wegen der Fülle ihrer dramatischen Geschichten und der Schönheit ihrer Sprache immer wieder gelesen und veröffentlicht wurden, sodass es zahlreiche Handschriften gibt. Es gibt viele deutsche Übersetzungen aus dem griechischen Originaltext, selber klassisch geworden aber ist die Übersetzung von Johann Heinrich Voß aus dem 18. Jahrhundert, die heute wegen ihrer Sprache bereits Patina angesetzt hat und deshalb den Eindruck einer gewissen erhabenen Entrücktheit hervorruft. Gleich, welche Übersetzung man benutzt, in jedem Fall müssen sich die heutigen Leserinnen und Leser intensiv einlesen, um den Reiz und die Faszination zu spüren, die man im Altertum oder auch noch vor zweihundert Jahren bei der Lektüre empfand. Dann aber lohnt es sich und wird zum unverlierbaren Erlebnis.

Die »Ilias« beginnt in der Übersetzung von Johann Heinrich Voß so:

Singe den Zorn, o Göttin, des Peleiaden Achilleus,
Ihn, der entbrannt den Achaiern unnennbaren Jammer erregte
Und viel tapfere Seelen der Heldensöhne zum Ais
Sendete, aber sie selbst zum Raub darstellte den Hunden
Und dem Gevögel umher. So ward Zeus' Wille vollendet:
Seit dem Tag, als erst durch bitteren Zank sich entzweiten
Atreus' Sohn, der Herrscher des Volks, und der edle Achilleus.

Beide Epen geben vor, in einer vergangenen, aber realen Welt der Helden und Götter zu spielen. Die »Ilias« erzählt von einer nur wenige Tage dauernden Episode aus einem insgesamt zehnjährigen Krieg der vereinigten Griechen gegen die am Hellespont gelegene kleinasiatische Stadt Troja. Dieser Krieg sei dadurch entstanden, dass der trojanische Königssohn Paris Helena, die schönste lebende Frau und Gemahlin des Menelaos, des Königs von Sparta, entführt habe. Um Helena wieder zurückzuholen, verbünden sich die Griechen unter dem Oberbefehl des Bruders des Menelaos, des Agamemnon, der König von Mykene ist, und belagern Troja. Die Götter, die teils aufseiten der Griechen, teils aufseiten der Trojaner stehen, greifen unablässig in die Kämpfe ein. Zum Schluss siegen die Griechen durch eine List: Sie stellen ein großes hölzernes Pferd her, von dem die Trojaner annehmen, es sei ein Glück bringendes Göttergeschenk, das sie deshalb in ihre Stadt ziehen. In Wirklichkeit verbergen sich in seinem Bauch Griechen, die auf diese Weise in die Stadt eindringen und sie von innen heraus erobern können.

Die »Ilias« nun – sie hat ihre Bezeichnung von Ilios, einem anderen Namen für Troja – handelt davon, dass Achilleus, einer der griechischen Könige und der erfolgreichste Kämpfer vor Troja, wegen eines Ehrenhandels mit Agamemnon sich eine Zeit lang weigert, am Kampf teilzunehmen, wodurch die Griechen in große Bedrängnis geraten; zum Schluss kämpft er wieder mit und besiegt den trojanischen Königssohn Hektor, den gewaltigsten Krieger auf der Gegenseite. Die »Odyssee« behandelt die Heimkehr eines der vor Troja kämpfenden Griechenkönige, des Odysseus, König auf der Insel Ithaka. Er erlebt auf seiner gefahrvollen Schiffsreise zahlreiche Abenteuer mit göttlichen und Fabelwesen, erleidet Schiffbruch und kommt schließlich nur als Einziger von seinen Gefährten nach Hause, und auch auf Ithaka muss er erst um seine Wiedereinsetzung als König kämpfen. Von beiden Epen wurde in der Antike angenommen, sie seien von einem Dichter namens Homer verfasst worden, gäben aber die historische Realität wieder, sie waren also eine Art erstes Geschichtsbuch der Antike. Erst am Ende des 18. Jahrhunderts zweifelte man ernsthaft daran, dass es Homer als Dichter der beiden Bücher gegeben habe. Auch vermutete man, dass ihr Inhalt eher dichterische Fantasie sei und – ganz abgesehen von den sagenhaften Partien – allenfalls in groben Zügen geschichtlichen Ereignissen entspreche; dass es allerdings einen Trojanischen Krieg gegeben habe, wurde doch allgemein angenommen.

Ein Mann allerdings nahm Homer wörtlich. Er war kein Fachmann, sondern ein homerbegeisterter reicher Kaufmann aus Mecklenburg, Heinrich Schliemann. Er ging dorthin, wo nach den Epen der Kampf getobt hatte, nach Ilios, und wo Agamemnon regiert hatte, nach Mykene, grub trotz der Skepsis der Fachleute nach und fand. Das, was er fand, hielt er für das homerische Troja und das homerische Mykene, und wenn die Fachleute hinsichtlich des Findens überhaupt widerlegt waren, so entspricht hinsichtlich der Interpretation des Gefundenen – und des inzwischen immer weiter zutage Getretenen – die historische Wirklichkeit doch nicht seiner Gleichsetzung mit Homer. In Troja ist mittlerweile eine Fülle der verschiedensten immer wieder zerstörten und aufeinander folgenden Siedlungen entdeckt worden, sodass klar ist, dass es sich hier um einen wichtigen frühgeschichtlichen Platz gehandelt hat; aber dass irgendeine dieser Siedlungen in allen Einzelheiten mit dem, was die homerische Dichtung als konkrete Ereignisse schildert, identisch wäre, kann natürlich nicht gesagt werden. Auch das Nibelungenlied und die Sagen um Dietrich von Bern haben sich aufgrund von historischen Ereignissen des 5. und 6. Jahrhunderts n. Chr. herausgebildet – aber die Stelle im Odenwald finden, an der ein Hagen einen Siegfried von hinten getötet hätte, oder im Rhein mittels Unterwasserarchäologie einen von Hagen versenkten Schatz heben zu wollen, verwechselt dichterische Fiktion mit sehr nüchternen Tatsachen.

Heinrich Schliemann (1822–90), Kaufmann und Archäologe. Das Bildnis des 55-Jährigen von Sidney Hodges im Berliner Museum für Vor- und Frühgeschichte entstand in England.

Die »Odyssee« beginnt in der Übersetzung von Johann Heinrich Voß so:

Sage mir, Muse, die Taten des viel gewanderten Mannes,
Welcher so weit geirrt nach der heiligen Troja Zerstörung,
Vieler Menschen Städte gesehn und Sitte gelernt hat
Und auf dem Meere so viele unnennbare Leiden erduldet,
Seine Seel zu retten und seiner Freunde Zurückkunft.
Aber die Freunde rettet' er nicht, wie eifrig er strebte;
Denn sie bereiteten selbst durch Missetat ihr Verderben:
Toren! welche die Rinder des hohen Sonnenbeherrschers
Schlachteten; siehe, der Gott nahm ihnen den Tag der Zurückkunft.
Sage hiervon auch uns ein weniges, Tochter Kronions.

Aber: Zwar hat es einen Trojanischen Krieg in diesem unmittelbaren Sinn nicht gegeben, was es jedoch gegeben hat, das ist eine erste griechische Zivilisation vor der historischen Zeit, und sie als Erster entdeckt zu haben, ist Schliemanns unvergängliches Verdienst. Wir nennen sie nach Schliemanns erstem Fundort auf dem griechischen Festland die mykenische Kultur.

Die mykenische Kultur wird entschlüsselt

Die mykenische Kultur erstreckte sich über ganz Süd- und Mittelgriechenland bis hinauf nach Volos, wie das alte Iolkos jetzt heißt, und wer heute die schönen griechischen Lokalmuseen besucht, staunt über die große Fülle von mykenischen Funden, die sich über das ganze Land erstrecken, also nicht nur aus den großen Zentren stammen. Diese großen Zentren sind Mykene und Tiryns, Pylos im Südwesten der Peloponnes, in Attika Athen, in Böotien Orchomenos, Gla (bei Akraiphia) und Theben, in Thessalien Iolkos – und viele andere; ja, auch auf Kreta, auf den Inseln, in Kleinasien und sogar in Süditalien und Sizilien haben die mykenischen Griechen ihre Spuren hinterlassen.

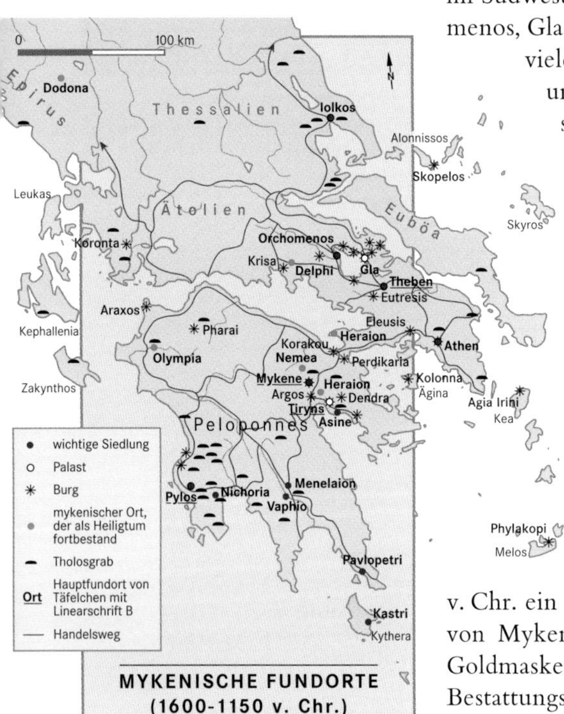

Ihre Zivilisation konnte man seit Schliemann zunächst nur aufgrund der archäologischen Funde beschreiben, und als zu Anfang des 20. Jahrhunderts die ersten Schrifttafeln auftauchten, konnte man sie noch nicht lesen. Erst 1952 gelang dem Engländer Michael Ventris die Entzifferung der Schrift (Linear B), und da stellte sich heraus, dass diese Tontafeln in einer Frühform des Griechischen geschrieben sind.

So also in kurzen Zügen der Befund. Was ergibt sich aus ihm? Irgendwann um 2000 v. Chr. datiert man Veränderungen der archäologischen Situation, woraus gefolgert wird, dass um diese Zeit Leute aus dem Norden eingewandert sind. Unspektakulär haben sie dahingelebt, bis im zweiten Drittel des 2. Jahrtausends v. Chr. ein Erwachen einsetzt. Wir sehen es in den Schachtgräbern von Mykene mit ihren üppigen Goldbeigaben, unter denen die Goldmasken am berühmtesten sind; später traten an die Stelle dieser Bestattungsart die riesigen Kuppelgräber. Wenn man sich fragt, wie es zu diesem Auftauchen aus der Kulturlosigkeit kommen konnte, dann gibt darüber unter anderem der Stil der künstlerischen Produkte Auskunft: Die Wandgemälde zum Beispiel ähneln so sehr der minoischen Kunst, dass nach deren Entdeckung zunächst die Meinung vorherrschte, man habe es in Mykene überhaupt nur mit einem Ableger des minoischen Kreta zu tun. Heute vermutet man, dass ein wie auch immer verursachter Kontakt mit dem minoischen Kreta dazu geführt hat, dass die Festlandsleute dessen Zivilisation teilweise übernommen haben. Aber wirklich nur teilweise. Die minoische Kultur hatte bekanntlich insofern einen weiblichen Charakter, als in den bildlichen Darstellungen keine kriegerischen Szenen vorkommen, und das ist in Mykene sehr anders. Es gibt Kampfszenen, aber auch Kriegergräber mit Waffenbeigaben, und alles das fehlte im minoischen Kreta.

Die letzte Phase der mykenischen Kultur hat einen besonders wehrhaften Charakter. Jetzt erst, etwa ab 1400 v. Chr., wurden die Burgen gebaut, die Mykene und Tiryns berühmt gemacht haben. Pylos blieb unbefestigt, aber auch auf der athenischen Akropolis finden wir gewaltige Burgmauern, und die Hochfläche von Gla ist das Musterbeispiel einer festungsartigen und uneinnehmbaren Stadt. Wahrscheinlich sind diese und andere Burgen das Resultat der Tatsache, dass jetzt Bedrohungen auf die Mykener zukamen, und schließlich erlagen sie um 1200 v. Chr. diesen Angriffen. So wurden Mykene, Tiryns und Pylos niedergebrannt und in der früheren Form nicht wieder aufgebaut. Allerdings sind diejenigen, die die Zerstörungen verursacht haben, weitergezogen; sie waren wohl dieselben, die dann im Vorderen Orient ebenfalls erhebliche Zerstörungen verursachten und erst von den Ägyptern aufgehalten wurden. Von den Ägyptern erhielten sie den Namen, unter dem sie auch bei uns bekannt sind, nämlich die Seevölker.

Die sechs Schachtgräber des Grabbezirks A von Mykene wurden in der 2. Hälfte des 16. Jahrhunderts v. Chr. außerhalb der Festung angelegt. Drei Jahrhunderte später erweiterte man die Burg. Die »Ahnengräber« wurden nun durch Stelen markiert und die Grabstätte mit einer niedrigen Mauer umzogen. Schliemann brachte die Beigaben in das Athener Nationalmuseum.

Weitere Tatsachen zeigen, dass man sich das Ende der mykenischen Welt nicht so vorstellen darf, dass eben ein neues Volk das frühere besiegt habe und sozusagen an seine Stelle getreten sei. Zum einen gibt es diese Zerstörungen nicht überall, sie fehlen etwa in Athen, sodass das auch dort eingetretene Ende der mykenischen Kultur einen anderen Grund gehabt haben muss. Zum anderen gibt es, etwa in Tiryns, umfangreiche Nachbesiedlungen, fast eine neue Blütezeit – nur eben nicht in der Organisationsform, wie sie die mykenischen Staaten aufwiesen. Und schließlich sickerten neue Einwanderer nach, die sich vor allem auf der Peloponnes niederließen und sich mit der vorgefundenen Bevölkerung vermischten. Sie sprachen die dorische Variante des Griechischen, sodass man diesen Vorgang die dorische Wanderung nennt. In der Sage von der Rückkehr der Herakliden bewahrten die Griechen eine Erinnerung an diese Wanderung.

Die Organisationsform der mykenischen Kultur ist uns durch Schrifttäfelchen bekannt geworden, die zuerst Anfang des 20. Jahrhunderts in Knossos auf Kreta gefunden wurden. Der Ausgräber Arthur Evans nannte die auf ihnen zu lesende Schrift Linear B; Linear wegen ihrer Form, und B, weil es noch eine andere ähnliche Schrift gab, die er A nannte. Linear A war die noch nicht hinreichend entschlüsselte Schrift der Minoer, und dass die Mykener diese Schrift wenn auch in abgewandelter Form übernahmen, ist ein weiteres Indiz dafür, dass sie ihren zivilisatorischen Anstoß von den Minoern bekamen. Das Vorkommen dieser Schrift auf Kreta bedeutet, dass

Diese mykenische Vase wurde in Perati (Attika) gefunden und steht heute im Athener Nationalmuseum. Die so genannten Bügelkannen gehen auf kretische Vorbilder zurück und dienten meist zur Aufbewahrung von Parfümöl. Sie sind eine Leitform der mykenischen Kultur und wurden in der Zeit Ramses' II. auch nach Ägypten exportiert. So fand Schliemann einen ersten Anhaltspunkt für das Alter der mykenischen Funde.

Die aus feinem Goldblech getriebene so genannte »Maske des Agamemnon« wurde in Schachtgrab V von Mykene gefunden.

die Mykener später auch dort herrschten; aber seit ihrer ersten Entdeckung auf Kreta fand man sie auch an vielen anderen Stellen auf dem Festland. Sie kommt auch auf Gefäßen vor, wo sie zur Kennzeichnung des Inhalts verwendet wurde. Die Schrifttäfelchen waren nicht für eine dauernde Aufbewahrung gedacht; sie sind nur deshalb für uns heute erhalten geblieben, weil die Gebäude, in denen sie gefunden wurden, in einem Feuersturm zugrunde gegangen sind, und dabei wurden diese Täfelchen gebrannt.

Was stand auf den Täfelchen? Es waren Wirtschaftstexte, auf denen Abgaben oder sonstige wirtschaftliche Vorgänge verzeichnet waren. Aus der äußeren Struktur der Texte konnte man das bereits entnehmen, als man die Worte noch nicht verstand, denn man konnte deutlich Zahlzeichen und mit ihnen verbundene Rubriken erkennen. Eine genaue Analyse der Texte ergab, dass diese Abgaben innerhalb einer zentralen Palastwirtschaft geleistet wurden, und da eine solche Palastwirtschaft mit entsprechender Buchführung die Organisationsform der minoischen Zivilisation war, ist auch hier zu sagen, dass die mykenische Kultur eine Variante oder Weiterführung der minoischen Kultur gewesen ist; die Schrift ist als Hilfsmittel für diese Wirtschaftsorganisation mit übernommen und abgewandelt worden. Es war eine Silbenschrift und eignete sich als solche nicht gut für die griechische Sprache, sodass die merkwürdigen Lautkombinationen, die die ersten Entzifferer entschlüsselten, zunächst gegen die Richtigkeit der Entzifferung sprachen. Jetzt aber, nach der allgemeinen Anerkennung, erhalten wir wertvolle Auskünfte über die mykenische Welt. Es ist nämlich nicht nur vordergründig von Wirtschaftsdaten die Rede, sondern da es sich um eine sozusagen staatliche Wirtschaft handelte, werden auch öffentliche Institutionen genannt. Es gibt einen *wanax,* den obersten König; es gibt den *lawagetas,* einen hohen Würdenträger anderer Art; es gibt den *damos* (im klassischen Griechisch *demos*), also das Volk; und es gibt ein kleineres oder mittleres Amt, das die Bezeichnung *qa-si-re-u* trägt, also das Wort, aus dem dann später das griechische Wort *basileus,* König, geworden ist. Es gibt Abgabepflichten des Volkes; es gibt differenzierte Berufe, darunter Schmiede; es gibt Landzuteilungen an Amtsträger, zu denen auch Priester und Priesterinnen gehörten, ja, es gibt sogar Rechtsstreitigkeiten über solche Landzuteilungen, die ebenfalls dokumentiert sind. Staat und Gesellschaft in mykenischer Zeit waren also um den jeweiligen Herrschersitz zentrierte hoch differenzierte und wohl organisierte Gebilde.

Mykene, das Löwentor aus der Mitte des 13. Jahrhunderts v. Chr. Der Bau ist in so genannter zyklopischer Mauertechnik aus riesigen Quadern errichtet. Allein der Deckstein wiegt 18 t. Im Dreieck darüber eine Säule als Sinnbild der Herrschaft oder einer Gottheit, die von zwei Löwinnen bewacht wird.

Noch etwas anderes wird aus den Täfelchen deutlich. In Angaben zu dem wirtschaftlichen Besitz von Heiligtümern kommen auch Götternamen vor, und wir erfahren dadurch, dass die Götterwelt der Mykener die der späteren Griechen war. Die Namen der Götter sind identisch, und wenn zu Beginn der Entzifferungsarbeit gemeint wurde, die Entzifferung sei falsch, weil auch der Gott Dionysos gelesen wurde, der doch erst später in die griechische Religion aufge-

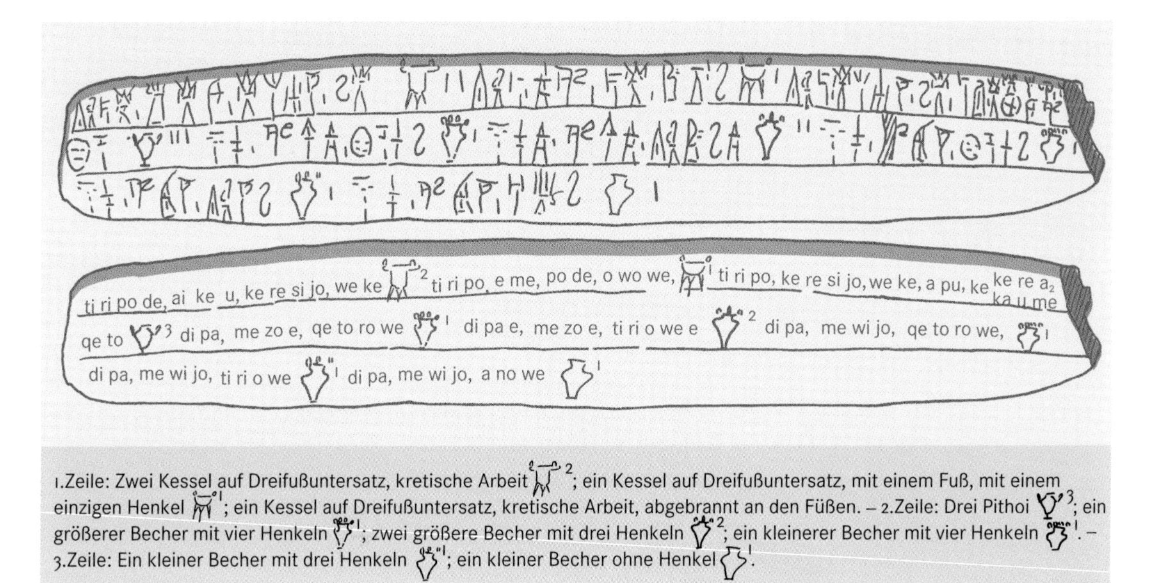

Bei der Entzifferung der Linear-B-Schrift spielte diese Inventarliste aus dem Palast von Pylos eine besondere Rolle. Nach jeder Nennung eines Gefäßes in Silbenschrift folgt eine kleine Darstellung und eine Zahl, sodass die Bedeutung klar ist.

nommen worden sei, so muss jetzt umgekehrt gesagt werden: Dionysos ist ein alter griechischer Gott, weil er schon in Linear B erwähnt wird. Das führt uns zum Schluss auf die Frage, ob wir Schliemann wirklich der Naivität beschuldigen können, und ob es nicht vielleicht doch so ist, dass die homerischen Epen in wenn auch poetisch veränderter Form Vorgänge wiedergeben, die in mykenischer Zeit spielen? Nun gut, als aufgeklärte Rationalisten sagen wir mit den Aufklärern des 5. vorchristlichen Jahrhunderts in Athen, dass es natürlich die Götter in Wirklichkeit nicht gegeben hat, sondern dass sie eine Erfindung der Menschen sind. Aber immerhin waren doch die Göttervorstellungen dieselben, und mächtige Burgen und Königreiche waren auch da, und warum sollen nicht wenigstens diese Grundtatsachen im griechischen kollektiven Gedächtnis haften geblieben sein und zu den Epen »Ilias« und »Odyssee« geführt haben? Eine Grundtatsache spricht dagegen, auf die wir im nächsten Kapitel noch näher eingehen werden: Die Welt, die in den Epen geschildert wird, weist außer der Tatsache mächtiger Könige nichts auf, was mit der durch die Archäologie und die schriftlichen Texte bekannt gewordenen Welt des mykenischen Griechentums übereinstimmt. Die späteren Griechen, so die Forschung heute, haben eben auch wie wir nur die Überreste dieser gewaltigen Vergangenheit gesehen und daraus den Sagenkreis geschaffen, den wir heute, wenn wir Sinn dafür haben, bewundern. Und ist das nicht schon mehr als genug?

In der fruchtbaren Ebene von Argos liegt die Burg Tiryns auf einer Felsklippe. Auf der Oberburg der mykenische Palast aus dem 14. Jahrhundert v. Chr.

Wolfgang Schuller

Neues Kräftesammeln – Die Dunklen Jahrhunderte

Dunkel sollen die Jahrhunderte nach dem Zusammenbruch Mykenes gewesen sein. Das ist ein Ausdruck, der von der Übergangszeit zwischen Altertum und Mittelalter auf eine bestimmte Zeit der Antike übertragen worden ist. Er bedeutet erstens, dass man wenig über die betreffende Zeit weiß, zweitens soll damit gesagt werden, dass die Verhältnisse selber von niedrigem Niveau waren, verglichen mit den Epochen vorher und nachher. Beide Gesichtspunkte treffen auf die Zeit zwischen, rund gerechnet, 1200 und 800 v. Chr. gewiss zu, doch sind sie stark zu modifizieren. Denn einerseits fällt durch die archäologische Forschung immer mehr Licht ins Dunkel, und andererseits wird man einer unserer Hauptquellen wegen nicht sagen können, dass diese Jahrhunderte nur primitiv und ungelenk gewesen seien, nämlich wegen der Epen Homers, die in dieser Zeit entstanden sind und nach wie vor funkeln in unerreichter Schönheit und Gedankentiefe. In den einfachen Verhältnissen dieser Jahrhunderte sammelten und organisierten sich in der Stille die Kräfte, die sich in der nächsten Epoche, der archaischen Zeit, stürmisch und offen entfalten sollten. Oder, in Bildern und Vergleichen gesprochen: Man könnte von der Inkubationszeit der griechischen Kultur sprechen oder davon, dass die Dunklen Jahrhunderte mit einem Flugzeug zu vergleichen sind, das langsam auf seine Startposition rollt, stehen bleibt, die Motoren kraftvoll anlaufen lässt und dann steil in die Höhe steigt.

Unsere literarischen Hauptquellen sind die homerischen Epen, die wie im Folgenden skizziert entstanden waren. In den Dunklen Jahrhunderten zogen Berufssänger von Ort zu Ort und erzählten von den trojanischen Abenteuern und anderen Götter- und Heldensagen. Das taten sie auf die Weise, dass sie ihre Inhalte in einem gut zu behaltenden und zu wiederholenden Rhythmus vortrugen, eben dem Hexameter. Mit diesem Versmaß konnten sie das schon Feststehende bequem wiederholen, sie konnten bestimmte immer wiederkehrende Situationen in derselben Weise ausdrücken – und sie konnten neue Stücke hinzufügen. So entstand über Jahrhunderte aus vielen Einzelstücken der Text, der dann später schriftlich fixiert wurde und den wir heute haben. Dass beide Epen das Werk eines bestimmten Dichters namens Homer wären, kann man also nur sehr bedingt sagen. Eine historische Quelle stellen die Epen jedenfalls dar, wenn auch auf ganz andere Weise, als man es sich im Altertum vorstellte. Die großen Könige, ihre Residenzen und ihre Heldentaten sind für uns nur Sage; die Berichte von

Die um 975–950 v. Chr. gefertigte Halshenkelamphore im Britischen Museum, London, trägt Zirkelkreise, welche auf mykenische Motive zurückgehen (oben). Wegen der gering entwickelten Technik ist die schwarze Bemalung zu Rot fehlgebrannt.
Die Weinkanne unten entstand zwei Jahrhunderte später und trägt eines der frühesten griechischen Schriftzeugnisse: »Wer nun von all den Tänzern am zierlichsten vortanzt (möge dieses erhalten).« Die flott geritzte Inschrift in Gedichtform bezeugt die ausgelassene Atmosphäre bei einem frühgriechischen Fest. In einem Grab vor dem Dipylontor von Athen wurde die Kanne gefunden, sie steht heute im dortigen Nationalmuseum.

WER WAR HOMER?

Der Klassizismus umgab die Gestalt Homers mit einer fast religiösen Aura. Man verehrte die ursprüngliche dichterische Kraft des genialen Epenschöpfers. Das Gemälde von Jean-Auguste-Dominique Ingres »Die Apotheose des Homer« (1826/27) zeigt den von der Siegesgöttin bekränzten, greisen Poetenfürsten im Kreise der Künste, der Dichter und Schriftsteller und seiner eigenen personifizierten Werke. Schon im Altertum wurde Homer als Gott verehrt. Daher ist im Tempelgiebel dargestellt, wie er auf den Schwingen eines Adlers zu den Göttern entrückt wird.

Neben dieser heroisierenden Schau gab es auch die eher nüchterne Sichtweise der klassischen Philologen. Epoche machend war das Werk des in Halle lehrenden Friedrich August Wolf (1759–1824, Bild rechts). In seinen »Prolegomena ad Homerum« (Vorbemerkungen zu Homer, 1795) brachte er eine These vor, die eine bis heute andauernde Diskussion entfachte: »Ilias« und »Odyssee« stammten nicht von einem einzelnen Dichter, sondern seien das Werk einer Sängerzunft, der »Homeriden«. Ohne die in den Epen nicht genannte und daher angeblich unbekannte Schrift sei ein Einzelner zu einem solchen Lebenswerk nicht in der Lage. Schon im Altertum hatte die Schule der Chirazonten (griechisch »die Trennenden«) die heute allgemein anerkannte Meinung vertreten, dass beide Dichtungen zu verschiedenen Zeiten und von unterschiedlichen Händen gestaltet wurden. Während die »Ilias« in der Mitte des

8. Jahrhunderts v. Chr. ihre Form fand, entstand die im Aufbau einheitlichere »Odyssee« etwa ein halbes Jahrhundert später.

den mächtigen Burgen und den erzenen Waffen sind wohl keine unmittelbare Erinnerung an die mykenische Zeit, sondern diese Vorstellungen sind eher aufgrund der vorhandenen Trümmer von alleine entstanden. Aber das, was in den Epen als selbstverständlich vorausgesetzt wird, was alle Zuhörer unmittelbar verstanden, weil es ihnen vertraut war, das hat Quellenwert, denn das spiegelt die Verhältnisse der Zeit wider, in der die Epen entstanden waren, nämlich die Dunklen Jahrhunderte.

Danach war das griechische Siedlungsgebiet das heutige Süd- und Mittelgriechenland und die Inseln; es war in kleine Einzelgebiete eingeteilt, in denen unabhängige Städte unbekannt waren. Die über sie herrschenden mächtigen Könige, deren jeweiliger Stammbaum eng mit den Göttern verbunden ist, sind bei näherem Hinsehen eher Großbauern oder Gutsbesitzer, die als die Einflussreichsten ihrer Umgebung die Führungsrolle einnahmen und im Krieg das Kommando innehatten; ihr Titel *basileus* ist aus dem mykenischen *qa-si-re-u* hervorgegangen. Neben ihnen gab es die Oberhäupter der anderen wohlhabenden Familien, die wir schon als Adel bezeichnen können. Sie berieten den lokalen König in einem Adelsrat, und sie stellten die Richter in Rechtsstreitigkeiten. Das Volk der freien Bauern trat von Fall zu Fall in einer Volksversammlung zusammen, um in den wichtigsten Fragen – vor allem denen von Krieg und Frieden – sein Votum abzugeben. Halten mussten sich König und Adel daran nicht, nur war es klug, dieses Votum zu berücksichtigen. Die

Bronzene Kesseldreifüße, wie dieses rekonstruierte Stück von 1,5 m Höhe im Museum von Olympia aus der Mitte des 8. Jahrhunderts v. Chr. sind ursprünglich Kochgeräte. In reich verzierter Form werden sie als kostbare Gaben den Göttern gestiftet oder als Siegespreise vergeben.

Frauen der Adelsfamilien waren hoch geachtete Damen, die über die inneren Angelegenheiten der Güter oder Höfe herrschten, wo sich Männer nicht einzumischen hatten, und die gelegentlich auch ihre Meinung zu allgemein politischen Dingen abgaben.

Die freien Bauern unterhalb des Adels bewirtschafteten ihre kleinen Höfe und kämpften unter der Führung des Adels. Das Handwerk bildete sich erst ganz allmählich heraus; nur diejenigen, die das neue Metall Eisen bearbeiten konnten, die Schmiede, waren begehrte Spezialisten. Es gab Ansätze weiträumigen Tauschhandels, zum Teil über das Meer, und dieser Handel lag großenteils in den Händen von Phönikern, einem seefahrenden Volk aus Vorderasien. Gelegentlich arbeiteten fremde Kriegsgefangene als Sklaven. Geld, das heißt Münzen, gab es nicht. Die Schrift war unbekannt – bzw. vergessen –, und daher konnte es auch keine Literatur im eigentlichen Sinne geben. Den Göttern wurde auf Altären an heiligen Plätzen im Freien geopfert.

Die Elfenbeinfigur einer Göttin im Athener Nationalmuseum (links) stammt aus einem Grab vor dem Dipylontor in Athen. Kostbare Rohstoffe aus dem Orient oder aus Afrika kamen durch phönikische Händler ins Land. Rechts die Bronzestatuette eines Kriegers oder Helden, der seine Waffen schwingt. Diese Figur stammt aus dem Heiligtum von Olympia, wo sie einst den Henkel eines Kesseldreifußes schmückte. Beide Figuren wurden in der Mitte des 8. Jahrhunderts v. Chr. gefertigt.

Nun ist es nicht so, dass die Angaben bei Homer in sich widerspruchsfrei und einheitlich wären; sie stammen ja aus großen unterschiedlichen Zeiträumen und sind zudem Dichtung, die eigenen Gesetzen folgt. Dass das hier skizzierte Bild aber einigermaßen der Wirklichkeit entspricht, zeigt die Archäologie. Immer mehr Siedlungen und Gräberfelder werden ausgegraben, die wertvolle Aufschlüsse über das soziale und kulturelle Leben geben. In Lefkandi auf der Insel Euböa hat man das prunkvolle Grab eines Lokalkönigs aus dem 10. Jahrhundert v. Chr. gefunden, ein etwa 50 m langes Gebäude, in dem eine fürstliche Familie mit ihren Pferden bestattet war, und aus dem Orient stammende Grabbeigaben zeigen, dass der Tauschhandel über das Meer fest etabliert war. Insbesondere zeigt die Archäologie eine starke Präsenz der Phöniker – auch – im Ägäisgebiet. Sie kannten die Schrift, und die phönikische Schrift ist dann von den Griechen übernommen worden. Archäologisch sind auch Wanderungsbewegungen der Griechen festzustellen, die nicht den homerischen Angaben entsprechen. Bei Homer gibt es keine Griechen in Kleinasien, jedoch ist zu Beginn der Dunklen Jahrhunderte die Westküste Kleinasiens griechisch besiedelt worden.

Diese Besiedlung geschah vom europäischen Festland aus, und zwar so, dass die Verteilung der durch Sprachvarianten charakterisierten griechischen Großstämme genau der des Mutterlandes entsprach: Im Norden Kleinasiens sprach man Äolisch, im großen Mittelteil Ionisch und im Süden Dorisch. Die komplexe Herausbildung des griechischen Volkes durch unterschiedliche Einwanderungen und Vermischungen mit den Einheimischen hatte nämlich zu großen Dialektgruppen geführt. Dorisch wurde in Teilen der Peloponnes und auf Kreta gesprochen, die nordwestgriechische Variante in Nordwestgriechenland und in anderen Teilen der Peloponnes, und in Mittelgriechenland, bedeutend ist Attika, sprach man Ionisch. Die Sprache Homers ist nicht einheitlich, jedoch dominieren ostgriechische Sprachbildungen.

In der bildenden Kunst der Dunklen Jahrhunderte hat sich eine Gattung erhalten, die mehr darstellt als bloße ungelenke Hervorbringungen, nämlich die geometrischen Vasen aus Athen. Während Athen sonst erst gegen Ende der archaischen Zeit hervorzutreten beginnt, hat es mit diesen Vasen doch schon einen ersten gewichtigen Beitrag zur griechischen Kulturgeschichte geleistet. Diese Vasen, oft als Grabschmuck von gewaltiger Größe hergestellt, tragen ihren Namen von ihrer Dekoration, die aus geometrischen Mustern besteht,

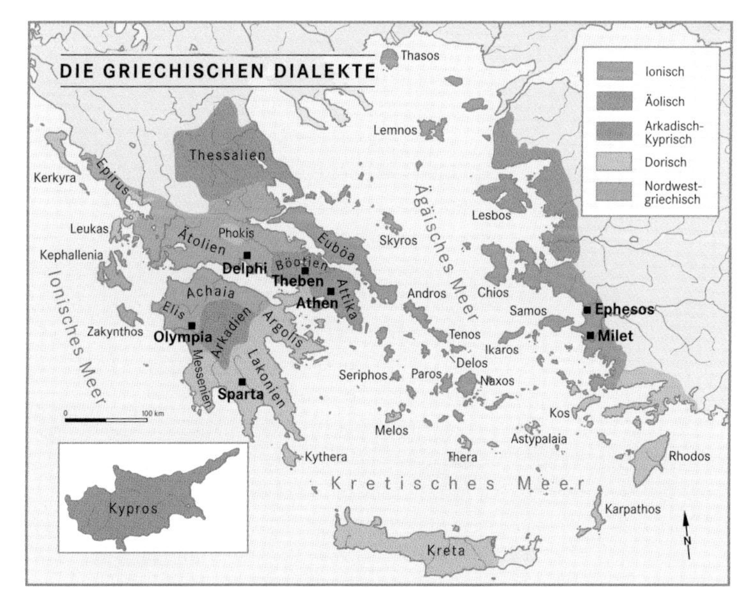

vorwiegend Mäandermuster oder mit dem Zirkel gezogene Kreise oder Halbkreise. Die Anpassung der Muster an die Tektonik der Vasenform zeigt eine kraftvolle künstlerische Gestaltung; spätere Menschendarstellungen, wie sie zum Beispiel auf der so genannten Dipylonvase zu sehen sind, zeigen Trauernde um einen aufgebahrten Toten; sie sind ebenfalls auf geometrische Formen reduziert.

Wolfgang Schuller

Als die homerischen Gesänge entstanden, schmückten attische Adlige die Gräber ihrer Angehörigen mit mannshohen Gefäßen. Diese um 760 v. Chr. entstandene Amphore wurde vor dem Dipylontor in Athen gefunden und steht heute im Athener Nationalmuseum. Auf der Schulter ist die Aufbahrung eines Toten dargestellt. Bilder der geometrischen Epoche kennen kein Rechts und Links, Vorher und Nachher, Vorn und Hinten: So erscheint das karierte Bahrtuch oberhalb des Leichnams ausgebreitet.

Wie Frösche um den Teich – Selbstfindung und Ausbreitung der Griechen

In den Dunklen Jahrhunderten störte die Griechen keine andere Macht in ihrer Entwicklung. In dieser Zeit müssen sie Fähigkeiten und Bewusstseinslagen erworben haben, die etwa um das Jahr 800 v. Chr., dem Beginn der archaischen Zeit, zu einer Art von kulturell-politischem Ausbruch kamen. Die Griechen besiedelten nun nicht nur in einem ein Vierteljahrtausend dauernden Auswanderungsvorgang zahlreiche Küsten des Mittelmeeres und des Schwarzen Meeres, sie fanden auch in der *polis* die ihnen gemäße und die gesamte Antike prägende Staatsform. Sie brachten erstmals individuelle Dichtung und Philosophie hervor, bauten Tempel und schufen mit Großplastik und Vasenmalerei ihre Zeit charakterisierende und doch zeitlose Kunstwerke.

Hauptausfuhrgut der griechischen Kolonie Kyrene war das Heil- und Gewürzkraut Silphion. Das Innenbild der um 560 v. Chr. in Sparta gefertigten Schale im Pariser Cabinet des Médailles (oben) zeigt das Abwägen und Verladen von Säcken dieser Droge. Links beaufsichtigt der König Arkesilaos von Kyrene die Arbeiten. Die Silphionstaude ziert auch die Rückseiten kyrenäischer Münzen, hier (rechts) ein um 300 v. Chr. entstandenes Goldstück im Britischen Museum, London.

Knappe Ressourcen – Entstehung von Stadtstaaten in Übersee und im Mutterland

Die griechische Kolonisation und die Herausbildung der polis

Nach einem Wort Platons saßen die Griechen um das Mittelmeer herum wie Frösche um einen Teich. Der Teich ist sehr unregelmäßig geformt, und die Frösche haben sich nicht auf einmal und nicht überall niedergelassen. Wie und warum dies vor sich ging, können wir an einem Fall, nämlich der Besiedelung der Cyrenaica im heutigen Libyen, anhand eindrucksvoller Berichte nachvollziehen. Von Herodot, dem ersten Historiker der Weltliteratur, werden zwei unterschiedliche Versionen geschildert, die zusammengefasst folgenden Ablauf ergeben: Irgendwann im 7. Jahrhundert v. Chr. begibt sich eine Gesandtschaft der Insel Thera – des heutigen Santorin – zum Delphischen Orakel und erhält dort, ungefragt, die Aufforderung, in Afrika eine Stadt zu gründen. Die Theräer kommen dieser Aufforderung aber zunächst nicht nach, und erst als eine Hungersnot über sie hereinbricht, entschließen sie sich schweren Herzens, ins Unbekannte zu ziehen. Zwangsweise werden die Auswanderer bestimmt, jemand namens Battos wird zu ihrem Anführer gemacht, und sie, die sich jetzt widerstrebend zu Schiff auf das hohe Meer wagen, müssen sich auf mündliche Auskünfte von Purpurfischern und Händlern aus Samos verlassen, versuchen, wegen Aussichtslosigkeit zurückzukehren, werden gar nicht erst an Land gelassen, treiben über die Straße von Gibraltar in den Atlantik hinaus, und doch gelingt es ihnen schließlich, zunächst eine Insel vor der afrikanischen Küste zu besetzen und dann auf dem Festland die Stadt Kyrene zu gründen.

Kyrene wurde alsbald eine der blühendsten Städte des Altertums. Unter den ertragreichen Ausgrabungen, die italienische Archäologen des 20. Jahrhunderts vornahmen, wurde eine Inschrift aus dem 4. Jahrhundert v. Chr. gefunden. Darin wird ein Beschluss der Volksversammlung von Kyrene festgehalten, der aufgrund des Wunsches einer Abordnung aus Thera gefasst worden war. Den Leuten aus Thera wird das Bürgerrecht von Kyrene zugebilligt, und zwar deshalb, weil die Theräer mit einem Text aufwarten, den sie in ihrem Archiv gefunden hatten. Dieser Text gibt den Beschluss der Volksversammlung von Thera wieder, der die seinerzeitige Auswanderung festlegte, und in ihm war eben bestimmt, dass zurückgebliebene Theräer berechtigt seien, in der Neugründung Kyrene das Bürgerrecht zu erlangen.

Uns heute ist sofort klar, dass dieser Text nicht wörtlich der sein kann, der damals beschlossen worden war, denn woher sollten die Theräer damals schon wissen, dass die erst zu gründende Stadt das bekannte Kyrene in Nordafrika sein werde? Ließen sich also die Kyrenäer des 4. Jahrhunderts v. Chr. übertölpeln und fielen auf eine plumpe Fälschung herein? Ganz bestimmt nicht. Es ist vielmehr so, dass man damals andere Authentizitätsvorstellungen hatte als heute, und dass es auf den genauen Wortlaut weniger ankam. Der Text versteht sich daher als eine der damaligen Gegenwart angepasste Variante dessen, was man zur Zeit der Auswanderung beschlossen hatte. Insgesamt bestätigt sie Herodots Bericht, und uns eröffnet sie Einblicke in die damalige Situation: Erstens war die Angst vor der Auswanderung so stark, dass man durch Androhung der Todesstrafe dazu gezwungen werden musste; zweitens muss die materielle Not ungeheuer groß gewesen sein, denn sonst hätte man nicht die Todesdrohung eingesetzt, um die Männer zur Auswanderung zu zwingen; drittens zogen die Frauen nicht mit; und viertens gab es eine Instanz, die das festsetzen konnte, und das war die politische Gemeinschaft, die *polis*.

Eid der Gründer der griechischen Kolonie Kyrene:

Da Apollon dem Battos und den Theräern durch ein Orakel befohlen hat, in Kyrene eine Kolonie zu gründen, erscheint es den Theräern richtig, Battos als Archeget und König nach Libyen zu schicken; dass als Begleiter die Theräer zu gleichen und entsprechenden Bedingungen gemäß der Zugehörigkeit eines jeden zu seinem Hausstand ausfahren; dass aus jedem Hausstand aber nur ein Sohn ausgehoben wird; dass aber nur junge Leute fahren; und dass von den anderen Theräern jeder Freie, der will, mitfahren darf. Wenn die Kolonisten aber die Niederlassung in Besitz genommen haben, soll derjenige, der später nach Libyen fährt, sowohl des Bürgerrechtes als auch der Ehren teilhaftig werden und soll herrenloses Land bekommen. Wenn sie aber die Kolonie nicht halten können und die Theräer ihnen auch nicht helfen können, sondern wenn sie Not leiden, dürfen sie innerhalb eines Zeitraums von fünf Jahren aus diesem Land furchtlos nach Thera weggehen zu ihren Besitztümern und dürfen Bürger sein. Wer aber nicht aussegeln will, obwohl ihn die Stadt ausgesandt hat, wird des Todes sein, und seine Besitztümer sollen eingezogen werden. Wer aber aufnimmt oder schützt, der Vater den Sohn oder der Bruder den Bruder, wird dasselbe leiden wie der, der nicht ausfahren will.

Ziele und Gründe

Wohin wurde nun ausgewandert? Allgemein gesprochen dorthin, wo Platz war. Daher schieden die Gebiete aus, in denen fest gefügte andere Mächte herrschten, das heißt das gesamte Vorderasien, Ägypten, der Westteil Nordafrikas, wo die Karthager saßen, die phönikisch besiedelten Teile Spaniens, das etruskische Norditalien und der phönikisch-karthagische Westteil Siziliens. Die Griechen siedelten daher auf der Apenninenhalbinsel in Mittel- und Unteritalien. Dort fingen sie sozusagen am mittleren Teil des Stiefels an, gründeten unter anderem Kyme in der Nähe des heutigen Neapel, Neapel selbst, Poseidonia, das später Paestum heißt, Rhegion (heute Reggio di Calabria) an der Stiefelspitze und unterhalb der Stiefelspitze Lokroi Epizephyrioi (Lokroi unter dem Zephyr, dem

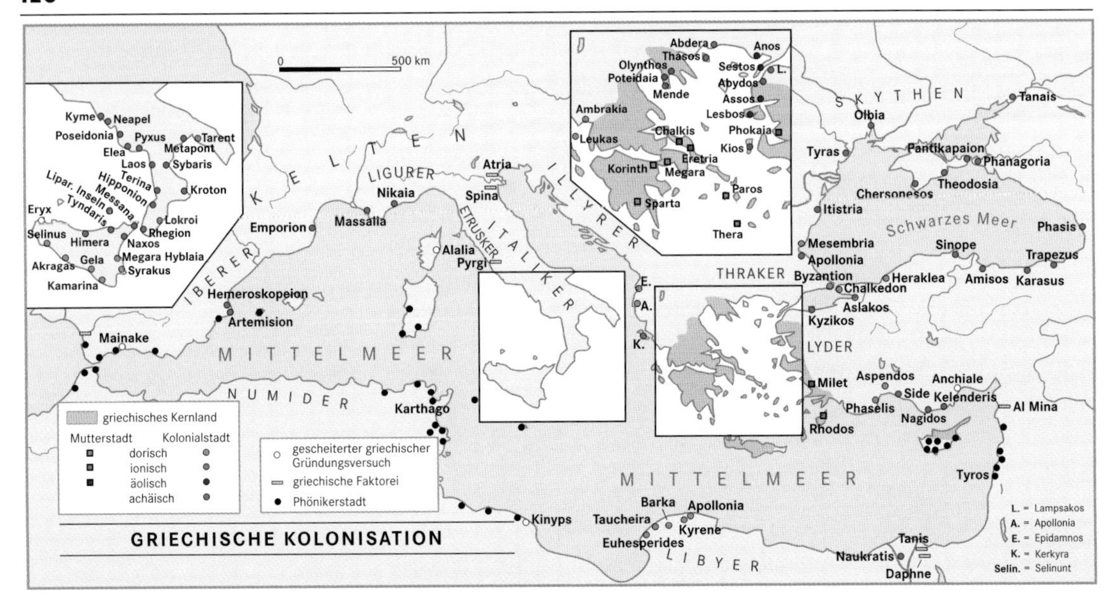

Westwind; heute Locri), Kroton (Crotone), Sybaris, Metapont und Taras, auf Deutsch Tarent, auf Italienisch heute Taranto.

An der nördlichen Adriaküste finden wir bei den beiden gleichermaßen etruskisch und griechisch geprägten Städten Spina und Atria (auch Hatria; heute Adria) griechische Handelsniederlassungen, und wenn wir an die französische Küste hinüberspringen, kommen uns weitere Namen bekannt vor: Nikaia, die »Siegesstadt«, ist das heutige Nizza, Antipolis, die »gegenüberliegende Stadt«, heißt heute Antibes, und die große Stadt Massalia, die noch bis in die römische Kaiserzeit griechisch blieb, ist natürlich Marseille. An der spanischen Küste liegen die Griechenstädte schon weiter gestreut, und nicht immer ist sicher, ob sie rein griechische oder nicht ursprünglich phönikische Gründungen sind, aber einen schönen griechischen Namen hat Ampurias, das auf Griechisch Emporion hieß, die »Handelsstadt«. In Afrika dann bestand zwischen dem karthagischen und dem ägyptischen Herrschaftsgebiet eine kleine Lücke, in die sich sofort Griechen hineinzwängten und die Kolonie Kyrene gründeten.

An der israelisch-libanesisch-syrischen Küste stößt man auf kleinere Handelsstützpunkte, die aber nicht als Kolonien gelten können. Die Südküste der heutigen Türkei war in ihrem östlichen und mittleren Teil fest in der Hand vorderasiatischer Mächte, die anschließende Südwest- und Westküste war sowieso schon griechisch, und erst an der Nordküste konnten sich wieder Griechen festsetzen. Sie gründeten Herakleia, das dann selber das Schwarzmeergebiet mitbesiedelte, Sinope (heute Sinop), Trapezus (heute Trabzon), an der dann anschließenden georgischen Küste gab es Phasis (heute Poti), Dioskurias (heute Suchumi) und Pityus (heute Pizunda), wobei im Streit ist, ob es sich bei diesen Städten wirklich um frühe griechische Ansiedlungen handelt und nicht eher um einheimische kolchische Städte, zu denen erst später auch Griechen stießen.

Aristonothos, der Töpfer und Maler dieser Vase im Konservatorenpalast zu Rom, stammt nach den Buchstabenformen seiner Signatur aus Euböa. Er war aber ausgewandert und hatte eine Werkstatt in Etrurien aufgebaut. Das um 670 v. Chr. entstandene Bild auf dem Weinmischkessel aus einem Etruskergrab bei Caere (Cerveteri) zeigt einen Piratenüberfall auf ein Handelsschiff (rechts).

Diese Frage stellt sich nicht bei dem Gebiet der Straße von Kertsch und der Krim überhaupt. Hier saßen die griechischen Frösche so dicht aneinander, dass sie sich fast mit den Schenkeln berührten. Noch auf ihrer Ostseite gab es Gorgippia (unter dem heutigen Anapa), Hermonassa und Phanagoreia, an der Mündung des Don, der damals Tanais hieß, eine gleichnamige Stadt, westlich der Straße von Kertsch die Hauptstadt des Gebietes Pantikapaion (heute Kertsch), Nymphaion, Theodosia (heute Feodossija), Chersonesos und viele andere. An der Dnjeprmündung lag das mächtige Olbia, südlich der Donaumündung Histria, das seit seiner Zerstörung in der Völkerwanderungszeit nicht wieder besiedelt wurde. Tomis ist das heutige Konstanza (Constanța), Kallatis das rumänische Mangalia und das antike Mesambria ist das heutige bulgarische Nessebar. Zuletzt sind wir wieder in der heutigen, europäischen, Türkei: Byzantion, heute Istanbul, wurde um 680 v. Chr. von Megara gegründet.

Das Hauptziel griechischer Kolonisation aber war Sizilien. Schon Süditalien war so dicht mit Griechenstädten besiedelt, dass es »Großgriechenland«, *Megale Hellas,* genannt wurde. Noch viel mehr könnte das auf Sizilien zutreffen. Der Westteil war zwar fest in der Hand von Elymern, Phönikern und Karthagern, aber die übrige Insel war so dicht mit reichen Griechenstädten bestückt, dass man von einem Amerika der griechischen Besiedlungsgeschichte sprechen kann. Gegenüber von Rhegion lag Zankle, das später Messana, unter den Römern und heute Messina heißt; weiter westlich findet man unter anderem Himera, späterer Schauplatz einer Entscheidungsschlacht, dann geht es gleich nach der nichtgriechischen Westspitze weiter mit Selinus, heute Selinunt an der Südküste. Akragas mit seinem Tal der Tempel – der Concordiatempel gehört zu den besterhaltenen der griechischen Welt – hieß auf lateinisch Agrigentum, auf italienisch Girgenti, was Mussolini zu unheroisch klang, weshalb er es in Agrigento umtaufen ließ; dann folgen Gela, Kamarina, Kasmenai und an der Ostküste die Herrin der Insel, Syrakusai, heute Syrakus. Mit Leontinoi, Katane, heute Catania, Naxos und Tauromenion, heute Taormina, sind wir wieder am Ausgangspunkt angelangt.

Überall dort, wo sich die Griechen niederließen, war also Platz; aber gab es nicht Keltiberer in Spanien, Gallier in Frankreich, italische Stämme in Italien, Sikuler und Sikaner auf Sizilien, Thraker und Geten auf der Balkanhalbinsel, Skythen und Taurer im nördlichen Schwarzmeergebiet und Kolcher in Georgien? Dass Kyrene wirklich die Lücke in einem dicht besiedelten Territorium füllte, erkennt man an den bald erfolgenden heftigen Auseinandersetzungen mit einheimischen Libyern, und so eng war das Nebeneinander von ihnen mit den Griechen, dass das sogar auf die Überlieferung des Namens des Stadtgründers abfärbte. Er hieß Battos, und obwohl es in Griechenland die Version gab, das sei ein Spitzname gewesen, weil dieser Mann gestottert habe, hat schon Herodot richtig gesehen, dass Battos gar kein Name, sondern der einheimische Königstitel war. Auch deshalb muss der »Eid der Gründer«, in dem Battos genannt wird, eine späteren Verhältnissen angepasste Fassung sein.

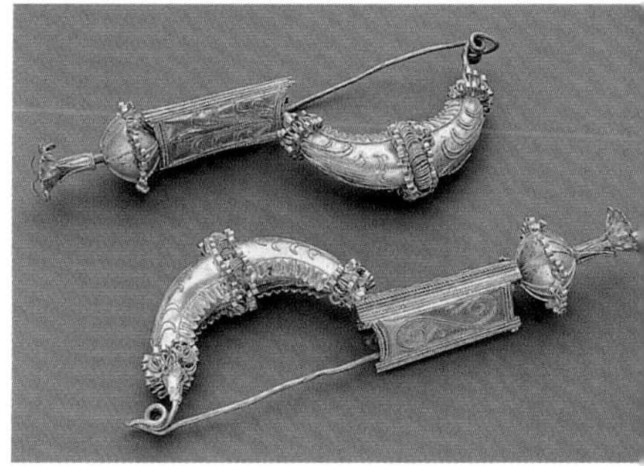

Das Verhältnis der griechischen Kolonisten zu den Einheimischen war nicht immer feindselig, sondern wurde auch vom gegenseitigen Geben und Nehmen bestimmt. Dieses Paar von Gewandfibeln aus Kyme im Museo Archeologico Nazionale, Neapel, fertigten griechische Handwerker im 4. Jahrhundert v. Chr. Die Form der Schmuckstücke greift die Traditionen des alten italischen Trachtzubehörs auf.

Von einem um 460 v. Chr. erbauten Tempel in Selinunt stammt dieser Frauenkopf im Museo Regionale von Palermo. In die Kalksteinskulpturen des Bauschmucks wurden Köpfe eingesetzt, die in feinstem, aus Griechenland importiertem Marmor gearbeitet sind.

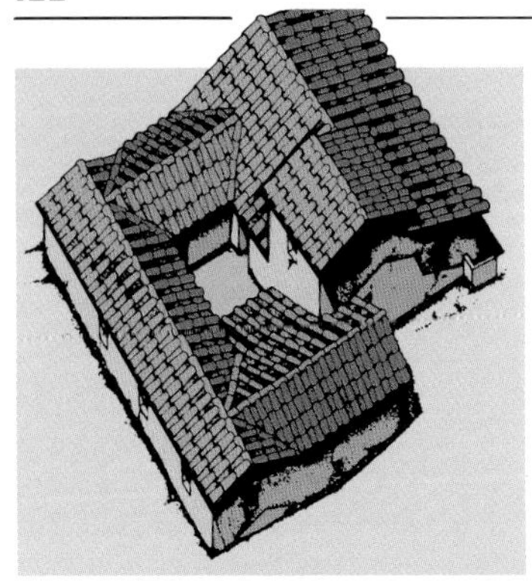

Rekonstruktion eines kleinen Gehöftes im Hinterland von Metapont. Der heute als »Fattoria Stefan« bekannte Hof ist hier im Zustand des 4. Jahrhunderts v. Chr. gezeigt.

Und doch war zunächst Platz da. Niemand wurde von den Griechen, die ja nur an den Küsten siedelten, vertrieben, es wurden im Gegenteil Menschen hereingeholt. An der Auswanderung nahmen ja meist nur junge Männer teil, die noch keine Frauen hatten, und wenn doch, blieben diese zurück, wurden auch nicht nachgeholt. Ihre Frauen holten sich die Griechen von den Einheimischen. Als dann die Städte gegründet worden waren, stattlich und reich wurden und eine bisher unbekannte und sehr anziehende Zivilisation entfalteten, da rückten sozusagen die einheimischen Stämme näher und näher. Zunächst siedelten nur Einzelne in die Städte um und gräzisierten sich, aber spätestens im Hellenismus brachten vielerorts Einheimische die Griechenstädte in politische Abhängigkeit oder übernahmen sie sogar ganz. Es gab viele Kriege mit den Einheimischen, wie etwa den Aufstand des Duketios auf Sizilien, und manchmal bekam eine übernommene Stadt sogar einen neuen Namen. So wurde aus dem griechischen Poseidonia das lukanische Paestum. Die berühmteste einheimische Stadt aber, die später über das ganze Griechenland die Herrschaft antrat, ist Rom.

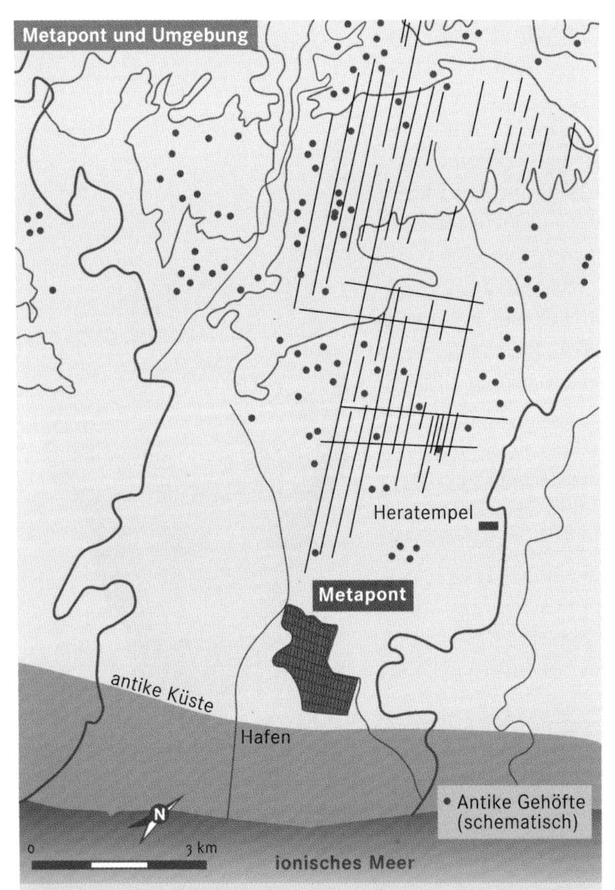

Bei der Gründung der Kolonie wurde das Land aufgemessen und verlost. Die bis heute feststellbaren Gemarkungsgrenzen verlaufen gerade durch Stadt und Land.

Warum wanderten die Griechen aber massenweise aus? Neben der Variante, die Kolonisation habe Handelsinteressen gedient, und dafür gibt es durchaus Belege, sprechen die meisten schriftlichen Quellen aber dafür – so zum Beispiel die Gründungsgeschichte Kyrenes –, dass es nackte Not, genauer Landnot war, die die Griechen über das Meer trieb.

Dass die Griechen bebaubares Land suchten, zeigt sich auch in den Berichten von Kriegen im griechischen Mutterland, die alle um Fruchtland gingen, und es zeigt die Archäologie. An vielen Stellen, so etwa in Metapont in Süditalien oder in Chersonesos auf der Krim, kann man heute noch sehen, wie um die jeweilige Stadt herum Landparzellen abgesteckt sind, die, von einheitlicher Größe, offenbar an die Siedler verteilt wurden. Es waren Ackerbauern, die wegen des ständig wachsenden Bevölkerungsüberschusses auswandern mussten und sich in der Fremde neues Land erwarben. Oder sagen wir besser Ackerbürger, denn sie siedelten sich ja in Form einer Stadt an, und dazu muss nun endlich ein erklärendes Wort gesagt werden.

Bisher haben wir immer von griechischen Städten gesprochen, die gegründet wurden. Das ist aber nicht selbstverständlich, denn warum sollte man sich in Städten ansiedeln?

Es ist ja fraglich, ob es im Mutterland überhaupt schon überall so etwas gegeben hat. Wir können heute nicht eindeutig sagen, warum man im Ausland überall neue Städte gegründet hat, aber wir können zwei Gesichtspunkte hervorheben. Der eine ist der, dass es ja immerhin völlig unbekanntes und weit entferntes Ausland war, in das man sich begab und in dem man aus Angst vor unzivilisierten Stämmen im Hinterland als Vorsichtsmaßnahme zusammenblieb. Der zweite Gesichtspunkt ist der, dass die Auswanderung organisiert werden musste. So gab es im Mutterland politische Strukturen, die den Rahmen für die Auswanderung boten. Ein Adliger scheint immer die Führung übernommen zu haben, er wurde Archeget genannt und in der neuen Stadt nach seinem Tod als Gründungsheros in religiösen Formen verehrt. Im Ausland übernahm man so viel wie möglich von den Einrichtungen von zu Hause, manchmal sogar den Namen, daher etwa der so poetische Name von »Lokroi unter dem Winde«. Im Mutterland hatte sich nun aber vieles in Jahrhunderten von allein entwickelt, während im Siedlungsgebiet alles neu geschaffen werden musste. Einfach mitnehmen konnte, ja musste man seine Götter und die religiösen Riten, in denen sie verehrt wurden. Aber im sozusagen weltlichen Bereich musste man doch für die neue Stadt die Organisationsform neu und auf einmal festsetzen. So, wie das neu gewonnene Land vermessen, abgesteckt und zugeteilt wurde, wurde auch die Verfassung neu geordnet und nach Zweckmäßigkeits- und Machtkriterien in einem einzigen Akt festgesetzt. Nicht umsonst gibt es gerade aus dem neu gewonnenen Gebiet legendäre Figuren von großen, einmaligen Gesetzgebern wie Charondas von Katane oder Zaleukos von Lokroi Epizephyrioi.

Der vorzüglich erhaltene so genannte Poseidontempel von Paestum in dorischer Bauordnung wurde um die Mitte des 5. Jahrhunderts v. Chr. erbaut. Die griechischen Koloniestädte wetteiferten mit dem Mutterland und schmückten ihre Heiligtümer mit repräsentativen Kultbauten. Die Bauformen sind aus Griechenland übernommen.

Heutzutage nennt man den ganzen Vorgang »die griechische Kolonisation«, nach dem lateinischen Wort *colonia,* das eine solche auf fremdem Territorium neu gegründete Stadt bezeichnet. Die Kolonisation der Neuzeit hat ihre Bezeichnung von der Antike her genommen; sie hat jedoch den umgekehrten Charakter wie die griechische: Sie ist wirklich aus wirtschaftlichen Interessen entstanden, und nirgendwo in Asien oder Afrika gibt es europäisch besiedelte Städte. Eher passend wäre schon der Vergleich mit den beiden Amerika, und zwar auch deshalb, weil ihr Verhältnis zu den jeweiligen Mutterländern viel Ähnlichkeit mit dem Verhältnis der griechischen Pflanzstädte zu ihren Mutterstädten hat. Dieses war ursprünglich vielleicht als Abhängigkeit gedacht gewesen, aber zwei Faktoren führten sehr bald zur völligen Unabhängigkeit der neuen Städte. Der eine ist die Tatsache, dass nicht immer nur eine einzige Stadt Siedler aussandte. Oftmals kamen die Bewohner einer neuen Stadt aus verschiedenen Gegenden Griechenlands, und obwohl die neue Stadt jeweils einheitlich organisiert war und sich einer Mutterstadt zugehörig fühlte, wäre es doch schwierig gewesen, hier neue einheitliche Unterordnungen von Menschen unterschiedlicher Herkunft zu schaffen. Der andere Faktor ist wichtiger und liegt auf der Hand. Die Entfernung etwa zwischen Syrakus und Korinth ist selbst heute noch und selbst

Eine Vorstellung vom griechischen Haus der Kolonisationszeit geben kleine Tonmodelle, wie dieses Stück des frühen 7. Jahrhunderts v. Chr. aus dem Heraion von Argos. Ergänzt sind die Säulen und ihre Verstrebungen sowie die Türwand. Die meisten solcher Hausmodelle wurden in Heiligtümern der Göttermutter Hera geweiht.

angesichts der so viel besseren Kommunikationsmittel so groß und so schwer zu überwinden, dass schon aus technischen Gründen eine politische Beherrschung gar nicht möglich gewesen wäre. Das Ergebnis zeigt, dass die neuen Städte zwar gewisse emotionale Bindungen an die frühere Heimat hatten, aber völlig selbstständig waren und eigene Wege gingen. Die Griechen nannten eine solche Stadt Apökie (griechisch *apoikia*), von *apo* mit der Bedeutung ab, weg, und *oikos* mit der Bedeutung Haus.

LUXUSGESCHIRR IN DEN KOLONIEN

Die griechischen Koloniestädte führten feines Tafelgeschirr in der archaischen Zeit aus dem Mutterland ein. Nur selten wurde es von Werkstätten in den unteritalischen und sizilischen Griechenstädten nachgeahmt. Diese Töpfereien waren meist nur eine Generation lang tätig.

Der Mischkrug aus Syrakus mit dem einzelnen Pferd entstand im frühen 7. Jahrhundert v. Chr. (links unten). Er gleicht so genannten Bügelkrateren (links oben), die schon vorher in Argos hergestellt wurden. Etwas später produzierte Megara Hyblaea stark bunt bemalte Gefäße. Das abgebildete Fragment fand man in den Ruinen dieser sizilischen Stadt. Solche Vasen wurden nicht ausgeführt, sondern nur auf dem heimischen Markt verkauft.

Allein die vermutlich in Rhegion (heute Reggio di Calabria) hergestellte so genannte chalkidische Keramik hatte im 6. Jahrhundert v. Chr. durchschlagenden Erfolg. Sie fand auch in Etrurien viele Abnehmer. Die um 530 v. Chr. entstandene Weinschale deutet das Gefäß zu einer Maske, die der Trinker gleichsam vor das Gesicht zieht. Solche »Augenschalen« wurden sogar in Athen nachgeahmt.

So war die griechische Welt in den zweihundert Jahren der Kolonisationsbewegung sehr viel größer geworden. Was bisher eine Art Randkultur einfachen Zuschnitts war, hatte sich fast über die ganze damals bekannte Welt verbreitet und fing an, eine dominierende Rolle zu spielen. Das aber war nur möglich, weil das Griechentum selber vollkommen über den kulturellen und politischen Zustand hinauswuchs, den es in den Dunklen Jahrhunderten innegehabt hatte. Um in unserem Vergleich zu bleiben: Das Flugzeug namens Griechenland hebt ab und steigt steil nach oben. Wir sehen uns das zunächst auf dem staatlichen Gebiet an, das eine genaue Parallele zu den Ursachen und Formen der Kolonisationsbewegung aufweist.

Adelsstaat und Polisbildung im griechischen Mutterland

Die moderne Archäologie hat im griechischen Mutterland eine Entdeckung gemacht, die an die Landnahme der Griechen in Übersee erinnert. Man kann nämlich feststellen, dass im Übergang zwischen den Dunklen Jahrhunderten und der archaischen Zeit kleinere ländliche Siedlungen aufgegeben und größere städtische Zentren gegründet werden, um die herum das Ackerland lag. Dass es früher solche Zusammensiedlungen – auf Griechisch *synoikismos*, wörtlich etwa: Zusammenhausung – gegeben hat, ist noch in der griechischen Mythologie lebendig geblieben. So soll der Held Theseus den athenischen Staat dadurch gegründet haben, dass er einen *synoikismos* Attikas veranstaltet habe. Warum zog man jetzt zusammen? Womöglich hatte auch das mit der Zunahme der Bevölkerung zu tun, die auch archäologisch festzustellen ist, nämlich am Größerwerden der Begräbnisplätze. Diese Bevölkerungszunahme hatte ja zu der großen Auswanderungsbewegung geführt. Vorher, und in der Folgezeit weiter, hatte man außer der Neukultivierung von Ackerland zu einem sehr einfachen, freilich auch damals nicht unbegrenzt einsetzbaren Mittel gegriffen: Man versuchte, dem lieben Nachbarn etwas wegzunehmen.

Wir hatten schon von den Grenzkriegen um Fruchtland gesprochen, und so, wie sich in Übersee die Griechen in Städten zusammenschlossen, um den Einheimischen standhalten zu können, so könnte auch im Mutterland die Zusammensiedlungsbewegung dadurch verursacht worden sein, dass man sich in Verteidigung oder Angriff zusammenschließen musste. Genau wie in Übersee ergab sich damit die Notwendigkeit, diese neue Art des Zusammenlebens anders und genauer zu organisieren, als es bisher der Fall war. So bildete sich der Adelsstaat heraus. Wir haben ihn uns so vorzustellen, dass sich die Stadt über die bisherige, eher lockere Form hinaus präziser organisierte. Das Volk kam nach wie vor auf Initiative von Adligen gelegentlich zusammen, um seine nicht bindende Meinung kundzutun. Der Adel selbst regelte seine Beziehungen untereinander nun genauer, das heißt, er schuf Ämter für die Aufgaben, die zu erfüllen waren. Das war einmal der Verkehr mit den Göttern, sodass der oberste Beamte die Opfer zu vollziehen hatte, um die Götter gnädig zu stimmen. Das war weiter der Oberbefehl im Kriege, der einem der Adligen anvertraut wurde. Drittens war es die Rechtsprechung; mit ihr konnten mehrere Personen betraut werden.

Vielleicht wurden diese Ämter durch die Volksversammlung besetzt, vielleicht machten das die Adligen auch unter sich aus. Ihr Organ war weiterhin der Rat, an dessen traditionsgeheiligtes Zusammentreten sich der Dichter Alkaios um 600 v. Chr. sehnsüchtig erinnert, denn zu seiner Zeit war diese Institution bereits durch die aufkommende Tyrannis bedroht. Auf welche Weise auch die Ämter besetzt wurden, eines war unabdingbar: Ein jedes Amt konnte nur ein Jahr lang besetzt werden, denn die Adligen achteten genau darauf, dass sie untereinander gleich blieben und keiner zu viel Macht ansammelte. So etwa dürfte der Adelsstaat ausgesehen haben; mit ihm hat, in Verbindung mit der Zusammensiedlung in eine Stadt, das Gebilde Gestalt gewonnen, das wir als die typische Form der antiken politischen Struktur kennen, der Stadtstaat, oder mit dem griechischen Wort: die *polis*.

Im 18. Gesang der »Ilias« heißt es bei der Beschreibung der auf dem Schild des Achilleus dargestellten Szenen:

Auch war dort auf dem Markte gedrängt des Volkes Versammlung;
Denn zween Männer zankten und haderten wegen der Sühnung
Um den erschlagenen Mann. Es beteuerte dieser dem Volke,
Alles hab er bezahlt; ihm leugnete jener die Zahlung.
Jeder drang, den Streit durch des Kundigen Zeugnis zu enden.
Diesem schrien und jenem begünstigend eifrige Helfer,
Doch Herolde bezähmten die Schreienden. Aber die Greise
Saßen umher im heiligen Kreis auf gehauenen Steinen,
Und in die Hände den Stab dumpf rufender Herolde nehmend,
Standen sie auf nacheinander und redeten wechselnd ihr Urteil.
Mitten lagen im Kreis auch zwei Talente des Goldes,
Dem bestimmt, der vor ihnen das Recht am gradesten spräche.

Das Greifenbild haben die Griechen aus der orientalischen Kunst übernommen, aber eigenständig zum neuen Urbild des Dämonischen gestaltet. Dieses ostgriechische Stück im Britischen Museum, London, entstand um 650 v. Chr. Es schmückte ursprünglich einen Kessel zum Weinmischen.

Mit dem Aufkommen der Tyrannis werden verschiedene staatliche Institutionen wie zum Beispiel der Rat der Adligen bedroht. Wie sehnsüchtig sich der Dichter Alkaios an das Zusammentreten des Rates erinnert, zeigen folgende Verse:

Nur eins sehn ich herbei: zu hören,
wie Heroldes Ruf zu der Versammlung lädt,
wo mein Vater ergraut und meines
Vaters Ahn,
wie sie pflogen des Rats mit diesen
Bürgern, die
stets nur Böses einander sinnen.

polis hieß ursprünglich Burg oder Festung, und damit war die erhöhte Stelle gemeint, die in vielen Fällen schon in mykenischer Zeit den Palast getragen hatte, auf der sich die wichtigsten Heiligtümer befanden und um die herum sich die Stadt bildete; der athenische Sprachgebrauch nannte die Akropolis auch lediglich *polis.* Die *polis* als Stadtstaat war eine Ansiedlung von Menschen in einer kleineren Stadt; um sie herum war genug bebaubares Land, das die Stadt von Ackerbürgern ernährte. Es gab einige Handwerker, einige Sklaven. Zunächst regierte der städtische Adel, und allmählich bildete sich eine feste Verfassung heraus. Die *polis* war also etwas ganz Unromantisches, sie war das, was unser entsprechendes Adjektiv bezeichnet, das ja vom Wort *polis* abgeleitet ist: Sie war politisch.

Später kam eine weitere Entwicklung hinzu, die endgültig zur politischen Bewusstheit und im Endergebnis zu einer rational geschaffenen staatlichen Verfassung führte. Auch deren Anfänge können wir schon in der »Ilias« lesen. Dort erscheinen die wesentlichen Kampfhandlungen als Zweikämpfe der großen Helden, und man hat daher gemeint, der Text reflektiere einen Zustand, in dem einzig der Adel gekämpft habe. Nun besteht aber das Griechenheer vor Troja auch aus Nichtadligen, und genaueres Hinsehen hat ergeben, dass schon in der »Ilias« eine Kampfweise auftritt, die die nächste Stufe der Entwicklung ist, nämlich die der Phalanx. Das waren in gestaffelten Schlachtreihen aufgestellte, schwer bewaffnete Fußsoldaten, die die Nichtadligen stellten. Warum brauchte man sie? Zum einen deshalb, weil durch das Eisen eine neue Waffentechnik aufkam, aber auch für diese Verwendung musste ja ein Bedürfnis bestanden haben. Das war zum andern wieder die Notwendigkeit, in den Kämpfen mit den Nachbarn eine möglichst hohe Kampfkraft zu haben, und die boten die schwer bewaffneten Fußsoldaten.
Die Institution, in der sie ihren Willen zum Ausdruck brachten, war die Volksversammlung, die Versammlung der wehrfähigen Männer. Wehrfähig war man, wenn man genug Vermögen hatte, um sich selber eine eiserne Rüstung zuzulegen. Rüstung heißt auf Griechisch *hoplon,* und diese sich selbst ausrüstenden, in der Phalanx kämpfenden und mitbestimmenden Fußsoldaten hießen daher Hopliten.

Auf dieser Kanne aus der Zeit um 630 v.Chr. ist eine Phalanx dargestellt, die unter antreibenden Klängen der Doppelflöte voranschreitet. Sobald die ersten Krieger sich zur Flucht wenden, bricht die Formation zusammen und die Schlacht ist entschieden. Die Vase wurde in Korinth hergestellt und in einem Etruskergrab bei Veji gefunden (Rom, Museo Nazionale di Villa Giulia).

Kann man also damit sagen, dass letzten Endes durch die Überbevölkerung – vermittelt durch Landnot, innergriechische Kämpfe und Erfindung des Eisens – allmählich eine Änderung der bisher allein durch den Adel bestimmten Verfassung eintrat, so wurde diese Veränderung noch von der Rechtsprechung her vorangetrieben, die ja auch dem Adel oblag. In archaischer Zeit scheinen die adligen Richter zunehmend parteiisches Recht gesprochen zu haben. Wir haben dafür zwei Indizien. Das eine ist die Erwähnung »schiefer Rechtssprüche« bei dem Dichter Hesiod. Das zweite Indiz ist die Tatsache, dass jetzt erstmals das Recht schriftlich festgehalten und veröffentlicht wurde. Bisher ragte das Recht in sakrale Dimensionen hinein, war Sache des Zeus oder der Themis oder Dike, göttlichen Personifizierungen der Begriffe für Gesetz und Recht. Die konkreten rechtlichen Regelungen waren damit eine Art Geheimwissen, und nur die Männer vom Adel wussten darüber Bescheid. Die Unzufriedenheit mit dieser Art Rechtsprechung, die anscheinend ganz besonders wenig vorauszuberechnen war, muss immer mehr zugenommen haben. Es trat die Forderung auf, das Recht offen zu legen und seine Kenntnis allen zugänglich zu machen, und das geschah dann auch. Wir sind heute in der glücklichen Lage, diese Rechtssetzung unmittelbar sehen, ja sogar anfassen zu können. In den Städten wurden die Gesetze nämlich jetzt in Stein gehauen und öffentlich aufgestellt, damit jeder sich selbst darüber informieren konnte, wie das geltende Recht lautete, und von solchen steinernen Inschriften sind viele erhalten. Jeder musste wissen können, wie das Recht lautet, Geheimvorschriften durfte es nicht mehr geben. Damit war auch der erste Schritt zu dem getan, was wir heute den Rechtsstaat nennen.

Den Dichter Hesiod stellt vermutlich dieses um 200 v. Chr. geschaffene Bildnis dar. Das etwas wirre Haar und der zottige Bartwuchs kennzeichnen nach griechischer Vorstellung das bäuerliche Wesen dieses Poeten, der von seiner dichterischen Eingebung heftig erregt scheint. Die römische Bronzekopie hier stammt aus der Villa dei Papiri in Herculaneum und steht heute im Museo Archeologico Nazionale, Neapel.

Der Adelsstaat beginnt zu wanken – Der Hoplitenstaat entsteht

Nicht nur das Recht zwischen den Staatsbürgern wurde neu festgelegt, auch die gesamte Staatsorganisation wurde neu gestaltet – so bewusst und intensiv, dass wir nun tatsächlich von Staaten sprechen können. Diese »Neugründung«, wie sie von Victor Ehrenberg genannt worden ist, wurde gewiss auch von der Gründung der Städte in Übersee beeinflusst, wo ja gewissermaßen aus dem Nichts heraus Gesamtregelungen des Zusammenlebens geschaffen werden mussten. Trotzdem muss im Mutterland ja ein Anlass dafür da gewesen sein, am traditionellen, nicht ausdrücklich geregelten Adelsregiment etwas zu ändern. Ein solcher Anlass war die erhöhte Bedeutung, die den Hoplitenbauern zukam, ein weiterer war das Versagen der adligen Rechtsprechung, und er hängt mit einem dritten zusammen, den immer angespannter werdenden sozialen Verhältnissen.

Eine generelle soziale Verelendung kann es nicht gegeben haben, denn sonst wären keine Hoplitenheere mit selbstbewussten, eisengepanzerten Bauern entstanden; auch wird man umgekehrt nicht sagen können, dass die Adligen untereinander und im Verhältnis zu den Nichtadligen überall und durchgängig immer größeren Besitz akkumuliert hätten. Diese Vorgänge muss es aber doch in einem Ausmaß gegeben haben, die es notwendig erscheinen ließen, sowohl in sozialer als auch in politischer Regelung zu dem zu gelangen, was in der Schweiz eine »Totalrevision der Verfassung« genannt wird. Das ausschlaggebende Kriterium dabei war, dass es im Hinblick auf den Grad der Mitwirkungsberechtigung im Staate nicht mehr auf Abstammung oder Tradition ankommen solle, sondern auf einen sehr deutlichen und messbaren Faktor, nämlich auf das Vermögen. Der Gedanke, der dieser Überlegung zugrunde liegt, erinnert etwas

In seiner Dichtung »Werke und Tage« klagt Hesiod, der hier mit seinem Bruder Perses streitet, über die Bestechlichkeit der Magistrate:

Hier aber entscheiden wir unseren Hader
Nur nach Recht und Gesetz, wie Zeus sie am besten gegeben.
Teilten wir unsern Besitz doch schon, du aber entrissest
Vieles und schlepptest es fort und priesest die Geschenke fressenden
Könige noch hoch, die gern bereit zu dieser Entscheidung.

Ein öffentlich aufgestellter Gesetzestext:

Dieses Gesetz über das Land soll bezüglich der Aufteilung von Plax, Hylia und Liskaria gültig sein, sowohl was die (privat) herausgeschnittenen als auch die öffentlichen (Landstücke) betrifft. Erbberechtigung soll den Eltern und dem Sohn sein; wenn aber ein Sohn nicht vorhanden ist, der Tochter, wenn aber eine Tochter nicht vorhanden ist, dem Bruder (des Erblassers), wenn aber ein Bruder nicht vorhanden ist, soll entsprechend dem Verwandtschaftsgrad geerbt werden gemäß dem Recht; wenn aber Erben (nicht vorhanden sind?), ... soll er das Recht haben, seins zu geben, wem er will. Was sich aber einer anbaut, soll in der Nutznießung unverletzlich sein, wenn nicht, durch Krieg gezwungen, 101 nach Tüchtigkeit (ausgewählte) Männer durch die Mehrzahl beschlossen, mindestens 200 kriegstüchtige Männer als Zusiedler (ins Land) zu bringen ... Dieses Gesetz soll dem Apollon Pythios und seinen Tempelgenossen geweiht sein. (Dem) aber, der dieses überschreitet, soll Verderbnis (sein), ihm und (seiner) Nachkommenschaft und seinem Besitz, dem aber, der (dieses) fromm beachtet, soll (der Gott) gnädig sein. Das Land soll (zu der einen Hälfte) den früheren (Besitzern), zu der anderen Hälfte den Zusiedlern gehören. Sie sollen die Landstriche im Tal verteilen. Umtausch soll gültig sein, es muss aber vor dem Archos umgetauscht werden.

an Max Webers protestantische Ethik: Wer im nichtstaatlichen Leben gezeigt hat, dass er tüchtig ist, hat sich damit auch für das öffentliche Leben qualifiziert, und umgekehrt ist nicht einzusehen, warum jemand, der in seinem privaten Dasein erfolglos ist, nun mit voller Stimme in den öffentlichen Angelegenheiten mitsprechen soll. Neben der Berechtigung kam noch der Gesichtspunkt der Verantwortung hinzu: Wer am meisten zu verlieren hat, auch sein Leben als Krieger, empfindet größere Verantwortung für das Ganze.

Bei der Verwirklichung dieses Ansatzes konnte man an die bisherige rudimentäre Organisation des öffentlichen Lebens anknüpfen, indem man auch Nichtadligen den Zutritt zu Ämtern gestattete. Gleichzeitig nahm man eine Abstufung der Vermögensverhältnisse vor, indem man Vermögensklassen bildete, sodass man nicht jedes Mal neu die einzelnen Personen konkret überprüfen musste, sondern nach Zugehörigkeit zur jeweiligen Klasse abstrakt die jeweilige Stellung im Staat festlegte. Eine solche Staatsform, bei der die Stellung im Staat vom Vermögen abhängt, wofür eine Einschätzung, ein Zensus, erforderlich ist, nennt man lateinisch Zensusverfassung, griechisch heißt sie Timokratie; die spezielle Timokratie der archaischen Zeit nennt man nach der Bevölkerungsschicht, die sie verursacht hat und die nun den Staat vor allem trug, Hoplitenstaat.

Obwohl jeder griechische Hoplit unter der strengen Disziplin der Phalanx kämpfte, sah er sich selbst in der Tradition der heroischen Einzelkämpfer. Der um 560/550 v. Chr. vom attischen Töpfer Kleimachos gefertigte Wasserkrug im Pariser Louvre zeigt einen Kampf zweier Helden. Obwohl eigentlich auf dem Schlachtfeld nicht gegenwärtig, sind die Angehörigen in lebhafter Anteilnahme mit dargestellt.

Durch neue Handelskontakte entstehen im griechischen Mutterland erste bescheidene Zeugnisse von Wohlstand. Goldbänder wie dieses Stück im Pariser Louvre (gegenüberliegende Seite) wurden im 8. Jahrhundert v. Chr. als Beschläge für Kästchen und Möbel verwendet. Das Blech ist hauchdünn, die Tierfriese erinnern an orientalische Vorbilder.

Diese Neuorganisation war in der Tat revolutionär. Der Adel als gesellschaftliche Schicht wurde entmachtet, aber nicht in der Weise, dass sich an seine Stelle eine andere Schicht gesetzt hätte. Vielmehr stand jedes Individuum, unabhängig von seiner sozialen Zugehörigkeit, gemäß seinem Vermögen für jede Rolle im Staat zur Verfügung. Es wurden abstrakte Ämter entweder geschaffen oder übernommen und ausgestaltet, mit festen Zuständigkeiten und mit geregelter Beschränkung der Amtsdauer. Wenn man dann noch die ebenso abstrakten Rechtsvorschriften hinzunimmt, die jetzt festgesetzt und veröffentlicht wurden, dann müssen wir feststellen, dass hier ein Bewusstseinssprung stattgefunden hat und rationale Klarheit das Feld beherrschte.

Die breit gestreuten frühen Rechtsinschriften zeigen, dass Gesetzgebung auch in sehr kleinen Städten stattgefunden hat, und

manchmal fragt man sich, woher solche winzigen Gemeinden eigentlich das menschliche Potenzial genommen haben, um derart ausdifferenzierte Regelungen in die Praxis umzusetzen; sehr viele werden eine komplette Hoplitenphalanx nicht im Entferntesten haben aufbringen können. Gleichwohl muss überall derselbe Geist des abstrakten Rechnens und Konstruierens geherrscht haben.

Solons Reformen in Athen

Die beste literarische Überlieferung über die Fehlentwicklungen einer griechischen Stadt der Umbruchzeit und über die Maßnahmen, die diese Fehlentwicklungen korrigieren sollten und den Hoplitenstaat begründeten, haben wir aus der größten *polis,* aus Athen, wohl deshalb, weil Athen später die führende politische und kulturelle Rolle in Griechenland gespielt hat und weil demgemäß seine Geschichte schon in der Antike auf besonderes Interesse stieß; es liegt aber auch daran, dass es in der Person, der die wichtigsten Reformen zuzuschreiben sind, in Solon, einen bedeutenden Staatsphilosophen und Dichter aufzuweisen hat.

Solon, der 594/593 zum *Archon,* also zum obersten Beamten Athens, gewählt worden war, fasste nämlich seine Diagnose der Leiden seiner Vaterstadt, seine Maßnahmen zu deren Heilung und seine Ergebnisse in Versen zusammen, die er auch öffentlich vortrug. Es gab damals keine Massenpublikationsmittel, und während es in einer kleineren *polis* genügte, in Gesprächen für seine politischen Ansichten zu werben, war es in einem Staat von der Größe Athens und Attikas nötig, für die Verbreitung auch über den unmittelbaren Gesprächskreis hinaus zu sorgen. Solons Elegien, das heißt Gedichte, in denen jeweils ein Hexameter und ein Pentameter miteinander abwechselten, konnte man sich leicht merken, und sie konnten leicht weiter verbreitet werden. Solons Gedichte sind als komplette Sammlung verloren gegangen, aber es ist doch so viel erhalten, dass wir uns von seinen Reformen und damit von der Umbildung eines Adels- in einen Hoplitenstaat ein gutes Bild machen können.

In der Elegie über die »Wohlgesetzlichkeit« sagt Solon unter anderem:

Indes wird unsre Stadt, soviel an Zeus liegt, niemals untergehen –
nach seinem Rat nicht, nach sel'ger Götter Planung überhaupt –
so hochgesinnt hält, als Garantin, des gewalt'gen Vaters Tochter,
Pallas Athene, schützend ihre Hände über sie.
Nein – ihre große Stadt durch Unverstand zu stürzen
sind die Bewohner selbst gewillt, von Geldgier übermannt,
im Bund mit Unrechtsdenken bei des Volkes Führern! ...
Das greift jetzt nach der ganzen Stadt als unfliehbarer Wundenbrand,
und in den schlimmen Stand der Schuldknechtschaft gerät sie schnell,
die innern Aufruhr und den Krieg aus seinem Schlafe aufweckt,
der vielen jäh vernichtet die geliebte Jugendzeit:
Durch ihrer Feinde Einfluss wird rasch die Stadt, die teure,
zerrieben im Geheimbundkampf, der den Verbrechern lieb!
Das sind Missstände hier bei uns im Volk. Doch von den Armen
gelangen viele in ein Land, das ihnen völlig fremd,
für Geld verkauft, in Fesseln voller Schmach gebunden.

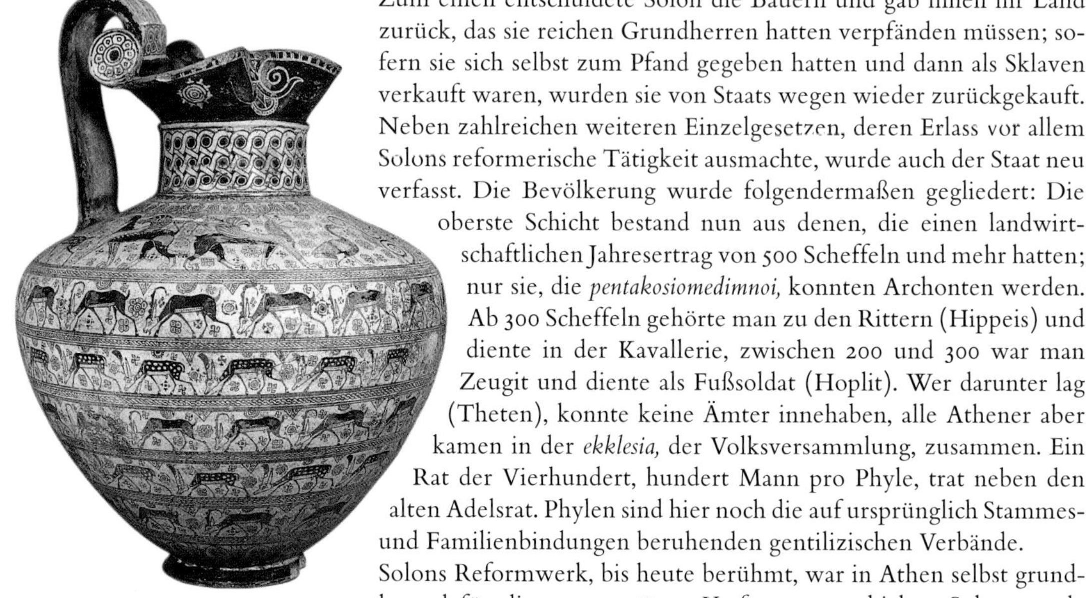

Diese ostgriechische Weinkanne ist um 650/640 v. Chr. entstanden. Typisch für den »orientalisierenden« Stil sind fein gezeichnete Tierfriese, die bei ostgriechischen Vasen hauptsächlich Steinböcke zeigen (Paris, Louvre).

Zum einen entschuldete Solon die Bauern und gab ihnen ihr Land zurück, das sie reichen Grundherren hatten verpfänden müssen; sofern sie sich selbst zum Pfand gegeben hatten und dann als Sklaven verkauft waren, wurden sie von Staats wegen wieder zurückgekauft. Neben zahlreichen weiteren Einzelgesetzen, deren Erlass vor allem Solons reformerische Tätigkeit ausmachte, wurde auch der Staat neu verfasst. Die Bevölkerung wurde folgendermaßen gegliedert: Die oberste Schicht bestand nun aus denen, die einen landwirtschaftlichen Jahresertrag von 500 Scheffeln und mehr hatten; nur sie, die *pentakosiomedimnoi,* konnten Archonten werden. Ab 300 Scheffeln gehörte man zu den Rittern (Hippeis) und diente in der Kavallerie, zwischen 200 und 300 war man Zeugit und diente als Fußsoldat (Hoplit). Wer darunter lag (Theten), konnte keine Ämter innehaben, alle Athener aber kamen in der *ekklesia,* der Volksversammlung, zusammen. Ein Rat der Vierhundert, hundert Mann pro Phyle, trat neben den alten Adelsrat. Phylen sind hier noch die auf ursprünglich Stammes- und Familienbindungen beruhenden gentilizischen Verbände.
Solons Reformwerk, bis heute berühmt, war in Athen selbst grundlegend für die ganze spätere Verfassungsgeschichte, Solon wurde später sogar – fälschlich – als der Begründer der Demokratie angesehen, und in ganz Griechenland zählte er zu den Sieben Weisen, aber zunächst scheiterte seine Neugründung des athenischen Staates in fulminanter Weise. Nominell galten die Reformen zwar, aber faktisch trat genau das ein, was Solon verhindern wollte, denn Athen geriet unter eine lang andauernde Tyrannenherrschaft.

Der Tempel des Olympischen Zeus in Athen wurde unter der Herrschaft des Peisistratos und seiner Söhne begonnen und sollte der größte Zeustempel Griechenlands werden. Die Baumaßnahmen wurden nach dem Sturz der Tyrannen um 510 v. Chr. eingestellt und um 175 v. Chr. aufgrund einer Stiftung des Seleukidenkönigs Antiochos IV. wieder aufgenommen. Erst unter dem römischen Kaiser Hadrian war das Gebäude fertig. Im Hintergrund die Akropolis.

Krise des Adelsstaates und Sozialreformen – Die griechische Tyrannis

Die Tyrannis war eine in der archaischen Zeit erstmals auftretende Herrschaftsform, die darin bestand, dass sich ehrgeizige Adlige die politische und soziale Unruhe zunutze machten und sich zu Alleinherrschern über die jeweilige *polis* aufschwangen. Es waren oft farbige Gestalten, die die Phantasie der Griechen stark beflügelten, und einer von ihnen war der Athener Peisistratos mit seinen Söhnen Hippias und Hipparchos. Von ihnen erzählen wir jetzt und schließen daran die anderen Tyrannenherrschaften an.

Peisistratos verschafft Athen ein goldenes Zeitalter

Peisistratos stammte aus Brauron an der attischen Ostküste, dem Ort mit dem Heiligtum der Artemis, deren Kult sich zu einem attischen Staatskult entwickelte. In der Überlieferung heißt es, die Athener seien damals, im 6. Jahrhundert v. Chr., in drei regionale Gruppierungen zerfallen: in die Leute von der Küste, in die aus der Ebene und in die aus den Bergen. Peisistratos soll der Anführer der Leute aus den Bergen gewesen sein, ein gewisser Lykurg der der Leute aus der Ebene und Megakles, aus dem berühmten Adelsgeschlecht der Alkmaioniden, der Anführer der Leute von der Küste. Dass es immer noch heftige soziale Auseinandersetzungen gab, folgt schon aus der Tatsache, dass Peisistratos überhaupt Tyrann werden konnte. Erst nach drei Anläufen, die typisch für eine Tyrannenherrschaft sind, soll er das endgültig geschafft haben.

Beim ersten Mal wandte Peisistratos einen Trick an. Er hatte bereits ein großes Prestige, weil er das athenische Bürgeraufgebot erfolgreich in einem Krieg gegen das benachbarte Megara befehligt hatte – einer von den Grenzkriegen, die um die Gewinnung von Fruchtland gingen. Er soll sich dann selber verwundet und den Athenern dadurch die Behauptung glaubhaft gemacht haben, man trachte ihm nach dem Leben und deshalb brauche er eine Leibwache. Kaum war sie bewilligt, besetzte er mit diesen Keulenträgern die Akropolis und regierte als Alleinherrscher. Gegen ihn verbanden sich nun Megakles und Lykurg, vertrieben ihn, gerieten aber sofort selber in Streit, sodass Megakles nach Verbündeten Ausschau hielt. Er verband sich mit Peisistratos, versprach ihm seine Tochter zur Frau, und beide zusammen dachten sich eine weitere List aus. Eine große und schöne Frau wurde als die Göttin Athene verkleidet und auf einem Wagen durch die Stadt gefahren, wobei sie die Athener aufforderte, Peisistratos wieder an die Macht gelangen zu lassen. Zur großen Verwunderung Herodots fielen die Athener darauf herein, und Peisistratos wurde wieder als Tyrann eingesetzt.

Nun soll er sich insofern nicht an die dynastische Verbindung mit den Alkmaioniden gehalten haben, als er mit seiner neuen Frau nicht geschlechtlich verkehrte, also keine Kinder aus dieser Ehe bekam. Der Unmut, der daraufhin bei Megakles entstand, trieb Peisistratos zum zweiten Mal außer Landes. Er ging nach Thrakien, wurde durch die Ausbeutung von Silberbergwerken vermögend, verschaffte sich mit diesem Geld eine Söldnertruppe und kam mit ihr nach Eretria auf der Attika vorgelagerten großen Insel Euböa. Mit seinen Söldnern landete er nun bei Marathon an der Ostküste Attikas, also in dem Gebiet seiner Herkunft. Dort besiegte er das athenische Bürger-

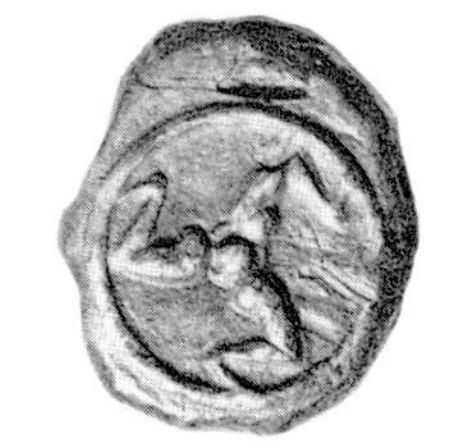

Die so genannten Wappenmünzen zeigen Amphore, Dreibein (Triskelis), Spielknöchel (Astragal), ein Wagenrad oder andere Zeichen. Abgebildet sind hier athenische Zweidrachmenstücke, die um 570/550 v. Chr. geprägt wurden.

Seit der Münzreform der Peisistratossöhne in den Zwanzigerjahren des 6. Jahrhunderts v. Chr. erscheint auf allen Münzen Athens das Bild der Stadtgöttin Athene. Dieses Zehndrachmenstück wurde 479/478 v. Chr. geprägt. Die Göttin trägt zum Zeichen des kürzlich errungenen Sieges über die Perser einen Lorbeerkranz.

aufgebot und wurde zum dritten Mal Tyrann, diesmal also mit Gewalt. Trotzdem war seine Herrschaft jetzt von Dauer; später starb er dann eines natürlichen Todes, und seine Söhne folgten ihm in der Tyrannis.

In Athen regierte Peisistratos so gemäßigt, dass seine Herrschaft (561–527) später als »Herrschaft des Kronos« gepriesen wurde, also als goldenes Zeitalter, dessen wirtschaftliche Prosperität in der regen Bautätigkeit ihren Ausdruck fand. Sie konzentrierte sich vor allem auf den Ausbau der Akropolis und unter seinen Söhnen auf den monumentalen Tempel des Olympischen Zeus (Olympieion). Peisistratos war so klug, weder sich selbst förmlich als eine Art König einzusetzen noch die Institutionen des solonischen Staates abzuschaffen. Worauf er achtete, war nur, dass die ihm verbundenen Personen die Staatsämter bekleideten. Er scheint auch die Bauernschaft endgültig zufrieden gestellt zu haben, indem er – was Solon nicht getan hatte – das Land neu verteilte, nicht nur die Schulden erließ; seither hört man in Athen nichts mehr von bäuerlicher Not oder Unzufriedenheit. Er scheint auch leutselig gewesen zu sein; so soll er unerkannt im Lande herumgegangen sein, um zu hören, was die Bevölkerung wirklich dachte, ja, er soll sich sogar einem normalen Gerichtsverfahren unterworfen haben – freilich bekam dann der, der gegen ihn vorging, Angst vor seiner eigenen Courage und zog die Anklage zurück. Die Sanierung der Bauernschaft geschah vermutlich auf Kosten des besitzenden Adels. Trotzdem, und obwohl doch eine Tyrannis dem auf Gleichheit bedachten Selbstverständnis des Adels stracks zuwiderlief, gab es zunächst keine nennenswerte Adelsopposition. Zwar emigrierten die Alkmaioniden teilweise, aber ein später berühmt gewordener Alkmaionide, Kleisthenes, war Archon unter den Peisistratiden. Das ist umso bemerkenswerter, als der Tyrann auch sonst den Adel zurückgedrängt hat: Die frühesten athenischen Münzen weisen nämlich symbolische Darstellungen auf, die man als Adelswappen gedeutet hat, und wenn diese Deutung und die Chronologie richtig sind, dann stammen die auf diese so genannten Wappenmünzen folgenden einheitlichen Münzen mit Athene und der Eule aus der Tyrannenzeit. Peisistratos oder seine Söhne hätten danach dem Adel das Münzrecht genommen und den athenischen Staat weiter vereinheitlicht. Selbstverständlich aber haben die Tyrannen keine prinzipiell adelsfeindliche Politik betrieben. Man tat alles, um die Standesgenossen zufrieden zu stellen, vorausgesetzt, die eigene Machtposition blieb unangetastet.

Die Ermordung des Tyrannen Hipparchos durch Harmodios und Aristogeiton 524 v. Chr. wurde von den folgenden Geschlechtern als Gründungsakt der athenischen Demokratie beschworen. Hier die Darstellung des Attentats von der Hand des Kopenhagenmalers um 450/440 v. Chr. auf einem attischen Krug (Würzburg, Martin-von-Wagner-Museum).

Unter Peisistratos' Söhnen Hippias und Hipparchos endete dann auch schon die Tyrannis, freilich nicht, wie die Athener später selber gerne glaubten, durch ein Aufbegehren gegen die Unterdrückung im Namen der Freiheit. Zwar wurde einer der Tyrannen, Hipparchos, ermordet, aber nur wegen einer privaten Liebes- und Eifersuchtsgeschichte. Nach dem Mord soll der übrig gebliebene Hippias härter regiert haben, aber auch er ist nicht durch die Athener vertrieben worden, sondern 510 v. Chr. durch ein spartanisches Heer unter dem König Kleomenes. Hippias hatte sich mit seiner Familie auf der Akropolis verschanzt, bekam freien Abzug gewährt und ging ins Exil zum Perserkönig.

Periander von Korinth – skrupellos gegenüber dem Adel, aber ein Förderer des städtischen Lebens und der Kunst

Athen hatte die Tyrannis erst verhältnismäßig spät kennen gelernt. Andererseits ist es auch nicht so, dass überall, sozusagen als gesetzmäßig auftretende Entwicklungsstufe, die Tyrannis aufgetreten wäre. Viele Städte sind um sie herumgekommen, und auch für Athen hatte ja Solon diese Hoffnung gehegt. Eine der frühesten und dauerhaftesten war dagegen die Tyrannis in Korinth. Ihr Begründer hieß Kypselos, der um die Mitte des 7. Jahrhunderts v. Chr. gegen die herrschende Adelsfamilie der Bakchiaden an die Macht kam. Wie von vielen sagenhaften Gestalten und Staatsgründern – Ödipus, Mose, Romulus und Remus – wird auch von ihm erzählt, er sei als Kind ausgesetzt worden, weil ein Orakelspruch seine spätere Herrschaft vorausgesagt habe, sei dann wundersam errettet worden und habe dann erst recht die Macht ergriffen. Vielleicht ist diese Geschichte auch aus einer verfehlten Etymologie seines Namens entstanden; kypsele heißt »Lade«, und er soll als Baby vor denen, die ihn ermorden sollten, in einer Lade versteckt gewesen sein.

Sein Sohn Periander ist neben Dionysios von Syrakus das Urbild des Tyrannen: mächtig, klug und düster. Auch er wurde zu den Sieben Weisen gerechnet, und als Arion, der Erfinder des Dithyrambos, eines enthusiastisch-ekstatischen Chorlieds im Dionysoskult, sich nur durch ein Wunder aus den Händen von Seeräubern retten konnte, führte Periander die Räuber ihrer gerechten Strafe zu. Von Staatsklugheit zeugt die Geschichte vom Köpfen der Getreideähren. Thrasybulos, der Tyrann von Milet, erhielt auf seine an Periander gerichtete Frage, wie man als Tyrann am besten seine Herrschaft festigen könne, vom Boten den Bericht: Periander habe überhaupt nicht geantwortet, nur habe er seltsamerweise bei einem Gang durchs Feld immer schweigend Kornähren geköpft und weggeworfen. Beseitigung des Adels sollte das bedeuten, und Thrasybulos verstand. Auf der anderen Seite sei Periander unbeherrscht gewesen; seine schwangere Frau Melissa, die Tochter des Tyrannen von Epidauros, Prokles, habe er durch einen Tritt in den Unterleib getötet, habe ihr aber dann aus wilder Reue nach ihrem Tod noch beigewohnt.

In der Geschichte lebt Periander vor allem als einer der Sieben Weisen fort. Dieses Bildnis, in den Vatikanischen Sammlungen, Rom, eine römische Kopie nach einem Original klassischer Zeit, zeigt ihn als besonnenen Bürger in gepflegter Erscheinung.

Von Arion erzählt Herodot in seinen »Historien« (1,24):

Nachdem er die meiste Zeit bei Periander verbracht, hatte er das Verlangen, nach Italien und Sizilien zu fahren; und als er große Reichtümer erworben, wünschte er heimzukehren nach Korinth. Er fuhr nun ab von Tarent, und weil er keinem mehr vertraute als den Korinthern, hatte er ein Schiff mit korinthischen Männern gemietet. Die aber beredeten sich untereinander, als sie auf hoher See waren, Arion über Bord zu werfen und seine Schätze zu behalten ... Er aber legte all seinen festlichen Schmuck an, ergriff seine Kithara, stellte sich aufs Heck und trug die Hohe Weise vor, und als die Weise beendet war, stürzte er sich ins Meer, wie er war, ..., ihn aber nahm ... ein Delphin auf seinen Rücken und trug ihn fort zum Tainaron. Er stieg ab und wanderte in seiner Festtracht nach Korinth, und wie er ankam, erzählte er alles was geschehen. Periander aber, der es nicht glauben wollte, setzte Arion fest ..., hielt aber Ausschau nach den Schiffern. Als sie dann angekommen waren, ließ er sie rufen und erkundigte sich, ob sie nicht etwas über Arion zu berichten hätten. Wie die sagten, der weile wohlbehalten in Italien und sie hätten ihn in guten Umständen in Tarent verlassen, trat Arion vor sie, so angetan, wie er von Bord sprang. Da waren sie entsetzt und konnten, überführt, nun nicht mehr leugnen.

»Die Söhne des Kypselos weihten dies (aus der Beute) von Herakleia« lautet die Weihinschrift auf dieser goldenen Schale. Das gut 800 g schwere kostbare Beutestück wurde im Heiligtum von Olympia geweiht und befindet sich heute im Museum of Fine Arts, Boston.

Periander trieb eine aktive, persönliche Außenpolitik. Euagoras, einer seiner Söhne, gründete auf der westlichen Halbinsel der Chalkidike im Norden der Ägäis die Stadt Poteidaia. In Korkyra (Korfu), einer Pflanzstadt Korinths, setzte Periander seinen Sohn Nikolaos als Tyrannen ein, und als die Korkyräer diese Herrschaft abschüttelten und Nikolaos ermordeten, zeigte sich Perianders Grausamkeit: Er unterwarf die Insel wieder und schickte dreihundert adlige Jünglinge nach Lydien, um sie dort kastrieren und als Sklaven verkaufen zu lassen; nur durch die Hilfe der Bewohner von Samos wurden sie gerettet. Nachfolger in Korkyra wurde Perianders Neffe Psammetichos, dessen ägyptischer Königsname darauf hinweist, dass Perianders dynastisch geprägte Außenpolitik sich bis nach Ägypten hin erstreckte.

Innenpolitisch wird Ambivalentes über ihn berichtet. Das Köpfen der Kornähren deutet auf eine antiaristokratische Politik, ebenso die Behandlung der korkyräischen Jünglinge. Andererseits dürfte diese Politik nicht Selbstzweck gewesen, sondern durch den seinerseits verständlichen Widerstand des Adels gegen die Alleinherrschaft hervorgerufen worden sein. Periander förderte den Bauernstand, indem er den Erwerb von Sklaven verbot und so den Einzelbauern ihre Existenzgrundlage erhielt, allerdings auch dafür sorgte, dass die Bauern nicht in die Stadt kamen, was möglicherweise als Präventivmaßnahme gegen Unruhen zu verstehen ist. Das städtische Leben förderte er durch den Bau einer Wasserleitung, und wenn wir sehen, dass in der Tyrannenzeit die korinthische Keramik überall in der griechischen Welt den ersten Platz einnahm, dann können wir daraus vielleicht schließen, dass Handel und Gewerbe gerade zu dieser Zeit blühten.

Nach Perianders Tod stand als einzig übrig gebliebener Nachfahre nur der Neffe Psammetichos zur Verfügung, der aber nach dreijähriger Herrschaft gewaltsam gestürzt wurde. Danach wurde Korinth stabil von einer Oligarchie regiert.

Den größten griechischen Tempel überhaupt wollte Polykrates im Heraheiligtum von Samos errichten lassen, er blieb jedoch nach einer Bauzeit von mehr als zwei Jahrhunderten als gigantische Bauruine liegen und ist heute nur noch in Trümmern erhalten. Im Bild einige Bauglieder der Fronthalle, vorn Säulenbasen, hinten ein Rundkapitell.

Polykrates von Samos, ein Bauherr und Seeräuber großen Stils

Der berühmteste Tyrann dieser Zeit ist Polykrates von Samos, uns allen bekannt aus Schillers Ballade »Der Ring des Polykrates«. Typisch ist er nicht, denn er fällt in die Endzeit der archaischen Tyrannis; er regierte etwa von 537 bis 522 v. Chr. Er hatte eine Art Seereich aufgebaut und fiel schließlich der persischen Expansion zum Opfer. Aber schaurig-schöne Geschichten gibt es von ihm. Polykrates war weder der erste noch der letzte Tyrann auf Samos. Er errang, zunächst mit zweien seiner Brüder, ebenfalls durch eine List die Herrschaft, indem er die Bürgerschaft entwaffnen ließ und sich dann auf eine Söldnertruppe stützte. Auch in seinem Fall wurde die Gegnerschaft des Adels – auf Samos waren das die Gamoren, die »Landbesitzenden« – nicht gezielt herbeigeführt, sondern ergab sich aus der Tatsache der Herrschaft selbst. Ebenso selbstverständlich war seine Förderung der Mittel- und Unterschichten. Auch er baute für die städtische Bevölkerung eine Wasserleitung, und wir kennen nicht nur den Namen des Baumeisters, Eupalinos, sondern die deutschen Ausgrabungen haben auch die Leitung zutage gefördert, den nach dem Architekten benannten Eupalinostunnel.

Polykrates hielt glänzend Hof. Heute noch berühmte Dichter wie Anakreon und Ibykos – auch dieser durch eine schillersche Ballade bekannt – hielten sich bei ihm auf, er baute Tempel und Paläste, Schiffshäuser und eine große Hafenmole, die Samos zu einem begehrten Anlegeplatz machte. Damit zog er Handelsschiffe nach Samos und verschaffte sich durch Zölle und Hafengebühren Einnahmen und der Bevölkerung Arbeitsplätze. Auch sonst taten die Überseekaufleute gut daran, es mit dem Tyrannen nicht zu verderben, denn er war gleichzeitig ein Seeräuber großen Stils. Seine Flotte von 140 Kriegsschiffen war dabei, die ganze Ägäis zu beherrschen, und wenn sie nicht auf Raub auszog, dann sicherte sie seine Außenbesitzungen; diese waren so zahlreich, dass seine Herrschaft Thalassokratie genannt wurde, Seeherrschaft. Alles gelang ihm, und nach griechischer Auffassung war gerade das die Ursache für sein schlimmes Ende. Um dem Neid der Götter zu entgehen, warf Polykrates, so berichtet Herodot und so dichtet nach ihm Schiller, auf Anraten des ägyptischen Königs Amasis seinen kostbaren Lieblingsring ins Meer, aber alsbald wurde ihm ein prächtiger Fisch gebracht, in dessen Magen der Ring wieder zum Vorschein kam. Daraufhin kündigte ihm Amasis die Freundschaft, um nicht mit ihm zusammen unterzugehen. Beiden sollte das nichts nützen.

In einer römischen Villa bei Antium wurde die Bildnisstatue des Anakreon gefunden. Sie stellt den Sänger dar, wie er beim Fest sein Lied vorträgt. Das Vorbild dieser römischen Kopie war ein Ehrendenkmal, das ihm um 440 v. Chr. auf der Akropolis von Athen errichtet wurde. In dieser Stadt hatte er die letzten Jahre seines Lebens verbracht.

Polykrates war nämlich auch außenpolitisch ein so mächtiger Herrscher, dass er zu einem nicht zu vernachlässigenden Faktor im östlichen Mittelmeergebiet wurde, in das das persische Weltreich immer weiter vordrang und in dem es zunächst Ägypten bedrohte. Dessen König suchte Unterstützung bei Polykrates. Ägypten wurde aber trotzdem 525 v. Chr. von Persien erobert und dem Reich einverleibt. Polykrates hatte zuvor die Seite gewechselt und dem Perserkönig Kambyses sogar eine Kriegsflotte zur Verfügung gestellt, aber schließlich fiel Polykrates selbst einer List zum Opfer. Oroites, der Satrap des Perserkönigs, der ihn zu einer Besprechung aufs Festland einlud, ließ ihn auf eine so scheußliche Weise umbringen, dass

---

Anakreon von Teos besingt in seinen Versen die Liebe und den Wein. Zu seiner Zeit wurde der Wein mit Wasser verdünnt genossen:

So bringe mir, o Knabe,
Den Kelch: Ich will ihn leeren
Auf einen Zug! Doch gieße
Zehn Kellen Wasser über
Fünf Kellen Wein: Dem Gotte
Will ich mit Maßen dienen …
Wir wollen uns dem Weine
Nicht mehr mit wildem Toben
Nach der Barbaren Sitte
Ergeben, doch bei schönen
Gesängen mäßig trinken.

Herodot sich weigert, das im Einzelnen zu berichten. Nach ihm herrschten kleinere Tyrannen, jetzt von Persiens Gnaden.

Sizilien – Die Nährmutter der Tyrannen

Noch müssen wir uns nicht von den Tyrannengeschichten losreißen, denn es muss noch von den gewaltigsten berichtet werden, von denen auf Sizilien. Wenn im Mutterland die Verhältnisse so waren, dass, etwa in Athen, ein erfolgreiches Kommando in Grenzkriegen das Sprungbrett für die Tyrannenherrschaft darstellte, so waren militärische Kommandos gerade auf Sizilien geradezu existenziell, denn dort saßen die Karthager, mit denen die Griechenstädte oft im Krieg lagen, und zudem gab es auch mit den Einheimischen ständige Kämpfe. Deshalb war Sizilien geradezu ein Nährboden für Tyrannen: »Sicilia nutrix tyrannorum«, sagt der spätantike Historiker Orosius. Alles auf Sizilien war größer als im Mutterland: die Städte, die Bauten, die Kriege, die Tyrannen, die jeweilige Ausprägung ihrer Herrschaft. Der grausamste soll Phalaris von Akragas gewesen sein, der in der ersten Hälfte des 6. Jahrhunderts v. Chr. herrschte. Mit List und Gewalt an die Macht gelangt, ließ er einen bronzenen Stier herstellen, in dessen Bauch er seine Gegner sperrte, Feuer unter ihm anzündete und sich dann an den Schreien der Un-

Nach dem Sieg über die Karthager 480 v. Chr. bei Himera erbauten die Tyrannen Hieron und Theron in ihren Städten und am Ort der Schlacht monumentale Siegestempel und sandten kostbare Weihungen nach Delphi. Der Athene war der Tempel in Syrakus geweiht, als Dom ist er bis heute ein Gotteshaus geblieben. Ein Teil der Säulen und des Gebälkes sowie das Innere sind vom ursprünglichen Bau erhalten geblieben.

glücklichen weidete, die wie Stiergebrüll klangen. Glücklicherweise ist Akragas aber auch der Schauplatz der mildesten Tyrannis, die die Griechen kannten. Theron, Urenkel des aus Rhodos stammenden Telemachos, der Akragas von Phalaris befreit hatte, regierte im Einvernehmen mit den Akragantinern, deren Stadt er durch riesige Tempelbauten und eine – uns allmählich bekannt werdende – Wasserleitung prachtvoll ausstattete. Nach außen war er weniger friedfertig. Er griff nach Norden aus und eroberte Himera, das von einem unerfreulichen Tyrannen, Terillos, regiert wurde. Dieser Terillos stand mit den Karthagern auf freundschaftlichem Fuße, und so verwundert es nicht, dass es bei Himera zu einer gewaltigen Schlacht zwischen Karthagern und Griechen, nicht nur Akragantinern, kam. Theron hatte nämlich seine Tochter Demarete dem Tyrannen von Syrakus, Gelon, zur Frau gegeben, und unter Gelons Kommando siegten Akragas und Syrakus 480 v. Chr. bei Himera gegen die Karthager, ein Ereignis, das in der ganzen griechischen Welt begeistert gefeiert wurde; auch deshalb natürlich, weil im selben Jahr die mutterländischen Griechen die Perser bei Salamis besiegten.

Die Brüder Gelon und Hieron, die Tyrannen von Syrakus, stammten aus Gela, einer Stadt an Siziliens Südküste. Dort schwang sich gegen Ende des 6. Jahrhunderts v. Chr. zunächst ein Kleandros zur Tyrannis auf, der nach siebenjähriger Herrschaft ermordet wurde, aber in seinem Bruder Hippokrates sofort einen Nachfolger bekam. Hippokrates regierte im Einvernehmen mit den Begüterten Gelas, stellte an die Spitze der Reiterei Gelon, den Sohn des Deinomenes, und unterwarf den Ostteil Siziliens mit Ausnahme von Syrakus und Messina. In einem Krieg gegen die einheimischen Sikuler fiel er. Nach seinem Tod versuchte das Volk von Gela, sich in einem Aufstand zu befreien, wurde jedoch von der Reiterei unter Gelon besiegt, der nun seinerseits Tyrann wurde.

Gelon eroberte 485 v. Chr. Syrakus, ließ sich dort auch als Tyrann nieder und begann, die Territorialherrschaft über West- und Mittelsizilien, die Hippokrates ansatzweise begründet hatte, durch Neuansiedlungen und Umsiedlungen großen Stils zu festigen. Als die Perser Griechenland bedrohten, baten die mutterländischen Griechen ihn um Hilfe. Er soll deshalb abgelehnt haben, weil die Griechen ihm den Oberbefehl nicht geben wollten; in Wirklichkeit kam er deshalb nicht, weil er zusammen mit seinem Schwiegervater Theron die Karthager abwehren musste, was mit dem glänzenden Sieg bei Himera 480 v. Chr. ja auch gelang. Gelon war nun Herr über Sizilien, mit Ausnahme des karthagischen Gebiets und der Herrschaft Therons; auch von ihm heißt es, dass seine wohlwollende Herrschaft unangefochten gewesen sei.

Nach Gelons Tod 477 v. Chr. war es abermals ein Bruder, Hieron, der die Nachfolge antrat, und er war wohl der bedeutendste dieser frühen sizilischen Tyrannen; freilich war er mehr Machtmensch als Gelon, und seine Regierung soll drückender gewesen sein. Bisher war er Statthalter in der gemeinsamen Heimatstadt Gela gewesen, jetzt kam er nach Syrakus. Er gründete unterhalb des Ätna die gleichnamige Stadt Aitna und setzte seinen Sohn dort als König ein; er griff weit über Sizilien hinaus und fing an, in Süditalien Politik zu machen, indem er Lokroi Epizephyrioi gegen den Tyrannen von Rhegion schützte. Dadurch wurde das Vertrauen in seine Macht so groß, dass ihn die Bewohner von Kyme gegen die Etrusker zu Hilfe riefen. Mit großem Erfolg, denn 474 v. Chr. besiegte er vor Kyme, also wahrlich weit entfernt vom heimatlichen Syrakus, die Etrusker in einer großen Seeschlacht und verhinderte so deren Ausbreitung nach Kampanien. 466 v. Chr. starb er, aber als nun ein weiterer Bruder, Thrasybulos, seine Nachfolge antreten wollte, gelang das nicht mehr.

Am Tyrannenhof von Syrakus wirkte auch der aus Böotien stammende Dichter Pindar. Sein Bildnis wurde um die Mitte des 5. Jahrhunderts v. Chr. geschaffen und ist durch zahlreiche römische Kopien überliefert; das Stück hier steht im Kapitolinischen Museum, Rom. Es zeigt den Vertreter konservativer Adelsgesinnung mit sorgfältig frisierter Barttracht.

Pindar, 1. Pythische Ode auf Hieron von Syrakus:

Zeus, ich flehe, nick mirs zu: Er halte sich still, der Phöniker, und der Tyrsener Kriegslärm verstumme! Sie sahn die ächzende Flotte vor Kyme den Frevel büßen und sahn sich bezwungen durch den Herrn von Syrakus, der ihre wehrhafte Jugend von eilend segelnden Schiffen gefegt, ...
doch an dem schön umspülten Strand des Himeras vollend ich erst den Deinomeniden das Lied, das ihr Mannesmut sich verdient, weil ihrer Feinde Schar gefallen.

Syrakus vertrieb den neuen Tyrannen und kehrte zum normalen Verfassungsleben zurück.

Zusammenfassendes zu den Tyrannen und zur Tyrannis

Alle Tyrannen auf Sizilien und auch die im griechischen Mutterland waren große Herren, entstammten meist dem Adel, betrieben die adligste Sportart, nämlich Pferdezucht und Wagenrennen, und die sizilischen Tyrannen waren allen anderen auch hierin voraus. Wir können heute noch die wundervollen Preislieder lesen, die die Dichter Pindar und Bakchylides auf die Rennsiege gerade sizilischer Tyrannen gedichtet haben, und Aischylos, der erste große Tragiker Athens, der in den »Schutzflehenden« das Hohe Lied der Demokratie gesungen hat, lebte später an Hierons Hof und schrieb das – verloren gegangene – Drama »Die Aitnaierinnen«, das Hierons Gründung am Ätna zum Gegenstand hatte. Die sizilischen Tyrannen galten also nicht durchgängig, wie unser heutiger Sprachgebrauch es nahe legt, als blutige Gewaltherrscher, und Ähnliches gilt von den mutterländischen Tyrannen. Obwohl einige doch diesem Bilde entsprachen, und obwohl Solon es aus ethischen Gründen ablehnte, Tyrann zu werden, entstand der einseitig negative Tyrannenbegriff erst später. Eine offizielle Stellung hatten sie nicht; wie Peisistratos ließen sie im Allgemeinen die Institutionen der *polis* bestehen und herrschten als Personen. Das geht auch aus den Weihinschriften hervor, die Gelon nach dem Sieg bei Himera und Hieron nach dem Sieg bei Kyme in Delphi beziehungsweise in Olympia anbrachten.

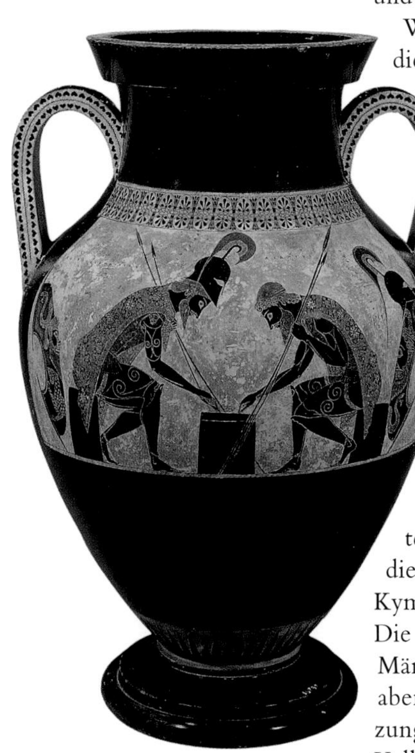

Für den Adligen archaischer Zeit sind Spiel und Krieg Teil seiner aristokratischen Muße. Die um 530 v. Chr. vom athenischen Meister Exekias gefertigte Amphore zeigt die Helden Achilleus und Ajax während einer Kampfpause beim Brettspiel (Rom, Vatikanische Sammlungen).

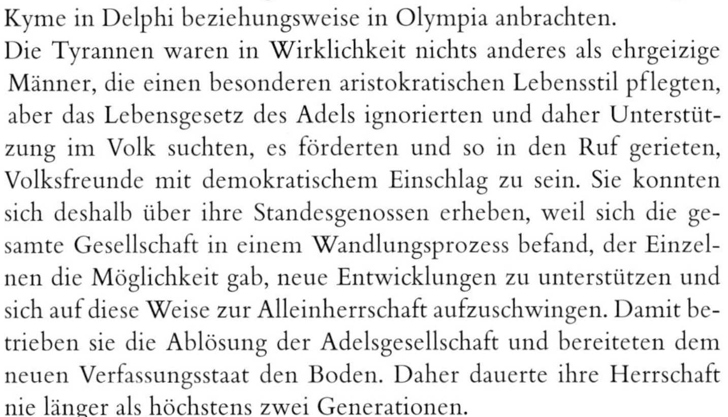

Die Tyrannen waren in Wirklichkeit nichts anderes als ehrgeizige Männer, die einen besonderen aristokratischen Lebensstil pflegten, aber das Lebensgesetz des Adels ignorierten und daher Unterstützung im Volk suchten, es förderten und so in den Ruf gerieten, Volksfreunde mit demokratischem Einschlag zu sein. Sie konnten sich deshalb über ihre Standesgenossen erheben, weil sich die gesamte Gesellschaft in einem Wandlungsprozess befand, der Einzelnen die Möglichkeit gab, neue Entwicklungen zu unterstützen und sich auf diese Weise zur Alleinherrschaft aufzuschwingen. Damit betrieben sie die Ablösung der Adelsgesellschaft und bereiteten dem neuen Verfassungsstaat den Boden. Daher dauerte ihre Herrschaft nie länger als höchstens zwei Generationen.

Die Griechen betreten neue Wege – Wirtschaft und Kultur in archaischer Zeit

Wir sahen, dass demographische und wirtschaftliche Faktoren entscheidend die Umgestaltung des Adelsstaates herbeigeführt haben; aber auch die Wirtschaft als solche wandelte sich. Selbstverständlich blieb die Landwirtschaft die wichtigste Art der wirtschaftlichen Produktion, wie die gesamte Antike hindurch. Die Überbevölkerung bewirkte ein Schrumpfen der wirtschaftlichen

Existenzmöglichkeit der einfachen Bauern und, wie wir im Falle Athens sahen, eine Besitzzunahme aufseiten des Adels; freilich scheint das Ungleichgewicht im Zuge der politischen Entwicklung wieder beseitigt worden zu sein. Außerdem ging man dazu über, eine regelrechte staatliche Wirtschaftspolitik zu betreiben, indem man sich auf besonders einträgliche Produkte – in Athen waren es Öl und Wein – verlegte und sich bei den Grundnahrungsmitteln auf die Einfuhr von außerhalb verließ.

Das wirtschaftliche Leben differenzierte sich über diese Wirtschaftspolitik hinaus. Der Handel nahm zu, und wenn in den Dunklen Jahrhunderten dieser vor allem von den fremden Phönikern getragen wurde, so griffen jetzt Griechen aktiv ins Handelsgeschehen ein. Keineswegs waren das nur Angehörige der Mittel- oder Unterschichten, die auf diese Weise nach oben drängten; gerade der Adel betätigte sich im Überseehandel, wie etwa Sapphos Bruder, der in Ägypten tätig war. Erleichtert wurde der Handel größeren Ausmaßes durch die Erfindung der Münze. Ihre Anfänge liegen um die Mitte des 7. Jahrhunderts v. Chr. wohl bei den kleinasiatischen Lydern, aber aufgegriffen und vollendet wurde das Münzwesen von den Griechen. Es ist hier absichtlich nicht von »Geld« die Rede, denn das, was die Griechen jetzt prägten, war kein allseitig verwendbares Zahlungsmittel. Eine Münze ist ein Stück Edelmetall – in Griechenland vor allem Silber – ganz bestimmten Gewichts, und dieses Gewicht wurde von der Stadt durch ihren auf dem Metallstück angebrachten Stempel garantiert.

Diese vermutlich um 630 v. Chr. in Ephesos geprägte Elektronmünze ist im Besitz der Deutschen Bundesbank. Auf der Vorderseite über dem grasenden Hirsch – dem heiligen Tier der Stadtgöttin Artemis – die Inschrift »Ich bin das Zeichen des Phanes«, vermutlich der Name des Prägeherren.

Eines der seltenen Bilder einer Marktszene findet sich auf einer um 540 v. Chr. vom Teleidesmaler in Athen dekorierten Amphore aus Agrigent (New York, Metropolitan Museum of Art).

So wie Griechenland keine politische Einheit darstellte, so gab es auch unterschiedliche Maß- und Gewichtssysteme; daher war es wichtig, dass der Wirtschaftsbürger erkennen konnte, von welcher Stadt die Münze ausgegeben war und welcher Münzfuß Anwendung fand. Hatte man früher geglaubt, das Aufkommen der Münzen habe eine Art Geldverkehr wie in der Neuzeit verursacht, so ist man heute der Ansicht, dass der Einsatz von Münzen nur bei größeren Transaktionen wie etwa dem Tempelbau oder der Bezahlung von Söldnern stattfand. Es gibt nämlich aus dieser frühen Zeit nur Münzen hohen Wertes; die Bronzestücke des täglichen Geldverkehrs sind, mit Ausnahmen, erst eine spätere Entwicklung. Demzufolge gab es keine Geldwirtschaft, die etwa das Entstehen einer Handel und Gewerbe treibenden größeren Bevölkerungsschicht verursacht hätte.

Eine solche Schicht ist auch nicht aus der Existenz der griechischen Vasen zu erschließen, die in weiten Teilen des Mittelmeer- und Schwarzmeergebietes gefunden werden. Gewiss ist es verführerisch, die Gleichzeitigkeit zwischen dem Export der korinthischen Vasen und der Tyrannenherrschaft der Kypseliden zu beobachten; von einer Art neu aufkommender bürgerlichen Schicht zu sprechen, deren Handelsinteressen etwa die Tyrannis wahrgenommen hätte, wäre jedoch weit übertrieben. Es gab in den Städten eine ausdifferenziertere handwerkliche Produktion, es gab Münzen, die den Handelsverkehr erleichterten, aber die Hauptproduktionsart war nach wie vor die Landwirtschaft, und die Schicht, die die Politik bestimmte, waren die wehrfähigen Bauern.

Die archaische Zeit ist nicht nur die Epoche der Herausbildung des Stadtstaates und der Kolonisation, sondern ebenso die der Entstehung der griechischen Kultur. Gerade auf kulturellem Gebiet ist der Einfluss des Orients besonders zu bemerken. Dass sogar die urgriechisch erscheinende Mythologie vorderasiatische Elemente enthält, ist seit langem gesicherte Erkenntnis; der den geometrischen Stil ablösende archaische Vasenstil wird wegen seiner motivlichen Dekoration von der archäologischen Wissenschaft geradezu »orientalisierender Stil« genannt; und die Anfänge der Philosophie im griechischen Kleinasien, die Naturphilosophie, die sich über Entstehung und Zusammensetzung der uns umgebenden Natur Gedanken machte, ist ohne orientalische Vorgänger nicht vorstellbar – und was sind schließlich die archaischen Jünglingsstatuen der Kuroi anderes als die Adaptation ägyptischer Statuen an die griechische Vorstellungswelt?

Gerade dieses Beispiel zeigt aber auch, dass niemand bei dem Gedanken einer starken orientalischen Komponente in der griechischen Kultur befürchten muss, hier solle dem Griechischen die Originalität abgesprochen werden und alles in einem konturlosen Brei aufgehen. Trotz ihrer steifen Körperhaltung, den eckigen Schultern, den herabhängenden Armen, den zur Faust geballten Händen und dem vorgesetzten Fuß sind die Kuroi doch ganz und unverwechselbar griechisch, und noch mehr muss das von den Bauten und der Dichtung gesagt werden. Die Tempel, zunächst nur ein einfaches Megaron (einräumiges Haus) zur Aufnahme des Götterbildes mit im Osten davor errichtetem Altar, dann allmählich mit Säulenkranz, wie der Heratempel von Samos zeigt, oder anderer Säulenstellung – das ist nur griechisch, ebenso die Säulenordnung, die sich wie die Grundrissdisposition in Ionien (ionische Ordnung) anders entwickelte als die im griechischen Mutterland (dorische Ordnung) und

Ein Exportschlager in der Zeit der Kolonisation waren Salbgefäße aus Korinth, die in der ganzen Mittelmeerwelt gefunden werden. Sie sind verschließbar und könnten als Transport- und Verkaufsverpackung für Parfümöl gedient haben. Der so genannte Aryballos im Britischen Museum, London, und das Gefäß in Form einer Eule im Pariser Louvre entstanden in der Mitte des 7. Jahrhunderts v. Chr.

FRÜHGRIECHISCHE JÜNGLINGE

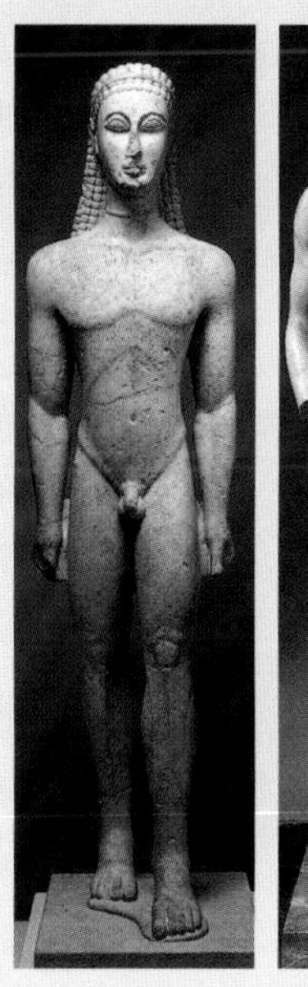

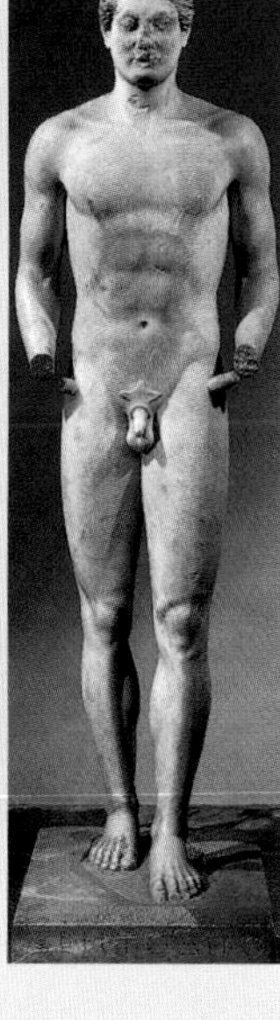

Der vornehme Jüngling ist der Herr seiner selbst, frei und autonom, sein wohltrainierter Körper ist zu jeder Heldentat bereit – so lautet das herrschende Lebensideal im archaischen Griechenland. Wer dieser Norm nicht gerecht werden konnte, hatte eben Pech. In Statuen hat diese Kalokagathia (»Schön-und-gut-Sein«) greifbaren Ausdruck gefunden. Vorbild war die Pharaonen- und Beamtenstatue Ägyptens, der Kuros (»Jüngling«) in Griechenland verzichtet jedoch auf die Rangabzeichen und die Stützpfeiler mit inschriftlicher Nennung der Würdenämter, wie sie im Reich am Nil üblich waren.

Nur die gepflegten Nägel an Fingern und Füßen sowie die schön gelegten Haare deuten den edlen Stand an, bei der rechten der beiden Statuen ist selbst das Schamhaar frisiert. Dieser Jüngling namens Aristodikos trägt den um 510 v. Chr. modernen, kurzen Haarschnitt der Athleten, die beiden anderen Figuren mit typisch archaischer Langhaarfrisur entstanden etwa ein Jahrhundert früher. Der Aristodikos-Kuros verdeutlicht, dass die Bildhauer im Laufe des 6. Jahrhunderts die Körperschönheit immer lebendiger schildern wollten und auf jedes Beiwerk verzichteten. Die zart modellierte Figur wirkt in ihrer disziplinierten Haltung wie erstarrt. Ursprünglich wurde der Kuros jedoch als besonders lebendig empfunden, gerade weil er im Moment der Ruhe gezeigt ist. Die hier abgebildeten Statuen standen als Bildnisse auf Gräbern, dasselbe Darstellungsschema wird jedoch auch für Götterfiguren oder Weihestandbilder verwendet.

im griechischen Westen. Nur griechisch ist die plötzlich in unendlicher Fülle und in unendlichem Formenreichtum hervorbrechende Dichtung, und nur griechisch ist vor allem etwas, was alle Formen des geistigen und künstlerischen Lebens miteinander verbindet: Hier waren keine anonymen Kräfte am Werk, sondern Individuen, die auf ihre Leistung und auf ihren Namen stolz waren, ihn nannten und so teilweise bis heute weiter leben. Architekten schrieben ihren Namen auf die Stufen des Tempels, Herodot nennt berühmte Künstler und Kunsthandwerker, ja, Münzschneider signierten teilweise ihre wunderbaren Produkte (wenn dieses Zeichnen mit dem Namen vielleicht auch Kontrollzwecken diente). Die Philosophen publizierten unter ihren Namen Thales, Anaximenes, Anaximander oder Heraklit, und die Dichter veröffentlichten ihre Werke nicht als anonyme Kollektivprodukte, sondern Hesiod, Archilochos, Alkaios oder Sappho sprachen (auch) von sich und ihren Empfindungen und nannten sich mit Namen. Daher kennen wir auch ihr Geschlecht, und daher wissen wir, dass es nicht nur Dichter, sondern auch Dichterinnen gab, als berühmteste eben Sappho.

Glanz und Elend der Frau – Die Blütezeit der Knabenliebe

Schon öfter war gelegentlich von Frauen die Rede, und hier ist nun der Ort, im Zusammenhang darzustellen, welche Rolle sie in der archaischen Gesellschaft spielten. Man kann auch hier von Homer ausgehen. Zwar kommen insbesondere in der »Odyssee« Sklavinnen und Mägde vor, etwa die Mägde im Hause des Odysseus auf

Im 7. Gesang der »Odyssee« sagt die Göttin Athene zu Odysseus:

Aber suche zuerst die Königin drinnen im Saale.
Diese heißt Arete mit Namen und ward von denselben
Eltern gezeugt, von welchen der König Alkinoos herstammt …
Denn es fehlet ihr nicht an königlichem Verstande,
Und sie entscheidet selbst der Männer Zwiste mit Weisheit.
Fremdling, ist diese dir nur in ihrem Herzen gewogen,
O dann hoffe getrost, die Freunde wieder zu sehen
Und dein prächtiges Haus und deiner Väter Gefilde!

Ithaka, die sich den Freiern der Penelope hingeben und nach seiner Heimkehr von Odysseus schrecklich bestraft werden. Aber so, wie die Männerwelt vorwiegend durch große Helden repräsentiert wird, sind auch die Frauen bei Homer meistenteils vornehme Damen, Gattinnen, Mütter und Töchter von Königen und großen Herren. Sie regieren über die häuslichen und familiären Angelegenheiten, werden hoch geehrt, äußern sich sogar gelegentlich zu öffentlichen Angelegenheiten oder wirken sogar wie Arete, die Frau des Phäakenkönigs Alkinoos, an wichtigen Entscheidungen mit. Man kann wirklich sagen, dass die homerische Welt zwei abgegrenzte Lebensbereiche kennt, in denen die beiden Geschlechter jeweils für sich und autonom wirken: Politik und Krieg für den Mann, Haus und Familie für die Frau, wobei trotz aller Wichtigkeit der öffentlichen Angelegenheiten der interne Wirkungskreis ebenfalls als existenzsichernd hoch geachtet wird.

In den oberen Rängen der Gesellschaft scheint sich in archaischer Zeit nicht viel geändert zu haben; wir können das bereits aus der politischen Entwicklung ablesen. Die dynastischen Heiraten der Tyrannen zeigen, dass und wie die hochadligen Frauen konstitutiv für die Herrschaft waren; freilich in diesem politischen Bereich in eher dienender und zweitrangiger Stellung. Voraussetzung für die gegenseitige Bindung zweier adliger Geschlechter war ja, dass die Frauen, mit denen die Ehe eingegangen wurde, achtenswerte Personen waren, die als Ehefrauen das gesellschaftliche und politische Prestige erhöhten. Dies belegen am besten Münzen. Es finden sich heute auf der Welt nur noch siebzehn Exemplare einer großen syrakusanischen Silbermünze des hohen Nominalwertes von zehn Drachmen. Diese Münzen tragen das Bild der Quellnymphe Arethusa im Profil, und da von einem antiken Historiker berichtet wird, es seien zu Ehren der Demarete, der Gattin Gelons, Münzen geprägt worden, die Demareteion genannt wurden, liegt es nahe, diese Münzen als die letzten erhaltenen Exemplare dieser Prägung zu betrachten.

Das »Demareteion«: Auf der Münzrückseite ist Arethusa dargestellt, die Nymphe der Quelle auf der Inselfestung Syrakus inmitten des von Delphinen durchschwommenen Meeres (London, Britisches Museum).

In welch hohem Ansehen die adligen Frauen standen, vermitteln weiter archaische Korenstatuen. Das sind etwas überlebensgroße Statuen von prächtig gekleideten und geschmückten jungen Frauen, offensichtlich aus begüterten und vornehmen Häusern stammend; sie stehen in Parallele zu den unbekleideten Jünglingsstatuen, den Kuroi. Diese Mädchenstatuen haben repräsentativen Charakter und sind Prestigeobjekte, die die Vornehmheit und eindrucksvolle Schönheit dieser Frauen anschaulich

Der Lyriker Alkaios von Lesbos versuchte, mit Sappho zarte Bande zu knüpfen, aber die keusche Dichterin wies ihn zurück. Auf diesem in Agrigent gefundenen attischen Weingefäß hat der Brygosmaler um 470 v. Chr. dieser Anekdote eine klassische Form gegeben: Das gemeinsame Spiel, das Innehalten und die stummen Blicke sagen ohne Worte alles (München, Staatliche Antikensammlungen).

machen sollen. Dass sie aber nicht nur schön waren, sondern auch gebildet, zeigt die Tätigkeit, die die Dichterin Sappho ausübte. Sie, die selber adlig war, war in ihrer Heimatstadt Mytilene auf Lesbos mit der Aufgabe betraut, adlige Mädchen zu unterrichten. Natürlich ging es dabei auch und vielleicht vorwiegend um die Tätigkeiten im Haushalt, aber schon allein die Tatsache der überaus kunstvollen Gedichte der Sappho selbst sowie die weitere Tatsache, dass in den

Die Ruinen des ältesten dorischen Tempels von Sizilien aus dem frühen 6. Jahrhundert v. Chr. wurden in der Altstadt von Syrakus freigelegt. Auf der obersten Stufe an der Eingangsfront (im Hintergrund des Bildes) steht die Inschrift: »Kleomenes schuf für Apollon (den Tempel), der Sohn des Knidieidas, und Epikles machte die Säulen, schöne Werke sind sie.«

Gedichten Mädchen aus ihrem Kreis angeredet werden, zeigt, dass selbstverständlich auch literarische Bildung vermittelt wurde. Ebenso bezeugt der verehrungsvolle Ton, in dem der spartanische Dichter Alkman im 7. Jahrhundert v. Chr. die Mitglieder weiblicher Mädchenchöre anredet, wie hoch geachtet in der archaischen Zeit die adligen Frauen waren.

Es gab aber auch andere Stimmen, sogar ziemlich schockierende. Hesiod, der Bauerndichter, warnte in den »Werken und Tagen« vor den Frauen, die zu Hause sitzen, nichts tun und essen, während der Mann sich draußen auf dem Feld abrackert; und zudem verführen die Frauen den Mann, mit der Folge, dass er selber vorzeitig altert und dass zu viele Kinder geboren werden, die nicht ernährt werden können. Ähnlich dichtete etwa hundert Jahre später Semonides von der Insel Keos, und in einem langen Schmähkatalog vergleicht er die Frauen mit allerlei unappetitlichen Tieren. Was mag dem zugrunde liegen? Zum einen muss man beachten, dass diese Einschätzungen

Sappho dichtet:

Scheinen will mir, dass er den Göttern gleich ist,
jener Mann, der neben dir sitzt, dir nahe
auf den süßen Klang deiner Stimme lauscht und,
wie du voll Liebreiz
ihm entgegenlachst: doch fürwahr, in meiner
Brust hat dies die Ruhe geraubt dem Herzen.
Wenn ich dich erblicke, geschiehts mit einmal, dass ich verstumme.

nicht die Oberschicht betreffen. Hier ist von der Mittel- oder sogar Unterschicht die Rede, die bei Homer nur ein Randdasein führen. Zum Zweiten ergibt sich aus den Klagen, dass wirtschaftlich angespannte Verhältnisse herrschten: mühsames Arbeiten auf dem Feld, Nahrungsmangel, zu große Kinderzahl. Das ist genau die Situation der Krise der archaischen Zeit, die zu Grenzkriegen, Auswanderung und Umgestaltung des Staates führte. Man kann also zunächst einmal sagen, dass unter der Voraussetzung des Repräsentativen dieser Aussagen frauenfeindliche Auffassungen eine Ursache in der wirtschaftlichen Krise der archaischen Zeit hatten und die Unterschicht betrafen.

KOREN

Kore (»Mädchen, ledige Frau«) nennt man das Grundmuster archaischer Frauenstatuen. Die schon im 7. Jahrhundert v. Chr. entstandene Statuette (rechts innen) aus Kreta könnte eine Göttin oder eine Betende darstellen.

Koren späterer Zeit wurden auf der Athener Akropolis gefunden. Ihre Bewegungen sind nicht starr, sondern zeigen das verhaltene Wesen der adligen Frau (rechts außen): Kleid und Frisur sind wohl geordnet, das reiche Gewand wird zum Schreiten angehoben, sodass die Knöchel aufscheinen. Die Züge sind heiter, aber mehr und mehr tritt an die Stelle strahlenden Selbstbewusstseins das Ideal züchtiger Bescheidenheit (die Figur links entstand um 500 v. Chr.).

Weihestandbilder von Göttinnen und Tempeldienerinnen preisen wie die Grabstatuen dasselbe Leitbild. Solche Mädchen sind ihrer Familie eine Freude, man hütet sie und zeigt sie auf Festen gern.

Abweichende Frauenideale fehlen in archaischer Zeit. Die verheiratete oder alte Frau ist keiner Statue würdig.

Jedoch kam es auch in der Oberschicht zu Veränderungen. Neben der allgemeinen Hochachtung der adligen Frauen traten in archaischer Zeit zwei neue Phänomene auf, die von einem veränderten Verhalten der beiden Geschlechter zu- und untereinander sprechen. Das sind die Knabenliebe und das Hetärenwesen. In der Oberschicht griffen homosexuelle Verhältnisse zwischen Männern und Jünglingen um sich, die dann die ganze Antike hindurch, auch in Rom, praktiziert wurden. Es handelte sich dabei nicht um Homosexualität zwischen Gleichaltrigen, die auf der betreffenden Veranlagung beruhte; solche Homosexualität, zumal dann, wenn sie gewerbsmäßig betrieben wurde, war immer mit einem Unwerturteil verbunden, und deshalb spricht man besser von Knabenliebe. Hinzu kommt, dass auch die weibliche gleichgeschlechtliche Liebe auftrat, die bei Sapphos Beziehungen zu ihren Schülerinnen zu bemerken ist. Diese Schülerinnen wurden ja auf Ehe und Haushalt vorbereitet, und daher kann es sich auch bei dieser Art von gleichgeschlechtlicher Liebe nur um eine Art Durchgangsstadium gehandelt haben.

Gewissermaßen das Gegenteil ist das Hetärenwesen, denn hier handelt es sich um heterosexuelle Beziehungen zwischen Männern und Frauen. Gewöhnliche Prostitution gab es ohnehin immer; bei den Hetären dagegen handelt es sich um solche Frauen, die außer über Künste in der physischen Liebe auch über geistige und künstlerische Qualitäten verfügten. Sie waren auf den Symposien dabei, also bei den Feiern, die in Adelskreisen mit Wein, Gesang, Gedichtvortrag und Liebe abgehalten wurden – bei alldem durfte sich keine anständige Frau sehen lassen, aber Hetären waren oft dabei und mussten sich in all den unterschiedlichen Arten von Zeitvertreib auskennen. Schließlich waren sie ja auch nicht billig. Bestimmt waren nicht alle Hetären Ausbünde von Gebildetheit, aber bemerkenswert ist doch, dass noch Plutarch in seiner Pompeiusbiographie eine Hetäre mit Äußerungen zur Persönlichkeit dieses Mannes zitiert; eine solche öffentliche Dame war also durchaus eine seriöse Quelle.

Ein verliebter Zecher liegt allein auf seiner Kline und träumt von seinem Liebsten. »O du wunderschöner und braver Knabe, bleibe hier und lausche meinen Heldenliedern«, singt er und krault ein Häschen, das er dem Angebeteten zum Geschenk machen möchte; auf einer im frühen 5. Jahrhundert v. Chr. entstandenen attischen Trinkschale (Athen, Archäologisches Nationalmuseum).

Wieder fragen wir, wie es zu Knabenliebe und Hetärenwesen kommen konnte, und diesmal ist die Antwort noch unsicherer als bei der Frauenfeindschaft der Unterschichten. Man könnte auf den Gedanken kommen, dass diese beiden Verhaltensweisen auch soziale Ursachen hatten, denn sie waren im Hinblick auf Nachkommenschaft beziehungsweise legitime Nachkommenschaft ja folgenlos und insofern praktisch und empfehlenswert. Da sie jedoch beide nur in der Oberschicht anzutreffen sind, ist dieser Grund nicht zwingend, wenn auch bis zu einem gewissen Grade vielleicht doch wirksam. Die Knabenliebe insbesondere kann militärische Gründe gehabt haben; in Sparta war sie bei der militärischen Erziehung junger Männer sogar erwünscht, weil man durch sie auch eine innere Bindung zwischen dem Erwachsenen und dem Heranwachsenden herbeiführen wollte, die sich im Kampf stabilisierend auswirken sollte – warum kann das nicht auch anderswo so gesehen worden sein? Wir können hier nicht mehr tun, als Fragen aufzuwerfen.

Ein um 510/500 v. Chr. entstandenes Weinmischgefäß des attischen Malers Euphronios stellt ein typisches Symposion dar. Die Zecher liegen paarweise, je ein jüngerer und ein älterer Mann, auf reich verzierten Klinen. Es wird geschmaust und getrunken, man plaudert und singt oder lauscht den Klängen des Flötenspiels, das eine gemietete Hetäre mit dem beziehungsreichen Namen Syko (die Feige) vorträgt (München, Staatliche Antikensammlungen).

WOLFGANG SCHULLER

Im delphischen Apollontempel wird die Pythia von Aigeus, einem mythischen König Athens, befragt. Die Priesterin sitzt verschleiert auf einem Dreifuß und hält eine Spendeschale sowie einen dem Apollon heiligen Lorbeerzweig in Händen. Das Innenbild der im etruskischen Vulci gefundenen attischen Trinkschale in der Berliner Antikensammlung wurde um 450 v. Chr. gemalt.

Ehre und Ruhm, Geld und Götter – Panhellenische Spiele und Orakelstätten

Griechenland war kein einheitliches politisches Gebilde, aber das hinderte die Griechen nicht daran, sich, wenn Not am Mann war, kurzfristig und auch nicht immer gegen einen gemeinsamen militärischen Feind zusammenzuschließen und sich auf der kulturellen Ebene ohnehin als Einheit zu empfinden. Dieses Zusammengehörigkeitsgefühl fand einen doppelten organisatorischen Ausdruck, nämlich in den großen Orakelstätten und in den gesamtgriechischen sportlichen Festspielen.

Die Orakel

Allen Völkern sind Orakel und Weissagungen gemeinsam. Der Wille der Götter soll im privaten und öffentlichen Leben erforscht werden, nicht nur durch schlichtes Vorhersagen der Zukunft, sondern auch zur Lebensdeutung oder überhaupt zur Erlangung von Kenntnissen über Unbekanntes. Der göttliche Wille wurde in Griechenland erforscht durch dazu besonders befähigte Personen, also

Das von der Insel Siphnos um 525 v. Chr. in Delphi gestiftete marmorne Schatzhaus wurde mit prächtigen Reliefs geschmückt. Das Gebälk der Nordseite zeigt den Kampf der Giganten gegen die Götter: Hier sind Dionysos auf dem Löwenwagen sowie das göttliche Geschwisterpaar Apollon und Artemis dargestellt.

durch Seher und Seherinnen, und an bestimmten heiligen Stätten, also an Heiligtümern von Gottheiten. Der Götterspruch konnte auf die unterschiedlichste Weise erkannt werden, durch Beschauen der Eingeweide eines geopferten Tieres, durch Beobachtung des Vogelflugs, durch Traumdeutung, durch Versetzen in Trance, durch das Deuten von Geräuschen. Die durch die jeweilige Priesterschaft in Form – oft in Verse – gebrachte Aussage war oft so ambivalent und vieldeutig, dass sie selber gedeutet werden musste, und der Verdacht ist nicht von der Hand zu weisen, dass diese mehrdeutigen Formulierungen von der Priesterschaft genau deshalb mit Bedacht gewählt wurden, um sich sozusagen keinen Beschwerden auszusetzen, und seit der Sophistik, der griechischen Aufklärung, ist immer wieder auch von Griechen selbst entsprechende Kritik bis hin zu Spott geübt worden. Trotzdem bestanden die Orakel bis zum Sieg des Christentums, müssen also einerseits auch durchaus brauchbare Auskünfte erteilt haben und kamen andererseits einem religiösen Bedürfnis entgegen.

Griechenland war voll von Orakelstätten, es gab berühmte und weniger berühmte, lokale und überregionale. Wir können hier nur eine ganz kleine Auswahl treffen. Das berühmteste und eben auch anscheinend zuverlässigste Orakel war das von Delphi. Delphi war ein Heiligtum des Apollon, der, zusammen mit den neun Musen, mit

Herodot beschreibt in seinen »Historien« (3,57) den Reichtum der Siphnier:

(Die Siphnier waren) die reichsten unter den Inselbewohnern, da ihnen auf der Insel Gold- und Silberbergwerke gehörten. Sie waren so wohlhabend, dass sie von dem zehnten Teil der Einnahmen ein kostbares Schatzhaus in Delphi errichteten, wie es sich nur sehr reiche Leute leisten können. Jährlich verteilten sie das anfallende Geld untereinander.

Das Heiligtum von Delphi in der fantasievollen Rekonstruktion des französischen Architekten Albert Tournaire. Sie zeigt eindrucksvoll, wie die Herrscher und Staaten Griechenlands sich gegenseitig durch Stiftungen an den delphischen Apollon übertrumpfen wollten und dem einsam gelegenen Bergheiligtum Pracht und Würde verliehen.

dem benachbarten Bergmassiv des Parnassos und der dort entspringenden Kastaliaquelle in Verbindung gebracht wurde. Das mit einer Temenosmauer versehene Heiligtum steigt steil an, der heilige Weg führt serpentinenartig zum Apollontempel und ist von Schatzhäusern gesäumt, in denen Griechenstädte ihre Weihgeschenke untergebracht hatten. Der Tempel, umstanden von weiteren Denkmälern, war 548/547 v. Chr. abgebrannt und unter anderem mithilfe des athenischen Alkmaionidengeschlechts und des ägyptischen Königs Amasis wieder aufgebaut worden; 373/372 brannte er noch einmal ab, wurde aber ebenfalls wieder errichtet. Oberhalb des Tempels befindet sich – noch im heiligen Bezirk – das Theater (heutiger Bauzustand vorwiegend aus dem 2. Jahrhundert v. Chr.) und noch weiter oben, aber außerhalb der Temenosmauer, das Stadion, das über einer älteren Anlage erst von dem reichen Athener Herodes Atticus im 2. Jahrhundert n. Chr. in der heutigen Form ausgebaut wurde.

Der Gott, also Apollon, wurde von einer Priesterin mit dem Titel Pythia befragt. Deren Titel und der Name der in Delphi stattfindenden Spiele beziehen sich auf den Drachen Python, der das Orakel seiner Mutter, der Erdmutter Gaia, bewacht hatte; Apollon übernahm das Orakel, nachdem er dem Mythos nach den Drachen erschlagen und damit den Sieg über den chthonischen Kult errungen hatte. Pythia versetzte sich, über einem dampfenden Erdspalt in einem unzugänglichen Raum im Inneren des Tempels auf einem Dreifuß sitzend, in Trance, und die Antworten, die sie auf die Fragen der Bitt-

Gegen 570/560 v. Chr. weihte die Inselgemeinde Naxos dem delphischen Orakelgott diese Statue einer Sphinx auf einer hohen Säule.

Die in Delphi gefundene Bronzestatue (rechts) entstand um 470 v. Chr. und gehörte zu einer Skulpturengruppe, die einen Sieg im Wagenrennen feierte. Der Sieger und Stifter dieses Weihgeschenks war der Rennstallbesitzer selbst, die erhaltene Skulptur stellt seinen Wagenlenker dar. Es wurden auch Teile des Wagens und des Gespanns gefunden.

steller von Apollon erhielt, verkündeten dann die räumlich von ihr getrennten Priester. Heute noch nennen wir undeutliche Aussagen »pythisch« oder »delphisch«, da besonders Delphis Orakelsprüche sehr genau betrachtet und ausgedeutet werden mussten, wie das folgende Beispiel zeigt: Der lydische König Krösus werde, wenn er gegen die Perser kämpfe, »ein großes Reich zerstören«, worauf er den Kampf wagte, und das Orakel hatte auch Recht, nur war das Reich sein eigenes, das im Jahre 547 v. Chr. dadurch unterging. Wir sehen, dass sogar Ausländer wie Krösus oder Amasis Delphi hoch ehrten und bei ihm anfragten, aber vor allem war es ein Heiligtum, in dem die griechische kulturelle Gemeinsamkeit ihren Ausdruck fand. Die Schatzhäuser stammten aus der ganzen griechischen Welt, auch Massalia hatte eines, und der Wagenlenker, der heute im Museum von Delphi steht, ist wahrscheinlich ein Weihgeschenk des Polyzalos aus dem sizilischen Tyrannengeschlecht der Deinomeniden. Die gesamtgriechische Rolle Delphis zeigte sich vor allem während der griechischen Kolonisation. Je mehr Anfragen es von ängstlichen Kolonisten über die Welt jenseits des Meeres gab, umso mehr Kenntnisse akkumulierten sich bei der delphischen Priesterschaft, die offenbar auch eine Art Erfolgskontrolle betrieb, und umso zuverlässiger wurden die Aussagen. Ebenso gemeingriechisch waren dann die alle vier Jahre in Delphi stattfindenden Festspiele, die Pythien, auf die wir später noch zu sprechen kommen.

Die bronzene Weihestatuette für den Zeus von Dodona aus der Zeit um 470/460 v. Chr. befindet sich in der Berliner Antikensammlung.

Aus Zentralgriechenland heraus führt uns der Weg zu dem nach Delphi zweitberühmtesten innergriechischen Orakel, Dodona in Epirus. Es war eine uralte vorgriechische Orakelstätte, ursprünglich der Erdmutter Gaia oder der Erdgöttin Dione, in historischer Zeit vor allem eine des Göttervaters Zeus. Ihre Attraktivität war so groß, dass bis in die römische Kaiserzeit ständig dort an Tempeln, Theatern und anderen Bauten gearbeitet wurde. Die Stimme des Zeus, die von den Priestern gedeutet wurde, offenbarte sich im Rauschen der heiligen Eiche; in der Berliner Antikensammlung steht eine kleine Bronzestatuette des blitzschleudernden Zeus aus Dodona.

Am anderen Rand der zusammenhängend griechisch besiedelten Welt lag Didyma, an der kleinasiatischen Küste südlich von Milet. Es war ein Apollonheiligtum, dessen Priestertum in dem Geschlecht der Branchiden erblich war. Es hatte einen riesigen Tempel, der zwar nach dem Ionischen Aufstand von den Persern zerstört, aber wieder aufgebaut wurde, und es existierte ebenfalls bis in die christliche Zeit als hochberühmte und prächtig ausgeschmückte Orakelstätte.

Von der Anlage einer solchen wallfahrtsähnlichen Orakelstätte kann man sich durch einen Besuch des Asklepiosheiligtums in Epidauros auf der Peloponnes am leichtesten einen Begriff machen. Allerdings entstammen die erhaltenen Hauptbauten, so der Asklepiostempel, das Abaton (Liege- und Schlafhalle zur Inkubation) und die Tholos (Rundbau, Ringhalle), die unmittelbar zum Kult gehörte, dem 4. Jahrhundert v. Chr. Das Heiligtum des Heilgottes Asklepios gehört insofern hierher, als es ein Traumorakel darstellte. Die Träume, die die Besucher dort in eigens dafür hergerichteten abgeschlossenen Räumen träumten, hatten auch Orakelfunktion. Ihnen wurde jedoch vor allem Heilwirkung zugeschrieben, und diese Funktion überlagerte die des Orakels: Epidauros wurde eine Art großen Kurzentrums, und wie es in derartigen Zentren immer üblich war und ist, sorgte man durch zahlreiche sonstige Einrichtungen für Unterhaltung, so auch durch ein Theater, das heute das besterhaltene griechische Theater ist.

Die panhellenischen Spiele und der Sport

In Epidauros wurde die Orakelfunktion von der Heilwirkung des Asklepioskultes überschattet, und einem anderen der vielen sonstigen Orakelstätten ist es auf andere Weise ähnlich ergangen, nämlich dem Zeusorakel in Olympia. Olympia, in der Landschaft Elis auf der Peloponnes gelegen, wurde erst weltberühmt durch die panhellenischen Wettspiele. Diese Olympischen Spiele waren in der griechischen Antike die bedeutendsten und sind deshalb im 19. Jahrhundert zum Vorbild für erneuerte Spiele geworden.

Der antiken Tradition nach wurden die Spiele in Olympia im Jahre 776 v. Chr. begründet; andere Daten sind in der wissenschaftlichen Diskussion. Die Spiele fanden alle vier Jahre statt (penteterisch, fünfjährig, nannten sie die Griechen, weil sie die Jahre mit den Spielen mitrechneten) und wurden von der Stadt Elis ausgerichtet, zeitweise machte das benachbarte Pisa das den Eleern streitig. Elis stellte die Kampfrichter, die zehn Hellanodiken (»Griechenrichter«), die die Aufsicht über die Wettkämpfe führten und die Preise, das waren Kränze aus Ölbaumzweigen, verliehen. Die erste Disziplin war ein Wettlauf über das Längenmaß eines Stadions, das als Olympisches Stadion – nach Verlegung der Laufstrecke seit etwa 350 v. Chr. – 192 m betrug; das Längenmaß bezeichnete dann auch die sportliche Wettkampfstätte; Sieger war, wer jeweils zuerst ankam, es gab ja keine Stoppuhren, und zudem gab es nur einen Sieger, keine weiteren Plätze. Im Laufe der Zeit kamen weitere Disziplinen hinzu, so Ringkampf, Boxen, Wagenrennen, Pankration (eine Art Freistilkampf), Diskuswerfen, Weitsprung, Speerwerfen, Wettreiten, Waffenlauf. Es gab auch besondere Wettbewerbe für Knaben, sogar einen Wettlauf nur für Frauen, die Heraia (der Göttin Hera zu Ehren), und auch an den Wagenrennen konnten Frauen teilnehmen – das war aber nur deshalb möglich, weil den Preis nicht die Wagenlenker bekamen, sondern die Eigentümer der Gespanne. Bei Beginn der jeweiligen Wettbewerbe mussten die Teilnehmer

Der Höhepunkt im Leben eines Athleten war die öffentliche Bekränzung oder das Anlegen einer Siegerbinde. Diese Statue zeigt, wie der Sieger sich selbst im Moment des Triumphes die Siegerbinde anlegt. Das um 420 v. Chr. vom Bildhauer Polyklet aus Argos geschaffene Original gibt diese Kopie des 1. Jahrhunderts v. Chr. aus einem Wohnhaus in Delos wieder (Athen, Archäologisches Nationalmuseum).

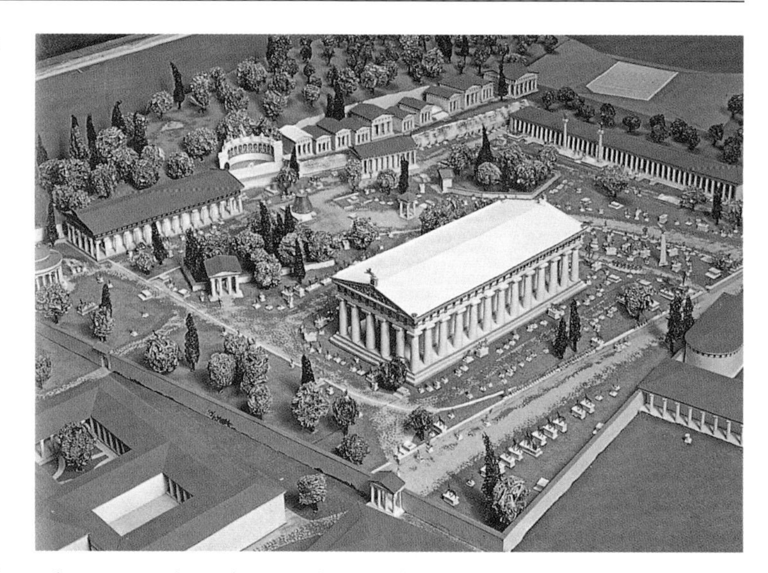

Das Heiligtum von Olympia wurde vom Zeustempel aus klassischer Zeit beherrscht, mit seinem Dach aus Marmorziegeln ein strahlendes Bauwerk. Weiter links der ältere Heratempel, im Hintergrund die Reihe der Schatzhäuser und rechts anschließend das Stadion.

Bei einem musischen Wettkampf sind Sänger und Flötenspieler auf ein Podium gestiegen. Die um 500 v.Chr. entstandene Vase (rechts unten), eine so genannte Halspelike, befindet sich im Metropolitan Museum of Art, New York.

Plutarch beschreibt hier eine musische Vorstellung, die bei den Zuschauern ein Hochgefühl hervorrief, das an das Gefühl nach dem Sieg über die Perser erinnerte (Philopoimen 11):

Als dann die Festversammlung für die Nemeischen Spiele zusammentraf, führte Philopoimen, ... der zum zweiten Mal Stratege war und nicht lange vorher die Schlacht bei Mantineia gewonnen hatte, ... zuerst den Griechen seine Phalanx vor, wie sie im vollen Kriegsschmuck in gewohnter Weise schnell und kraftvoll die taktischen Bewegungen ausführte. Während darauf der Wettstreit der Kitharöden stattfand, zog er an der Spitze der Jünglinge wieder in das Theater ein, die ihre Soldatenmäntel und purpurnen Unterkleider trugen ... Als sie eben eingezogen waren, stimmte gerade der Kitharöde Pylades, der die »Perser« des Timotheos sang, seinen Vortrag mit den Worten an: »Herrlich strahlenden Ruhm der Freiheit schaffend für Hellas«. Wie da die Erhabenheit der Dichtung mit der hellen Klarheit der Stimme zusammenklang, richteten sich die Blicke des Theaters von allen Seiten auf Philopoimen, und freudiger Beifall brach los, da die Griechen im Geist die alte Herrlichkeit wieder aufleben ließen und freudigen Mutes sich dem Hochgefühl von damals nahe gerückt fühlten.

schwören, sich an die Regeln zu halten, und bei einer Zuwiderhandlung wurden sie mit hohen Strafsummen belegt, von denen dann Zeusstatuen errichtet wurden. Verheiratete Frauen durften nicht zuschauen.

Das Gelände des Heiligtums erstreckte sich vom Südwestfuß des Kronoshügels bis zum Fluss Alpheios und der Mündung des Kladeos; der heilige Bezirk hieß Altis; das Stadion und das Hippodrom, die Bahn für Pferde- und Wagenrennen, schlossen sich im Nordosten an. Der Mittelpunkt der Altis war der dorische Zeustempel, der 457 v. Chr. geweiht wurde, dessen bedeutender Skulpturenschmuck im Museum in Olympia zu sehen ist, während das Kultbild des Zeus, das zu den sieben Weltwundern zählte, verloren ist. Es war über 12 m hoch und stammte von dem Athener Phidias, der auch die Athenestatue im Parthenon in Athen verfertigt hat; seine Werkstatt ist westlich des Zeustempels gefunden worden. Nördlich des Zeustempels befindet sich der ältere archaische Heratempel, zwischen beiden der große Altar, auf dem als kultischer Höhepunkt der Spiele das Zeusopfer dargebracht wurde. Weiter gab es Wandelhallen, Gästehäuser und natürlich Gymnasien und Palästren, in denen die von überallher angereisten Athleten lange vor Beginn der Spiele üben mussten. Für die Spiele wurde der olympische Friede verkündet, der allerdings nicht einen allgemeinen Friedenszustand bedeutete, sondern nur den Teilnehmern die Sicherheit der An- und Abreise sowie die Ungestörtheit des Spielablaufs garantieren sollte. Die Olympischen Spiele konnten sich bis in das 5. Jahrhundert n. Chr. halten.

Im Prestige gleich nach den Olympien (nicht Olympiaden; eine Olympiade ist der zeitliche Zwischenraum zwischen den Spielen) kamen die Isthmien. Sie fanden im Poseidonheiligtum am Saronischen Golf östlich von Korinth statt, waren wohl im 7. Jahrhundert v. Chr. von der Tyrannendynastie der Kypseliden begründet worden und wurden von Korinth ausgerichtet. Sie fanden alle zwei Jahre statt; es gab weniger sportliche Wettbewerbe als in Olympia, dafür aber auch musische Wettkämpfe – es war eben ein »Kampf der Wagen und Gesänge«, wie es in Schillers Ballade von den »Kranichen des Ibykus« heißt. Bei einer solchen musischen Vorstellung konnten sich beziehungsreiche Situationen ergeben, wie ein von Plutarch berichteter Vorgang aus dem Leben des hellenistischen Feldherrn Philopoimen zeigt. Als Preis wurde ein Fichtenzweig aus »Poseidons Fichtenhain« (Schiller) oder ein Eppichblatt verliehen, wobei gesagt werden muss, dass Eppich ein vornehmeres Wort für Sellerie ist.

Die Pythien in Delphi – der Ehrenpreis war Lorbeer – waren wieder vierjährig, und auch bei ihnen gab es musische Wettbewerbe. Sie fanden nicht im heiligen Bezirk statt, sondern unten an der Küste bei dem heutigen Itea. Ausgegraben sind die Sportstätten nicht, denn über ihnen liegen heute riesige Ölbaumhaine.

Die bescheidensten panhellenischen Spiele waren die Nemeen im Zeusheiligtum der kleinen ostpeloponnesischen Stadt Nemea. Sie wurden 537 v. Chr. begründet und seit 460 v. Chr. von Argos ausgerichtet; der Siegespreis war ein Eppichkranz. Ausgrabungen in Nemea haben ein fast intim wirkendes Stadion zutage gefördert, und zusammen mit dem in der Nähe stehenden Zeustempel stellt die Anlage ein schönes Beispiel dafür dar, dass Griechenland und die griechische Kultur nicht nur aus prunkvollen und berühmten Großeinrichtungen bestand, sondern bis in kleine Landstädte hinein reichte.

Das berühmteste der Feste, die nicht zur Vierzahl der panhellenischen Spiele gehörten und bei denen es wertvolle Sachpreise gab, sind die Panathenäen in Athen. Sie fanden als Lokalfest jährlich zum Geburtstag der Göttin Athene im August, als Große Panathenäen alle vier Jahre statt. Hier stand die religiöse Zeremonie deutlich im Vordergrund; die Wettbewerbe hatten dadurch ein besonderes Ansehen, weil als Preise die großen, wundervoll bemalten und mit Öl oder Wein gefüllten Preisamphoren verliehen wurden. Die vier panhellenischen Spiele aber stellten die kulturelle Einheit der Griechen aller Welt eindrucksvoll dar, auch deshalb, weil zu ihnen nur Griechen zugelassen waren; erst in der Mitte der hellenistischen Zeit durften auch Römer teilnehmen.

Die Spiele waren demgemäß das, was man heute einen Ort informeller Kommunikation nennen könnte, sie dienten aber auch durchaus offiziellen Zwecken. Cicero hatte sich in einer schwierigen Situation nach der Ermordung Caesars die Teilnahme als Zuschauer in Olympia als eine probate Ausrede einfallen lassen, um Rom, ohne

Panathenäische Preisamphoren. Das in den panathenäischen Preisamphoren enthaltene Olivenöl stammte aus den staatlichen Pflanzungen Athens und durfte zollfrei exportiert werden. Ein Sieg im Rennen mit dem Zweigespann konnte bis zu 140 Amphoren einbringen, das heißt knapp 5500 l, andere Sportarten waren geringer dotiert. Der staatliche Auftrag für die Herstellung dieser Amphoren wurde mittels öffentlicher Ausschreibungen vergeben, die sich jahrhundertelang kaum änderten. Daher wurde die nunmehr altmodische Verzierung im schwarzfigurigen Stil und die Form auch in klassischer Zeit beibehalten. Die Vorderseite zeigt immer die Stadtgöttin Athene mit der Beischrift »Von den Spielen zu Athen«, die Rückseite immer eine Disziplin der Sportarten des Panathenäenfestes.

Zwei panathenäische Preisamphoren im Britischen Museum, London. Das älteste erhaltene Stück der Serie (oben) wurde um 570/560 v. Chr. angefertigt, das Exemplar unten mehr als anderthalb Jahrhunderte später. Der Schild der Göttin Athene zeigt hier die Gruppe der Tyrannenmörder vom Athener Marktplatz.

Ein Mischkrug im Museum von Bari, der gegen 500 v. Chr. in Athen vom so genannten Göttinger Maler verziert wurde. Es sind Frauen dargestellt, die sich nach sportlichen Übungen waschen.

politisch Verdacht zu erregen, verlassen zu können, und Kaiser Nero glaubte, durch massenhafte fingierte Olympiasiege zu Hause Eindruck zu machen. Anlässlich der Isthmien berieten die Griechen in den Perserkriegen ihre gemeinsame Verteidigung, Philipp II. von Makedonien gründete dort seinen Korinthischen Bund, und der Römer Flamininus verkündete auf ihnen 197 v. Chr. Griechenlands Freiheit: Viel Publikum hatte er da, und viele, die das politische Kalkül dabei nicht durchschauten, waren begeistert.

In der Zeit des Hellenismus nahmen sportliche und musische Agone weiter zu, zumal da jetzt auch der griechisch gewordene Vordere Orient hinzukam, und damit ist der Punkt gekommen, das bisherige sehr ideale Bild vom griechischen Sport durch realistischere Sachverhalte zu ergänzen. Wenn bei den panhellenischen Spielen gesagt wurde, dass die Siegespreise lediglich aus Kränzen bestanden, so ist das nur die eine Seite. Mit dem Sieg war zunächst einmal sehr großer Ruhm verbunden; Olympionike, Isthmionike, Pythionike, Nemeonike zu sein oder gar Periodonike, also jemand, der an allen vier Spielen gesiegt hat, war ein sehr hohes Ziel; und da der Sport nicht wie heute nur einen – wenn auch großen – Teil der Bevölkerung interessierte, sondern zum gesamten griechischen öffentlichen Leben gehörte, war das schon weit mehr als eine bloße sportliche Ehrung. Man bedenke, dass die Gedichte der beiden großen Dichter Pindar und Bakchylides zum größten Teil Preislieder auf Sieger in panhellenischen Spielen sind. Darüber hinaus hatte ein Sieg aber auch eine sehr materielle Seite.

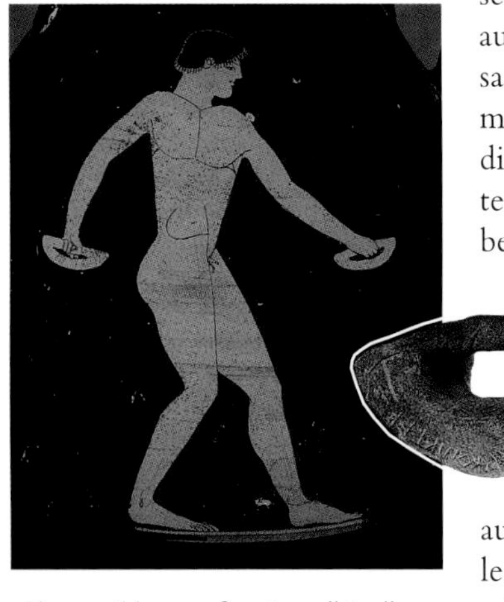

»Akamantidas aus Sparta weihte dies, als er den Fünfkampf ohne Staub gewann«, lautet die Inschrift auf einem Sprunggewicht aus Olympia. Keiner der Gegner hatte es demnach gewagt, bei dem Kampf, der um 550/530 v. Chr. stattfand, gegen den mehrfach erfolgreichen Spartaner auch noch im Faustkampf anzutreten. Das Gewicht verwendete man, um beim Weitsprung mehr Schwung zu holen. Die Darstellung des Sportlers ziert eine um 490 v. Chr. entstandene attische Vase im Pariser Louvre.

Der Ruhm des Siegers kam nämlich nicht nur ihm zugute, sondern auch seiner Stadt. Die Städte waren so stolz auf ihre Sieger, dass sie sie mit Geld- und Sachpreisen überschütteten, denen gegenüber die panathenäischen Preisamphoren samt Inhalt eher Kleingeld waren. Es waren also durchaus auch materielle Aussichten, die Sportler dazu bewogen, bei Spielen anzutreten und, auch mithilfe berufsmäßiger Trainer und mit wissenschaftlich erprobter Diät, Siege zu erstreben. Man kann das Berufssportlertum nennen, wobei zu beachten ist, dass das nicht erst im Hellenismus aufgekommen ist, sondern etwa in Gestalt des Theagenes von Thasos mit angeblich weit über tausend Boxsiegen schon im frühen 5. Jahrhundert v. Chr. vorkam.

In der archaischen Zeit dürfte der Sport eher eine Beschäftigung des Adels gewesen sein: In der »Odyssee« (Buch 8) wird Odysseus als angeblich einfacher Mann von den jungen Herren am Phäakenhofe verspottet, als es zu einer Sportvorführung kommen sollte, die er dann allerdings bravourös für sich entschied. Es ist aber auch zu erschließen, denn wer außer den Wohlhabenden konnte es sich leisten, teure Sportarten wie Pferdesport zu betreiben oder unter Vernachlässigung der Pflichten des Broterwerbs viel Zeit, Geld und Mühe auf das Trainieren zu verwenden? Um die Wende vom 6. zum 5. Jahrhundert setzt aber etwas ein, was Demokratisierung des Sports genannt worden ist. Die Städte hatten das Adelsregiment abgeschafft, aber teilweise die adligen Werte übernommen, so die aristokratische Sportgesinnung, die jetzt aber von allen in Anspruch genommen wurde. Daher wurden auf Staatskosten in Gestalt der Palästren und Gymnasien Anlagen geschaffen, in denen sich auch Nichtadlige üben und der Stadt Prestige einbringen konnten. Wenn man früher gemeint hat, der Wettbewerbssinn sei eine spezifisch griechische Eigenschaft, den man nach dem Wort Agon für Wettkampf das Agonale nannte, so muss heute gesagt werden, dass dieses Bestreben, innerhalb der Gemeinschaft sich den anderen gegenüber hervorzutun, und das auch im Sport, eher sozial zu erklären ist. Es ist ein Charakteristikum einer jeden Adelsgesellschaft und hat sich in Griechenland mit anderen adligen Werten auch auf die unteren Schichten übertragen.

Der Ursprung des Sports ist nicht geklärt, jedoch spielen religiöse Gesichtspunkte gewiss eine Rolle. Insbesondere der Stadionlauf scheint religiösen Ursprungs zu sein. So ist es wohl kein Zufall, dass er die erste bezeugte Sportart in Olympia ist und dass der Lauf die einzige Disziplin ist, in der innerhalb des Herakultes Frauen sich in Olympia beteiligen konnten. Auch die kleinen Mädchen, die in Brauron im Artemisheiligtum für ihr späteres Leben vorbereitet wurden, absolvierten innerhalb dieser Erziehung Wettläufe. Im Übrigen war nichtöffentlicher Frauensport verbreiteter, als man bisher glaubte; Vasendarstellungen bieten schöne Beipiele dafür. Ein anderer Herkunftsort für die Entstehung der verschiedenen sportlichen Disziplinen ist der Totenkult. Bei einer feierlichen Bestattung der Frühzeit wurden sportliche Wettkämpfe veranstaltet, und ein klassisches Beispiel dafür sind die Kämpfe, die im 23. Buch der »Ilias« für den gefallenen Helden Patroklos veranstaltet wurden. Aus deren Schilderung geht hervor, dass das, was wir heute Unfairness nennen würden und was die Griechen mit einem billigenden Unterton List nannten, durchaus vorkam und nicht mit einem absoluten Unwerturteil belegt wurde, und ebenfalls kann man dort lesen, dass nicht um Oliven- oder sonstige pflanzliche Kränze gelaufen, mit dem Diskus geworfen oder mit dem Viergespann um die Wette gefahren wurde, sondern dass dort sehr handgreifliche Preise winkten, etwa kunstvolle Bronzegefäße oder gar schöne Sklavinnen.

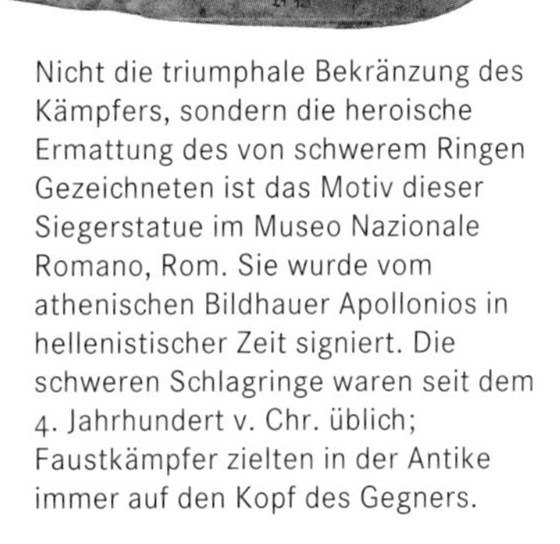

Nicht die triumphale Bekränzung des Kämpfers, sondern die heroische Ermattung des von schwerem Ringen Gezeichneten ist das Motiv dieser Siegerstatue im Museo Nazionale Romano, Rom. Sie wurde vom athenischen Bildhauer Apollonios in hellenistischer Zeit signiert. Die schweren Schlagringe waren seit dem 4. Jahrhundert v. Chr. üblich; Faustkämpfer zielten in der Antike immer auf den Kopf des Gegners.

WOLFGANG SCHULLER

Dieses in Sparta gefertigte Bronzepferd im Antikenmuseum Leipzig wurde in der 2. Hälfte des 8. Jahrhunderts v. Chr. im Heiligtum von Olympia geweiht. In ihrer eleganten Stilisierung ist die kleine Skulptur auf der Höhe ihrer Zeit, der geometrischen Epoche.

Die Stadt als Staat – Die griechische Polis und ihre Spielarten

Schon im eben abgeschlossenen Kapitel sind wir über den chronologischen Rahmen hinausgegangen; wir haben von Erscheinungen erzählt, die sich in der ganzen griechischen Geschichte abgespielt haben. So werden wir auch jetzt vorgehen, wenn wir einzelne charakteristische griechische Staaten vorstellen: Sparta mit seiner stark archaischen Struktur, die sich über Jahrhunderte hielt; Athen, dessen Demokratie erst in der späten Klassik ganz ausgeformt wurde; und einige andere Staaten, um zu verhindern, dass die Leserschaft glaubt, Athen und Sparta seien typisch für Griechenland: Eher das Gegenteil war der Fall.

Leben für den Staat – Sparta

Bevölkerung und Staatsaufbau

Unter Sparta verstehen wir den südlichen Teil der Peloponnes, der durch das hohe Gebirge des Taygetos in eine Ost- und in eine Westhälfte geteilt wird. Die Osthälfte ist das eigentliche sparta-

Die Ebene von Sparta, im Hintergrund das Taygetosgebirge.

nische Staatsgebiet mit der Siedlung Sparta am Fluss Eurotas als Mittelpunkt; es hieß Lakedaimon oder Lakonien, und seine Bewohner wurden daher im Altertum Lakedämonier oder Lakonier genannt. Der Westteil ist die Landschaft Messenien, die in der archaischen Zeit von den Spartanern unterworfen wurde. Die Bevölkerung Spartas bestand aus drei Hauptgruppen. Die herrschende Gruppe waren die Spartiaten. Sie allein hatten politische Rechte, sie stellten den eigentlichen Staat dar. Um sie herum, nach Osten und Südosten, wohnten die Periöken, was wörtlich eben »Herumwohner« heißt.

Zahlenmäßig waren sie etwa genauso stark wie die Spartiaten, sie hatten keine politischen Rechte, mussten zwar an der Seite der Spartiaten Kriegsdienst leisten, waren aber persönlich frei und scheinen mit ihrem Los ganz zufrieden gewesen zu sein. Man hört so wenig von ihren Aktivitäten oder gar von einem ernsthaften Aufbegehren, dass man fast den Eindruck hat, dass sie, vom Kriegsdienst abgesehen, ein glücklich-beschauliches Leben abseits der großen Ereignisse führten.

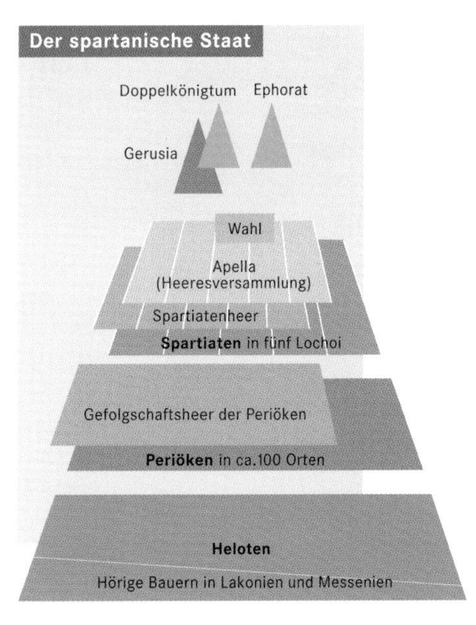

Ganz anders erging es den Heloten. Sie hatten nicht nur keine politischen, sondern überhaupt keine Rechte. Sklaven waren sie deshalb nicht, weil sie keine verkaufbaren Sachen, sondern eine ansässige hörige Bevölkerung waren; aber sonst schützte sie vor völliger auch physischer Unterdrückung nur die Tatsache, dass man sie für die Bestellung des Landes brauchte. Es gab etwa siebenmal so viele Heloten wie Spartiaten, und deren Hauptaugenmerk war darauf gerichtet, die Heloten im unterdrückten Zustand zu halten. Bei den Heloten Lakoniens war das anscheinend nicht besonders schwierig, wohl aber bei den Messeniern. Die Messenier waren ein ehemals unabhängiges Volk gewesen, waren von den Spartiaten nach der Eroberung in den Helotenzustand versetzt worden, fanden sich aber in bewunderungswürdiger Weise nie damit ab. Immer wieder versuchten sie Aufstände und waren dabei so zäh, dass es ihnen im 4. Jahrhundert v. Chr., mit thebanischer Hilfe, tatsächlich gelang, die spartiatische Herrschaft auf immer abzuschütteln.

War diese Bevölkerungsstruktur schon sehr ungewöhnlich, so war es auch der spartanische, genauer der spartiatische Staatsaufbau, denn nur die spartiatische Herrenschicht war daran beteiligt. Einmalig in Griechenland war schon die Staatsspitze, denn es gab nicht nur ein Königtum, sondern es gab sogar zwei Könige nebeneinander, und zwar aus dem Erbkönigtum der beiden Königsgeschlechter der Agiaden und Eurypontiden. Die Könige waren die obersten Priester, hatten den Oberbefehl im Kriege und in bestimmten Familienrechtsangelegenheiten die Funktion eines Richters. Zwei weitere Institutionen entsprachen der allgemeinen griechischen Polisstruktur der Frühzeit. Es gab eine Volksversammlung, die nur über die wichtigsten Angelegenheiten abstimmte; eigenes Initiativrecht hatte sie nicht, und ihre Abstimmung geschah auf sehr altertümliche Weise, nämlich nach Lautstärke, bei unklaren Stimmverhältnissen – fast im Wortsinne – gab es den Hammelsprung.

Aus dem keltischen Prunkgrab von Vix in Burgund stammt das größte erhaltene Bronzegefäß des Altertums, ein Weinmischgefäß für etwa 1,2 m³ Inhalt. Es entstand vermutlich um 570/560 v. Chr. in Sparta. Um den Hals des Gefäßes läuft ein Fries von Hopliten und Kriegern im Streitwagen: Im Mittelpunkt der Gelagefreuden konnte auch ein kriegerisches Bild stehen.

Der alte Adelsrat war in ein von der Volksversammlung gewähltes Gremium umgewandelt worden, das man als Gerusia, Ältestenrat, bezeichnete. Seine 28 auf Lebenszeit gewählten Mitglieder mussten mindestens sechzig Jahre alt, also wirklich *gerontes,* Greise, sein,

Dieses Relief in der Berliner Antikensammlung entstand um 550/530 v. Chr. und stammt von einem Grabhügel bei Chrysapha in der Nähe von Sparta. Es stellt ein verstorbenes Ehepaar in Gestalt der Unterweltsgötter Hades und Persephone dar, denen sich zwei Figuren mit Opfergaben nähern.

Um 540 v. Chr. entstand dieser lakonische Standspiegel (oben). Den Griff bildet das in archaischer Zeit ungewöhnliche Bild einer nackten Göttin, die Spiegelfläche war poliert. Die um 540 v. Chr. entstandene bronzene Gliederpuppe (rechts) stellt einen Krieger dar. Vermutlich diente sie als Kinderspielzeug. Beide Stücke befinden sich in den Staatlichen Antikensammlungen, München.

und zusammen mit den Königen zählte der Rat 30 Mitglieder. Seine Funktion war zunächst die der Beratung. Das Alter, die Erfahrung und die lebenslange Mitgliedschaft verliehen der Gerusia eine besonders hohe Autorität. An festen Kompetenzen kann man feststellen, dass alle Fragen, die der Volksversammlung vorgelegt wurden, zuerst von den Geronten gebilligt werden mussten, außerdem übten sie die Strafgerichtsbarkeit aus.

Waren Rat und Volksversammlung allgemeingriechische Institutionen, so ist das vierte Organ der spartanischen Verfassung, das Ephorat, wieder eine Besonderheit, die man nur schwer in das typische Polissystem einordnen kann. Die fünf Ephoren (wörtlich übersetzt »Aufseher« – vielleicht davon herrührend, dass sie zu sakralen Zwecken den Himmel beobachten mussten) wurden jährlich vom Volk gewählt und konnten ihr Amt nur einmal im Leben ausüben. Sie hatten vielfältige Aufgaben. Wenn ein König in den Krieg zog, begleiteten ihn immer zwei Ephoren; Ephoren klagten schwere Kriminalfälle vor der Gerusia an, und sie übten die Zivilgerichtsbarkeit aus; nach dem obersten Ephor wurde das Jahr benannt, sein Name diente also der Zeitrechnung; die Ephoren durften bei Anwesenheit eines Königs sitzen bleiben, während alle anderen aufstehen mussten; die Ephoren übten die Sittenaufsicht aus und konnten in diesem Rahmen Strafen verhängen. Die Ephoren hatten also einen großen Einflussbereich, und damit sie nicht ihre Kompetenzen überschritten, mussten sie jeden Monat mit den Königen einen feierlichen Eid wechseln, in welchem sich beide Seiten verpflichteten, die politische und soziale Ordnung zu erhalten.

Die spartanische Gesellschaft: kriegstüchtige Männer, selbstbewusste Frauen

Wie sah die soziale Ordnung aus? Ebenso ungewöhnlich wie das, was wir bisher kennen gelernt haben. Der männliche junge Spartiate blieb bis zum vollendeten siebenten Lebensjahr bei seiner Mutter, dann kam er in eine strenge Gemeinschaftserziehung, die zunächst nur die Abhärtung fördern sollte und allmählich in ein militärisches Training überging. Ab dem zwölften Lebensjahr wurde er einem Erwachsenen zugeteilt, und es wurde dabei erwartet, dass beide eine gleichgeschlechtliche Bindung eingingen, also Knabenliebe betrieben. Nach spartanischer Auffassung erhöhten gleichgeschlechtliche Beziehungen wegen der inneren Bindung, die sie hervorriefen, die Kriegstüchtigkeit. Ab dem Alter von zwanzig Jahren waren die Männer voll kriegstüchtig, die Erziehung hörte auf, und sie nahmen nun an den gemeinsamen Mahlzeiten der Männer teil. Mit dreißig Jahren waren sie dann dazu nicht mehr verpflichtet.

Ähnlich verlief die weibliche Erziehung. Die Mädchen wurden nicht militärisch ausgebildet, jedoch übten sie sich im Reigentanz und betrieben gemeinsam Sport; die Spartaner meinten, dass durch die körperliche Ertüchtigung gewährleistet werde, dass gesunde Kinder zur Welt kommen. Auch führten die Griechen die besondere und berühmte Schönheit der Spartanerinnen auf dieses gesunde Sporttreiben zurück. Die Spartanerinnen und Spartaner heirateten sehr viel später, als es sonst in Griechenland üblich war, erst ab dem Alter von zwanzig Jahren, wenn die Körper voll ausgebildet waren. Sport betrieben sowohl die jungen Männer als auch die jungen Frauen nackt, und es soll die Sitte geherrscht haben, dass die jungen Männer, wenn sie im heiratsfähigen Alter waren, den Mädchen beim Sport zugesehen haben und auf diese Weise sozusagen Appetit bekamen. Das Eingehen der Ehe soll so vor sich gegangen sein, dass der junge Mann sich zuerst heimlich nachts zu seiner Braut schlich, und erst, wenn sie schwanger war, wurde nach dieser Probe auf die Fruchtbarkeit die Ehe eingegangen.

In Lakonien hergestellte Schalen gehören in Form und Ornament zu den modernsten und elegantesten Trinkgefäßen des archaischen Griechenland. Das abgebildete Stück in Züricher Privatbesitz entstand um 550/530 v. Chr.

Noch andere Bräuche brachten den Spartanerinnen den Ruf ein, sittenlos zu sein. So war es üblich, dass Ehefrauen, die sich als fruchtbar erwiesen hatten, an andere Männer, deren Frauen keine Kinder bekamen, zum Zwecke der Kinderzeugung ausgeliehen wurden; umgekehrt konnten ältere Ehemänner, die jüngere Frauen hatten, andere Männer dazu einsetzen, ihnen legitime Kinder zu zeugen. So erklärt es sich auch, dass Spartaner die Existenz von Ehebruch bei sich bestritten: nicht, weil man in Sparta besonders sittenstreng gewesen wäre, sondern weil die Ehe nicht die monogame Ausschließlichkeit kannte wie anderswo. Da die Männer in der Siedlung Sparta in militärischen Einheiten konzentriert waren, fiel den Frauen die Aufgabe zu, auf dem Land die arbeitenden Heloten zu beaufsichtigen, und hinzu kam, dass den Frauen ein Großteil des Landes gehörte.

Zahlreiche Anekdoten berichten von der Knappheit und Prägnanz des Ausdrucks, eben dem »Lakonischen« der Sprechweise, mit dem Spartanerinnen ihren Stolz auf die kriegstüchtige Gesellschaft ausdrückten, an deren Zustandekommen sie einen so maßgeblichen Anteil hatten. Das Gedrängte der Ausdrucksweise ist nicht als mangelnde Fähigkeit zu verstehen, sich einigermaßen zusammenhängend verständlich machen zu können, sondern sie ist im Gegenteil ebenfalls ein Produkt der Erziehung; schon die Knaben übten sich in dieser Technik. Das alles ist deshalb erstaunlich, weil Sparta sonst, um es hart auszudrücken, ein kulturloser Staat war. Die Spartaner konnten lesen und schreiben, gelegentlich findet sich auch eine Inschrift, Homer und die alten Dichter wurden weitervermittelt, die Musik wurde gepflegt, wenn auch wohl eher für Reigentänze oder als Marschmusik, aber das war auch alles. Es gab keine bildende Kunst, keine neuere Dichtung, keine Geschichtsschreibung, keine Philosophie, und der Ort Sparta war so bar jeglicher vorzeigbaren Architektur, dass von daher niemand auf die Idee gekommen wäre, es mit dem mächtigsten Staat in Griechenland zu tun zu haben. Die

Plutarch gibt ein Zeugnis vom Selbstbewusstsein der Spartanerinnen, das auch als Beispiel für die lakonische Sprechweise dienen kann (Moralia 241 C, 240 E):

Als eine Frau aus Kleinasien mit einer ihrer Webarbeiten prahlte, die sehr kostbar war, verwies eine Spartanerin auf ihre wohlgeratenen Söhne und sagte: »So sollten die Werke guter und ehrbarer Frauen aussehen.«
Als eine Frau aus Attika Gorgo (die Frau des Leonidas) fragte: »Warum beherrscht ihr Spartanerinnen als Einzige eure Männer?«, erwiderte sie: »Weil wir auch als Einzige Männer gebären!«

Das typische Trinkgefäß im archaischen Lakonien war die so genannte Lakaina. Das rekonstruierte Stück rechts stammt aus dem frühen 6. Jahrhundert v. Chr. und wurde in Sparta gefunden. Selbst einfach verzierte Gefäße wie diese beiden aus Megara Hyblaia im Museum von Syrakus (links) wurden in Sparta später nicht mehr hergestellt.

Spartaner hatten keine Münzen, sondern nur ungefüge Eisenspieße als eine Art Wertmesser, ihnen war es verboten, ins Ausland zu gehen, und Fremde wurden nicht hereingelassen beziehungsweise regelmäßig ausgewiesen; Sparta schloss sich von der Außenwelt ab, und nur anlässlich panhellenischer Spiele, außenpolitischer Gesandtschaften oder bei auswärtigen Kriegen bekamen die Spartiaten zu sehen, wie das Leben auch sein konnte.

Die Unterdrückung der Heloten und der spartanische Staat

Wie lassen sich diese seltsamen Verhältnisse erklären? Ethnologische Vergleiche ergeben, dass viele dieser Bräuche und Zustände Frühformen menschlicher Organisation darstellen, in denen der Zusammenhalt des Stammes vor der individuellen Ausdifferenzierung rangiert. Jedenfalls steht Sparta nicht ganz alleine, weil man auf Kreta einige parallele Sachverhalte feststellen kann. Diese Erklärung wirft aber gleich die nächste Frage auf: Warum haben sich denn in Sparta solche Frühformen menschlichen Zusammenlebens erhalten? Hier müssen wir nun die statische, übersichtsmäßige Form der Darstellung verlassen und trotz der wenigen Quellen einen Blick in die Geschichte, das heißt in die Entwicklung des spartanischen Staates tun.

Dieser Elfenbeinkopf der Göttin Artemis stammt von einer Statuengruppe im Heiligtum von Delphi und befindet sich im dortigen Museum. Vermutlich bildeten die Figuren von Apollon und Artemis ein um die Mitte des 6. Jahrhunderts v. Chr. errichtetes spartanisches Weihgeschenk.

Dass sich eine neu einwandernde Gruppe die ansässige Bevölkerung unterwirft, ist nichts Besonderes, und so dürfte die Existenz der Heloten zu erklären sein. Auch das Doppelkönigtum kann seine Ursprünge in der Einwanderungszeit haben, entweder dadurch, dass ein einheimisches Königtum inkorporiert wurde oder dadurch, dass sich zwei Einwanderergruppen zusammenschlossen. Wir stellen weiter fest, dass die Kulturlosigkeit nicht immer ein Kennzeichen Spartas war. Es gab früher schöne Keramik, womöglich sogar eine große Fertigkeit im Bronzeguss, und die Dichter Alkman und Tyrtaios lebten und dichteten im 7. Jahrhundert v. Chr. in Sparta, Alkman anmutige Chorlieder, Tyrtaios metallene Kampfgesänge, und diese sind es, die uns vielleicht auf die richtige Spur bringen. Zwar ist die Chronologie alles andere als eindeutig, aber als Erklärungsversuch lässt sich vielleicht Folgendes sagen.

Die historische Situation, in der Tyrtaios seine aufrüttelnden Kampflieder schrieb und sang, sind die Messenischen Kriege, das heißt die Unterwerfung Messeniens. Wer heute von Lakonien nach Messenien geht, die riesigen, schneebedeckten Berge und die tiefen und wilden Schluchten sieht, den kommt ein Gefühl des Grausens

---

Der während des Zweiten Messenischen Krieges in Sparta wirkende Lyriker Tyrtaios schrieb aufrüttelnde Kampflieder (Alkaiosfragment 6/7):

Mit Wut lasst uns um dieses Land dann kämpfen! Für die Kinder –, sterben wir hin! und schonen unsre Leben länger nicht, ihr jungen Männer! sondern kämpft eng beieinander bleibend! und fangt die Flucht, die hässliche, nicht an, und nicht die Furcht! macht vielmehr groß in euch den Mut und wehrhaft tief im Innern, und liebt das Leben nicht zu sehr, wenn ihr mit Männern kämpft!

---

bei der Vorstellung an, dass spartiatische Hoplitenabteilungen dieses Gebirge überwunden und ihren messenischen Eroberungskrieg zäh bis zur Unterwerfung des Landes und der Helotisierung der Bevölkerung zu Ende geführt haben. Es muss in Sparta eine ungeheure Not geherrscht haben, die die Spartiaten auf der Suche nach bebaubarem Land diese Anstrengung auf sich nehmen ließ, vergleichbar der Not, die die Griechen von den Inseln aufs Meer ins Unbekannte hinaus getrieben hat. Auch in anderer Beziehung hat man in der Eroberung Messeniens ein Pendant zu den Koloniegründungen in Übersee zu sehen. Vielleicht schon in Lakonien, jedenfalls aber nach der Eroberung Messeniens wurde das gewonnene Land in gleiche Landlose an die Spartiaten verteilt. Die Spartiaten nannten sich deshalb stolz »die Gleichen«, was nicht verhinderte, dass sich die Besitzverhältnisse später änderten und es zu Bodenkonzentrationen kam.

Ein Teil der Messenier verließ das Land, eine Gruppe ließ sich in Zankle auf Sizilien nieder, woher diese Stadt bis heute den Namen Messana/Messina trägt, aber die Dagebliebenen verbissen sich in den Widerstand, der erst im 4. Jahrhundert v. Chr. zum Erfolg führte. In der Zwischenzeit waren die Spartiaten damit beschäftigt, die Messenier und die lakonischen Heloten niederzuhalten. Der Widerstand war so stark, so unauslöschbar, dass sich die Spartiaten Zug um Zug allein darauf konzentrieren mussten, militärisch stark zu bleiben und alle anderen Betätigungen aufzugeben.

Die innere Situation Spartas war ja noch grausamer, als sie bisher geschildert wurde. Jedes Jahr wurde den Heloten offiziell der Krieg erklärt, aus einer Mischung von Bauernschläue und archaischer Religiosität, denn einen Kriegsgegner darf man töten, ohne von den Göttern zur Rechenschaft gezogen zu werden. Und zum Töten der Heloten musste man bereit sein, sei es, dass sie wieder in Messenien einen Aufstand wagten, sei es, dass man sie prophylaktisch niederhalten wollte. Zur Ausbildung der jungen Spartiaten gehörte es daher, in Gruppen einige Zeit auf dem Land zu verbringen, tagsüber zu schlafen und des Nachts herumzustreifen und jeden Heloten, den sie antrafen, zu töten. So gewöhnten sich die zukünftigen Krieger an das, was auf sie wartete. Auch die Frauen verinnerlichten diese Werte; die Geschichten von Müttern, die ihre Söhne lieber tot als feige wünschten, sprechen Bände. Die spartanische Gesellschaft der Gleichen verbot individuelle Grabsteine; jeder sollte nur ein Glied innerhalb der Gemeinschaft sein. Zwei Ausnahmen gab es: den Krieger, der im Kampf gefallen, und die Frau, die im Kindbett gestorben war. Das ist keine gruselig romantische spätere Überlieferung, denn im Museum von Sparta kann man heute noch Grabsteine sehen, die jeweils nur den Namen tragen und darunter die zwei Worte: *en polemo,* im Krieg.

Wenn wir also sagen können, dass das gewaltsame Niederhalten der Heloten, insbesondere der Messenier, dazu geführt hat, dass die spartanische Gesellschaft auch sich selber gewaltsam niedergehalten, auf einer früheren Entwicklungsstufe festgehalten hat, dann bietet dieser Gesichtspunkt auch die Erklärung für die freiere Stellung der

Die marmorne Ehrenstatue eines Siegers im sportlichen Waffenlauf um 490 v. Chr. wurde in der Nähe eines Atheneheiligtums in Sparta ausgegraben und steht im dortigen Museum. Weitere Bruchstücke der Waffen wurden gefunden, sie sind durchwegs sorgfältig aus Marmor gearbeitet. Die Augen waren in bunten Steinen eingelegt. Der Waffenlauf diente der Ertüchtigung in Friedenszeiten.

Zwei Beispiele, die zeigen, wie sehr auch spartanische Mütter die Erziehungsideale Spartas verinnerlicht hatten (Plutarch, Moralia 241 B und 241 F):

Als ein Mann seiner Mutter den ehrenvollen Tod seines Bruders schilderte, sagte sie: »Ist es nicht eine Schande, dass du dir seine Reise nicht zunutze gemacht und ihn begleitet hast?«
Eine Spartanerin überreichte ihrem Sohn den Schild mit der Ermahnung: »Lieber Sohn! Komm mit ihm wieder zurück oder auf ihm!« (Das heißt lebendig oder tot, doch nicht ohne den Schild!)

spartanischen Frauen im Vergleich mit dem übrigen Griechenland und insbesondere mit Athen. An sich ist es ja paradox, dass ausgerechnet der Staat, dessen männliche Bürger einer besonders straffen Selbstunterdrückung unterlagen, den Frauen besondere Freiheit gelassen hätte. Berücksichtigt man aber die Tatsache, dass die Spartiaten deshalb so viel Selbstzucht übten, weil sie den Heloten gegenüber die Führungsschicht darstellten, dann ist es klar, dass die Spartiatinnen als Angehörige dieser Führungsschicht nicht ihrerseits unterdrückt werden konnten und eben mitherrschten.

Die Unterdrückung der Heloten erklärt ebenfalls die weitere spartanische Geschichte innerhalb Griechenlands. Die – begründete – Helotenfurcht scheint zur ersten überregionalen Staatengemeinschaft in Griechenland überhaupt geführt zu haben, zum so genannten Peloponnesischen Bund, in dem Sparta die Führung hatte. Dieses Bündnissystem bestand darin, dass Sparta mit seinen Nachbarstaaten, wozu dann auch das reiche Korinth gehörte, Einzelverträge abschloss, in denen sich beide Seiten zum gegenseitigen Beistand verpflichteten. In jedem dieser Verträge stand die Verpflichtung der jeweiligen Stadt, Sparta im Fall eines Helotenaufstandes zu Hilfe zu kommen oder wenigstens die Heloten nicht zu unterstützen und helotische Flüchtlinge auszuliefern. Das Interesse Spartas an solchen Verträgen ist klar, warum sich aber die umliegenden Städte darauf eingelassen haben, kann man nur vermuten; vielleicht war es die Sorge, im Falle einer Weigerung von Sparta angegriffen zu werden. Argos war nie Mitglied, es lag von alters her mit Sparta wegen der fruchtbaren Grenzlandschaft Kynuria im Streit.

Mit der Zunahme solcher Verträge bildeten die einzelnen Bundesgenossen Spartas allmählich eine Gemeinschaft, die dadurch zusammengehalten wurde, dass sie alle den Militärstaat Sparta zum mächtigen Verbündeten hatten. Untereinander waren sie zwar nicht verbündet, aber wenn die Frage anstand, ob man gemeinsam einen Krieg führen solle, dann hatte sich das Verfahren herausgebildet, dass die Bundesgenossen für sich und Sparta für sich entschieden. Dabei waren die Bundesgenossen keine blinden und willenlosen Untertanen; es gibt Beispiele dafür, dass man Sparta die Gefolgschaft versagte. Wenn aber Krieg beschlossen war, dann hatte Sparta den Oberbefehl. So geschah es dann in den Perserkriegen, bei denen Sparta sogar das ganze Griechenheer befehligte.

Diese lakonische Kriegerfigur aus dem späten 6. Jahrhundert v. Chr. wurde in Messenien gefunden (Athen, Archäologisches Nationalmuseum). Schild und Schwert sind zu ergänzen.

Freiheit und Selbstbestimmung! – Demokratie in Athen

Sparta stellte sozusagen das eine Extrem der griechischen Entwicklung dar; Athen das andere. In Sparta war jeder Einzelne ganz in den Dienst am Staat eingebunden; in Athen entwickelte sich eine direkte Demokratie, die, ganz nüchtern soll es gesagt sein, bisher in der Geschichte nicht wieder erreicht worden ist. Bei der Darstellung Spartas konnten wir einigermaßen die Chronologie berücksichtigen; wenn aber jetzt die athenische Demokratie dargestellt werden soll, können wir zwar mit dem Ende der Tyrannis einsetzen, also dort, wo wir in der archaischen Zeit aufgehört haben, aber weil der wesentliche Ausbau der Demokratie erst im 4. Jahrhundert v. Chr. zum Abschluss kam, muss vorgegriffen werden.

Dieses Bruchstück einer im späten 5. Jahrhundert v. Chr. auf Marmor geschriebenen Beamtenliste vom athenischen Marktplatz nennt den »Demokraten« Kleisthenes zwischen Angehörigen der Familie des Peisistratos als Archon für das Amtsjahr 525/524 v. Chr.

Kleisthenes reformiert den athenischen Staat

Der Tyrann Hippias war im Jahr 510 v. Chr. mit spartanischer Hilfe vertrieben worden. Nun waren die Spartaner nicht uneigennützig nach Athen gekommen; der Spartanerkönig Kleomenes versuchte einen spartafreundlichen Politiker an die Macht zu bringen, und seine Wahl fiel auf den Adeligen Isagoras. Obwohl Isagoras einen nach Demokratie klingenden Namen trug – er hängt mit »Redegleichheit« zusammen –, versuchte er doch, wieder eine Adelsherrschaft aufzurichten. Sein Rivale Kleisthenes wandte sich dagegen an das athenische Volk, und es gelang ihm im Jahr 507, in eine uns nicht näher bekannte Machtposition zu gelangen, von der aus er nicht nur der solonischen Verfassung wieder zur vollen Geltung verhelfen, sondern sie sogar in Richtung auf eine stärkere Beteiligung des Volkes weiterentwickeln konnte.

Von Kleisthenes als Person weiß man nur wenig, und was man von ihm weiß, ist eigentlich nicht geeignet, ihn als Vorkämpfer der Demokratie erscheinen zu lassen. Er war der Enkel eines berühmten und mächtigen Tyrannen, der über die nordpeloponnesische Stadt Sikyon herrschte und der ebenfalls Kleisthenes hieß. Dessen Tochter Agariste hatte der aus dem Geschlecht der Alkmaioniden stammende athenische Adlige Megakles in einer berühmten gesamtgriechischen Konkurrenz erringen können; Megakles' Frauenwahl und die Tatsache, dass sein Sohn denselben Namen wie sein Schwiegervater bekam, zeugt auch nicht gerade von einer prinzipiell tyrannenfeindlichen Haltung der Alkmaioniden. Selbst die heimische Tyrannis in Athen hat Kleisthenes unterstützt. Er ist in der prekären Situation nach dem Tode des Peisistratos Archon gewesen, hat also mitgeholfen, die Tyrannis in Athen zu stabilisieren und auf die Tyrannensöhne zu übertragen. Danach aber hat es ein Zerwürfnis zwischen Hippias und den Alkmaioniden gegeben. Sie emigrierten und veranlassten das Delphische Orakel, sich für den Sturz der Tyrannis einzusetzen; die Pythia erließ entsprechende Göttersprüche, denn die reichen Alkmaioniden finanzierten den Neubau des abgebrannten Apollontempels.

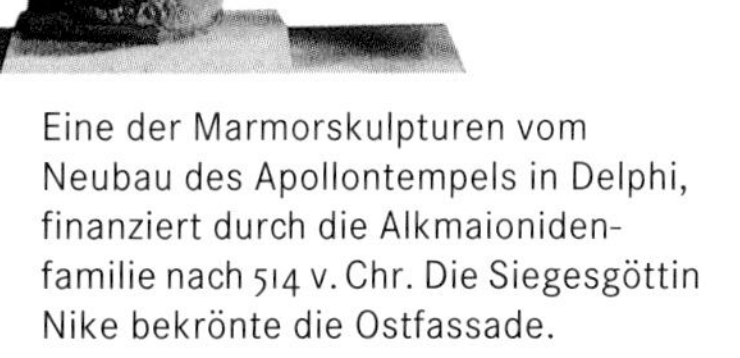

Eine der Marmorskulpturen vom Neubau des Apollontempels in Delphi, finanziert durch die Alkmaionidenfamilie nach 514 v. Chr. Die Siegesgöttin Nike bekrönte die Ostfassade.

Das Monument der Phylenheroen auf dem Marktplatz, der Agora, von Athen, Modell im Agoramuseum. Die Bronzestatuen der athenischen Helden der Vorzeit standen auf einem Statuensockel, an dem öffentliche Bekanntmachungen angebracht wurden, eine steinerne Schranke hielt die Bürger beim Lesen auf Distanz. Das Denkmal des späten 5. Jahrhunderts wurde um 330 v. Chr. neu errichtet.

Trotz dieser etwas dubiosen Vergangenheit ist Kleisthenes zu Recht in die athenische Geschichte als der eingegangen, der die Stadt auf dem Weg zur Demokratie einen kräftigen Schritt vorwärts gebracht hat. Wichtige Faktoren für den Durchbruch der Demokratie kamen allerdings erst später hinzu. Was Kleisthenes bewerkstelligt hat, sind Maßnahmen für das Volk und gegen den Adel ohne Tyrannisabsicht. Das Wichtigste und, man kann es wirklich sagen, das Raffinierteste ist seine Phylenreform gewesen.

Die Bevölkerung aller griechischen Staaten war seit alters in bestimmte unterschiedliche Personenverbände eingeteilt. Eine Art Feineinteilung war die nach, athenisch gesprochen, Phratrien, wörtlich »Bruderschaften«. Es waren lokale Verbände, deren Mitglied man sein musste, um Inhaber des Bürgerrechts zu sein. Darüber lagen die auf den Gesamtstaat bezogenen Phylen, die je nach griechischem Großstamm anders aussahen. Bei den Dorern gab es jeweils drei, die Hylleer, Dymanen und Pamphyler, und bei den Ioniern vier, die Argadeis, Aigikoreis, Geleontes und Hopletes. Diese Phylen hatten eigene Kulte, deren Riten von adligen Geschlechtern vollzogen wurden, und unter anderem über diese gemeinsamen Kulte wurde ein Zusammengehörigkeitsgefühl der jeweiligen Phylenangehörigen begründet. Wenn nun Kleisthenes ganz anders organisierte Phylen einrichtete und diese neue Phylenordnung mit einer neuen staatlichen Organisation verflocht, dann kann man schon daraus schließen, dass es ihm um einen Schlag gegen den Adel gegangen war; zunächst aber die Darstellung der Reform selber.

Das Lebensideal im archaischen Athen war an den Vergnügungen der Adelskultur orientiert – fern jeder heutigen Vorstellung einer Selbstverwirklichung in der Arbeitswelt. Immer stehen die Vergnügungen der Jugend freilich unter dem kämpferischen Leistungsideal, sei es beim Ballspiel, sei es beim Tierkampf. Diese um 500 v. Chr. entstandenen Reliefs von einer Statuenbasis wurden im Athener Friedhof am Dipylontor gefunden und stehen im dortigen Archäologischen Nationalmuseum.

Ganz Attika wurde in drei große Regionen eingeteilt, in die Stadt-, Binnenland- und Küstenregion. Jede dieser Regionen wurde ihrerseits gezehntelt, sodass ganz Attika nun aus dreißig kleineren Bezirken, den Trittyen, bestand. In jeder Trittys gab es noch einmal Untereinheiten, die Gemeinden, Demen genannt, mit kommunalen Institutionen wie Bürgermeister, Volksversammlung, eigenen Finanzen; insgesamt hatte Attika 139 Demen. Nun wurde, wohl durch Los, die Bevölkerung je einer Stadt-, Binnenland- und Küstentrittys zu einer weiteren Einheit zusammengelegt, die Phyle genannt wurde, sodass zehn Phylen entstanden, Personenverbände wie die bisherigen Phylen, aber völlig neu strukturiert. Jede der neuen Phylen stellte ein Regiment des athenischen Bürgerheeres, das also jetzt aus zehn Abteilungen bestand, und jede der Phylen erloste 50 Abgeordnete in ein neues politisches Organ, den Rat der Fünfhundert. Jeder Athener trug fortan die Herkunftsbezeichnung aus einem Demos als Namensbestandteil, und beabsichtigt war auch, dass der Vatersname wegfallen sollte, der möglicherweise auf vornehme Abkunft hinweisen konnte. Durchgesetzt hat sich dann aber die Dreiteiligkeit: Perikles Xanthippu Cholargeus – Perikles, Sohn des Xanthippos aus dem Demos Cholargos.

Mit dieser Reform wurde zunächst das erreicht, was Aristoteles eine Durchmischung der Bevökerung nannte. Personen aus ganz verschiedenen Gegenden Attikas, die bisher in keiner Beziehung zueinander gestanden hatten, bildeten nun einen einheitlichen Personenverband, der einen eigenen Kult hatte und der religiös durch die gemeinsame Abstammung von einem Heros der athenischen Sage definiert war. Damit war der Phylenkult der alten Phylen konterkariert, wozu noch kam, dass mancherorts die Grenzen einzelner Trittyen bisherige Kultgemeinschaften durchschnitten, sodass deren Zusammenhalt aufgelöst wurde. Die Zusammengehörigkeit von Männern unterschiedlicher, über das ganze Land verstreuter Wohnorte wurde auch dadurch erreicht, dass diese Männer nun gemeinsam in einer militärischen Einheit zusammengefasst waren und im Fall eines Krieges auch zusammen kämpften.

Ferner wurde die Durchmischung oder anders ausgedrückt die Überwindung des Regionalismus durch die gemeinsame Tätigkeit im Rat erreicht. Die einzelnen Ratsmitglieder, die über dreißig Jahre alt sein mussten, wurden erlost, wobei es keine vorherige Kandidatur

Aristion, ein attischer Landadliger aus der Zeit der kleisthenischen Reform. Auf seinem Grabstein, der 1839 bei dem Dorf Velanidetsa in Attika gefunden wurde, lässt er sich als schwer bewaffneter Krieger (Hoplit) darstellen. Das Relief der Stele war bemalt, die Lithographie des 19. Jahrhunderts gibt auch die heute teilweise verblassten Farben wieder.

gab, sondern das Los jeden treffen konnte; einen Zensus gab es nicht. Je fünfzig kamen aus jeder Phyle; je nach Bevölkerungsgröße wurde festgelegt, wie viele Abgeordnete jeweils aus einem Demos in den Rat entsandt wurden; der größte war Acharnai mit 22 Abgeordneten, und es gab so kleine, dass mehrere zusammengerechnet wurden, um wenigstens einen Abgeordneten entsenden zu können. Diese fünfzig Abgeordneten einer Phyle waren bereits sehr heterogen zusammengesetzt, arbeiteten aber ein Jahr lang zusammen, und hinzu kamen dann die anderen 450, mit denen sie ebenfalls zusammenarbeiteten. Wenn man sich nun noch vergegenwärtigt, dass die Amtsdauer nur ein Jahr betrug und dass man nur zweimal im Leben im Rat sitzen durfte, dann zeigt sich die große Integrationswirkung, die der Rat ausübte.

Einige Jahre später, 501 v. Chr., kam ein weiteres Organ hinzu. Bis dahin war das athenische Bürgeraufgebot nach wie vor vom Polemarchen befehligt worden, jetzt wurden die Ämter der zehn Strategen geschaffen, für jede Phylenabteilung einer, und die Strategen wurden von der Volksversammlung gewählt. Neben anderem muss noch der Ostrakismos, das Scherbengericht, erwähnt werden, das der antiken Überlieferung nach von Kleisthenes eingeführt worden ist. Viele moderne Historiker haben sich dieser Angabe angeschlossen; ich selbst datiere diese Einführung auf zwanzig Jahre später.

Anstöße von außen – Athens Entwicklung vom Hoplitenstaat zur Demokratie

Die Perserkriege werden später erzählt werden, hier kommt nur ihre Auswirkung auf die Entstehung der Demokratie zur Sprache. Der persische Angriff war eine ungeheure Herausforderung für die Griechen, und besonders hat er die innere Entwicklung Athens vorangetrieben. Nach dem Landsieg bei Marathon 490 v. Chr., bei dem sich das athenische Hoplitenheer, zum letzten Mal unter dem nominellen Oberkommando des Polemarchen – Kallimachos hieß er – hervortun konnte, gab es darüber einen innenpolitischen Streit, wie man dem zu erwartenden zweiten und wuchtigeren Angriff der Perser entgegentreten sollte. Der bedeutende und etwas unheimliche Staatsmann Themistokles vertrat die Auffassung, das müsse zur See, mit einer Kriegsflotte geschehen. Durch zwei miteinander kombinierte Maßnahmen setzte er sich durch.

Die eine Maßnahme war 487/486 die Einführung der Archontenlosung. Bis dahin waren die Archonten ja gewählt worden und hatten als Personen, hinter denen die Volksversammlung stand, große Autorität. Diese Autorität war bei einer Erlosung sofort hinfällig, denn nun hing es vom Zufall ab, wer Archon wurde, und Archonten konnten demzufolge auch unfähige Männer werden, denen sich niemand fügen wollte. Gleichzeitig hören wir davon, dass nun zum ersten Mal das Scherbengericht angewandt wurde, durch das jedes Jahr ein Athener auf zehn Jahre aus Athen verbannt werden konnte, und das geschah nun Schlag auf Schlag. Nimmt man diese beiden Maßnahmen zusammen, dann ergänzen sie einander: Den bisherigen

Ämtern mit höchster Autorität wurde eben diese Autorität genommen, und gleichzeitig wurde durch die reihenweise Verbannung missliebiger Politiker gewissermaßen in negativer Weise derjenige als der politische, wenn auch amtlose Führer mit höchster faktischer Autorität bestimmt, der übrig blieb, und das war hier Themistokles; er war nun der unbestrittene Leiter der athenischen Politik und konnte die Seekriegsstrategie endgültig durchsetzen. Aus diesem Grunde plädiere ich dafür, dass das Scherbengericht nicht nur 487/486 zum ersten Mal angewandt – darüber besteht Einigkeit –, sondern dass es auch damals überhaupt erst geschaffen wurde.

Die Perserkriege wurden zwar unter großen Mühen, aber doch mit eindeutigem Ergebnis durch die Seeschlacht von Salamis 480 v. Chr. gewonnen, und für Athens innere Entwicklung hatte das zur Folge, dass das einfache, nichts oder wenig besitzende Volk einen ungeheuren Prestigegewinn erhielt. Sie, die Theten, waren es ja, die die Schiffe gerudert hatten, die Griechenland die Freiheit gebracht hatten. Sie machten die Hauptmasse der Besucher der Volksversammlung aus, die die wichtigen Entscheidungen traf, und zusammen mit Strategenwahl, Archontenlosung und Scherbengericht war nun institutionell eigentlich alles da, um von einer Demokratie zu sprechen, nämlich einer Staatsform, in der die politische Berechtigung nicht an irgendwelche Voraussetzungen gebunden ist und in der von dieser Berechtigung auch Gebrauch gemacht wurde. Aber es bedurfte doch noch eines Anstoßes, um diese Entwicklung zu ihrem Abschluss gelangen zu lassen, und dieser Anstoß kam wieder von außen.

Im Anschluss an die Perserkriege hatten die Athener nämlich ein großes Seereich errichtet, das fast die gesamte Ägäis umfasste, und die Organisation dieses Seereichs durch Athen, eine in der griechischen Welt völlig neue Aufgabe, erforderte den intensiven Einsatz der athenischen Volksversammlung. Wir erkennen das an dem allmählichen Auftreten in Stein gehauener Volksversammlungsbe-

Platon über die athenische Staatsordnung (Menexenos 238 A ff.):

Die Staatsordnung war einst wie heute stets dieselbe; eine Aristokratie, unter der wir ... die ganze Zeit demokratisch lebten. Es nennt sie nun der eine eine Demokratie, der andere, wie es ihm beliebt. In Wahrheit ist sie aber eine Aristokratie unter Billigung der Masse. Könige nämlich gibt es immer bei uns; diese aber sind bald durch Abkunft, bald durch Wahl bestimmt. In unserer Stadt aber hat die meiste Gewalt die Menge. Sie teilt die Ämter und Gewalt denen zu, welche jedes Mal dafür gelten, die Besten zu sein ... Der Grund für die Staatsordnung ist für uns die Gleichheit der Geburt ... Wir aber alle, von einer Mutter als Brüder entsprossen, wollen nicht Sklaven noch Herren untereinander sein. Die Gleichheit der Geburt nach der Natur nötigt uns, auch nach dem Gesetz Gleichheit vor dem Gesetz zu erstreben. Einzig und allein auf den Ruf des Verdienstes und der Einsicht hin sind wir bereit, uns unterzuordnen. So sind wir denn in völliger Freiheit erzogen und von edler Abkunft. Die Väter dieser unserer Gefallenen wie die Gefallenen selbst ... erachten es für notwendig, für die Freiheit gegen Hellenen für Hellenen zu kämpfen wie auch gegen Barbaren für alle Hellenen zusammen.

Dieses Relief auf einer Stele des 4. Jahrhunderts v. Chr. im Athener Akropolismuseum zeigt die Rudermannschaft eines attischen Kriegsschiffes klassischer Zeit. Nur die oberste der drei Reihen von Männern an den Riemen ist dargestellt.

Die Tyrannenmörder waren die Identifikationsfiguren der athenischen Demokratie schlechthin. Gezeigt werden Harmodios (rechts) und sein Liebhaber Aristogeiton bei der Ermordung des Tyrannen Hipparchos 514 v. Chr. Die Marmorfiguren im Museo Archeologico Nazionale in Neapel sind römische Kopien nach Bronzestatuen, die die Athener 477/476 v. Chr. inmitten der Agora aufgestellt hatten.

Preislied auf die Tyrannenmörder, überliefert bei Athenaios (Gelehrtengastmahl 12,695 b):

Schmücken will ich das Schwert! mit der
Myrte Ranken!
Wie Harmodios einst, und Aristogiton,
Da sie den Tyrannen
Schlugen, da der Athener
Gleicher Rechte Genosse ward.
Liebster Harmodios, du starbest nicht,
Denn sie sagen, du seist auf den
Selgen Inseln,
Wo der Renner Achilles,
Wo mit ihm Diomedes,
Tydeus' trefflicher Sprosse, wohnt.
Schmücken will ich das Schwert! mit der
Myrte Ranken!
Wie Harmodios einst, und Aristogiton,
Da sie bei Athenes
Opferfest den Tyrannen
Hipparch, den Tyrannen ermordeten.

schlüsse, die sich mit solchen organisatorischen Fragen beschäftigen. Da zudem die Perserkriege als eine Art Verfolgungsjagd von Athen und seinen Verbündeten bis zum Jahr 449 v. Chr. fortgesetzt wurden, die Theten also weiterhin sieg- und beutereich eingesetzt wurden, wuchsen ihre objektive Bedeutung und ihr subjektives Bewusstsein von dieser Bedeutung.

462 kam es zu einem außenpolitischen Eklat. Die Spartiaten hatten wieder einmal mit einem Aufstand der messenischen Heloten zu kämpfen, und ihre Not war so groß, dass sie Athen zu Hilfe riefen. Der adlige Stratege Kimon kam mit Hopliten, aber es war wohl so, dass der Anblick dieser selbstbewussten Bürger eines freiheitlichen Staates verheerende psychologische Folgen auf die Bewohner des spartanischen Zwangsstaates hatte, und daher wurden die Athener, gewiss unter vielen, wenn auch lakonischen Dankesworten, wieder zurückgeschickt. War es nun die schiere Abwesenheit eines Großteils der besitzenden Schicht, oder war es die peinliche Blamage, wieder nach Hause geschickt zu werden, jedenfalls beschloss die Volksversammlung handstreichartig die Abschaffung der letzten substanziellen politischen Rechte, die noch vom Hoplitenstaat übrig geblieben waren, und Kimon wurde alsbald durch das Scherbengericht in die Verbannung geschickt.

Der Initiator dieser weiteren Demokratisierung hieß Ephialtes, jedoch wissen wir sonst wenig von ihm, zumal da er auch bald einem persönlichen Racheakt zum Opfer fiel. An seine Stelle als Vorantreiber der demokratischen Entwicklung trat ein Mann aus vornehmer Familie; er war mit den Alkmaioniden verschwägert, war aber offensichtlich ein überzeugter Anhänger der Demokratie und genoss durch seine Redekunst und seine politische Fähigkeit höchste Autorität, sodass er daher – und nur daher – bis in die ersten Jahre des Peloponnesischen Krieges hinein das politische Leben Athens bestimmte. Er hieß Perikles. Durch ihn wurde 457 v. Chr. festgelegt, dass auch Zeugiten Archonten werden konnten; aber viel wichtiger war, dass er im selben Jahr die Diätenzahlung für die Ratsmitglieder und die Richter im Volksgericht einführen ließ. Jetzt scheiterte eine aktive Mitarbeit in den wichtigsten Gremien Athens nicht mehr daran, dass jemand sich die vielen Stunden ohne seinen geringen Verdienst nicht leisten konnte. Athen war endgültig eine Demokratie geworden. Dementsprechend war das athenische Bürgerrecht ein großes Privileg, und daher verabschiedete die Volksversammlung ein Gesetz, nach welchem Bürger nur der sein konnte, dessen beide Elternteile Athener waren.

Die Institutionen der athenischen Demokratie blieben im folgenden halben Jahrhundert einigermaßen stabil, obwohl mit dem Ausbruch des Peloponnesischen Krieges 431 eine verheerende Katastrophe über Griechenland und besonders über Athen hereinbrach. Gegen Kriegsende gab es dann das erste antidemokratische Zwischenspiel. In der Hochzeit der Demokratie hatten sich die Adligen und

Die Rechtsstellung des antiken Bürgers drückt sich in seinem Siegelstein aus, sodass mit der Demokratie eine Blütezeit der Steinschneidekunst anbrach. Diese Gemme aus dem 5. Jahrhundert v. Chr. im Britischen Museum, London, ist aus grünem Jaspis geschnitten. Ihre Gestalt ahmt die Käferform ägyptischer Siegel nach.

alle anderen, die nicht der wenig besitzenden Masse angehörten, loyal zur Demokratie gehalten, und Perikles war nicht der Einzige, der trotz anderer sozialer Zugehörigkeit aus Überzeugung Demokrat war. Da der Krieg nun nicht zu Unrecht der Demokratie angelastet wurde, kam im Jahre 411 v. Chr. eine Verschwörung zum Ausbruch, durch welche mittels eines Zensussystems eine Oligarchie eingeführt werden sollte, die man für die frühere, ererbte Verfassung hielt. Dieses oligarchische Zwischenspiel dauerte aber nicht lange, und es war dann wieder die Demokratie, die den Krieg restlos, bis zur bedingungslosen Kapitulation 404 v. Chr. verlor.

Wieder, wie vor hundert Jahren, versuchten die Spartaner, in Athen eine Regierung einzusetzen, die ihnen die Verlässlichkeit Athens zu garantieren schien, und diesmal begnügten sie sich nicht mit einer traditionellen Oligarchie, sondern sie setzten die Gruppe um den radikalen oligarchischen Intellektuellen Kritias ein, eine Gruppe, die mit Gewalt und Terror herrschte, und die man die »Dreißig Tyrannen« nannte. Dann freilich geschah etwas, dessen Erfolgsaussichten im Allgemeinen gering eingeschätzt werden: Durch eine Emigrantenarmee unter Thrasybulos wurde die Demokratie in einem außerhalb der Landesgrenzen begonnenen Bürgerkrieg wiederhergestellt; Kritias fiel im Kampf. Die wiederhergestellte Demokratie hatte sich freilich durch die Ereignisse der letzten Zeit verändert; im Laufe der Zeit wurden verschiedene Maßnahmen getroffen, die einerseits die Direktheit der Demokratie stärkten, andererseits gewisse kanalisierende Elemente einbauten, die diese Direktheit handhabbarer machten. Dazu gehörte im Jahre 403/402 die Einführung der Diätenzahlung auch für den Besuch der Volksversammlung, die erreichte, dass wirklich jeder auch aus dem einfachen Volk zur Volksversammlung gehen konnte.

337/336 v. Chr. beschloss die athenische Volksversammlung, dass fortan jeder, der die demokratische Ordnung bedrohte, vogelfrei sein sollte. Eine der Stelen, die das Gesetz öffentlich bekannt machten, wurde auf der Agora gefunden. Oben ist dargestellt, wie die gerechte Verfassung sein soll: Die Demokratia (rechts) bekrönt den thronenden Souverän der Stadt, den Demos (das Volk) mit einem Ehrenkranz.

Die vier Säulen der athenischen Demokratie

Das Zentrum der Demokratie, in dem die letzten Entscheidungen fielen, war die Volksversammlung, die Ekklesia. Sie trat genau vierzigmal im Jahr zusammen, und an ihr nahmen regelmäßig 6000 und mehr athenische Bürger teil. Die Volksversammlung tagte am für diesen Zweck umgebauten Nordabhang des Hügels Pnyx im

Südwesten des Stadtgebietes. Die vom Rat der Fünfhundert ausgearbeitete Tagesordnung wurde vier Tage vorher am Denkmal der zehn Phylenheroen auf der Agora, dem Marktplatz, angeschlagen, die sich unterhalb des Nordabhangs der Akropolis erstreckte. Die Sitzung begann im Morgengrauen.

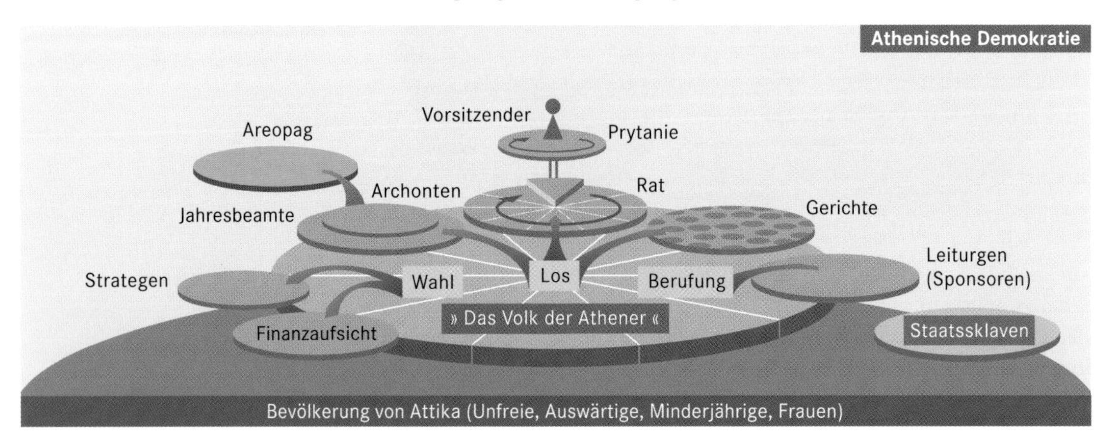

Beim Betreten der Pnyx wurde von sechs, später dreißig dafür bestimmten Bürgern kontrolliert, ob man auch zum Besuch der Volksversammlung berechtigt war, und jeder Berechtigte erhielt eine Marke, gegen die er nach dem Ende der Sitzung sein Tagegeld abholen konnte. Die Teilnehmer setzten sich ohne eine bestimmte Sitzordnung – Parteien oder ähnliche Gruppierungen gab es nicht –, und nach einem Opfer und Gebeten ging man die Tagesordnung durch. Wenn sich bei einer ausgearbeiteten Beschlussvorlage niemand meldete, war sie angenommen, sonst fand eine Debatte statt, an der jeder teilnehmen konnte. Zu einem Tagesordnungspunkt konnten beliebig viele Anträge gestellt werden, auch Zusatzanträge, ein neuer Gegenstand konnte in der Sitzung aber nicht auf die Tagesordnung gesetzt werden, er musste zuerst durch den Rat gehen und unterlag der viertägigen Ladungsfrist.

Diese Bleimarken aus dem 4. Jahrhundert v. Chr. für den Besuch der Volksversammlung wurden auf der athenischen Agora gefunden.

Abgestimmt wurde normalerweise durch Handerheben, und das Abstimmungsergebnis wurde nicht ausgezählt, sondern von der Sitzungsleitung abgeschätzt. In Fällen, bei denen es auf die genaue Stimmenzahl ankam, war das Verfahren anders. Das betraf Gegenstände, für die zwei Sitzungen erforderlich waren, wie etwa die Verleihung des athenischen Bürgerrechts an einen Ausländer. Hier wurde in einer ersten Sitzung debattiert und Beschluss gefasst. War er positiv, wurde bei der nächsten Sitzung in der Weise endgültig über die Angelegenheit entschieden, dass die Volksversammlungsteilnehmer beim Betreten der Pnyx zu Beginn der Sitzung mit Stimmsteinen geheim abstimmten. Jeder Teilnehmer hatte zwei Stimmsteine. Sie bestanden aus einem Plättchen, durch das in einem Fall ein massives Stäbchen, im anderen Fall ein Röhrchen ging. Das Stäbchen bedeutete Ja, das Röhrchen Nein. An den Eingängen standen je eine bronzene und eine hölzerne Urne, und man warf den Stimmstein, der gelten sollte, in die bronzene, den anderen in die hölzerne. Während der Sitzung wurde ausgezählt.

Bronzene Stimmsteine des 4. Jahrhunderts v. Chr. für die athenische Volksversammlung wurden auf der Agora von Athen gefunden. Der obere besagt Ja, der untere Nein.

Eine Volksversammlungssitzung war normalerweise um die Mittagszeit zu Ende, sodass die oft von weither gekommenen Teilnehmer anschließend noch ihre Geschäfte erledigen konnten. Die Beschlüsse der Ekklesia wurden, sie waren ja auf Papyrus geschrieben, im Archiv aufbewahrt, aber besonders wichtige wurden in Stein gehauen und öffentlich aufgestellt, meistens oben auf der Akropolis.

Noch im 4. Jahrhundert wurde regelmäßig einmal im Jahr gefragt, ob ein Scherbengericht stattfinden sollte; seit 416 v. Chr. war das aber immer abgelehnt worden. Wenn aber die Volksversammlung die Abhaltung eines Scherbengerichtes beschlossen hatte, wurde es auf folgende Weise abgehalten: Wer abstimmen wollte, kam zum festgesetzten Zeitpunkt zur Nordwestecke der Agora und gab dort eine Scherbe (*ostrakon,* daher das griechische Wort *ostrakismos* für Scherbengericht) mit dem Namen desjenigen Atheners ab, von dem er

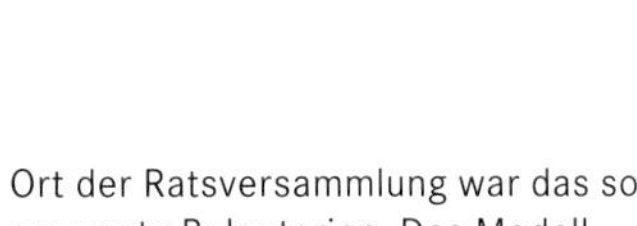

Ort der Ratsversammlung war das so genannte Buleuterion. Das Modell im Athener Agoramuseum zeigt den Zustand um 500 v. Chr.

wollte, dass er verbannt werden sollte. Wer mindestens 6000 Nennungen auf sich vereinigte, musste für zehn Jahre außer Landes gehen; jedoch war diese Verbannung keine strafrechtliche Verurteilung, war also nicht mit einem Unwerturteil verbunden, und der Ostrakisierte behielt auch sein Vermögen.

Das Volk war auch gesetzgeberisch tätig, im 4. Jahrhundert v. Chr. jedoch nur noch mittelbar. Die Athener entdeckten da den auch heute noch maßgeblichen Unterschied zwischen einem Einzelfallbeschluss *(psephisma)* und einer generellen Regelung auf Dauer (*nomos* »Gesetz«), und sie meinten, dass ein Gesetz besser in Ruhe und nicht mit Augenblicksmehrheiten beraten und beschlossen werden sollte. Wenn daher die Volksversammlung der Überzeugung war, dass ein Gesetz geändert oder neu erlassen werden solle, dann beauftragte sie damit die Nomotheten, übersetzt »Gesetzgeber«. Sie wurden jeweils aus den 6000 Männern über dreißig Jahre genommen, die jedes Jahr als Richter ausgelost worden waren. Das Verfahren der Gesetzgebung ging gerichtsförmig vor sich. Vor den Nomotheten, deren Anzahl auch jedes Mal neu von der Volksversammlung festgelegt wurde, gab es ein Plädoyer für und eines gegen den Erlass des Gesetzes, und dann wurde abgestimmt.

Die Volksversammlung konnte nur tätig werden, wenn der Rat der Fünfhundert sie einberufen hatte, und dazu war er verpflichtet. Diese Regelung war also keine Einschränkung, und auch die Vorschrift, dass jeder Antrag – mit Ausnahme der Zusatzanträge – zuerst durch den Rat gehen musste, bedeutete nur eine Kanalisierung, keine Behinderung der Einzelinitiative, denn der Rat hatte nicht die Befugnis, einen solchen Antrag zurückzuweisen. Die Zusammensetzung des Rates ist schon besprochen worden. Er arbeitete so, dass ein Zehntel des Jahres die fünfzig Abgeordneten einer jeden Phyle einen geschäftsführenden Ausschuss bildeten, der Prytanie genannt wurde. Die Aufgabe des Rates war einmal die Vorbereitung der Volksversammlungssitzungen. Die Anträge mussten beraten und auf die Tagesordnung gesetzt werden, und diese Vorberatung hieß *probuleuma.* Bei einem Teil der Anträge arbeitete der Rat eine Beschlussvorlage aus, die wir heute konkretes *probuleuma* nennen, bei dem anderen Teil legte er sie in einem offenen *probuleuma* unbearbeitet der Volksversammlung vor. Die Volksversammlungsbeschlüsse wurden daher immer durch die Formel eingeleitet: »Beschlossen von Rat und Volk«. Daneben hatte der Rat eine Fülle anderer Aufgaben, die ihm teils durch Gesetz, teils durch einzelnen Volksbeschluss zugewiesen waren, und die die tägliche Arbeit betrafen, die die Regierung eines so großen Staates entstehen lässt. Dazu gehörte auch die Erledigung der Außenpolitik, also etwa der Empfang ausländischer Gesandtschaften und Verhandlungen mit ihnen.

Der Markt war ein wichtiger Ort der politischen Meinungsbildung, und die Athener diskutierten dort gern die Tagesereignisse. Sie setzten oder hockten sich dabei nicht zusammen, denn nur das Stehen ist des freien Bürgers würdig. Allerdings stützten sie sich meist auf einen langen Stock, um zu zeigen, dass sie bequem ihre Mußestunden genossen. Als solche Musterbürger sind auch die Phylenheroen im Fries des Parthenon auf der Athener Akropolis dargestellt.

Der Rat der Fünfhundert war in seiner wohlberechneten Zusammensetzung und in seinen Funktionen ein erst durch Kleisthenes geschaffenes, sozusagen künstliches Organ; er trat an die Stelle des solonischen Rates der Vierhundert. Der alte ehemalige Adelsrat des Areopag war aber nicht abgeschafft, sondern existierte als Versammlung aller ehemaligen Archonten weiter. Nach 462 v. Chr. blieben ihm vor allem nur noch bestimmte Aufgaben der Blutgerichtsbarkeit; freilich nahm seit der Niederlage im Peloponnesischen Krieg seine Autorität wieder zu, sodass ihm im Laufe des 4. Jahrhunderts einige Aufgaben der Gesetzesüberwachung und in der Gerichtsbarkeit neu übertragen wurden. Eine maßgebliche Rolle im athenischen Verfassungsleben spielte er aber nicht.

Volksversammlung und Rat sind zwei der Organtypen, die schon immer zur *polis* gehörten; der dritte sind die Beamten. Auch in der Demokratie waren sie die dritte Säule der Verfassung. Die traditionellen neun Archonten waren seit Themistokles zwar erlost, hatten aber trotzdem konkrete Aufgaben zu erfüllen. Der *eponymos* hatte vor allem staatliche Kompetenzen, der *basileus* priesterliche, der *polemarchos* statt früher militärische jetzt solche in der Rechtsprechung, ebenso wie die sechs Thesmotheten. Von größerer politischer Wichtigkeit waren die zehn Strategen. Sie bekamen von der Volksversammlung ad hoc mancherlei Aufgaben zugewiesen; ihre wesentliche Funktion war aber immer die des Kommandos im Krieg, weshalb sie ja auch gewählt wurden, denn es war ein zu großes Risiko, unter dem Kommando eines Nichtskönners der feindlichen Phalanx gegenübertreten zu müssen.

VASEN AUS ATHEN

Bekanntlich soll man nach Athen keine Eulen tragen, damit sind die Silberdrachmen mit dem Wappenbild des Steinkauzes gemeint. Die Athener konnten bezahlen, was sie einführten, da man seit dem frühen 6. Jahrhundert v. Chr. die attischen

Silbervorkommen ausbeutete. Andere Städte waren dagegen auf die unwirtschaftliche Massenausfuhr von Öl, Wein oder Wolle angewiesen.

So nahmen die attischen Handelsschiffe quasi als Beifracht bemaltes Luxusgeschirr aus Athen an Bord. Seine Qualität wurde gesteigert, und es verdrängte bald jede andere Feinkeramik vom Markt. Den Stolz der Töpfer und Maler zeigen die häufigen Meistersignaturen. Der Töpfer Klitias und der Maler Ergotimos stellten um 560 v. Chr. den Weinmischkessel (links) her. Sein Bildschmuck zeigt Szenen mythischer Festkultur und Kampfesfreude in bunter Vielfalt.

Statt die Figuren schwarz auf den Grund zu setzen, sparte man sie

seit 530 v. Chr. immer häufiger aus, die feine Binnenzeichnung wurde mit einem einzelnen Rosshaar aufgetragen. Der rotfigurige Kessel ist mit seinen 45 l Inhalt etwas kleiner als der Klitiaskrater. Signiert haben ihn um 510 v. Chr. der Töpfer Euxitheos und der Maler Euphronios. Im Bild tragen die Flügelfiguren von Tod (Detail oben) und Schlaf einen toten Helden aus der Schlacht.

Neben solchen Mischkesseln stellten die Athener Töpfer auch feine Trinkschalen, Kannen und andere Gefäße für das Trinkgelage her, die vor allem bei den Etruskern reißenden Absatz fanden.

Ebenso gewählt wurden die Magistrate, die die staatlichen Finanzen zu verwalten hatten, und hier waren ähnliche Gesichtspunkte maßgeblich. Wer mit öffentlichen Geldern umgehen sollte, musste das auch können. Es gab eine Fülle weiterer Beamter, Aristoteles zählt insgesamt 700, und sie waren auf zahlreichen Gebieten tätig, meist nach dem Kollegialitätsprinzip organisiert und erlost. Zwei jeweils ad hoc besetzte Funktionen sollen hier eigens erwähnt werden. Die eine war die der Vorsteher der öffentlichen Bauten, also der Sakralbauten, Wege, Brücken und Werften, für die der athenische Staat verantwortlich war. Die zweite war die der Männer, die über die Prämierung der Theaterstücke zu urteilen hatten. Die Theateraufführungen hatten ja kultischen Charakter und wurden vom Staat organisiert und prämiert, und in einem noch nicht zur Gänze geklärten Verfahren wurden unter Mitwirkung des Rates und des *eponymos* fünf Männer bestellt, die bestimmten, welches Stück ausgezeichnet werden sollte – und auch dieses Prämierungsverfahren war wohl durchdacht, um zu verhindern, dass diese Kunstrichter sachfremdem Druck ausgesetzt würden.

Eine Anlage zum Waschen des Silbererzes aus den Minen von Laureion.

Die Theateraufführungen wurden zwar vom Staat organisiert, aber die Einstudierung der Stücke, die ziemlich kostspielig war, wurde reichen Privatleuten übertragen. Sie hießen Choregen, also die »Anführer des Chores«, und ihr Pendant bei der Ausrüstung der Kriegsschiffe waren die Trierarchen, also die »Herrscher über die Trieren«. Obwohl nämlich der athenische Staat durch verschiedene Abgaben und auch durch die Ausbeutung der in Staatseigentum befindlichen Silberminen von Laureion über beträchtliches Vermögen verfügte, von dem etwa die Diäten und die Kriege bezahlt wurden, war es doch nötig, andere Dinge durch Privatleute bezahlen zu lassen. Diese finanziellen Beiträge auf bestimmten Gebieten des öffentlichen Lebens hießen Leiturgien, und von ihnen, auf die die reichen Bürger stolz waren, lebte nicht nur die athenische *polis,* sondern bis in die Spätantike hinein überhaupt die antike Stadt. Wie in der Spätantike freilich trat auch im Athen des 4. Jahrhunderts v. Chr. eine Situation ein, in der die Begeisterung nachließ, durch freiwillige Übernahme finanzieller Pflichten Prestige anzuhäufen; daher musste durch organisatorische Maßnahmen nachgeholfen werden.

Bronzenes Richtertäfelchen für die Losmaschine aus dem 4. Jahrhundert v. Chr. von der Agora in Athen: »Demophanes, Sohn des Phil..., aus Kephisia«.

Die vierte Säule der athenischen Demokratie war die Gerichtsbarkeit, und auf sie waren die Athener besonders stolz, weil die Gerichte Volksgerichte waren, mit mindestens 201 und höchstens 2501 Richtern besetzt. Das Gericht wurde für jeden einzelnen zur Verhandlung anstehenden Fall eigens zusammengesetzt, auf eine Art und Weise, die hier vollständig zu schildern zu kompliziert wäre, die aber im konkreten Vollzug sehr praktisch und übersichtlich war. Kurz zusammengefasst geschah das so, dass für jedes Jahr 6000 Männer über dreißig Jahre ausgelost wurden, von denen jeder eine Art Ausweis zunächst aus Bronze, später aus Buchsbaumholz bekam, auf dem seine persönlichen Daten standen. Wenn Gerichtstag war, kamen die, die an dem Tag gerne Richter sein wollten, morgens auf die Agora, wo entsprechend den zehn Phylen zehn Auslosungsstellen eingerichtet waren. Dort vollzogen die neun Archonten und der Sekretär der Thesmotheten mithilfe der Richtertäfelchen und kunstvoll ersonnenen Losapparaten die Auslosung, und zwar so, dass niemand wissen konnte, welchem Fall er zugeteilt werden würde, sodass eine parteiische Besetzung unmöglich war.

Auf einer um 490 v. Chr. vom attischen Maler Duris verzierten Trinkschale im Wiener Kunsthistorischen Museum müssen sich zwei miteinander streitende Helden einem Richterkollegium stellen, das aus ihren Mitkämpfern vor Troja besteht. Die Abstimmung findet unter der Schutzherrschaft der Göttin Athene statt. Odysseus (links außen) hat bereits einen großen Vorsprung an Stimmsteinen, während Ajax (gegenüber) sich geschlagen abwendet.

Die Geschichte berichtet von zahlreichen spektakulären Strafprozessen, etwa von dem, in dem der Philosoph Sokrates 399 v. Chr. zum Tode verurteilt wurde, oder von dem gegen die athenischen Strategen, die 406 v. Chr. nach einer gewonnenen Seeschlacht die Toten nicht bargen und dafür ebenfalls zum Tode verurteilt wurden. Zudem gab es verschiedene Prozessarten, in denen versucht wurde, Demagogie in der Volksversammlung zu verhindern. So konnte man dafür verurteilt werden, einen gesetzwidrigen oder einen schädlichen Antrag gestellt zu haben, wobei die Pointe die war, dass so etwas nur strafbar war, wenn der Antrag auch angenommen worden war. Man sagte also nicht, die Annahme durch das Volk zeige die Nichtschuld des Antragstellers, sondern man sagte, das Volk, das von Natur aus gutmütig sei, sei durch diesen bösen Menschen verführt worden. Es gab weitere Strafverfahren, wobei es in all diesen Fällen so war, dass es anders als heute keinen staatlichen Ankläger gab, sondern dass ein Privatmann anklagen musste. Um Privatleute zur Anklage zu veranlassen, wurde ihnen manchmal für einen Erfolg eine Belohnung zugebilligt, aber um den Missbrauch mutwilliger Anklagen zu verhindern, wurde manchmal für einen Misserfolg eine Buße verhängt; es gab nämlich gewerbsmäßige Ankläger, die so genannten Sykophanten, die an solchen Verurteilungen verdienen wollten.

Hier zeigen sich die Gefahren einer unmittelbaren Volksjustiz; in anderer Beziehung aber zeigten sich die Athener voll bewundernswert praktischen Sinns im gerichtlichen Verfahren, was insbe-

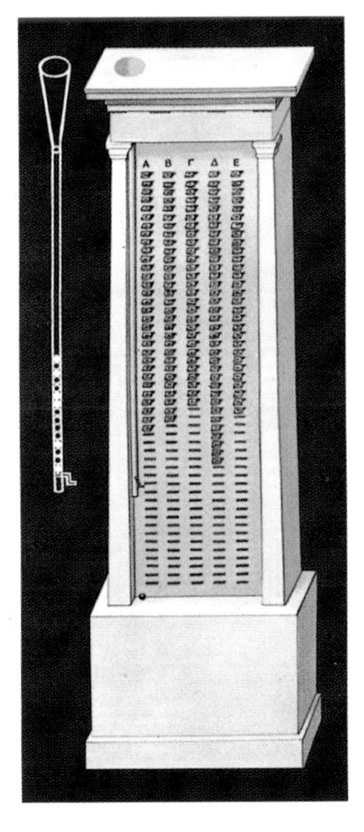

Vor jedem athenischen Gerichtshof stand ein Paar von hölzernen Losmaschinen. In die insgesamt zehn senkrechten Kolumnen von Schlitzen steckten die Freiwilligen jeweils einer Phyle ihre Richtermarken. Links war eine Bronzeröhre, aus der mittels einer Kurbel nach dem Zufall schwarze oder weiße Kügelchen fielen. Für die Entscheidung, wer in einem bestimmten Verfahren in das Richterkollegium kam, wurde für jede waagrechte Reihe von Täfelchen einmal gedreht. Kam eine weiße Kugel, waren die Genannten beauftragt, bei einer schwarzen nicht. Man kurbelte, bis die nötige Zahl von Geschworenen zusammen war. Steinerne Losmaschinen etwas einfacherer Bauart sind erst aus dem 2. Jahrhundert v. Chr. erhalten (Athen, Epigraphisches Museum).

sondere dann deutlich wird, wenn wir uns die Prozesse ansehen, die wir heute Zivilprozesse nennen würden, also solche, in denen es um Geld- oder Sachforderungen geht. Die Verfahren waren nämlich zweigeteilt, wobei der erste Teil die Verfahrensart darstellt, die im archaischen Staat geherrscht hatte, während der zweite Teil die Weiterentwicklung durch die Demokratie ist. Wenn also jemand glaubte, einen Anspruch gegen einen Mitbürger zu haben, ging er zu einem Rechtsprechungsmagistrat, im Normalfall zu einem der sechs Thesmotheten. Der bestellte einen Schiedsrichter aus den Bürgern, die im sechzigsten Lebensjahr standen – das war eine demokratische Neuerung –, und nun wurden die Parteien vernommen und Beweise erhoben, durch Zeugenaussagen etwa oder eine Ortsbesichtigung. Nach Abschluss der Beweisaufnahme machte der Schiedsrichter einen Vorschlag, und wenn beide Parteien ihn annahmen, war der Fall erledigt. In der archaischen Zeit dürfte es so gewesen sein, dass statt des Vorschlags der Urteilsspruch des Magistraten erfolgte. Jetzt aber konnte jede der beiden Parteien dem Vorschlag widersprechen; in diesem Fall ging die Sache ans Volksgericht, wobei die Protokolle über die erfolgte Beweisaufnahme in einen versiegelten Kasten kamen.

Mit solchen Wasseruhren maß man im 5. Jahrhundert v. Chr. die Redezeit. »Phyle Antiochis, 2 Chous (6,4 l)« sagt die Inschrift. Nach sechs Minuten ist das obere Gefäß leer und die Zeit abgelaufen. Die Rekonstruktion steht im Agoramuseum von Athen.

Die Größe des Volksgerichts richtete sich nach dem Streitwert, aber mindestens urteilten nun 201 Richter, die in der oben skizzierten Weise erlost wurden. Das Verfahren sah so aus, dass Kläger und Beklagter je ein Plädoyer hielten, und zwar in Person, nur in Ausnahmefällen konnten Beistände das Wort ergreifen. Da ja nun nicht jeder Athener ein geborener Redner war, gab es berufsmäßige Redenverfasser, die sich auch im Recht auskennen mussten, und deren geschriebene Rede lernte der Betreffende dann auswendig. Die Redezeit richtete sich nach der Höhe des streitigen Betrages; sie wurde mit einer Wasseruhr gemessen; wenn das Wasser ausgeflossen war, musste der Redner aufhören. In die Reden wurden die Ergebnisse der Beweiserhebung und auch die maßgeblichen Gesetzestexte eingearbeitet. Wenn beide Parteien gesprochen hatten – in Ausnahmefällen gab es noch ein zweites Redenpaar –, dann wurde sofort abgestimmt. Die Richter konnten weder die Parteien befragen, noch erneut Beweis erheben, noch sich untereinander beraten. Die Abstimmung geschah mit Stimmsteinen, wie in den wenigen Fällen der Volksversammlung, bei denen nicht durch Handerheben abgestimmt wurde.

Eine um 500 v. Chr. entstandene Amphore war als Kontrollmaß für die athenischen Metronomen (Marktaufseher) gedacht. Sie trägt als Bild den Steinkauz, das Wappen der Stadt, und die Aufschrift »DEMOSIOS«, das heißt »Staatsbesitz« (München, Staatliche Antikensammlungen).

Es werden immer wieder Fragen über das Ausmaß der tatsächlichen Beteiligung an der athenischen Demokratie laut sowie über die gesellschaftlichen Schichten, die wirklich an der Willensbildung beteiligt gewesen seien. Hinsichtlich der Volksversammlung haben wir schon gesehen, dass sie vierzigmal im Jahr tagte und dass die Beteiligung regelmäßig 6 000 Männer und darüber betrug. Angesichts einer Anzahl von zwischen 20 000 und 30 000 Männern der Gesamtbevölkerung ist das eine extrem hohe Beteiligung. Nimmt man hinzu, dass man nur zweimal im Leben Ratsmitglied sein konnte, dass aber der Rat der Fünfhundert nie Schwierigkeiten hatte, seine Mitgliederzahl voll zu bekommen, und vergegenwärtigt man sich die Zahl von rund 700 weiteren Ämtern sowie die Anzahl der Leiturgiepflichtigen, die so groß war, dass sie in einer Art Steuergemeinschaft organisiert werden musste, dann hat die athenische Demokratie einen geradezu unglaublichen Grad von Mobilisierung erreicht.

Hin und wieder wird die Meinung geäußert, dass ja wohl nur die Wohlhabenden tatsächlich an der Willensbildung beteiligt gewesen seien, weil die Unterschichten nicht hinreichend viel Muße gehabt hätten. Dieses Problem haben die Athener selber gesehen, und deshalb sind die Diäten eingeführt worden, um jedem die Möglichkeit der Beteiligung zu geben. Dass diese Maßnahme wirklich gegriffen hat, kann man zwei Sachverhalten entnehmen. Erstens hatten der Rat und die Gerichte einen so großen Bedarf an Mitwirkenden, dass die Beschränkung auf Wohlhabende gar nicht möglich gewesen wäre. Zweitens ist es genau diese konstitutive Mitwirkung der Unterschichten gewesen, die die Kritik der intellektuellen Öffentlichkeit bis hin zu den Philosophen Platon und Aristoteles hervorgerufen hat. Man lehnte die Demokratie gerade wegen dieses Sachverhalts ab, hätte also gar keinen Grund zur Ablehnung gehabt, wenn das einfache Volk nicht tatsächlich eine ausschlaggebende Rolle gespielt hätte.

Die Diätenzahlung war eines der Mittel, um die einfachen Leute zur Teilnahme zu veranlassen; ein anderes waren die vielen praktischen Regeln und Verfahren, die bewirkten, dass alles so zügig wie möglich ablief. Dafür sorgten der konkrete Ablauf eines Prozesses, die Regelung der Abstimmungen vor Gericht und in der Volksversammlung, die kurze Dauer der normalen Volksversammlung, die nur bis zum Mittag ging, und auch die nicht unkomplizierte Auslosung der Richter erweist sich, wenn man sie einmal nachstellt, als ein Vorgang, der höchstens eine Viertelstunde in Anspruch nimmt. Zu den bisher bekannten Grundsätzen der Demokratie – etwa Losverfahren, Gleichheit aller, wirkliche Mitbeteiligung der Unterschichten – musste ein weiterer, sehr praktischer kommen, ohne den die direkte Demokratie nie hätte funktionieren können: die Schnelligkeit der Verfahren, die gewährleistete, dass sich die athenischen Bürger ihre Demokratie auch zeitlich leisten konnten.

Ein Stallknecht spannt die Maultiere an; gerade zieht er die Schirrstange unter dem Joch fort. Die ungelenke Körpersprache und der missproportionierte Leib kennzeichnen ihn als minderwertiges Wesen, die gepflegte Haartracht verdeutlicht, dass er ein dienstbarer Geist für vornehme Leute ist. Die Tonplatte des Malers Exekias in der Berliner Antikensammlung stammt von einem athenischen Grabbau um 540/530 v. Chr.

Die Nichtbürger Athens: Frauen – Fremde – Sklaven

Die athenischen Bürger – nur von ihnen ist bisher die Rede gewesen. Außer ihnen lebten aber in Athen und Attika noch andere Bevölkerungsgruppen, nämlich natürlich die Frauen, dann die Fremden und die Sklaven. Von den Frauen wird am Schluss dieses Kapitels ausführlich die Rede sein, jetzt zunächst von den Sklaven. Wie viele es gewesen sind, weiß man nicht genau; aus einer spätantiken Quelle ist die Zahl 600 000 überliefert, die unsinnig ist und womöglich auf einem Abschreibfehler beruht. Fest steht aber, dass es im Attika des 5. Jahrhunderts v. Chr. ungewöhnlich viele Sklaven gab;

so berichtet Thukydides, dass während des Peloponnesischen Krieges einmal 20 000 Sklaven zu den Spartanern übergelaufen seien. Die besonders hohe Sklavenzahl – vielleicht genauso hoch wie die der Bürger oder sogar noch höher – muss mit der großen Machtstellung Athens und seiner wirtschaftlichen Blüte während der Zeit seiner Herrschaft über die Ägäis zu tun haben, im 4. Jahrhundert v. Chr. geht sie wieder zurück.

Im Übrigen stellen sich für die athenischen Sklaven dieselben Fragen wie für die Sklaverei überhaupt. Es waren zu einem geringeren Teil griechische Kriegsgefangene, vor allem aber Nichtgriechen unterschiedlichster Herkunft, die wohl auch von ihren eigenen Stämmen gegen Geld verkauft wurden; in Athen gab es eine Art Polizei, das heißt Ordnungskräfte, die manchen Magistraten bei der physischen Durchsetzung ihrer Anordnungen halfen, und das waren skythische Sklaven mit nur rudimentären Griechischkenntnissen. Die Institution der Sklaverei wurde von niemandem, auch von den Sklaven nicht, infrage gestellt; individuell konnten Sklaven freigelassen werden, wurden dadurch Metöken (wörtlich: Mitwohner) und standen in einem sozialen, nichtrechtlichen Verhältnis zu ihrem ehemaligen Herrn, das sie zur Dankbarkeit verpflichtete. Umgekehrt wurde der frühere Eigentümer durch die Freilassung zum Patron seines Freigelassenen; er hatte in dieser Eigenschaft die Verpflichtung, seinen früheren Sklaven zu schützen und ihm zu helfen.

Die soziale Stellung der Sklaven war ganz verschieden; sie hatten vom geachteten Hauslehrer über den Knecht auf dem Bauernhof und den Gesellen im Handwerksbetrieb bis zum geschundenen Bergwerkssklaven in Laureion die unterschiedlichsten

Darstellung eines skythischen Reiters auf einem attischen Teller (Oxford, Ashmolean Museum). Typisch für das Reitervolk ist die bunte Tracht aus engen Hosen und einem Ärmelwams sowie die Mütze und die Bewaffnung mit Pfeil und Bogen. Das Täfelchen (rechts) wurde bald nach 600 v. Chr. im Poseidonheiligtum bei Korinth an einem Baum aufgehängt. Die Arbeiter in der Tongrube präsentieren sich wie Edle mit gepflegter Frisur. Ihr Tun wird jedoch von der archaischen Gesellschaft als «banausisch« bewertet, und als Banausen kennzeichnet sie - in griechischer Vorstellung - etwa das überlange Glied der rechten Figur mit dem Schlägel (Berlin, Antikensammlung).

Positionen inne. Von ihren Herren konnten sie, auch aus praktischen Gründen, in eine faktische Selbstständigkeit entlassen werden, bei der sie so viel Geld verdienen konnten, dass sie sich freikaufen konnten. Eine Überraschung war es, als man Abrechnungen für Bauarbeiten auf der Akropolis entdeckte. Aus ihnen konnte man entnehmen, dass Freie und Sklaven nebeneinander arbeiteten und sogar denselben Lohn bekamen – freilich mussten die Sklaven einen Teil davon ihren Eigentümern abliefern.

Ein Irrtum freilich wäre es zu glauben, die athenische Wirtschaft und die Demokratie überhaupt hätten ohne die Sklaverei nicht leben können. Es war keineswegs so, dass, wie manche früher glaubten, die athenischen Bürger ein Rentnerdasein führten, bei dem sie selbst sich den Luxus der Demokratie erlauben konnten, während die Arbeit von den Sklaven verrichtet wurde. Auch der einfache Athener arbeitete hart, auf dem Feld oder im Handwerk; Sokrates hatte große Hochachtung vor denen, die etwas konnten, gleichgültig was es war. Der athenische Staat musste ja durch die Diäten für Rat, Gerichte und Volksversammlung sowie durch die Zügigkeit der demokratischen Prozeduren dafür sorgen, dass sich die einfachen Leute eine Mitarbeit leisten konnten. Auch beruhte die athenische Wirtschaft nicht dergestalt auf Sklavenarbeit, dass sie zusammengebrochen wäre, wenn es die Sklaverei nicht gegeben hätte. Zum einen kosteten ja auch Sklaven etwas, und zum anderen wäre die volkswirtschaftliche Bilanz bei freien Arbeitskräften um keinen Deut anders ausgefallen, wie es die Löhne der Handwerker auf der Akropolis ja zeigen.

Eine um 540 v. Chr. in Athen entstandene Trinkschale im Badischen Landesmuseum, Karlsruhe, verkündet im Bildschmuck einen bescheidenen Handwerkerstolz. Der Töpfer vollendet das feine Gefäß, als sich schon ein Kaufinteressent meldet. Freilich stellt der Maler seinen Kollegen dar, wie er sich den Rücken krumm arbeitet, den Kunden dagegen als fein gekleideten Herrn.

Fremde wurden rechtlich in zwei Kategorien unterschieden. Der gewöhnliche Fremde, der *xenos,* war jemand, der sich nur vorübergehend in Athen aufhielt. Nach verhältnismäßig kurzer Zeit – manche meinen sogar schon nach einigen Wochen – war er verpflichtet, sich als Metöke, als »Mitwohner«, registrieren zu lassen. In dieser Eigenschaft musste er eine bestimmte Abgabe leisten und bekam einen *prostates,* also jemanden, der ihm, etwa in Gerichtsprozessen, beistehen musste. Metöke wurde man entweder durch Freilassung als Sklave, oder wenn man als freier Ausländer nach Attika zog. Metöken hatten Kriegsdienst zu leisten und, wenn sie ein entsprechendes Vermögen hatten, Leiturgien zu erbringen. Grund und Boden durften Metöken nicht besitzen, sodass deshalb viele in Handel und Gewerbe tätig waren. Athen bot anscheinend viele Gelegenheiten, in dieser Weise Geld zu verdienen; der reichste Metöke, den wir kennen, hieß Pasion; er stieg im 4. Jahrhundert v. Chr. mit Bankgeschäften vom Sklaven über den Metöken zum Freien auf. Es gab aber auch Metöken als Bauern, die dann entweder individuell das Recht, Land zu besitzen, bekommen hatten oder Pächter waren. Der berühmteste Metöke war der Philosoph Aristoteles aus Stageira auf der Chalkidike; er und alle anderen Metöken lebten unter den Athenern als Freie unter Freien, ohne Unterschied.

Schließlich die athenischen Frauen. Dass sie keine politischen Rechte hatten, ist weder eine athenische, noch eine griechische, noch eine antike Spezialität: Politische Rechte für Frauen, die uns heute als Selbstverständlichkeit gelten, sind im Rahmen der Weltgeschichte ja erst jüngsten Datums und wurden in Europa erst im frühen 20. Jahrhundert eingeführt. Für antike Verhältnisse nichts Besonderes war auch, dass die Frauen in vielem eine schlechtere Rechtsposition hatten als die Männer. Sehr deutlich ist das an dem rechtlichen Aspekt der Eheschließung zu sehen, denn sie geschah ausschließlich durch Vertrag zwischen dem Vater (in seiner Ermangelung dem nächsten männlichen Verwandten) der Braut und dem Bräutigam; natürlich kommen dergleichen Regelungen auch anderswo vor und sagen nichts aus über das tatsächliche Verhalten.

Weiter ist die immer noch oft gehörte Meinung unzutreffend, die Athener hätten ihre Frauen besonders stark verachtet; das wird durch viele Tatsachen widerlegt. Einmal sprechen die athenischen Dramen dagegen, in denen edle Frauen vorkommen, was nicht der Fall wäre, wenn man im normalen Leben die Frauen verachtet hätte; zum Zweiten wären die Grabsteine und Grabepigramme undenkbar, in denen die hinterbliebenen Ehemänner ihren Schmerz über den Tod der Gattin ausdrückten.

Drittens hat ein bestimmter Satz viele in die Irre geführt, der in einer Gerichtsrede vorkommt. In dem betreffenden Prozess wird eine Frau namens Neaira angeklagt, sich als rechtmäßige athenische Ehefrau zu gebärden, während sie in Wirklichkeit nur eine ausländische (korinthische) alte Hetäre sei. Der Redner fasst in diesem Zusammenhang die Haltung der Athener zu den Frauen so zusammen, dass er sagt, die Athener hätten Hetären der Lust wegen, Nebenfrauen für die Pflege des Körpers und die Ehefrauen zum Zeugen legitimer Kinder und für die Führung des Haushaltes. Dieser Satz wird gerne als Beleg für die Behauptung herangezogen, dass die Athener ihre Frauen nur als Gebärmaschinen und Putzfrauen behandelt und die schöneren Dinge des Lebens außerehelich gesucht und gefunden hätten. Abgesehen davon, dass natürlich nicht jeder Athener Hetären und Nebenfrauen zur Verfügung hatte, sagt der Satz und der Zusammenhang im Hinblick auf Wertschätzung der Frauen das genaue Gegenteil, denn am höchsten geachtet werden natürlich die Ehefrauen, die für den Erhalt von Familie und Haus sorgen; genau darum ging ja auch der Prozess, dass näm-

Eine verschleierte Frau am Fenster zeigt dieses 350/325 v. Chr. in Unteritalien entstandene Bild auf einem Salbgefäß im Archäologischen Nationalmuseum von Tarent. Der um 430/420 v. Chr. entstandene attische Trinknapf (rechts) in den Staatlichen Antikensammlungen, München, zeigt eine typische Karikatur der Frau, über die man in klassischer Zeit lachen konnte: Die gefräßige und trunksüchtige Alte trägt ihren übergroßen Weinbecher zu einem Phallusmal auf der Gefäßrückseite, huldigt also auch noch dem Kult der Geilheit.

Eine besondere öffentliche Stellung hatten die Priesterinnen. Oft waren sie Zeit ihres Lebens im Dienste des Kultes tätig. Diese Ehrenstatue aus der Mitte des 5. Jahrhunderts v. Chr. wurde in der Basler Gipsabgusssammlung aus mehreren römischen Kopien rekonstruiert. Sie stand möglicherweise auf der Akropolis von Athen und ehrte die Athenapriesterin Lysimache.

lich verhindert werden sollte, dass sich eine verachtete Hetäre in den Status einer geachteten athenischen Ehefrau einschlich.

Ein letzter Irrtum ist klarzustellen, und dann kann endlich gesagt werden, was nun positiv der Fall war: Ebenso unausrottbar wie die Ansicht, die Athenerinnen seien verachtet gewesen, ist die Vorstellung, sie seien zu Hause unter Verschluss, in einer angeblich orientalischen Abgeschlossenheit gehalten worden. Auf wen tatsächlich aufgepasst wurde, das waren die unverheirateten Töchter, und so fremd das heute vielen vorkommen mag, so unspezifisch ist das für das alte Athen, denn die jungfräulich einzugehende Ehe ist wahrlich auch ein transkulturelles Phänomen. Verheiratete Frauen waren selbstverständlich aushäusig, und sei es nur, um etwa als Marktfrauen Geld zu verdienen, an religiösen Festen teilzunehmen oder sich gegenseitig Nachbarschaftshilfe zu leisten. Natürlich waren sie weitaus häufiger zu Hause als die Männer, und das lag daran, dass sie eben mit der Führung des Haushaltes und der Pflege der Nachkommenschaft beschäftigt waren.

Daran dürfte es auch gelegen haben, dass die Frauen in weitaus geringerer Anzahl als die Männer an Theateraufführungen teilnahmen, obwohl es ihnen nicht verboten war. Eine Gruppe von Frauen allerdings hielt sich nach Möglichkeit auch als Ehefrauen zu Hause auf, und die Nachrichten von dieser Gruppe ließ die falsche Ansicht von zu Hause eingeschlossenen Frauen aufkommen. Das waren die vornehmen Damen, die es sich leisten konnten, nicht arbeiten zu müssen und sich zu Hause neben der Beaufsichtigung der Dienerschaft etwa der Lektüre schöngeistiger Werke zu widmen. Sie lebten nicht eingeschlossen, sondern in vornehmer Zurückgezogenheit.

Und doch standen die Athenerinnen in zweierlei Weise hinter ihren Geschlechtsgenossinnen im übrigen Griechenland zurück. Das eine ist ihre vermögensrechtliche Stellung. Während wir sonst aus Griechenland bei viel schlechterer Quellenlage Nachrichten davon haben, dass Frauen über ihren täglichen Bedarf hinaus größere Vermögen hatten und wirtschaftlich tätig waren, fehlen solche Hinweise für Athen fast ganz, obwohl wir gerade über Athen weitaus mehr Quellen haben. Man muss daraus also schließen, dass es den Athenerinnen zwar nicht rechtlich untersagt war, größere Vermögen zu haben, dass es aber faktisch darauf hinauslief. Die Gründe dafür kennen wir nicht.

Etwas besser erklären kann man den zweiten Tatbestand. Er besteht aus dem ganz erstaunlichen Faktum, dass wir aus dem demokratischen Athen in politisch-historischen Zusammenhängen nur von insgesamt drei Frauen hören: von Elpinike, der Schwester Kimons, von Hipparete, der Frau des Alkibiades, und von einer offenbar vornehmen Agariste. Das erstaunt umso mehr, als wir aus dem

Die vollkommene Erfüllung der Frauentugend war die Kindsgeburt, das weibliche Pendant zu den Heldentaten der jungen Männer. Auf einem Weihrelief im New Yorker Metropolitan Museum of Art an die Göttin Artemis (links im Bild) lässt sich im späten 5. Jahrhundert v. Chr. eine Athenerin nach der Geburt darstellen. Ihre Dienerin hat das Neugeborene auf den Arm genommen.

Das Urbild der literarisch gebildeten Frau ist die archaische Dichterin Sappho. Ein um 440/430 v. Chr. entstandener Wasserkrug (Hydria) zeigt sie im Kreise ihrer Freundinnen (Athen, Archäologisches Nationalmuseum).

Die Frau als dämonisches Wesen. Im Kult des Weingottes Dionysos nehmen die Frauen gemeinsam an ekstatischen Riten teil. Das Bedrohliche dieser Vorstellung fasst die griechische Männergesellschaft in das mythische Bild der Mänaden, der Begleiterinnen des Weingottes, die wilde Tiere beherrschen. Innenbild einer attischen Trinkschale in den Staatlichen Antikensammlungen, München, um 490/480 v. Chr.

wahrlich nicht demokratischen Sparta zahlreiche Berichte davon haben, dass Frauen sich zu öffentlichen Angelegenheiten geäußert haben und dass man auf sie hörte; es hieß ja sogar, dass sie ihre Männer beherrschten. Natürlich hört man von anderen Athenerinnen, etwa von der Frau des Sokrates, Xanthippe, die einen unverdient schlechten Leumund hat, oder von den zahlreichen Beteiligten an Zivilprozessen, über die wir aus den Gerichtsreden erfahren. Aber gerade dort, wo wir es in einer Demokratie am ehesten erwarten würden, über die wir zudem zahlreiche Quellen haben, nämlich im politischen Leben, erscheinen die Frauen überhaupt nicht. Wie ist das zu erklären?

Am besten so, dass man versucht, es gerade mit der Demokratie zusammenzubringen, und dafür ist es hilfreich, sich die soziale Herkunft der drei Damen anzusehen. Alle drei sind sie adlig, und es erstaunt daher nicht zu hören, dass man sich von ihnen Geschichten erzählte. Das war in Sparta so, das kennt man aus der archaischen Zeit und aus den Werken Homers. Von den anderen Frauen, denen der nichtadligen Leute, war auch früher nie die Rede gewesen. Warum sollte das jetzt anders sein? Die Politik war immer noch Männersache, mehr denn je, möchte man sagen, denn mit ihrer Erweiterung und Erstreckung auf das ganze Volk sowie mit ihrem unglaublich großen Ausmaß an politischer Partizipation der Männer hatten diese sich vom bisherigen Zustand wegbewegt, und dass die Frauen hätten mitkommen sollen, dafür gab es keine Veranlassung, denn sie waren ja nie Mitglieder der Volksversammlung noch, erst recht nicht, des Heeres gewesen. Die große Intensität des politischen Lebens in Athen lässt die Kluft zwischen Männern und Frauen besonders deutlich werden, aber am Frauenleben hatte sich nichts geändert, nur die Männer hatten die Politik intensiviert.

Das ist in Athen nicht unbemerkt geblieben. Eine Emanzipationsbewegung hat es zwar nicht gegeben, in dem Sinne, dass unter Führung von Frauen die Frauen kollektiv eine bessere Rechtsposition oder politische Rechte angestrebt hätten. Aber es ist über die Lage der Frauen diskutiert worden. Das zeigt zum einen die Existenz dreier Komödien des Aristophanes, die sich mit Frauenthemen beschäftigen. Die »Thesmophoriazusen« handeln von dem Frauenfest der Thesmophorien, in das sich ein Mann in Frauenkleidern einschleicht; in der »Lysistrata« unternehmen die griechischen Frauen kollektiv einen Ehestreik, um den Krieg zu beenden (und dass der Streik wirkt, zeigt, dass die athenischen Männer für ihre geschlechtlichen Bedürfnisse durchaus auf ihre Ehefrauen angewiesen waren); und in den »Ekklesiazusen« herrscht die verkehrte Welt, darin bilden nämlich die Frauen die Volksversammlung, nun unter Ausschluss der Männer. All das sollte komisch wirken, ist es in manchem Detail

---

Euripides lässt Medea das Los der Frauen beklagen (230 ff.):

Von allem, was auf Erden Geist und Leben hat,
Sind doch wir Fraun das Allerunglückseligste.
Mit Gaben ohne Ende müssen wir zuerst
Den Gatten uns erkaufen, ihn als unsern Herrn
Annehmen: dies ist schlimmer noch als jenes Leid.
Dann ist das größte Wagnis, ob er edel ist,
Ob böse: denn unrühmlich ist's dem Weibe, sich
Vom Mann zu trennen; auch darf es ihn nicht verschmähn.
Und freit in neue Sitten und Gesetze sie,
Muss sie wohl, weiß sie's nicht von Haus, Prophetin sein,
Zu wissen, welchem Lose sie entgegengeht.
Doch wenn wir dies nur glücklich uns vollenden,
Und wenn der Gatte froh mit uns am Joche trägt,
Ist unser Los zu beneiden: anders sei es Tod!
Auch kann der Gatte, wenn daheim ihn Ärger quält,
Auswärts des Herzens Überdruss beschwichtigen:
Uns ist in eine Seele nur der Blick vergönnt.
Sie sagen wohl, wir lebten sicher vor Gefahr
Zu Hause, während sie bestehn der Speere Kampf,
Die Toren: lieber wollte ich dreimal ins Graun
Der Schlacht mich werfen, als gebären einmal nur.

heute noch, aber dass überhaupt solche Themen auf die Bühne kamen, zeigt, dass darüber in der Gesellschaft diskutiert wurde. Das zeigt sich auch in der »Medea«, dem Drama des Euripides. Wenn Medea klagt, die Männer sagten, die Frauen hätten zu Hause nicht die Gefahren des Krieges zu tragen, sie aber wolle lieber in die Schlacht ziehen als die Mühen des Kindbetts auf sich nehmen, dann zeigt das, dass es Diskussionen mit solchen Argumenten gab. Und wenn man diese Klage für untypisch halten möchte, weil Medea immerhin eine Georgierin aus Kolchis ist, dann spricht dagegen, dass der Chor dieses Stückes ebenfalls die Lage der Frauen beklagt, und dieser Chor besteht aus Korintherinnen.

Das reiche Korinth stellte selbst rotfiguriges Luxusgeschirr her. Der blasse Ton von Korinth musste mit einem Überzug versehen werden, der schwarze Glanzton ist stark abgeblättert. Dieser Trinkbecher (Skyphos) im Archäologischen Nationalmuseum, Athen, entstand um 370/350 v. Chr.

Das »Dritte Griechenland« – Städte und Staaten außerhalb Athens und Spartas

Sparta und Athen waren nun gewiss nicht identisch mit Griechenland, ja, es ist vielleicht eher umgekehrt: Beide waren sie große Ausnahmen, sowohl wegen der Größe ihres Staatsgebietes als auch wegen der Besonderheiten ihrer Verfassung. Auf der anderen Seite stimmt natürlich die Grundstruktur ihrer Verfassung mit der der meisten anderen griechischen Staaten überein, und beide sind – ob Ausnahme oder nicht – doch die bestimmenden Mächte in Griechenland gewesen. Wie wichtig die Orakel- und Festspielstätten Griechenlands waren, haben wir in einem früheren Kapitel schon gesehen, und es entstünde schon ein sehr falscher Eindruck, wenn man glaubte, Städte wie Theben, Korinth oder gar die sizilischen Städte als minder bedeutend hinstellen zu können, und es sind ausschließlich Raumgründe, die uns veranlassen, die außerathenischen und außerspartanischen Staaten nur in einem Separatkapitel summarisch vorzustellen.

Die Ruinen des archaischen Apollontempels von Korinth mit dem Burgberg der Stadt. Die Säulenreihe rechts gehört zur Eingangsfront des um 540 v. Chr. errichteten Gebäudes. Jede der 6 m hohen Säulen besteht aus einem einzigen Block. An der Entwicklung des dorischen Tempels war Korinth maßgeblich beteiligt.

Von Korinth, der alten mächtigen Stadt, hören wir nun in der Tat wenig, und wenn Perikles sagte, dass diejenige Frau die beste sei, die am wenigsten von sich reden mache, dann ist das gewiss ein kulturell bedingtes männliches Vorurteil; auf das internationale Staatsleben angewandt könnte es aber stimmen. In vielen Sagenkreisen spielte Korinth eine wichtige Rolle, in den Kypseliden hatte es das berühmteste Tyrannengeschlecht aufzuweisen, seine orientalisierende Keramik war die führende der archaischen Zeit; aber danach ist von Korinth fast nur in der Rolle die Rede, die es als Bundesgenosse Spartas in den innergriechischen Auseinandersetzungen und dann im Hellenismus als bloßes Objekt der Politik spielte. Das bedeutet, dass es, von einer Oligarchie stabil regiert, we-

Von einem böotischen Bronzegießer des frühen 7. Jahrhunderts v. Chr. wurde diese Bronzestatuette (Boston, Museum of Fine Arts) angefertigt. Die in Theben gefundene Figur trägt auf den Schenkeln die Weihinschrift an Apollon.

nig innere Probleme und einen geringen außenpolitischen Ehrgeiz hatte, und als umso ungerechter kann man es betrachten, dass ausgerechnet Korinth 146 v. Chr. von den Römern vollständig vernichtet wurde.

Theben ist in der gesamtgriechischen Geschichte gegenwärtiger als Korinth. Schauplatz hochberühmter Sagen (»Sieben gegen Theben«, »Ödipus«, »Antigone«, »Amphitryon«), spielte es in den Perserkriegen die Sonderrolle des Perserfreundes, hatte wesentlichen Anteil am Peloponnesischen Krieg und vermochte es im 4. Jahrhundert v. Chr. sogar, unter seinen Politikern und Feldherren Pelopidas und Epameinondas eine Zeit lang die führende griechische Macht zu sein. In dieser Zeit half es den Messeniern, sich von der spartanischen Herrschaft zu befreien, und Pelopidas und Epameinondas waren so beeindruckende Persönlichkeiten, dass sie in das Biographienwerk des Plutarch aufgenommen wurden. Von besonderem verfassungsgeschichtlichem Interesse ist Thebens Stellung als wichtigste Stadt Böotiens. Diese Landschaft lieferte im Laufe der Jahrhunderte verschiedene Modelle, wie die einzelnen Städte einer Region rechtlich zusammengefasst werden konnten.

Der Skulpturenschmuck des Tempels von Ägina wurde 1811 ausgegraben und von der Münchener Glyptothek erworben. Er machte die europäische Kunstwelt zum ersten Mal mit der herben Schönheit archaischer Plastik vertraut. Der um 480 v. Chr. entstandene Mädchenkopf gehört zu einer Figur auf dem Dachrand. Kurz vor Beginn der Ausgrabungen im frühen 19. Jahrhundert entstand diese Zeichnung des schottischen Archäologen Edward Dodwell.

Auch die Insel Ägina, vor den Toren des Piräus gelegen, steht allzu sehr im Schatten der Großmacht Athen. Der Aphaiatempel führt auch dem sonst Unkundigen vor Augen, wie prachtvoll die Stadt gewesen sein muss, und in der archaischen Zeit war sie eine der führenden Mächte Griechenlands. Später trat Ägina nicht nur an Bedeutung hinter Athen zurück, sondern wurde von Athen auch militärisch überwältigt. Thessalien, die Landschaft zwischen Böotien und Makedonien, war in der gesamten historischen Zeit nie geeint, hatte kaum Städte und kannte in der Herrschaft großer Grund besitzender Adelsfamilien noch fast homerische Verhältnisse; außenpolitisch stand es oft auf der Seite Athens und kam ihm mit seiner vorzüglichen Kavallerie zu Hilfe. Mit den mittelgriechischen Stammesstaaten Akarnanien und Ätolien steckte Griechenland teilweise sogar noch in einer vorhomerischen Entwicklungsepoche, und wenn man sich vergegenwärtigt, dass Aristoteles immerhin 158 fast nur griechische unterschiedliche Verfassungsgeschichten zusammengestellt hat, dann muss das Bild des »Dritten Griechenland« wirklich sehr bunt gewesen sein. Diese Bezeichnung ist in Analogie zum »Dritten Deutschland« zwischen Preußen und Österreich von Hans-Joachim Gehrke glücklich gewählt worden, und noch bunter würde das Bild werden, wenn man auch das ganze griechische Gebiet außerhalb des europäischen Mutterlandes mit einbeziehen würde. Das aber würde eine eigene Darstellung erfordern; ersatzweise soll hier nur ein Blick auf Sizilien und Unteritalien geworfen werden.

Die ältesten Silbermünzen Griechenlands waren die ab 600 v. Chr. in Ägina geprägten Statere (Zweidrachmenstücke). Ihre Vorderseite zeigt im 6. und 5. Jahrhundert v. Chr. das Wappentier der zur See wehrhaften Insel, die Seeschildkröte. Das um 480/460 entstandene Stück ist in Privatbesitz.

Das Theater von Syrakus wurde im frühen 5. Jahrhundert v. Chr. begründet und im 3. Jahrhundert v. Chr. als eine der größten Schauspielstätten der antiken Welt ausgebaut. Hier wurden in klassischer Zeit bedeutende Tragödien und die ersten griechischen Komödien aufgeführt.

Syrakus, die mächtigste Stadt, die wie Athen die anderen Städte in der Überlieferung unverhältnismäßig stark dominiert, scheint nach dem Ende der Tyrannen sehr schnell ebenso demokratisch geworden zu sein wie Athen; es hatte im Petalismos sogar das Pendant zum athenischen Ostrakismos, nur dass statt der Scherben Ölbaumblätter genommen wurden. Den Kampf gegen Athen im Peloponnesischen Krieg, auf den wir noch zu sprechen kommen, führte das demokratische Syrakus – wodurch eine moderne politologische These infrage gestellt ist, dass Demokratien keinen Krieg miteinander führen –, aber am Ende des 5. Jahrhunderts ergriff wieder ein Tyrann die Macht.

Dionysios, der Tyrann von Syrakus, dichtete auch Tragödien; hier zwei Fragmente:

Kein Sterblicher soll jemals einen für gesegnet
halten, eh' er ihn ein gutes Ende nehmen sah:
Erst den Verstorbenen kann in Sicherheit man preisen.
Das Auge Dikes, wie aus einem stillen
Antlitz blickend, sieht stets in gleicher Weise alles.

Im Mutterland war die Tyrannis ein Phänomen der Umwälzungen der archaischen Zeit gewesen, und erst im Hellenismus, in dem sozusagen alles möglich war, kamen wieder einzelne Tyrannenherrschaften auf. Syrakus jedoch brachte im Jahre 405 v. Chr. sogar das Urbild aller Tyrannen an die Macht, Dionysios, Dionys genannt. Die Ursache waren wieder die Kriege mit den Karthagern, die abermals als Sprungbrett für eine charismatische und machtbewusste Persönlichkeit dienen konnten, und das war Dionys. Trotz zeitweiliger großer Erfolge wurde Karthago doch nicht endgültig von der Insel vertrieben, Dionys aber lebte in zahlreichen Geschichten weiter, die ihn als einen gebildeten und rücksichtslosen, generösen und grausamen Herrscher zeichneten. Die Geschichte vom Schwert des Damokles ist sprichwörtlich geworden, und die Ballade »Die Bürgschaft« von Schiller war bis vor kurzem Gemeingut der Leser im deutschen Sprachraum. 367 v. Chr. starb Dionys der Tyrann eines natürlichen Todes.

Diese Bronzetafel aus Lokroi Epizephyrioi beurkundet ein Darlehen, das die Stadt im späten 4. oder frühen 3. Jahrhundert v. Chr. beim Zeustempel aufgenommen hat.

Sein gleichnamiger Sohn konnte die Herrschaft nicht bewahren, und nach einem Zwischenspiel, in dem sein Verwandter Dion vergeblich versuchte, eine Art Idealstaat in Syrakus zu errichten und dann doch selber als Tyrann ermordet wurde, emigrierte Dionysios II. 344 nach Korinth, der Mutterstadt von Syrakus, und starb dort als Privatmann. Bei der Abfahrt hatte er die Stadt dem Korinther Timoleon übergeben, der als erprobter Tyrannenfeind – er war an der Ermordung seines eigenen Bruders, des Tyrannen von Korinth, beteiligt – die Verhältnisse in Syrakus endlich stabil ordnen sollte. Obwohl auch Timoleon zu Mitteln griff, die als tyrannisch gelten konnten, gelang ihm doch nicht nur die Abwehr der Karthager, sondern auch die Einführung einer neuen Verfassung, sodass er nach seinem Tode 336 v. Chr. in Syrakus hoch geehrt wurde. Seine Entsendung aus Korinth nach Syrakus ist übrigens ein Zeichen dafür, welche informellen Bindungen zwischen Kolonie und Mutterstadt selbst in dieser Zeit noch bestanden.

Aus Argos auf der Peloponnes stammte der Bildhauer Polyklet, der um 440 v. Chr. mit seinem »Speerträger« die klassische Athletenstatue schlechthin schuf (Rekonstruktion).

Dionysios II. hatte zeitweise, als Dion sich der Stadt Syrakus bemächtigt hatte, über das unteritalische Lokroi Epizephyrioi geherrscht. Dieses Lokroi ist der Ort eines aufschlussreichen Fundes, der am Ende der Fünfzigerjahre dieses Jahrhunderts gemacht wurde und der uns über die innere Struktur einer griechischen Stadt unschätzbare und authentische Informationen gibt. Es sind knapp vierzig Bronzetäfelchen aus dem Tempel des Olympischen Zeus, die mit finanztechnischen Inschriften versehen sind. Die griechischen Tempel waren ja wohlhabende Institutionen, auf deren vor allem durch Weihgeschenke beruhende Schätze die Städte zurückgreifen konnten, indem sie Darlehen aufnahmen. Solche Transaktionen sind auf diesen Täfelchen festgehalten, und durch sie erfahren wir aus erster Hand nicht nur interessante wirtschaftsgeschichtliche Details, sondern wir lernen die gesamte innere Organisation Lokrois kennen, weil an diesen Geschäften alle politischen Instanzen der Stadt beteiligt waren. Im Prinzip gehört natürlich alles zum Grundmuster einer *polis,* aber die konkrete Ausgestaltung und die Bezeichnung der Ämter sowie die Einteilung der Bürgerschaft war von Stadt zu Stadt unterschiedlich, und der innere Aufbau Lokrois ist teilweise so differenziert und abweichend vom Üblichen, dass die Forschungsarbeiten noch lange nicht abgeschlossen sind.

Zum Schluss noch ein paar Worte zum internationalen Zusammenleben der Städte. Als Problem stellte es sich zunächst nicht. Jede Stadt war sich selbst genug, musste allenfalls Angriffe der Nachbarn abwehren oder begab sich selbst auf den Aggressionspfad. Später war es bei Sparta die Helotenfurcht, sonst waren es größere Angriffe von außen, die zu überregionalen Bündnissen oder zu sonstigen Machtkonzentrationen führten. Auf Sizilien führten die Kriege mit den Karthagern zur Tyrannis, und insbesondere die syrakusanischen Tyrannen schufen mit großräumigen Bevölkerungsverschiebungen über die Stadtgrenzen hinausreichende Machtgebilde; in nichtgewaltsamer Form geschah das später in hellenistischer Zeit durch Zusammensiedlung, *synoikismos.* Der Peloponnesische Bund entstand als Zusammenfassung all derer, die sich von der Militärmacht Sparta schützen lassen wollten, wogegen sie Sparta gegen die Heloten beistanden oder wenigstens den Heloten nicht halfen. Ein Militärbündnis hieß Symmachie, Zusammenkämpfen, der Befehlshaber im Krieg hieß Hegemon, der Anführer, und ein derartiges Bündnis wird demzufolge heute Hegemoniale Symmachie genannt. Eine solche waren dann auch der in den Perserkriegen entstandene Hellenenbund und der sich daraus entwickelnde Attische Seebund; im ersten Fall war Sparta, im zweiten war Athen der Hegemon. Diese Herrschaft bewirkte dann, dass sich die Griechen erstmals des Problems der außenpolitischen Freiheit bewusst wurden und es begrifflich erfassten. Erst die Unterdrückung rief das Bedürfnis nach freier Eigenentscheidung hervor, also die Möglichkeit, sich selber die Gesetze zu geben, nach denen man leben wollte. Das Wort dafür war Autonomie. Autonomie vertrug sich mit der Eingliederung in einen anderen Machtbereich, wenn nur die innere Freiheit nicht angetastet war. Die völlige eigene Verfügung auch über das äußere Schicksal wurde mit dem traditionellen Wort für Freiheit belegt, *eleutheria.* Die Dialektik fügte es dann, dass *eleutheria* in ihrer höchsten Form darin gesehen wurde, so frei zu sein, dass man andere unterdrücken konnte. Insofern hatte im 5. Jahrhundert v. Chr. Athen die größte Freiheit – und war doch ihr Gefangener. Perikles selbst verglich Athens Herrschaft mit einer Tyrannis, und so wie ein Tyrann, der absolute Herrscher über seine Untertanen, ständig in der Furcht leben musste, gestürzt und ermordet zu werden – das ist der Sinn der Geschichte vom Schwert des Damokles –, so war Athen in seiner höchsten Freiheit gezwungen, die Herrschaft mit allen Mitteln zu verteidigen und wurde gerade dadurch selbst in Fesseln geschlagen.

Wolfgang Schuller

Cicero überliefert in den »Tuskulanischen Gesprächen« (5,61 ff.) eine Episode aus dem Leben des Dionysios II.:

(Als einer von den Schmeichlern des Dionysios, ein gewisser) Damokles, in einer Rede seine (des Dionysios) Heeresmacht, seinen Besitz, die Herrlichkeit seiner Herrschaft, … rühmte und erklärte, es habe niemals einen glückseligeren Menschen gegeben, da sagte er (Dionysios): »Willst du, Damokles, dieses Leben kosten, da es dich so sehr erfreut, und mein Schicksal erproben?« Und als jener sagte, es gelüste ihn danach, da ließ ihn Dionysios auf ein goldenes Ruhebett legen, … Da gab es denn Parfüms und Kränze, Räucherwerk wurde verbrannt, und Platten mit den erlesensten Gerichten wurden aufgetragen. Damokles kam sich hochbeglückt vor. Mitten unter diesem Aufwand aber ließ Dionysios von der Decke ein funkelndes Schwert herabsenken, aufgehängt an einem Rosshaar und so, dass es direkt über dem Scheitel jenes Glücklichen stand. Da schaute jener nicht mehr die schönen Sklaven an … und langte auch nicht mehr bei den Gerichten zu, die Kränze fielen ihm zu Boden, und schließlich bat er den Tyrannen weggehen zu dürfen, weil er keine Lust mehr habe, glückselig zu sein.

Machtfragen – Griechenland bis zum Ende des Peloponnesischen Krieges

Freiheit und Despotie – Der Freiheitskrieg der Griechen gegen die Perser

Weit sind wir der Zeit vorausgeeilt, um die wichtigsten griechischen Staaten zu charakterisieren. Jetzt setzen wir mit unserer Erzählung dort wieder ein, wo wir sie verlassen hatten, nämlich am Ende des 6. Jahrhunderts v. Chr. Noch sind die beiden Welten nicht aufeinander gestoßen, deren Krieg gegeneinander die Weltgeschichte verändern und vorantreiben wird, Griechenland und Persien. Aber sie sind schon miteinander in Berührung gekommen, und in Kleinasien überlappen sie sich schon. Friedlich hatten der Orient und Griechenland schon seit langem miteinander verkehrt; die Griechen adaptierten schnell die Anregungen aus dem Osten und machten sie sich zu eigen; umgekehrt begann auch Griechenland immer mehr nach Osten zu wirken, und das kann man daran sehen, dass die griechischen Orakel auch von orientalischen Mächten befragt wurden, wie bereits an anderer Stelle geschildert wurde.

Diese teilweise vergoldete silberne Opferschale wurde im späten 6. Jahrhundert v. Chr. im kleinasiatischen Griechenland hergestellt. Sie wird heute im Metropolitan Museum of Art, New York, aufbewahrt. Der Auftraggeber war offenbar ein Perser, denn die dargestellten Figuren sind in achämenidische Tracht gekleidet.

Die Perser besiegen die Lyder und werden Herr der ionischen Griechenstädte

Lydien, im westlichen Teil Kleinasiens gelegen, ist der orientalische Staat, mit dem die Griechen die frühesten, auch in ihrer Tradition ausgiebig erwähnten Beziehungen hatten. Schon von Gyges, dem Begründer der Herrscherdynastie der Mermnaden im 7. Jahrhundert v. Chr., erzählten sie außer interessanten Geschichten – wie die von Gyges und seinem Ring, die Friedrich Hebbel dramatisiert hat – auch, dass schon er das Delphische Orakel befragte. Auch in anderer Weise wirkte Lydien auf die Griechen ein. Wahrscheinlich haben die Griechen die Münzprägung von den Lydern übernommen, und lydischer Herkunft dürfte das Wort Tyrann gewesen sein, das auf lydisch nur Herrscher bedeutet, und manche meinen sogar, die griechische Tyrannis sei nicht nur als Wort, sondern auch als Herrschaftsform eine Übernahme aus Lydien: Gyges, der ja ein Usurpator war, habe als großes Vorbild gedient. Wie dem auch sei: Krösus ist derjenige gewesen, der den Weg dafür gebahnt hat, dass das Perserreich der Nachbar Griechenlands wurde. Er war es, der den Halys überschritt und vom Perserkönig Kyros II. besiegt wurde.

König Krösus auf dem Scheiterhaufen stellt der athenische Vasenmaler Myson um 500/490 v. Chr. auf einer Amphore dar (Paris, Louvre).

Die Eroberung des Lyderreiches durch die Perser machte diese jedoch nicht nur zu Nachbarn der Griechen, sondern brachte bereits Griechen unter persische Herrschaft. Krösus hatte nämlich schon die Griechenstädte Kleinasiens unterworfen, und mit der Eingliederung Lydiens in das Perserreich wurden die Griechen gleich mit inkorporiert. Schon die lydische Herrschaft war nicht drückend, und auch die persische Herrschaft war keine grausame Unterdrückung, sondern begnügte sich mit der Anerkennung der persischen Oberhoheit, der Abgabe von Tributen und gelegentlicher Heeresfolge.

Das ist an der Art und Weise abzulesen, wie von griechischer Seite über die Perser berichtet wird. Nach dem Sieg der Griechen in den Perserkriegen beginnen zwar verächtliche Charakterisierungen, aber das Drama »Die Perser« des Aischylos, das dem griechischen Sieg gewidmet ist, stellt die Tragik der persischen Niederlage dar, und Herodot, der durch die Darstellung der Perserkriege zum ersten Historiker der Welt geworden ist, berichtet voller Hochachtung, dass die jungen Perser nur zu drei Dingen erzogen würden: reiten, Bogen schießen und die Wahrheit sagen. Die Perser veranlagten die Griechenstädte nach deren jeweiligen wirtschaftlichen Möglichkeiten zum Tribut und regierten im Übrigen so, dass sie, wo es sich machen ließ, Tyrannen förderten oder sogar einsetzten; Polykrates war möglicherweise als ein solcher Tyrann vorgesehen und wurde deshalb ermordet, weil er, obwohl im Prinzip anpassungswillig, wohl doch auf größerer Selbstständigkeit bestand; seine Nachfolger regierten dann in persischem Auftrag. Persische Untertyrannen waren auch Miltiades, der spätere Sieger über die Perser bei Marathon, und Aristagoras, der Tyrann von Milet, der Anführer des Ionischen Aufstandes gegen die Perser; aber um das schildern zu können, muss weiter ausgeholt werden.

Dareios' Skythenfeldzug und die Griechen

Es ist nicht bekannt, wie das europäische Griechenland den Wechsel von der lydischen zur persischen Oberhoheit über die kleinasiatischen Griechenstädte aufgenommen hat. Aber danach trat ein Ereignis ein, das in Griechenland Beklemmung auslöste, nämlich

Der thronende Perserkönig Dareios erhält bei Hofe die Nachricht von der Niederlage seines Heeres bei Marathon (oder vom Verrat des Aristagoras von Milet?). Die Grabvase im Museo Archeologico Nazionale in Neapel, von der hier ein Detail zu sehen ist, entstand um 330 v. Chr. in Apulien, vermutlich in Tarent.

der Versuch des persischen Königs Dareios I., die nomadischen Skythen westlich und nördlich des Schwarzen Meeres zu unterwerfen, was auch die Eroberung der Balkanhalbinsel mit einschloss. 514

Aus Bakchylides' »3. Olympischer Ode« für den Tyrannen Hieron I. von Syrakus:

Im Angesicht des niemals erwarteten Tages
gedachte Kroisos (Krösus) nicht zu harren
der Tränen erregenden Knechtschaft,
sondern errichtete
sich einen Scheiterhaufen vor dem ehern
ummauerten Schlosshof. Ihn bestieg er
mit seiner getreuen Gattin und seinen von Locken
umwallten Töchtern, die bitterlich weinten ...
Doch während die glühende Wut der schrecklichen Flamme
den Scheiterhaufen verzehrend durchdrang,
rief Zeus ein düstres Gewölk herauf
und löschte das gelbrote Feuer.
Vor allem, was göttliche Fürsorge wirkt, verdient
nichts Unglauben; damals trug der auf Delos geborene Phoibos (Apollon)
den greisen Fürsten, mit seinen schlankfüßigen Töchtern,
ins Land der Hyperboraier und ließ ihn dort wohnen
um seiner Frömmigkeit willen: Es hatte Kroisos
von sämtlichen Menschen am reichsten der heiligen Pytho (Pythia, gemeint ist das Apollonheiligtum in Delphi) gespendet.
Von Griechenlands Einwohnern freilich wird
nicht einer behaupten wollen, weithin gepriesener Hieron,
mehr Schätze als du
dem Loxias (Beiname Apollons) dargebracht zu haben.)

Das Epigramm des griechischen Architekten Mandrokles auf den Bau einer Brücke über den Bosporus für den Perserkönig steht bei Herodot (Historien 4, 88):

Über den Bosporus schlug, den fischreichen, hier diese Brücke
Mandrokles und hat Hera dies Denkmal geweiht,
Kränzte sich selbst sein Haupt und gewann den Samiern Ehre,
Da das vollendete Werk Dareios gefiel.

Diese bronzene Statuette eines griechischen Kriegers wurde um 510 v. Chr. im Heiligtum von Dodona geweiht und befindet sich heute in der Berliner Antikensammlung.

v. Chr. brach er aus seiner Hauptstadt Susa auf, um es seinen Vorgängern gleichzutun, unter denen Persien das größte der altorientalischen Großreiche geworden war.

In der Gefolgschaft des Großkönigs waren selbstverständlich auch griechische Kontingente unter den jeweiligen Herrschern, so milesische Einheiten unter Histiaios, dem Tyrannen von Milet, und die persische Kriegsflotte, die ins Schwarze Meer einfuhr, bestand großenteils aus griechischen Schiffen. Der Übergang des Landheeres nach Europa geschah über die Meerengen des Hellespont und Bosporus, und über diesen wurde eine Brücke geschlagen, ebenfalls das Werk eines Griechen, des Architekten Mandrokles aus Samos. Ihm machte es anscheinend keine psychologischen Schwierigkeiten, so für die Expansion des Perserreiches tätig zu sein, denn er ließ ein großes Bild davon malen, wie der König der Könige auf seiner Brücke den Bosporus überschreitet, und dieses Bild, mit einem Epigramm versehen, weihte Mandrokles dem Heraheiligtum auf Samos.

Dareios zog nicht in einem einzigen Heereszug durch fremdes Land nach Norden, sondern er eroberte und sicherte zunächst einmal das Vorfeld, und das waren eben die Meerengen und dann Thrakien, das heißt die ganze Nordküste der Ägäis. Diese Arrondierungsarbeit brachte ihm einen weiteren griechischen Tyrannen ein, der eine wertvolle Verstärkung seines Heeres darstellte. Das athenische Adelsgeschlecht der Philaiden war schon vor einiger Zeit aus Athen auf die thrakische Halbinsel Chersones ausgewichen, die die Nordseite der Meerenge des Hellespont darstellt. Dort hatte sich ihr Oberhaupt Miltiades als Alleinherrscher über eine einheimische Bevölkerung und die griechischen Städte eingerichtet, und der, der jetzt herrschte, trug, wie es in Adelsfamilien üblich war, den Namen seines Großvaters. Dieser Miltiades zog nun auch im griechischen Kontingent mit.

Ein Erfolg war der Heereszug allerdings nicht. Die einheimischen Stämme der Balkanhalbinsel wichen dem riesigen Heer aus, Dareios konnte zwar noch eine Brücke über die Donau bauen; aber als er – in der jetzigen Republik Moldawien – neben anderen Problemen immer größere Versorgungsschwierigkeiten bekam, kehrte er wieder um. Der Feldzug selbst war also zunächst tatsächlich ein Fehlschlag; die persische Herrschaft an den Meerengen und in ganz Thrakien wurde aber ausgebaut, und sogar der König des westlich anschließenden Makedonien unterwarf sich. Eine neue Satrapie wurde eingerichtet.

Ein neuer Konflikt kündigte sich 507 v. Chr. an, als Athen nicht ohne eigene Schuld ins Blickfeld der Perser geriet. Zum einen setzte der Perserkönig den entmachteten Tyrannen Hippias als Lokaltyrannen im strategisch wichtigen Sigeion ein, einer Stadt am Eingang des Hellespont, die schon seit langem athenisch war und an der die Getreideschiffe für Athen aus dem Schwarzen Meer vorbeifahren mussten. Obwohl die Athener also wussten, dass die Perser einen Tyrannen in Wartestellung für sie parat hatten, ließen sie sich auf ein gefährliches Abenteuer mit Persien ein. Im Jahre 507, als Kleisthenes gerade seine Reform ausführte und als Athen fürchtete, von Sparta und anderen angegriffen zu werden, suchte es Hilfe ausgerechnet beim Großkönig in Susa. Gesandte kamen nach Sardes, überreichten dem Satrapen Artaphernes Erde und Wasser als Zeichen der Unterwerfung – oder stellten das in Aussicht –, wurden aber nach ihrer Rückkehr desavouiert, und das Bündnis kam nicht zustande. Der Perserkönig aber berief sich von nun an darauf, dass Athen sich ihm unterworfen habe. Das wirkte sich im Jahre 500 aus, als sich das griechische Westkleinasien gegen Persien erhob.

Aristagoras von Milet, der Ionische Aufstand und der Beginn der Perserkriege

Ein einziges Motiv wird es, wie immer in der Geschichte, für den Ionischen Aufstand nicht gegeben haben. Gewiss dürften viele Griechen unter der Tatsache gelitten haben, dass sie Untertanen waren und Persern gehorchen mussten, ebenso unter den Abgaben und den persischen Truppen, aber ein Großteil von ihnen kollaborierte mit Persien, und es scheint so gewesen zu sein, dass das Meer nun erstmals frei von Piraten war und dass die Wirtschaft unter persischer Herrschaft aufblühte; die Münzprägung nahm sprunghaft zu. Charakteristisch ist auch, dass der Aufstand durch einen der prominentesten Vasallen ausgelöst wurde, der bisher von seiner Stellung innerhalb des persischen Herrschaftssystems profitiert hatte, vom Tyrannen der mächtigsten ionischen Stadt, Aristagoras von Milet. Sein Vorgänger – und Onkel und Schwiegervater – Histiaios kommandierte beim Skythenfeldzug des Dareios und wurde dann als

Beim Athenatempel von Milet wurde dieser archaische Kopf einer Frauenstatue gefunden, die um 540/530 v. Chr. als Weihgeschenk errichtet wurde. Das seltene Denkmal der milesischen Kunst aus der Zeit vor den Perserkriegen steht heute in der Berliner Antikensammlung.

Herodot schildert, wie Aristagoras von Milet den spartanischen König Kleomenes um die Unterstützung seines Aufstandes gegen die Perser bittet (Historien 5, 51):

Aristagoras aber nahm den Zweig der Bittflehenden und ging in das Haus des Kleomenes, und als er hereintrat als Bittflehender, bat er Kleomenes, ihn anzuhören und das Kind wegzuschicken. Denn vor Kleomenes stand nun seine Tochter, die den Namen Gorgo trug. Sie, sein einziges Kind, war damals acht oder neun Jahre alt. Kleomenes aber ermunterte ihn zu sagen, was er wolle, und sich durch das Kind gar nicht stören zu lassen. Da machte nun Aristagoras den Anfang und versprach ihm zehn Talente, wenn er das ausführe, worum er ihn bat. Als Kleomenes nun abwinkte, ging Aristagoras weiter und steigerte sein Angebot, bis er schließlich fünfzig Talente in Aussicht stellte und das Kind ausrief: »Vater, der Gast wird dich noch zu Fall bringen, wenn du ihn nicht stehen lässt und gehst«. Da freute sich Kleomens über die Warnung des Kindes und ging in einen anderen Raum, und Aristagoras verließ Sparta ein für alle Mal, und er hatte keine Möglichkeit mehr, noch weitere Erläuterungen zu machen über den Weg ins Innere, der zum König führt.

prominenter Berater an den persischen Königshof gerufen. Aristagoras versuchte nun mit persischer Hilfe oder sogar auf persische Veranlassung, Naxos unter seine und damit Persiens Gewalt zu bringen. Da aber die persisch-milesische Flotte erfolglos wieder umkehren musste, war die Stellung des Aristagoras gefährdet, und in dieser Situation entschloss er sich zum Aufstand. Es ist ziemlich müßig, diesen offenbar persönlichen Anlass als Argument gegen die Seriosität des Aufstandes zu benutzen. Er hat stattgefunden, und die Perser hatten Mühe, ihn zu unterdrücken.

Wenig Unterstützung fand er im griechischen Mutterland. Aristagoras reiste zuerst nach Sparta, zur führenden Militärmacht, aber der König Kleomenes lehnte jede Art von Hilfeleistung ab. Besser ging es Aristagoras in Athen. Dort stellte man zwanzig Kriegsschiffe, Eretria auf Euböa stellte fünf; das war für eine effektive Unterstützung zwar viel zu wenig, aber es war genug, um Athen in persischen Augen nicht nur als illoyalen Untertanen, sondern auch als Aufrührer erscheinen zu lassen. Zunächst war der Aufstand, der bald auf die Meerengen und Zypern übergriff, erfolgreich. Die Griechen eroberten sogar Sardes, auf dessen Akropolis sich die Perser allerdings hielten. Vielleicht war es der Eindruck, dass man sie nicht mehr nötig habe, der die Athener veranlasste, schon 498 v. Chr. ihr Kontingent wieder zurückzuziehen. Aber 497 begann die persische Gegenoffensive. 496 flüchtete Aristagoras aus Milet nach Thrakien, wo er umkam, 495 siegten die Perser in der Seeschlacht bei dem Inselchen Lade vor Milets Küste, 494 wurde Milet erobert und dem Erdboden gleichgemacht. So endete die Stadt, die bis dahin das kulturelle Zentrum Ostgriechenlands, wenn nicht ganz Griechenlands gewesen war.

Jetzt dämmerte es den europäischen Griechen allmählich, dass auch sie bedroht waren. Athen galt ohnehin als rebellischer Vasall, aber es ist bemerkenswert, dass auch Sparta, an sich nicht unmittelbar involviert, anfing, Persien als für ganz Griechenland bedrohlich zu empfinden. Dazu trug möglicherweise die Tatsache bei, dass einer der beiden Könige, Damaratos, in Thronstreitigkeiten mit Kleomenes den Kürzeren zog und zum Perserkönig nach Susa ins Exil ging. Er und vorher Hippias werden gewusst haben, warum sie sich an Persien wandten, und das wurde auch den anderen Griechen klar. Für 493 wählten die Athener Themistokles zum Archonten, einen dämonischen Mann, der den Persern unbedingt Widerstand leisten wollte, und zwar zur See. Anders dachte der ehemalige Tyrann von Persiens Gnaden, Miltiades, der im selben Jahr nach Athen zurückgekehrt war, nachdem die Perser an seiner Loyalität zu zweifeln begonnen hatten. Er konnte sich auf seine Kenntnis der persischen Kriegführung berufen und setzte sich mit der Strategie durch, dem Feind zu Lande entgegenzutreten. 492 fing der persische Feldherr Mardonios an, den Norden der Ägäis planmäßig fest in persische Hand zu bringen, und 490 war es für Griechenland so weit: Ein persisches Heer unter Datis und Artaphernes erschien, eroberte und bestrafte Eretria und landete bei Marathon an der attischen Küste auf Empfehlung des Hippias, da ja das Geschlecht der Peisistratiden aus dieser Gegend stammte.

Die Perser hatten Hippias bei sich, um ihn nach ihrem erwarteten Sieg wieder als Tyrannen einzusetzen, obwohl sie in Ionien aufgrund der schlechten Tyrannenerfahrung jetzt versuchten, mit der Zensusverfassung zu regieren. Athen rief Sparta um Hilfe, und die Spartaner waren auch bereit dazu, konnten aber, durch ein religiöses Fest abgehalten, nicht sofort kommen. Nur das benachbarte Plataiai kam zu Hilfe, und es sollen auch Sklaven aufgeboten worden sein. Und jetzt kam ein Entschluss von kaum glaublicher Kühnheit. Statt sich irgendwie zu verschanzen oder sonst auf komplizierte Taktiken zu verlegen, entschieden sich die Athener auf Ratschlag des Miltiades, den Persern frontal gegenüberzutreten. Unter dem nominellen Kommando des Polemarchen Kallimachos, faktisch unter dem des Miltiades, der einer der zehn Strategen war, trafen sie bei Marathon auf die Perser, unterliefen in gestrecktem Lauf deren Pfeilhagel – und siegten.

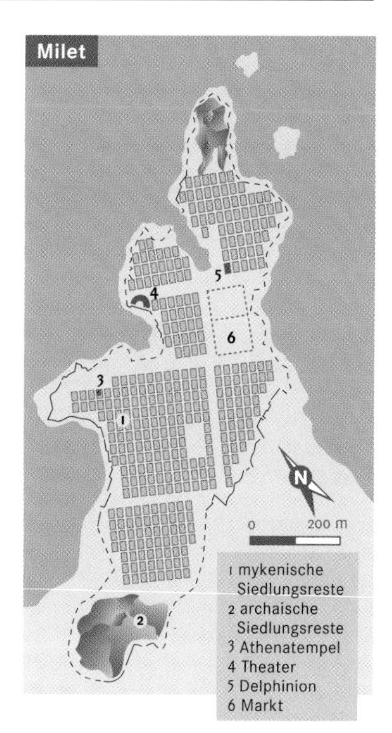

Das mächtige Milet wurde von den Persern völlig zerstört. Den neuen Stadtplan entwarf vermutlich der Architekt Hippodamos von Milet. Der Nordteil war nach den Vermutungen der Architekten Wolfram Höpfner und Ernst Ludwig Schwandner an der Ausrichtung des alten Apollon-Delphinios-Heiligtums orientiert, der Südteil am Athenatempel.

Dass ein Bote mit dieser Siegesnachricht in einem Stück nach Athen eilte und nach dem Ruf: »Wir haben gesiegt!« vor Erschöpfung tot zusammenbrach, ist eine spätere Legende, aber der Sieg selbst muss eine ungeheure Wirkung getan haben. Die Perser fuhren zwar mit ihrer Flotte noch um Attika herum und lagerten vor Athen, kehrten dann aber zurück nach Asien. Die Spartaner kamen nun auch, aber nur, um von den Athenern das Schlachtfeld gezeigt zu bekommen. Man kann sich gut denken, dass bei den Spartanern eine gewisse Betretenheit geherrscht hat, dass nicht sie, die unbestrittene Führungsmacht, sondern das bisher nicht sonderlich hervorgetretene Athen das Heer des persischen Weltreiches mit einem Streich außer Gefecht gesetzt hatte. Umgekehrt ist der Stolz der athenischen Hopliten und ihr erwachendes Selbstbewusstsein sehr gut nachzufühlen, aus dem Stand diesen Sieg errungen zu haben.

Es war nicht nur ein Sieg der klugen Berechnung und der Entschlusskraft des Miltiades, nicht nur ein Sieg der persönlichen Tapferkeit und des Todesmutes der athenischen Hopliten, es war auch ein Sieg der athenischen Verfassung, die Kleisthenes geschaffen hatte. Durch diese Verfassung mit ihrer Mischung der bisher regional auseinander fallenden Athener zu einem Gesamtkörper und mit der Bildung der zehn Phylenregimenter, die sich jeweils aus ganz Attika zusammensetzten, war ein Zusammengehörigkeitsgefühl geschaffen worden, das durch diesen unwahrscheinlichen und unerwarteten Sieg seine vorläufige Krönung erfuhr.

Am Ort der Schlacht von Marathon wurde für die gefallenen 192 Athener ein monumentaler Grabhügel aufgeschüttet. Er dient dem modernen griechischen Staat als Gedenkstätte.

Kaum war der Sieg errungen, fiel Miltiades in seine tyrannischen Gewohnheiten zurück. Er unternahm 489 v. Chr. unter einem Vorwand einen Kriegszug nach Paros, um reiche Beute zu machen, scheiterte aber und wurde von den Athenern zu einer Strafe von 50

Talenten verurteilt. Bald danach starb er, und sein Sohn Kimon zahlte die Strafe. Auch andere Streitigkeiten lebten wieder auf, nun, da fürs Erste die Persergefahr gebannt schien. Ägina und Athen nahmen einen alten Konflikt wieder auf, der mit einer militärischen Niederlage Athens zur See endete.

»Miltiades weihte (mich) dem Zeus«, steht an diesem Helm im Museum von Olympia. Der Stifter und der Anlass der Weihung waren wohl zu bekannt, um in der sonst üblichen Form ausführlich genannt zu werden.

Die Politik des Themistokles und der Xerxesfeldzug

Beides, Äginas Sieg über Athen und das Ausscheiden des Miltiades aus der Politik, gaben Themistokles die Gelegenheit, seine früheren Vorstellungen von einer Verteidigung zur See gegenüber den Persern durchzusetzen. In den Minen von Laureion hatte man ein neues Silbervorkommen entdeckt, und dieses Geld wurde auf Initiative des Themistokles in den Bau von 200 Kriegsschiffen gesteckt, zunächst angeblich nur für den Krieg gegen Ägina. Auch in Bezug auf die Politik gegen Persien wählte Themistokles einen Umweg, in der Absicht, sie besser in der athenischen Innenpolitik zu fundieren. 487/486 v. Chr. wurden die Archonten erstmals erlost, und im selben Jahr begann eine Reihe von Ostrakisierungen, also Verbannungen durch das Scherbengericht. Themistokles blieb schließlich alleine übrig und konnte in einer informellen Führungsposition die athenische Politik maßgeblich bestimmen.

Es wurde auch nötig, dass Athen und ganz Griechenland sich auf ein Wiederkommen der Perser einstellten. Dareios I. war 486 v. Chr. gestorben, und nachdem sein Sohn und Nachfolger Xerxes einen ägyptischen und einen babylonischen Aufstand unterdrückt hatte, konzentrierte er sich nun darauf, in einem groß angelegten Feldzug Griechenland zu erobern. In Thrakien und Makedonien ließ er fünf Versorgungsdepots für sein Heer anlegen, und weil ein Großteil der persischen Flotte 492 beim Umschiffen der Athoshalbinsel in einem Sturm untergegangen war, ließ er die Landenge dieser östlichen der drei Halbinseln der Chalkidike durchstechen, übrigens durch persische Ingenieure, mit Unterstützung der griechischen Stadt Akanthos. Dann durchreisten persische Gesandte Griechenland, um Unterwerfung zu fordern, und viele Stämme und Staaten übergaben Wasser und Erde, so fast ganz Böotien, an seiner Spitze das altehrwürdige Theben. Das Delphische Orakel muss ebenfalls Widerstand für sinnlos gehalten haben, denn in vielen Orakelsprüchen riet es zur Kapitulation.

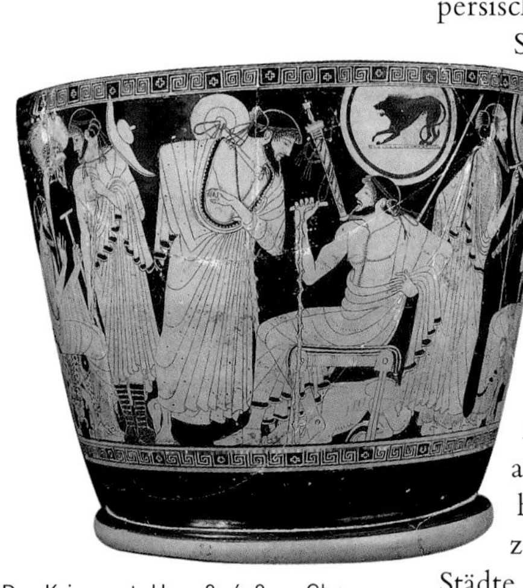

Der Kriegsrat. Um 485/480 v. Chr. verzierte in Athen der Brygosmaler dieses Mischgefäß in Form eines Trinkbechers mit einer Szene der Helden vor Troja. Es steht im Kunsthistorischen Museum, Wien.

Athen und Sparta waren gar nicht mehr zur Unterwerfung aufgefordert worden, weil sie vor 490 persische Gesandte misshandelt hatten, sie waren also ohnehin als Gegner gekennzeichnet, und immerhin vereinigten sich jetzt auch andere Städte mit ihnen. Im Herbst 481 versammelten sich östlich von Korinth an dem Platz, an dem die Isthmischen Spiele abgehalten wurden, Delegierte aus vielen Städten und schlossen ein Militärbündnis gegen Persien. Alle internen griechischen Streitigkeiten sollten eingestellt werden, Sparta sollte das militärische Oberkommando haben.

Die Ostrakisierten wurden nach Athen zurückgerufen, um in der Stunde der Gefahr alle Kräfte zu konzentrieren; Athen und Ägina waren jetzt zu Bundesgenossen geworden; Argos aber schloss sich aus Feindschaft mit Sparta nicht an, blieb neutral, was faktisch auf eine Unterstützung der Perser hinauslief. Gelon von Syrakus beteiligte sich nicht, weil er gegen die Karthager kämpfen musste. So hatte sich nun der Hellenenbund gebildet, das Abwehrbündnis der vielleicht doch überwiegenden Zahl der Griechen gegen die Perser. Es war nach dem Vorbild des Peloponnesischen Bundes konstruiert, mit einem militärischen Führer und mit einer Versammlung der Delegierten der verbündeten Staaten, die über die einzuschlagende Politik und Strategie ebenfalls ständig diskutierten, zum Teil in nervenaufreibender Anstrengung.

Der Blick vom Thermopylenpass nach Norden in das Tal des Flusses Speicheros. Im Vordergrund der Hügel, auf dem sich die letzte Stellung der Spartaner und Thespier unter Leonidas befand. An der Straße das moderne Kriegerdenkmal.

Xerxes überschritt im Sommer 480 v. Chr. mit seinem Heer auf zwei Pontonbrücken den Hellespont, seine Flotte fuhr durch den Athoskanal. Der Hellenenbund stellte sich der persischen Flotte am Kap Artemision an der Nordspitze Euböas entgegen, um sie, die für das Landheer wesentliche Unterstützungsfunktion hatte, am Weiterfahren zu hindern, und zu Lande sollte eine kleinere griechische Abteilung am Engpass der Thermopylen in Thessalien das Perserheer aufhalten. Diese Stelle war gut gewählt, denn das große Heer musste sich, um passieren zu können, lang auseinander ziehen und konnte auf diese Weise gut angegriffen werden. Das griechische Kontingent stand unter dem Kommando des spartanischen Königs Leonidas, des Nachfolgers des Kleomenes. 300 Spartiaten waren mit ihm, hinzu kamen 700 Mann aus dem böotischen Thespiai, sogar 400 Thebaner und weitere Einheiten, sodass es die Griechen zusammen auf 7000 Mann brachten. Zunächst ging das Kalkül der Griechen auf, tagelang rückten die Perser vergeblich gegen sie an. Dann aber zeigte ihnen ein Einheimischer einen Umgehungspfad, und am Morgen erschienen sie im Rücken der Griechen. Leonidas ließ den Hauptteil seiner Truppen entkommen, er selber hielt mit den Spartiaten und den Thespiern die Stellung, bis alle gefallen waren.

Es war eine schlimme Niederlage. Auch die griechische Flotte, die am Kap Artemision unter schweren beiderseitigen Verlusten die persische Flotte aufgehalten hatte, machte sich auf den Rückzug und fuhr um Attika herum in den Saronischen Golf. Auch das war eine Niederlage, wenngleich Themistokles versuchte, mit List Unfrieden beim Gegner zu säen: Er ließ am Festland große Tafeln anbringen, auf denen die griechischen Kontingente der Perserflotte zum Überlaufen aufgefordert wurden. Ungehindert ergoss sich jetzt das Per-

Die attische Triere. »Vertraut auf die hölzernen Mauern«, hatte das Delphische Orakel den Athenern angesichts der anrückenden Perser geraten und damit wohl gemeint, sie sollten zu Wasser fliehen. Themistokles erkannte darin jedoch die Aufforderung, die Kriegsflotte auszubauen. Die attischen Trieren waren die schnellsten und modernsten Schlachtschiffe der Zeit. Sie waren etwa 30 m lang, mit einem Rammsporn versehen und hatten drei Ruderbänke übereinander, bei längeren Fahrten konnten sie auch unter Segeln fahren. Gute Ausbildung und Disziplin der Ruderer waren für ihre Schlagkraft entscheidend.

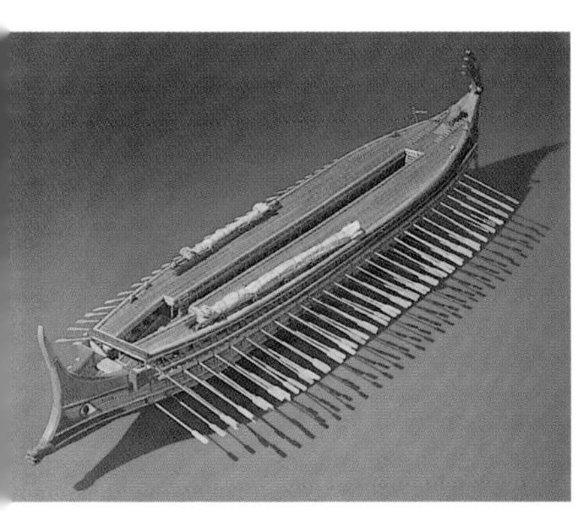

Das Modell einer attischen Triere.

serheer nach Mittelgriechenland. Theben blieb, obwohl die Thebaner vor den Thermopylen mitgekämpft hatten, unbelästigt, Delphi ergab sich, und nur Athen hatte nichts zu erhoffen. Das Delphische Orakel, das Kapitulation empfohlen hatte, war von Themistokles so gedeutet worden, dass die Flotte als Rettungsmittel gemeint sei, und er hatte veranlasst, dass die gesamte Bevölkerung das Land verließ. Mit Frauen, Kindern und Alten gingen die Athener nach Troizen auf der Peloponnes, auf der Akropolis blieben nur die Schatzmeister der Athene und einige Arme. Sie wurden überwältigt, das gesamte Heiligtum wurde zerstört und angezündet.

Es ist quälend, bei Herodot zu lesen, welche Mühe Themistokles gehabt hat, im Kriegsrat die Griechen zu veranlassen, jetzt noch einmal den Persern zur See entgegenzutreten. Eine Koalitionsarmee ist schwer zu einem einheitlichen entschlossenen Willen zu bringen, und da die Mehrzahl des Hellenenbundes aus Peloponnesiern bestand, lag es natürlich nahe, sich auf die Verteidigung nur der Peloponnes zu beschränken. Man baute auch eine Mauer über den Isthmos, und doch gelang es Themistokles, die Entscheidungsschlacht im Saronischen Golf, zwischen Attika und der Insel Salamis, herbeizuführen.

Der Verlauf der Schlacht ist nur schwer zu rekonstruieren. Fest steht, dass Xerxes sie, auf einem prunkvollen Thron sitzend, vom Festland aus verfolgte, dass die kleinasiatischen Griechen auf persischer Seite tapfer kämpften, unter ihnen Artemisia, die Tyrannin von Halikarnassos, und dass die Schlacht zwölf Stunden dauerte. Es war ein vollständiger Sieg der Griechen. Xerxes zog sich nach Kleinasien zurück, und die Griechen feierten. Die, die es mit dem Feind gehalten hatten, wurden bestraft, die Tapfersten wurden belohnt, und vor allem Themistokles wurde als der Retter Griechenlands gefeiert: Die Spartaner selbst erwiesen ihm höchste Ehren.

Der Sieg war vollständig, aber nicht endgültig. Die vorsichtigen Spartaner hatten den kühnen Plan des Themistokles vereitelt, schnell zum Hellespont vorzustoßen, um Xerxes den Weg abzuschneiden, und zudem überwinterte das persische Landheer unter Mardonios immerhin in Thessalien. Im Sommer 479 v. Chr. erschienen die Perser wieder in Mittelgriechenland, besetzten abermals Athen und stellten sich bei Plataiai dem griechischen Heer. Diesmal war eine Landschlacht unausweichlich, die zudem der Konzeption derer entsprach, die jetzt in Athen die politische Führung hatten und zu Strategen gewählt waren, Xanthippos und Aristides. Unter dem Kommando des spartanischen Regenten Pausanias siegten die Griechen abermals, und ebenso siegten sie im selben Jahr in einer letzten Seeschlacht, bei Mykale, in dem engen Meeresstreifen zwischen Samos und dem Festland.

Als Dankopfer für den delphischen Apollon weihten die vereinigten Griechen einen goldenen Dreifuß, der auf einer sechs Meter hohen Bronzesäule ruhte. Diese Säule, die aus drei umeinander gedrehten Schlangen besteht, ist erhalten und steht heute im Hippodrom in Istanbul. Auf ihr sind die Namen der Griechen verewigt, die bei Plataiai gegen die Perser gekämpft haben, die Teilnehmer der Schlacht von Mykale sind noch nicht darauf verzeichnet, und aus ungeklärten Gründen fehlen die Kämpfer aus Kroton in Unteritalien, aus Pale auf Kephallenia, von der Insel Seriphos und die opuntischen Lokrer, also Lokrer aus der Küstenlandschaft an der Meerenge von Euböa.

Die Griechen und ihr Streben nach Freiheit

War der athenische Sieg bei Marathon noch eine große Überraschung gewesen, war der griechische Seesieg von Salamis wegen der Niederlagen von den Thermopylen und vom Artemision und wegen der schrecklichen innergriechischen Auseinandersetzungen, die ihm vorausgingen, ebenfalls kaum für möglich gehalten worden, so zeigten die Siege des Jahres 479 v. Chr. allmählich doch, dass die griechische militärische Überlegenheit über das Perserheer nicht auf Zufall beruhte. Auch stellt man sich durch übertreibende griechische Berichte das persische Heer anscheinend viel gewaltiger vor, als es in Wirklichkeit war – genaues Durchrechnen hat ergeben, dass ein Heer des Umfanges, wie es Herodot schildert, auf dem Marsch überhaupt nicht hätte ernährt werden können –, und trotz der griechischen Unterstützung, die es erfahren konnte, waren seine Verluste und seine Abnutzung auf dem Marsch und zur See doch wohl beträchtlich.

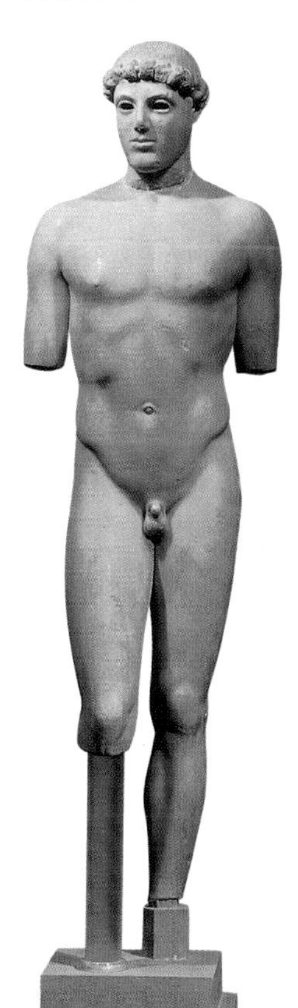

Gerade die Tatsache, dass keineswegs alle Griechen den Persern Widerstand geleistet haben, zeigt, wie offen die Entscheidungssituation war, vor der die Griechen beim Herannahen der Perser standen. Schon beim Ionischen Aufstand erwies sich, dass auf die Frage, ob man sich unterwerfen oder Widerstand leisten solle, erstens keine selbstverständliche Antwort zur Verfügung stand, und dass zweitens nüchternes Durchrechnen der Kräfteverhältnisse nicht das alleinige Entscheidungskriterium sein konnte. Hekataios von Milet, der Ethnograph, ein Vorläufer der Geschichtsschreibung des Herodot, legte bei diesen Überlegungen dar, wie groß das Perserreich und wie aussichtslos demzufolge der Widerstand sei. So dürfte auch die Haltung Delphis zu verstehen sein, das doch die Stelle in Griechenland war, die die meisten Informationen zur Verfügung hatte. Sich den Persern zu unterwerfen, die ja keineswegs in brutaler, sondern in lockerer Form herrschten, war vernünftig, zumal da die persische Zivilisation und Lebenshaltung auch bei Griechen auf Zustimmung stoßen konnte. Aber die Spartaner, Athener, Korinther und alle anderen auf der Schlangensäule Genannten waren anschei-

Der goldene Dreifuß in Delphi, das Weihgeschenk der siegreichen Griechen, lässt sich anhand der erhaltenen Reste und zeitgleicher Darstellungen rekonstruieren. Seine Inschrift lautet:

Die Folgenden kämpften im Krieg: Die
Spartaner
Athener
Korinther
Tegeaten
Sikyonier
Ägineten
Megarer
Epidaurier
Erchomenier
Phliasier
Troizenier
Hermioner
Tirynthier
Plataier
Thespier
Mykener
Keer
Malier
Tenier
Naxier
Eretrier
Chalkidier
Styrer
Eleer
Poteideaten
Leukadier
Anaktorier
Kythnier
Siphnier
Ambrakioten
Lepreaten

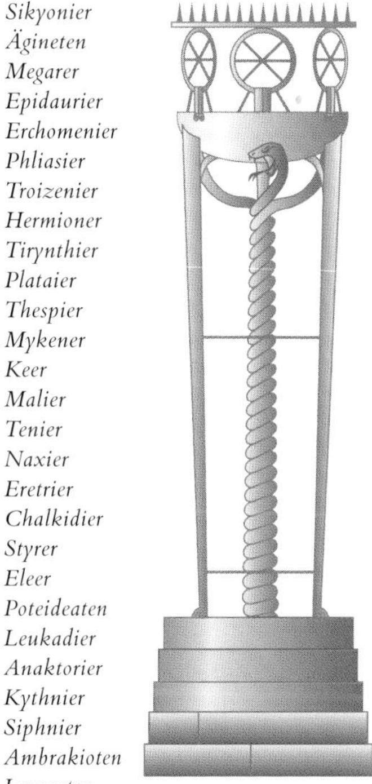

Diese Weihestatue auf der Athener Akropolis entstand in der Zeit der Schlacht bei Marathon. Der Jüngling wird nicht als stolzer »Kuros« dargestellt, sondern als ernster Mann, dessen disziplinierte Haltung seine Leistungsbereitschaft verdeutlicht.

Nach dem Ende der Perserkriege wurde in Olympia, dem wichtigsten griechischen Heiligtum, als monumentale Dankesgabe an den höchsten griechischen Gott der Tempel des Zeus errichtet. Die Reliefplatten über dem Eingang in das Tempelinnere erzählen die Heldentaten des Herakles. Hier trägt er das Himmelsgewölbe, unterstützt von Athene, während ihm der Riese Atlas die Äpfel der Hesperiden bringt.

nend nicht nur vernünftig, sondern hatten noch eine andere Richtschnur für ihr politisches Verhalten, nämlich das Bedürfnis nach Freiheit. Und es erwies sich, dass dieses Bedürfnis, allen vernünftigen Berechnungen zum Trotz, der ausschlaggebende Faktor war und auch zum militärischen Sieg führte.

Anderes kam hinzu, so die Fähigkeit, mit vorausblickender Entschlusskraft zu handeln. Wir hatten das bei der Schlacht von Marathon gesehen, und besonders ist es die Politik des Themistokles, die ein Musterbeispiel dafür darstellt. Unermüdliche Zähigkeit, gepaart mit List, sich gegenüber internen Hindernissen langfristig durchzusetzen und langfristig zu planen, das waren Eigenschaften, die zum Freiheitsdrang und zur fast physiologischen Unmöglichkeit sich zu unterwerfen, hinzukamen. Das macht die weltgeschichtliche Bedeutung der Perserkriege aus.

Wie sehr Freiheit, Unabhängigkeitsstreben, Entschlusskraft und kluges rationales Nachdenken griechische Wesensmerkmale sind, war schon an der Dichtung Solons in authentischer Weise zu sehen. Besonders nach den Perserkriegen diente die persische Monarchie den Griechen dazu, ihren eigenen Sinn für Unabhängigkeit hervorzuheben. Es gibt nicht wenige Geschichten, in denen Perser ihr Unverständnis für diese kleinen Städte und ihre Verfassungen äußern, in denen man sich streitet und es ablehnt, einem Mächtigeren zu gehorchen. In den »Persern« des Aischylos, die 472 v.Chr. aufgeführt wurden, wird dieses Selbstverständnis in einem Vers zusammengefasst: »Keines Menschen Sklaven sind sie, keinem Manne untertan.«

Der Kopf des Herakles auf einer Metope des Zeustempels von Olympia.

Eindrucksvoll in ihrer knappen Schlichtheit ist auch die Inschrift der Schlangensäule. Spartanisches Staatsverständnis fand literarischen, unvergänglichen Ausdruck in einem Epigramm, das bald nach den Perserkriegen der Dichter Simonides von Keos auf die spartanischen Gefallenen der Thermopylen gedichtet hat. Schiller hat es ins Deutsche übersetzt:

»Wanderer, kommst du nach Sparta, verkündige dorten, du habest
Uns hier liegen gesehn, wie das Gesetz es befahl.«

So großartig diese Verse sind, so relativierend müssen sie aufgenommen werden. Spartanische Selbstzucht hat sich bei den Thermopylen im Kampf gegen einen äußeren Feind um der Freiheit willen bewährt; aber entstanden ist sie aus dem Drang, die Heloten zu unterdrücken. Wir sollten auch beachten, dass nicht nur 300 Spartiaten, sondern auch 700 Thespier dort gefallen sind, von denen kein Gedicht zeugt. Und schließlich zeigt die Folgezeit das beunruhigende Faktum, wie sehr im griechischen Denken die eigene außenpolitische Freiheit mit der Berechtigung verknüpft war, andere zu unterdrücken.

Der unbekannte Künstler dieses um 460 v. Chr. geschaffenen Bildnisses hat die markanten Züge des Themistokles nach dem Typus von Heraklesdarstellungen umgesetzt und eines der frühesten individuellen Porträts geschaffen. Die vorzügliche römische Kopie wurde in Ostia gefunden und steht im dortigen Museum.

Seemacht gegen Landmacht – Athen und Sparta im Ringen um die Vorherrschaft in Griechenland

Die politische Situation kurz nach den Perserkriegen

Nach allen großen und die Menschen im Innersten ergreifenden Ereignissen setzen hinterher einerseits verzerrende Überhöhung, andererseits Ernüchterung und Wiederkehr des nicht erhebenden Alltags ein. In Griechenland bestand dieses Letztere darin, dass aller Begeisterung über den gemeinsamen Sieg über die Perser zum Trotz die innergriechischen Machtfragen wieder hervortraten und eine neue Dimension gewannen. Bis 479 v. Chr. war es selbstverständlich gewesen, dass Sparta die militärische und wegen der Bewunderung durch die anderen Griechen auch eine Art moralische Führung in Griechenland hatte. Das änderte sich jetzt durch die Politik des in seiner Undurchschaubarkeit und Energie faszinierenden Themistokles.

Die Erfahrungen des Krieges hatten ihm gezeigt, dass Athen höchst verwundbar war, und um diesem Zustand abzuhelfen, sorgte er dafür – unter Perikles wurde das Werk vollendet und ausgebaut –, dass die Stadt Athen mit dem neuen, von ihm begründeten Hafen Piräus durch eine lange Doppelmauer verbunden wurde. Dadurch wurde Athen unangreifbar, und mit sicherem Instinkt erkannten die Spartaner darin eine Gefahr für sich und nahmen gegen diesen Mauerbau Stellung. Themistokles reagierte in seiner bekannten Art: Er ging pro forma zu Verhandlungen nach Sparta, ließ gleichzeitig mit Hochdruck an den Mauern arbeiten, ohne dass die Spartaner das merkten, und verkündete ihnen dann das Ergebnis, die, im Wortsinn, vollendete Tatsache. Man war nicht froh in Sparta, aber man fügte sich.

Diese Silbermünze wurde in Magnesia am Mäander unter der Herrschaft des Themistokles (auf beiden Seiten das Namenskürzel »THE«) geprägt, die Vorderseite zeigt vielleicht Themistokles selbst (Privatbesitz).

Themistokles wurde dann – sein dämonischer Charakter passte anscheinend nicht in Friedenszeiten –, nicht nur politisch ausmanövriert, er wurde sogar ostrakisiert, fiel also der bisher von ihm selbst praktizierten Form der politischen Auseinandersetzung zum Opfer, und er wurde zu allem Überfluss auch noch in einem späteren Strafprozess zum Tode verurteilt. All dem entzog er sich dadurch, dass er sich ins Exil begab, er ging nach – Persien. Der Perserkönig – wahrlich der ritterliche, generöse Herrscher, wie er dem positiven Perserbild entsprach – stattete ihn mit einer Lokalherrschaft in Magnesia am Mäander in Kleinasien aus; es gibt sogar von Themistokles dort geprägte Münzen. Um 460 v. Chr. ist er dort gestorben.

Die zweite und gewichtigere Änderung der innergriechischen Machtverhältnisse ergab sich als direkte Folgerung aus den Perserkriegen. Trotz aller Kollaboration mit den Persern hatten insbesondere die von diesen besonders bedrohten kleinasiatischen und Inselgriechen, die zum Schluss doch auf der gesamtgriechischen Seite bei Mykale mitgekämpft hatten und glücklich waren, nun seit fast einem Jahrhundert unter erst lydischer, dann persischer Herrschaft wieder ganz zu Griechenland zu gehören, ein Interesse daran, dass das militärische Bündnis weiter bestand. Bei Sparta stieß das auf keine Gegenliebe. Wieder fürchtete es, sich auf ein ungewisses Abenteuer einzulassen, das zu einer Gefahr für die inneren Verhältnisse werden könnte. Zusammen mit ihren Bundesgenossen im Peloponnesischen Bund beteiligten sich die Spartaner zwar noch 478 v. Chr. an der Befreiung der Meerengen, erklärten aber dann sozusagen die Perserkriege für beendet und zogen sich zurück. Nun wandten sich die Ostgriechen an Athen, und Athen griff zu.

»Athen und seine Bundesgenossen«

Ganz nach dem Vorbild des Peloponnesischen Bundes schloss Athen 477 v. Chr. mit allen Staaten, die weiterkämpfen wollten, Einzelbündnisse – allerdings nun nicht nacheinander, sondern auf einmal; es wurden Eide geschworen, dass man »denselben Freund und denselben Feind« haben wolle, zur Bekräftigung wurde Blei ins Meer versenkt, was bedeutete, dass der Vertrag so lange gelten solle, wie das Blei im Meer blieb; man institutionalisierte einen gemeinsamen Rat von Delegierten der Bundesgenossen; man bestimmte, dass Athen die militärische Führung haben sollte, und man richtete eine gemeinsame Bundeskasse ein, und diese Bundeskasse verwalteten zehn Athener mit dem Titel *hellenotamiai,* also etwa »Griechenschatzmeister«. Die Bündner wurden, möglicherweise nach persischem Vorbild, zu Beiträgen veranlagt, und diese Veranlagung unternahm ebenfalls ein Athener, Aristides, der den Ruf hatte, ein besonders gerechter Mann zu sein, offenbar zu Recht, denn es gab keine Klagen. Die Bundeskasse und der Bundesrat hatten ihren Sitz auf der kleinen Kykladeninsel Delos, die geographisch einiger-

Plutarch beschreibt das Scherbengericht, das den athenischen Staatsmann Aristides, früher ein Gegner des Themistokles, traf (Aristides Kapitel 7):

Als man die Stimmscherben beschriftete, gab ein des Schreibens nichtkundiger Bauer dem Aristeides (Aristides) seine Scherbe und bat, den Namen Aristeides darauf zu schreiben ... »Ich kenne den Mann gar nicht, aber ich bin es leid, dass alle ihn nur ›den Gerechten‹ nennen.« Aristeides sagte darauf nichts, sondern schrieb nur seinen eigenen Namen auf das Ostrakon und gab es zurück.

Ein Ostrakon vom Scherbengericht 482 v. Chr., bei dem Aristeides (Aristides) in die Verbannung geschickt wurde. Von der athenischen Agora.

maßen in der Mitte der Ägäis liegt und die ein berühmtes Apollonheiligtum hatte. Delos war die Geburtsinsel der Zwillinge Artemis und Apollon, und unter Apollons Schutz stellte sich das Bündnis. Ein Teil der Einnahmen des Bundes wurde ihm als Weihgabe übergeben.

Das Heiligtum von Delos nach der fantasievollen Rekonstruktion von Henri-Paul Nenot (1882). Rechts der Bildmitte der Apollontempel, das Hauptheiligtum des 1. Attischen Seebundes. Sein Bau ruhte nach der Überführung der Bundeskasse nach Athen 454 v. Chr. jedoch für mehrere Generationen. Links davon – etwas durch den Artemistempel verdeckt – das von den Athenern als Zeichen ihrer Vorherrschaft 425–417 v. Chr. erbaute Götterhaus.

Den Bündnern wurde freigestellt, in welcher Form sie zum Bundeszweck des Krieges gegen Persien beitragen wollten, durch Stellung von Kriegsschiffen zur gemeinsamen Flotte oder durch Geldbeiträge, mit denen dann Kriegsschiffe für die athenische Flotte gebaut wurden. Viele Städte wählten aus praktischen Gründen den Geldbeitrag, andere mussten ihn später zwangsweise leisten, und das kam so: »Athen und seine Bundesgenossen« – so hieß dieser 1. Attische Seebund offiziell – setzten den Krieg gegen Persien Jahr um Jahr fort, jahrzehntelang, bis zum Jahr 449 v. Chr. Es war kein Krieg mehr auf Leben und Tod, sondern er bestand darin, dass das Bündnis immer tiefer ins persische Herrschaftsgebiet vordrang; aber dramatische Ereignisse blieben aus.

Allmählich – genaue Jahreszahlen fehlen uns – kam unter den Bündnern das Gefühl auf, dass nun genug gekämpft und Persien endgültig ungefährlich geworden sei, dass man das Bündnis daher entweder auflösen, es aber auf jeden Fall individuell verlassen könne. Dieser Ansicht waren die Athener jedoch gar nicht. Wir wissen nicht genau, wie die Entscheidungsfindung im Bundesrat vor sich ging; Athen gelang es aber, immer die Mehrheit der Stimmen für die Entscheidung zu gewinnen, ausgetretene Städte als abgefallene Städte zu betrachten und militärisch wieder zurückzuholen. So geschah es mit Naxos, so geschah es mit Thasos und etlichen anderen Städten. Wenn die Stadt sich weigerte, wurde sie belagert, erobert, ihre Mau-

Aufsässigen Bündnern enteignete Athen oft einen Teil des Landes und verteilte ihn als »Kleruchie« an attische Kolonisten. So geschah es 450/449 v. Chr. auf der Insel Lemnos. Die Siedler stifteten auf der heimischen Akropolis eine Bronzestatue der Athene (hier die Umzeichnung einer römischen Marmorkopie davon in den Dresdener Staatlichen Kunstsammlungen). Die Burggöttin stützt sich auf eine Lanze und betrachtet ihren Helm in der rechten Hand – ein Sinnbild besonnenen kriegerischen Handelns. Oben: Der Kopf der Athena Lemnia nach einer Marmorkopie im Museo Civico von Bologna. Die Augen waren in buntem Stein eingelegt. Die Tribute des Seebundes flossen zu einem nicht geringen Teil in die neu entstehenden Prachtbauten auf der Akropolis von Athen. Über die Ausgaben wurde genau Buch geführt. Rechts: Dieser Rest einer Rechnungsurkunde befindet sich im Epigraphischen Museum, Athen.

ern wurden geschleift, sie musste die Demokratie athenischen Musters übernehmen, und sie musste die Kriegsschiffe ausliefern und auf Geldzahlung übergehen – der ehemals freiwillige Beitrag nahm so den Charakter eines Tributes an. Zuletzt ging es 440/439 Samos so, und als einzige Bündner, die Schiffe stellten, blieben nur noch Chios und Lesbos übrig.

Der Seebund ließ sich noch auf größere Unternehmen ein. Ende der Sechzigerjahre rebellierte Ägypten wieder gegen Persien und bat um Hilfe. Mit 200 Schiffen zogen Athener und Bundesgenossen von Zypern, wo sie gerade kämpften, nach Ägypten, und in einem sechsjährigen Krieg fochten sie am Nil. Thukydides sagt, sie hätten zeitweilig Ägypten beherrscht, aber dann wurden sie von den Persern immer mehr zurückgedrängt und schließlich auf einer Insel im Nildelta anderthalb Jahre belagert, bis sie aufgeben mussten. Dieser Fehlschlag des ägyptischen Abenteuers war die erste wirkliche Niederlage Athens, sie führte aber paradoxerweise zu einer Machtsteigerung. Angeblich fürchteten die Athener jetzt, dass Persien zu einem Gegenangriff ansetzen würde, und die Delegierten aus Samos sollen im Bundesrat beantragt haben, die Bundeskasse aus Sicherheitsgründen nach Athen zu verlagern. Das geschah dann auch, aber es geschah noch viel mehr, sodass der Hinweis auf die Persergefahr entweder ein Betrugsmanöver war oder gar nicht vorgebracht worden ist. Was nämlich jetzt stattfand, war ein tiefer Einschnitt in der Geschichte des Bundes, über den wir exzellent informiert sind.

Jetzt, 454 v. Chr., setzt nämlich die große Inschriftenserie der attischen Tributlisten ein. Die Verlagerung der Bundeskasse nach Athen ist das vergleichsweise harmloseste Ereignis dieses Umbruchsjahres. Viel wichtiger ist, dass die Schutzgottheit des Bundes gewechselt wurde. War es bisher der Apollon von Delos, so ist es nun Athene in ihrer Eigenschaft als Stadtgöttin Athens, also als Athena Polias. Der delische Apollon war eine von allen Ioniern gemeinsam verehrte Gottheit, Athena Polias dagegen die Erscheinungsform der Göttin, die sich besonders auf die Stadt Athen bezog. Wenn also sie jetzt den Bund schützte, war er zu einer athenischen Angelegenheit geworden. Daraus ergab sich, dass die Weihgaben jetzt der Athene verehrt wurden, also in ihren Schatz kamen.

Diese Weihgaben der Bundesgenossen – allmählich besser Untertanen genannt – bestanden, wenn sie Geld in die Bundeskasse gaben, aus einem Sechzigstel dieses Tributs; ein Sechzigstel deshalb, weil das griechische Münzsystem als nächstkleinere Einheit nach dem

Talent die Mine hatte, die eben ein Sechzigstel des Talents ausmachte. Während über den Tribut selber von den *hellenotamiai* Buch geführt wurde, die mit Listen aus Papyrus arbeiteten, wurde die Weihgabe an die Göttin in repräsentativer Form auf Marmortafeln aufgeschrieben und öffentlich aufgestellt. Glücklicherweise verfuhren die Athener trotz des sakralen Zweckes der Inschriften ihrem Inhalt nach äußerst bürokratisch. Es wurden nämlich nicht nur die einzelnen Städte mit dem genauen Betrag verzeichnet, den sie der Göttin gespendet hatten, auch die zum Teil sehr wechselhaften Modalitäten der Abgabe in jedem einzelnen Jahr wurden aufgezeichnet. Trotz ihrer Beschädigungen stellen die Tributlisten daher eine detaillierte Geschichte des Seebunds von 454 v. Chr. dar.

Mittelpunkt des nach den Perserkriegen gegründeten 1. Attischen Seebundes war das Heiligtum des Apollon auf der Insel Delos. Die Prozessionsstraße zum Tempel der Göttin Leto, der Mutter des Apollon und der Artemis, war von Löwenskulpturen aus dem zweiten Viertel des 6. Jahrhunderts v. Chr. gesäumt, die heute wieder an ihrem ursprünglichen Ort aufgestellt sind.

Es hatte sich aber noch mehr im Jahre 454 verändert, so viel, dass die Athener von diesem Jahr an neu datierten, denn die Tributlisten wurden von eins an durchgezählt. Zum einen wurde der Status der Bundesgenossen noch in anderer Weise sakral verankert. Schon immer hatte Athen für sich in Anspruch genommen, dass es die Mutterstadt der ionischen Städte in Kleinasien sei, aber das war bisher eher eine unverbindliche, eher mythologische Auffassung gewesen. Jetzt wurde dergestalt damit Ernst gemacht, dass für alle Bundesstädte, auch für die nichtionischen, fingiert wurde, sie stünden zu Athen in dem typischen Reverenzverhältnis, wie es Kolonien gegenüber Mutterstädten hatten. Zum Zeichen dafür mussten die Geldspenden an Athene alle vier Jahre bei den Großen Dionysien öffentlich im Dionysostheater ausgestellt werden, und jede Stadt hatte außerdem der Göttin ein Rind und eine komplette Hoplitenrüstung, eine Panhoplie, darzubringen.

Wir machen uns heute nur eine unzureichende Vorstellung davon, wie sehr solche sakralen Regelungen geeignet waren, innere Bindungen hervorzurufen; dass das aber der Fall war, konnten wir bereits an den zehn Phylenheroen sehen, von denen jeder wusste, dass sie von Kleisthenes eingeführt worden waren, und die doch sehr schnell als selbstverständliche Stammväter der Phylen angesehen wurden und zu deren innerem Zusammenhalt beitrugen. Für unsere Begriffe weit wichtiger war schließlich ein letztes hier zu nennendes Faktum, das 454 einsetzte. Wie die Veranlagung der Bündnerstädte nach jener ersten vor sich ging, die Aristides vorgenommen hatte, wissen wir nicht; wahrscheinlich geschah sie durch den Bundesrat auf Delos. Auch das änderte sich jetzt, denn von nun an gab es den

Bundesrat nicht mehr, und es war die athenische Volksversammlung, die die Städte alle vier Jahre veranlagte. Sie entschied auch in eigener Kompetenz über die Ausgaben, verfügte also über das Geld, ohne irgendjemand sonst fragen zu müssen, ja, sie machte anstelle des Bundesrates jetzt überhaupt die Seebundspolitik. Die Feldherren waren ohnehin die athenischen Strategen, sodass jetzt die politische und die militärische Alleinentscheidung bei Athen, beim athenischen *demos,* lag.

Diese Entscheidungen ergingen nicht nur in einzelnen wichtigen Angelegenheiten, sondern im Lauf der Zeit begann Athen auch, generelle Gesetze für die Untertanen zu erlassen. Schon die Veranlagungsbeschlüsse waren solche allgemeinen Gesetze; es gab ein weiteres über die Gerichtsbarkeit in politischen Angelegenheiten, durch das Bürger bundesgenössischer Städte von athenischen Gerichten abgeurteilt werden konnten; nach einer Weile wurde das Gebiet des Seebundes sogar in territoriale Bezirke aufgeteilt, um es besser beherrschen zu können, und letztendlich wurde den Städten auch das Münzrecht genommen und die athenische Eule im ganzen Seebund eingeführt – ein ungeheuer symbolträchtiger Vorgang. Wir hatten schon gesehen, dass Athen rebellische Städte zwang, ihre Mauern niederzureißen und ihre Kriegsschiffe abzuliefern; hinzu kam, dass in unsichere Städte athenische Besatzungen gelegt wurden. Hinzu kam schließlich ein wohl sehr wirksames politisches Mittel, den athenischen Willen durchzusetzen: Dort, wo die Loyalität zweifelhaft war, unterstützte Athen die demokratischen Bewegungen und verhalf demokratischen Verfassungen nach athenischem Vorbild zum Durchbruch.

Kurz nach der Mitte des 5. Jahrhunderts v. Chr. entstanden zwei Kriegerstatuen, die im Meer bei Riace an der Küste Kalabriens gefunden wurden. Sie verherrlichten als Weihgeschenke in einem Heiligtum einen militärischen Sieg. Die abgebildete Figur B trug ursprünglich Schild, Helm und Lanze (Reggio di Calabria, Museo Nazionale).

Nimmt man nun noch hinzu, dass es im Seebund etwa ebenso viele Ämterträger wie innerhalb Athens gab, nämlich 700, die die Verfassungen beaufsichtigten und sonstige Herrschaftsaufgaben wahrnahmen, dann ergibt sich als Bilanz der organisatorischen Maßnahmen: Athen beherrschte in einem durchorganisierten System die gesamte Ägäis; die Selbstständigkeit der Bündner war dem Gehorsam der Untertanen gewichen. Die Ursache war die jahrzehntelange ständige Kriegführung, die ihre eigenen Instrumente hervorbrachte, die sich dann auch auf die innere Struktur auswirkten.

Freilich ist mit der Hervorhebung des Organisatorischen noch nicht alles gesagt. Schon die sakrale Dimension zeigte, dass es Athen auch gelungen sein muss, innere Bindungen hervorzurufen. Sonst hätte die Loyalität der Bündner im Peloponnesischen Krieg nicht so lange andauern können, und sonst wäre es nicht sogar so weit gekommen, dass sich Angehörige der Städte bemühten, im attischen Dialekt zu sprechen, um sich möglichst wenig von den Athenern zu unterscheiden. Zu diesem Zusammengehörigkeitsgefühl dürfte ebenfalls die ständige Kriegführung beigetragen haben, die nicht nur gegen die Perser stattfand. Die Rücksendung des athenischen Hilfskorps gegen die aufständischen Heloten hatte nämlich zur Folge, dass man den Peloponnesischen Bund mit Krieg überzog.

Allmählich dürfte aber das Gefühl aufgekommen sein, dass man seine Kräfte überdehnt hatte. Nach der Konsolidierung und Straffung des Seebundes stellte man 449 zuerst die Kämpfe gegen Persien ein (mittels des so genannten Friedens des Kallias), und 446 v. Chr. wurde, nach einigen militärischen Rückschlägen, mit Sparta ein dreißigjähriger Friede geschlossen. Nun begann eine Zeit des Friedens. Mit dem Neubau des Parthenon wurde begonnen, und Athen erlebte jetzt den Höhepunkt einer nicht wieder erreichten Glanzzeit. Die gesamte Zeit zwischen den Perserkriegen und dem 431 v. Chr. ausgebrochenen Peloponnesischen Krieg, also knapp fünfzig Jahre, nennt man Pentekontaetie, was genau »eine Zeit von fünfzig Jahren« heißt. Das ist die Hochzeit der athenischen Geschichte, und die 446 v. Chr. anbrechende Friedenszeit stellt ihrerseits den Höhepunkt darin dar. Ganz unkriegerisch freilich ist auch sie nicht verlaufen. In sie fiel der Abfall und die gewaltsame Rückeroberung von Samos 440/439, und in der Mitte der Dreißigerjahre begannen die Streitigkeiten mit Korinth um Korkyra und Poteidaia, die zum Peloponnesischen Krieg führten.

Thukydides charakterisiert Perikles (Geschichte des Peloponnesischen Krieges 2,65):

Perikles besaß die Macht kraft seiner persönlichen Autorität und seines fachlichen Könnens, war unbestechlich und hielt daher die Menge bei aller Freiheit in Schach. Eher leitete er das Volk, als dass es ihn leitete. Denn er war nicht auf unrechtmäßigen Wegen zur Macht gekommen und brauchte daher auch nicht dem Volke nach dem Munde zu reden. Im Gegenteil: Bei seiner Autorität konnte er in seinen Reden mit aller Schärfe sich ihm widersetzen. Wenn er also merkte, dass seine Mitbürger politisch im falschen Moment übermütig und verwegen sich alles zutrauten, so wusste er sie mit seinen Reden so einzuschüchtern, dass sie gleich das Schlimmste fürchteten. Fand er die Massen grundlos verzagt, richtete er ihren Mut wieder auf.

Perikles und die Glanzzeit Athens

Die Epoche seit dem Durchbruch der Demokratie nennt man auch nach dem Politiker Perikles, der Athens Politik maßgeblich bestimmte, die perikleische Zeit. Perikles' Bild erscheint in der Überlieferung etwas verzerrt, idealisiert oder herabgezogen. Herabgezogen wurde es durch eine Bemerkung des Historikers Thukydides, unter Perikles sei Athen dem Namen nach eine Demokratie, in Wirklichkeit aber die Herrschaft des ersten Mannes gewesen. Das ist dahin missverstanden worden, als sei die Demokratie nur eine Fassade gewesen, die eine Alleinherrschaft verhüllt habe. Dem muss entgegengehalten werden, dass die Stellung des Perikles allein darauf beruhte, dass die Athener ihn häufig zum Strategen wählten; sie scheuten sich aber nicht, ihn 430 sogar zu verurteilen; sein Einfluss beruhte allein auf seiner persönlichen Autorität. Er war über seine Mutter Angehöriger des berühmtesten Adelsgeschlechts der Alkmaioniden, und eine solche Herkunft imponierte immer noch; hinzu kam seine offenbar überwältigende Rednergabe, die nicht im Aufputschen von Leidenschaften bestand, sondern eher im ruhigen Darlegen dessen, was zu sagen war.

Das um 430 v. Chr. entstandene Porträt des Perikles stellt den Staatsmann und Feldherrn mit dem altertümlichen Helm des heroischen Kriegers dar und rühmt so seine herausragenden Fähigkeiten. Andererseits spricht der beherrschte Gesichtsausdruck ebenso wie die geringe Individualisierung von Gesicht und Frisur davon, dass er ein disziplinierter Bürger seiner Stadt ist. Diese römische Kopie steht heute in der Antikensammlung, Berlin.

Die Idealisierung des Zeitalters und der Person des Perikles dagegen vernachlässigt, dass Perikles, wenn er Stratege war, jeweils neun Kollegen hatte, dass er auch sonst nicht der einzige athenische Politiker war und mit zahlreichen Widerständen rechnen musste. Seine

Außenpolitik war alles andere als pazifistisch; die straffe Organisation der athenischen Herrschaft im Seebund war Teil dieser Politik; er warf Samos nieder, unternahm eine militärische Expedition ins Schwarze Meer, und 443 gab es einen gefährlichen politischen Generalangriff auf ihn. Ein ebenfalls vornehmer Mann, Thukydides, nicht der Historiker, brachte eine so harte Kritik an der Seebundspolitik vor, dass es zu einem Scherbengerichtsverfahren kam. Zwar musste Thukydides Athen verlassen und nicht Perikles, aber man sieht, dass es heftige Kritik an Perikles gab und er kämpfen musste. Das war auch der Fall hinsichtlich seines intellektuellen Umgangs, denn zahlreiche seiner Freunde mit ihren freigeistigen, sophistischen Ansichten vornehmlich im Hinblick auf die Religion gaben dem konservativen athenischen *demos* reichlich Gelegenheit, sich verletzt zu fühlen, mit dem Ergebnis, dass es Prozesse gegen solche Intellektuelle gab und einige das Land verlassen mussten. Schließlich wurde ihm zur Last gelegt, den Peloponnesischen Krieg leichtfertig verursacht zu haben, und zwar, schlimmer noch, aufgrund von undurchsichtigen Mädchengeschichten in Zusammenhang mit Kuppelei, an denen seine Lebensgefährtin Aspasia, nicht einmal eine Athenerin, sondern aus Milet, beteiligt gewesen sei.

Man sieht, dass die führende Stellung des Perikles weder eine verhüllte Diktatur noch ein ideales, konfliktloses Schweben über der Wirklichkeit war. Die Bedeutung des Perikles erscheint sogar noch größer, wenn man ihn nicht bis hin zum Kitschigen idealisiert, denn unter seiner Leitung hat Athen nun eben wirklich seine Glanzzeit erlebt und sogar Frieden gehabt. Diese Zeit erscheint uns umso kostbarer, als sie nur fünfzehn Jahre dauerte. 431 brach der schreckliche Bruderkrieg zwischen dem athenischen und dem spartanischen Machtbereich aus, der Peloponnesische Krieg, der bis 404 v. Chr. dauern und mit der bedingungslosen Kapitulation Athens enden sollte.

Aus den Anfangsjahren des Peloponnesischen Krieges könnte diese Reliefplatte mit der Darstellung der Siegesgöttin Nike an einem Schlachtendenkmal (Tropaion) stammen, die im Nationalen Historischen Museum von Tirana aufbewahrt wird. Die von athenischen Bildhauern gefertigte Darstellung wurde in der griechischen Kolonie Butroton (Butrinti) auf dem Festland gegenüber Korfu gefunden.

Der Peloponnesische Krieg beginnt, aber zuerst wird debattiert!

Der Krieg entzündete sich an athenisch-korinthischen Reibungen an den Rändern des athenischen Herrschaftsbereiches; seine letzte Ursache war die Furcht aller noch nicht von Athen beherrschten Griechen, früher oder später der athenischen Herrschaft zum Opfer zu fallen. Der erste Zwischenfall betraf Korkyra, das heutige Korfu. Korkyra, eine korinthische Gründung, war ein mächtiger Staat eigenen Rechts geworden und hatte seinerseits Kolonien gegründet, so als wichtigste Syrakus, aber auch die kleinere Stadt Epidamnos an der Nordwestküste der Peloponnes, das spätere Dyrrhachium und heutige Durrës in Albanien. Dort brachen innere Streitigkeiten aus, und nachdem Korkyra es abgelehnt hatte, auf Hilferufe einer der Parteien zu reagieren, wandte sich diese an Korinth. Korinth kam zu Hilfe. Das wieder rief nun doch Korkyra auf den Plan, und dieser

Zwist führte im Ergebnis dazu, dass beide Städte in Krieg gegeneinander gerieten, dass sich Korkyra um Hilfe an Athen wandte, und dass schließlich eine Seeschlacht 433 v. Chr. bei Korkyra dadurch den Korkyräern den Sieg brachte, dass eine athenische Kriegsflotte auf ihrer Seite eingriff.

Eine andere korinthische Gründung war Poteidaia, auf der westlichen Halbinsel der Chalkidike gelegen. Poteidaia war Mitglied des Seebundes, hatte aber noch enge Bindungen an Korinth, das dort sogar die jährlichen Magistrate stellte. Gleich nach der eben erwähnten Seeschlacht forderten die Athener von Poteidaia, es solle die korinthischen Beamten nach Hause schicken und die Mauern abreißen, die es über die Landenge gebaut hatte; Athen hatte offensichtlich Furcht vor einem auf korinthische Initiative geplanten Abfall, der womöglich noch andere Städte mitgerissen hätte. Das Ergebnis war dann wirklich ein Abfall, dem die Athener wie üblich mit militärischer Gewalt entgegentraten, indem sie Poteidaia belagerten. Das rief wieder die Korinther auf den Plan, die nun begannen, ihren Konflikt mit Athen zu einem Bündnisfall des Peloponnesischen Bundes zu machen. Die Bundesgenossen Spartas trafen sich in Sparta, und auf dieser Beratung kam eine weitere konkrete Beschwerde gegen Athen hinzu. Die athenische Volksversammlung hatte durch Beschluss den Bürgern ihrer Nachbarstadt Megara verboten, die athenische Agora und die Häfen des Seebundes zu benutzen, und ob das nun eine massive Handelsblockade war oder eher symbolischen Charakter hatte, es war geeignet, das Misstrauen gegen Athen immer mehr zu steigern.

Um 460/450 v. Chr. entstand dieses nur etwa 50 cm hohe Relief von der Athener Akropolis, das im dortigen Museum aufbewahrt wird. Es ist der Athene geweiht, die vor einer Inschriftenstele steht. Unklar ist, ob sie als Hüterin der Gesetze vor einem Urkundenstein oder als Schützerin Athens an einer Grenzmarkierung dargestellt ist.

Die Debatte unter den Bundesgenossen Spartas wurde, nach Thukydides' Bericht, von der Stellungnahme der Korinther geprägt, deren Tenor der war, Athen sofort den Krieg zu erklären. Thukydides lässt auf dieser Versammlung seltsamerweise die Athener die Gegenrede halten, die doch gar nicht zum Peloponnesischen Bund gehörten, und in dieser Rede versuchten die Athener nicht, sich zu rechtfertigen, sondern vertraten im Gegenteil in auftrumpfender Weise die Position, sie seien kraft des Rechts des Stärkeren zu ihrem Tun berechtigt, und ihre Gegner täten gut daran, sich darauf einzustellen. Dadurch wurden die schlimmsten Befürchtungen bestätigt, und die Angelegenheit ging nun an die spartanische Volksversammlung.

Es spricht für die große Vorsicht der spartanischen Politik, dass auf dieser Versammlung keineswegs sofort der Krieg beschlossen wurde, obwohl die Sachlage für die Position der Korinther sprach. Trotzdem warnte der spartanische König Archidamos mit dem Hauptargument, ein jeder Krieg sei nicht vorherzuberechnen und böte so viele Unsicherheiten, dass es besser sei, Frieden zu bewahren; und auch nach einer temperamentvollen Gegenrede des Ephoren Sthenelaidas

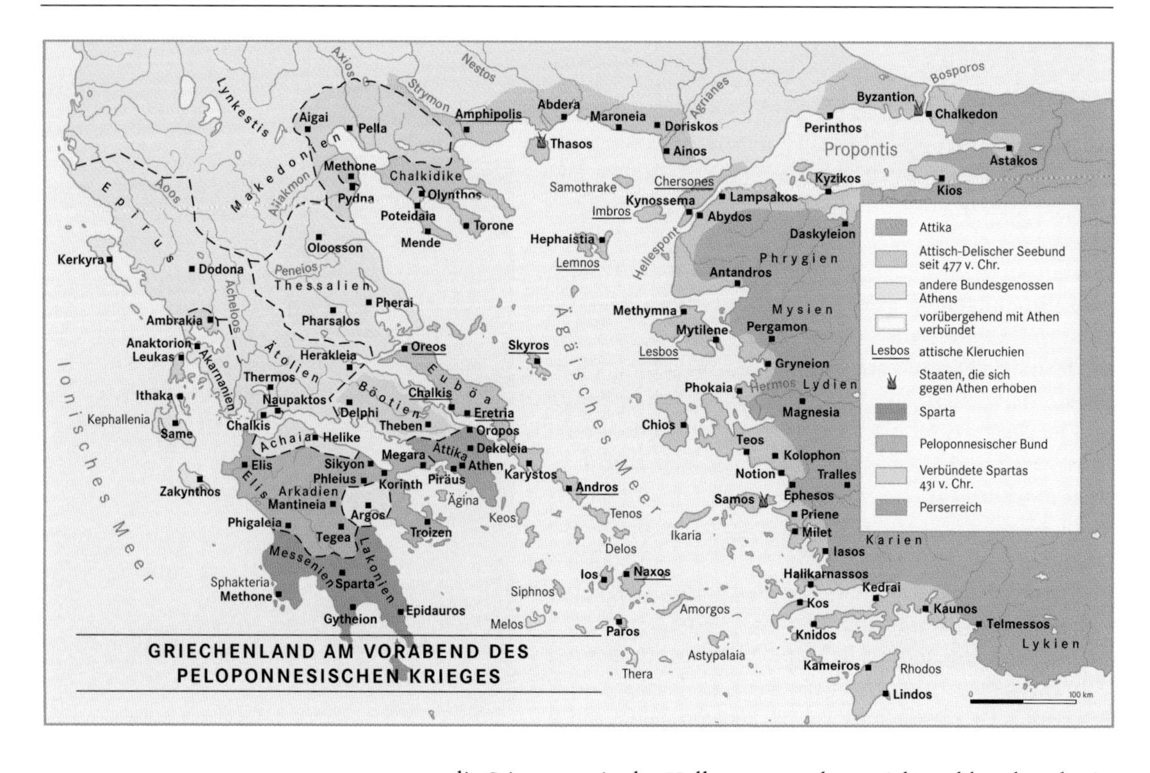

war die Stimmung in der Volksversammlung nicht so klar, dass der in Sparta übliche Zuruf eindeutig war; es musste der Hammelsprung eingesetzt werden, und da ergab sich dann allerdings eine klare Mehrheit für die Feststellung, Athen sei durch sein Verhalten bei Korkyra und Poteidaia vertragsbrüchig geworden. Bei der nun folgenden Abstimmung ergab sich eine große Mehrheit für den Krieg.

Trotzdem begann er noch nicht sofort. Zunächst wurde verhandelt, und wenn gegenseitige Vorwürfe, man habe in zum Teil lange zurückliegender Zeit jeweils Religionsfrevel begangen, die gesühnt werden müssten, als bloßer Propagandakrieg zu betrachten sind, so wird der Kern des Konflikts durch die spartanischen Forderungen und die athenische Reaktion auf sie sichtbar. Die Spartaner forderten generell die Autonomie der athenischen Untertanen, konkret die Aufgabe der Belagerung von Poteidaia und als Wichtigstes die Rücknahme des Megara betreffenden Volksbeschlusses. In der athenischen Volksversammlung gab es durchaus Stimmen, die, anscheinend ähnlich wie die Stellungnahme des Archidamos, für die Zurücknahme dieses megarischen *psephismas* sprachen, wenn dadurch ein unkalkulierbarer großer Krieg vermieden werden könne. Perikles jedoch legte in einer großen Rede dar, dass es sich bei dieser Forderung nur um eine Äußerlichkeit handele, während es den Spartanern in Wirklichkeit auf den Seebund insgesamt ankomme; daher müsse man jetzt widerstehen, um weitere politische Konsequenzen zu vermeiden. Die Volksversammlung lehnte die spartanischen Forderungen ab. Der Krieg war da.

Perikles ermuntert die Athener zum Krieg gegen Sparta und dessen Verbündete (Thukydides, Geschichte des Peloponnesischen Krieges 2,63):

Glaubt ja nicht, es ginge in diesem Kriege nur darum, ob ihr Sklaven oder Freie sein werdet. Nein, eure Herrschaft steht auf dem Spiel. Ihr habt von euren Feinden, die ihr euch während und wegen des Aufbaus eures Reiches gemacht habt, alles zu erwarten. Auch wenn jemand bei der gegenwärtigen Lage aus Angst auf den an sich anständigen Gedanken käme, er wolle endlich in Ruhe und ganz für sich leben, so ist es doch unmöglich, diese Herrschaft einfach loszuwerden. Es ist mit eurer Macht bereits dahin gekommen, dass man sie mit der eines Tyrannen vergleichen kann. Genau wie diese ist sie durch Unrecht gewonnen, aber nur unter Gefahr lässt sie sich abschütteln. Wer also diesen Gedanken propagiert, bringt den Staat an den Abgrund, auch wenn er dabei nichts anderes erstrebt als ein Leben in sorgloser Freiheit und persönlicher Ruhe. Ja, selbst wenn man die Hände in den Schoß legt, gewinnt man diese Ruhe und Sicherheit keineswegs. Nur Mut und kühner Geist können solche Ziele erreichen.

Die erste Kriegsphase: Der Archidamische Krieg

Durch Griechenland ging eine gewaltige Bewegung, die Stimmung war antiathenisch, und besonders die Jugend war für den Krieg. Beide Seiten hatten hinreichend kalkuliert, ihre Bundesgenossen und ihre finanziellen Möglichkeiten durchgerechnet und eine Gesamtstrategie entworfen.

Der Krieg wurde im Sommer 431 v. Chr. eingeleitet durch einen nächtlichen Überfall der Thebaner auf das athenfreundliche Plataiai, der im Ergebnis scheiterte und zu einer athenischen Sicherung der Stadt führte. Die Athener kampierten zwischen den Langen Mauern zwischen Athen und Piräus, während die Peloponnesier unter Archidamos Attika verwüsteten, was besonders gravierend war, weil die Ölbäume nun von neuem zerstört wurden. Es gab athenische Attacken auf peloponnesisches Gebiet, und nach einem Monat zog das peloponnesische Heer wieder ab.

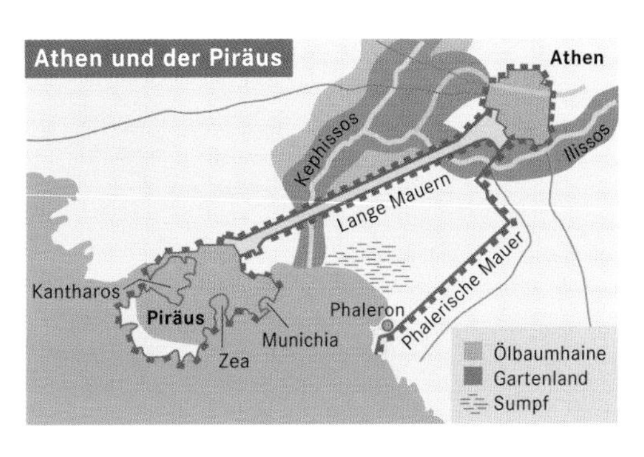

Das Jahr 430 hätte schon fast ein Ende des Krieges gebracht. Die zusammengepferchten Athener wurden von einer verheerenden Seuche überfallen, und deren demoralisierende Wirkung war so groß, dass die Athener bereits Friedensgesandte nach Sparta schickten. Sie wurden aber abgewiesen, und Perikles gelang es noch einmal, die Athener wieder zuversichtlich zu stimmen. Bald darauf wurde er aber in einem Prozess wegen Unterschlagung verurteilt, gewiss auch aus allgemeiner Unzufriedenheit mit seiner Politik; er wurde zwar sehr schnell wieder zum Strategen gewählt, starb jedoch 429 v. Chr., wohl an den Folgen der Seuche.
429 musste sich Poteidaia der athenischen Belagerung ergeben; ausnahmsweise bekam die Bevölkerung freien Abzug, die Männer wurden also nicht umgebracht und Frauen und Kinder nicht in die Sklaverei verkauft. 428 fiel Mytilene ab und wurde, nachdem es zu Sparta übergewechselt war, 427 nach einer Belagerung wieder in den Attischen Seebund zurückgezwungen. Als Strafe musste Mytilene nicht nur seine Kriegsflotte abliefern und die Mauern schleifen lassen, es wurden auch über 1000 Männer hingerichtet. Im selben Jahr eroberten die Spartaner Plataiai, richteten alle Männer hin und verkauften die Frauen und Kinder. Noch schrecklicher waren die Vorgänge in Korkyra. Dort brachten sich die Demokraten und Oligarchen gegenseitig um; zum Schluss siegten, mit athenischer Hilfe, die Demokraten. Im selben Jahr 427 erweiterten die Athener ihren Aktionsradius erheblich. Sie folgten dem Hilferuf einer antisyrakusanischen Koalition auf Sizilien, nicht nur aus ungezügeltem Expansionsdrang, sondern auch zu dem Zweck, die Blockade der Pelo-

Eine um 490 v. Chr. gefertigte Kleinbronze in Hartford/Connecticut stellt vermutlich einen spartanischen Krieger dar. In der Zeit des Peloponnesischen Krieges wurden in Sparta keine figürlichen Kunstwerke mehr hergestellt.

ponnes zu festigen; das Abschneiden von Lebensmittelzufuhren begann Wirkung zu zeigen.

Das Jahr 426 verging mit Kämpfen an verschiedenen Fronten, aber 425 kam eine spektakuläre Wende. Der athenische Feldherr Demosthenes hatte an der Westküste Messeniens gegenüber dem alten

Die Insel Sphakteria liegt wie ein Riegel vor der Einfahrt zur Bucht von Pylos, der heutigen Bucht von Navarino.

Pylos einen möglichen Stützpunkt entdeckt, von dem aus man die Spartaner auch durch Aufwiegelung der messenischen Heloten unter Druck setzen konnte; schon nach deren Rückzug vom Berg Ithome nach dem letzten großen Messenieraufstand hatte Athen Messenier in Naupaktos an der Nordküste des Golfs von Korinth angesiedelt, die als geschworene Feinde Spartas auch im Peloponnesischen Krieg von großer strategischer Bedeutung waren. Durch eine athenische Besatzung und Befestigung gelang das Manöver des Demosthenes nicht nur, sondern es wurden auf der vorgelagerten Insel Sphakteria sogar 460 Spartiaten festgesetzt, die zur Entlastung gekommen waren. Diese objektiv nicht sehr große Zahl war für spartanische Verhältnisse doch so bedeutend – es war etwa ein Zehntel der Gesamtzahl der Spartiaten –, dass Sparta um Frieden bat. Fast hätte Athen dieses Angebot angenommen, wenn nicht ein neuer aggressiver Politiker namens Kleon die Volksversammlung dazu gebracht hätte, den vollständigen Sieg über Sparta anzustreben. Er wurde zum Strategen gewählt, erschien in Pylos und veranlasste die jetzt 300 Spartiaten zur Kapitulation; sie wurden als Faustpfand in Athen gefangen gesetzt.

»Die Messenier und die Naupaktier (weihten dies) dem olympischen Zeus als den zehnten (Teil) aus der Kriegsbeute«, beginnt die Inschrift an einem Weihgeschenk, das vor der Ostseite des Zeustempels von Olympia stand. Paionios aus Mende hat die Statue der Siegesgöttin Nike auf dem hohen Pfeiler geschaffen. Die auf Seiten der Athener kämpfenden Sieger hatten in einem Gefecht um 420 v. Chr. die Spartaner niedergerungen, deren Name jedoch hier verschwiegen wird.

424 einigten sich die Sizilier untereinander, sodass athenische Hilfe nicht mehr nötig war; im selben Jahr unterlag Athen in einer Landschlacht bei dem Heiligtum Delion den vereinigten Böotern; die Wende brachte aber ein kühner spartanischer Vorstoß im Norden. Athens Herrschaft an der ägäischen Nordküste war schon immer prekär gewesen, hinzu kam, dass es dort von makedonischen Königen und thrakischen Häuptlingen abhängig war. Diese Situation

nutzte Sparta aus und schickte ein Kontingent Spartiaten dorthin, um im Rücken Athens eine weitere Front zu eröffnen. Dieses Unternehmen hatte deshalb besonderen Erfolg, weil der junge spartanische Kommandant Brasidas ein charismatischer Mann war, dem es auch durch den großen Eindruck, den seine Persönlichkeit machte, gelang, athenische Untertanenstädte zum Abfall zu bringen.

Beim Kampf um die athenische Tochterstadt Amphipolis am Strymon war der Historiker Thukydides athenischer Stratege, und weil Brasidas die Stadt auf seine Seite ziehen konnte, wurde Thukydides von den Athenern verbannt. Kleon sollte das Blatt wenden. Er erschien in Thrakien, und tatsächlich errang er mehrere Erfolge. Aber als es 422 zur Schlacht um Amphipolis kam, fielen sowohl er als auch Brasidas. Beider Tod hatte zur Folge, dass man in Athen und Sparta das Gefühl hatte, der Krieg sei in einer Sackgasse, und nach einigem Hin und Her wurde zwischen dem Peloponnesischen Bund und dem Attischen Seebund im April 421 ein fünfzigjähriger Friede geschlossen und beschworen. Er wird nach seinem athenischen Initiator Friede des Nikias genannt.

Thukydides schildert den Bürgerkrieg auf Korkyra (Geschichte des Peloponnesischen Krieges 3,81 f.):

Sieben Tage lang mordeten die Korkyrer jeden, den sie für ihren Gegner hielten, die Schuld, die sie ihnen vorwarfen, lautete: Sturz der Demokratie; manche fielen auch als Opfer persönlicher Feindschaft, wieder andere, die Geld ausgeliehen hatten, von der Hand ihrer Schuldner. Der Tod zeigte sich da in jederlei Gestalt, nichts, was es nicht gegeben hätte und noch darüber hinaus. Erschlug doch der Vater den Sohn, manche wurden von den Altären weggezerrt oder dort selbst niedergehauen, einige auch eingemauert im Heiligtum des Dionysos, dass sie verhungerten. So ins Unmenschliche steigerte sich dieser Bürgerkrieg und wurde desto stärker empfunden, als er der allererste dieser Art war. Später freilich ergriff das Fieber so ziemlich die ganze hellenische Welt.

Nikias war ein vornehmer, zurückhaltender Mann, Kleon das Gegenteil, und entsprechend müsste jetzt nach dem äußeren Hergang dieses ersten Abschnitts des Krieges – nach König Archidamos Archidamischer Krieg genannt – die innere Seite erzählt werden, was aber hier nur ausschnitthaft geschehen kann. Thukydides vermittelt anhand der von ihm berichteten Sachverhalte, wie beispielsweise der Entscheidung über das Schicksal des wiedereroberten Mytilene, einen Einblick in die rücksichtslosen Gräuel, zu denen die attische Demokratie fähig war. Auf der anderen Seite schildert er auch eingehend, wie die Spartaner mit den Einwohnern Plataiais umgegangen sind und wie sie nach, man könnte sagen, einem Scheinprozess hingerichtet wurden. Der Bürgerkrieg auf Korkyra, den Thukydides gleich im Anschluss an den Plataiaibericht schildert, zeigt aber, wie die inneren Auseinandersetzungen durch den Krieg, der die ganze griechische Welt in zwei Lager teilte, noch gesteigert wurden und wie durch die Parteileidenschaft die Begriffe, ja die Sprache selbst ihre Bestimmtheit verloren und zum beliebigen Mittel des Kampfes wurden. Über viele Kapitel berichtet er das wechselvolle Geschehen des Bürgerkrieges bis zum grausigen Schlusspunkt.

Als beispielhaft für den neuen vulgären Typ des Politikers, der buchstäblich über Leichen geht, zeichnet Thukydides Kleon. Eigentümer eines größeren Gerbereibetriebes, war er in Perikles' informelle Stellung als Sprecher des *demos* hineingewachsen. Seinen ersten großen Auftritt hatte er in der Mytilenedebatte, und obwohl er mit dem brutalsten Vorschlag der Tötung aller nicht durchgedrungen war, blieb er in seiner führenden Stellung. In der Diskussion um die bei Pylos festgesetzten Spartiaten erwies er sich dann als mehr als ein bloßer radikaler Maulheld.

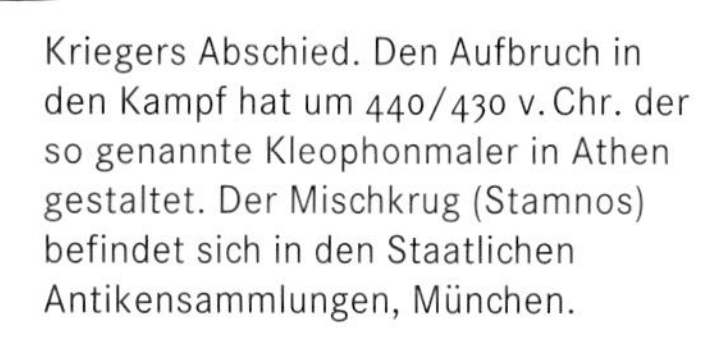

Kriegers Abschied. Den Aufbruch in den Kampf hat um 440/430 v. Chr. der so genannte Kleophonmaler in Athen gestaltet. Der Mischkrug (Stamnos) befindet sich in den Staatlichen Antikensammlungen, München.

Zunächst setzte er sich mit der schärferen Haltung durch; das Friedensangebot der Spartaner wurde abgelehnt. Als die Athener dann doch in eine schwierige Situation gerieten und er sich in der Volksversammlung abfällig über die Strategen äußerte, kam die zunächst nur ironisch gemeinte Forderung auf, er selbst solle doch hinfahren und die militärische Situation retten. Zunächst versuchte er, sich dieser Forderung zu entziehen. Je mehr er sich aber wand, umso mehr

Der Tempel der siegbringenden Athene (Athena Nike) wurde auf einer alten Bastion am Eingangstor zur Athener Akropolis errichtet. Erst nach dem Nikiasfrieden (421 v. Chr.) begann man mit der Errichtung des eigentlich schon lange geplanten Gebäudes und schmälerte dafür das große Projekt der Propyläen. Der zierliche Tempel ist ein Amphiprostylos, das heißt ein mit zwei Säulenreihen geschmückter Bau.

wurde er gedrängt, und schließlich konnte er nicht mehr anders. Das überraschende Ergebnis war: In zwanzig Tagen besiegten die Athener unter seiner Leitung die Spartaner und nahmen 300 von ihnen gefangen. Das war noch nie da gewesen.

425/424 errang er einen organisatorischen Erfolg in der Seebundspolitik: Die Volksversammlung erhöhte in der turnusmäßigen Veranlagung der Bundesgenossen deren Tribute schlagartig von 460 auf 1460 Talente, und auch das ging gut, ohne dass der Zusammenhalt im Seebund litt. Dann wurde Kleon im Sommer 422 als sozusagen letzte Möglichkeit als Stratege nach Thrakien geschickt, um den immer weiter vorrückenden Brasidas aufzuhalten. Auch das schien zu gelingen, aber bei dem athenischen Versuch, Amphipolis zurückzuerobern, fielen, wie schon erzählt, beide Protagonisten, und es kam zum Frieden. An der Objektivität des Thukydides ist gerade im Fall Kleons gezweifelt worden, und vielleicht ist es tatsächlich Kleon gewesen, der dessen Verbannung veranlasst hat. Aber auch Aristophanes zeichnet Kleon in den »Rittern« ähnlich ablehnend.

Es kommt allerdings nicht so sehr darauf an, ob das Individuum Kleon richtig oder falsch dargestellt ist. Er war in jedem Fall charakteristisch für einen neuen Typ des Politikers, der dabei war, die alten Eliten abzulösen. Diese kamen immer noch aus der Oberschicht, wenn nicht sogar aus dem Adel, waren zwar, wie Perikles oder Nikias, unzweifelhaft demokratisch gesonnen, hatten jetzt aber die Konsequenzen der Öffnung nach unten zu tragen. Jetzt konnten Männer an die Macht kommen, die über wenig Erziehung, dafür aber über Energie und natürliches Redetalent verfügten.

Thukydides beschreibt die euphorische Stimmung der Athener vor der Expedition nach Sizilien (Geschichte des Peloponnesischen Krieges 6, 32):

Als nun die Schiffe bemannt und alles endlich eingeladen war, womit sie auslaufen wollten, ward durch eine Trompete Schweigen geboten, und die Gebete, die vorm Ankerlichten bräuchlich sind, sprachen sie nicht für jedes Schiff einzeln, sondern ein Herold für alle zusammen, wozu sie in den Mischern Wein mischten der ganzen Flotte entlang und aus goldnen und silbernen Bechern die Krieger auf den Schiffen und die Befehlshaber die Spende opferten. Und in den Ruf stimmte der ganze übrige Haufe vom Lande mit ein, die Bürger und wer sonst dabei war und ihnen Gutes wünschte. Nach dem Hymnus und der Darbringung der Opfer lichteten sie die Anker und liefen zunächst in Linie aus, dann gabs eine Wettfahrt bis Ägina.

Die Zwischenkriegszeit: Kleinere Gefechte und die Sizilische Expedition

Nach dem Friedensschluss zeigte sich wieder, ein wie lockeres Bündnis der Peloponnesische Bund war. Viele Mitglieder, voran Korinth, beteiligten sich nicht, sondern versuchten vielmehr, eine eigene Organisation zu begründen. In dieser Situation traten die Spartaner die Flucht nach vorne an und schlossen kurz nach dem alle betreffenden Frieden sogar noch ein eigenes zweiseitiges Bündnis mit Athen. Jetzt erst begannen beide Seiten, die gegenseitigen Rückgabeverpflichtungen zu erfüllen, und Athen ließ die 300 gefangenen Spartiaten von Pylos frei. Trotzdem war dieser doppelt genähte Frieden labil, und die Ursachen für sein schließliches Scheitern lagen in Athen.

Nach dem Kompromissfrieden von 421 v. Chr. beschworen die Athener ihre militärische Stärke: Die Bilder am neu gebauten Tempel der Siegreichen Athene (Athena Nike) am Aufgang zur Akropolis zeigen Kämpfe aus den Perserkriegen. Das Friesfragment befindet sich heute im Britischen Museum, London.

Neben einem Sieg Spartas über Argos bei Mantineia 418 v. Chr. – Argos musste in den Peleponnesischen Bund eintreten – war das andere einschneidende Ereignis dieser Zwischenkriegszeit der athenische Überfall auf die Insel Melos: Melos gehörte als einer der wenigen Ägäisstaaten nicht zum Seebund, und es scheint nur eine Art prinzipielles Arrondierungsstreben der Athener gewesen zu sein, diese kleine Stadt sich nun auch noch einzuverleiben. Ohne in irgendeiner Weise provoziert worden zu sein, erschien 416 ein athenisches Heer – außer dreißig athenischen Kriegsschiffen waren auch

Das von den Elymern bewohnte Egesta stand den benachbarten Griechen von Selinus in erbitterter Feindschaft gegenüber. An der griechischen Weltkultur wollte Egesta jedoch durchaus teilhaben: In der Zeit des Peloponnesischen Krieges erbaute die Stadt vor ihren Toren einen Tempel nach griechischem Muster.

sechs aus Chios und zwei von der Stadt Methymna auf Lesbos dabei –, verlangte die Übergabe und drohte im Weigerungsfall den zwangsweisen Anschluss an. Da sich die Melier weigerten, wurde die Stadt belagert, erobert, die Männer wurden umgebracht, Frauen und Kinder in die Sklaverei verkauft. Und gleich darauf, im Frühjahr 415, kam das nächste Abenteuer: Die sizilische (nichtgriechische) Stadt Egesta (Segesta) rief Athen, das ja schon Anfang der Zwanzigerjahre auf der Insel eingegriffen hatte, gegen Selinus (Selinunt) und die syrakusanische Expansion zu Hilfe. Die Volksversammlung nahm den Hilferuf an und schickte ein großes Heer auf 134 Kriegsschiffen nach Westen. Beim Auslaufen herrschte eine euphorische Stimmung, wie Thukydides schreibt.

So hochgemut und strahlend die Expedition der Athener nach Sizilien begonnen hatte, so unglücklich verlief und so katastrophal endete sie. Zuerst wurde der Initiator der Aktion, Alkibiades, als einer der drei Kommandeure nach Athen zurückberufen; er ging zu den Spartanern über, sodass das athenische Heer nur noch unter dem Kommando des Lamachos, der später fiel, und des Nikias stand, der dem ganzen Unternehmen ohnehin skeptisch gegenüberstand. Nach verschiedenen kleineren Aktionen gelang es den Athenern zunächst, durch die Einfahrt in den Großen Hafen und durch eine Landmauer Syrakus sowohl zur See als auch zu Lande abzuschneiden. Auf der Syrakus umgebenden Hochfläche Epipolai bauten sie starke Befestigungen, und es schien nur noch eine Frage der Zeit, dass Syrakus kapitulieren musste. Das Blatt begann sich zu wenden, als nach einem Hilferuf der Syrakusaner an Korinth und an Sparta der Spartaner Gylippos mit korinthischen und anderen Schiffen nach Sizilien geschickt wurde.

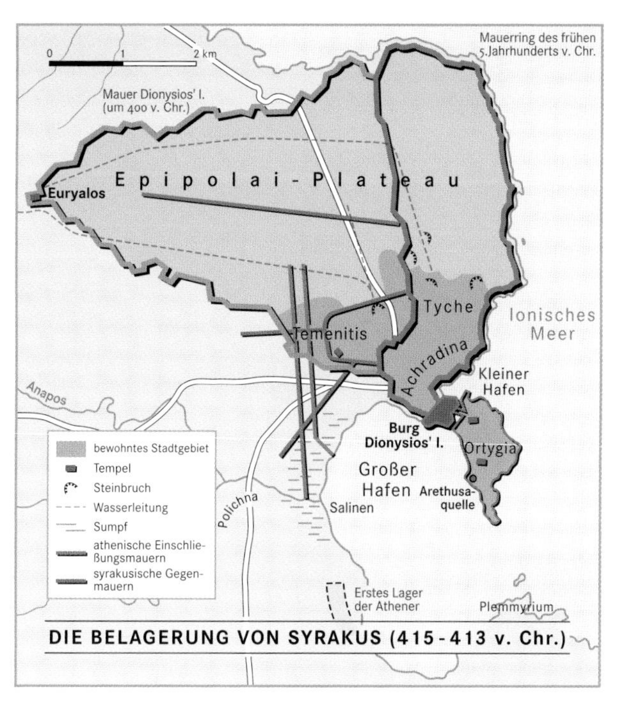

Gylippos konnte durch eigene Zähigkeit und durch athenische Nachlässigkeit nicht nur die Epipolai zurückgewinnen, er errichtete seinerseits Befestigungswerke, von denen aus die Athener mehr und mehr unter Druck gesetzt wurden. In dieser Situation schickte Nikias im Herbst einen Brief nach Athen, in dem er die Situation deutlich schilderte, auch seine eigene Krankheit und schwere Disziplinlosigkeiten des Heeres. Er stellte Athen vor die Wahl, entweder erhebliche Verstärkungen zu schicken oder die Expedition abzubrechen. Erhofft haben dürfte er den Beschluss zum Rückzug; aber Athen schickte im Winter 75 Kriegsschiffe und als neuen Feldherrn neben Nikias Demosthenes, der schon bei Pylos kommandiert hatte. Nach zahlreichen Kämpfen vor und nach seiner Ankunft spitzte sich schließlich alles auf eine letzte Seeschlacht im Großen Hafen zu, die die Athener, nun ihrerseits eingeschlossen, in drastischer Weise verloren. Ihnen blieb nur noch die Flucht ins Landesinnere, und auch sie wurde ihnen unmöglich gemacht.

Wer aus dem athenischen Heer nicht niedergemacht wurde, kam als Sklave in die Steinbrüche, ging dort zugrunde oder wurde später verkauft; Nikias und Demosthenes wurden gefangen genommen und auf Drängen der Syrakusaner hingerichtet. Gylippos wollte ihr Leben retten, teils, um sie als Gefangene nach Sparta zu bringen und seinen Sieg so auszukosten, teils aus Zuneigung zu dem wesensgleichen Nikias, teils vielleicht auch aus Ritterlichkeit. Das geschah Ende des Sommers 413 v. Chr.

Der leicht zu bearbeitende Kalkstein von Syrakus wurde in der Antike unter Tage abgebaut, sodass riesige Kavernen entstanden. Hier wurden nach der Niederlage der Athener bei der Sizilischen Expedition 413 v. Chr. die 7000 Gefangenen monatelang bei einer Tagesration von etwa 1/4 l Wasser und 1/2 l Getreidegrütze und ohne sanitäre Einrichtungen zur Zwangsarbeit gefangen gehalten.

Alkibiades und die zweite Kriegsphase: Der Dekeleische Krieg

Das Scheitern der Sizilischen Expedition war nicht die einzige Katastrophe, mit der Athen fertig zu werden hatte. Der Seitenwechsel des Alkibiades hatte noch weitere Folgen als bloß die moralische Demütigung Athens und den Verlust des tatkräftigsten Befehlshabers auf Sizilien. Alkibiades begnügte sich nämlich nicht nur damit, einfach im spartanischen Exil zu leben, es reichte ihm auch

DER HAUSRAT DES ALKIBIADES

Zahlreiche Bruchstücke der Versteigerungsinventare über den Hausrat des Alkibiades und der anderen 415 v. Chr. verurteilten Athener wurden im Zentrum Athens gefunden. Die 10 öffentlich aufgestellten Marmorinschriften waren so berühmt, dass man sie in der Antike nur »die attischen Stelen« nannte.

Minutiös werden jedes Möbelstück und jedes Gefäß mit ihrem Wert genannt, auch sind zahlreiche Sklaven aufgeführt. Gedacht waren diese Listen als Rechenschaftsberichte der Versteigerer (Poletai). Sie zeigen, wie in der politisierten griechischen Stadt der Einzelne zum »gläsernen Menschen« werden konnte.

nicht, als charmanter und weltläufiger Athener Timaia, die Frau des Königs Agis, zu verführen, er tat auch sein Möglichstes, um seine Vaterstadt zu verderben. So war er es, der den Spartanern riet, dem syrakusanischen Hilfegesuch durch die Entsendung des Gylippos nachzukommen, und er gab ihnen auch den entscheidenden Hinweis, wie sie den unmittelbaren Krieg gegen Athen am wirkungsvollsten wieder aufnehmen konnten. In der ersten Kriegsphase, dem Archidamischen Krieg, waren die Spartaner zwar auch in Attika eingefallen, aber immer wieder abgezogen. Jetzt riet Alkibiades, sich dauerhaft in Attika festzusetzen und Athen so ständig unter Druck zu setzen. So geschah es. Die Spartaner erschienen im Frühjahr 413 v. Chr. mit dem peloponnesischen Heer in Attika und besetzten und befestigten die Ortschaft Dekeleia, 20 km nördlich von Athen. Nach ihr heißt diese Phase des Krieges Dekeleischer Krieg.

Der Untergang von Heer und Flotte in Sizilien und die dauernde Besetzung und Ausbeutung Attikas waren nicht die einzigen Faktoren des wieder voll entbrannten Krieges, denn als weitere Macht schaltete sich wieder Persien ein, oder besser: Es wurde eingeschaltet, und zwar durch die Spartaner. Diese schlossen 412 mit den persischen Satrapen Tissaphernes und Pharnabazos einen Vertrag, aufgrund dessen sie persische Gelder zum Flottenbau erhielten und sich als Gegenleistung dazu verpflichteten, die kleinasiatischen Griechenstädte wieder an das Perserreich auszuliefern. Aber noch durch weitere Vorgänge wurde die Situation kompliziert und unübersichtlich. Zum einen spielte abermals die Person des Alkibiades eine entscheidende Rolle, zum anderen überhaupt die innenpolitischen Turbulenzen in Athen.

Alkibiades war eine Persönlichkeit ganz eigener Art. Er stammte aus hochvornehmer Familie, war mütterlicherseits Alkmaionide und wuchs als Waise unter der Vormundschaft des Perikles auf. Er war ungewöhnlich schön, wofür die Athener großen Sinn hatten, und er verkehrte als ernst genommener Gesprächspartner in den intellektuellen Zirkeln, die um den Philosophen Sokrates bestanden. Sein großer Charme und überhaupt seine große persönliche Begabung stellten seinen selbstsüchtigen und ehrgeizigen Charakter auf eine harte Bewährungsprobe, die er trotz des Einwirkens des Sokrates wohl nicht bestanden hat. Nach seinen menschlichen und intellektuellen Erfolgen setzte er sich politische und militärische Ziele. Er stand im Gegensatz zu der Sparta gegenüber versöhnlichen Politik des Nikias und betrieb nach dem von diesem herbeigeführten Frieden 425 eine nur leicht verhüllte Konfrontationspolitik. Er stand hinter der Eroberung von Melos, mitten im Frieden, und er stellte eine der Kräfte dar, die zur Schlacht von Mantineia führten. Auch war er es, der die Volksversammlung gegen das Votum des vorsichtigen Nikias dazu brachte, der Expedition nach Sizilien zuzustimmen. Man kann die gehobene Stimmung auf der auslaufenden Flotte als einen Reflex dessen sehen, was Alkibiades an Hochgefühl vermitteln konnte. Aber sofort kam der Absturz.

Kurz vor dem Ausfahren der Flotte erschütterten zwei Skandale die athenische Innenpolitik. Eines Morgens fand man überall in der Stadt die Hermen verstümmelt vor. Hermen waren Standbilder des Gottes Hermes, die nur aus Kopf, Hals und männlichem Glied sowie balkenartigen Armansätzen bestanden. Sie standen meistens an Straßenkreuzungen und waren eine Art Schutzgottheiten, die im Lauf der Zeit den Charakter als Sinnbilder der Demokratie angenommen hatten. Wer ihre Verstümmelung verübt hatte, wusste man nicht, aber der Verdacht lenkte sich auf der Demokratie feindlich gesinnte Kreise der Jugend aus besseren Gesellschaftsschichten, die sich nach durchzechter Nacht einen Spaß daraus gemacht hätten, vom Volk verehrte Symbole zu beschädigen. Alkibiades traute man zu, daran beteiligt gewesen zu sein, und gleich darauf gab es eine weitere Anschuldigung gegen ihn.

Ihm wurde vorgeworfen, an einer nächtlichen Verulkung der Eleusinischen Mysterien beteiligt gewesen zu sein. Auch eine solche Tat war ein Angriff gegen die religiösen Gefühle der Mehrheit des Volkes, und sie konnte natürlich sehr gut im Kreise aufgeklärter reicher junger Leute stattgefunden haben, die verächtlich auf das herabblickten, was sie für überholte Vorstellungen der Masse hielten. Ob diese Vorwürfe zutrafen, ist nie endgültig geklärt worden. Es wurden Prozesse hinsichtlich der Hermenschänder geführt und Leute verurteilt, und wir haben sogar steinerne Inschriften, in denen die aufgrund dieser Verurteilungen konfiszierten Vermögensgegenstände aufgelistet sind. Für die Darstellung hier kommt es aber nur darauf an, dass eben Alkibiades der Teilnahme in dem Moment beschuldigt wurde, als die Flotte nach Sizilien auslaufen sollte, mit ihm als einem der drei Befehlshaber und treibende Kraft hinter dem ganzen Unternehmen.

Eine berühmte Herme vom athenischen Bildhauer Alkamenes aus der Mitte des 5. Jahrhunderts v. Chr. stand am Eingang zur Akropolis. Hier eine römische Kopie aus Pergamon im Archäologischen Museum, Istanbul.

Richtigerweise wollte sich Alkibiades noch vor seiner Abreise vor Gericht verantworten, doch wollte das Volk ihn zuerst den Feldzug ausführen lassen. Es wurde jedoch bald anderen Sinnes, brachte den Hermen- und den Mysterienfrevel zusammen, witterte eine Adelsverschwörung, führte Prozesse durch und ließ schließlich Alkibiades vorladen und entsandte eigens zu diesem Zweck das Staatsschiff Salaminia. Alkibiades wollte es aber nicht auf ein Verfahren ankommen lassen, fuhr zwar von Katane aus, wo die Salaminia ihm die Vorladung überbracht hatte, auf seinem eigenen Schiff mit, aber als sie in Thurioi in Süditalien anlegten, war er plötzlich verschwunden und tauchte nach einigen Umwegen ausgerechnet in Sparta wieder auf. Nach der Absendung des Gylippos nach Sizilien und der dauerhaften Besetzung von Dekeleia blieb er den Spartanern ein wertvoller Ratgeber. 412 fielen Lesbos und Chios ab, Alkibiades fuhr mit den Spartanern selbst dorthin, um den Übertritt zu organisieren, und er diente den Spartanern als Verbindungsmann zum Perserkönig. Dessen Satrap in Sardes war der vornehme Tissaphernes, der trotz seiner Vornehmheit doch auch ein Meister der undurchsichtigen Winkelzüge war. Und Winkelzüge waren es, die Alkibiades seinerseits zu unternehmen begann.

Sei es, dass die Spartaner ihm ohnehin mit Misstrauen begegneten – hinzu kam noch, dass er der Verführer der Frau des Königs war, der den spartanischen Oberbefehl führte – und er sich dagegen sichern musste, sei es, dass er von sich aus wieder Fühler nach seiner Heimatstadt Athen ausstreckte, jedenfalls begann er dergestalt mit einem Doppelspiel, dass er Tissaphernes dahin beeinflusste, die Spartaner nicht so vollständig zu unterstützen, wie es nötig gewesen wäre. Es begann ein äußerst kompliziertes und unübersichtliches Hin und Her, bei dem die Athener sogar offiziell mit Tissaphernes verhandelten und in dem von allen Seiten – den Persern, den Spartanern, Alkibiades, den verschiedenen politischen Richtungen in Athen – mit verdeckten Karten gespielt wurde. Die beiden wesentlichen Ereignisse aber sind die, dass es in Athen während des Jahres 411 einen oligarchischen Umsturz gab, der aber nur wenige Monate dauerte, und dass Alkibiades wieder nach Athen zurückkehrte und das Kriegsgeschehen hoch geehrt und erfolgreich bestimmte.

Zuerst zum Umsturz. Der Verdacht des athenischen Volkes, dass hinter den Hermen- und Mysterienfreveln antidemokratische Verschwörungen steckten, mag in den beiden konkreten Fällen unberechtigt gewesen sein, im Allgemeinen aber traf er zu. Nicht zum wenigsten durch die katastrophale Kriegspolitik, die, wenn auch mit maßgeblicher aristokratischer Beteiligung, doch immer auf Entschlüssen des Volkes in der Volksversammlung beruhte und die Athen an den Rand des Abgrunds gebracht hatte, wuchsen die Bestrebungen aus adligen und sonstigen Kreisen an, die Demokratie wieder abzuschaffen und durch ein gemäßigtes oligarchisches Regime oder eine gemäßigte Zensusverfassung zu ersetzen.

Solche Vorstellungen wurden in wohlhabenden Kreisen ventiliert, und die organisatorische Form für sie war die Hetairie. Hetairien, also Zusammenschlüsse von Kameraden oder Genossen, waren Gruppierungen, in denen Angehörige der Oberschicht zusammenkamen und außer der Pflege geselligen und intellektuellen Beisammenseins auch politische Angelegenheiten besprachen und gegebenenfalls politische Aktionen miteinander verabredeten; die Genossen einer Hetairie waren durch Eide miteinander verbunden. In Athen hatten sich die Hetairien zusammengeschlossen, und als durch das Wirken des Alkibiades ein Zusammengehen mit Persien möglich schien, wurde von ihnen der ehemals radikale Demokrat Peisander zu Tissaphernes geschickt. Nachdem von der athenischen Gesandtschaft dort aber unerfüllbare Forderungen gestellt worden waren, reiste Peisander wieder ab, fuhr zunächst im Auftrag der Umstürzler in bundesgenössische Städte und sorgte dort dafür, dass die Demokratien, eines der Herrschaftsmittel Athens, abgeschafft und Oligarchien eingerichtet wurden – in der Annahme, dass diese Städte bei einem innerathenischen Verfassungswechsel weiterhin zu Athen

In den Vasenbildern des Meidiasmalers – hier ein Wasserkrug im Museo Archeologico von Florenz – rücken Figuren wie der mythische Phaon in den Mittelpunkt einer Kunstwelt luxuriösen Lebensgenusses, ein Götterliebling wie Alkibiades selbst; oben als Detail eine Nymphe im Gefolge der Aphrodite. Solche Werke lassen die raue Lebenswirklichkeit Athens am Ende des Peloponnesischen Krieges vergessen.

stehen würden. Die weitere Entwicklung zeigte jedoch, dass die nun oligarchisch verfassten Städte keinen Anlass mehr sahen, Athen untertan zu sein; sie fielen erst recht reihenweise ab.

In Athen aber fand nach Peisanders Rückkehr im Sommer 411 der Staatsstreich statt. Nach der Einschüchterung durch die Hetairien, in der die Grundzüge der neuen Verfassung propagiert wurden, wurde das Volk, soweit es nicht auswärts Kriegsdienst leistete, zu einer außerordentlichen Sitzung auf den Kolonoshügel vor den Toren Athens einberufen. Durch undemokratische Manipulation kam ein Gremium von 400 Mann zustande, und diese Oligarchen hatten als Rat der Vierhundert die gesamte Macht in den Händen. Aber da die Vierhundert ohnehin aus ideologischen Gründen spartafreundlich waren, mit Macht einen Frieden mit Sparta anstrebten und anscheinend die Aufnahme der spartanischen Kriegsflotte im Hafen vorbereiteten, regte sich so starker Widerstand, dass sie alsbald wieder gestürzt wurden. Doch vorerst riefen die Oligarchen Alkibiades wieder zurück nach Athen.

Auf einer Stele des 4. Jahrhunderts v. Chr., die in Acharnai (Attika) gefunden wurde und heute in der Französischen Archäologischen Schule von Athen steht, ist der Eid der Athener vor der Schlacht von Plataiai (479 v. Chr.) aufgezeichnet sowie der Eid der attischen Rekruten (Epheben).

Alkibiades' allmähliches Überwechseln von der spartanischen wieder zurück auf die athenische Seite geschah über die athenische Kriegsflotte. Sie lag vor Samos, und ihre Besatzung war einer der Motoren der politischen Entwicklung in Athen. Zunächst waren ihre Offiziere eher oligarchisch gesinnt, und Alkibiades hatte über sie versucht, seine Heimkehr in ein oligarchisches Athen zu bewerkstelligen. Aber nachdem auf Samos die zwischenzeitlich ebenfalls beseitigte Demokratie wieder eingeführt worden war, setzten die Flottenmannschaften ihre Offiziere wieder ab und wählten neue, demokratisch gesonnene Strategen. Diese demokratische Flotte stand nun gegen die Oligarchie der Vierhundert, und trotz der oligarchischen Fäden, die Alkibiades gesponnen hatte, näherte er sich jetzt den athenischen Demokraten auf den Schiffen, und – die Flottenmannschaft wählte ihn ebenfalls zum Strategen.

Alkibiades war nun wieder in der Nähe Athens, und sofort ging es aufwärts. Wenn er gewollt hätte, hätte er jetzt schon in die Heimat zurückkehren können. Aber er handelte diesmal verantwortungsvoll und stellte erst Athens Machtposition in der östlichen Ägäis wieder her. Inzwischen waren nämlich nicht nur Euböa, Thasos und Abdera verloren gegangen, auch der Hellespont war verloren, was wegen der lebenswichtigen Kontrolle der Meerengen (Getreideschiffe aus dem Schwarzmeergebiet!) besonders folgenreich für Athen war. Jetzt ergriff Alkibiades die militärische Offensive, und die mit persischen Geldern unterhaltene spartanische Flotte, durch syrakusanische Kontingente verstärkt, geriet immer mehr ins Hintertreffen. Nach einigen kleineren Siegen gab es im Mai 410 bei Kyzikos im Marmarameer einen totalen athenischen Seesieg, die peloponnesi-

Der Eid, den die Epheben schwören mussten (von der Stele aus Acharnai):

Ich werde die heiligen Waffen nicht entehren; nicht werde ich den Kameraden an meiner Seite im Stich lassen, wo immer ich eingesetzt werde; und ich werde die heiligen und geheiligten Gesetze achten; und ich werde das Vaterland nicht in verringerter Macht, sondern allein und gemeinsam mit allen anderen größer und besser (den Künftigen) weitergeben; und ich werde denen, die zu Recht regieren, gehorchen, ebenso den bestehenden und in Zukunft zu Recht beschlossenen Gesetzen; und ich werde die Heiligtümer der Ahnen ehren. Ich schwöre bei den Göttern Agraulos, Hestia, Enyo, Enyalios, Ares und Athena Areia, Zeus, Thallo, Auxo, Hegemone, Herakles; bei den Grenzen des Vaterlandes; beim Weizen, der Gerste, den Weinstöcken, Olivenbäumen und Feigenbäumen (der Heimat).

sche Flotte wurde komplett vernichtet, und Athen bekam die Herrschaft über die Meerengen wieder zurück. In der Stadt Athen wurde die alte Demokratie wiederhergestellt, und Alkibiades wurde 408 v. Chr. offiziell zum Strategen mit übergeordneter Kommandogewalt *(strategos autokrator)* gewählt. Triumphal zog er sieben Jahre nach

Für ihre Treue zu Athen wurde den Samiern von der athenischen Volksversammlung 405 v. Chr. das athenische Bürgerrecht verliehen. Über dieser Ehreninschrift (Athen, Nationalmuseum) sind Athene und die Schutzgöttin von Samos, Hera, in freundschaftlichem Handschlag dargestellt.

seiner Ausfahrt nach Sizilien wieder in Athen ein, wurde auch legal von allen Vorwürfen entlastet und krönte seine Rückkehr mit einem Akt trotziger Kühnheit: Obwohl alles Land außerhalb der festungsartig verbarrikadierten Stadt von peloponnesischen Truppen besetzt war, bestand er darauf, den jährlichen Festzug nach Eleusis nicht über das Meer, sondern über Land zu führen. Er sicherte den Zug militärisch, und in tiefem Schweigen zog die Prozession dorthin und wieder zurück. Die Feinde wagten nicht einzugreifen.

Aber ein neuer Umschwung stand bevor. Im selben Jahr 408 v. Chr. gab es auf der gegnerischen Seite zwei wichtige personelle Veränderungen. Tissaphernes wurde wegen seiner undurchsichtigen

Politik abgelöst – nicht auf Dauer –, und an seine Stelle trat, erst siebzehnjährig, der persische Prinz Kyros als Statthalter mit Sitz in Sardes. Auf spartanischer Seite erhielt der vornehme, aber bisher nicht weiter hervorgetretene Spartiate Lysander den Oberbefehl über die eilends neu gebaute und eigentlich ganz unspartanische Flotte; des jährlichen Ämterwechsels wegen wurde er im nächsten Jahr zwar abgelöst, aber durch besondere Regelungen behielt er die folgenden Jahre die faktische Oberleitung über die militärischen und politischen Aktionen. Lysander muss in seiner spartanischen Härte ein eindrucksvoller Mann und Kyros ein für solche Eigenschaften besonders empfänglicher Jüngling gewesen sein. Jetzt gab es keine Schaukelpolitik mehr, sondern nur noch eine eindeutige Unterstützung Spartas, und die Allianz zwischen beiden Männern in Verbindung mit dem Wankelmut des athenischen *demos* war die Garantie des letztlichen Sieges Spartas. Von Alkibiades hatte man sich sofortige Wunder erwartet, und als die nicht nur ausblieben, sondern die athenische Flotte 407 v. Chr. bei Notion in der Nähe von Ephesos, anscheinend ohne persönliche Schuld des Alkibiades, eine Niederlage erlitt, setzten ihn die Athener sofort ab. Er zog sich als Privatmann auf die thrakische Halbinsel Chersones zurück.

Noch einmal gab es einen athenischen Sieg: 406 v. Chr. siegten die Athener bei der kleinen Inselgruppe der Arginusen zwischen Lesbos und dem Festland; weil aber die athenischen Strategen die gefallenen Athener nicht aus dem Wasser holten und ordnungsgemäß bestatteten, machte ihnen die Volksversammlung in einem tumultuarischen Verfahren kollektiv den Prozess und ließ sie hinrichten. 405 v. Chr. ließ sich die geschwächte Flotte bei dem kleinen Ziegenfluss (Aigos Potamoi), der von Norden in den Hellespont fließt, von Lysander in Sorglosigkeit wiegen und wurde dann völlig vernichtet. Damit war es aus für Athen. Die Stadt wurde ausgehungert und musste 404 v. Chr. bedingungslos kapitulieren.

Korinth und Theben wollten Athen auslöschen, aber Sparta achtete darauf, dass es erhalten blieb; es musste jedoch seine restliche Kriegsflotte ausliefern und die Mauern niederreißen. Das geschah in ominöser Weise dadurch, dass Flötenspielerinnen dazu lockere Weisen spielten. Diese Hetären gehörten Oligarchen, die Lysander, wie er es auch sonst überall getan hatte, jetzt auch in Athen an die Macht gebracht hatte. Sie sollten als die Dreißig Tyrannen alles, was die Vierhundert vor sieben Jahren getan hatten, an Brutalität weit in den Schatten stellen. Und das Epos des Alkibiades endete so: Bei Aigos Potamoi hatte er, der ja in der Nähe wohnte, noch zur Vorsicht geraten, war aber als ein sich einmischender Abgehalfterter verlacht worden. Nach 404 v. Chr. suchte er Zuflucht beim persischen Satrapen von Phrygien, Pharnabazos. Lysander drängte aber auf seine Beseitigung, und die persische Seite gab nach. Alkibiades, der in einem phrygischen Dorf mit der Hetäre Timandra hauste, wurde erschlagen, Timandra bestattete ihn.

Wolfgang Schuller

Eine weißgrundige Lekythos zeigt, wie die Personifikationen von Schlaf und Tod einen Krieger zu Grabe tragen. Die Szene auf dem im Britischen Museum, London, befindlichen Stück wurde um 420 v. Chr. vom Thanatosmaler gezeichnet. Salbgefäße dieser Art wurden im Athen des 5. Jahrhunderts v. Chr. den Verstorbenen ins Grab gegeben.

Im Glanz und Schatten der Akropolis – Das klassische Athen

Athen war nicht Griechenland, aber sowohl die Zeitgenossen als auch die nachfolgenden Generationen der Antike sahen es immer als den Mittelpunkt griechischer Kultur an. So prachtvoll die Bauten Großgriechenlands und Siziliens waren, so viel Sizilien zur geistigen Entwicklung Griechenlands beitrug, so zentral etwa die Rolle Milets und Korinths in Kultur und Geschichte war – die meisten Quellen haben wir aus Athen. Denn Athen war tatsächlich die schöpferischste Stadt Griechenlands und hat eben deshalb auch zahlreiche außerathenische Talente angezogen. Zudem hat Athen mit der Demokratie eine Staatsform hervorgebracht, die zwar zunächst eine Ausnahme war, sich aber später als die typische für ganz Griechenland entwickelte. Aus all diesen Gründen ist es gerechtfertigt, der Kulturleistung und dem täglichen Leben Athens ein eigenes Kapitel zu widmen.

Athen von Norden, um 1800. Rechts von der Akropolis der Pnyxhügel, links außerhalb der Stadt der Zeustempel, im Hintergrund der Saronische Golf mit der Insel Salamis. Die Stadtansicht wurde von dem aus Irland stammenden Archäologen Edward Dodwell gezeichnet.

Agora und Akropolis – Ein Rundgang durch das antike Athen

Die erste Orientierung ist nicht schwer, denn Athen wird überragt vom religiösen Zentrum der Akropolis. Am Nordfuße dieses Berges dehnt sich die Agora mit ihren öffentlichen Gebäuden aus, der Marktplatz der antiken Stadt als Zentrum des politischen und auch des geschäftlichen Lebens. Westlich an die Akropolis schließt sich der Areshügel, der Areopag, an, der Ort, an dem der nach diesem Hügel benannte Rat zusammenkam, wenn er nicht in einem Gebäude auf der Agora tagte. Westlich daneben liegt der Hügel namens Pnyx, an dessen Nordabhang die Volksversammlung zusammentrat. Wenn wir nun als heutige Touristen wieder nach Osten gehen, treffen wir am Südostabhang der Akropolis im heiligen Bezirk des Dionysos auf das Theater; daneben lag der kaiserzeitliche überdachte Bau des Odeion des Herodes Atticus, also einer Konzerthalle. Etwas weiter östlich in der Ebene stand der Tempel für den olympischen Zeus, begonnen durch die Peisistratossöhne, beendet erst unter dem römischen Kaiser Hadrian. Hadrian war es auch, der nördlich davon einen neuen Stadtteil anlegte. Östlich an die Agora anschließend befand sich seine von ihm erbaute Bibliothek mit dem Hadriansforum; südlich lag parallel dazu der so genannte Römische Markt des Augustus und Trajan, davor sieht man den herrlichen Bau des Turmes der Winde aus dem 1. Jahrhundert v. Chr., der außen mit Sonnenuhren, innen mit einer Wasseruhr ausgestattet war. Er war Vorbild für das von Schinkel gestaltete Schlösschen Tegel in Berlin. Im Nordwesten lag das Dipylontor, das Haupttor der Stadtmauer, im Töpferviertel Kerameikos, gleich anschließend an den Staatsfriedhof der Athener. Die Wohnviertel, heute verhältnismäßig wenig ausgegraben, lagen in verschiedenen Gegenden, etwa zwischen Areopag und Pnyx oder in der Hafenstadt Piräus.

Der Turm der Winde am Römischen Markt in Athen wurde von dem syrischen Griechen Andronikos von Kyrrhos erbaut und diente unter anderem als Wetterhäuschen.

Athen war seit der klassischen Zeit und dann die gesamte Antike hindurch das Reiseziel unzähliger Besucher; zunächst wohl nur solcher, die in Athen zu tun hatten, dann aber auch von Leuten, die die historischen Sehenswürdigkeiten dieser glanzvollen Stadt sehen wollten, mit einem Wort: von Touristen. Ein solcher Tourist war im 2. Jahrhundert n. Chr. der Reise- und Kunstschriftsteller Pausanias; wir folgen ihm nun auf seinem Rundgang, wobei wir die Vergangenheit und die heutige Gegenwart miteinander verbinden wollen. Wir betreten die Stadt durch das Dipylontor und durchqueren zunächst den Staatsfriedhof mit zahlreichen imposanten Grabmälern von Personen, die die griechische Geschichte bestimmten, aber auch von Privatleuten; und als Besucher am Ende des 20. Jahrhunderts n. Chr. bemerken wir, dass sich dort das Grabungshaus des Deutschen Archäologischen Instituts mit angeschlossenem Museum befindet. Wir haben Mühe, die verschiedenen Stadtmauern auseinander zu halten, etwa zu erkennen, welche die von Themistokles listig errichtete Mauer ist und welche später dazukamen. Weiter geht es auf der Panathenäenstraße, die nach dem Weg bezeichnet ist, den der Festzug der Panathenäen genommen hat.

Die Straße vom Dipylontor Athens nach Eleusis ist von Gräbern der klassischen Zeit gesäumt. Vorn das Monument für den Krieger Dexileos, dahinter Grabbezirke reicher Familien.

Sie führt zur Agora. Nach Durchschreiten des Markttores gehen wir links, am Nordrand der Agora – nördlich der heutigen, tief einschneidenden U-Bahnlinie Athen–Piräus – in die Stoa Poikile, also in die »Bunte Halle«. Als Stoa wird eine überdachte Säulenhalle bezeichnet, die auch mehrstöckig sein und sogar Räume für geschäftliche Zwecke aufweisen konnte. Die Stoa Poikile hieß deshalb so, weil sie, im Jahre 457 v. Chr. errichtet, mit historischen Wandgemälden ausgestattet war; zunächst die Schlacht von Oinoe aus der Zeit nach den Perserkriegen, dann die Amazonenschlacht, gefolgt von der Einnahme Trojas, und schließlich die Schlacht von Marathon: Sagenhafte Ereignisse wurden also als historische Begebenheit verstanden. Einer der Maler war Polygnot von Thasos – also ein Nichtathener, den es in die Kulturstadt Athen gezogen hatte. Wie schade, dass das alles verloren ist!

Einen der bei Pylos erbeuteten spartanischen Schilde, die in der Stoa Poikile als Weihgeschenke ausgestellt waren, können wir allerdings heute noch im Agoramuseum sehen. Und in anderer Beziehung lebt die Bunte Stoa sogar noch in unserem Sprachgebrauch weiter. Als am Ende des 4. Jahrhunderts v. Chr. Zenon aus Kition in Athen begann, seine philosophischen Vorstellungen vorzutragen, tat er das in Ermangelung eines passenden privaten Gebäudes öffentlich in der Stoa Poikile, und man nannte daher die Leute, die seine Philosophie vertraten, die »Leute von der Stoa«, also die Stoiker.

Modell der athenischen Agora um 400 v. Chr. Im Hintergrund stößt der Panathenäenweg zwischen der Stoa Poikile und der Stoa Basileios (kleines Bild rechts oben) auf den Markt und zieht diagonal über den Platz. Am Anfang der Straße der Altar der Zwölf Götter (kleines Bild rechts unten). Links auf dem Hügel der Hephaistostempel (kleines Bild links oben), zu seinen Füßen die Amtsgebäude (im kleinen Bild links unten die Tholos). Die Attaloshalle fehlt zu dieser Zeit noch, sie begrenzt den Platz heute auf der Ostseite (rechts vorn).

Jetzt biegen wir rechts ab und gehen den Westrand der Agora entlang. Zuerst bemerken wir die Stoa Basileios, also die Stoa, in der der Archon Basileus seinen Dienstsitz hatte und in der manchmal der Rat vom Areopag tagte. Als Nächstes schließt die prachtvolle Stoa des Zeus Eleutherios an, die dem Freiheits-Zeus gewidmete Stoa. Sein Kult wurde zur Erinnerung an die Perserkriege eingerichtet, die Stoa allerdings erst zu Beginn des Peloponnesischen Krieges gebaut, insofern ein Zeichen dafür, dass anscheinend höchste Freiheit als etwas aufgefasst wurde, das zur Unterdrückung anderer berechtigte. Die praktische Funktion des Baues ist nicht bekannt; man weiß aber, dass er ein beliebter Treffpunkt von Sokrates und seinen Freunden war. Blickte man im Weitergehen nach rechts, dann erhob sich dort ein dorischer Tempel, im 5. Jahrhundert v. Chr. gebaut, das Hephaisteion, also der Tempel des Schmiedegottes Hephaistos. Er ist heute noch sehr gut erhalten, denn er wurde früh in eine christliche Kirche umgewandelt. Blickte man nach links, dann sah man die Standbilder der zehn Phylenheroen, an deren Basis öffentliche Anschläge angebracht wurden, etwa die Tagesordnung der Volksversammlung.

Die Westseite der Agora wurde von drei öffentlichen Gebäuden abgeschlossen. Zuerst kam das Metroon, ein Bau, der bis etwa 406 v. Chr. als Sitz des Rates der Fünfhundert diente; dann war er das Staatsarchiv. Seinen Namen hat er von dem Kult der Mutter der Götter (*meter* heißt Mutter), der dort seinen Platz hatte. Hinter dem Metroon wurde von 415 bis 406 v. Chr. ein neues Gebäude für den Rat errichtet, das Neue Buleuterion. Südlich des Metroon schließlich stand ein runder Bau, der einfach mit dem Namen für jeden Rundbau bezeichnet wird, Tholos. In dieser Tholos tagte ununterbrochen die jeweilige Prytanie, also das aus den Abgeordneten einer Phyle bestehende Zehntel des Rates, das für ein Zehntel des Jahres die laufenden Geschäfte führte. Weil sie ständig anwesend sein mussten, mussten sie verpflegt werden, und man hat tatsächlich dort Geschirrbruchstücke gefunden, die mit den Buchstaben ΔΕ (Delta, Epsilon) gekennzeichnet waren; das war die Abkürzung für *demosios,* »staatlich«, und mit dieser Kennzeichnung sollte wohl verhindert werden, dass der eine oder andere Abgeordnete seiner Frau durch die Erweiterung des häuslichen Geschirrvorrats mittels schöner Stücke aus Staatseigentum eine Freude machte.

Der Altar der Zwölf Götter war der Mittelpunkt des athenischen Staates. Seitlich der Eingänge waren vermutlich Reliefs eingelassen, die durch römische Kopien überliefert sind. Ein Bild in der Berliner Antikensammlung zeigt, wie die Zauberin Medea (links) die Töchter des Königs Pelias dazu verführt, ihren eigenen Vater zu ermorden und durch Kochen in einem magischen Trank zu verjüngen.

Die Südseite des Marktes wurde durch die Gerichtsgebäude abgegrenzt. Die Ostseite war in klassischer Zeit unbebaut; aber im 3. Viertel des 2. Jahrhunderts v. Chr. baute König Attalos II. von Pergamon den Athenern eine schöne große Stoa dorthin. Sie muss deshalb erwähnt werden, weil sie in den Fünfzigerjahren des 20. Jahrhunderts von den amerikanischen Archäologen, die die Agora ausgraben, detailgetreu wieder aufgebaut worden ist. Der zweistöckige Bau diente im Altertum als willkommener Schattenspender, und seine 42 Räume beherbergten Läden. Heute befindet sich dort das Agoramuseum.

Blickt man von ihrer offenen auf die Agora gerichteten Seite nach links, sieht man, was schon ohnehin die ganze Zeit gegenwärtig war, den hohen nördlichen Abhang des Akropolisfelsens und über seinen Rand hinweg die Dächer seiner prunkvollen Bauten. Der Abhang ist von Wegen und Höhlen durchzogen, die in der Antike zum Teil als Aufgänge und Heiligtümer Bedeutung hatten. Man sieht auch kurz vor dem oberen Rand große Säulentrommeln verbaut, und das sind Reste, die von den Athenern selbst nach der Zerstörung der Bauten durch die Perser als Mahnmale dort eingelassen worden sind, insofern vielleicht – aber wirklich nur vielleicht – vergleichbar mit dem Ruinenstumpf der Kaiser-Wilhelm-Gedächtniskirche in Berlin. Auf die Akropolis wollen wir jetzt, wir wählen aber nicht den Panathenäenweg, der quer über die Agora direkt dorthin führt, sondern wir gehen über die Südostecke, an einem Gebäude vorbei, von dem archäologische Funde vermuten lassen, dass es das Staatsgefängnis war, in dem Sokrates den

Geschirr des 4. Jahrhunderts v. Chr. aus Staatsbesitz, gefunden in der Nähe der Tholos (Athen, Agoramuseum).

Giftbecher getrunken hat. Wir machen einen kleinen Umweg, indem wir unten am Pnyxhügel vorbeigehen, dessen architektonische Strukturen kaum mehr erhalten sind, von dem wir uns aber gut vorstellen können, wie dort das Volk von Athen gesessen, im 5. Jahrhundert v. Chr. sein Seereich regiert und verspielt, im 4. die Demokratie erneuert und die Auseinandersetzung mit Makedonien geführt hat. Wenn wir uns dann weiter nach links wenden und am Areopag vorbeigehen, kommen wir wieder auf den Panathenäenweg, und uns bietet sich ein herrlicher Anblick.

Der Blick vom Pnyxhügel zur athenischen Akropolis, rechts der Parthenon, links die Propyläen. Am Fuß des Burgbergs eine vom pergamenischen König Eumenes II. im frühen 2. Jahrhundert v. Chr. gestiftete Säulenhalle, im Vordergrund das gut drei Jahrhunderte jüngere Odeion.

Am hoch gelegenen Ende des Aufweges vor uns erhebt sich strahlend das Tor zur Akropolis, die Propyläen des Mnesikles, dahinter ahnen wir das Wunderwerk athenischer Baukunst, den Parthenon, und alles überragte, zwischen beiden stehend, die 9 m hohe Statue der Athena Promachos, 450 v. Chr. errichtet. Ihre goldene Lanzenspitze glitzerte im Sonnenlicht, nicht nur aus ästhetischen Gründen, denn sie konnte auch von den Seeleuten zwischen Kap Sunion und Piräus als Orientierungsmerkmal genommen werden. Beim Hinaufgehen bemerken wir rechts den kleinen eleganten Niketempel, der gegen 420 v. Chr. vollendet wurde, und oben angekommen, drehen wir uns noch einmal um: Da sehen wir vor uns den ehrwürdigen Areopag, dahinter die Pnyx mit der Volksversammlung, und wir machen uns klar, dass umgekehrt von der Pnyx aus die schimmernde Akropolis sichtbar ist. So ungeheuer viel hat sich nun oben auf dem Berg angesammelt, dass wir uns nur das Wichtigste ansehen.

Wir gehen an den Torbauten rechts und links vorbei, lassen den Niketempel beiseite und steuern geradewegs auf den Parthenon zu. Seine Anziehungskraft ist, so ernüchternd das klingen mag, von den Athenern, besonders von Perikles, geplant gewesen. 447 wurde er begonnen, 432 v. Chr. beendet, und gedacht war er – zusammen mit den anderen Bauten der Zeit – dazu, auf die anderen Griechen und besonders auf die Untertanen des athenischen Seereiches den Eindruck zu machen, den er auf uns macht. In einer Rede des Perikles, die bei Thukydides überliefert ist, können wir nämlich lesen, dass diese Bauten den Seebundstädten zeigen sollten, dass sie von keinem Unwürdigen beherrscht wurden. Dass Perikles einen Renommierbau ersten Ranges errichten wollte, zeigt allein die Tatsache, dass er den Baustopp des bereits halb fertigen Vorparthenon des Kimon, des Anführers der gegnerischen Partei der Oligarchen, durchsetzte und dann sogar die bereits fertigen Teile abtragen ließ, um sein Parthenonprojekt zu realisieren und um die Erinnerung an den größten innenpolitischen Gegner auszulöschen.

Ganz ungewöhnlich war bereits die Größe des Baues. Die Schmalseiten hatten acht – der Vorparthenon war schmaler und auf sechs Säulen angelegt –, die Längsseiten 17 Säulen, alles aus pentelischem Marmor. Wegen seiner Riesenhaftigkeit musste etwas getan werden, damit man beim Ansehen nicht den Eindruck bekam, die Fluchtlinien sackten in sich zusammen. Daher neigen sich die Säulen etwas nach innen, und die Stufen an den Seiten erheben sich leicht zur Mitte hin, diese optische Korrektur nennt man fachsprachlich Kurvatur.

Modell der antiken Akropolis von Athen: Vorn die Propyläen, rechts führt der Weg am Heiligtum der Artemis vorbei zum Parthenon, links geht es neben der Bronzestatue der Athena Promachos entlang zum Erechtheion. Am Südabhang (rechts) einige weitere Heiligtümer, hinten das Dionysostheater. Das kleine Bild zeigt eine Ecke vom Giebel des Parthenon.

Der Bau ist dreifach geschmückt. Im Giebelfeld der Westseite ist der Kampf Athenes mit Poseidon um die Vorherrschaft in Athen zu sehen, und die Westmetopen zeigen den Amazonenkampf, die Nordmetopen die Eroberung Trojas, die Ostmetopen den Gigantenkampf der Götter und die Südmetopen den Kampf der Kentauren gegen die Lapithen – alles Themen, die von Kämpfen gegen unzivilisierte Wesen zeugen und insofern gewiss eine Anspielung auf die Perserkriege sind, als deren Hauptsieger sich hier Athen darstellt. Das Giebelfeld im Osten zeigt die Geburt der Athene aus dem Haupt des Zeus, zusammen mit dem Westgiebel also eine Huldi-

Plutarch beschreibt die Kulturpolitik des Perikles in dessen Biographie (Abschnitt 12):

Unter allen Staatshandlungen haben die prächtigen Gebäude, die Perikles ausführen ließ, bei seinen innenpolitischen Gegnern die heftigste Kritik herausgefordert. Bei anderen Völkern haben diese baulichen Verschönerungen die hellste Bewunderung erregt, und sie legen vor der Geschichte eindeutiges Zeugnis dafür ab, dass die Macht und das Glück Griechenlands in der damaligen Zeit keine leere Erfindung sind ... Perikles wollte die übrigen kriegsuntauglichen Bürger, zumal die Handwerker, nicht ohne Verdienst lassen, andererseits sollten diese auch nicht ohne Gegenleistung vom Staat unterstützt werden. Aus diesen Gründen verschaffte er dem Volke durch die Errichtung großer und bedeutender Gebäude, die die Tätigkeit vielerlei Handwerke über eine längere Zeit hin beanspruchten, Arbeit und Brot ... Jedes Gewerbe hatte Leute der untersten Volksklasse in Dienst, die als Handlanger beschäftigt waren. Jedes Alter und jeder Stand waren in diesen Prozess eingespannt und verdienten.

gung an Athene, die Göttin, die der Stadt den Namen gegeben hat und die die Verkörperung von Kunst und Wissenschaft darstellt. Wir stehen mittlerweile also an der Ostseite, der Haupt- und Eingangsseite griechischer Tempel, aber etwas fehlt, was für alle Tempel unabdingbar ist, nämlich der Altar. Er war immer draußen vor dem Tempel, und auf ihm wurden die Opfer für den Gott oder die Göttin vollzogen. Wenn der Parthenon keinen Altar hatte, war er dann vielleicht nur ein Schatzhaus? Dazu später mehr.

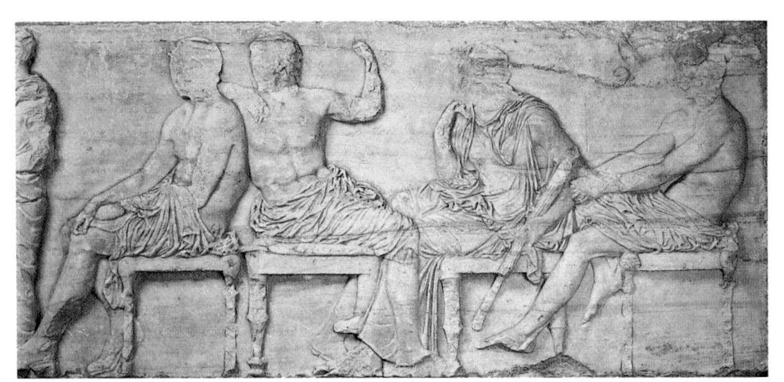

Der Fries des Parthenon: Die olympischen Götter erwarten eine Prozession, die sich von beiden Seiten nähert. Von links ausgehend sind dargestellt: Hermes, Dionysos, Demeter und Ares sowie das herrscherliche Paar Zeus und seine Gattin Hera, die sich wie eine Braut entschleiert. Genau über dem Eingang in den Parthenon folgt vermutlich die Szene mit der Übergabe des heiligen Gewandes, des Peplos, beim Fest der Panathenäen. Vom rechts anschließenden Teil der Götterversammlung sind Poseidon im Gespräch mit Apollon sowie Artemis abgebildet. Diese Reliefplatte befindet sich im Athener Akropolismuseum, alle übrigen im Britischen Museum, London.

Wir betreten den Parthenon durch die doppelte Säulenreihe und gelangen in die Cella, also den Kernraum mit dem Götterbild der Athena Parthenos. Dort thronte sie nun, mit 12 m (andere sprechen von 10 m) wahrlich überlebensgroß, Athene, von dem Athener Phidias aus Gold und Elfenbein geschaffen, und um sie herum Weihgeschenke aller Art in blendender Pracht. Hier kann es aber wohl keine Deutungsprobleme geben? Leider doch. Dass die Statue Athene darstellt, ist nicht fraglich, aber es beunruhigt, dass wir keinerlei Nachricht von einem Kult haben, dessen Riten für diese Athene im Parthenon vollzogen wurden. Und ohne Kult kann es sich nicht um einen Tempel gehandelt haben. Auch dazu später mehr. Wir treten aus der Cella wieder hinaus und gehen innerhalb der den Bau umfassenden Säulenreihe einmal um die Cella herum. Dabei stellen wir fest: Im Anschluss an die Cella gab es einen kleineren zweiten Raum, der durch ein Gitter nach außen geschützt war. Das ist das Opisthodom, wörtlich das hintere Haus (denn wir sind ja an der Rückseite, wenn man diesen Teil auch beim Betreten der Akropolis als ersten sieht), in welchem der Schatz der Göttin aufbewahrt wurde.

Aber der Rundgang um die Cella galt dem Fries, der in 160 m Länge ganz am oberen Rand der Cellawand um sie herum läuft. Seine etwa 1 m hohen Platten sind etwas vorgeneigt, damit sie Licht von unten bekommen und etwas besser zu sehen sind. An den beiden Längsseiten und an der Westseite ist offenbar ein Festzug dargestellt, mit Opfertieren, mit feierlich schreitenden alten und jungen Festteilnehmern, mit jugendlichen Reitern und anderem mehr. Das muss, so ist die Ansicht vieler, der Panathenäenzug, also der Höhepunkt der Selbstdarstellung des demokratischen Athen sein. Freilich gibt es bei dieser Deutung beunruhigende Unstimmigkeiten. Etwa: Aus der Antike haben wir keine diesbezügliche Nachricht; wir fragen uns, warum eigentlich weder Hopliten noch gar Theten als Ruderer dargestellt sind, sondern nur die adlige Reiterei; beim Panathenäenzug wurde das große Modell eines Schiffes mitgeführt, das hier fehlt; und vor allem: Der Panathenäenzug hatte ja das Heiligtum der Athena Polias zum Ziel, und das war bis zu seiner Zerstörung durch die Perser 480 v. Chr. der Alte Athenetempel, der das Kultbild der Athena Polias beherbergte, und seine Funktion übernahm später das Erechtheion, das als Tempel ionischer Ordnung

zwischen 421 und 406 v. Chr. erbaut wurde. Wo das Kultbild zwischenzeitlich stand, weiß man nicht sicher. Als ob das noch nicht genug an Problemen wäre, bietet schließlich auch der Ostfries gravierende Deutungsprobleme.

In der Mitte sieht man zwei Personengruppen, die sich in der Art ihrer Ausführung und in ihrer Thematik deutlich von allen anderen abheben. Rechts steht ein Mann, dem von einem Knaben (oder Mädchen?) ein gefaltetes Tuch überreicht wird; links eine Frau, und ihr gegenüber zwei Mädchen, die je eine Platte auf dem Kopf tragen, und auf jeder der beiden Platten befindet sich ein wulstiger Gegenstand. Was dem Mann, wohl einem Priester, gegeben wird, ist möglicherweise der Peplos, also das Gewand der Athena Polias, das ihr bei jeden Großen Panathenäen neu gewebt überreicht wird; insofern ist also der Zusammenhang mit dem Festzug gegeben. Aber was tragen die Mädchen auf dem Kopf? Bisher hat man gedacht, es seien Stühle oder Hocker mit einem Sitzkissen, wie sie die Götter links und rechts von der Gruppe benutzen. Aber genaues Hinsehen hat jetzt gezeigt, dass diese Sitzgelegenheiten anders gestaltet werden, und vor allem: Was das rechte Mädchen in der Hand hält, ist kein Stuhlbein, sondern eine Fackel, wie man sie zu nächtlichen Zeremonien braucht, und das unterstützt die Vermutung, dass es sich nicht um den Panathenäenzug, sondern um einen anderswo bezeugten Kult handelt, bei dem zwei Mädchen »unsagbare Dinge« herbeibringen. Was das für Dinge sind, wissen wir nicht, aber die neue Auslegung dieser Friesplatte lässt zusammen mit den oben aufgeführten Beobachtungen die Darstellung des Panathenäenzuges anzweifeln. Andererseits darf nicht vergessen werden, dass diejenigen, die an der Darstellung des Panathenäenzuges festhalten, den Cellafries nicht dahin gehend interpretieren, dass er ein konkretes Abbild des Zuges

Die nach einem (nicht erhaltenen) Standbild der Athena Parthenos gefertigte Statuettenkopie im Archäologischen Nationalmuseum, Athen, entstand in der römischen Kaiserzeit. Auf die rechte Hand der Göttin schwebt die Siegesgöttin Nike herab.

im Sinne einer Reportage wiedergibt, sondern ein »paradigmatisches Sinnbild des höchsten Kultfestes Athens« ist (Heiner Knell).

So nehmen auch die zwölf olympischen Götter, als Sitzende haben sie dieselbe Höhe wie die aufrecht stehenden oder sich bewegenden Menschen, an den Feierlichkeiten – allerdings recht unberührt – teil, und die Phylenheroen sind auch anwesend. Wer sie und überhaupt alle Parthenonskulpturen zusammen und aus der Nähe betrachten will, braucht übrigens nicht nach London und dann weiter um die halbe Welt in die Museen zu reisen, in der Skulpturhalle in Basel hat man sie alle in Gipsabgüssen zusammen – zwar nur in Gips, aber dafür zum eingehenden Betrachten ideal.

Eines der wichtigsten Kultmale auf der Akropolis war das Grab des Kekrops, eines mythischen Königs von Athen. Die Korenhalle wurde darüber errichtet. Vielleicht stehen die Mädchenfiguren für die Töchter des Kekrops am Grabe oder für die Dienerinnen im mystischen Kult am Grab des Urkönigs Erechtheus, die Arrhephoren.

Die Frage, was der Parthenon nun eigentlich ist, wurde immer noch nicht beantwortet und kann wohl auch nicht endgültig beantwortet werden. Trotz kontroverser Meinungen hat sich die Auffassung durchgesetzt, dass dieser Bau mehr als nur ein Sinnbild und Inbegriff des neuen demokratischen Athen ist; seine Bildersprache verdeutlicht die Konzentrationsbestrebungen Athens, die machtpolitisch durch die Überführung der Bundeskasse von Delos nach Athen zum Ausdruck kam. Und mit dem Standpunkt, dass der Parthenon die Manifestation der Vormacht Athens im Seebund ist, lässt sich auch erklären, dass seine Finanzierung aus den Mitteln der Bundeskasse erfolgt ist. Er ist damit auf jeden Fall das repräsentative Schatzhaus des Seebundes in Gestalt eines dorischen Tempels.

Zurück zur Akropolis. Deutlich zu sehen ist der steinerne Tempelgrundriss des Alten Athenetempels parallel zur Nordfront des Parthenon. Genau vor der Ostfront des Athenetempels befand sich der große Altar, und es ist eine einleuchtende Vermutung, dass dieser Altar auch für einen Kult Verwendung finden konnte, der möglicherweise mit dem Parthenon zusammenhing; es gibt Parallelen für eine solche Mehrfachnutzung, aber sicher ist sie in diesem Fall nicht. Das Kultbild, das Xoanon, war nicht mehr als ein archaisches Holzstück, das als magisch aufgeladen empfunden und seit undenklichen Zeiten als Athena-Polias-Figur verehrt wurde. Wo es nach der Zerstörung aufbewahrt wurde, ist nicht klar – war etwa die Cella des alten Tempels erhalten geblieben? Später jedenfalls stand es im Erechtheion. Dieses hat seinen Namen nach dem mythischen Urkönig Erechtheus, und die Verzwicktheit des Grundrisses des Erechtheions resultiert daher, dass man sich beim Bau an die Gegebenheiten der alten Heiligtümer anpassen musste, die hier waren.

Das Erechtheion wurde erst im Peloponnesischen Krieg errichtet, womöglich deshalb, weil das Unglück, das die Stadt traf, auf den Unwillen der hier verehrten Götter und Heroen zurückgeführt wurde. Es bestand aus vier Teilen. Der Hauptbau mit seiner mit eleganten ionischen Säulen geschmückten Ostfront enthielt das Kultbild der

Athena Polias, und hier endete zu dieser Zeit dann der Panathenäenfestzug, hier wurde das Xoanon mit dem neuen Peplos bekleidet. Unsymmetrisch an der Nordseite stand ein kleinerer, prunkvoller Bau, dessen Front von der Stadt zu sehen war und der vielleicht als Palast des Erechtheus gelten wollte. In der Decke wurde ein Loch gelassen, und im Fußboden wurde die Stelle darunter ebenfalls frei gelassen, denn man nahm an, dass im Streit zwischen Athene und Poseidon um den Besitz Athens hier der Gott seinen Blitz habe hineinfahren lassen. Westlich schlossen sich weitere heilige Bezirke an; dort stand der heilige Ölbaum der Athene, wo man auch heute wieder einen Ölbaum hingesetzt hat. An der Südseite war, ebenfalls asymmetrisch, eine kleine Halle an den Hauptbau gesetzt, deren Dach statt von Säulen von Mädchen getragen wurde, Koren auf griechisch, daher bezeichnet man sie heute als Korenhalle. Wie so vieles ist auch ihre Bedeutung und Funktion nicht endgültig geklärt.

Athen - Zentrum des geistigen Lebens

Das Theater – Tragödien und Komödien

Glanz ging also von der Akropolis aus, Glanz, der zu einem nicht geringen Maß geplant war, und dabei hat unser Rundgang nicht im Entferntesten alles genannt, was an Heiligtümern und Standbildern sonst noch dort oben zu sehen war. Keinesfalls planbar war nun aber Athens Rolle als Zentrum des geistigen Lebens Griechenlands. Dass die Person des Perikles viele Intellektuelle aus ganz Griechenland anzog, kann man noch verstehen, und vielleicht war es auch diese Tatsache, die an ihm Eigenschaften von Tyrannen entdecken ließ, die sich ja auch gerne mit Künstlern umgaben. Völlig unplanbar – und letzten Endes unerklärbar – ist aber, dass Athen die Stadt war, die – nach zum Teil anderswo zu lokalisierenden Anfängen – zur Kunstform des Theaters gefunden und zugleich mit den Dramatikern Aischylos, Sophokles, Euripides und Aristophanes auch die klassischen Dichter hervorgebracht hat, deren Kunstwerke unerreicht geblieben sind. Die überzeitliche Geltung dieser Stücke ist besonders bemerkenswert, denn wenn jemals etwas nur für eine ganz bestimmte Gelegenheit verfasst worden ist, dann sind es die athenischen Tragödien und Komödien: Im 5. Jahrhundert v. Chr., der Epoche ihrer Entstehung und ebenso ihres Endes, waren sie nur für eine einmalige Aufführung geschrieben worden.

Ein Blick in die Welt des attischen Dramas: Die Schauspieler mit ihren Masken posieren gemeinsam mit dem Theatergott Dionysos und Ariadne. Sie werden ein Satyrspiel aufführen, das den Mythos von Herakles und Hesione darstellt. Der Mischkrug im Museo Archeologico Nazionale, Neapel, wurde um 400 v. Chr. in Athen verziert.

Im athenischen Dionysostheater wurden um 340/330 v. Chr. Bildnisse der großen Tragiker errichtet. Eines davon gibt vermutlich eine römische Statue in den Vatikanischen Sammlungen in Rom wieder, die Sophokles als mustergültigen Staatsbürger darstellt. Die Figurengruppe demonstrierte die Rolle Athens als Kulturmacht und Heimat der klassischen Bühne.

Das Dionysostheater von Athen wurde im späten 4. Jahrhundert v. Chr. mit steinernen Sitzreihen ausgestattet. Auch die Volksversammlung tagte häufig hier. Hinter der niedrigen Bühnenwand liegt das Heiligtum des Dionysos, rechts oberhalb die Akropolis. Um das Theater herum Denkmäler, mit denen die Choregen der siegreichen Stücke an ihren Erfolg erinnerten.

Sie wurden für die Feierlichkeiten zu Ehren des Gottes Dionysos verfasst, deren es zwei gab, die Großen oder Städtischen Dionysien im Monat Elaphebolion (März/April) und die Lenäen im Gamelion (Januar/Februar). Besonders feierlich wurden die Großen Dionysien abgehalten, mit zahlreichen religiösen Zeremonien und eben mit Theateraufführungen an drei hintereinander folgenden Tagen im Heiligtum des Dionysos Eleutherios am Südhang der Akropolis. Seit 486 v. Chr. waren sie eine staatliche Einrichtung. Beim Archon Eponymos wurden alljährlich die Stücke eingereicht, und er bestimmte die, die aufgeführt werden sollten, und wer als Chorege die Aufwendungen für die Aufführung zu übernehmen hatte. An jedem Tag wurden drei Tragödien und ein Satyrspiel eines Dichters aufgeführt, und am Ende der drei Tage beurteilte eine Kommission aus zehn Männern, welcher Dichter den ersten, zweiten und dritten Platz bekommen sollte. Die Lenäen kamen 442 v. Chr. in staatliche Regie, unter dem Archon Basileus, und bei ihnen standen Komödien im Vordergrund, Tragödien wurden nur je zwei von zwei Dichtern aufgeführt. Besonders politisch-festlich ging es zu Beginn der Aufführungen an den Großen Dionysien zu. Als Erstes wurden verdiente Bürger ausgezeichnet, und die volljährig gewordenen Söhne von im Krieg Gefallenen erhielten ihre Hoplitenrüstung. Schließlich erschienen die Delegationen des Attischen Seebundes und lieferten ihre Tribute ab, zur Schau gestellt in der Orchestra des Theaters.

Außer gelegentlichen unmittelbar politischen Themen waren die Stoffe der Tragödien den Heroensagen entnommen, und da wir die Aufführungsjahre kennen, können wir sehen, wie Gegenwartsthemen, auch die des Peloponnesischen Krieges, in dem Medium der kunstvoll reflektierten Heldensagen dem athenischen Publikum zur Diskussion gestellt wurden; es erfordert heute viel Fingerspitzengefühl, in der Interpretation weder allzu direkte Gegenwartsanspielungen noch allzu abstrakte allgemeine Überlegungen in den Vordergrund zu stellen. Genau umgekehrt war es bei der Komödie; so kunstvoll auch sie aufgebaut ist, so unmittelbar brachte sie aktuelle Tagesereignisse auf die Bühne. Dass hier das Publikum mitging, verwundert nicht, wohl aber nötigt es uns heute Staunen ab, dass die schweren Themen und die tiefsinnigen Reflexionen der Tragödie die athenische Bügerschaft so gefesselt haben, dass sich diese wackeren Männer (und wenigen Frauen) Jahr für Jahr mehrere Tage lang unverdrossen viele Stücke tiefsten Ernstes ansahen und sie beurteilen konnten. Ausländer waren nicht dabei, und insofern war der Glanz, der von diesen Aufführungen ausging, etwas Innerathenisches.

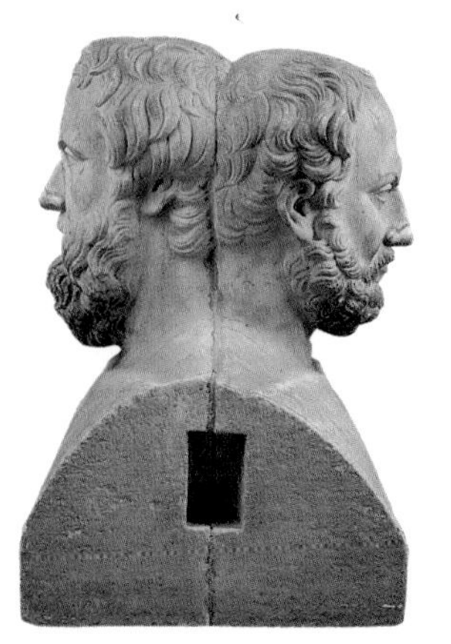

Herodot und Thukydides sind in einer Doppelherme römischer Zeit im Museo Archeologico Nazionale, Neapel, gemeinsam wiedergegeben. Diese Bildnisform ist typisch für die Ausstattung römischer Villen, beide Porträts sind jedoch nach griechischen Originalen des 4. Jahrhunderts v. Chr. kopiert.

Aber auf zwei Weisen drang er dann doch nach außen. Zunächst einmal wurden die Texte der Stücke in Buchform veröffentlicht, und zum anderen begann man dann auch, diese Stücke außerhalb Athens zu spielen. In Athen setzt mit dem Jahr 386 v. Chr. die Übung ein, für frühere Gelegenheiten geschriebene Stücke wieder aufzuführen, und wer heute durch die griechische Welt fährt und die antiken Theaterbauten sieht, die sich auch kleine griechische Städte leisteten, der sieht anschaulich, welch ungeheure Verbreitung diese athenische Erfindung genommen hatte.

Geschichtsschreibung

Glanz und Schatten – noch einmal soll höchster Glanz vorgeführt werden, auf den dann schon die ersten Schatten fallen. Ich meine die Geschichtsschreibung, auch sie ist eine athenische Erfindung, wenn auch ihr Begründer, Herodot aus Halikarnassos in Kleinasien, kein Athener ist. Verwandt war er mit dem dortigen Dynastengeschlecht. Weshalb Herodot trotz dieser Herkunft doch für Athen in Anspruch genommen werden muss, liegt zum geringeren Teil daran, dass bei aller Vielfalt seines Werkes doch Athen in dessen Zentrum steht; vor allem aber hat Herodot sein Geschichtswerk in Athen geschrieben, es dort auch zuerst durch öffentliche Lesungen einem intellektuellen Publikum nahe gebracht, ist also ganz Teil der geistigen Bewegung gewesen, deren schöpferische Geister sich in Athen gegenseitig anregten und die die Stadt nicht nur zur politischen, sondern auch zur kulturellen Hauptstadt der damaligen Welt machte. Herodots Thema ist das säkulare Ereignis der Perserkriege.

Eine der Frauenfiguren vom reliefgeschmückten Oberteil der Säulen am archaischen Artemision von Ephesos befindet sich heute in der Berliner Antikensammlung.

Natürlich hat es Vorläufer gegeben. Im Alten Orient und Ägypten lebte man nicht in den Tag hinein, aber die Königslisten und Chroniken, die Ereignisse listenmäßig erfassten, waren keine rationalen Darstellungen von Geschichtsabläufen. Die Bücher des Alten Testaments waren da schon näher an wirklicher Geschichtsschreibung, aber sie stehen trotz der Darlegung innerer Zusammenhänge noch ganz unter einem religiösen Geschichtsverständnis. In Griechenland hatte man die homerischen Epen durchaus für Geschichtsschreibung gehalten, weil sie Ereignisse wiedergaben, die man für tatsächliches Geschehen hielt, und hinsichtlich der Seefahrerabenteuer der »Odyssee« kann man sogar sagen, dass so, in rationalerer Form, wohl tatsächlich frühe Texte ausgesehen haben, insofern sie praktische Logbücher darstellten, die Hinweise über geographische und ethnologische Sachverhalte mitteilten. Diese Art von Literatur, die die Welt im Raum zu erfassen versuchte, ist dann durch den Milesier Hekataios im 6. Jahrhundert v. Chr. zu einem vorläufigen Abschluss gebracht worden. Hekataios hat außerdem dieses Verfahren auf die Dimension der Zeit übertragen, indem er als Maßeinheit die Generation einführte (35 Jahre) und rationalistische, aber doch willkürliche Kritik an Sagenstoffen übte.

Der Artemistempel von Ephesos: Auch Kunstwerke waren für Herodot Quellen des historischen Wissens. So beschreibt er die Macht des Krösus anhand der reichen Weihgaben des Königs in Griechenland. Er berichtet, dass dieser dem Artemistempel von Ephesos reiche Geschenke zukommen ließ und eine Reihe von Säulen für das in ionischen Formen errichtete Götterhaus stiftete, das den Heratempel des Tyrannen Polykrates auf Samos übertreffen sollte. Nach einem Jahrhundert fertig gestellt, brannte der ephesische Tempel 356 v. Chr. ab und musste neu errichtet werden. Er galt als eines der sieben Weltwunder.

Herodots Gegenstand ist das weltliche Geschehen der jüngsten Vergangenheit, die Perserkriege, und er will nicht nur die Sachverhalte mitteilen und dadurch verhindern, dass sie in Vergessenheit geraten, sondern er betrachtet sie als komplexen, zusammenhängenden Geschehensverlauf, den er erklären will. Deshalb sieht er den ganzen Vorgang nur als das letzte, wenn auch wichtigste Glied in einer Kette von Auseinandersetzungen zwischen Europa und Asien, und deshalb sieht er seine Aufgabe darin, den Lesern überhaupt erst eine Vorstellung von dem Riesenreich zu geben, mit dem die Griechen es zu tun hatten. Deshalb handeln die ersten Bücher des Werkes, in Nachfolge der früheren Literatur, von den einzelnen Bestandteilen des Perserreiches und ihren geographischen, ethnologischen und historischen Gegebenheiten, von Ägypten bis zum Schwarzen Meer und bis nach Indien. Erst dann biegt er in die Geschichte der Perserkriege ein, die in allen Einzelheiten erzählt werden. Herodot ist ein gewissenhafter Autor. Er berichtet nur von dem, was man wissen konnte. Das bedeutet zum einen, dass er bei aller Frömmigkeit ein unmittelbares Eingreifen der Götter nicht kennt, wohl aber menschliche Überhebung als strafbar ansieht, etwa in den Geschichten von Polykrates oder von Krösus. Das bedeutet weiter, dass er sich beim Berichten vergangener Ereignisse nicht weiter als drei Generationen zurückbegibt, weil die Überlieferung über Früheres zu unsicher ist – Krösus sei der Erste, von dem wir wissen, sagt er, wobei der Ton auf dem Wort wissen liegt.

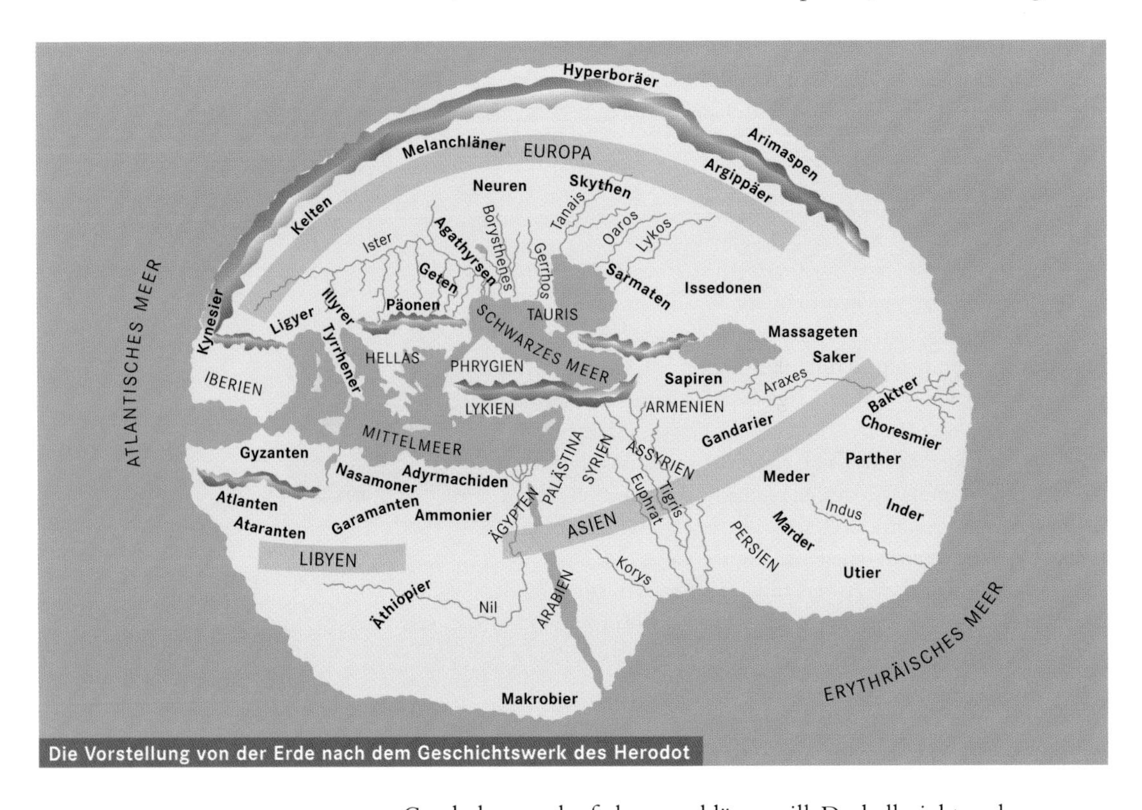

Die Vorstellung von der Erde nach dem Geschichtswerk des Herodot

Thukydides schreibt in seiner »Geschichte des Peloponnesischen Krieges« (5, 25) über sich selbst:

Ich bin Zeitgenosse dieses Krieges, habe ihn vom ersten Tage an miterlebt, habe seine Begebenheiten richtig verfolgen können, nicht nur wegen meines Alters, sondern weil ich genaue und authentische Nachrichten zu sammeln mich mühte. (Nach meiner Verbannung nach Amphipolis) habe ich mich bei den Unternehmungen sowohl der Spartaner wie der Athener in der Nähe aufgehalten, besonders aber wegen meiner Verbannung aus Athen bei den Peloponnesiern.

Schließlich bemüht er sich, die Dinge selbst zu erkunden, durch Augenschein und durch mündliche Berichte anderer. »Erkundung« heißt auf griechisch *historia,* und daraus ist dann das lateinische Wort für Geschichte geworden; es bedeutet ursprünglich nur Erforschung, und erst durch und seit Herodot hat es den Nebensinn von Geschichtserforschung bekommen. Der Maßstab, den er an die Wahrhaftigkeit der Berichte legt, ist der des gesunden Menschenverstandes, wobei er sich gleichwohl oft Bären aufbinden lässt. Nicht selten legt er seinen Lesern zum selben Gegenstand auch die verschiedenen Versionen vor, die er gehört hat, und lässt uns auf diese Weise sogar an seinem Forschungsprozess teilnehmen. Sein Erzählstil hat oft etwas Rührendes, es macht ihm offensichtlich Freude zu berichten, was er herausbekommen hat, und umgekehrt sagt er bisweilen aus moralischer Missbilligung, dass er etwas nicht schreibe, obwohl er es wisse. Sein Gegenstand ist keineswegs nur die politisch-militärische Geschichte, sondern sein Geschichtsbild umfasst neben dem Erd- und Völkerkundlichen auch alle anderen Gegenstände der Kulturgeschichte, insbesondere der bildenden Kunst. Er kommt oft vom Hundertsten ins Tausendste, aber er hat die Fäden in der Hand und kommt immer wieder zum Ausgangspunkt zurück.

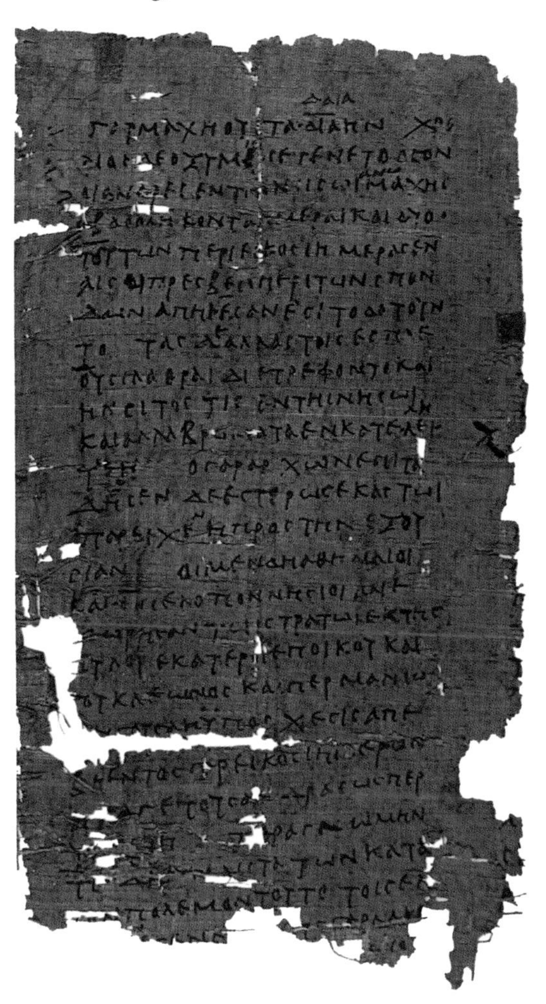

Ein Papyrusfragment in der Universität von Pennsylvania, Philadelphia, stammt aus dem antiken Geschichtsbuch, das vermutlich den Text des Thukydides fortsetzt. Mehrere Bruchstücke dieses Werkes tauchten seit dem Anfang des 20. Jahrhunderts in Oxyrhynchos (Oberägypten) auf.

Wenn die zweite große Persönlichkeit der Geschichtsschreibung, Thukydides, etwas nicht war, dann war es sympathisch. Nicht, dass er auf die Leser unsympathisch wirken würde, sondern es sind nur diese Kategorien fehl am Platze. Thukydides ist tiefernst, und er hatte bei seinem Gegenstand, dem Peloponnesischen Krieg, ja auch allen Grund dazu. Er war Athener, kam aus vornehmer Familie, und seinem Werk merkt man an, dass er, jünger als Herodot, sich nicht nur von dem anregen ließ, was sich an geistigen Bewegungen in Athen abspielte, sondern dass er selber ein Teil dieser Bewegungen war. Man hört förmlich, etwa im Melierdialog oder in manchen Reden der Athener, die Sophisten ihre dialektischen Künste ausüben und zum Schluss das Recht des Stärkeren verkünden, oder man hat den Eindruck, wenn Thukydides seine Gegenwart und die Triebkräfte der in ihr Handelnden analysiert, dass hier ein tief besorgter Arzt über den kranken Körper seiner Gesellschaft gebeugt ist und die Diagnose stellt – die medizinische Wissenschaft erlebte im 5. Jahrhundert v. Chr. übrigens einen gewaltigen Aufschwung.

Thukydides teilt den Lesern nur in Ausnahmefällen mit, woher er seine Kenntnisse hat, aber soweit man ihn kontrollieren kann, treffen seine faktischen Angaben zu. Nach seinem Versagen bei Amphipolis musste er Athen verlassen, und man hätte gerne gewusst, wo er sich aufhielt, mit wem er umging, wie er zu seinen Ergebnissen kam. Sein Buch hat durchaus auch lediglich nüchtern berichtende Partien, es ist ja, nach der umfangreichen Einleitung mit der Vorgeschichte, streng chronologisch aufgebaut. Aber dazwischen stehen Schilderungen beispielhafter Ereignisse und vor allem die Reden. Sie haben die Funktion, wichtige Ereignisse und Entscheidungssituationen zu kommentieren, insbesondere dann, wenn es sich, wie meistens, um Redenpaare handelt, in denen in kontroverser Weise die Dinge von verschiedenen Seiten beleuchtet werden.

Thukydides' Diagnose seiner Zeit und des menschlichen Wesens überhaupt ist tief pessimistisch. Er meint, das politische Handeln der Menschen drehe sich vor allem um Machtfragen und beruhe auf Mehr-haben-Wollen, Herrschsucht, Angst, und seine einzige Hoffnung ist, dass vielleicht durch dieses Bewusstmachen und durch die Schilderung der furchtbaren Folgen Heilung eintreten könnte. Das einzig Unsympathische an ihm ist die Verächtlichkeit, mit der er Herodots Werk als bloßes vorübergehendes Hörvergnügen charakterisiert, während er für sich in Anspruch nimmt, mit seinen Schilderungen und Analysen einen »Besitz für immer« zu bieten. Mit dem einen hatte er nicht Recht, das andere trifft zu.

Nun gilt es aber, eine Einschränkung zu machen. Thukydides versteht unter Geschichte nicht mehr die Fülle der menschlich-gesellschaftlichen Lebensäußerungen, wie sie Herodot gesehen hat. Er reduziert die Geschichte auf das Politisch-Militärische, und die Frage ist, ob er damit Recht hat. Zunächst einmal hat er mit dieser Sichtweise Schule gemacht, und wenn man einmal die Tatsache beiseite

Die Schrecken des Krieges hat auf diesem Wasserkrug (Hydria) im Museo Archeologico Nazionale, Neapel, ein attischer Vasenmaler um 480 v. Chr. geschildert. Dargestellt ist die Eroberung von Troja: Der alte König Priamos wird zusammen mit seinem Enkel am Altar erschlagen, die Prophetin Kassandra vom Kultbild der Athene weggerissen (Detail).

lässt, dass für die Menschen ohnehin immer solche einschneidenden Ereignisse wie Umstürze und Kriege wichtigste Erlebnisse darstellen, dann kann jedenfalls für die Geschichtsschreibung gesagt werden, dass Thukydides mit diesem Geschichtsverständnis ungewöhnlich folgenreich gewesen ist. Die Frage ist nur, ob wir ihm in seiner Konzentrierung auf Politik, Krieg und Macht folgen wollen.

Aber abgesehen davon, Thukydides zeigt auch menschliche Züge: Man braucht nur den Melierdialog oder die Schilderung von der Abschlachtung der Plataier zu lesen, um zu empfinden, dass er zwar kommentarlos darstellt, aber doch bebt vor innerer Anteilnahme. 411 v. Chr. bricht das Buch ab, wohl weil ihn der Tod an der Vollendung gehindert hat. Wie hätte er das schreckliche Ende Athens beschrieben, diesen tiefsten Sturz aus höchster Höhe, selbst verschuldet und doch ein Unglück für ganz Griechenland?

Rhetorik und Philosophie

Zum Glanz der Polis Athen trug eine Literaturgattung bei, die in Sizilien ihre Anfänge erlebt hat, aber in Athen ausgebildet und auf ihren Höhepunkt geführt worden ist, die Redekunst, griechisch Rhetorik. Ihren lebensweltlichen Ausgangspunkt dürfte sie in der Notwendigkeit gehabt haben, vor großen Hörerschaften wie Volksversammlungen und Volksgerichten zu reden und seinen Standpunkt zu vertreten. Der sizilische Sophist Gorgias aus Leontinoi soll 427 v. Chr., als er nach Athen kam und die Stadt um Hilfe gegen Syrakus bat, den Athenern zum ersten Mal einen Begriff von der Redetechnik gegeben haben, die sie dann zur Vollendung brachten. Schon die von Thukydides künstlerisch gestalteten Reden in seinem Geschichtswerk zeigen einen solchen Einfluss einer rhetorischen Technik, aber vor allem dann die eben genannten Situationen, in denen es nötig war, durch kluge Argumentation und geschickten Aufbau Zuhörer zu einem bestimmten Verhalten zu veranlassen. Gegen Ende des 5. Jahrhunderts v. Chr. wurden die ersten Reden publiziert; bei Gerichtsreden war das insofern einfach, als im athenischen Gerichtssystem ja die Parteien in Person reden mussten und sich nicht vertreten lassen durften, auch wenn die einzelnen Sprecher rhetorisch unbegabt waren. Daher wurden ihnen die Reden von anderen geschrieben, sie lernten die Reden auswendig, und auf diese Weise lagen dann schon von vornherein entsprechende Texte vor.

Auszüge aus der Lehre des bedeutendsten Sophisten Protagoras von Abdera nach Diogenes Laertios (Über Leben und Meinungen berühmter Philosophen 9,51):

Über die Götter allerdings habe ich keine Möglichkeit zu wissen, weder dass sie sind, noch dass sie nicht sind, noch wie sie etwa an Gestalt sind; denn vieles gibt es, was das Wissen hindert: die Nichtwahrnehmbarkeit und dass das Leben des Menschen kurz ist.

Die Veröffentlichung erfolgte aber weniger wegen des sachlichen Inhalts, obwohl er gelegentlich auch eine Rolle gespielt hat, sondern wegen der literarisch-rhetorischen Qualität. Demgemäß kann man sich auch nicht darauf verlassen, dass die Reden exakt so vorliegen, wie sie gehalten worden sind, sondern viele sind vor der Veröffentlichung stilistisch überarbeitet worden. Die ersten Reden dieser Art, in diesem Fall Gerichtsreden, sind von Antiphon überliefert, einem athenischen Intellektuellen, der das Oligarchenregime von 411 v. Chr. maßgeblich unterstützt hatte – von Thukydides hoch gelobt, wurde er wegen dieser Tätigkeit doch vor Gericht gestellt und hingerichtet. Auch Andokides, der Zweite, von dem Reden erhalten sind, war oligarchisch gesinnt; er soll am Hermenfrevel beteiligt gewesen sein. Wir haben von ihm Gerichtsreden – auch in eigener Sache – und eine Volksversammlungsrede. Ein großes Korpus erhaltener Reden haben wir dann von dem aus Syrakus stammenden Metöken Lysias, dessen Tätigkeit auch noch in das 4. Jahrhundert v. Chr. hineinreicht.

Aristoteles (Rhetorik 1402 a) zitiert einen anderen Ausspruch des Protagoras:

Protagoras hat zuerst gesagt, über jede Sache gebe es zwei einander entgegengesetzte Möglichkeiten der Aussage.

Dieses Jahrhundert ist dann die große Zeit der attischen Beredsamkeit. Ihr Hauptvertreter war der berühmteste Redner der Antike überhaupt, Demosthenes. Sein Ruhm beruhte zum einen auf dem

Bildnisse der athenischen Dichter und Denker der klassischen Zeit sind häufig durch römische Kopien nach originalen Ehrenstatuen überliefert. Demosthenes (links) wird in seiner 280/279 v. Chr. auf der Athener Agora errichteten Statue als ernster, mit seiner schweren Aufgabe ringender Mann dargestellt, der von seiner Pose nicht viel Aufhebens macht (Kopenhagen, Ny Carlsberg Glyptotek). Die Figur seines Gegners Aischines (Mitte) entstand etwas früher und ist noch deutlich dem klassischen Schönheitsideal verpflichtet (Neapel, Museo Archeologico Nazionale). Sokrates (rechts) wird von seinen Zeitgenossen als hässlich wie ein alter Silen, einer der Begleiter des Weingottes Dionysos, geschildert. Trotz seiner provozierenden Erscheinung rühmt ihn sein Standbild als guten Bürger (London, Britisches Museum).

Feuer seiner Reden, zum anderen auf seiner politischen Rolle. Zunächst Verfasser von Gerichtsreden, wurde er zum Hauptvertreter der politischen Richtung in Athen, die sich dem Vordringen Makedoniens und seines Königs Philipp II. entgegenstellte – »Philippika«, »Reden gegen Philipp«, sind seitdem zum Inbegriff leidenschaftlicher politischer Rede geworden. Nach dem Scheitern seiner Politik durch den Sieg Philipps erlebte Demosthenes noch die ganze Alexanderzeit, und als nach Alexanders Tod die Griechen noch einmal militärisch aufbegehrten, aber geschlagen wurden, beging er 322 v. Chr. Selbstmord.

Von seinem politischen Gegenspieler, Aischines, der eine makedonenfreundliche Politik vertrat, sind ebenfalls Reden überliefert; er starb noch zu Lebzeiten des Demosthenes im Exil auf Rhodos. Neben weiteren Rednern aus der 2. Hälfte des Jahrhunderts, deren Werk nur bruchstückhaft erhalten ist, verdient noch Isokrates Erwähnung, Schüler des Gorgias. Er lebte, uralt werdend, von 436 bis 338 v. Chr. und war zunächst nur Verfasser von Gerichtsreden. Danach jedoch schrieb er, wegen körperlicher Schwäche am Auftreten vor der Volksversammlung gehindert, zahlreiche fiktive Reden zu politischen Themen, die die athenische Politik in ihrem Auf und Ab begleiteten; diese Texte, da nicht wirklich als Reden gedacht, nahmen so den Charakter politischer Flugschriften an. Im Laufe seines politischen Lebens kam er zu der Ansicht, dass die Griechen gegen die teils latente, teils konkrete Gefahr anzugehen hätten, die vom Perserreich ausging, und als die politische Kraft, die diesen Perserkrieg zu führen hätte, sah er Makedonien unter König Philipp an.

Im Übergang zum 4. Jahrhundert steht die Person des Sokrates, symptomatisch im Leben und Sterben. Sokrates war der Sohn eines Steinmetzen und einer Hebamme, wurde selber Steinmetz und

---

Xenophon schreibt in den »Erinnerungen an Sokrates« (1, 1, 10 f.):

Er (Sokrates) lebte immer in der Öffentlichkeit. Er ging früh in die Wandelhallen und Gymnasien. Wenn sich der Markt füllte, war er dort zu sehen, und die übrige Zeit des Tages war er immer da, wo er voraussichtlich die meisten Leute antraf. Er lehrte auch meistenteils, und wer Lust hatte, konnte (ihm) zuhören ... Er selbst aber unterhielt sich immer nur über die menschlichen Dinge und forschte, was fromm, was göttlich, was schön, was hässlich, was gerecht, was ungerecht, was Besonnenheit, was Verzückung, was Tapferkeit, was Feigheit, was Staat, was Staatsmann, was Herrschaft über Menschen, was ein Herrscher über Menschen sei. Dazu kamen die anderen Fragen, von denen er annahm, dass derjenige, der sie kenne, ein vollkommener Mensch sei. Wer sie aber nicht kenne, der müsse mit Recht als Knecht bezeichnet werden.

pflegte zu sagen, dass er seine Fragetechnik von seiner Mutter habe, indem er nichts anderes tue, als aus den Leuten das an Antworten herauszuholen, was schon in ihnen sei. Er beschäftigte sich nämlich unter Vernachlässigung seines Berufes damit, unablässig, überall und mit jedermann philosophische und lebensweltliche Fragen zu diskutieren; seine Frau Xanthippe wird in ungerechter Weise als zänkische Ehefrau geschildert, sie hatte aber Grund, mit ihm unzufrieden zu sein. Das Ziel seiner Diskussionen war, die in Umlauf befindlichen Meinungen einer genauen Prüfung zu unterziehen und nichts ungeprüft zu lassen. Insbesondere wollte er den Sophisten, die in intellektuellen Kreisen großen Anklang fanden, Oberflächlichkeit und Scharlatanerie nachweisen. Da er seine Diskussionen jedoch in spitzfindig anmutender Weise führte, unterschied er sich in der Wahrnehmung vieler selber nicht von diesen und wurde deshalb seinerseits als Sophist angegriffen, etwa von Aristophanes im Stück »Die Wolken«. Trotz seiner bescheidenen Herkunft verkehrte er in wohlhabenden und Adelskreisen, und auch das machte ihn vielen Demokraten verdächtig. Dabei war er ein loyaler Bürger, der gewissenhaft als Hoplit Dienst tat und der immer dann, wenn er Gesetzwidrigkeiten bemerkte, ohne Rücksicht auf seine eigene Person protestierte, so, in seiner Eigenschaft als Prytan, gegen die Pauschalverurteilung der Strategen im Arginusenprozess, so unter der Herrschaft der Dreißig Tyrannen gegen die Verhaftung Unschuldiger.

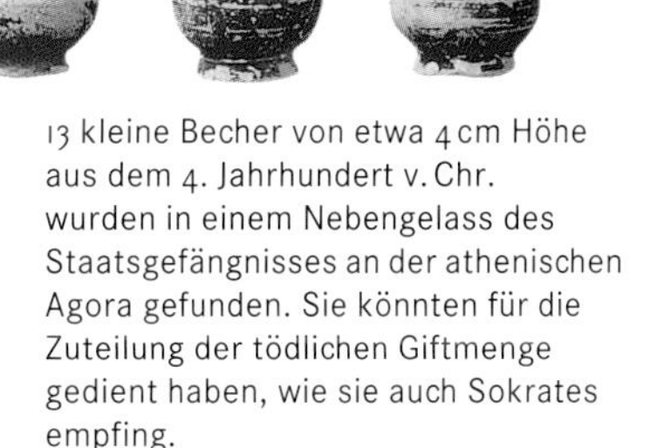

13 kleine Becher von etwa 4 cm Höhe aus dem 4. Jahrhundert v. Chr. wurden in einem Nebengelass des Staatsgefängnisses an der athenischen Agora gefunden. Sie könnten für die Zuteilung der tödlichen Giftmenge gedient haben, wie sie auch Sokrates empfing.

Sokrates hat nichts geschrieben, er war jedoch eine so bezwingende Persönlichkeit, dass es nicht nur zahlreiche Berichte über ihn gibt, sondern dass einer seiner Schüler, Platon, ihn als Dialogpartner in das Zentrum seiner Werke stellt. Im Jahre 399 wurde ein Strafprozess gegen ihn angestrengt, also in einer Zeit, in der der Peloponnesische Krieg und die ihm folgenden Verwerfungen gerade erst vorbei waren und das athenische Volk noch in einer tiefen Verunsicherung hinsichtlich der Werte lebte, die öffentlich zu gelten hätten. Sokrates wurde vorgeworfen, er stelle die Götter in Frage und verderbe die Jugend, Letzteres insbesondere in politischer Hinsicht. Seine Verteidigungsreden sind sowohl von Platon als auch von Xenophon überliefert, in durchaus divergierender Weise. Dennoch ist Sokrates zum Tode verurteilt worden; nach der Verurteilung verzögerte sich die Hinrichtung aus religiösen Gründen, und diese Zeit, in der Sokrates im Gefängnis darauf wartete, den Giftbecher trinken zu müssen, ist von Platon in den Dialogen »Kriton« und »Phaidon« ergreifend geschildert worden. Das Ergreifende ist insbesondere die Loyalität des Sokrates der *polis* gegenüber. Er hätte die Möglichkeit gehabt zu fliehen, aber er wollte den Gesetzen nicht untreu werden und starb.

Bildnis des Platon. Der lange Bart gilt in der Zeit des Philosophen als Zeichen würdigen Alters. Die römische Kopie in der Münchener Glyptothek spiegelt ein Vorbild wieder, das bald nach dem Tod Platons geschaffen wurde.

Platon, einer vornehmen Familie entstammend, zog sich aus der *polis* zurück, der Überlieferung nach aus Erschütterung über den Tod des Sokrates. Gleichwohl oder eher gerade deshalb bemühte er sich in seinem Denken und in seiner Lehre, außer um erkenntnistheoretische Fragen, um den vollkommenen Staat, der keine Demokratie sein durfte; in seinen großen Werken »Staat« und »Gesetze« legte er diese Vorstellungen nieder. Er begnügte sich nicht mit der Theorie, sondern versuchte, praktisch zu wirken. Nach einer längeren früheren Reise nach Unteritalien und Sizilien versuchte er 366 und 361 v. Chr. im Syrakus Dionysios' II. seine Vorstellungen zu verwirklichen, scheiterte aber. Platons Wirken in Athen geschah im Rahmen einer Art Lebensgemeinschaft mit seinen Schülern; diese Gemeinschaft war als Kultverein für den Heros Akademos im Westen vor den Toren Athens organisiert und hieß daher Akademia, woraus unser Wort Akademie geworden ist. Dort unterrichtete Platon seine Schüler und diskutierte mit ihnen; viele sollen später in die praktische Politik gegangen sein. Platon tat es nicht mehr, insbesondere nicht im Rahmen der *polis.* Von ihm sind sieben Briefe überliefert, und im siebenten Brief, dessen Echtheit umstritten ist, begründet er in einem Lebensrückblick seine Abwendung von der Stadt Athen. Kurz nach der Jahrhundertmitte ist er gestorben.

Alexander der Große persönlich ließ zu Ehren seines Lehrers Aristoteles eine Statue errichten, die vermutlich das Vorbild für die zahlreich erhaltenen römischen Porträts des Philosophen bildete (Wien, Kunsthistorisches Museum).

Einer seiner Schüler war der aus Stageira auf der Chalkidike stammende Aristoteles. Hatte Platons Lehre ihr Zentrum in der Ideenlehre, so ist Aristoteles der große Sammler und Analytiker der empirischen Wirklichkeit. Auch er gründete einen Kultverein, im Osten Athens für den Kult des Apollon Lykeios, daher heißt seine Institution Lykeion, woraus unser Lyzeum geworden ist; in jüngster Zeit wurden vermutlich Reste des Lykeions freigelegt. Da oft im Umhergehen gelehrt wurde, nennt man die aristotelische Philosophie auch den Peripatos, von *peripatein:* umhergehen. Mit Ausnahme der Medizin hat Aristoteles alle Wissensgebiete in seine Forschung einbezogen, zum Teil auch durch seine Schüler sammeln lassen; sämtliche Naturwissenschaften, die Wirtschaft, die Poetik, natürlich die Philosophie. Für die Geschichte, die Staatslehre und die Wissenschaft von der Politik ist von unschätzbarem Wert die Tatsache, dass er auch die Staatsverfassungen gesammelt und analysiert hat. 158 Verfassungen wurden aufgenommen, und aus ihrer Analyse entstand das Werk »Politika«, wörtlich »Das auf die *polis* Bezogene«, bis zum heutigen Tag für die Erkenntnis des menschlichen Zusammenlebens unentbehrlich; von den Einzelverfassungen sind fast alle verloren, nur, glücklicherweise, die Athens ist erhalten geblieben.

Das staatstheoretische Werk des Aristoteles zeigt dadurch den Endpunkt der Vitalität der griechischen *polis* an, dass es sich nicht mehr der Einzelpolis verpflichtet fühlt, sondern den, um mit Max Weber zu sprechen, Idealtyp der *polis* herausarbeitet; von Aristoteles stammt die Typisierung der drei Verfassungsformen der Herrschaft eines Einzelnen, weniger und aller, also der Monarchie, der Oligarchie und der Demokratie mit ihren Perversionen und Mischformen. Mit dieser nüchtern-wissenschaftlichen Betrachtungsweise trat, ebenfalls weberisch gesprochen, die Entzauberung der gelebten Polisorganisation ein, oder besser, diese Entzauberung war eine Folge davon, dass die *polis* anfing, ihre Lebenskraft zu verlieren. Für die Lehre des Aristoteles war das ein Gewinn, denn dadurch errang sie überzeitliche Geltung; für das Mittelalter war er »Der Philosoph«.

Alltag in Athen – Das ganz normale Leben

Szenenwechsel. Wenn etwas düster war, dann die Weltsicht des Thukydides, und er hatte ja Grund dazu. Auf der anderen Seite spielte sich das tägliche Leben in der Großstadt Athen – und sonst in Griechenland – natürlich nicht unter den Auspizien von Tragik und Unglück ab, sondern war das sozusagen neutrale Gemisch von Freude, Trauer und Banalität, das überall und immer die Hauptkonstante des menschlichen Lebens ist. Das Leben der Athener fand, wie in allen Mittelmeerländern, großenteils im Freien statt, ja, bis tief in die Klassik hinein legte man anscheinend keinen großen Wert auf die Ausgestaltung der individuellen Wohnungen; selbst die Tyrannen hatten sich ja keine Paläste gebaut. Die Straßen waren schmutzig, es gab keine ausgebaute Kanalisation, die Wohnhäuser waren planlos

Bei der Planung von Piräus in klassischer Zeit wurden einheitliche Aufteilungen von Häusern und Grundstücken vorgenommen. Hier die Idealrekonstruktion eines Häuserblocks nach den Architekten Wolfgang Höpfner und Ernst Ludwig Schwandner. Die Grundfläche eines Hauses beträgt knapp 250 m².

In Eretria auf Euböa wurden Häuser des 4. Jahrhunderts v. Chr. freigelegt, deren Gelageraum (Andron) mit Mosaiken ausgelegt ist. Sie bestehen aus unbearbeiteten Flusskieseln.

aneinander gesetzt und von einfachster Bauart. Neue Ausgrabungen in Piräus haben einen standardisierten Haustyp zutage gefördert, den man in abgewandelter Form schon für die hellenistische Zeit in Olynth auf der Chalkidike kennen gelernt hatte, der in Athen aber in das frühe 5. Jahrhundert v. Chr. zu datieren ist. Der Stadtplaner und Staatsphilosoph Hippodamos aus Milet hatte der Überlieferung nach in Piräus ein ganz neues Stadtviertel angelegt, mit schachbrettartig sich kreuzenden Straßen und mit Häusern, die Ähnlichkeit mit unseren Reihenhäusern haben.

Im 4. Jahrhundert v. Chr. präsentierten sich die Athener in immer aufwendigeren Darstellungen auf ihren Familiengräbern. Dieses Grabrelief in den Staatlichen Kunstsammlungen, Dresden, zeigt den greisen Familienvater mit seinem Sohn Breton und der unverheirateten Tochter Eteoklea in herzlicher Verbundenheit.

Man betrat ein solches Haus durch eine auf die Straße führende Tür über einen Flur, an den sich links und rechts Wirtschaftsräume – Läden, Werkstätten, Vorratsräume – anschlossen. Über einen Hof gelangte man in einen Vorraum, dann in einen Wohnraum mit Herd für die gesamte Familie; es gab einen weiteren Vorraum, neben dem der Andron lag, der Raum, in dem sich der Hausherr mit seinen gelegentlichen Gästen aufhielt. Über eine Treppe kam man in das Obergeschoss, in dem das Schlafzimmer und die Gynaikonitis war, der Frauenraum, in den sich die Frauen zurückziehen konnten, aber nicht mussten, wie bereits dargestellt wurde. Diese Typenhäuser, wie sie von ihren Entdeckern genannt worden sind, haben möglicherweise etwas mit der letzten und entscheidenden Phase der Demokratieentstehung in Athen zu tun.

Obwohl natürlich standardisierte Wohnhäuser für sich alleine noch nichts über die Staatsform aussagen, unter der sie gebaut worden sind, ist es doch ein eigenartiges Zusammentreffen, dass in Athen ausgerechnet in dieser Zeit von Staats wegen Häuserkomplexe angelegt wurden, die die Gleichheit ihrer Bewohner voraussetzten oder herstellten. Jedenfalls trifft dieses Phänomen mit einem weiteren zusammen. Im 5. und in großen Teilen des 4. Jahrhunderts waren die Häuser schmucklos, und das änderte sich gegen Ende des 4. Jahrhunderts v. Chr. Jetzt sind archäologisch zum Prunkvollen neigende Ausgestaltungen von Privathäusern nachgewiesen worden, und die Vermutung hat viel für sich, dass dieses Hervortreten einzelner Individualitäten etwas mit der Auflösung des egalitären Polisbewusstseins zu tun habe.

Den Alltag einer durchschnittlichen athenischen Familie darstellen zu wollen, ist natürlich ein unmögliches Unterfangen, obwohl wir durch die Komödie, durch Gerichtsreden und durch die archäologischen Funde immer mehr Hinweise darauf bekommen. Immerhin war die Mehrkinderfamilie das Normale, gelegentlich hatte der Haushalt einen Sklaven oder eine Sklavin, der Mann arbeitete als Handwerker oder Bauer, die Frau half mit, war zwar überwiegend im Haus beschäftigt, sodass oft der Mann einkaufte; wenn der Haushalt aber etwas produzierte, verdiente die Frau auch als Marktfrau etwas für die Familie. Der Mann saß ausgiebig in den demokratischen Gremien, an denen die Frau nicht beteiligt war, er diente als Fußsoldat im Heer oder als Ruderer in der Flotte, er sah sich die kultischen Theateraufführungen an, bei denen gelegentlich auch Frauen unter den Zuschauern waren. Es gab zahlreiche religiöse Feste, darunter auch solche, die, wie die Thesmophorien, nur für die Frauen abgehalten wurden. Auf die unverheirateten Mädchen wurde, wie in allen vorindustriel-

Als braver Schüler ist hier der mythische Held Iphitos bei seinem Hauslehrer Linos dargestellt. Dieser Trinkbecher (Skyphos) im Staatlichen Museum von Schwerin wurde um 480/470 v. Chr. in Athen verziert.

len Gesellschaften, scharf aufgepasst, und sobald sie die Pubertät hinter sich hatten – manchmal schon vorher –, wurden sie verheiratet. Beide, Mann und Frau, waren stolz darauf, Athener zu sein und in einer voll entwickelten und mächtigen Demokratie zu leben.

Ein Pflüger bei der Arbeit. Die Amphore in amerikanischem Privatbesitz wurde um 540/530 v. Chr. in Athen gefertigt.

Entsprechend ärmlicher ging es in der Unterschicht zu; die Typenhäuser kann man sich schlecht als Behausungen dieser Schicht vorstellen. Hier herrschte fremdbestimmte Handarbeit und Tagelöhnerwesen vor, und als Kriegsdienst kam nur der Flottendienst in Betracht. Der große Aufschwung, den Athen durch den Seebund im 5. Jahrhundert v. Chr. auch in wirtschaftlicher Hinsicht nahm, schuf viele Arbeitsplätze und hat wohl wirkliche Armut verhindert; im 4. Jahrhundert änderte sich das. Hinsichtlich der politischen Betätigung aber war der Besitzlose nicht nur gleichberechtigt, das Erstaunliche – und viele Empörende – war vielmehr, dass er diese Berechtigung auch ausübte; die demokratische Flottenmannschaft vor Samos in der letzten Phase des Peloponnesischen Krieges dürfte aus solchen Leuten bestanden haben. Dass auch der Besitzlose jedenfalls elementare Lese- und Schreibkünste beherrschte, folgt aus dem hohen Grad von Schriftlichkeit, der die athenische Demokratie auszeichnete; Ostrakismos und öffentlich aufgestellte Inschriften hätten sonst einen Teil ihres Sinnes verloren.

Der Wohlhabende lebte auf anderem Fuß. Zwar hielt er sich in der Ausgestaltung seines Hauses zunächst zurück, aber der sonstige Lebensstil wich in bestimmten Einzelheiten deutlich ab. Für die Wohlhabenden und ihre Symposien stellten die athenischen Töpfer und Maler die wundervollen Vasen her, während der Durchschnitt einfaches Geschirr benutzte. Die Wohlhabenden leisteten sich gelegentliche gleichgeschlechtliche Beziehungen, die von den Angehörigen der unteren Schichten verachtet wurden; die Wohlhabenden luden Hetären zu ihren Gastereien ein – für die anderen standen, wenn es denn sein musste, sonstige Dirnen zur Verfügung –, und umgekehrt sind es die Frauen und Töchter der Wohlhabenden, die nach einer sorgfältigen literarischen Erziehung Werke der hohen Literatur lasen und sich oft zu gut waren, auf die Straße zu gehen, sondern lieber zu Hause blieben. Die jungen Männer der Oberschicht wurden von Hauslehrern (*paidagogoi,* Pädagogen) erzogen, gingen ins Gymnasion, betrieben dort sportliche Übungen (angeleitet von *paidotribes,* Trainern) und traten, wenn sie es weit genug gebracht hatten, bei den großen Festspielen auf; der Frauensport hat wohl eher zu Hause stattgefunden. Den Kriegsdienst leisteten diese jungen Männer in der Kavallerie ab. Bei den Wohlhabenden wurden die neuesten Errungenschaften von Dichtung und Philosophie diskutiert, aber der genialste Intellektuelle von allen gehörte nicht zu ihrer Schicht, nämlich Sokrates, der Steinmetz.

Wolfgang Schuller

Xenophon lässt in seiner »Hauswirtschaftslehre« (4,2 f.) Sokrates sagen:

Die so genannten handwerklichen Beschäftigungen sind verschrien ... Sie schwächen nämlich den Körper des Arbeiters, da sie ihn zu einer sitzenden Lebensweise und zum Stubenhocken zwingen oder sogar dazu, den Tag am Feuer zuzubringen. Wenn aber der Körper verweichlicht wird, leidet auch die Seele ... Daher sind solche Leute ungeeignet für den Verkehr mit Freunden und die Verteidigung des Vaterlandes. Deshalb ist es in einigen Städten, am meisten aber in denen, die den Krieg lieben, keinem Bürger erlaubt, sich einer handwerklichen Beschäftigung zu widmen.

Die Segen spendende Friedensgöttin Eirene hält als Amme den Gott des Wohlstandes (Plutos) auf dem Arm. Das bronzene Vorbild der Statue in der Münchener Glyptothek wurde um 370 v. Chr. in Athen aufgestellt. Nach einem Seesieg über Sparta 374 v. Chr. wurden der Eirene in Athen jährlich Opfer dargebracht.

Plutarch beschreibt Lysander (Lysander 18):

Lysander besaß damals eine Macht wie noch kein Grieche vor ihm, aber sein Selbstbewusstsein und sein Stolz war, so schien es, noch größer als seine Macht. Er war der erste Grieche ..., dem die Städte wie einem Gott Altäre errichteten und Opfer darbrachten, und der erste, auf den Paiane (feierliche Lieder) gesungen wurden.

Könige aus dem Norden – Die Makedonen setzen sich durch

Herr über die Griechen – Der Siegeszug Philipps II.

Die griechische Staatenwelt nach dem Peloponnesischen Krieg

Die Entwicklung in Griechenland nach der bedingungslosen Kapitulation Athens war zunächst nur düster. Grauenvoll war das gegenseitige Abschlachten im Krieg gewesen; für Athen können wir sagen, dass sich seine Bevölkerungszahl dramatisch gesenkt hat. Sie fiel, grob geschätzt, von rund 50 000 erwachsenen Männern auf etwa die Hälfte und hat sich von diesen ungeheuren Verlusten nie wieder erholt. Politisch hatte die durch Sparta überall eingeführte Ordnung keinen Bestand. Der Peloponnesische Krieg war ja ausgebrochen aus Furcht vor der allmählichen Unterjochung Griechenlands durch Athen, und Athen hatte in seinen öffentlichen Äußerungen alles getan, um diese Furcht zu nähren. Demgemäß war die Devise, unter der der Krieg auf spartanischer Seite geführt wurde, die Autonomie der griechischen Städte; aber, wie es in einem solchen lang andauernden Prozess zu gehen pflegt, am Ende kam etwas ganz anderes dabei heraus. Im Verlauf des Krieges entsprach die innere Verfassung der Städte ihrer außenpolitischen Parteinahme, und beides bedingte sich gegenseitig. Wer demokratisch verfasst war, stand zu Athen, die Oligarchien standen zu Sparta. Lysander zog systematisch die Konsequenzen daraus. Er sorgte planmäßig dafür, dass überall Oligarchien eingesetzt wurden, bevorzugt wurde eine kleine Gruppe von zehn Männern. Demgemäß nannte man diese Herrschaftsform Dekarchie, und weil eine solch enge Oligarchie sich alleine nicht halten konnte, sorgte in zweifelhaften Fällen eine spartanische Besatzung unter einem Harmosten dafür, dass alles in spartanischem Sinne ablief. Griechenland war also vom athenischen demokratischen Regen in die spartanische oligarchische Traufe gekommen.

Athen war in dieses System eingebunden. Es wurde eine Gruppe von dreißig Mann eingesetzt, die als die »Dreißig Tyrannen« in die Geschichte eingegangen sind und, mit einer spartanischen Besatzung auf der Akropolis, ein blutiges Terrorregiment führten. An ihrer Spitze stand der Intellektuelle Kritias, der, Platons Onkel zweiten Grades, auch in platonischen Dialogen vorkommt. Dass es zu Auseinandersetzungen innerhalb der Oligarchie kam, ist einleuchtend, und sie brauchen hier nicht geschildert zu werden. Was in der Geschichte aber eher ungewöhnlich ist, ist die Tatsache, dass eine Emigrantenarmee von außen – Theben hatte den Emigranten Exil gewährt – den Umsturz herbeiführen konnte.

Unter der Führung des Thrasybulos drang diese Armee von Böotien in Attika ein und besetzte dann Piräus; Kritias fiel im Kampf gegen sie. Nach anfänglichem militärischen Widerstand Lysanders ließen die Spartaner unter ihrem König Pausanias jedoch die Demokraten gewähren. Die Demokratie wurde wieder hergestellt, und dann geschah etwas wirklich Erstaunliches. Um den – in Korkyra erstmals und so schrecklich aufgetretenen – Zirkel von Rache und Vergeltung zu durchbrechen und die streitenden Bevölkerungsteile miteinander zu versöhnen, wurde 403/402 v. Chr. eine Amnestie beschlossen, nur die wenigen aus dem engsten Oligarchenkreis wurden zur Verantwortung gezogen. Das allein ist vielleicht nicht so überraschend; überraschend jedoch ist, dass sich die Athener daran hielten. Es trat eine wirkliche Versöhnung ein, die Demokratie hatte endgültig gesiegt.

Mit der Schwächung Athens ging das Monopol der attischen Feinkeramik verloren (rechts unten ein vergoldeter Trinkbecher aus einer amerikanischen Privatsammlung). Auch die Koloniestädte Unteritaliens stellten jetzt feine Vasen her: Der Mischkrug oben ist vergoldet und stammt aus Kampanien (Berlin, Antikensammlung), der untere wurde in Apulien gefertigt. Sein rotfiguriges Bild zeigt, wie eine Statue des Herakles im Bildhaueratelier bemalt wird (New York, Metropolitan Museum of Art).

Allmählich geriet auch die innergriechische Politik wieder in Bewegung. Der Fehlschlag in der Behandlung Athens und die prinzipielle und faktische Unmöglichkeit, die straffe spartanische Herrschaft im Ägäisgebiet aufrechtzuerhalten, führte zum Sturz Lysanders. Wie sich etwa nach den Perserkriegen gezeigt hatte, als sich Sparta aus dem Hellenenbund zurückgezogen hatte, überforderte eine so weiträumige Politik Spartas Kapazitäten; das schließliche Nichteingreifen in Athen war also eine Rückkehr zur traditionellen spartanischen Außenpolitik. Anders verhielt sich Sparta zunächst in Kleinasien. 412 hatte es sich verpflichtet, die in den Perserkriegen befreiten Griechenstädte wieder unter persische Herrschaft gelangen zu lassen, und Spartas Verbündeter, der Prinz Kyros, hatte dort Oligarchien an die Macht gebracht, die ihm die Städte unterwarfen. Inzwischen war Kyros gestürzt worden, und an seine Stelle war wieder der früher abgesetzte Satrap Tissaphernes getreten.

Das Abenteuer des Kyros, an sich vielleicht nur ein minderes Ereignis, hat durch die Darstellung des Xenophon klassischen Rang bekommen, es ist aber doch auch von symptomatischer Bedeutung. Kyros hatte Absichten auf den persischen Thron, als 404 sein Halbbruder Artaxerxes II. Großkönig wurde. Im Einvernehmen mit Sparta stellte Kyros eine Söldnertruppe auf, an der sich als Offizier auch der Athener Xenophon beteiligte, und zog ins Innere des Reiches gegen Artaxerxes. Die Entscheidungsschlacht fand 401 v. Chr. bei Kunaxa in Babylonien statt. Kyros fiel, und damit war die Thronfrage geklärt; die 10000 griechischen Söldner kämpften sich ihren Weg zurück bis ans Schwarze Meer, bei dessen Anblick sie in den Glücksruf »Thalassa, thalassa!« (»Meer, Meer!«) ausbrachen, denn nun waren sie gerettet. Symptomatisch ist dieses Intermezzo deshalb, weil es nicht nur eine innere Schwäche des Perserreiches, sondern auch die beginnende Verschränkung der persischen und der griechischen Politik deutlich zeigt. So auch im Verhalten Spartas im Hinblick auf Kleinasien. Sparta hatte sich kompromittiert, und Tissaphernes betrieb ohnehin – oder als politische Waffe gegen Sparta – die Installierung von Demokratien. Zudem hing Sparta natürlich der Verrat an den Errun-

Der Athener Historiker, Schriftsteller und Feldherr Xenophon. Das Bildnis im Griechisch-Römischen Museum von Alexandria ist eine römische Kopie der Ehrenstatue, die bald nach Xenophons Tod in der Mitte des 4. Jahrhunderts v. Chr. errichtet wurde.

Bei einer Schlacht in der Nähe von Korinth fiel 394 v. Chr. der Krieger Dexileos aus Thorikos. Sein Grabmal wurde im Kerameikosfriedhof von Athen gefunden und steht heute im dortigen Museum. Es zeigt den Toten in heroischer Siegerpose.

Die Stiftungsurkunde des 2. Attischen Seebundes von 378/377 v. Chr. ist in einer gut erhaltenen Inschrift überliefert, in der es heißt:

Wenn einer von den Hellenen oder von den Barbaren, ... soweit sie nicht Untertanen des Großkönigs sind, Bundesgenosse der Athener und ihrer Bundesgenossen sein will, so soll es ihm gestattet sein unter den gleichen Bedingungen, wie es die Chier, Thebaner und die anderen Bundesgenossen sind; er soll dabei frei und unabhängig bleiben, indem er unter der Verfassung lebt, die er haben will, und er soll keine Besatzung und keinen Beamten bei sich aufnehmen und keine Ablehnung leisten ... Wenn aber einer auf Bundesglieder einen kriegerischen Angriff macht zu Lande oder zu Wasser, so sollen die Athener und ihre Bundesgenossen denen zu Hilfe eilen zu Wasser oder zu Lande mit aller Macht nach Kräften.

genschaften der Perserkriege nach, und so hatte es keine Schwierigkeiten, einem Hilferuf der kleinasiatischen Griechen zu folgen. 400 v. Chr. begann der Krieg, ab 399 unter dem Kommando des spartanischen Königs Agesilaos II. Der Krieg zog sich hin, und in dieser Situation eröffnete Persien im Rücken der Spartaner eine zweite Front. Hatte persisches Geld, den Spartanern für den Bau von Kriegsschiffen und zur Bezahlung von Söldnern zur Verfügung gestellt, den Peloponnesischen Krieg entschieden, so wandte Persien dieses Mittel nun gegen Sparta an. Die Erbitterung gegen Sparta war in Griechenland so stark, dass sich Sparta unversehens einer seltsamen Koalition gegenübersah: Der Erzfeind Argos, das eben erst besiegte und mit Spartas Duldung wieder demokratisch regierte Athen und die klassischen spartanischen Verbündeten und glühenden Athengegner Korinth und Theben schlossen sich gegen Sparta zusammen. Agesilaos musste aus Kleinasien zurückbeordert werden.

Es wird noch komplizierter. Konon, einer der athenischen Strategen, der bei Aigos Potamoi versagt hatte, war nach Persien ins Exil gegangen. Dort wurde er Kommandeur der persischen Flotte, und in dieser Eigenschaft, aber auch als athenischer Patriot, der das Beste für seine Vaterstadt bewirken wollte, siegte er 394 bei Knidos vernichtend über die spartanische Flotte. Die Folgen waren der komplette Zusammenbruch der spartanischen Herrschaft in der Ägäis und der triumphale Einzug Konons in Athen.

Die Langen Mauern zwischen Athen und seinem Hafen Piräus wurden wieder aufgebaut, und nach und nach verbündete sich eine ägäische Stadt nach der anderen wieder mit Athen. Gewiss gab es noch zahlreiche militärisch-außenpolitische Turbulenzen und zahlreiche Seitenwechsel hin und her in Griechenland, in Persien und im Verhältnis aller Beteiligten untereinander, aber es kam dann 386 doch zu einer Art vorläufigem Abschluss. Nach ausgiebigen Vorverhandlungen hatte der Perserkönig erklärt, er übe die Herrschaft über Kleinasien aus, Lemnos, Imbros und Skyros sollten athenisch, alle anderen griechischen Städte aber autonom sein, und mit diesem einseitigen Akt erklärten sich die Griechen auf einem Friedenskongress in Sparta einverstanden; Sparta wurde die Aufgabe übertragen, in Griechenland für die Einhaltung dieser nach seiner Herkunft »Königsfrieden« genannten Generalbereinigung zu sorgen.

Die Geschichte der Folgezeit soll nur summarisch zur Sprache kommen; sie ist, im Gegensatz zu den schlimmen, aber klaren Verhältnissen des 5. Jahrhunderts v. Chr., sehr unübersichtlich, wenn auch weniger grausam. Gekennzeichnet ist sie durch ständig wechselnde Machtkonstellationen, die dann im Verlauf des Jahrhunderts durch die Vormachtstellung Makedoniens abgelöst wurden. Die Rolle Spartas als verlängerter Arm des Großkönigs wurde nicht akzeptiert; mehrfach versuchten die Griechen, dadurch Frieden zu halten, dass sie eine Art kollektiven Sicherheitssystems errichteten. Es hieß »Allgemeiner Friede«, *koine eirene,* und bestand darin, dass alle Beteiligten sich gegenseitig Beistand im Falle eines Angriffs zusicherten; den Betrachter des 20. Jahrhunderts wundert es nicht, dass es nicht funktionierte. 378 v. Chr. konnte Athen sein Seereich erneuern, freilich hatten seine Bundesgenossen gelernt. Einerseits hatten sie das Bedürfnis, sich gegen die spartanische Hegemonie zusammenzuschließen, andererseits erinnerten sie sich an die bösen Erfahrungen, die sie mit Athen gemacht hatten, und daher enthielten die Vereinbarungen dieses 2. Attischen Seebundes Bestimmungen, die eine Herrschaft Athens verhindern sollten und auch wirklich verhinderten. Kurzfristig gab es dann sogar eine neue, dritte Hegemonialmacht in Griechenland, Theben. Unter der Leitung der charismatischen Politiker und Feldherrn Pelopidas und Epameinondas siegte Theben 371 v. Chr. bei Leuktra in Böotien über das spartanische Heer; etwa 350 Spartiaten fielen, und das war bei der ohnehin zurückgehenden Bevölkerungszahl Spartas ein tödlicher Schlag.

Die Stadtmauer von Messene.

Bald danach, 369, befreiten sich die Messenier, mit thebanischer Hilfe, in einem letzten Aufstand endlich und endgültig von Sparta. Dieses Volk, im 7. Jahrhundert v. Chr. unterworfen und helotisiert, durch Auswanderung geschwächt, das mehrere vergebliche Aufstände hinter sich hatte und das im Peloponnesischen Krieg den Athenern beistand, um von Sparta frei zu werden, dieses Volk war nun zum ersten Mal wieder unabhängig und blieb es. Unterhalb des Berges Ithome bauten die Messenier ihre Stadt Messene, mit meterdicken Stadtmauern. Sie wussten, warum. Die Vormachtstellung der Thebaner allerdings dauerte nicht lange. 362 fiel Epameinondas in der Schlacht bei Mantineia, dem Verbündeten Spartas und Athens, und damit endete Thebens kurze Hegemonie.

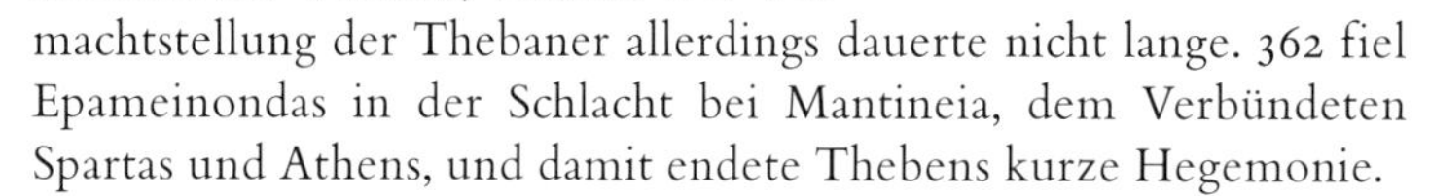

Philipp II. und Makedonien

Drei Jahre später kam im Norden ein Mann an die Macht, dessen Herrschaft, innerhalb der allgemeinen Voraussetzungen und Entwicklungen, die griechische Welt grundlegend verändern sollte, Philipp II. von Makedonien. Makedonien war ein Land mit bäuerlicher Bevölkerung, das gewissermaßen auf dem Stand der homerischen Gesellschaft stehen geblieben war. Städte gab es nicht, es gab einen Adel und Könige. Die wehrhaften Bauern bildeten das Heer, der Adel die Reiterei, und das Königtum war vom guten Willen beider abhängig. Daher hatte dieses Land mit ständigen Thronstreitigkeiten zu kämpfen und spielte in der griechischen Geschichte eine auch seiner geographischen Lage entsprechende randständige Rolle. Von der makedonischen Sprache ist wenig bekannt; aus dem wenigen und aus den Eigennamen ergibt sich aber, dass es ein griechischer Dialekt war (der makedonische Name Berenike heißt Siegbringerin: Pherenike). Die Makedonen wurden aber von den anderen Griechen nicht als ihresgleichen anerkannt, mit Ausnahme der Königsdynastie der Argeaden, deren Angehörige an den Olympischen Spielen teilnehmen durften.

359 v. Chr. trat nun Philipp zunächst als Regent, dann als König die Herrschaft an, und unter seiner Regierung wurde nicht nur die Königsherrschaft in Makedonien stabilisiert, sondern Makedonien dehnte seine Herrschaft über ganz Griechenland und dann, unter Philipps Sohn Alexander, über ganz Vorderasien aus. Gewiss ist Philipp eine ungewöhnlich starke Persönlichkeit gewesen, aber aus der Tatsache, dass seine Expansion dauerhaft war und nicht – wie bei Epameinondas – mit seinem Tod wieder zusammenbrach, ergibt sich, dass mehr als ein tatkräftiger und geschickter König hinter ihr stand. Zum einen ist es die Dynamik des makedonischen Volkes gewesen, zum anderen die Erschöpfung Griechenlands und dann Persiens. Die Katastrophe des Peloponnesischen Krieges ist nie verwunden worden, und das anschließende halbe Jahrhundert mit seinen ungezählten Umschwüngen, kleinlichen und ziellosen Rivalitäten hatte Griechenland in einen Zustand der auch innerlichen Paralyse versetzt. Auch die sozialen Verhältnisse hatten sich verschlechtert; trotz des Aderlasses der Kriege gab es einen starken Bevölkerungsüberschuss, der sich in der Existenz beschäftigungsloser Männer dokumentierte, die ihren Unterhalt in den immer mehr anschwellenden Söldnerformationen fanden, während die Bürgerheere abnahmen.

MAKEDONIEN UNTER PHILIPP II.

So war es kein Wunder, dass sich in Griechenland die Stimmen mehrten, die dafür plädierten, sich der Führung Makedoniens anzuvertrauen und vielleicht durch einen Krieg gegen Persien neues Siedlungsland, jedenfalls aber ein gemeinsames Ziel zu finden, das die internen Streitigkeiten gegenstandslos machen sollte. Hinzu kam, dass die Staatsform der Monarchie als mögliche und vielleicht wünschenswerte an Prestige gewann. Der Athener Xenophon verherrlichte den Spartanerkönig Agesilaos II., Isokrates den zyprischen König Euagoras I., und auch der Tyrann Dionysios II. von Syrakus wurde als legitimer Herrscher empfunden. Das heißt nicht, dass Griechenland sich freiwillig Philipp in die Arme warf. Die Kräfte, die in ihm einen Eroberer sahen, den man bekämpfen müsse, setzten sich innenpolitisch durch; dass sie aber eine starke Gegenbewegung niederkämpfen mussten, macht den Bewusstseinsumschwung deutlich, und ihre dann dauerhafte äußere Niederlage war Ausdruck der veränderten Verhältnisse. Trotzdem kann man dieser Politik des Demosthenes die innere Anteilnahme nicht versagen, vielleicht gerade deshalb, weil sie die Entwicklung gegen sich hatte.

Der schärfste Gegner Philipps war der attische Rhetor und Staatsmann Demosthenes. In der zweiten seiner vier Reden gegen Philipp (»Philippika«) sagt er (6,6):

Wenn sich jemand in Zuversicht wiegt, ihr Männer von Athen, obwohl er sieht, wie mächtig Philipp bereits geworden ist, wie vieler Dinge Herr, und wenn er glaubt, das bringe unserer Stadt keine Gefahr, alle diese Zurüstungen richteten sich nicht gegen euch, kann ich nur staunen. Ich bitte euch allesamt, hört kurz meine Überlegungen an, durch die ich dazu kam, das Gegenteil zu erwarten und Philipp für einen Feind zu halten, damit ihr, falls ich es bin, der die Zukunft richtiger zu sehen scheint, mir folgt, anderenfalls euch auf die Seite der Optimisten stellt, die ihm vertrauen.

Es lohnt sich nicht, das militärisch-politische Vordringen Philipps im Detail nachzuzeichnen. Unter ständigen Friedensbeteuerungen unterwarf er das ganze nördliche Ägäisgebiet zwischen Thessalien und Thrakien einschließlich der dortigen Griechenstädte wie Amphipolis und Methone, und den Griechen und im Besonderen Athen war es nicht möglich, ihm Widerstand entgegenzusetzen. Athen war durch eine Abfallbewegung im Bund stark geschwächt, den so genannten Bundesgenossenkrieg, der von 357 bis 355 v. Chr. dauerte und mit der fast völligen Auflösung des Seebundes endete. Ein Aufschrei ging durch die griechische Welt, als Philipp 348 Olynth auf der Chalkidike eroberte und dem Erdboden gleichmachte, und doch begab sich 346 eine athenische Gesandtschaft zu ihm und schloss einen Frieden, der nach Philokrates, dem Führer der Gesandtschaft, genannt wird – Demosthenes war auch dabei.

DIE MAKEDONISCHEN FÜRSTENGRÄBER VON AIGAI

Bei Vergina, in der Nähe der alten Makedonenresidenz Aigai, legten Archäologen einige gut erhaltene Kammergräber des späten 4. Jahrhunderts v. Chr. frei. Die prunkvolle Ausstattung lässt vermuten, dass hier Mitglieder der Herrscherfamilie begraben sind.

Eines der Gräber war nicht geplündert und bewahrte deshalb besonders reiche Beigaben: goldene Truhen für die Asche der Verstorbenen, kostbare Waffen und Trinkgefäße, Stoffe aus Goldpurpur und Elfenbeinschnitzereien von der Verzierung eines Speisesofas. Die Ausgräber vermuten hier das Grab Philipps II., was jedoch unwahrscheinlich ist. Die Funde kamen in das Museum von Saloniki.

Durch die politische Entwicklung auf dem Balkan haben die Gräber von Vergina einen hohen symbolischen Stellenwert bekommen. Die Ehemalige Jugoslawische Republik Makedonien musste ihre Staatsflagge ändern, die zunächst den Stern der vermeintlichen Aschenkiste Philipps zeigte, denn Griechenland sah darin einen aggressiven Besitzanspruch auf die nordgriechische Landschaft Makedonien.

Philipp verschaffte sich durch Mitgliedschaft im delphischen Amphiktyonenrat politischen Einfluss in Mittelgriechenland, und als er 340 v. Chr. athenische Getreideschiffe bei der Durchfahrt durch den Bosporus und den Hellespont aufbrachte, traf er Athen an seinem Nerv: Athen begann jetzt den Krieg. Nun war Schluss mit dem Finassieren, Philipp erschien in Griechenland, Demosthenes brachte eine gesamtgriechische Koalition unter Einschluss Thebens zustande, die Philipp militärisch entgegentrat. Aber am 2. August 338 wurde sie bei der Stadt Chaironeia in Böotien vernichtend geschlagen. Griechenland gehörte jetzt König Philipp von Makedonien.

Philipp war kein brutaler Haudegen, sondern ein kluger Politiker. Athen, das Zentrum des Widerstandes, wurde geschont und musste nur auf den Thrakischen Chersones und den Seebund verzichten, der aber ohnehin nur noch pro forma bestanden hatte. In Theben

Das Bild der Siegesgöttin Nike schmückt die Wangenklappe eines Helmes aus dem 4. Jahrhundert v. Chr., der in Makedonien gefunden wurde. Er befindet sich im Archäologischen Museum von Saloniki.

und Chalkis gab es Besatzungen, aber im Übrigen sicherte Philipp seine Herrschaft politisch-psychologisch. Politisch schlossen 337 v. Chr. alle griechischen Staaten – mit Ausnahme Spartas, das aber den Sonderling spielte und unwichtig geworden war – mit Philipp in Korinth ein Bündnis, das eine Kombination der *koine eirene* mit einer Symmachie darstellte. Das bedeutete, dass alle Beteiligten verpflichtet waren, einem Angegriffenen zu Hilfe zu kommen, und dass gleichzeitig ein Militärbündnis nach Art des Peloponnesischen Bundes geschlossen wurde. Philipp wurde auf Lebenszeit zum Bundesfeldherrn dieses von uns heute so genannten Korinthischen Bundes bestellt, dem das alleinige Kommando im Krieg zustand.

Und es fand sich auch gleich ein Krieg, den dieses Bündnis gemeinsam führen wollte und der dazu bestimmt war, den Griechen die makedonische Herrschaft annehmbar zu machen. Gemäß den Vorschlägen, die schon seit einiger Zeit an Philipp herangetragen worden waren, sollte Persien bekriegt werden, offiziell wegen der Frevel, die es in den Perserkriegen vor 150 Jahren begangen hatte (!), tatsächlich aber, von griechischer Seite aus gesehen, um Philipp zu beschäftigen und womöglich eine verstärkte Auswanderung nach Asien zu ermöglichen; von Philipp aus gesehen, um weiter Macht und Prestige zu gewinnen. 336 waren schon die ersten 10 000 Mann nach Kleinasien übergesetzt, da wurde Philipp ermordet. Anschließend geschah das Unglaubliche: Sein Sohn Alexander III. setzte das gewaltige Werk seines Vater noch gewaltiger fort.

Bis ans Ende der Welt – Alexander der Große gründet ein Weltreich

Der Heereszug

Ob der Mord an Philipp persönliche oder politische Gründe hatte, kann hier auf sich beruhen bleiben. Tatsache ist, dass der zwanzigjährige Sohn schnell die Nachfolgefrage in seinem Sinne löste und auch vom Korinthischen Bund als Nachfolger seines Vaters eingesetzt wurde. Theben versuchte 335 v. Chr. abzufallen, wurde aber schnell erobert und von Alexander, der einen Beschluss des Bundes hinter sich hatte, dem Erdboden gleichgemacht. Alle wussten nun, woran sie waren, und der König konnte den Perserkrieg wieder aufnehmen; in Europa ließ er Antipatros an der Spitze starker Truppen zurück.

Alexander der Große. Die römische Kopie eines um 330 v. Chr. vom griechischen Bildhauer Lysipp geschaffenen Bildnisses befindet sich in der Privatsammlung Schwarzenberg. Der Herrscher stilisiert seine äußere Erscheinung mit glatt rasiertem Gesicht und »löwenhaftem« Langhaar nach der verbreiteten Bildvorstellung des jugendlichen Heroen.

Das Heer, das Alexander befehligte, bestand aus etwa 35 000 Mann, je zur Hälfte aus Makedonen einerseits und griechischen Kontingenten mit Söldnern und barbarischen Hilfstruppen andererseits. Das sieggewohnte makedonische Heer hatte als Kerntruppe die Phalanx der *pezhetairoi,* der »Gefährten zu Fuß«, bestehend aus freien makedonischen Bauern; ihre berühmte speziell makedonische

Waffe war die *sarissa,* eine 4m lange Lanze. Leichter bewaffnet waren die Hypaspisten, »Schildtruppe«, ebenfalls Fußsoldaten. Die Reiterei wurde aus dem makedonischen Adel gebildet und hatte die Bezeichnung *hetairoi,* »Gefährten«. Diese Bezeichnungen charakterisieren die besondere persönliche Bindung zwischen dem Heer und dem König; darauf beruhte unter anderem die Stärke Makedoniens, die sogar so weit ging, dass das Heer bei wichtigen Problemen befragt wurde. Ob man daraus auf eine Art Verfassungsinstitution der makedonischen Heeresversammlung schließen kann, ist zweifelhaft; es wird sich eher um einen informellen politischen Vorgang gehandelt haben, der an homerische Verhältnisse erinnert.

In seinen Taten ahmte Alexander häufig die Helden der Vorzeit symbolisch nach. Seinen Speerwurf nach Asien und die Landung in der Troas sah man gern im Licht der Erzählungen über Protesilaos, den ersten Griechen vor Troja. Eine römische Kopie im Metropolitan Museum of Art, New York, nach einer Statue aus der Mitte des 5. Jahrhunderts v. Chr. stellt vermutlich diesen Helden dar.

Der König setzte über den Hellespont, und beim Betreten asiatischen Bodens warf er vom Landungsboot aus einen Speer aufs Land, um symbolisch von Asien Besitz zu ergreifen. Er bekränzte das – vermeintliche – Grab Achills, der ihm ein Vorbild war, denn Alexander war von keinem Geringeren als von Aristoteles in griechischer Bildung erzogen worden und hielt, wie es die allgemeine Meinung war, die homerische Dichtung für die Wiedergabe wirklich stattgefundener Ereignisse. Auf persischer Seite traten ihm kleinasiatische Satrapen entgegen, maßgeblich unterstützt von einem griechischen Söldnerheer unter dem Befehl des Rhodiers Memnon, der zusammen mit seinem Bruder Mentor schon lange in persischen Diensten gestanden hatte. Am kleinen Fluss Granikos kam es 334 v. Chr. zur ersten Schlacht, die Alexander für sich entschied. Nach der Schlacht widerstand Milet noch eine Weile, aber sonst ergaben sich alle von Persern gehaltenen Städte, und Alexander zog in Sardes ein.

Wie sein Vater dachte Alexander nach den militärischen Siegen sofort daran, wie das Gewonnene politisch zu sichern sei. Die Griechenstädte wurden freigelassen, die Satrapien bekamen makedonische Satrapen, in Karien beließ er Ada, die Schwester des Satrapen Mausolos, als Dynastin und ließ sich sogar von ihr adoptieren. 333 zog er in Gordion ein, der alten Königsstadt Phrygiens, in der einst Midas geherrscht hatte, und in seiner Vorliebe für symbolische Handlungen löste er den kunstvollen Gordischen Knoten, mit dem Joch und Deichsel eines Wagens verbunden waren, der als Weihgeschenk im Tempel der Burg stand. Die Weissagung lautete, der werde Asien beherrschen, der den komplizierten Knoten lösen könne, und Alexander löste ihn – die eine Version sagt, er habe das dadurch getan, dass er den Pflock der Deichsel herauszog, die andere, dass er den Knoten mit dem Schwert durchhieb. Im November desselben Jahres traf er dann auf das persische Heer, das ihm unter dem Kommando des Großkönigs Dareios III. endlich entgegengezogen war. Bei Issos kam es zur Schlacht. Alexander siegte abermals, Dareios floh unter Zurücklassung seiner Familie, die von Alexander mit allen Ehren behandelt wurde.

Weiter südlich ging es nun, die Küste entlang, gegen die ruhmreichen Phönikerstädte; es waren phönikische Schiffe, aus denen großenteils die persische Kriegsflotte bestand. Auch hier ergab sich ihm

In der königlichen Grablege des antiken Sidon (Libanon) wurde ein um 320 v. Chr. entstandener Sarkophag gefunden (Istanbul, Archäologisches Museum), in dem vermutlich der einheimische Fürst Abdalonymos bestattet war. Ihn hatte Alexander nach der Schlacht bei Issos 333 v. Chr. als lokalen Herrscher eingesetzt. Er rühmt sich in orientalischer Herrschertradition seiner Taten auf der Löwenjagd. Alexander als Kämpfer in der Schlacht (kleines Bild) ist auf einer anderen Seite dargestellt.

alles – wie auch ganz Zypern –, nur Tyros, die Inselstadt, verweigerte die Unterwerfung. Sieben Monate dauerte die Belagerung, und erst als die Einkreisung mit Frachtschiffen gelang, von denen aus die Belagerungsmaschinen eingesetzt werden konnten, wurde die Stadt erobert und grausam bestraft. Jetzt stand Ägypten als nächstes Ziel an. Für die Einnahme von Gaza brauchte Alexander noch einmal zwei Monate, aber sonst fiel ihm alles zu. 332 v. Chr. übergab ihm der persische Satrap in der Hauptstadt Memphis formell die Herrschaft, und Alexander ließ sich zum ägyptischen Pharao erheben. Er fuhr den Nil hinab bis ans Meer, und hier nun gründete er zum ersten Mal eine Stadt, der er seinen eigenen Namen gab, Alexandria; sie sollte sich alsbald zu einer der größten Städte des gesamten Altertums entwickeln. Von dort aus fand eine nichtmilitärische Expedition nach Westen statt, zur Oase Siwa, in der sich ein Orakel des Gottes Ammon (die griechische Form von Amun) befand. Dieser ägyptische Gott Amun war seit längerem auch in Griechenland bekannt, wurde verehrt und sein Orakel wurde befragt. So ist es nicht überraschend, dass der griechisch geprägte makedonische König, der gerade auch ägyptischer König geworden war, Ammon einen Besuch abstatten und ihn befragen wollte. Vor der Tür des Tempels begrüßte ihn der Priester als »Sohn des Amun«, wie es sich für einen ägyptischen König gehörte, und was sie dann drinnen miteinander besprachen, blieb unbekannt. Trotzdem hatte dieser Besuch weit tragende Folgen für Alexanders Herrschaftslegitimation.

Und weiter ging es. Schon nach Issos hatte Dareios begonnen, Vermittlungsvorschläge zu machen, die alle abgelehnt wurden, und im Oktober 331 v. Chr. kam es dann beim Dorf Gaugamela östlich des Tigris zu einer Schlacht, die sich als die entscheidende herausstellen sollte. Alexander siegte abermals, und abermals gelang es ihm nicht, Dareios gefangen zu nehmen, der wieder, vielleicht vorzeitig, die Sache verloren gegeben hatte und geflohen war. Jetzt erklärte sich Alexander zum König von Asien, proklamierte sich also zum Nachfolger des Perserkönigs. Trotzdem verfolgte er Dareios nicht, sondern nahm von Babylon Besitz; und so, wie er sich in Ägypten als Pharao einsetzen ließ, opferte er in Babylon als König von Babylon dem Staatsgott Marduk. Babyloniens persischer Satrap Mazaios, der bei Gaugamela den rechten Flügel befehligt hatte, wurde im Amt belassen, freilich wurde ihm eine makedonische Besatzung beigegeben und die Finanzverwaltung in makedonische Hände gelegt.

Ende des Jahres zog Alexander in Susa ein, in die alte Hauptstadt Elams, die dann die politische Residenz der Großkönige geworden war. Bisher waren Griechen dorthin als Flüchtlinge gekommen oder als Gesandte oder Bittsteller, und von Susa aus hatte 386 v. Chr. der König der Könige seinen Frieden den Griechen »hinabgesandt«; jetzt setzte sich der Hegemon des Korinthischen Bundes auf den achämenidischen Thron, schickte die Statuengruppe der Tyrannenmörder Harmodios und Aristogeiton, die Xerxes entführt hatte, wieder nach Athen und nahm den aufgehäuften Staatsschatz in Beschlag.

Im Frühling des nächsten Jahres übergab ihm der Befehlshaber von Persepolis diese traditionelle und repräsentative persische Hauptstadt mit ihren herrlichen Bauten. Auch heute noch ist vieles von ihnen zu sehen, obwohl Alexander sie auf einer Siegesfeier in Brand stecken ließ. War es ein Akt der Trunkenheit, die ihn sogar eine Hetäre damit beauftragen ließ, die Brandfackel zu werfen? War es wohl kalkulierte politische Absicht? Die Unklarheit, die darüber herrscht, spiegelt aber eigentlich nur die Unklarheit der Situation wider. Einerseits war Alexander der Feldherr des vereinigten makedonisch-griechischen Heeres, und wenn er in dieser Eigenschaft Racheakte beging, war das nach der allgemeinen Auffassung nicht nur verzeihlich, sondern fast schon eine Verpflichtung. Auf der anderen Seite beanspruchte er ja die Rechtsnachfolge des Großkönigs und hätte in dieser Eigenschaft Persepolis schonen müssen.

Mitten in der Schlacht lässt der Perserkönig Dareios seinen Wagen wenden und flieht vor dem todesmutigen Alexander. Der Künstler fasst den Kampf der beiden Herrscher in ein packendes Bild. Das »Alexandermosaik« aus Pompeji im Museo Archeologico Nazionale, Neapel, kopiert ein hellenistisches Gemälde.

Aber noch lebte Dareios, und Alexander machte sich nun an die Verfolgung. Nach dem Einzug in Ekbatana, der Hauptstadt der Meder, entließ er die griechischen Kontingente, um zu zeigen, dass er nun nicht mehr der Bundesfeldherr, sondern der makedonische König von Asien war. In Nordiran kam Alexander dem fliehenden Dareios immer näher, und schließlich holte er ihn ein – fand ihn aber nur noch als Leiche vor. Er war von Bessos, dem Satrapen von Baktrien und Kommandeur des rechten Flügels bei Gaugamela, umgebracht worden. Alexander behandelte seinen toten Vorgänger mit Respekt. Nun war er endgültig und unwiderruflich der König der Könige.

Was Alexander, seinen Truppen und seinen Befehlshabern jetzt bevorstand, war so wenig ein Spaziergang wie der ganze bisherige Zug; die schnelle Erzählung der Ereignisse muss darauf verzichten, die einzelnen Etappen mit ihren militärischen, topographischen und klimatischen Schwierigkeiten auszumalen, die immer wieder Höchstleistungen an Energie, Ausdauer, Intelligenz und Geistesgegenwart erforderten. Aber was jetzt kam, übertraf in seinen Tag für Tag neu auftretenden Anforderungen alles bisher Dagewesene; keine Entscheidungsschlachten waren mehr zu schlagen, sondern zähe, geduldige und langwierige Eroberungsarbeit war erforderlich. Hinzu kam, dass jetzt innere Probleme auftraten, nämlich makedo-

Als Dareios III. nach der Schlacht bei Issos 333 v. Chr. Alexander Frieden und ein Bündnis anbot und von ihm die Rückgabe der Geiseln forderte, soll dieser nach Arrian (Siegeszug Alexanders 2, 14, 4) geantwortet haben:

Da ich nun Herr von ganz Asien bin, komm du gefälligst zu mir. Wenn du dich aber scheust zu kommen, aus Angst, von mir etwas Böses zu erleiden, dann sende einige deiner Freunde, die meine Zusicherungen entgegennehmen sollen. Wenn du aber zu mir kommst, dann fordere deine Mutter und Gattin und deine Kinder und was du sonst wünschst von mir, und du wirst es erhalten. Denn es wird dir gewährt werden, was du als recht und billig von mir erbittest.
Und künftig hast du, wenn du wieder an mich schreibst, an mich als den König von Asien zu schreiben und nicht auf gleichem Fuß mit mir zu verkehren. Du hast mit mir als dem Herrn deines ganzen Daseins zu sprechen, wenn du etwas wünschst. Sonst werde ich über dich als meinen persönlichen Beleidiger zu urteilen haben.
Wenn du mir aber doch noch die Königsherrschaft streitig machen willst, dann erwarte mich noch einmal zum Kampfe und fliehe nicht. Denn ich werde gegen dich marschieren, wo du auch sein magst.

Wie einst der Weingott Dionysos seine Herrschaft über die Menschen errungen hat, so fällt auch Alexander die Welt als sein Reich in den Schoß, meinten viele in Griechenland. Ein Elfenbeinrelief im Archäologischen Museum von Saloniki stellt Dionysos mit seinem fröhlichen Gefolge dar. Es stammt von der Verzierung eines Speisesofas in einem Grab bei Vergina.

nisch-griechischer Widerstand gegen das zunehmende Heranziehen von Persern und anderen Einheimischen zur Verwaltung und militärischen Unterstützung.

Jedenfalls brauchte Alexander nun drei Jahre, um den östlichen Teil des Perserreiches zu unterwerfen. Die größten Schwierigkeiten machten ihm die Völker im Nordosten des Reiches, also in der Sogdiane und in Baktrien, den heutigen Staaten Usbekistan, Tadschikistan und Afghanistan; es gab trotz einiger Verstärkungen aus Griechenland verlustreiche Kämpfe. Zwar wurde Bessos an Alexander ausgeliefert, der erst verstümmelt und dann einem Bruder des Dareios zur Hinrichtung übergeben wurde, aber kaum zu überwältigen war der einheimische Fürst Spitamenes. Er war die Seele des Widerstandes, und erst mit seiner Ermordung und durch die Einnahme zweier für unüberwindlich gehaltener Felsburgen konnte Alexander die Sogdiane und Baktrien unterwerfen. Während er seit Mazaios in Babylon oftmals Einheimische zu Satrapen gemacht hatte, setzte er diesmal wieder einen Makedonen, Amyntas, ein.

Im Sommer 327 v. Chr. ging es an die Eroberung Indiens. Nach den Vorstellungen Alexanders fehlte zur Komplettierung nur noch dieser letzte Teil des Perserreiches Dareios' I., und dahinter musste gleich der Ozean beginnen, der die Grenze der Welt überhaupt darstellte. Alexander bewegte sich – immer unterbrochen von schweren Kämpfen und Belagerungen – durch das afghanisch-nordpakistanische Bergland in das Fünfstromland hinab, in den Pandschab. Dort ging den Europäern zum ersten Mal auf, dass sie es nicht mit einer pittoresken Randzivilisation zu tun hatten, sondern mit einer großen, alten, voll entfalteten Schriftkultur, und immer beunruhigender dürften die Nachrichten gewesen sein, dass deren geographische Ausdehnung unabsehbar sei. Zunächst half man sich damit, alles ins Griechische umzuinterpretieren, indem man etwa den vedischen Gott Krishna mit Herakles und Indra mit Dionysos gleichsetzte, und nur die asketisch lebenden Fakire machten Schwierigkeiten – man hatte aber Ehrfurcht vor ihnen, erinnerte sich an die beginnende Bewegung der Kyniker in Griechenland und nannte sie Gymnosophisten, »nackte Weise«.

Jenseits des Indus lag die Stadt Taxila, deren König Taxiles sich schon früher Alexander zur Verfügung gestellt hatte, an sein Königreich aber schloss sich das des Poros an, und mit ihm kam es im Sommer 326 zur letzten großen Feldschlacht. Poros wartete mit seinem Heer, zu dem auch Elefanten gehörten, auf der östlichen Seite des Hydaspes. Sehr viel breiter war er als der Granikos, mit dem Alexanders Siegeszug begonnen hatte, sehr viel gefährlicher war das unbekannte Heer, und Alexanders Soldaten hatten nach acht Jahren einiges hinter sich. Trotzdem siegte Alexander abermals, behandelte den unterlegenen Herrscher königlich und setzte ihn zum Satrapen seines früheren Reiches ein. Jetzt häuften sich die Nachrichten über all die Völker, Städte und Reiche, die sich an das Reich des Poros anschlossen. Dennoch zog Alexander mit einem Teil des Heeres wei-

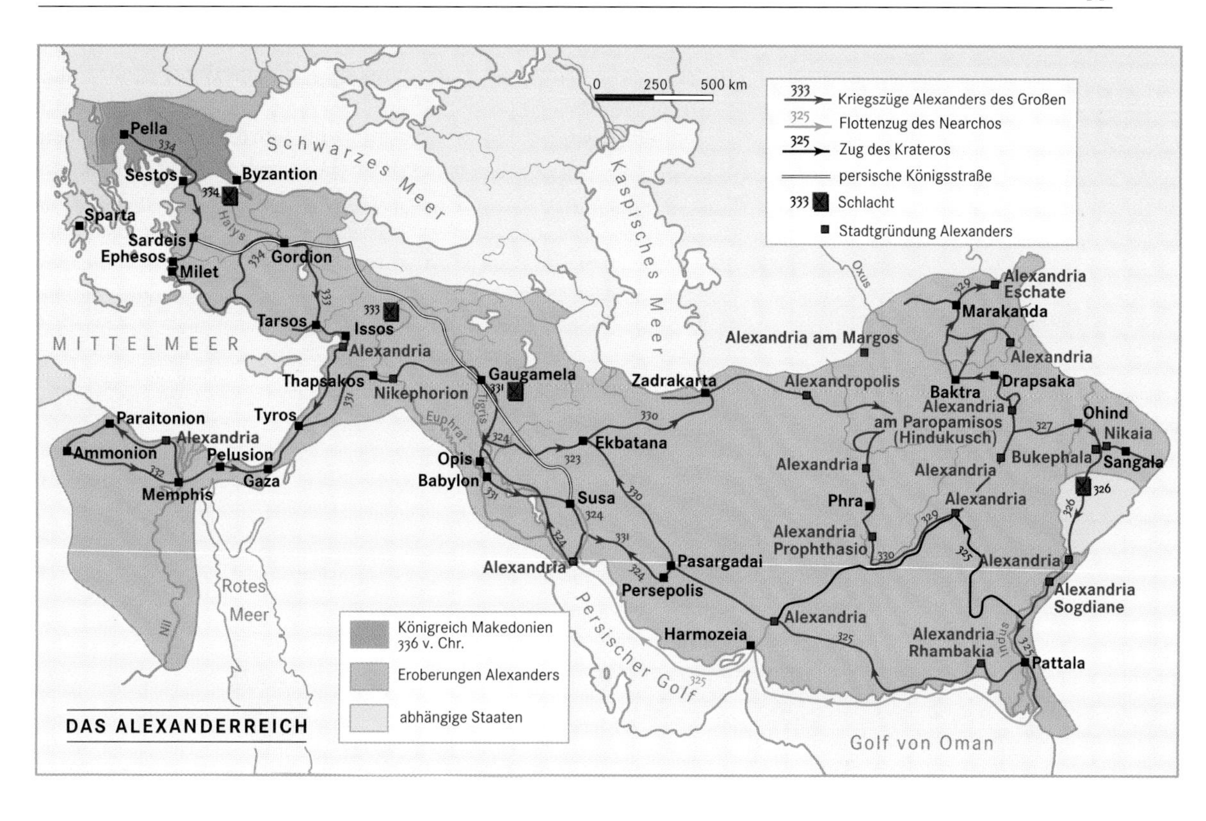

ter, erreichte den östlichsten Fluss des Pandschab, den Hyphasis, aber hier versagte ihm nun sein Heer die Gefolgschaft.

Es war inzwischen klar geworden, dass der Indus nicht wie vermutet der Oberlauf des Nil war, und es bestand Gewissheit darüber, dass sich weiter östlich ein bisher unbekannter Strom befand, der Ganges. Vielleicht muss man nicht von einer ausgesprochenen Meuterei reden, aber das Widerstreben der Soldaten weiterzuziehen war so entschieden, dass Alexander jetzt, als sein Charisma anscheinend seine Grenzen gefunden hatte, zum letzten Mittel griff, zum Liebesentzug. Er zog sich in sein Zelt zurück, blieb dort drei Tage, aber die Soldaten blieben standhaft, und er musste sich fügen. Alexander brach den Feldzug ab, um wieder den Indus zu erreichen und auf ihm zum Meer zu gelangen.

Im Herbst 326 v. Chr. traf Alexander wieder am Hydaspes ein, und nach umfangreichem Flottenbau begab sich das Heer auf die Rückfahrt, ein Teil zu Schiff, ein Teil zu Lande. Eine Spazierfahrt war auch das nicht. Am Unterlauf des Indus wurde eine Vorausabteilung unter Krateros auf dem Landweg nach Westen geschickt, während der Hauptteil des Heeres am Indusdelta geteilt wurde. Alexander selbst opferte am endlich erreichten Ozean und nahm dann den Landweg, die Flotte unter Nearchos fuhr in Küstennähe in Richtung Persischer Golf. Der Rückmarsch durch die Wüste Gedrosiens stellte, was die körperlichen Anstrengungen und das Gefühl des Verlassenseins betraf, alle bisherigen Unternehmungen in den Schatten; fast wäre die

Plutarch erzählt (Alexander 60):

Als Poros gefangen war und Alexander ihn fragte, wie er ihn behandeln solle, antwortete er: »Königlich«, und als er weiterfragte, was er sonst noch zu sagen habe, sagte er: »In dem ›Königlich‹ ist alles enthalten.« Alexander ließ ihn daraufhin nicht nur das bisher beherrschte Land unter dem Namen eines Satrapen weiter beherrschen, sondern gab ihm noch einen Teil des bisher unabhängigen Landes, das er unterworfen hatte, hinzu, in welchem fünfzehn Stämme, fünftausend nicht unbedeutende Städte und sehr viele Dörfer bestanden haben sollen.

welthistorische Gestalt Alexanders des Großen verschollen. Es gelang Nearchos, an der Straße von Hormus mit Alexander zusammenzutreffen, zur Erleichterung Alexanders, zum Entsetzen Nearchos' wegen des heruntergekommenen Zustandes des Heeres. Von nun an ging es leichter, Anfang 324 v. Chr. traf Alexander in Pasargadai und dann in Persepolis ein und begann mit neu erwachter Energie, in dem so lange verlassenen Teil seines Reiches Ordnung zu schaffen.

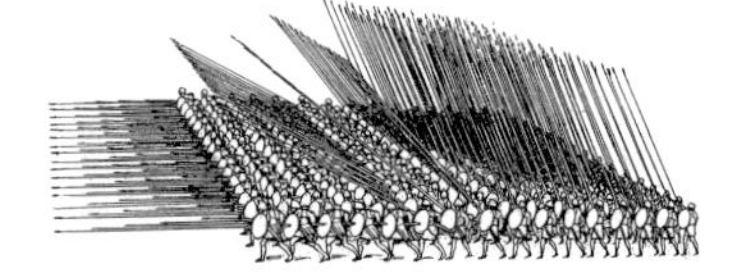

Die gefürchtete Waffe des makedonischen Heeres war die so genannte Sarissa. Der Kampf mit dieser langen Lanze erforderte eine strenge Disziplin der Truppe, erlaubte jedoch eine gestaffelte Schlachtreihe.

Die karge Landschaft von Belutschistan, dem antiken Gedrosien, bei Sutkakuh (linke Abbildung) und bei Pasni (rechte Abbildung).

Schon auf dem letzten Teil seines Marsches ließ er Satrapen hinrichten, die sich seine Abwesenheit zunutze gemacht und begonnen hatten, eigene Herrschaften aufzurichten, und setzte zuverlässige Makedonen ein; Satrap der Persis und der Susiane wurde Peukestas, der Persisch gelernt hatte. Am bekanntesten ist die Selbstherrlichkeit des Finanzstatthalters Harpalos geworden. Harpalos, ein Makedone, der wegen einer körperlichen Behinderung nicht in den Osten hatte mitziehen können, hatte ein anstößig üppiges Leben geführt, sich eine Privatarmee zugelegt und Tausende von Talenten unterschlagen. Beim Herannahen Alexanders flüchtete er nach Athen, verteilte große Bestechungsgelder, unter anderem auch an Demosthenes, und wurde schließlich ermordet.

Voraussetzungen für das Gelingen des Alexanderzuges: Charisma, Planung und Organisation

Wir haben Alexanders Lauf durch Asien vom Anfang bis zum Ende in seinen äußeren Ereignissen verfolgt, und dabei könnte der Eindruck entstanden sein, als sei es einzig auf die Person Alexanders und seine Intuition angekommen oder auf sein Genie. Vielleicht war die ausschlaggebende Komponente dieses Siegeslaufes wirklich sein persönliches Charisma, das ihm auch die Anhänglichkeit seiner Soldaten sicherte, aber mit Charisma allein erobert man kein Weltreich. Von den objektiven Bedingungen abgesehen, waren großes Organisationstalent und große militärisch-politische Intelligenz am Werk. Die Struktur des Heeres, des wichtigsten Instrumentes, hatte er von seinem Vater übernommen und weiterentwickelt, insbesondere durch eine immer stärkere Eingliederung persischer und anderer Truppeneinheiten. Aber es war nicht nur das Heer, das zum Pandschab und zurück gezogen war. Vielleicht war es die Wirkung des Unterrichts, den Aristoteles, der große Wahrnehmer der Wirklichkeit, Alexander hatte angedeihen lassen, dass der König auch Landvermesser und Naturwissenschaftler auf die Reise mitnahm, die die zu erwartenden neuen Sachverhalte gewissenhaft auf-

Makedonia thront als Herrscherin über Asia. Die Personifikation von Makedonien ist bewaffnet und trägt die Kausia, eine charakteristische Kopfbedeckung Nordgriechenlands, während die üppige Gestalt Asiens zu ihren Füßen eine phrygische Mütze trägt. Das Wandbild aus einer römischen Villa, heute im Museo Archeologico Nazionale, Neapel, gibt ein hellenistisches Gemälde wieder.

nehmen sollten; der Zug hatte außer der – erst allmählich immer deutlicher werdenden – Absicht der militärisch-politischen Eroberung des gesamten Perserreiches auch den Zweck, die Oberflächengestalt der Erde und ihre Ausdehnung bis zum Ozean festzustellen.

Das war ein Zweck für sich; konstitutiv für den Erfolg des Zuges war die Tatsache, dass Alexander auch daran dachte, die hinter sich gelassene griechische Welt über den Verlauf und den Erfolg seines Zuges auf dem Laufenden zu halten. Dass die Verbindungen mit der Heimat nie abrissen, geht aus dem gelegentlichen Eintreffen von Nachschub hervor. Aber es kam auch darauf an, die Meinung zu Hause zu formen, und zu diesem Zweck wurde ein Großneffe des Aristoteles mitgenommen, der Historiker und Philosoph Kallisthenes aus Olynth. Seine Aufgabe war es, die Geschichte des Zuges zu schreiben und der griechischen Welt zu vermitteln.

Alexander war kein seinen Augenblickseingebungen folgender Mensch, sondern plante sorgfältig. Vor jeder neuen Etappe des Feldzuges wurden genaue Erkundigungen eingeholt über das, was einen erwarten konnte. Die Planung und der Schriftverkehr waren die Aufgabe der Kanzlei, der der einzige Grieche in der näheren Umgebung Alexanders vorstand, Eumenes aus Kardia auf dem Thrakischen Chersones – kein Federfuchser übrigens, sondern ein fähiger Militär, der in den Nachfolgekämpfen eine wichtige Rolle spielen sollte. Die Kanzlei erledigte die Korrespondenz, führte die Ephemeriden, also das Tagebuch des Feldzuges, und bei ihr wurden Entwürfe für zukünftige Pläne und Aufgaben angefertigt, die *hypomnemata.*

Die Herrschaft hatte aber auch ihren persönlichen Aspekt. Ein Kreis von über hundert Personen wurden als *hetairoi* bezeichnet, »Gefährten«, wohl zu unterscheiden von der Hetairenreiterei. Von ihnen waren im letzten Lebensjahr des Königs zwischen 60 und 70 ständig in seiner Nähe. Ihr Kreis deckt sich nicht mit den Inhabern offizieller Funktionen wie hoher Kommandostellen, doch gibt es eine starke Überlappung. Die *hetairoi* hatten immer beim König zu sein, auch im Kampf, wenn ihnen keine anderen Aufgaben zugewiesen worden waren, sie hatten immer Zutritt zu ihm, bildeten seine Tischgesellschaft und stellten einen informellen Rat dar. Von ihnen

ALEXANDERMÜNZEN

Die Münzprägung Alexanders führten seine Nachfolger fort. Die oben gezeigte Münze wurde 317/311 v. Chr. im Auftrag Seleukos' I. in Babylon geschlagen und stellt Herakles dar; vielleicht ist auch Alexander selbst in der Erscheinung des Halbgottes gemeint.

Das Stück unten entstand unter Ptolemaios I. 314/313 v. Chr. in Alexandria und verherrlicht den Makedonenkönig als Eroberer Afrikas. Daher hat er einen Elefantenskalp auf dem Kopf. Alexander verfügt über gottgleiche Kraft: Er trägt die Haarbinde des Dionysos, den Schuppenpanzer des Zeus und die Widderhörner des ägyptischen Ammon. Die Rückseite der Münze mit der kämpfenden Athena und dem Adler des Zeus weist auf seine Schutzgötter hin.

Die »Gefährten« (hetairoi) des Makedonenkönigs fanden sich regelmäßig zu gemeinsamem Festmahl zusammen. In der Residenz von Pella bei Saloniki nehmen die mit Mosaiken verzierten Gelagesäle großen Raum ein.

ist wiederum die engste Gruppe der Vertrauten zu unterscheiden, die *somatophylakes,* wörtlich die »Leibwächter«. Das waren keine so genannten Gorillas, die nur auf die körperliche Sicherheit des Königs zu sehen hatten, obwohl das auch ihre Aufgabe war; sie waren nie mehr als sieben: unter ihnen Hephaistion (Alexanders Urfreund), der spätere Diadochenkönig Lysimachos sowie Ptolemaios, der spätere König von Ägypten.

Nimmt man nun noch den Chiliarchen, also den – nach Alexander – obersten Soldaten und Befehlshaber der Leibgarde hinzu, dann ergibt sich eine komplexe Struktur der zentralen Führungsspitze, die zweierlei gewährleistete: Erstens bot sie gewissermaßen den organisatorischen Unterbau der Herrschaft des Königs, und zweitens wurde wegen ihres Ineinander von verwaltungsmäßiger Kompetenzverteilung und persönlicher Bindung erreicht, dass der Wille des Königs allein ausschlaggebend war – oder anders gesagt: Der Wille des Königs war die entscheidende Kraft, aber damit er sich sachgerecht durchsetzen konnte, war es nötig, beim König eine wohl organisierte Zentrale einzurichten. Ähnlich könnte man die territoriale Organisation des Reiches charakterisieren. Alexander übernahm die persische Satrapienverwaltung, wandelte sie aber entsprechend den neuen Erfordernissen ab. Die Satrapen hatten die allgemeine Oberaufsicht über die Geschehnisse in ihren Satrapien und übten wohl auch die Gerichtsbarkeit aus; das war schon immer so.

Hatten aber die früheren Satrapen auch über das Finanzwesen bestimmt, einschließlich des Münzrechtes, so trennte Alexander dies ab und organisierte es neu. Die Finanzen bestanden aus Steuern im Sinne von Geld- und Naturalabgaben sowie von Zöllen und Wegegeldern, aus Einkünften der königlichen (landwirtschaftlichen) Besitzungen wie etwa in Ägypten und aus Abgaben der aus den Satrapien herausgenommenen Gebiete, insbesondere der Städte. Es wurde eine eigene Reichsmünze nach attischem Fuß geschaffen. Auch das Militär wurde der Kompetenz der Satrapen entzogen, und hier gibt es eine Differenz zwischen der Regelung im Westen und der im Osten: Dort, wo die Satrapen Makedonen oder Griechen waren, hatten sie die Befehlsgewalt über die makedonischen Truppen und das einheimische Aufgebot; waren die Satrapen Einheimische, gab es entweder einen eigenen makedonischen Kommandeur oder doch wenigstens einen makedonischen Aufseher.

Der vergoldete Trinkbecher (oben) aus dem 3. Jahrhundert v. Chr. wurde in Pella gefertigt. Er stammt aus einer Abfallgrube am Markt und steht heute im Museum von Pella.

Die silberne Weinkanne des späten 4. Jahrhunderts v. Chr. wurde in einem Grab bei Vergina in Makedonien gefunden (Saloniki, Archäologisches Museum).

Die Sicherung der Macht: Militärkolonien und Nationalitätenpolitik

Das führt zum Gesichtspunkt der handgreiflichen Sicherung der Macht. An vielen Stellen ließ Alexander Besatzungen zurück, teils direkt unter seinem Befehl, meistens aber unter dem der Satrapen beziehungsweise der Strategen. Wichtiger war die Anlage von

Militärkolonien, also die Ansiedlung von griechischen und makedonischen Veteranen; das war schon in Griechenland geschehen und wurde nun in größerem Stil weitergeführt. Allerdings sind solche Ansiedlungen rein militärischen Charakters nur schwer von der dritten und folgenreichsten Form der physischen Machtsicherung zu unterscheiden, der Gründung von Städten. In der Antike hieß es, Alexander habe 70 Städte gegründet, die heutige Forschung hat nur 16 bestätigen können, die alle Alexandria hießen.

Ein Sonderfall ist die Stadt Alexandria in Ägypten. Bei ihr überwog, aus ihrer Lage und Anlage zu schließen, die Funktion, eine starke wirtschaftliche Rolle zu spielen und die Verbindung mit Griechenland aufrechtzuerhalten, dagegen hatten alle anderen Alexandrias militärischen Charakter. Auch das schließen wir aus ihrer Lage: Sie befanden sich sämtlich im Osten, vor allem im Nordosten und in Indien; die letzte Stadt dieses Namens war Alexandria in Babylonien. Angesiedelt wurden auch hier griechische Söldner, aus dem Heeresdienst entlassene Makedonen, aber auch Einheimische. Ihre Aufgabe war die Sicherung des Gebietes, darüber hinaus hatten sie die Funktion der Verbreitung der griechischen Zivilisation.

Der berühmteste organisatorische Maßnahmenkomplex Alexanders war seine Nationalitätenpolitik. Alle verwaltungsmäßigen und militärischen Regelungen konnten das Grundproblem nicht hinreichend lösen, das darin bestand, wie die Herrschaft über ein solch riesiges Gebiet mit so unterschiedlichen Völkern und religiösen wie politischen Traditionen zu sichern und zu legitimieren sei. Alexander versuchte eine Lösung auf den verschiedensten Ebenen. So trat er zum Beispiel die Nachfolge in der jeweiligen Herrschaftsform an: Er wurde der Adoptivsohn der karischen Dynastin Ada, er wurde Stadtherr von Tyros, er wurde Pharao von Ägypten, er opferte dem babylonischen Stadtgott, wie es der babylonische König tat, und er wurde schließlich der Nachfolger des Perserkönigs, wurde also König der Könige. Aus dieser Funktion sowie aus seiner Praxis, immer mehr Einheimische für Heer und Verwaltung heranzuziehen, ergaben sich schwere Konflikte mit den Makedonen und Griechen, die sich häuften, je weiter der Zug nach Osten vordrang.

Kallisthenes aus Olynth bezieht zum Hofzeremoniell im makedonischen Heer eine klare Position (Arrian, Siegeszug Alexanders 4, 10, 11):

Den Alexander … erachte ich keiner Ehren unwürdig, soweit sie einem Menschen zukommen. Aber es sind … scharfe Unterschiede gemacht zwischen den Ehren, die Menschen, und denen, die Göttern zukommen … Vor allem aber zeigt sich das an der Sitte kniefälliger Anbetung (Proskynese). Denn Menschen werden von denen, die sie bewillkommnen, geküsst. Die Gottheit dagegen, die in der Höhe wohnt und nicht berührt werden darf, wird durch kniefällige Anbetung geehrt … Es geht daher nicht an, alle diese Ehrungen durcheinander zu bringen und Menschen durch übermäßige Ehrungen eine überschwängliche Stellung anzuweisen, dagegen die Götter … in unwürdiger Weise zu erniedrigen, indem man die Menschen in gleicher Weise wie die Götter ehrt … verlange ich, Alexander, dass du auch an Hellas denkst, um deswillen du den ganzen Feldzug unternommen hast und Asien Griechenland angleichst. – Und dann bedenke, wenn du dorthin zurückgekehrt bist, ob du auch die Griechen, die freisten von allen Menschen, zur Anbetung zwingen wirst.

Auf einem Silberbecher der Zeit kurz nach Christi Geburt (Kopenhagen, Nationalmuseum) naht sich der Trojanerkönig Priamos in orientalischer Tracht kniefällig dem griechischen Helden Achilleus, einem der Vorbilder Alexanders.

Zunächst erregte Anstoß die Tatsache, dass Alexander nach dem Tod des Dareios damit begann, persische Hoftracht zu tragen; nicht vollständig, so verzichtete er auf die langen Hosen, aber doch auffällig; auch ließ er sich von Persern kniefällig verehren. Von der makedonischen Reaktion war noch harmlos, dass Leonnatos sich darüber lustig machte; zur Katastrophe wurde die Opposition für Philotas, den Befehlshaber der Reiterei. Ihn hatte Alexander wohl im Zusammenhang mit dieser perserfreundlichen Politik im Verdacht, eine Verschwörung gegen ihn zu unternehmen, und ließ ihn hinrichten; auch sein Vater Parmenion, der alte Waffengefährte Philipps, der 336 v. Chr. schon mit der Vorausabteilung des makedonischen Heeres nach Kleinasien übergesetzt war und jetzt von Ekbatana aus die rückwärtigen Verbindungen kontrollierte, wurde in einer Blitzaktion getötet. Nachfolger des Philotas wurde Kleitos, der Alexander am Granikos das Leben gerettet hatte, aber auch er fiel seiner Opposition gegen die Perserpolitik zum Opfer. Bei einem Trinkgelage in Samarkand gab es ein heftiges Wortgefecht mit Alexander, in dessen Verlauf der König seinen Lebensretter eigenhändig erstach.

Hephaistion rettete seinem Freund Alexander einst bei der Löwenjagd das Leben. Dieses Ereignis ließ der König in einer Statuengruppe verewigen, die das Vorbild für ein Mosaik in der Makedonenresidenz Pella bildete (Abbildung auf der gegenüberliegenden Seite).

Alexanders Herrschaft gleicht in ihrer Machtfülle der Regierung des Göttervaters Zeus auf dem Olymp: Ein griechisches Gemälde mit der Darstellung des »Zeus-Alexander« ist als römische Kopie in Pompeji erhalten.

Der letzte schwere Zwischenfall ereignete sich vor dem Abmarsch nach Indien. Alexander wollte in einer sorgfältig vorgeplanten Aktion bei einem Gelage eher unter der Hand die kniefällige Verehrung, die Proskynese, auch für Makedonen und Griechen verbindlich einführen. Ein Kelch wurde herumgereicht, aus dem sollte man trinken, sich hinwerfen und dann einen Kuss von Alexander erhalten. Als die Reihe an Kallisthenes kam, weigerte sich dieser; er bekam nun keinen Kuss, machte darüber eine schnippische Bemerkung, und obwohl sein Verhalten wegen seiner Störrischkeit und mangelnden Diplomatie durchaus auch getadelt wurde, war doch die Einführung der allgemeinen Proskynese gescheitert. Kallisthenes aber wurde der Beteiligung an einer Verschwörung der königlichen Pagen beschuldigt und hingerichtet. Mehr als alles andere verschaffte das Alexander bei vielen Griechen den Ruf, zum Tyrannen geworden zu sein.

In diesen Zusammenhang gehört das Problem seiner göttlichen Verehrung. Schon nach seinem Besuch bei Ammon in der Oase Siwa verbreitete sich die Vorstellung, mit der Anrede als »Sohn des Ammon« sei nicht nur die göttliche Abkunft, sondern überhaupt die Göttlichkeit Alexanders gemeint gewesen. Diese Vorstellung griff um sich, und anscheinend hat Alexander nichts getan, um ihr entgegenzutreten, ja, er hat sie sogar gefördert. Orientalisch war daran wenig. Dass der Pharao der Sohn Amuns sei, ist ein ganz alter, rein ägyptischer Glaube. Der Perserkönig war, entgegen vieler landläufiger

Ansichten, kein Gott. Es ist im Gegenteil griechisch, besonders hervorragenden Menschen zuzuerkennen, dass in ihnen Göttliches wirke, das dann auch in kultischen Formen verehrt werden könne. Es ist daher auch kein Zufall und hat wenig Skandalöses an sich, dass Alexander nach seiner Rückkehr an die griechischen Städte die Aufforderung gerichtet haben soll, ihn göttlich zu verehren. Aus einem sehr praktischen Gesichtspunkt heraus spricht viel dafür, dass Alexander wirklich darauf zusteuerte. Er musste ja dafür Sorge tragen, dass dieses größte, heterogenste aller bisherigen Reiche zusammengehalten wurde, und dafür waren außer militärischen und administrativen auch psychologische Vorkehrungen erforderlich.

Probleme traten in dem Augenblick konzentriert auf, als Alexander wieder in Mesopotamien eintraf. Zwei dramatische Ereignisse ragen heraus, die Massenhochzeit von Susa und die Meuterei von Opis. In Susa setzte Alexander den symbolischen und zugleich sehr realen Schlusspunkt unter seine Nationalitätenpolitik, indem er, bei sich selber angefangen, viele Tausend Makedonen und Griechen mit orientalischen Frauen verheiratete. Alexander hatte schon in Baktrien Roxane, die Tochter eines sogdischen Fürsten, geheiratet; jetzt nahm er noch die Tochter des Dareios und die von dessen Vorgänger Artaxerxes III. Ochos dazu. Sein engster Freund Hephaistion erhielt ebenfalls eine Tochter des Dareios, und neben vielen weiteren makedonischen Großen erhielt auch der Chef der Hypaspisten, Seleukos, eine Iranerin, ausgerechnet die Tochter des gefährlichsten Gegners Alexanders, des Spitamenes. Die einfachen Soldaten bekamen nun nicht jeweils eigens ausgesuchte neue Gemahlinnen, sondern es wurden nur ihre Konkubinatsverhältnisse als legale Ehen anerkannt, und man mag daran zweifeln, ob jeder dieser Kämpen so besonders glücklich darüber war.

Das Hochzeitsbild von Alexander und Stateira, der Tochter Dareios' III., feiert das Ehepaar im Bild der Götterliebe zwischen Ares und Aphrodite. Es ist als freie Kopie in einem Wandbild in Pompeji überliefert.

Das ist ein Gesichtspunkt, der allein schon genügte, die übliche Einschätzung dieser Massenhochzeit als Ausdruck einer Verschmelzungspolitik im Sinne von Gleichberechtigung zu bestreiten. Richtig ist, dass die aus diesen Verbindungen hervorgehenden Kinder zu gleichen Teilen griechisch-makedonischer und iranischer Herkunft waren, und insofern war eine Gleichwertigkeit der beiden Bestandteile gegeben; die Erziehung dieser Kinder dürfte aber griechisch gedacht gewesen sein. Richtig ist auch, dass Alexander mit gutem Beispiel voranging. Aber es wurde gewissermaßen nur in eine Richtung geheiratet: Der orientalische Bestandteil der Ehen war immer weiblich, also minderbewertet, nie hören wir davon, dass Orientalen in ostentativer Weise griechisch-makedonische Frauen bekommen hätten.

Ähnlich steht es mit den Vorgängen in Opis. Schon in Susa hatte Alexander 30 000 junge Perser in das makedonische Heer aufgenommen, und zwar makedonisch ausgebildete; etwas später wurden sie so in das makedonische Heer eingegliedert, dass auf vier makedonische Soldaten zwölf persische kamen, jedoch die Makedonen das jeweilige Kommando in den Einheiten hatten. Diese Einbeziehung war nur eine Konsequenz aus den Erfahrungen seines asiatischen Feldzuges, in dessen Verlauf ja immer mehr einheimische Soldaten eingegliedert wurden. In Opis dann, einer Ortschaft nördlich von Babylon, traf er eine Maßnahme, die seine makedonischen Soldaten endgültig so verletzte, dass sie ihm die Gefolgschaft verweigerten. Die lang Dienenden sollten nämlich nach Europa entlassen werden, aber anstatt dass sie sich darüber freuten, fühlten sie sich gegenüber den neu aufgenommenen Persern zurückgesetzt, und aus Solidarität mit ihnen erklärten auch alle anderen Makedonen, dass dann auch sie nach Hause wollten.

Hier scheint sich auch eine spezielle Form der Erbitterung über Alexanders Gottessohnschaft geäußert zu haben. So sehr sie in griechischem Denken lag, so sehr scheint sie altmakedonische Soldaten verletzt zu haben. Sie hatten sich trotz aller inzwischen eingetretenen Veränderungen und Erfolge immer noch die Anhänglichkeit an ihren großen Kommandeur Philipp bewahrt und mussten die Ersetzung Philipps durch Ammon als Vater Alexanders schmerzlich empfinden: Er brauche sie ja nicht mehr, sollen sie ihm zugerufen haben, und könne mit seinem Vater Ammon alleine auskommen. Alexander wandte sein schon in Indien angewandtes Mittel an, den Liebesentzug. Zum einen entließ er sie wirklich formell alle zusammen – ein Schachzug, den rund 275 Jahre später auch Caesar einmal anwandte –, zum anderen zog er sich tagelang in sein Zelt zurück. Anders als in Indien gaben diesmal die Soldaten nach. Die Veteranen zogen ab, und ein großes Versöhnungsfest wurde gefeiert.

Das Ende kam schnell. Trotz des Todes von Hephaistion, Alexanders engstem Freund, Ende 324 v. Chr. blieb er weiter rastlos tätig, zog nach Babylon, empfing Gesandtschaften aus aller Welt – auch aus Karthago und vielleicht auch aus Rom –, begann große Wiederaufbauarbeiten in Babylonien, griff in die griechische Innenpolitik ein und bereitete weitere Feldzüge vor. Im Juni 323 v. Chr. befiel Alexander ein heftiges Fieber, an dem er, noch nicht 33 Jahre alt, starb. Die Faszination seiner Persönlichkeit und seiner Leistung blieb.

Wolfgang Schuller

Der im 1. Jahrhundert v. Chr. lebende griechische Schriftsteller Diodor schildert, was Alexander nach seinem Indienfeldzug plante (Historische Bibliothek 18,4):

Perdikkas, der General Alexanders, fand unter den Aufzeichnungen des Königs ... viele große Pläne, die einen ungeheuren Aufwand an Geld erforderten. Die wichtigsten und merkwürdigsten der aufgezeichneten Pläne waren folgende: Tausend Kriegsschiffe, größer als Dreiruderer, sollten in Phönikien, Syrien, Kilikien und auf Kypern (Zypern) zu dem Feldzuge gegen die Karthager und die anderen am Meere wohnenden Einwohner Libyens und Spaniens und den angrenzenden Küstenländern bis Sizilien gebaut werden; eine Küstenstraße sollte von Libyen bis zu den Säulen des Herakles (Straße von Gibraltar) geführt werden; ... Häfen und Schiffswerften sollten zu diesem Unternehmen neu angelegt werden; ferner wollte er die Städte vereinigen und die Einwohner aus Asien nach Europa und umgekehrt aus Europa nach Asien verpflanzen, damit zwischen den zwei großen Weltteilen durch wechselseitige Heirat und den Tausch der Wohnplätze eine allgemeine Übereinstimmung und geistige Verwandtschaft sich entwickele.

Diese wohl nicht lange nach dem Tode Alexanders des Großen angefertigte Bronzestatuette wurde in Unterägypten gefunden und befindet sich heute im Pariser Louvre. Sie kopiert eine Ehrenstatue des Königs, der in heroischer Nacktheit und mit herrscherlicher Gebärde dargestellt ist. Die Linke hielt vermutlich eine Lanze.

Griechisch versteht man überall – Die Welt des Hellenismus

Erben und Rivalen – Die Diadochenreiche

Es war nicht nur Alexander, der die Welt verändert hatte. Wäre es nur seine Genialität gewesen, dann wäre nach seinem unerwarteten Tod alles zusammengebrochen. Das Großreich teilte sich zwar in einzelne Großstaaten, und im Osten bröckelte es ab, aber im Ganzen blieben die Eroberungen nicht nur erhalten, sondern die griechische Zivilisation dehnte sich immer weiter aus. Im Osten wirkte sie nach Indien hinein, und im Westen gräzisierte sich sogar die neue Macht Rom so weit, dass das spätere Römische Reich ohne griechische Elemente nicht zu denken wäre. Immerhin blieb ja auch das gesamte östliche Mittelmeergebiet bis zum Arabersturm griechisch. Auch war die Eroberung nicht aus heiterem Himmel gekommen, und die Faktoren, die hinter dem Alexanderzug gestanden und seinen Erfolg ausgemacht hatten, bewirkten auch die Dauerhaftigkeit der Eroberungen.

Die Siegesgöttin Nike hat sich auf einen Schiffsbug geschwungen, in ihrer – heute verlorenen – Rechten hielt sie eine flatternde Siegerbinde. Die Figur im Pariser Louvre wurde im Heiligtum auf der Insel Samothrake gefunden, wo sie ursprünglich inmitten eines Wasserbeckens aufgestellt war. Das pathetische Monument feierte vermutlich einen Seesieg der Stadt Rhodos um 190 v. Chr.

Das Perserreich hatte schon deutliche Zeichen der Instabilität gezeigt. So versuchte Persien während des Peloponnesischen Krieges nur durch die wechselnde Unterstützung der Kriegsparteien Griechenland politisch schwach zu halten. Symptomatisch war auch, dass der junge Kyros bei seinem Versuch, den Thron zu erringen, in ausschlaggebendem Maße griechische Hilfe in Anspruch nahm, und das immer selbstständiger werdende Schalten und Walten der Satrapen in Kleinasien zeigte auch, wie sehr die zentrifugalen Kräfte zunahmen. Ägypten hatte sich am Ende des 5. Jahrhunderts v. Chr. seine Freiheit zurückgewonnen und wurde erst nach 65 Jahren Selbstständigkeit 343 v. Chr. wieder von Artaxerxes III. Ochos zurückerobert – kein Wunder, dass Alexander bald darauf ohne Schwierigkeiten einmarschieren konnte.

Auch sonst drang die griechische Zivilisation schon vor Alexander nach Osten vor – ohne militärische Mittel. Die Auswanderung nahm zu, was sich durch die zunehmende Verbreitung der griechischen Kunst belegen lässt. Ein berühmtes Beispiel ist das Grabmonument, das sich der karische Dynast Mausolos – auch er ein Beispiel für das Erstarken der Lokalgewalten im Perserreich – von griechischen Künstlern errichten ließ, das Mausoleion, aus welchem Wort unser Mausoleum geworden ist. Ein weiteres Beispiel ist die Kunst des kleinasiatischen Lykien im 4. Jahrhundert v. Chr. Es war einfach so, dass alle Beteiligten – die Griechen ohnehin, aber auch die orientalischen Völker – die griechische Zivilisation als die überlegene empfanden. Daher ist die Geschichte des Hellenismus in stärkerem Maße Kulturgeschichte als die der früheren Epochen.

Im Hellenismus verbreitete sich die griechische Zivilisation über das gesamte Mittelmeergebiet – von Gibraltar bis zum Indus, vom Don bis zum Nil –, und das Zurücktreten der Poliswelt zugunsten der Flächenstaaten förderte auch auf dem Gebiet der Kultur das Individuum und seine nicht

Das über 40 m hohe Grabmal des karischen Dynasten Mausolos wurde um 360–340 v. Chr. in der Residenzstadt Halikarnassos von dem griechischen Architekten Pytheos errichtet und mit Skulpturen der berühmtesten Bildhauer der Zeit geschmückt. Im Mittelalter wurden die Steine für den Bau einer Kreuzritterburg abtransportiert. Auf einem Fries über der Sockelzone war ein Kampf der Griechen gegen die barbarischen Amazonen dargestellt. Die erhaltenen Bruchstücke befinden sich heute im Britischen Museum, London.

an politische Strukturen gebundene Kreativität. Kunst und Wissenschaft wurden, lateinisch ausgedrückt international, griechisch gesagt kosmopolitisch. Das wussten auch die Herrscher der neuen Monarchien im Orient, und da sie das griechische Element zur Befestigung ihrer Herrschaft brauchten und daher auf die politische und geistige Verankerung in Griechenland angewiesen waren, förderten sie in ihrem Herrschaftsbereich bewusst die griechische Kultur. An Politischem freilich fehlt es nicht.

Die Ausgangslage bei Alexanders Tod war rechtlich die, dass er König der Makedonen, Hegemon und alleiniger Feldherr des Korinthischen Bundes und Großkönig des Perserreiches gewesen war. Faktisch hatte seine Stellung auf der Armee, seiner Persönlichkeit und dem Prestige seiner ungeheuren Leistungen beruht. Politische Schwierigkeiten nach seinem Tode gab es infolgedessen drei: Wer sollte die Nachfolge in der Herrschaft über den Orient, die Hegemonie über die griechischen Städte und das makedonische Königtum übernehmen, und wie sollte das geschehen? Die erste Frage erwies sich als völlig unproblematisch, denn obwohl die Makedonen sofort Alexanders Verschmelzungspolitik rückgängig machten – mit Ausnahme des Seleukos verstießen alle Makedonen ihre persischen Frauen, und die einheimischen hohen Beamten wurden abgesetzt –, hat trotzdem kein Asiate in nennenswerter Weise gegen die makedonische Herrschaft gekämpft. In Griechenland brach allerdings sofort nach dem Bekanntwerden von Alexanders Tod ein Unabhängigkeitskrieg aus. Alexanders Statthalter in Europa, der alte Antipater, wurde von den vereinigten Griechen einschließlich der Spartaner in der thessalischen Stadt Lamia belagert, wonach dieser Krieg Lamischer Krieg genannt wird. 322 v. Chr. aber war die makedonische Herrschaft wiederhergestellt.

Die Suda, ein byzantinisches Wort- und Sachlexikon aus dem 10. Jahrhundert, definiert die Herrschaft der Diadochen so (Basileia § 2):

Nicht Mehrheitsentscheidung oder Recht begründen die Königsherrschaft, sondern die Fähigkeit, ein Heer und die Staatsgeschäfte zweckmäßig zu führen; so war es bei Philipp und den Nachfolgern Alexanders.

Anders stand es mit der Nachfolge im makedonischen Königtum, denn es war niemand da, der die rechtlichen und faktischen Voraussetzungen erfüllte. Dynastisch legitimiert wären der Halbbruder Alexanders, Philipp III. Arrhidaios, und Alexanders Sohn von Roxane gewesen, aber Philipp war schwachsinnig und das Söhnchen noch nicht geboren. Demgemäß gab es drei Möglichkeiten der weiteren Entwicklung: treuhänderische Verwaltung für Philipp III. oder Alexander IV., gewaltsame Usurpation durch einen Dritten oder die

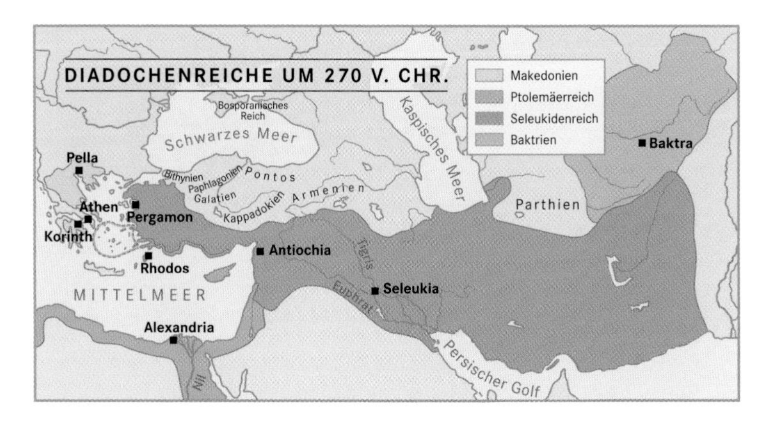

Errichtung von Teilreichen. Alle drei Möglichkeiten wurden durchgespielt, und der historische Verlauf zeigt, dass sie sich zeitlich in dieser Reihenfolge ablösten. Die Zeit nach Alexanders Tod ist also die Zeit der Kämpfe um seine Nachfolge. Zunächst das Ergebnis: Erst etwa seit 279 v. Chr. und dem Sieg des Makedonenkönigs Antigonos II. Gonatas über in Griechenland eingefallene Kelten 277 v. Chr. hatten sich endgültig drei Großreiche als Nachfolgestaaten herausgebildet: Ägypten mit Küsten und Inseln Kleinasiens und der Ägäis unter der Dynastie der Ptolemäer, Abkömmlingen des *somatophylax* Ptolemaios, der Satrap von Ägypten war; Asien von Kleinasien bis Ostiran unter den Seleukiden, Abkömmlingen von Seleukos I. Nikator, der die Spitamenes-Tochter Apame geheiratet und behalten hatte; Europa mit dem Kernland Makedonien unter den Antigoniden, Abkömmlingen des Antigonos I. Monophthalmos, des »Einäugigen«.

Die Idee der Reichseinheit, durch die beiden Könige Philipp III. und Alexander IV. verkörpert, verfocht bis zu seinem Tod in der Schlacht 316 Eumenes, der einzige Grieche unter den Machthabern. Da war Philipp III. schon tot, ermordet 317 auf Olympias Initiative hin, der Mutter Alexanders des Großen, die deshalb ihrerseits hingerichtet wurde; 310 wurde der kleine Alexander IV. umgebracht. Die Dynastien der Nachfolger ergriffen die Macht. – Antigonos der Einäugige, ein gewaltiger Herrscher, kämpfte unablässig bis zu seinem Tod in der Schlacht um die Herrschaft, die er mit seinem Sohn Demetrios mehrfach innehatte und dann doch verlor. Demetrios war zeitweise nur auf seine Flotte beschränkt, mit der er Stadt um Stadt belagerte und daher den Beinamen Poliorketes, »der Städtebelagerer«, erhielt; und obwohl er als Gefangener am Seleukidenhof an seinen Ausschweifungen starb, errang sein Sohn Antigonos II. Gonatas doch endgültig den makedonischen Königsthron.

Eine Bronzestatuette (Neapel, Museo Archeologico Nazionale) aus Herculaneum kopiert vermutlich eine Statue des Demetrios I. Poliorketes. Er hat ein breites Gesicht sowie gesträubte Stirnhaare und Bockshörner wie der Hirtengott Pan, der unter seinen Feinden den sprichwörtlichen »panischen« Schrecken verbreitet.

305 v. Chr. wurde die Konsequenz aus der Entwicklung gezogen, und die Prätendenten erklärten sich einer nach dem anderen zu Königen, zuerst Antigonos Monophthalmos und Demetrios, dann Ptolemaios und Seleukos. Sie begannen auch, durch eigene Städtegründungen selbstständig in die Fußstapfen Alexanders zu treten: Kassander, Antipaters Sohn, gründete an der Stelle von Poteidaia Kassandreia, Seleukos Seleukeia am Tigris, Lysimachos, der zeitweilig über ein Großthrakien herrschte, Lysimacheia an der engsten Stelle des Thrakischen Chersones, Antigonos Antigoneia am Orontes, Demetrios Demetrias beim heutigen Volos auf der Halbinsel Magnesia in Thessalien, und Ptolemaios ein Ptolemais in Südägypten. Im Übrigen waren die Kämpen, die sich um Alexanders Nachfolge stritten, von ungewöhnlicher Körpergröße, wurden großenteils sehr alt und starben oft, während sie noch in voller Aktivität standen.

Ptolemaios, der ehemalige Leibwächter und Feldherr Alexanders des Großen, nahm 305 v. Chr. den Königstitel Ägyptens an. Seine Münzen zeigen ihn als energische Kraftnatur – ein typisches Leitbild unter den Diadochen, die ihre Herrschaft ja nur auf ihre Leistung gründeten.

Auch nach der Etablierung der großen Monarchien ließ die Rivalität untereinander nicht nach, und komplizierter wurde die Lage dadurch, dass es immerhin noch die traditionellen Stadtstaaten in Griechenland gab, zu denen sich neue politische Gebilde überregionalen Charakters wie der Ätolische und der Achäische Bund gesellten. Neue, kleinere Königreiche wie Pergamon und das baktrisch-indische Reich kamen hinzu, es gab Aufstände wie den der Makkabäer in Palästina, in Syrakus verwandelte sich die traditionelle Tyrannis in eine Monarchie nach dem Muster der neuen Königreiche, und eine ursprünglich als barbarisch betrachtete Macht wurde immer mehr in die griechischen Auseinandersetzungen hineingezogen, Rom. Dieses unablässige Hin und Her erschien den Zeitgenossen so unübersichtlich und regellos, dass sie es der Göttin Tyche, dem blinden Zufall, zuschrieben, und erst durch die römische Herrschaft kam wieder ein Ziel in den Geschichtsablauf.

Beim triumphalen Einzug des Demetrios I. Poliorketes in Athen 290 v. Chr. wurde ein Festlied des Dichters Hermokles von Kyzikos gesungen, das ein Musterbeispiel für die huldigende Verehrung des gottgleichen hellenistischen Herrschers ist:

Er zeigt, recht wie ein Gott, sich heiter, stattlich, mit lachendem Gesicht.
Er strahlt Erhabenheit aus, mitten in dem Kreis aller seiner Freunde;
und funkeln seine Freunde sternenhell, so leuchtet er der Sonne gleich.
Willkommen, Sohn des stärksten Gottes, des Poseidon, und der Aphrodite!
Die andern Götter halten sich ja ferne oder haben keine Ohren,
sind nicht vorhanden, kümmern gar nicht sich um uns: Dich nur sehen wir,
kein Bild aus Stein, aus Holz, nein, wahrhaft lebend; dich flehen wir jetzt an.
Vor allem, bitte, schaff uns Frieden, liebster Herr; dessen bist du mächtig ...

Das ptolemäische Ägypten und die kulturelle Hauptstadt Alexandria

Am übersichtlichsten zu schildern ist das ptolemäische Ägypten. Seine Dynastie blieb stabil und brachte mit ihren ersten Königen und Königinnen tatkräftige Herrscher hervor. Vom Gründer ist das unmittelbar klar, aber auch sein Sohn Ptolemaios II. war ein bedeutender Herrscher, der in seiner Schwestergemahlin Arsinoe I. eine kongeniale Gefährtin hatte; auf ihre Initiative ist die Kultivierung der Oase Faijum westlich des Nildeltas zurückzuführen. Zwei Generationen später degenerierte die Dynastie zwar deutlich, aber wies in der viel beschriebenen Kleopatra VII. zum Schluss noch eine besonders eindrucksvolle Persönlichkeit auf; als Erste und gleichzeitig Letzte begnügte sie sich nicht nur mit dem Griechischen, sondern lernte die Sprache ihrer ägyptischen Untertanen. Auch territorial blieb Ägypten bis zu seiner Eingliederung in das Römische Reich im

EIN ALEXANDRINISCHES PRUNKGEFÄSS

Der Königshof in Alexandria war berühmt für seinen Reichtum an Gemmen und Kameen aus Halbedelsteinen. Das prachtvollste erhaltene Stück entstand im 1. Jahrhundert v. Chr. Die nach den früheren Besitzern benannte »Tazza Farnese« ist eine flache Schale aus Onyx mit einem Kameenbild. Sie befindet sich heute im Museo Archeologico Nazionale zu Neapel.

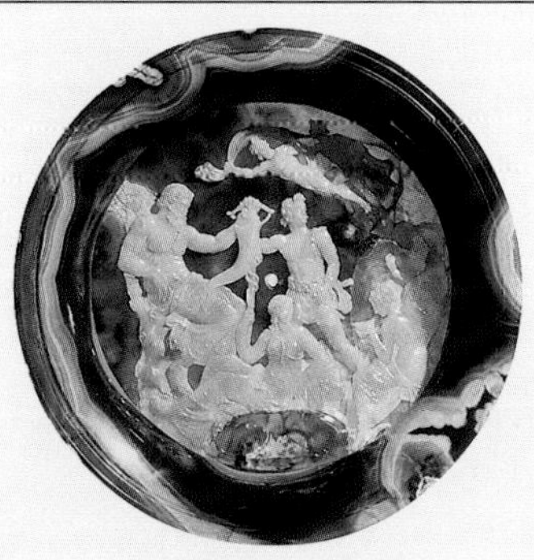

Die ägyptisch-griechische Fruchtbarkeitsgöttin Isis-Demeter lehnt sich auf eine Sphinx, der Gott Horus-Triptolemos ist säend und mit dem Joch für die Zugochsen in der Hand dargestellt. Beide werden zugleich als Bild des ptolemäischen Herrscherpaares verstanden. Die Gottkönige spenden zusammen mit den Windgöttern und den mädchenhaften Gestalten der Nilschwemme die Fruchtbarkeit des Landes. Das Füllhorn in der Rechten des Flussgottes deutet den Reichtum der Gaben an.

So wird der Herrschaftsanspruch der Könige Ägyptens durch die höfische Kunst in eine höhere Sphäre erhoben.

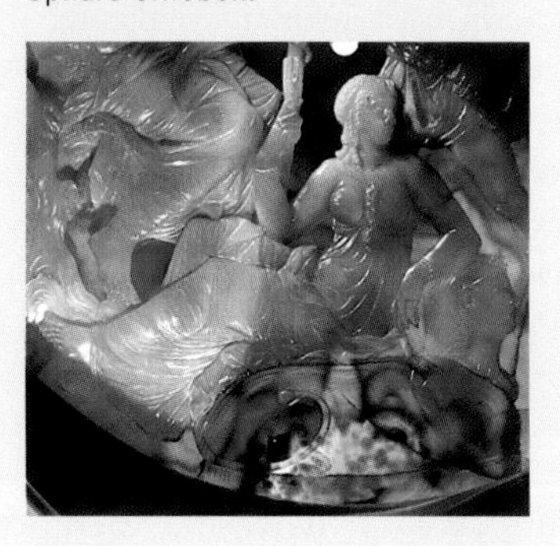

Jahre 30 v. Chr. unangetastet, obwohl es seine Außenbesitzungen allmählich einbüßte.

Die Organisation des Kerngebietes, des Niltals, sah auf eine über dreitausendjährige Geschichte zurück, und an sie knüpften die Ptolemäer mithilfe ihrer griechischen Zuwanderer an. Das Land, das traditionellerweise schon immer als königliches Eigentum betrachtet worden, aber immer wieder in Privateigentum zurückgefallen war, wurde wieder einheitlich organisiert und unter Einbeziehung griechischer ökonomischer Vorstellungen in einer hoch differenzierten Mischung aus Staatswirtschaft und Privatinitiative zum ertragreichsten der gesamten Antike gemacht. Die Wirtschaftsplanung war so intensiv ausgeformt, dass die Abgaben nicht in Form von Bruchteilen des jeweiligen Ernteertrages, sondern in absoluten Mengen festgesetzt werden konnten, und obwohl die Schwierigkeiten auch hier zunahmen, war Ägypten zum Schluss doch immer noch so reich, dass seine Inbesitznahme durch Rom von den Römern als Gefährdung ihres inneren Gleichgewichts angesehen wurde.

Ägypten wurde von einer Griechisch sprechenden Herrenschicht überzogen, die die wichtigsten Verwaltungsposten bekleidete, die aber gleichzeitig einen immer stärkeren Zuzug aus den Kreisen der sich gräzisierenden Ägypter bekam. Im Allgemeinen wurde die griechische Herrschaft akzeptiert, und gelegentliche eher sozial verursachte Aufstände wirkten sich nicht gravierend aus. Zu dieser Akzeptierung trug auch die kluge Nationalitätenpolitik der Dynastie bei. Die Ptolemäer schonten die religiösen Gefühle der Ägypter und ver-

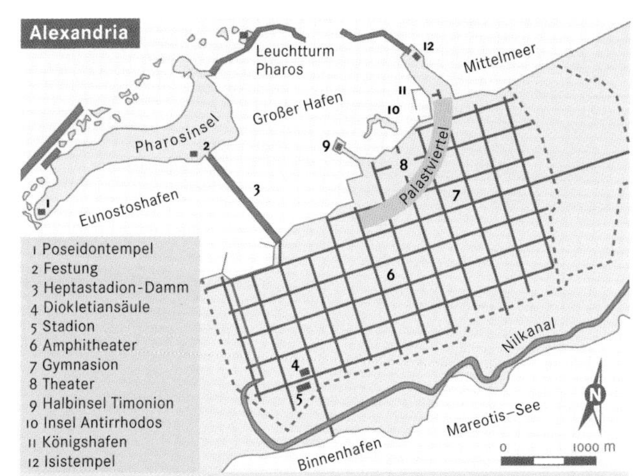

Der von Deinokrates entworfene Plan sah eine regelmäßige Stadtanlage vor. Die von W. Hoepfner und E.L. Schwandner rekonstruierten Hauptstraßen trennen Wohnquartiere mit jeweils vermutlich 18 Häuserblocks.

suchten nur, im Herrscherkult und in der Förderung des aus der Ägäis stammenden Gottes Sarapis Kultformen zu schaffen, in denen sich sämtliche Reichsangehörige treffen konnten; im Herrscherkult gelang das, Sarapis blieb aber immer nur der Gott der Nichtägypter. Die Könige bauten den Einheimischen weiterhin prachtvolle Tempel, wie es die Pharaonen seit alters getan hatten: Die heute noch zu sehenden eindrucksvollen Bauten in Dendera, Edfu und Kom Ombo stammen aus der Ptolemäerzeit.

Die Ptolemäer konnten also an die stabile pharaonische Tradition anknüpfen, und so ist es auch zu erklären, dass sie darauf verzichteten, Städte zu gründen. Außer Alexandria und Ptolemais gab es nur die alte Griechenstadt Naukratis im Nildelta, und alle anderen Ansiedlungen hatten keine eigene autonome Verwaltung, sondern waren in die hierarchisch gegliederte Territorialverwaltung eingebunden. Die über das Land verstreut lebenden Griechen und andere zahlreiche Völkerschaften wahrten ihren inneren Zusammenhalt dadurch, dass sie sich in Kulturgemeinschaften zusammenschlossen, auf Griechisch *politeumata*.

Regiert wurde von Alexandria aus. Alexandria lag an der Mündung des westlichen Nilarmes in den Mareotissee, der durch einen ostwestlich vorgelagerten breiten Landstreifen vom Meer getrennt war; die Verbindung zwischen See und Meer war durch einen Kanal hergestellt. Auf diesem Landstreifen ließ Alexander der Große die Stadt anlegen. Sie war von Deinokrates von Rhodos geplant, mit einander rechtwinklig kreuzenden Straßen. In ostwestlicher Richtung war der Stadt eine Insel im Meer vorgelagert, Pharos, an deren Ostspitze durch Sostratos von Knidos der berühmte Leuchtturm errichtet wurde. Pharos wurde durch einen Damm mit der Stadt ver-

Der über 100 m hohe Leuchtturm von Alexandria stand auf der Insel Pharos an der Hafeneinfahrt. Die ägyptische Küste ist sonst an Landmarken arm. 299-279 v. Chr. durch den Architekten Sostratos von Knidos errichtet, galt der Leuchtturm als Weltwunder und war bis in das 12. Jahrhundert n. Chr. in Betrieb.

Der »Stein von Rosette«, ein Priester dekret zu Ehren des Königs Ptolemaios V. aus dem Jahr 196 v. Chr., wurde während der napoleonischen Ägyptenexpedition im Nildelta gefunden und befindet sich heute im Britischen Museum, London. Der in hieroglyphischer und demotischer Schrift sowie auf Griechisch wiedergegebene Text spielte bei der Entschlüsselung der Hieroglyphenschrift eine entscheidende Rolle.

Ausschnitt aus dem Alltagsleben im ptolemäischen Alexandria. Es unterhalten sich zwei Frauen, Gorgo (GO) und Praxinoa (PR) am Adonisfest (Theokrit, 15. Idylle):

GO: Aber komm, hol dir den Mantel und das Kleid. Wir wollen in den Palast des Königs, des reichen Ptolemaios, gehen, um uns den Adonis anzusehen. Wie ich höre, bereitet die Königin was Schönes vor…
PR: … schließ die Haustür zu! Mein Gott, was für eine Menge Leute! Wie und wann soll man durch dieses Übel durchkommen? Ameisen, ohne Zahl und Maß. Viele herrliche Taten, Ptolemaios, hast du vollbracht, seit dein Vater unter den Unsterblichen ist. Kein Halunke schleicht sich mehr nach ägyptischer Art an den Passanten heran und setzt ihm zu, wie früher ganz aus Trug geschmiedete Männer ihr Spielchen trieben: einer wie der andere, üble Taschenspieler, verfluchtes Pack sie alle! Liebste Gorgo, was soll aus uns werden! Die Kriegspferde des Königs! Lieber Mann, zertrample mich nicht! Aufgebäumt hat sich der Fuchs. Sieh, wie wild er ist, wie unverschämt! Eunoa, so lauf doch weg! Er wird seinen Führer umbringen! Ein Riesenglück, dass mein Kleines zu Hause geblieben ist!…
GO: Sieh nur, Praxinoa, was für eine Menschenmenge bei den Toren!…
PR: …Unsere Eunoa ist in Bedrängnis. Los, Dummkopf! Beiß dich durch! Herrlich! »Alle drinnen«, sagte der, der die Braut einschloss.
GO: Praxinoa, komm hierher! Schau dir zuerst die Wandteppiche an. Wie fein und schön! Göttergewänder, so könnte man sagen.

bunden, und demgemäß ergaben sich zwei Hafenbecken, der Eunostoshafen im Westen und der Große Hafen im Osten. Auf der Halbinsel Lochias lag der königliche Palast, und an ihn schloss sich südlich das zentrale Stadtviertel Brucheion an. Die Ägypter wohnten in den westlichen Stadtvierteln, ganz im Nordosten Juden, während sich östlich zunächst der elegante Vorort Eleusis anschloss, danach Kanopos mit einem üppigen Vergnügungsleben. Die Stadt war eine riesige, brodelnde Großstadt mit nicht viel unter einer Million Einwohnern. Kulturell dominierten die Griechen. Ptolemaios I. begründete das Museion, eine Art Akademie der Wissenschaften und der Literatur. Es stellte eine Vereinigung von Künstlern und Gelehrten aus aller Welt dar, die dort auf Kosten des Königs arbeiten konnten. Organisiert war es in Form eines Kultvereins für die Musen mit einem vom König eingesetzten Priester. Etwas weiter weg vom Museion befand sich die Bibliothek. Sie umfasste zur Zeit ihrer Hochblüte etwa eine Dreiviertelmillion Buchrollen und war öffentlich zugänglich. Zu ihren Vorstehern wurden die hervorragendsten Dichter und Gelehrten der Zeit ernannt, die teilweise gleichzeitig als Erzieher der ptolemäischen Prinzen fungierten – sie kamen von überall her, um in Alexandria zu wirken, so etwa Zenodot von Ephesos, Kallimachos von Kyrene, Apollonios aus Alexandria, der dann nach Rhodos ging, Aristophanes von Byzanz, auch Theokrit von Syrakus hat eine Zeit am ptolemäischen Hof verbracht. Die Übergänge zur Naturwissenschaft waren fließend. Eratosthenes von Kyrene war Bibliothekschef, Prinzenerzieher und Dichter, aber auch Geograph, Botaniker und Zoologe. Auch der Mathematiker Euklid lernte und lehrte in

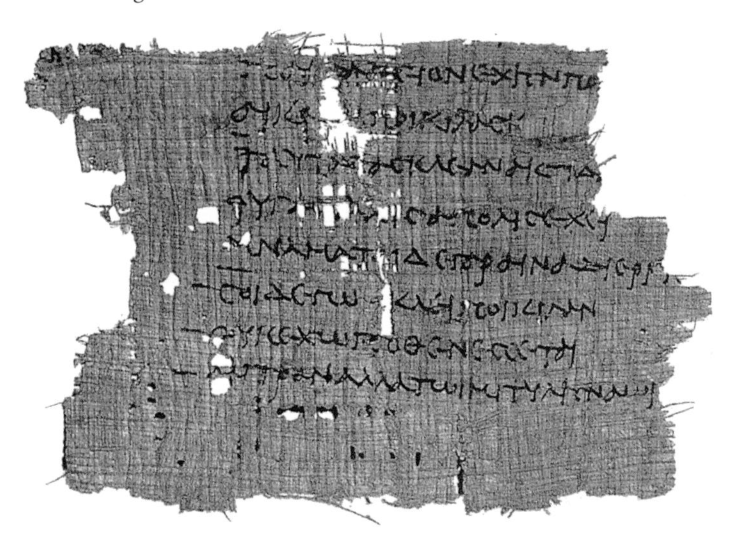

Papyrusfragmente aus Ägypten geben nicht nur in die Religion und Verwaltung des Nillandes Einblicke, sondern bewahren auch kostbare Zeugnisse der griechischen Poesie. Hier das Fragment einer Ode der Dichterin Sappho im Besitz der Universität Mailand.

Alexandria, und bei ihm wiederum lernte Archimedes von Syrakus, der die Infinitesimalrechnung begründete, die Zahl Pi berechnete, den Flaschenzug erfand und das spezifische Gewicht entdeckte.

Das schöpferische intellektuelle Leben Alexandrias spiegelte sich auch in der Bevölkerung Ägyptens. Ägypter und Eingewanderte stellten eine schreibfreudige Gesellschaft dar, und da das Papier, auf das alle alles schrieben, der Papyrus, durch das trockene Klima in großen Mengen erhalten geblieben ist, wissen wir über Ägypten besonders gut Bescheid, auch über die dort lebenden Frauen. Dass es außer Arsinoe und Kleopatra auch weitere herausragende Königinnen gab, folgt aus dem dynastischen Prinzip und ist daher nichts Besonderes. Angesichts der deutlich zurückgesetzten Stellung der mutterländischen Frauen ist es dann aber eine Überraschung, wie selbstständig die Frauen waren, von denen wir durch die ägyptischen Papyri hören. Sie schlossen mit ihren künftigen Männern Eheverträge, in denen sich auch die Männer zur ehelichen Treue verpflichteten, sie waren Geschäftsinhaberinnen und bewirtschafteten landwirtschaftliche Grundstücke, kauften und verkauften in großem Stil. Diese freie Stellung erklärt sich damit, dass durch die individuelle Auswanderung der Polisverband aufgelöst wurde; das Leben im Ausland mit seiner andersartigen einheimischen Bevölkerung verlangte, vergleichbar mit der Situation in Sparta, selbstständige Frauen der herrschenden Schicht.

Im Mittelpunkt alexandrinischer Gelehrsamkeit stand die Beschäftigung mit Homer, der als Begründer der Literatur kultisch verehrt wurde. Zu Füßen des Musenberges thront er hier, bekränzt von Erdkreis und Ewigkeit, während Personifikationen von Tugenden und poetischen Künsten ihm ein Opfer bringen. Das Weihrelief (London, Britisches Museum) wurde im 2. Jahrhundert v. Chr. vom Dichter Archelaos von Priene gestiftet, dessen Ehrenstatue rechts auf einem Sockel erscheint.

Das Seleukidenreich

Ganz anders war die Situation im Seleukidenreich. Da wir kaum Papyri haben, ist die Überlieferungssituation weit schlechter, und da das seleukidische Herrschaftsgebiet extrem heterogen war, konnte nicht auf die Tradition einer uralten und hoch effizienten Einheitsverwaltung zurückgegriffen werden, sondern man musste andere Mittel anwenden, um die Herrschaft dauerhaft zu gestalten. Auch bei den Seleukiden gab es den Herrscherkult; wirtschaftlich gab es auf weiten Strecken Königsland, das einer zentralen Bewirtschaftung unterlag, nur dass die Abgaben hier prozentual berechnet wurden, also in ihrer absoluten Höhe vom tatsächlichen Ernteausfall abhingen. Darüber hinaus aber war es nötig, weitere Klammern anzubringen, um das Reich zusammenzuhalten, und diese Klammern bildeten die griechischen Städte.

Städte waren in den westlichen Gebieten schon immer da gewesen, in den altorientalischen Kerngebieten Syriens und Mesopotamiens wurden die seit Urzeiten bestehenden Städte in Städte griechischen Typs umgewandelt, und es wurden auch reine Militärkolonien angelegt, die sich oft zu Städten entwickelten. Griechische Städte wurden aber auch planmäßig neu angelegt; definieren lassen sie sich in dem Sinne, dass sie urbanistisch aus einer Stadtanlage mit öffentlichen Gebäuden, Theater und Sportanlagen bestanden und dass sie eine jeweils unterschiedlich ausgebaute eigene innere Verfassung hatten. Bevölkert wurden sie von eingewanderten Griechen und Einheimischen, die sich der griechischen Lebensart anpassten. Welche herrschaftspolitische Funktion den Städten zugedacht war, ist an den Namen zu erkennen, die ihnen gegeben wurden. Zum Teil wurden sie nach Orten der europäischen Heimat der herrschenden Schicht benannt, etwa Beroia oder Europos, oder aber nach den

In Babylon wurde eine Statuette der Göttin Ischtar gefunden, die heute im Pariser Louvre steht. Rubin- und Goldapplikationen schmücken die Alabasterfigur aus der Zeit der Seleukiden. Die mesopotamische Gottheit erscheint in den Formen der griechischen Aphrodite.

männlichen und weiblichen Angehörigen der Dynastie, also Seleukeia oder Antiochia oder Apameia oder Laodikeia – mit anderen Worten nach den verschiedenen Trägern der Namen Seleukos, Antiochos, Apame oder Laodike. Die seleukidischen Herrscher waren zum großen Teil sehr eindrucksvolle Gestalten, und vielleicht war es gerade die besondere Schwierigkeit, das Riesenreich zusammenzuhalten, die als Herausforderung wirkte und energische Persönlichkeiten formte. Hervorgehoben seien hier außer dem Dynastiegründer Seleukos dessen Sohn Antiochos I. Soter – Sohn der Iranerin Apame – sowie Antiochos III., der sich den Beinamen »der Große« durch seine Wiederaufnahme des Alexanderzuges am Ende des 3. Jahrhunderts v. Chr. wohl verdient hat; dass er dann den Römern gegenüber unterlag, spricht nicht gegen ihn, sondern für die alles andere in den Schatten stellenden römischen Fähigkeiten. Auch sein Sohn Antiochos IV. Epiphanes war ein tüchtiger Herrscher, der bereits Ägypten erobert hatte und nur von den Römern daran gehindert wurde, es dem Seleukidenreich einzugliedern. Sein Zusammenstoß mit den aufständischen Juden hat ihm einen unverdient schlechten Ruf eingebracht. Auch die verhältnismäßig zahlreichen Usurpationsversuche im Seleukidenreich sprechen von großen Energien aufseiten der Beteiligten, freilich eben auch davon, dass im Ergebnis dieses Reich aus den objektiven Gründen der zu großen Unterschiedlichkeiten einfach nicht zusammenzuhalten war und von den Rändern her immer weiter abbröckelte; der Rest wurde zum Schluss als Provinz Syria im Jahre 63 v. Chr. ins Römische Reich integriert.

Der Feldzug Antiochos' III. in den Jahren 212–205 v. Chr. stellte die Herrschaft der Seleukiden im Osten des Reiches wieder her. Eine Stele mit der Abschrift eines Briefes von Antiochos an die griechische Stadt Laodikeia in Medien (heute Nehawand) befindet sich im Nationalmuseum von Teheran.

Das makedonische Königreich, Reiche in Kleinasien und Sizilien

Zwischen beiden Großreichen steht in vieler Beziehung das makedonische Königreich. Sein Kern, das traditionelle Makedonien, blieb bis zur Vernichtung durch Rom stabil, während seine darüber hinausreichenden Besitzungen erheblichen Fluktuationen unterworfen waren. Die Dynastie der Antigoniden verdankte ihre endgültige Etablierung auf dem makedonischen Thron der Tatsache, dass Antigonos II. Gonatas, der mit seinem festen Charakter das genaue Gegenbild seines Vaters Demetrios I. Poliorketes darstellte, 277 v. Chr. über die eingefallenen Kelten siegte und damit großes Prestige gewann. 265 v. Chr. siegte er im Chremonideischen Krieg, einem auf Antrag des Atheners Chremonides geführten Krieg zahlreicher griechischer Staaten gegen Makedonien, und 262 v. Chr. konnte er Athen erobern; lange Zeit blieb Piräus makedonisch besetzt. Nachdem Makedonien durch den Achäischen Bund unter Führung des Aratos allmählich wieder aus Griechenland hinausgedrängt worden war, konnte sich Antigonos III. Doson an der Seite der Achäer gegen das wieder erstarkende Sparta wenden. 221 v. Chr. folgte ihm Philipp V., für den Doson zunächst die Herrschaft ausgeübt hatte; unter ihm, der 179 v. Chr. starb, erfolgte nach anfänglichen großen Erfolgen der Zusammenstoß mit Rom, der in einer vollständigen und dauerhaften Niederlage Makedoniens endete. 168 v. Chr. wurde Makedonien in vier Republiken aufgeteilt und 146 v. Chr. wurde es römische Provinz.

Im Umkreis des makedonischen Königshofes entstanden im 3. und frühen 2. Jahrhundert v. Chr. die so genannten Homerischen Becher. Sie stellen mit Dichterzitaten versehene Szenen der frühgriechischen Literatur dar, die Stoff für das gebildete Gespräch beim Gelage lieferten. Auf diesem heute verschollenen Stück sind Szenen der Eroberung Trojas dargestellt.

Kleinasien emanzipierte sich mehr und mehr von der seleukidischen Herrschaft. Es entstanden unter anderem die Königreiche Pergamon, Bithynien und Kommagene, und mit dem Königreich Pontos im Nordosten wurde sogar ein Reich mächtig, das nie zum Alexanderreich gehört hatte. Seine Dynastie, die die Könige namens Mithridates hervorbrachte, war iranisch, aber stark hellenisiert; zeitweise gab es sogar eine Personalunion mit dem Bosporanischen Reich, das im Norden des Schwarzmeergebietes durch den Druck der einheimischen Stämme aus den alten Griechenstädten hervorgegangen war.

Im Westen war am Ende des 4. Jahrhunderts v. Chr. Agathokles zum Tyrannen von Syrakus aufgestiegen, unterschied sich freilich alsbald von den bisherigen Tyrannen, an die Sizilien ja fast gewöhnt war. Zum einen führte er den Krieg gegen Karthago mit beispielloser Kühnheit: Er setzte 310 v. Chr. nach Afrika über, verbrannte die Flotte, um sich zum Ausharren zu zwingen, musste dann 307 v. Chr. doch wieder zurück nach Syrakus. Zum anderen nahm er sich die neuen Monarchien zum Zwecke der eigenen Legitimierung zum Vorbild, indem er sich schon 304 v. Chr. zum König machte; das wurde von den neuen Mächten auch anerkannt und durch dynastische Heiraten dokumentiert – Agathokles heiratete eine Tochter des Königs Ptolemaios I. von Ägypten; 274 v. Chr. folgte als Tyrann Hieron, der als König Hieron II. den 2. Punischen Krieg der Römer mit auslöste und alsbald bis zu seinem Tod 215 v. Chr. deren treuester Verbündeter wurde.

Ein typisches Gefäß hellenistischer Zeit ist die Henkelflasche (Lagynos). Das im 2. Jahrhundert v. Chr. in Kleinasien entstandene Stück steht heute im Nationalmuseum von Damaskus.

Das Königreich Pergamon

Neben Alexandria und Athen war Pergamon ein weiteres Zentrum des hellenistischen intellektuellen Lebens. Bemerkenswert war schon die Dynastie. Ihr Gründer, der makedonische Offizier Philetairos, regierte den kleinen Staat um Stadt und Burg Pergamon jahrzehntelang als Vasall zunächst des Lysimachos, dann der Seleukiden, und nicht einmal sein Neffe und Nachfolger Eumenes I., der bis 241 regierte, wagte sich mit der Annahme des Königstitels hervor. Das tat erst dessen Nachfolger Attalos I., der bis 197 v. Chr. regierte und kräftig in die internationale Politik eingriff. Als er bald nach Regierungsantritt die Kelten, die in Kleinasien Galater genannt wurden, besiegt hatte, nannte er sich König mit dem Zusatz »Soter«, »Retter«, wie es Ptolemaios I. getan hatte. Hatten schon seine Vorgänger das Territorium ihres Reiches zu erweitern getrachtet, so setzte Attalos diese Politik fort; er wurde durch den Hilferuf an die

Römer 201 v. Chr. gegen Philipp V. zu einem Faktor der internationalen Politik und kämpfte auch in Person kurz vor seinem Tode 197 in der Schlacht von Kynoskephalai mit.

Attalos war mit einer griechischen Bürgerstochter aus Kyzikos verheiratet, Apollonis. Vier Söhne hatte sie mit Attalos, und diese Söhne lebten der Umwelt echte brüderliche Einigkeit vor, wie sie in der Welt der hellenistischen Dynastien, wo allzu oft Dolch und Gift herrschten, einmalig war. Zunächst trat Eumenes II. die Regierung an. Als verlässlicher Freund Roms erhielt er nach den Siegen über Antiochos den Großen, an denen die pergamenischen Truppen maßgeblich beteiligt waren, große Teile Kleinasiens. Auch am Krieg gegen Perseus von Makedonien, der 168 v. Chr. mit dem Ende des ma-

Der Burgberg von Pergamon nach einer Rekonstruktion in der Berliner Antikensammlung. Auf dem Gipfel der erst in der römischen Kaiserzeit errichtete Trajanstempel, oberhalb des Theaters das Heiligtum der Athene, rechts unterhalb davon der Zeusaltar. Kleines Bild: Philetairos, der Begründer des pergamenischen Reiches. Die römische Büste überliefert ein zeitgenössisches Bildnis des Herrschers, dessen dickliche Züge – er war durch einen Unfall entmannt – realistisch wiedergegeben sind (Neapel, Museo Archeologico Nazionale).

kedonischen Staates Thron und Leben verlor, nahm er aktiven Anteil. Gleichwohl fingen die Römer an, ihm zu misstrauen und versuchten, seinen Bruder Attalos gegen ihn aufzubringen, aber das misslang. Das Verhältnis der Brüder hatte sich schon 172 aufs Beste bewährt, als aufgrund eines Gerüchtes von der Ermordung des Eumenes II. Attalos sofort die Nachfolge antrat und sogar Stratonike, die Frau des Eumenes, heiratete – als sich die Nachricht als falsch erwies, wurde der frühere Zustand wiederhergestellt, ohne dass ein Schatten auf das beiderseitige Verhältnis fiel.

159 starb Eumenes, 70 Jahre alt, Attalos II. folgte ihm nach und heiratete wieder Stratonike, mit der er noch mehrere Kinder hatte. Er blieb treuer Bundesgenosse der Römer, auf deren Seite er persönlich schon immer mitgefochten hatte. Auch die Zwistigkeiten mit dem König des Nachbarstaates Bithynien, die schon das Verhältnis seines Bruders zu den Römern belastet hatten, stand er durch, ohne in das romfeindliche Lager überzuwechseln. 138 ist er 82-jährig gestorben. Sein Nachfolger Attalos III., ein Sohn Eumenes' II., war ein Sonderling, der zurückgezogen lebte und sich mit botanischen Studien abgab. Politisch aber zog er die richtige Konsequenz aus der Weltlage. Als er schon 133 v. Chr. starb, hinterließ er sein Königreich testamentarisch dem römischen Staat, und aus dem Königreich Pergamon wurde die römische Provinz Asia.

Der Zeusaltar von der Akropolis zu Pergamon in der Berliner Antikensammlung. Die Bildhauer huldigten den pergamenischen Königen in einem allegorischen Bildprogramm. Außen kämpfen die Götter gegen die erdgeborenen Giganten, im Inneren des Gebäudes, wo der eigentliche Opferaltar steht, wird die Sage des Stadtgründers Telephos, die Ursprungslegende der Stadt, erzählt (Abbildung links unten: Herakles findet in einem Platanenhain seinen Sohn Telephos, der von einer Löwin gesäugt wird). Möglicherweise gehörten auch Figuren kämpfender Galater, die in römischen Kopien erhalten sind, zum Schmuck des Gebäudes. »Wie sich einst die Götter gegen die wilden Giganten wehren mussten, so kämpfen die pergamenischen Könige gegen die barbarischen Galater« – so behaupteten es jedenfalls die Künstler im Auftrage des Herrschers.

Die Stadt Pergamon war eine der prachtvollsten Anlagen der Antike. Sie erstreckte sich in Nord–Süd-Richtung über knapp 1,5 km und bestand neben den Wohnvierteln aus zahlreichen Palästen, Gymnasien, Tempeln und Heiligtümern sowie Märkten und Theatern. Die Fülle und die Anordnung der Bauten und Kunstwerke zeigen deutlich, dass es den Herrschern auf den prachtvollen äußeren Eindruck ankam, ähnlich, wie es erstmals auf der athenischen Akropolis im 5. Jahrhundert v. Chr. der Fall war. Am berühmtesten ist der große Zeusaltar, der heute im Pergamonmuseum in Berlin steht, der wohl von Eumenes II. begonnen wurde, nachdem Antiochos der Große von ihm und den Römern besiegt worden war. Ebenso bekannt ist auch das von Attalos I. Soter gestiftete Siegesmonument, das »Große Attalische Weihgeschenk«: Nach seinem Sieg über die Galater ließ er eine Figurengruppe errichten, unter denen sich der »Sterbende Gallier« und »Der seine Frau und sich selbst tötende Gallier« befinden.

Wie sehr es Attalos I. auf die Außenwirkung ankam, zeigt sich auch daran, dass er wie die Ptolemäer Künstler und Gelehrte nach Pergamon berief und dass er ebenfalls eine öffentliche Bibliothek einrichtete. Mit dieser Bibliothek hängt es wohl auch zusammen, dass in Pergamon ein neuer Beschreibstoff verwendet wurde, das Pergament; möglicherweise behinderte Ägypten aus Konkurrenzgründen die Papyrusausfuhr, sodass die Pergamener auf etwas anderes ausweichen mussten. Dass aber Athen auch vom pergamenischen Herrscherhaus der Attaliden immer noch als die Kulturhauptstadt angesehen wurde, erweist sich daran, dass Eumenes II. der Stadt eine Stoa stiftete; heute noch ist sie am Südhang der Akropolis zu sehen, westlich vom Dionysostheater. Sein Bruder Attalos II. vollendete den großen Zeusaltar und stiftete ebenfalls den Athenern eine Stoa, die heute wiederhergestellte Attalos-Stoa am Ostrand der Agora.

Der Selbstmord des Galliers vom Großen Attalischen Weihgeschenk (Rom, Thermenmuseum).

Der athenische Philosoph Chrysippos, der die stoische Philosophie populär machte, scheint dem Betrachter seine Lehre zu erläutern (Paris, Louvre; der Kopf wurde nach einem Stück im Britischen Museum, London, ergänzt).

Athen und Sparta

Athen blieb weiter eine wichtige politische Macht, wenn auch kaum noch politische Initiativen von ihm ausgingen und es meistens nur reagierte und sich sozusagen durch die weltpolitischen Wechselfälle hindurchschlängelte. Dass ihm das fast immer mit Erfolg gelang, lag auch an dem großen Prestige, das es wegen seiner Vergangenheit und wegen seines immer noch vitalen kulturellen Lebens hatte. So blieben in Athen weiterhin die Dichtung, als berühmtester Vertreter ist der Athener Menander zu nennen, und ebenso die Philosophie mit der Akademie und dem Peripatos, und hinzu kam die Lehre des Atheners Epikur. Anders als sein Ruf als Befürworter schwelgerischer Lust behauptet, richtete sich seine Lehre, wie die der anderen Philosophenschulen auch, nicht mehr auf ein in die *polis* eingebundenes, sondern auf ein auf sich gestelltes Leben, das versuchen solle, individuelle Zufriedenheit zu erreichen. Demgemäß war sein Ideal nicht die Beteiligung am politischen Leben, sondern ein ungestörtes Leben abseits des gesellschaftlichen Trubels. Die in Athen entstandene Stoa hatte mit ihrer Pflichtenlehre überall ihre Vertreter.

322 war Athen von Kassander besetzt worden, der eine oligarchische Verfassung einführte; als sein Beauftragter übte von 317 bis 307 v. Chr. der aristotelische Philosoph Demetrios von Phaleron eine gemäßigte Alleinherrschaft aus. Durch Demetrios I. Poliorketes wurde die Demokratie wieder eingeführt, Demetrios von Phaleron ging ins Exil an den Ptolemäerhof. Das Verhältnis zu Makedonien war ständig das Zentralthema der athenischen Außenpolitik und gestaltete sich entsprechend wechselhaft; im 1. Mithridatischen Krieg kalkulierte Athen dann falsch, reihte sich in die antirömische Koalition ein und wurde 86 v. Chr. von dem römischen Feldherrn Sulla erobert und zerstört, erholte sich jedoch bald wieder.

Eine Sonderrolle spielte nach wie vor Sparta; zwar dominierte es nicht mehr, aber es hatte noch genügend Potenzial, um wenigstens die allgemeinen Kräfteverhältnisse zu beeinflussen. Seine sozialen Zustände waren nach der Selbstständigkeit Messeniens immer chaotischer geworden, es gab starke Vermögenskonzentrationen, an denen auch die Frauen einen großen Anteil hatten. Die Erinnerungen an die glorreiche und idealisierte Vergangenheit waren aber wach, und einen ersten Versuch, die alte Stärke wieder aufleben zu lassen, machte König Agis IV. 244 v. Chr.; er betrieb eine Schuldentilgung und Neuverteilung des Landes und setzte sogar seinen Mitkönig Leonidas und die Ephoren ab – 241 wurde er hingerichtet. Einen neuen Anlauf unternahm Kleomenes III., der Sohn des Leonidas. Nach militärischen Erfolgen gegen die im Achäischen Bund zusammengeschlossenen Griechen stürzte er die Ephoren, machte 4000 Periöken zu spartiatischen Vollbürgern und verteilte das Land neu. Nach einem abermaligen Sieg machte der Achäische Bund, der bisher immer gegen Makedonien gestanden hatte, eine radikale Kehrtwendung und verbündete sich mit Makedonien. Unter Antigonos III. Doson wurde Kleomenes III. 222 bei Sellasia in der Nähe Spartas völlig geschlagen, der Makedonenkönig zog in Sparta ein, Kleomenes ging ins Exil nach Ägypten, wo er einige Jahre später umkam. Um 200 v. Chr. wurde Sparta von dem Tyrannen Nabis beherrscht, der mit den Römern zusammenarbeitete, dann teilte es das Schicksal ganz Griechenlands.

Lange nach den anderen griechischen Staaten führte Sparta erst in hellenistischer Zeit das Münzgeld ein. Die Vorderseite dieses Silberstücks zeigt mit lorbeerdurchflochtener Königsbinde und feisten Zügen den Herrscher Nabis (207–192 v. Chr.) wie einen hellenistischen Potentaten.

Neue und neuartige Mächte: Rhodos, der Ätolische Bund und der Achäische Bund

Neben den traditionellen griechischen Mächten traten aber auch solche in den Vordergrund der politischen Bühne, die bisher keine aktive Rolle gespielt hatten. Die wichtigste ist Rhodos, das seit seinem *synoikismos* 408/407 v. Chr. immer mächtiger geworden war. Es wurde einer der wenigen ausgesprochenen Handelsstaaten Griechenlands, das heißt ein Staat, dessen Interessen merkantiler Natur waren und dessen Politik sich vor allem auf den Handel richtete. Rhodos hatte drei künstliche Häfen angelegt, um Handelsschiffen günstige Umschlagmöglichkeiten bieten zu können, die durch Hafengebühren und indirekte Vorteile der Stadt wirtschaftlichen Nutzen brachten; der eigene Handel von Rhodos dokumentiert sich in den Stempeln, die, mit den Namen von Beamten und Produzenten auf Amphorenhenkeln angebracht, zusammen mit den Amphorenstempeln anderer Städte über die ganze antike Welt verbreitet waren und eine wichtige Quelle der Wirtschaftsgeschichte darstellen. 307/306 v. Chr. widerstand die Stadt der Belagerung durch Demetrios I. Poliorketes und errichtete als Denkmal des Sieges eine 70 Ellen hohe Bronzestatue des Stadtgottes Helios, den »Koloss von Rhodos«. Als mittlere Macht, die in den monarchischen Großreichen die Hauptgefahr erblickte, stand Rhodos lange Zeit auf der Seite Roms und erhielt 188 v. Chr. nach dessen Sieg über Antiochos den Großen Teile des kleinasiatischen Festlandes. Als Rom aber 168 v. Chr. an der Loyalität der Handelsstadt zweifelte, wurde ihr nicht nur der Festlandsbesitz wieder entzogen, sondern es wurde auch die Insel Delos zum Freihafen gemacht mit der Folge, dass die Handelsströme dorthin abgelenkt wurden und Rhodos erhebliche Einnahmen verlor.

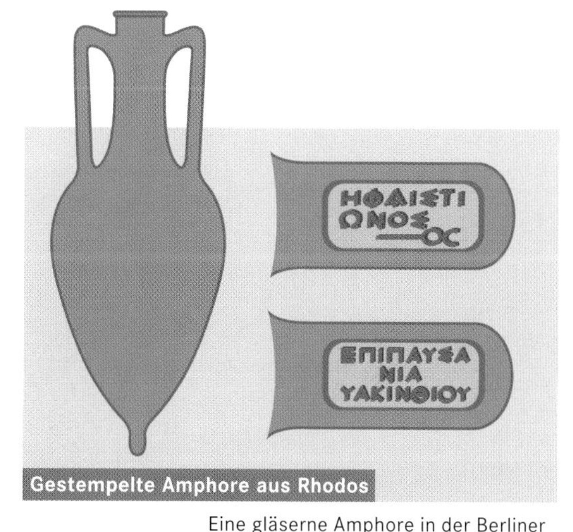

Gestempelte Amphore aus Rhodos

Eine gläserne Amphore in der Berliner Antikensammlung übersetzt die traditionelle Gestalt der panathenäischen Preisamphoren aus Athen in die elegante Kunstform des späten 2. Jahrhunderts v. Chr. Da die Glasbläserei noch nicht erfunden war, musste das Gefäß mühevoll in zwei Stücken geschliffen werden.

Nicht nur neue, sondern auch neuartige Mächte bildeten sich heraus, und sie schienen eine Zeit lang sogar in der Lage zu sein, das politische Leben maßgeblich zu bestimmen. Das waren die Bünde, also überregionale Zusammenschlüsse, die wirklich gleichberechtigte Mitglieder ohne einen die Führung beanspruchenden Hegemon hatten; teilweise datierten sie schon in ältere Zeiten zurück, gewannen entscheidende Bedeutung jedoch erst im Hellenismus. Die beiden bedeutendsten waren der Ätolische Bund mit seinem Zentrum im westlichen Mittelgriechenland und der Achäische Bund mit dem Zentrum auf der Peloponnes.

Die Bünde hatten eine Repräsentativverfassung, und ihre Bedeutung lag darin, dass in ihnen kleinere Staaten zusammengefasst waren, die sich sonst nicht hätten zur Geltung bringen können. Dass überhaupt die Zusammenfassung von Bevölkerungen eine Machtsteigerung zur Folge hat und deshalb auch vorgenommen wurde, zeigte sich etwa im *synoikismos* von Rhodos oder in der Gründung von Megalopolis, was »große Stadt« heißt, in Arkadien. Die bedeutendsten Staatsmänner des Achäischen Bundes, über die es auch eine bewundernde biographische Tradition gibt, waren Aratos von Sikyon, der 213 v. Chr. gestorben ist, und Philopoimen von Megalopolis, dessen Todesjahr 183 v. Chr. ist; beide wurden oft als Strategen wieder gewählt. Aratos befreite Korinth und Athen von den Makedonen, machte dann aber wegen des Aufstiegs Spartas unter Kleomenes die sensationelle Kehrtwendung zu einem Bündnis mit Antigonos Doson; Philopoimen versuchte letztmals, den Achäischen Bund sowohl von Makedonien als auch von Rom unabhängig zu halten.

Plutarch erzählt, wie der achäische Staatsmann Aratos von Sikyon die Eroberung von Akrokorinth bekannt gab (Aratos 23):

Als alles gesichert schien, stieg Aratos von der Burg herab zum Theater ... Er ließ die Zugänge beiderseits von den Achäern besetzen und trat selbst von der Bühne her in die Mitte, gepanzert und mit einem durch die Anstrengung und Schlaflosigkeit ganz veränderten Gesicht, sodass das Hochgefühl der Seele und die Freude durch die Erschöpfung des Körpers überwältigt war. Während nun die Menschen, während er hervortrat, sich in Freudenbezeugungen ergossen, nahm er den Speer in die rechte Hand, lehnte Knie und Körper mit leichter Neigung daran, um sich zu stützen, und stand lange Zeit schweigend da, während er das Klatschen und die Zurufe der Menschen empfing, die seine Tapferkeit lobten und sein Glück priesen. Als sie endlich aufhörten und zur Ruhe kamen, sammelte er sich, hielt eine der vollbrachten Tat angemessene Rede für die Achäer und beredete die Korinther, dem Bund beizutreten, übergab ihnen auch die Schlüssel der Tore, die nun zum ersten Male seit den Zeiten Philipps in ihre Hände kamen.

Zwei Sonderfälle: Palästina und Baktrien

Die Vielfalt der hellenistischen Staatenwelt kann hier nicht vollständig wiedergegeben werden. Daher sollen nur noch zwei Sonderfälle zur Sprache kommen: der Aufstand der Makkabäer in

Die Gräzisierung Palästinas in der Zeit der Makkabäer ist deutlich an der Gestaltung der Grabmäler ablesbar. Im Kidrontal bei Jerusalem steht das aus dem Felsen gehauene so genannte Zachariasgrab, das dem Muster des Mausoleums von Halikarnassos folgt.

Palästina und die Griechen in Baktrien. Palästina hatte bis zum Jahr 200 v. Chr. zum ägyptischen Ptolemäerreich gehört und war dann nach der Schlacht am Panion unterhalb der Golanhöhen an das Seleukidenreich gefallen. Die Gräzisierung des Judentums in der hellenistischen Welt war bereits weit fortgeschritten, und auch in Palästina griff sie immer weiter um sich. Im 3. Jahrhundert v. Chr. begann man in Ägypten, die Bibel ins Griechische zu übersetzen (Septuaginta), weil die Kenntnis des Hebräischen immer mehr zurückging, und selbst über den Aufstand der Makkabäer, der sich ja gegen die griechische Zivilisation richtete, sind wir durch die beiden griechisch geschriebenen Makkabäerbücher unterrichtet, das erste immerhin noch eine Übersetzung aus dem Hebräischen, das zweite eine Zusammenfassung des griechisch geschriebenen Geschichtswerks eines Iason von Kyrene.

Der Ausgangspunkt für den Makkabäeraufstand war ein innerjüdischer Streit um die Besetzung des Hohepriesteramtes. Der jüdische Staat gehörte nämlich zu den staatlichen Gebilden, über die die Seleukiden nicht unmittelbar herrschten, sondern deren innere Organisation sie möglichst unangetastet ließen, wenn nur die generelle Unterordnung und die Abgabenzahlung gewährleistet waren. Höhere Abgaben versprach nun Iason, ein Angehöriger der Hohepriesterfamilie der Oniaden, dem König Antiochos IV., wenn er Hohepriester werden würde; ein Konkurrent namens Menelaos überbot ihn. Es wurde versucht, Jerusalem eine Polisverfassung zu geben, ja, man begann nach griechischer Sitte in Gymnasien nackt Sport zu treiben. Es kam zu immer größeren innerjüdischen Eifersüchteleien, die sich zunächst nicht gegen die Hellenisierung richteten. Gleichwohl verstand sie Antiochos IV. im Jahre 168 v. Chr. – er war gerade von den Römern in Ägypten gedemütigt worden – als Aufruhr, besetzte Jerusalem und entweihte den Tempel, indem er ihn zu einem griechischen Zeustempel machte. Dagegen richtete sich seit 166 ein Aufstand traditionsbewusster Juden unter Führung des Judas Makkabi, der am 14. Dezember 164 v. Chr. zur neuen Weihung des Tempels (Chanukkafest) und schließlich zur Loslösung des jüdischen Staates aus dem Seleukidenreich führte. Paradoxerweise lebte dieser Staat dann anderthalb Jahrhunderte unter Königen, die sich kaum noch von anderen gräzisierten hellenistischen Königen unterschieden. Herodes der Große ist der bekannteste von ihnen.

Zeigt der Makkabäeraufstand, wie der Druck des allgemeinen kulturellen Kontextes auf Gräzisierung von Nichtgriechen hinauslief, so sieht man umgekehrt an den baktrischen Griechen, wie sich das Griechentum trotz erheblicher Anstrengungen auf einem kulturellen Außenposten nicht behaupten konnte. Seit Alexander siedelten in Baktrien Griechen, und zwar ganz in hellenistischen Formen unter Königen, die, wie ihre ptolemäischen oder seleukidischen Parallelen, ihre erhabene Stellung durch Beinamen wie Soter (Retter), Dikaios (Gerechter), Nikator (Sieger), Aniketos (Unbesiegbarer), Megas (Großer) oder gar Theos (Gott) ausdrückten. Die heutige Archäologie hat in der Stadt Ai Khanum in Afghanistan alle architektonischen Bestandteile einer Griechenstadt gefunden, einschließlich eines Theaters und einer Sportarena sowie Inschriften, aus denen sich enge Verbindungen zum europäischen Mutterland ergeben.

Dieses Diasporagriechentum begnügte sich aber nicht damit, seine bloße Existenz zu sichern, sondern es expandierte nach Indien hinein. Es gab nicht nur Kriegszüge bis zum Ganges, wir finden auch griechische Münzen mitten in Indien. Diese Münzen sind nun bereits zweisprachig beschriftet, und vom Griechenkönig Menander

Im 2. Buch der Makkabäer heißt es nach Martin Luthers Übersetzung:

Da solches der König bewilligte, dass Jason das Priestertum kriegte, gewöhnte er alsbald seine Leute an der Heiden Sitten … und tilgte die alten ehrwürdigen Gesetze und richtete andere, unehrliche Weise an. Gerade unter der Burg baute er ein Gymnasion und verordnete, dass sich die stärksten Epheben darin üben sollten. Und das griechische Wesen nahm also überhand durch den gottlosen Hohen Priester Jason, dass die Priester des Opfers und des Tempels nicht mehr achteten, sondern liefen in die Palästra und sahen, wie man den Diskos warf und an anderen gesetzlosen Vorführungen teilhatte.

Ein Vorposten griechischer Kultur in Zentralasien war die im 2. Jahrhundert v. Chr. ausgebaute Stadt Ai Khanum im heutigen Afghanistan. Der Säulenhof des zentralen Palastes war in rein griechischer Form erbaut.

Den griechischen Einfluss hat die Kunst der Gandarakultur in Indien lange bewahrt. Ein Relief aus Peschawar im nordöstlichen Pakistan zeigt einen griechischen Mythos: Das Trojanische Pferd wird gegen den Einspruch der Priesterin Kassandra (links) in die Burg Ilion gebracht. Einst der Schmuck eines buddhistischen Stupa, befindet sich das Relief aus dem 2. Jahrhundert v. Chr. heute im Britischen Museum, London.

berichten indische Quellen, dass er zum Buddhismus übergetreten und ins Kloster gegangen sei; ganz erlosch das Griechentum teils unter dem Ansturm innerasiatischer Stämme, teils durch eigene Assimilierung im 1. Jahrhundert v. Chr. Wie präsent das Griechentum aber in der Hochzeit des Hellenismus in Indien gewesen ist, zeigt sich nicht nur darin, dass die Seleukiden in Megasthenes einen Gesandten am Kaiserhof in Pataliputra (Patna) hatten, der nach seiner Rückkehr ein Buch über Indien verfasste, sondern auch in den Felsinschriften des Königs Ashoka: Das Vorbild Alexanders des Großen soll durch den Fürsten Candragupta zum ersten indischen Großreich der Mauryadynastie geführt haben, und Ashoka war einer seiner Nachfolger. Im 3. Jahrhundert v. Chr. trat auch er zum Buddhismus über, bereute seine früheren Grausamkeiten, berichtete in zahlreichen steinernen Inschriften über seine Konversion, und diese über ganz Indien verstreuten Texte sind mehrsprachig und auch auf Griechisch abgefasst.

Das Vordringen Roms aus griechischer Perspektive

Und die Rolle Roms? Erst allmählich trat diese kleine italische Landstadt in das Blickfeld der Griechen, endgültig durch ihren Krieg mit dem Karthager Hannibal, also durch den 2. Punischen Krieg von 218 bis 201 v. Chr. Aus der griechischen Perspektive war Rom der Angreifer, und die Römer hatten Mühe, sich durch eine eigene Geschichtsdarstellung von diesem negativen Ruf zu befreien. Auf der anderen Seite erschienen die Römer vielen griechischen Staaten als willkommene Helfer in ihren außenpolitischen Konflikten – stark genug, um effektiv zu sein, aber auch entfernt genug, um nicht gefährlich zu werden. Als daher Philipp V. von Makedonien im Bündnis mit Antiochos dem Großen eine Eroberungspolitik in Griechenland begann, riefen Pergamon, Rhodos und Athen 200 v. Chr. Rom zu Hilfe, und ihre Erwartungen wurden erfüllt. Rom erinnerte sich genau, dass Philipp mit Hannibal ein Bündnis eingegangen war, und wollte auch in eigenem Interesse eine möglicherweise gefährlich werdende Machtzusammenballung im Osten verhindern. Philipp wurde 197 von den Römern bei Kynoskephalai besiegt und 196 v. Chr. erklärten die Römer alle Griechenstädte für frei.

Dieses Bildnis des Königs Antiochos III., des Großen, im Pariser Louvre ist eine römische Kopie nach griechischem Original. Obwohl dieser Herrscher ein charismatischer Eroberer war, der durch einen kühnen Feldzug in das iranische Hochland die Seleukidenherrschaft festigte, streicht das Porträt die nüchternen Züge eines um die Sicherheit des Reiches bemühten Regenten heraus.

Dieser Vorgang wiederholte sich, als Antiochos der Große glaubte, Griechenland seinem Reich einverleiben zu können. Er war schon in Europa, als die Römer ihn auf griechisches Hilfeersuchen 192 bei den Thermopylen und dann 191 bei Magnesia in Kleinasien vernichtend schlugen. Er zog sich endgültig hinter das Taurosgebirge zurück, und die Römer verließen abermals das östliche Mittelmeergebiet.

Griechenland kam aber nicht zur Ruhe; anscheinend konnten seine Divergenzen intern nicht geregelt werden. 171 wurden die Römer wieder gerufen, diesmal gegen den makedonischen König Perseus, den Sohn Philipps. 168 v. Chr. wurde er bei Pydna geschlagen und Makedonien nun als eigener Staat dadurch ausgelöscht, dass es in vier Republiken aufgeteilt wurde. Wieder verließen die römischen Soldaten Griechenland, was aber blieb, waren immer direktere politische Interventionen Roms.

Der Sieger von Pydna war Lucius Aemilius Paullus, der vor dem Apollontempel von Delphi ein Siegesdenkmal mit seiner Reiterstatue errichten ließ. Dem römischen Feldherren war es wichtig, vor den Augen der griechischen Öffentlichkeit gerühmt zu werden.

So erschien kurz nach Pydna eine römische Gesandtschaft bei Antiochos IV. Dieser stand mit seinem Heer schon vor Alexandria und war im Begriff, Ägypten dem Seleukidenreich anzuschließen. Der Leiter der Gesandtschaft, Popilius Laenas, zeichnete um den König einen Kreis in den Sand und erklärte, er erlaube Antiochos nur dann, den Kreis zu verlassen, wenn dieser verbindlich erkläre, wieder nach Syrien zurückzukehren. Der König tat das, so stark war die Autorität Roms. In der Folgezeit nahmen römischer Hochmut gegenüber den unfähigen Griechen, von denen man ja eigentlich gar nichts wollte, und griechischer Hass auf Rom zu, das man ganz gegen den eigentlichen Wunsch doch immer wieder brauchte und immer mehr in die eigenen Querelen hineinzog. Die Spannungen entluden sich 146 v. Chr., als Rom gerade dabei war, Karthago im 3. Punischen Krieg endgültig zu vernichten. Ein letzter Aufstand des Achäischen Bundes bewirkte, dass Rom mit Karthago gleich auch Korinth dem Erdboden gleichmachte.

Diese letzte Phase der griechischen politischen Geschichte hat den dritten der großen griechischen Historiker hervorgebracht, Polybios von Megalopolis, und auch sein persönliches Schicksal ist für diese Epoche charakteristisch. Gegen das Jahr 200 v. Chr. geboren, war er 169/168 Befehlshaber der achäischen Kavallerie. Nach der Niederlage Makedoniens bei Pydna 168 v. Chr. verbrachten die Römer 1000 führende Achäer nach Rom, darunter auch Polybios. Er hatte das große Glück, in die vornehme Familie der Scipionen zu kommen. Dadurch, dass er auf diese Weise das römische politische Leben aus nächster Nähe beobachten konnte, kam er zu der Überzeugung, dass die römische Verfassung und Sozialstruktur der griechischen überlegen sei. Demgemäß sah er im Aufstieg Roms keinen Zufall, auch nicht das Ergebnis bloßer militärischer Überlegenheit. Er nahm sich vor, seine griechischen Landsleute darüber aufzuklären und verfasste daher eine Universalgeschichte in 40 Büchern, in denen er Roms Aufstieg darstellte und erklärte.

Wolfgang Schuller

Dass im Griechischen der Name für Rom, Rome, zugleich Kraft oder Stärke bedeutet, war mehr als ein Wortspiel. Melinno von Lesbos verfasste um 200 v. Chr. folgenden Hymnus auf Rom:

Glück dir, Rom, du Tochter des Ares,
goldgekrönte Herrscherin voller Einsicht;
du bewohnst auf Erden den ewig festen,
stolzen Olympos!
Dir allein, Ehrwürdigste, gab die Moira (Schicksalsgöttin)
Glück und Ruhm nie wankender Königsrechte;
im Besitz des Kleinods der Macht, des Zepters,
sollst du gebieten.
Unter deinem mächtigen Kummet ächzen
weite Länder, schäumende Meeresfluten;
du indessen lenkest mit sicherem Griff die Schritte der Völker.
Selbst die Allbezwingerin Zeit, die Größte,
die das Sein doch mannigfach umgestaltet,
schwellt für dich allein auf der Fahrt des Sieges
ständig die Segel.
Du gebierst allein ja, vor allen Müttern,
Heldensöhne, Meister im Lanzenschwingen,
stiftest – wie Demeter die reifen Früchte –
tüchtige Männer.

Religion in der antiken Gesellschaft

Menschliche Gesellschaften der historisch fassbaren Zeit tendieren permanent zu Veränderungen, Religionen nicht. Sie sind konservativ, das Älteste ist in ihnen stärker als alles Spätere.

Daher pflegen sich religiöse Reformen auf Vergangenes zu beziehen, gesellschaftliche Reformen auf Gegenwärtiges. Dennoch wandeln sich auch Religionen, da sie ja innerhalb der sich ändernden Gesellschaften existieren.

Im Folgenden werden die historischen Religionen Griechenlands und Italiens betrachtet, bis hin zur Einführung des Christentums als Staatsreligion im 4. nachchristlichen Jahrhundert. Jene Religionen entstammten nur zum Teil ihrer jeweiligen Gesellschaft. Vieles an ihnen war aus der Prähistorie ererbt, etwa aus der kykladischen oder der minoischen Kultur der Ägäis, anderes kam aus dem Orient hinzu, so aus Mesopotamien, Anatolien, Ägypten. Einflüsse aus diesen Bereichen wurden in der Frühzeit weitgehend assimiliert; später, in der hellenistischen und römischen Welt (300 v. Chr. bis 300 n. Chr.), war es gerade das Fremde, Exotische, das den orientalischen Religionen Anziehungskraft verlieh.

Polytheismus

Der gemeinsame Nenner für die hier betrachteten Religionen ist der Polytheismus, das heißt die Verehrung vieler Götter. Dieses Phänomen machte den Austausch religiöser Erfahrungen zwischen den verschiedenen antiken Gesellschaften möglich. Keine von ihnen bestand darauf, wie Gesellschaften mit monotheistischen Religionen, die alleinige Wahrheit zu besitzen. Aus diesem Grund fehlen in der im Folgenden dargestellten Entwicklung von rund zwei Jahrtausenden die Religionskriege, die für nachantike Gesellschaften bezeichnend sind. Man führte in der Antike viele Kriege, aber nicht um Religiöses.

Die Auffassung, der hier vorliegende Polytheismus sei eine primitive Stufe der Religion, kommt vom Monotheismus her und ist leicht zu widerlegen. Sowohl die erwähnten orientalischen Gebiete als auch Griechenland und Rom haben Hochkulturen hervorgebracht, denen die Gesellschaften der Nachantike viel verdanken. Auch das aus dem jüdischen Monotheismus entstandene Christentum und der Islam haben von der heidnischen Antike Wichtiges übernommen.

Mündliche Überlieferung

Monotheistische Religionen pflegen eine Heilige Schrift zu haben, wie zum Beispiel die Bibel und den Koran, in der die göttliche Offenbarung festgelegt ist. Weder die griechische noch die römische Religion besitzt Vergleichbares, schon deshalb nicht, weil ihre Herkunft weit über den Gebrauch der Schrift zurückreicht. Im Etruskischen existiert ein Ansatz dazu: Ein Wesen aus einer anderen Welt diktiert einem Menschen Religiöses. Wir wissen aber zu wenig davon, zumal das Etruskische zwar gelesen werden kann – zu behaupten, dass es nicht »entziffert« sei, ist falsch –, aber immer noch sehr viele uns unverständliche Wörter enthält.

In der heutigen Philologie wird die Rolle der Mündlichkeit in der Überlieferung, etwa in den homerischen Epen »Ilias« und »Odyssee«, von vielen Seiten her erforscht. So gewinnen wir auch ein neues Verständnis für Religionen, die auf mündlicher Überlieferung basieren. Das »ungeschriebene Gesetz« *(agraphos nomos)* war für die Griechen wichtiger als das geschriebene. In religiösen Dingen war es ebenso. Zur Kontinuität mündlicher Kulttraditionen trugen unter anderem Priestergeschlechter bei.

Göttermythen

Das Alte Testament enthält manches Mythische, etwa den Mythos vom Paradies. Die griechische Religion wäre ohne Göttermythen nicht denkbar, während es in der frühen römischen Religion nichts über die Götter zu erzählen gab. Die römischen Götter hatten keine Eltern, keine Ehen, keine Kinder; von manchen kannte man nicht einmal das Geschlecht. Sie waren Numina, gestaltlose Wesen mit Willen und Macht. Das änderte sich erst durch Einflüsse aus Etrurien und Griechenland, denn dort kannte man weit verzweigte Göttersippen als Pendant zur eigenen Gesellschaft.

In Griechenland wurde die Genealogie als Denkform, mit der man göttliche und menschliche Verhältnisse zu begreifen suchte, von dem böotischen Dichter Hesiod – wohl bereits vor 700 v. Chr. – in der uns erhaltenen »Theogonie« (Götterentstehung) systematisiert. Orientalische Vorbilder dazu konnten zum Teil nachgewiesen werden. Neben Hesiod war es Homer, der den griechischen Göttermythos formte. Der rund drei Jahrhunderte später lebende Historiker Herodot schreibt in seinen »Historien« (2,53), dass Homer und Hesiod »den Griechen den Stammbaum der Götter aufgestellt, den Göttern Beinamen gegeben, ihre Ehren und Wirkungsbereiche geschieden und ihre Gestalten beschrieben haben«.

Die Götter der griechischen Welt gab es natürlich schon vor Homer und Hesiod. Manche Namen, so Zeus, Hera, Poseidon, Athene und Dionysos, sind schon in schriftlichen Zeugnissen aus der Bronzezeit überliefert. Ob man damals schon, etwa an den Königshöfen von Mykene, Tiryns und Pylos, Mythen über sie erzählte? Bestimmt wissen wir nur, dass sie Kult erhielten, denn die mit Linear B beschriebenen Tontafeln sind zum Teil Rechenschaftsberichte über Aufwendungen im Götterkult.

Kulthöhlen, heilige Bäume, Altäre

Zu den ältesten Kultstätten zählt die Höhle. Im Mittelmeergebiet sind vor allem die Inseln Malta und Kreta für ihre Höhlenkulte bekannt, die vorwiegend Muttergottheiten galten. So ist die Höhle der Geburtsgöttin Eileithyia bei Amnissos an der Nordküste Kretas in Homers »Odyssee« erwähnt (19,188). Die Göttermutter Rhea soll Zeus in einer Höhle hoch im Idagebirge geboren haben. Auch das griechische Festland hatte zahlreiche Kulthöhlen. Man denke an die Akropolis in Athen, die oben den leuchtenden Parthenon trägt, während ihre Felsenhänge von Höhlen durchlöchert sind. Deren Kulte reichen zum Teil nachweislich in das 2. Jahrtausend v. Chr. zurück, andere wurden später eingerichtet wie die Höhle des Hirtengottes Pan. Ihm weihten die Athener zum Dank für die Hilfe in der Schlacht von Marathon (490 v. Chr.) ein Höhlenheiligtum am Nordhang der Akropolis. Aus dieser Weihung in historisch heller Zeit lässt sich schließen, dass die Höhle als Kultstätte nicht nur ein Phänomen der Frühzeit war, als es noch keine Tempel gab. Im Gegenteil, Naturgottheiten, zu denen Pan und die Nymphen zählen, bevorzugten die Höhle überhaupt. Sie wurde dort, wo sie das Gelände nicht in natürlicher Form bot, sogar künstlich, als Grotte, errichtet.

Da in den antiken Religionen das Alter eines Kultes wichtiger war als seine spätere Entwicklung, bewahrten Kulthöhlen ihr hohes Ansehen. Sie waren zudem dauerhafter als heilige Bäume, die zwar Generationen überleben konnten, aber eines Tages starben. Neben Einzelbäumen wie dem heiligen Ölbaum der Athene auf der Athener Akropolis gab es Haine, so den Eichenhain des Zeus von Dodona im äußersten Nordwesten Griechenlands oder den heiligen Hain der Diana von Aricia bei Rom.

Die Umwohnenden wussten aus uralter mündlicher Tradition von der Heiligkeit eines Ortes, Baumes oder Haines. Sie blieb auch einem Fremden nicht verborgen, da die in antiken Religionen allgegenwärtigen Kultbinden wohl stets vorhanden waren; Pinakes, beschriftete oder bemalte Weihetafeln, konnten im Gezweig hängen. Was der heutige Besucher an solchen Kultstätten sehen kann, ist ihre Eingrenzung. Sie besteht aus einer Mauer, die den Besitz der jeweiligen Gottheit(en) klar von der Umgebung abhebt. Die Griechen nannten einen solchen Bezirk ein Temenos. Da man aus Mythen weiß, wie sehr die Götter auf ihre Ehren bedacht waren, wie furchtbar sie sich rächen konnten, wenn man sie vergaß, so versteht man die Errichtung von Temenosmauern, die sowohl kleine Kultstätten als auch den großen Bezirk des Apollon in Delphi umgrenzen.

Die Altäre hatten in Griechenland zwei Hauptformen, je nachdem, wer die Kultempfänger waren. Es gab hohe Altäre für die olympischen Götter und niedrige, mit der Erdtiefe verbundene Opferstätten für die Erdgottheiten, die chthonischen Götter, sowie für Halbgötter, die Heroen. Zwischen diesen beiden Möglichkeiten existierten Übergänge in Form von Mischkulten. Diese waren auch bei Etruskern und Italikern üblich, bei denen die Trennung der Riten nicht so weit ging wie bei den Griechen. Nur der dem griechischen Göttervater Zeus entsprechende Jupiter blieb als Himmelsgott möglichst weit von allem Chthonischen entfernt. Entsprechendes galt für seinen Priester, den durch viele Tabus gebundenen Flamen Dialis.

Das Material für Altäre war gewöhnlich behauener Stein; es gab aber auch Opferstätten aus Feldsteinen, aus Rasenstücken oder aus Teilen von Opfertieren. Berühmt war der Hörneraltar des Apollon auf Delos und der »Aschenaltar« des Zeus in Olympia, der aus den kalzinierten Schenkelknochen der Opfertiere bestand, die man dort im olympischen Ritus verbrannte. In den Knochenschotter waren Stufen eingehauen, die man emporstieg, um auf der Spitze des Kegels Zeus anzurufen. Rund eineinhalb Jahrtausende wurde der Kult dort ausgeübt.

Tempel und Kultbilder

Der soeben erwähnte Zeusaltar in Olympia bestand lange, bevor in der ersten Hälfte des 5. Jahrhunderts v. Chr. diesem Gott dort ein Tempel (der berühmte Zeustempel) errichtet wurde. Auch sonst hat man Zeus unter freiem Himmel verehrt. Die frühesten griechischen Tempel aus den ersten Jahrhunderten des 1. Jahrtausends v. Chr. waren nicht dem obersten Gott, sondern seiner Gemahlin Hera geweiht. Das ergaben die Ausgrabungen in Perachora bei Korinth und auf der Insel Samos.

Sehr frühe Tempel hatte außerdem Apollon. Genannt seien sein Heiligtum in Thermos in Ätolien und die Kultstätte des Apollon Maleatas auf dem Berg über dem antiken Kurort Epidauros. Seinen frühesten Tempel in Delphi gründete Apollon nach dem Mythos selbst. Gegenwärtig wird auf der Insel Naxos ein Tempel des Dionysos ausgegraben, der in sehr frühe Zeiten zurückreicht. Für die Errichtung eines Kultbaues war also nicht das hohe Ansehen eines Gottes ausschlaggebend, sonst hätte Zeus die frühesten Tempel haben müssen, sondern die Eigenart des Kultes.

Tempel enthalten nur in Ausnahmefällen in ihrem Innern Altäre. Im Allgemeinen lag der Altar außerhalb. Dort, wo er in christlichen Kirchen steht, ist im antiken Tempel der Platz des Kultbildes, dessen monumentaler Schrein er ist. Die Kultstatue pflegte zum Aufgang der Sonne zu blicken. Deshalb lag auch der Eingang zur Cella, dem Kernraum des Tempels, im Osten. Auch von dieser Regel gibt es Ausnahmen, so an Tempeln der anatolischen Muttergöttin Kybele und der nahe mit ihr verwandten Artemis von Ephesos, die nach Westen orientiert sind.

War der griechische Tempel ein dreidimensional gestalteter Baukörper, so hatte der etruskische Tempel eine ausgesprochene Fassade. Da Etrusker auch in Rom die frühesten Gotteshäuser errichteten, wurde der auf das etruskische Königsgeschlecht der Tarquinier zurückgehende Jupitertempel auf dem Kapitol nach verschiedenen Bränden immer wieder in den alten Proportionen erbaut, zuletzt unter Kaiser Domitian im späten 1. Jahrhundert n. Chr. Im Grunde wirkt der italische Fassadenstil bis hin zu den römischen Barockkirchen nach.

Baupolitik

Seit dem 6. Jahrhundert v. Chr. lässt sich die Tendenz beobachten, Tempelbauten in politische Programme einzuspannen. Die so genannten Tyrannen, die damals viele griechische Stadtstaaten auf dem Festland wie auf den Inseln beherrschten, betrieben eine intensive Baupolitik. Da sie Grundlage und Berechtigung ihrer Macht vom Götterkönig Zeus herleiteten, begannen sie mit der Errichtung der ersten Zeustempel, so des riesigen Olympieion in Athen, an dem jahrhundertelang gebaut wurde. Zeitgleich errichteten die Tarquinier den bereits erwähnten Jupitertempel auf dem Kapitol. – In die Tyrannenzeit fällt auch die rege Bautätigkeit der Naxier mit ihrer bedeutenden Bildhauerschule auf Delos, wo sich neben Delphi das bedeutendste Apollonheiligtum befand. Indem dieses Heiligtum unter dem Athener Tyrannen Peisistratos eine besondere Förderung erhielt und sogar Verknüpfungen im Mythos zwischen Athen und dem Apollonheiligtum neu belebt und auch geschaffen wurden, geriet es auch zunehmend unter den politischen Einfluss dieser Stadt.

Verfolgt man die zahlreichen Tempelgründungen in Rom während der Republik und der Kaiserzeit, so lassen sich immer wieder politische Gründe für diese Bauinitiativen anführen. Entsprechendes dürfte für andere Städte oder Stadtstaaten der antiken Welt zutreffen.

Staatliche und private Feste

Alle antiken Feste waren religiösen Ursprungs. Bloße »staatliche« Feiern gab es schon deshalb in der griechischen Welt nicht, da jeweils Gottheiten über die wichtigste antike Staatsform, die Stadt *(polis)*, wachten, so zum Beispiel Athene als Athena Polias über Athen. Die Entwicklung Roms von der Stadt *(urbs)* zum Reich *(imperium)* brachte es mit sich, dass überall ein Kapitol, das heißt der Tempel der Kapitolinischen Trias Jupiter, Juno und Minerva, errichtet wurde. Weitere religiöse Integrationsgestalten waren für das Imperium sowohl die regierenden als auch die nach ihrem Tod vergöttlichten Kaiser, die allenthalben Kult empfingen.

Noch im heutigen Griechenland kann man erleben, dass ein winziges, irgendwo in der Einsamkeit gelegenes Kapellchen plötzlich von einer Menschenmenge besucht wird, die es öffnet, Lampen und Kerzen darin entzündet und den Tag in dessen Nähe verbringt. Dann hat der oder die Heilige in dem Kapellchen seinen bzw. ihren Festtag, an dem man sich versammelt. Panegyris ist das alt- und neugriechische Wort für eine solche Versammlung sowie für das Fest. Sicher entspricht der oder die Gefeierte oft einem Heros oder einer Heroin.

Die alljährlich wiederkehrenden religiösen Feste gliederten für die Gesellschaft das Jahr. Die Monatsnamen der griechischen Stadtstaaten, die vor der Besetzung Griechenlands durch die Römer nicht einheitlich waren und von denen manche schon in Linear B erwähnt werden, sind zum großen Teil von Festen und Opfern hergeleitet. In fast jeden Monat fielen Feiern für Götter und Heroen, die von staatlicher Seite begangen wurden. Viele waren mit Prozessionen verbunden, in denen man Kultbilder oder heilige Gegenstände mitführte. Die häufigste Form der Prozession war das Tragen und Geleiten der Opfergaben und Opfertiere zum Altar.

Aus Kalendern der hundert Demen (Gemeinden) Attikas, von denen einige durch Steininschriften erhalten sind, sowie aus der stattlichen Anzahl römischer Kalender lässt sich schließen, dass das Leben des antiken Menschen in Stadt und Land von religiösen Feiern durchwirkt war. Diese Feste brachten auch die nötige Entspannung, von der Perikles in seiner berühmten bei Thukydides (2,38) überlieferten Grabrede spricht. Die Ruhe nach sechs Arbeitstagen, die vom Ausruhen Gottes in der Schöpfungsgeschichte des Alten Testaments hergeleitet ist, war den antiken Gesellschaften – Juden und Christen ausgenommen – ja fremd.

Am Beginn des Festes wurden die Götter, denen es galt, hymnisch herbeigerufen, um beim Opfer anwesend zu sein. An hohen Staatsfesten, etwa den Panathenäen in Athen, die zu Ehren der Stadtgöttin Athena Polias gefeiert wurden, dachte man sich den ganzen Olymp anwesend, wie der Ostfries des Parthenon zeigt. In einem Dithyrambos, einem Kultlied auf Dionysos, ruft der Dichter Pindar (Fragment 75 Snell) die Olympier zur Feier der Großen Dionysien in Athen herbei. Am Ende des Festes pflegte man die Götter zu verabschieden. Diese Praxis ist auch aus einer noch heute existierenden polytheistischen Religion, dem Shintoismus in Japan, bekannt.

Außer den offiziellen Festen gab es auch private Feiern, so vor allem Hochzeiten, an denen zum Beispiel Aphrodite Weihrauchopfer erhielt. Der Toten wurde sowohl individuell als auch an einem allgemeinen Totenfest im Vorfrühling gedacht. Aus dem Totenkult entwickelte sich von der homerischen Zeit an der Heroenkult, eine Besonderheit der griechischen Religion. In hellenistischer Zeit wurden viele Verstorbene im privaten Kreis heroisiert, während der archaische Heroenkult ausgesprochen staatlichen Charakter hatte. Er entstand zusammen mit der Herausbildung des Stadtstaates, der Polis. In Athen verehrte man nach der zur Demokratie führenden Reform des Kleisthenes ab dem späten 6. Jahrhundert v. Chr. zehn Phylenheroen, die der delphische Apollon aus 100 vorgeschlagenen Heroennamen ausgesucht hatte. Das gibt einen Begriff von der Menge der in Hellas verehrten Heroen. Sie entspricht der der christlichen Heiligen.

Da die Kindersterblichkeit in der Antike sehr hoch war, gaben Geburten zunächst keinen großen Anlass zu Feiern. Umso mehr wünschte man in Athen den kleinen dreijährigen Jungen an den Anthesterien, dem für Dionysos gefeierten »Blütenfest« im Frühling, Glück. In diesem Jahr wurden sie in die Listen der Bürgerschaft eingetragen. Als Schutzgottheiten der Kinder *(kurotrophoi)* galten unter anderen die Flussgötter, Apollon, Dionysos und die Nymphen.

Tieropfer

Zentrum vieler Feste war das feierliche Schlachten von Opfertieren, dem das Braten und Kochen des Fleisches, das Grillen der Eingeweide über dem Altar und das gemeinsame Mahl der Festteilnehmer und der herbeigerufenen Götter folgten. Die Menschen verzehrten das Fleisch, nur der mit Fett umwickelte Schenkelknochen wurde auf dem Altar verbrannt, der Geruch davon stieg zu den Göttern auf. Man schrieb diesen »Opferbetrug« dem Prometheus zu, dem großen Freund der Menschheit, der auch das Feuer vom Himmel auf die Erde geschmuggelt hatte.

Zum Problem jenes »Betrugs« hier nur so viel: Die Menschen haben Tiere zwecks Nahrungsaufnahme getötet, lange ehe es den griechischen Olymp gab. Die prähistorischen Tierschlächter scheinen sich aber bewusst gewesen zu sein, dass sie mit der Vernichtung von Leben Unrecht taten. Karl Meuli und in seiner Nachfolge Walter Burkert sind tief in jene frühe Mentalität eingedrungen. Die Tötenden waren bestrebt, das zur Nahrung verwendete Tier wiederherzustellen, indem sie Kopf und Schenkelknochen absonderten. Diese Teile fielen später den Göttern zu. Der Schädel des Opfertiers wurde im Heiligtum aufgehängt, der Knochen mit Fett verbrannt. Es handelt sich um das olympische Opfer für Zeus und die mit ihm verbundenen Götter. An vielen Orten Griechenlands und Italiens waren diese in der geheiligten Zwölfzahl *(dodekatheoi, dei consentes)* und teilten sich jeweils zu zweien sechs Altäre.

Priester und Priesterinnen

Im Gegensatz etwa zur ägyptischen Religion, in der die Tempel hauptsächlich von Priestern betreten wurden, gab es in Griechenland den Gegensatz von Priestern und »Laien« kaum. Selbstverständlich waren den einzelnen Gottheiten Menschen zugeordnet, die ihnen Opfer darbrachten, und zwar männlichen Gottheiten Priester, weiblichen Priesterinnen. Es gab aber auch berühmte Ausnahmen, so die Pythia, die Priesterin des Apollon in Delphi. Ihr Amt wurde damit begründet, dass das delphische Orakel zunächst der Erdmutter Gaia gehört habe – ein Durchscheinen des prähistorischen Matriarchats. Neben der Pythia stand jedoch im Tempel des Apollon der Prophet, der Verkünder des Orakels, sowie eine ganze Priesterschaft, die – nicht nur religionspolitisch – weit über die Grenzen Griechenlands hinaus eine Rolle spielte. Dieses Phänomen lässt sich weniger mit anderen griechischen Kultorten als mit religiösen Verhältnissen im Orient und in Rom vergleichen. Die römischen Priesterschaften, so zum Beispiel die Fratres Arvales (Arvalbrüder), Auguren und Epulonen (ein Priesterkollegium, das die feierlichen öffentlichen Mahlzeiten bei Götterfesten zu besorgen hatte), sowie die Gruppe der Flamines, der Spezialpriester für einzelne Götter, waren politische Glieder der Gesellschaft, die Zugehörigkeit zu ihnen war Teil der Karriere *(cursus honorum).*

Obwohl die römische Religion in manchem konservativer war als die griechische, bewahrte Hellas mehr aus dem prähistorischen Kult der Muttergöttinnen. So hielt sich die Zahl der Priesterinnen und Priester dort die Waage, in Rom nicht. In Athen war die Priesterin der Athena Polias aus dem seit der spätarchaischen Zeit herrschenden demokratischen Amtswechsel ausgenommen. Sie entstammte einem der vornehmsten attischen Adelsgeschlechter, dem der Eteobutaden, und versah ihr Amt lebenslänglich. In Geschlechtern wie diesem, dem auch der Poseidonpriester entstammte, wurde die mündliche Kulttradition, von der oben die Rede war, durch viele Generationen hin vererbt. An zentralen Kultorten wie Olympia oder im Mysterienheiligtum von Eleusis gab es jeweils zwei Priestergeschlechter, wodurch die Kontinuität der mündlichen Überlieferung bis in die römische Kaiserzeit hinein tatsächlich gesichert war.

Weihgeschenke

Es lässt sich kaum etwas denken, das nicht den Göttern geweiht werden konnte: Kleidung, Schmuck, Waffen aller Art, Spielzeug, Geräte und Gefäße, die man im Leben brauchte, aber auch kleine und größere Nachbildungen von Tieren, dazu Statuetten aus Bronze, Elfenbein und Terrakotta, bald der Weihenden selbst, bald der Gottheit des Ortes. Dazu kommt die große Zahl der lebens- und überlebensgroßen Statuen, kommen Weihreliefs aus Ton und Marmor und die noch größere, uns weitgehend verlorene Gattung der bemalten Holztafeln, der Pinakes. Die antike Sitte, die kleineren Votivgaben von Zeit zu Zeit abzuräumen, aber als Eigentum der Gottheit innerhalb des heiligen Bezirks im Boden zu bergen, war für archäologische Grabungen in Griechenland wie in Italien ein Segen. So füllten sich nicht nur die Museen mit Kunstwerken, sondern man erhielt Handhaben zur Identifizierung der Inhaber bestimmter Heiligtümer. Zum Beispiel entpuppte sich der früher dem Poseidon zugewiesene klassische Tempel von Paestum, dem griechischen Poseidonia, als ein Kultbau für Hera, deren Name auf Votiven steht, die man im Temenos ausgrub. Auch der große frühere Tempel daneben, die so genannte Basilika, gab sich als älterer Heratempel zu erkennen. Poseidonia/Paestum war eine Gründung achäischer Griechen von der Peloponnes. Weibliche Hauptgottheiten der Achäer waren, wie wir aus der »Ilias« wissen, Hera und Athene. Der Letzteren gehört der dritte Tempel von Paestum.

Berühmt für ihre Weihgeschenke waren vor allem die großen, panhellenischen Heiligtümer Olympia und Delphi. Sie konnten dort von einem aus allen Teilen der antiken Welt zusammenströmenden Publikum bestaunt werden. Da sich die Weihenden inschriftlich zu nennen pflegten, verkündete die Votivgabe auch den Ruhm des Stifters. Einzelne Stadtstaaten bauten in diesen Heiligtümern auch Schatzhäuser *(thesauroi)*, in denen kostbare Votive unter Verschluss aufbewahrt werden konnten. An Diebstählen in Heiligtümern und an Terroristen wie Herostrat, der das Artemision in Ephesos angezündet hatte, fehlte es auch in der Antike nicht.

Als der Reiseschriftsteller Pausanias im späteren 2. Jahrhundert n. Chr. Griechenland bereiste, waren die Weihgeschenke in Delphi und Olympia noch zum großen Teil vorhanden, wenn auch die Römer manches in die neue Welthauptstadt Rom abtransportiert hatten. Später folgte Konstantin, der seine neu gegründete Hauptstadt am Bosporus, Konstantinopel, mit Bronzen aus Griechenland schmückte. Nachdem die heidnischen Kultstätten unter seinen Nachfolgern verwüstet wurden, fielen die letzten sichtbaren Kunstwerke dort Metalldieben zum Opfer. Die archäologischen Grabungen haben von der Vielzahl der bei Pausanias genannten Bronzewerke kaum etwas bergen können. Nur die Basen, die auch bei Bronzen aus Stein waren, sind bei den Ausgrabungen in Delphi, Olympia und anderenorts zutage gekommen. Wie zum Ersatz brachten die archäologischen Forschungen jedoch das zum Vorschein, was schon zur Zeit des Pausanias längst im Boden geborgen war, die Weihgeschenke der geometrischen und archaischen Epoche: große Kessel mit plastischen Köpfen von Löwen und besonders von Greifen an ihren Mündungen auf Dreifüßen und auf konischen Ständern aus Bronze. Herodot (4,152) berichtet, dass der samische Reeder Kolaios nach seiner erfolgreichen Spanienfahrt einen solchen Kessel mit Greifen für das Heraheiligtum von Samos stiftete. Das war um die Mitte des 7. Jahrhunderts v. Chr.

Apollon und Demeter, Apollon und Zeus

Fragt man sich nach den stärksten Impulsen, die von Kulten auf die antike Gesellschaft übergingen, so sind zwei gegensätzliche Gottheiten zu nennen: Apollon und Demeter. Apollon griff durch viele Jahrhunderte hin von Delphi aus ordnend in die antike Welt ein, in Rom verstärkt durch die sibyllinischen Orakel und durch seine Gleichsetzung mit dem Sonnengott Helios bzw. Sol. Demeter dagegen gewährte durch ihre Eleusinischen Mysterien den Menschen religiöse Geborgenheit. Die Feier wurde im Hellenismus auch nach Alexandria übertragen, wo man Demeter der großen ägyptischen Göttin Isis anglich. Vornehme Römer gingen nach Eleusis, um sich einweihen zu lassen; die Mysterien standen aber auch den einfachen Menschen offen. Demeters römisches Gegenbild, Ceres, wurde sogar besonders von unteren Volksschichten verehrt: Sie war die Hauptgöttin der Plebs. Was man in den Mysterien erlebte, musste geheim bleiben. Alle in Eleusis Eingeweihten hielten sich daran bis auf einige Christen, die versuchten, das in den Mysterien Vernommene bloßzustellen. – Während das delphische Orakel ab dem ersten nachchristlichen Jahrhundert an internationalem Ansehen verlor – Plutarch (46 bis nach 120 n. Chr.), der selbst in seinen Umkreis gehörte, ist unser Zeuge dafür – blieb die Bedeutung von Eleusis länger erhalten, weshalb die christlichen Eiferer sich besonders gegen diese heilige Stätte richteten. – Am Beginn der »Eumeniden« des Aischylos (19) nennt die Pythia den delphischen Apollon Priester des Vaters Zeus. In Rom bewegte sich die Triumphprozession vom Apollotempel auf dem Marsfeld zum Kapitol, dessen Hauptgott Jupiter die Beinamen Optimus Maximus hatte, der Beste und Größte. Apollos Unterordnung unter Zeus-Jupiter weist auf dessen fast – aber nur fast – monotheistische Macht.

Erika Simon

Bildquellenverzeichnis

Acropolis Museum, Athen: 144
Agence photographique de la Réunion des musées nationaux, Paris: 102, 115, 130, 140, 186, 261 f.
I. Akamantis: 257
akg-images, Berlin: 26, 28 f., 31–35, 38, 40, 47, 58, 61, 109, 112, 128, 144, 147 f., 152 f., 155 f., 164, 171, 176, 181 f., 192, 198, 202 f., 210, 220, 222, 224, 227 f., 251, 270, 272, 274
American School of Classical Studies, Agora Excavations, Athen: 214
Antikenmuseum der Univ. Leipzig: 154
Antikenmuseum und Sammlung Ludwig, Basel: 124, 170
Archaeological Museum, Delphi: 158
Archäologisches Museum, Istanbul: 215
Archäologisches Museum, Olympia: 115, 152
Archäologisches Museum, Teheran: 270
Archäologisches Museum, Tirana: 204
Archäologisches Nationalmuseum, Athen: 111, 116, 145, 149, 179, 181, 218, 227
Archäologisches Nationalmuseum, Sofia: 8, 11 f.
Archivio RCS Libri & Grandi Opere: 165
Ashmolean Museum of Art and Archaeology, Oxford: 176
Badisches Landesmuseum, Karlsruhe: 177
A. Baguzzi, Mailand: 121, 184
P. Baguzzi, Mailand: 79, 89, 120
J. Bahlo: 26, 41
Dr. M. Bentz, Regensburg: 77, 81, 93
P. Berri und F. Torboli: 98
Bibliographisches Institut & F. A. Brockhaus, Mannheim: 8–10, 12–14, 16, 18, 27, 30, 51, 64, 67, 69, 72, 74, 76 f., 79 f., 82–84, 86 f., 89, 92–95, 96, 101, 111, 117, 123, 126, 130, 134, 136, 154, 157, 158, 161, 172 f., 193, 201, 207 f., 221, 239, 248, 254, 256, 258–260, 267 275, 277, 279
Bibliothèque Nationale de France, Paris: 46, 118
Bildarchiv Preußischer Kulturbesitz, Berlin: 10, 23, 33, 44, 115, 148, 175, 188, 190, 231, 243, 273, 275
The Bridgeman Art Library, London: 226
Britisches Museum, London: 38, 70, 81, 114, 118, 125, 140, 151, 167, 227, 236, 263, 278
Luftbildarchiv Albrecht Brugger im Hause Fotofachlabor Schnepf, Stuttgart: 50
Y. Butler: 276
G. Capellani: 121
J. Christen: 104
M. Christofani: 126
S. C. Collins: 241
Deutscher Archäologischer Verband e. V., Köln: 126
Deutsches Archäologisches Institut, Athen: 116, 150, 192
Deutsches Archäologisches Institut, Rom: 15
M. Eberlein, München: 42
École Française D'Archéologie, Athen: 217
École Nationale supérieure des Beaux-Arts, Paris: 147, 199
Dr. E. Eggebrecht, Harsum: 22 f.
EKDOTIKE ATHENON, Athen: 160, 191, 200, 205, 244 f., 247 f., 252, 256 f.
C. Elsler, Historisches Farbarchiv, Norderney: 108, 112, 123, 184, 267, 278
Epigraphical Museum at Athens, Athen: 173
E. Fahmüller, Günding: 225
G. Farfalis, Athen: 159, 196
H. Feußner, Hamm: 66
P. Franke, Agentur Punctum, Leipzig: 154
Prof. W. Fritz, Köln: 39
Gamma, Studio X, Limours: 34, 38, 43
R. Gebhard: 41
Dr. E. Gersbach, Tübingen: 30
Photographie Giraudon, Paris: 56
Gustav-Lübcke-Museum, Hamm: 66
Bildarchiv Hansmann, München: 43, 146, 223, 234
A. Held: 152
Colorphoto H. Hinz, Allschwil, Schweiz: 178
Hirmer Verlag, München: 131, 142, 151
M. Holford, Picture Library, Essex: 211
Prof. Dr. W. Höpfner, Berlin: 225, 230, 239
H. Kahnt, Naunhof: 45, 73, 139, 183, 197, 256
V. G. Kallipolitis: 114
Kapitolinische Museen, Rom: 106
Keltenmuseum Hochdorf, Eberdingen: 31
S. Kostomaroff: 124
Kulturgeschichtliches Museum, Osnabrück: 48
Kunsthistorisches Museum, Wien: 173, 238
Landesamt für Denkmalpflege Hessen, Wiesbaden: 40
Landesdenkmalamt Baden-Württemberg, Stuttgart: 59
Landesmuseum für Vorgeschichte, Halle (Saale): 68
S. Lee: 249
G. Leone, Ragusa: 143
Lotos-Film, Kaufbeuren: 18, 20–25, 36, 113, 117, 127, 141, 144, 146, 162 f., 195, 237, 243, 250, 269
Marka, Mailand: 107
Martin von Wagner-Museum der Univ. Würzburg: 132
M. Mateucci: 212
C. und M. Mauzy: 161 f., 167–169, 172, 174, 194, 222 f., 237
The Metropolitan Museum of Art, New York: 76, 139, 141, 150, 171, 179, 186, 243
Photo Meyer, Wien: 42
C. H. Moessner, München: 142
Musée Archéologique, Châtillon-sur-Seine: 32
Museo Archeologico, Florenz: 216
Museo Archeologico Nazionale, Syrakus: 124, 158
Museo Archeologico Nazionale, Neapel: 187, 229
Museo Civico Archeologico, Bologna: 200
Museum Burg Linn, Krefeld: 62
Museum im Schloß, Bad Pyrmont: 62
Museum of Fine Arts, Boston: 134, 182
Nationalmuseet, Kopenhagen: 64, 69, 258
Nationalmuseum, Damaskus: 271
Naturhistorisches Museum, Wien: 42
W. Neumeister (†), München: 213
Niedersächsisches Institut für Historische Küstenforschung, Wilhelmshaven: 57
G. Nimatallah (†): 85
Ny Carlsberg Glyptotek, Kopenhagen: 135, 236
K. Öhrlein: 132
F. Parisio, Neapel: 229

L. Pedicini, Archivio dell'arte, Neapel: 166, 178, 230, 234, 236, 255, 264, 266, 272
Photo Digital, München: 55
Prähistorische Staatssammlung, München: 41f.
PUBBLIAERFOTO, Mailand: 78
Dr. M. Pucciarelli, Rom: 133, 137
AGENZIA FOTOGRAFICA L. RICCIARINI, Mailand: 79, 85, 89, 120f., 184
François Réne Roland, Paris: 141
Römisch-Germanische Kommission des DAI, Frankfurt am Main: 26, 41
Römisch-Germanisches Museum, Köln: 66
SCALA, Florenz: 37, 74, 83, 87f., 91, 97, 102–105, 171, 216
Schweizerischer Olympischer Verband, Bern: 233
M. Seidel, Mittenwald: 124
S. Siegers: 66
Silkeborg Museum: 58
Soprintendenza Archeologica di Ostia: 197
Staatliche Antikensammlungen, München: 142, 145, 156, 174, 178, 180, 182, 209, 242
Staatliche Antikensammlungen und Glyptothek/ Koppermann, München: 145, 182, 242
Staatliche Kunstsammlungen, Dresden: 240
Staatliche Münzsammlung, München: 105, 265
Staatliches Historisches Museum, Stockholm: 71
Staatliches Museum, Schwerin: 240
Staatliches Museum für Naturkunde und Vorgeschichte, Oldenburg: 62
Stiftung Schleswig-Holstein. Landesmuseen Schloss Gottorf-Archäologisches Landesmuseum, Schleswig: 59f., 63, 67
Dr. F. Teichmann, Stuttgart: 183
Thermenmuseum, Rom: 274
Thüringisches Landesamt für Archäologische Denkmalpflege, Weimar: 56, 60, 63
U. D. F. - Photothek, Paris: 85, 87, 90, 98–100, 105, 129, 219
Univ. Mailand: 268
Vatikanische Sammlungen, Vatikanstadt: 94, 138, 229
M. Vujovic, Belgrad: 19
Württembergisches Landesmuseum, Stuttgart: 50, 66
Dr. K. Zimmermanns, Pullach: 78

Weitere graphische Darstellungen, Karten und Zeichnungen Bibliographisches Institut & F.A. Brockhaus, Mannheim.

Literaturhinweise

Allgemeines

Die Cambridge-Enzyklopädie der Archäologie, herausgegeben von Andrew Sherratt. Aus dem Englischen. München 1980.

Clauss, Manfred: *Einführung in die alte Geschichte.* München 1993.

Dahlheim, Werner: *Die Antike. Griechenland und Rom von den Anfängen bis zur Expansion des Islam.* Paderborn u.a. [4]1995.

Fischer-Weltgeschichte, Bd. 5: *Die Mittelmeerwelt im Altertum,* Tl. 1: *Griechen und Perser,* herausgegeben von Hermann Bengtson. Frankfurt am Main 129.–130. Tsd. 1993.

Fischer-Weltgeschichte, Bd. 6: *Die Mittelmeerwelt im Altertum,* Tl. 2: *Der Hellenismus und der Aufstieg Roms,* herausgegeben von Pierre Grimal. Frankfurt am Main 108.–109. Tsd. 1993.

Fischer-Weltgeschichte, Bd. 9: Maier, Franz Georg: *Die Verwandlung der Mittelmeerwelt.* Frankfurt am Main 78.–79. Tsd. 1994.

Lexikon Alte Kulturen, herausgegeben von Hellmut Brunner u.a., 3 Bde. Mannheim u.a. 1990–93.

Der neue Pauly. Enzyklopädie der Antike, herausgegeben von Hubert Cancik und Helmuth Schneider, auf 15 Bde. und 1 Registerband berechnet. Stuttgart u.a. 1996ff.

Paulys Real-Encyclopädie der classischen Altertumswissenschaft, unter Mitwirkung zahlreicher Fachgenossen herausgegeben von Georg Wissowa, 66 Halbbde., 15 Supplementbde., 1 Indexbd. und 2 Registerbde. Stuttgart 1893–1997. Teilweise Nachdruck Stuttgart 1956–1992.

Reallexikon der germanischen Altertumskunde, begründet von Johannes Hoops. Herausgegeben von Heinrich Beck u.a., auf zahlreiche Bde. berechnet. Berlin u.a. [2]1973 ff.

Reallexikon für Antike und Christentum. Sachwörterbuch zur Auseinandersetzung des Christentums mit der antiken Welt, herausgegeben von Theodor Klausser u.a. Ab Band 14 herausgegeben von Ernst Dassmann u.a. Begründet von Franz Joseph Dölger u.a., auf zahlreiche Bde. berechnet. Stuttgart 1950 ff.

Schuller, Wolfgang: *Einführung in die Geschichte des Altertums.* Stuttgart 1994.

Die Thraker

Archibald, Zofia H.: *Thracians and Scythians,* in: *The Cambridge ancient history,* begründet von John B. Bury. Herausgegeben von Iorwerth E. S. Edwards u.a., Bd. 6: *The Fourth Century B.C.* Cambridge u.a. [2]1994. S. 444–475.

Bülow, Gerda von: *Schätze aus Thrakien.* Aufnahmen von Wolfgang G. Schröter. Leipzig 1985.

Die Daker. Archäologie in Rumänien, bearbeitet von Maria Munteanu-Bărbulescu. Ausstellungskatalog Römisch-Germanisches Museum, Köln. Mainz 1980.

Danov, Christo M.: *Altthrakien.* Aus dem Bulgarischen. Berlin u.a. 1976.

Gold der Thraker. Archäologische Schätze aus Bulgarien. Ausstellungskatalog Römisch-Germanisches Museum, Köln. Mainz 1979.

Herodot: *Historien. Deutsche Gesamtausgabe,* neu herausgegeben und erläutert von Hans W. Haussig. Übersetzt von August Horneffer. Stuttgart [4]1971.

Jungsteinzeit in Bulgarien. (Neolithikum und Äneolithikum). Ausstellungskatalog Braunschweigisches Landesmuseum, Wolfenbüttel. Braunschweig 1981.

Oppermann, Manfred: *Thraker zwischen Karpatenbogen und Ägäis.* Leipzig u.a. 1984.

Schneider, Lambert / Zazoff, Peter: *Konstruktion und Rekonstruktion. Zur Lesung thrakischer und skythischer Bilder,* in: *Jahrbuch des Deutschen Archäologischen Instituts,* Jahrgang 109. Berlin 1994. S. 143–216.

Der thrakische Silberschatz aus Rogozen Bulgarien, bearbeitet von Alexander Fol. Ausstellungskatalog Bundeskanzleramt Bonn. Sofia 1988.

Venedikov, Ivan / Gerassimov, Todor: *Thrakische Kunst.* Aus dem Bulgarischen. Neuausgabe Leipzig 1976.

Illyrer

Abriß der Geschichte antiker Randkulturen, herausgegeben von Wolf-Dietrich von Barloewen. München 1961.

Albanien. Schätze aus dem Land der Skipetaren, herausgegeben von Arne Eggebrecht. Ausstellungskatalog Roemer- und Pelizaeus-Museum, Hildesheim. Mainz am Rhein 1988.

Franke, Peter Robert: *Albanien im Altertum.* Mit zwei Beiträgen von Muzafer Korkuti und Helmut Freis. Feldmeilen 1983.

Frommer, Hansjörg: *Die Illyrer. Viertausend Jahre europäischer Geschichte, vom dritten Jahrtausend bis zum Beginn der Neuzeit.* Karlsruhe 1988.

Koch, Guntram: *Albanien. Kunst und Kultur im Land der Skipetaren.* Köln 1989.

Papazoglu, Fanula: *The central Balkan tribes in pre-Roman times. Triballi, Autariatae, Dardanians, Scordisci and Moesians.* Aus dem Serbokroatischen. Amsterdam 1978.

Pollo, Stefanaq / Puto, Arben: *The history of Albania. From its origins to the present day.* Aus dem Französischen. London 1981.

Signon, Helmut: *Agrippa. Freund und Mitregent des Augustus.* Frankfurt am Main 1978.

Stipčević, Aleksandar: *The Illyrians. History and culture.* Aus dem Serbokroatischen. Park Ridge, N. J., 1977.

Thukydides: *Der Peloponnesische Krieg. Auswahl.* Übersetzt und herausgegeben von Helmut Vretska. Stuttgart 1966.

Wilkes, John J.: *Dalmatia.* London 1969.

Zippel, Gustav: *Die römische Herrschaft in Illyrien bis auf Augustus.* Leipzig 1877. Nachdruck Aalen 1974.

Die Kelten

Au temps des Celtes. Ve – Ier siècle avant J.-C. Ausstellungskatalog, Abbaye de Daoulas. Daoulas 1986.

Biel, Jörg: *Der Keltenfürst von Hochdorf.* Stuttgart [3]1995.

Botheroyd, Sylvia / Botheroyd, Paul F.: *Lexikon der keltischen Mythologie.* München [4]1996.

Brailsford, John: *Early Celtic masterpieces from Britain in the British Museum.* London 1975.
The celts, herausgegeben von Sabatino Moscati u. a. Ausstellungskatalog Palazzo Grassi, Venedig. London 1991. Nachdruck London u. a. 1993.
Duval, Paul-Marie: *Die Kelten.* Aus dem Französischen. München 1978.
Éluère, Christiane: *Die Kelten.* Aus dem Französischen übersetzt und bearbeitet von Christoph Roden. Taschenbuchausgabe Ravensburg 1996.
Fischer, Franz: *Frühkeltische Fürstengräber in Mitteleuropa.* Feldmeilen 1982.
Haffner, Alfred: *Gräber – Spiegel des Lebens. Zum Totenbrauchtum der Kelten und Römer am Beispiel des Treverer-Gräberfeldes Wederath-Belginum.* Ausstellungskatalog Rheinisches Landesmuseum, Trier. Mainz 1989.
Heiligtümer und Opferkulte der Kelten, herausgegeben von Alfred Haffner. Stuttgart 1995.
Herodot: *Historien. Deutsche Gesamtausgabe,* neu herausgegeben und erläutert von Hans W. Haussig. Übersetzt von August Horneffer. Stuttgart [4]1971.
Hundert Meisterwerke keltischer Kunst. Schmuck und Kunsthandwerk zwischen Rhein und Mosel, bearbeitet von Rosemarie Cordie-Hackenberg u. a. Mit Beiträgen von Hermann Born u. a. Ausstellungskatalog Rheinisches Landesmuseum, Trier. Trier 1992.
Die Kelten in Baden-Württemberg, herausgegeben von Kurt Bittel u. a. Stuttgart 1981.
Die Kelten in Mitteleuropa. Kultur, Kunst, Wirtschaft, bearbeitet von Ludwig Pauli. Ausstellungskatalog Keltenmuseum Hallein, Österreich. Salzburg [3]1980.
Die Keltenfürsten vom Glauberg. Ein frühkeltischer Fürstengrabhügel am Hang des Glauberges bei Glauburg-Glauberg, Wetteraukreis, mit Beiträgen von Fritz Rudolf Herrmann und Otto-Herman Frey. Wiesbaden 1996.
Das keltische Jahrtausend, herausgegeben von Hermann Dannheimer und Rupert Gebhard. Ausstellungskatalog Rosenheim. Mainz [3]1993.
Kimmig, Wolfgang: *Die Heuneburg an der Oberen Donau.* Stuttgart [2]1983.
Kimmig, Wolfgang: *Das Kleinaspergle. Studien zu einem Fürstengrabhügel der frühen Latènezeit.* Stuttgart 1988.
Krausse, Dirk: *Das Trink- und Speiseservice aus dem späthallzeitlichen Fürstengrab von Eberdingen-Hochdorf (Kr. Ludwigsburg).* Mit Beiträgen von Gerhard Längerer. Stuttgart 1996.
Maier, Bernhard: *Lexikon der keltischen Religion und Kultur.* Taschenbuchausgabe. Stuttgart 1994.
Megaw, Ruth / Megaw, John Vincent: *Celtic art. From its beginnings to the Book of Kells.* New York 1989. Nachdruck New York 1991.
Spindler, Konrad: *Die frühen Kelten.* Stuttgart [2]1991.
Vierrädrige Wagen der Hallstattzeit. Untersuchungen zu Geschichte und Technik, mit Beiträgen von Fritz Eckart Barth u. a. Bonn 1987.

Die Germanen

Altes Germanien. Auszüge aus den antiken Quellen über die Germanen und ihre Beziehungen zum römischen Reich. Quellen zur alten Geschichte bis zum Jahre 238 n. Chr., herausgegeben und übersetzt von Hans-Werner Goetz u. a., 2 Bde. Darmstadt 1995. (Text deutsch, lateinisch und griechisch).
Ament, Hermann: *Der Rhein und die Ethnogenese der Germanen,* in: *Prähistorische Zeitschrift,* Jg. 59. Berlin u. a. 1984, S. 37–47.
Düwel, Klaus: *Runenkunde.* Stuttgart [2]1983.
Die Germanen. Geschichte und Kultur der germanischen Stämme in Mitteleuropa, herausgegeben von Bruno Krüger, 2 Bde. Berlin [2-5]1986–88.
Germanische Religionsgeschichte. Quellen und Quellenprobleme, herausgegeben von Heinrich Beck u. a. Berlin u. a. 1992.
Griechische und lateinische Quellen zur Frühgeschichte Mitteleuropas bis zur Mitte des 1. Jahrtausends unserer Zeit, herausgegeben von Joachim Herrmann, 4 Bde. Berlin 1988–92.
Kunst der Völkerwanderungszeit, herausgegeben von Helmut Roth. Mit Beiträgen von Birgit Arrhenius u. a. Berlin u. a. 1979.
Mildenberger, Gerhard: *Sozial- und Kulturgeschichte der Germanen. Von den Anfängen bis zur Völkerwanderungszeit.* Stuttgart u. a. [2]1977.
Schmidt, Ludwig: *Geschichte der deutschen Stämme bis zum Ausgange der Völkerwanderung,* 3 Bde. Berlin [2]1934–42. Nachdruck München 1969–70.
Todd, Malcolm: *The Northern barbarians 100 BC–AD 300.* Oxford 1987.
Uslar, Rafael von: *Die Germanen. Vom 1. bis 4. Jahrhundert n. Chr.* Stuttgart 1980.
Uslar, Rafael von: *Germanische Sachkultur in den ersten Jahrhunderten nach Christus.* Mit einem Beitrag von Joachim Boessneck. Köln u. a. 1975.
Werner, Joachim: *Das Aufkommen von Bild und Schrift in Nordeuropa.* München 1966.
Wolfram, Herwig: *Die Goten. Von den Anfängen bis zur Mitte des 6. Jahrhunderts. Entwurf einer historischen Ethnographie.* München [3]1990.
Zur germanischen Stammeskunde. Aufsätze zum neuen Forschungsstand, herausgegeben von Ernst Schwarz. Darmstadt 1972.

Die Etrusker

Cristofani, Mauro: *Introduzione allo studio dell' etrusco.* Florenz 1991.
Die Etrusker, bearbeitet von Mauro Cristofani u. a. Übersetzt von Christel Galliani u. a. Sonderausgabe Stuttgart u. a. 1995.
Die Etrusker. Kunst und Geschichte, bearbeitet von Maja Sprenger und Gilda Bartoloni. Aufnahmen von Max und Albert Hirmer. München 1977.
Die Etrusker und Europa, herausgegeben von Irma Wehgartner. Ausstellungskatalog Altes Museum, Berlin. Gütersloh u. a. 1993.

Etruskische Texte, herausgegeben von Helmut Rix in Zusammenarbeit mit Gerhard Meiser, 2 Bde. Tübingen 1991.

Heurgon, Jacques: *Die Etrusker.* Aus dem Französischen. Stuttgart [4]1993.

Lexicon iconographicum mythologiae classicae. LIMC, veröffentlicht von der Fondation pour le Lexicon Iconographicum Mythologiae Classicae (LIMC). Redaktion Christoph Ackermann u. a., 7 Bde. Zürich u. a. 1981–94.

Pallottino, Massimo: *Etruskologie. Geschichte und Kultur der Etrusker.* Aus dem Italienischen. Basel u. a. 1988.

Pfiffig, Ambros Josef: *Einführung in die Etruskologie. Probleme, Methoden, Ergebnisse.* Darmstadt [4]1991.

Pfiffig, Ambros Josef: *Religio etrusca.* Graz 1975.

Die Städte der Etrusker, Beiträge von Francesca Boitani u. a. Einleitung von Mario Torelli. Aus dem Italienischen. Freiburg im Breisgau u. a. [2]1977.

Steingräber, Stephan: *Etrurien. Städte, Heiligtümer, Nekropolen.* München 1981.

Torelli, Mario: *Die Etrusker. Geschichte, Kultur, Gesellschaft.* Aus dem Italienischen. Frankfurt am Main u. a. 1988.

Weeber, Karl-Wilhelm: *Geschichte der Etrusker.* Stuttgart u. a. 1979.

Die Italiker

Alföldi, Andreas: *Das frühe Rom und die Latiner.* Aus dem Englischen. Darmstadt 1977.

Devoto, Giacomo: *Gli antichi italici.* Florenz [4]1969.

Hellenismus in Mittelitalien, herausgegeben von Paul Zanker, 2 Bde. Göttingen 1976.

Italy before the Romans. The iron age, orientalizing and Etruscan periods, herausgegeben von David Ridgway und Francesca R. Ridgway. London u. a. 1979.

Livius, Titus: *Römische Geschichte. Lateinisch und deutsch,* Buch IV–VI, herausgegeben von Hans Jürgen Hillen. München u. a. 1991.

Pallottino, Massimo: *Italien vor der Römerzeit.* Aus dem Italienischen. München 1987.

Polybios: *Geschichte.* Eingeleitet und übertragen von Hans Drexler, 2 Bde. Zürich u. a. [2]1978–79.

Potter, Timothy W.: *Das römische Italien.* Aus dem Englischen. Stuttgart 1992.

Salmon, Edward T.: *The making of Roman Italy.* London 1982.

Salmon, Edward T.: *Samnium and the Samnites.* Cambridge 1967.

Tabulae Iguvinae, herausgegeben von Giacomo Devoto. Neudruck Rom 1962.

Trump, David H.: *Central and southern Italy before Rome.* London 1966.

Vetter, Emil: *Handbuch der italischen Dialekte,* Bd. 1. Heidelberg 1953.

Die Welt der Griechen

Alkaios: *Lieder. Griechisch und deutsch,* herausgegeben von Max Treu. München u. a. [3]1980.

Das alte Griechenland. Geschichte und Kultur der Hellenen, bearbeitet von Adolf H. Borbein. Mit Beiträgen von Christof Boehringer u. a. München 1995.

Aristophanes: *Komödien.* Nach der Übersetzung von Ludwig Seeger herausgegeben und mit einer Einleitung versehen von Hans-Joachim Newiger. Neuausgabe München 1990.

Bar-Kochva, Bezalel: *Judas Maccabaeus. The Jewish struggle against the Seleucids.* Aus dem Hebräischen. Cambridge u. a. 1989.

Bengtson, Hermann: *Griechische Geschichte. Von den Anfängen bis in die römische Kaiserzeit.* München [8]1994.

Berve, Helmut: *Die Tyrannis bei den Griechen,* 2 Bde. München 1967.

Bichler, Reinhold: *›Hellenismus‹. Geschichte und Problematik eines Epochenbegriffs.* Darmstadt 1983.

Bleicken, Jochen: *Die athenische Demokratie.* Paderborn u. a. [4]1995.

Boardman, John: *Kolonien und Handel der Griechen. Vom späten 9. bis zum 6. Jahrhundert v. Chr.* Aus dem Englischen. München 1981.

Cicero: *Gespräche in Tusculum. Lateinisch–deutsch,* herausgegeben von Olof Gigon. Darmstadt [6]1992.

Clauss, Manfred: *Sparta. Eine Einführung in seine Geschichte und Zivilisation.* München 1983.

dtv-Geschichte der Antike, herausgegeben von Oswyn Murray, 7 Bde. Aus dem Englischen. München [1-5]1988–96.

Errington, Malcolm: *Geschichte Makedoniens. Von den Anfängen bis zum Untergang des Königreiches.* München 1986.

Euripides: *Sämtliche Tragödien.* Nach der Übersetzung von Johann Jacob Donner bearbeitet von Richard Kannicht, 2 Bde. Stuttgart [2]1958. Nachdruck Stuttgart 1984.

Fraser, Peter M.: *Ptolemaic Alexandria,* 3 Bde. Oxford 1972.

Gehrke, Hans-Joachim: *Geschichte des Hellenismus.* München [2]1995.

Gehrke, Hans-Joachim: *Jenseits von Athen und Sparta. Das dritte Griechenland und seine Staatenwelt.* München 1986.

Die griechische Literatur in Text und Darstellung, herausgegeben von Herwig Görgemanns, Bd. 4: *Hellenismus,* herausgegeben von Bernd Effe. Stuttgart 1985.

Die griechische Literatur in Text und Darstellung, herausgegeben von Herwig Görgemanns, Bd. 5: *Kaiserzeit.* Stuttgart 1988.

Griechische Lyrik, herausgegeben und übersetzt von Dietrich Ebener. Berlin u. a. [2]1980.

Griechische Lyriker. Griechisch und deutsch, übertragen und eingeleitet von Horst Rüdiger. Zürich 1949.

Griechische Papyri aus Ägypten als Zeugnisse des öffentlichen und privaten Lebens. Griechisch–deutsch. Festschrift für Hans Julius Wolff zum 75. Geburstag am 27. August 1977, herausgegeben von Joachim Hengstl. München 1978.

Gschnitzer, Fritz: *Griechische Sozialgeschichte. Von der mykenischen bis zum Ausgang der klassischen Zeit.* Wiesbaden 1981.

Hansen, Mogens Herman: *Die athenische Demokratie im Zeitalter des Demosthenes. Struktur, Prinzipien und Selbstverständnis.* Aus dem Dänischen. Berlin 1995.

Hengel, Martin: *Juden, Griechen und Barbaren. Aspekte der Hellenisierung des Judentums in vorchristlicher Zeit.* Stuttgart 1976.

Herodot: *Geschichten und Geschichte.* Übersetzt von Walter Marg, Bd. 1: *Buch 1–4.* Zürich 1973.
Herodot: *Historien.* Herausgegeben von Josef Feix, 2 Bde. Darmstadt [5]1995.
Hesiod: *Sämtliche Werke.* Deutsch von Thassilo von Scheffer. Leipzig 1938.
Homer. Die Dichtung und ihre Deutung, herausgegeben von Joachim Latacz. Darmstadt 1991.
Homer: *Ilias. Odyssee.* In der Übertragung von Johann Heinrich Voss. Taschenbuchausgabe Frankfurt am Main [2]1993.
Inscriptiones antiquae orae septentrionalis Ponti Euxini Graecae et Latinae, herausgegeben von Basilius Latyschev, 3 Bde. Petersburg [2]1885–1916. Nachdruck Hildesheim 1965.
Knell, Heiner: *Mythos und Polis. Bildprogramme griechischer Bauskulptur.* Darmstadt 1990.
Koerner, Reinhard: *Inschriftliche Gesetzestexte der frühen griechischen Polis.* Herausgegeben von Klaus Hallof. Köln u.a. 1993.
Lauffer, Siegfried: *Alexander der Große.* München 1993.
Meier, Christian: *Athen. Ein Neubeginn der Weltgeschichte.* Taschenbuchausgabe München 1995.
Meister, Klaus: *Die griechische Geschichtsschreibung. Von den Anfängen bis zum Ende des Hellenismus.* Stuttgart u.a. 1990.
Musa tragica. Die griechische Tragödie von Thespis bis Ezechiel. Ausgewählte Zeugnisse und Fragmente griechisch und deutsch, herausgegeben von Bardo Maria Gauly u.a. Göttingen 1991.
Oliva, Pavel: *Solon – Legende und Wirklichkeit.* Konstanz 1988.
Pausanias: *Reisen in Griechenland.* Auf Grund der kommentierten Übersetzung von Ernst Meyer herausgegeben von Felix Eckstein, 3 Bde. Neuausgabe Zürich u.a. 1986–89.
Plutarch: *Große Griechen und Römer.* Aus dem Griechischen übertragen, eingeleitet und erläutert von Konrat Ziegler, 6 Bde. München 1979–80.
Polybios: *Geschichte.* Eingeleitet und übertragen von Hans Drexler, 2 Bde. Zürich u.a. [2]1978–79.
Das ptolemäische Ägypten. Akten des internationalen Symposions 27.–29. September 1976 in Berlin, herausgegeben von Herwig Maehler u.a. Mainz 1978.
Radt, Wolfgang: *Pergamon. Geschichte und Bauten, Funde und Erforschung einer antiken Metropole.* Köln 1988.
Sappho: *Lieder. Griechisch und deutsch,* herausgegeben von Max Treu. München u.a. [7]1984.
Schneider, Carl: *Kulturgeschichte des Hellenismus,* 2 Bde. München 1967–69.
Schnurr-Redford, Christine: *Frauen im klassischen Athen. Sozialer Raum und reale Bewegungsfreiheit.* Berlin 1996.
Schuller, Wolfgang: *Frauen in der griechischen Geschichte.* Konstanz 1985.
Schuller, Wolfgang: *Griechische Geschichte.* München [4]1995.
Seibert, Jakob: *Das Zeitalter der Diadochen.* Darmstadt 1983.
A selection of Greek historical inscriptions. To the end of the 5. century BC, herausgegeben von Russell Meiggs und David Lewis. Neuausgabe Oxford 1988. Nachdruck Oxford 1992.
Sparta, herausgegeben von Karl Christ. Darmstadt 1986.
Sprüche der Spartaner, ausgewählt, übertragen und eingeleitet von Manfred Clauss. Frankfurt am Main 1985.
Tarn, William W.: *Die Kultur der hellenistischen Welt.* Aus dem Englischen. Darmstadt [3]1966. Nachdruck Darmstadt 1972.
Thukydides: *Geschichte des Peloponnesischen Krieges.* Herausgegeben von Georg Peter Landmann. Taschenbuchausgabe München 1991.
Weiler, Ingomar: *Griechische Geschichte. Einführung, Quellenkunde, Bibliographie.* Darmstadt [2]1988.
Welwei, Karl-Wilhelm: *Die griechische Polis. Verfassung und Gesellschaft in archaischer und klassischer Zeit.* Stuttgart u.a. 1983.

Religion

Archaeologia Homerica. Die Denkmäler und das frühgriechische Epos, begründet von Friedrich Matz. Herausgegeben von Hans-Günther Buchholz, Bd. 3, 5: Vermeule, Emily Townsend: *Götterkult.* Göttingen 1974.
Burkert, Walter: *Griechische Religion der archaischen und klassischen Epoche.* Stuttgart u.a. 1977.
Burkert, Walter: *Homo necans. Interpretationen altgriechischer Opferriten und Mythen.* Berlin u.a. 1972.
Deubner, Ludwig: *Attische Feste.* Darmstadt [3]1969.
Die Etrusker, bearbeitet von Mauro Cristofani u.a. Übersetzt von Christel Galliani u.a. Sonderausgabe Stuttgart u.a. 1995.
Güntner, Gudrun: *Göttervereine und Götterversammlungen auf attischen Weihreliefs. Untersuchungen zur Typologie und Bedeutung.* Würzburg 1994.
Long, Charlotte R.: *The twelve gods of Greece and Rome.* Leiden u.a. 1987.
Maass, Michael: *Das antike Delphi. Orakel, Schätze und Monumente.* Darmstadt 1993.
Matronen und verwandte Gottheiten. Ergebnisse eines Kolloquiums, bearbeitet von Gerhard Bauchhenß und Günter Neumann. Köln u.a. 1987.
Nilsson, Martin P.: *Geschichte der griechischen Religion,* 2 Bde. München [3–4]1967–88. Bd. 1 Nachdruck München 1992.
Pfiffig, Ambros Josef: *Religio etrusca.* Graz 1975.
Prückner, Helmut: *Die lokrischen Tonreliefs. Beitrag zur Kultgeschichte von Lokroi Epizephyrioi.* Mainz 1968.
Radke, Gerhard: *Die Götter Altitaliens.* Münster [2]1979.
Simon, Erika: *Die Götter der Griechen.* München [3]1985.
Shapiro, Harvey Alan: *Art and cult under the tyrants in Athens.* Mainz 1989.

Familie und Gesellschaft

Aristoteles: *Politik.* Übersetzt und mit erklärenden Anmerkungen versehen von Eugen Rolfes. Hamburg [4]1990.
Aufgaben, Rollen und Räume von Frau und Mann, herausgegeben von Jochen Martin u.a., 2 Bde. Freiburg im Breisgau u.a. 1989.
Lacey, Walter K.: *Die Familie im antiken Griechenland.* Übersetzt von Ute Winter. Mainz 1983.

Martialis, Marcus Valerius: *Epigrammaton libri.* Mit erklärenden Anmerkungen von Ludwig Friedländer, 2 Bde. Leipzig 1886. Nachdruck in 1 Bd. Amsterdam 1967.

Siurla-Theodoridou, Vasiliki: *Die Familie in der griechischen Kunst und Literatur des 8. bis 6. Jahrhunderts v. Chr.* München 1989.

Thukydides: *De bello Peloponnesiaco. Geschichte des Peloponnesischen Krieges. Griechisch–deutsch.* Übersetzung, Einführung und Erläuterungen von Georg Peter Landmann. 2 Bde. München u. a. 1993.

Zur Sozialgeschichte der Kindheit, herausgegeben von Jochen Martin u. a. Freiburg im Breisgau u. a. 1986.

Kulturelle Beziehungen

Boardman, John: *Kolonien und Handel der Griechen. Vom späten 9. bis zum 6. Jahrhundert v. Chr.* Aus dem Englischen. München 1981.

Burkert, Walter: *Die orientalisierende Epoche in der griechischen Religion und Literatur.* Heidelberg 1984.

Dihle, Albrecht: *Die Griechen und die Fremden.* München 1994.

Duchemin, Jacqueline: *Mythes grecs et sources orientales.* Bearbeitet von Bernard Deforge. Paris 1995.

Haas, Volkert: *Vorzeitmythen und Götterberge in altrömischer und griechischer Überlieferung. Vergleiche und Lokalisation.* Konstanz 1983.

Hellenismus. Beiträge zur Erforschung von Akkulturation und politischer Ordnung in den Staaten des hellenistischen Zeitalters, herausgegeben von Bernd Funck. Tübingen 1996.

Mit Fremden leben. Eine Kulturgeschichte von der Antike bis zur Gegenwart, herausgegeben von Alexander Demandt. München 1995.

Die Phönizier im Zeitalter Homers, bearbeitet von Ulrich Gehrig und Hans Georg Niemeyer. Ausstellungskatalog Kestner-Museum, Hannover. Mainz 1990.

Schneider, Carl: *Kulturgeschichte des Hellenismus,* 2 Bde. München 1967–69.

Weiler, Ingomar: *Soziogenese und soziale Mobilität im archaischen Griechenland. Gedanken zur Begegnung mit den Völkern des Alten Orients,* in: *Wege zur Genese griechischer Identität. Die Bedeutung der früharchaischen Zeit,* herausgegeben von Christoph Ulf. Berlin 1996. S. 211–239.

Namenregister

Historische Personen, mythologische Figuren, Götter

Das Namenregister ermöglicht dem Benutzer zusätzlich zur thematischen Erschließung des Bandes durch das Inhaltsverzeichnis den gezielten Zugriff auf den Inhalt mithilfe der alphabetischen Anordnung aller in diesem Band erwähnten Namen. Dabei führen zahlreiche Verweise von den Namensvarianten zum Haupteintrag im Register.

Da einerseits die Abgrenzung von historischen Personen, mythologischen Figuren und Göttern mitunter schwierig ist, andererseits gerade die antiken Kulturen sich dem Benutzer oft nicht nur durch historische Personen erschließen, hat sich die Redaktion entschieden, sämtliche Namen in das Register aufzunehmen.

Gerade gesetzte Seitenzahlen nach einem Namen bedeuten: Dieser Name ist im erzählenden Haupttext auf der breiten Mittelspalte enthalten.

Kursiv gesetzte Seitenzahlen nach einem Namen bedeuten: Dieser Name ist in den Bildunterschriften, Karten, Grafiken, Quellentexten oder kurzen Erläuterungstexten (meist auf der Außenspalte) enthalten.

B

C

D

E

F

G

H

O

P

Q

R

S

T

Die Autorinnen und Autoren

PROF. DR. HERMANN AMENT,
Institut für Vor- und Frühgeschichte der Universität Mainz. Forschungsschwerpunkte: Archäologie der Völkerwanderungszeit und des Mittelalters in West- und Mitteleuropa; Geschichte und Archäologie der germanischen Stämme.

DR. MARTIN BENTZ,
Institut für Klassische Archäologie der Universität Regensburg. Redakteur an der Bayerischen Akademie der Wissenschaften. Forschungsschwerpunkte: antike Keramik, Etruskologie.

DR. HANSJÖRG FROMMER,
Volkshochschule Karlsruhe. Forschungsschwerpunkte: Illyrer, Römische Antike, Philosophiegeschichte.

PROF. DR. HANS-ECKART JOACHIM,
Institut für Vor- und Frühgeschichtliche Archäologie der Universität Bonn, Leiter der Abteilung Vorgeschichte am Rheinischen Landesmuseum Bonn. Forschungsschwerpunkte: keltische und germanische Stämme, Vor- und Frühgeschichte des Niederrheins und der angrenzenden Gebiete.

PROF. DR. MIROSLAVA MIRKOVIĆ,
Universität Belgrad. Forschungsschwerpunkte: Archäologie und Geschichte des westlichen Balkans, Illyrer.

PROF. DR. LAMBERT SCHNEIDER, HAMBURG,
Institut für Klassische Archäologie der Universität Hamburg. Mitbegründer und Herausgeber der Zeitschrift „Hephaistos“. Forschungsschwerpunkte: Kultur- und Architekturgeschichte Griechenlands, thrakische und skythische Kultur, Klassik und Archäologie in der Gegenwart.

PROF. DR. WOLFGANG SCHULLER,
Seminar für Alte Geschichte der Universität Konstanz. Forschungsschwerpunkte: Griechische Geschichte, Verwaltungsgeschichte der Spätantike, antike Frauengeschichte.

PROF. DR. ERIKA SIMON,
Institut für Klassische Archäologie der Universität Würzburg. Gastprofessorin in Wien, Aberdeen (Schottland), Durban (Südafrika), Tallahassee (Florida), Austin (Texas) und Baltimore (Mayrland). Mitglied der British Academy und der American Philosophical Society. Forschungsschwerpunkte: etruskische und italische Kunst, antike Religion und Philosophie.

Theiss Illustrierte Weltgeschichte

Wolfgang Schuller

Das Römische Weltreich

Von der Entstehung der Republik bis zum Ausgang der Antike

258 Seiten mit 375 farbigen Abbildungen, 35 Karten und Skizzen.

Der Bogen der römischen Geschichte spannt sich über zwölf Jahrhunderte.
In dieser Zeit hat Rom das Gesicht der antiken Welt von Grund auf verändert und ein Erbe geschaffen, das in vielen Bereichen die westlich-abendländische Kultur bis heute prägt. Ausgewiesene Fachleute zeichnen in diesem Band alle wichtigen politischen, sozialen, kulturellen und wirtschaftlichen Wegmarken der Geschichte Roms nach – von der Frühzeit bis zum Untergang des Weltreiches.

Rainer Albertz u.a.

Frühe Hochkulturen

Ägypter – Sumerer – Assyrer – Babylonier – Hethiter – Minoer – Phöniker – Perser

368 Seiten mit 426 meist farbigen Abbildungen sowie 36 Karten u. Skizzen.

Jahrtausende vor dem Einsetzen einer schriftlich überlieferten Geschichte in Mitteleuropa kamen in Vorderasien hoch entwickelte Kulturen zur vollen Blüte.
Reich ausgestattet mit Bildern, Karten und Grafiken beleuchtet der Band eingehend politische Entwicklungen, religiöse, soziale und wirtschaftliche Aspekte der einzelnen Völker.

Horst Gründer

Eine Geschichte der europäischen Expansion

Von Entdeckern und Eroberern zum Kolonialismus

192 Seiten mit ca. 300 meist farbigen Abbildungen sowie ca. 30 Karten und Skizzen.

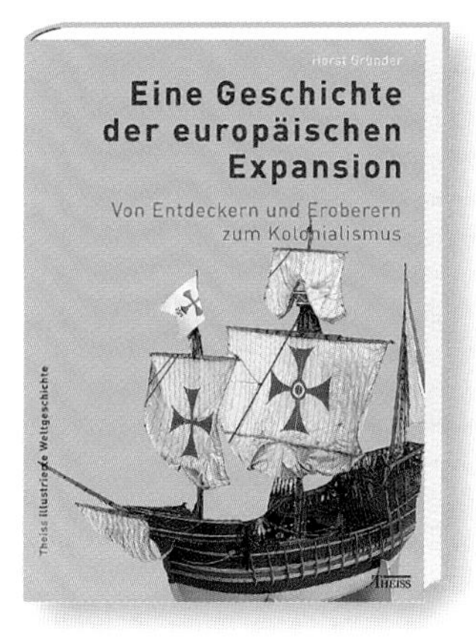

Der Band zeichnet die Grundlinien und wesentlichen Zusammenhänge der europäischen Expansion allgemein verständlich und anschaulich nach: von Marco Polo über Kolumbus und James Cook bis zum Kolonialismus.
In Quellenauszügen kommen die Entdecker und Eroberer, aber auch andere Zeitgenossen zu Wort. Themenkästen behandeln wichtige historische Zusammenhänge.